Jefe Atta

**El secreto
de la Casa Blanca**

PILAR URBANO

Jefe Atta

El secreto
de la Casa Blanca

PLAZA JANÉS

Primera edición: junio, 2003

© 2003, Pilar Urbano
© 2003, Random House Mondadori, S. A.
  Travessera de Gràcia, 47-49. 08021 Barcelona

Printed in Spain – Impreso en España

ISBN: 84-01-37832-X
Depósito legal: B. 28.850 - 2003

Fotocomposición: Lozano Faisano, S. L. (L'Hospitalet)

Impreso en Mateu Cromo
Ctra. de Fuenlabrada, s/n (Madrid)

L 37832 X

No destruyas al enemigo:
destruye la enemistad

A las víctimas de Mohammed Atta y su célula.
A las víctimas de George W. Bush y su ejército

In memoriam

ÍNDICE

AGRADECIMIENTOS

Al ministro de Defensa, Federico Trillo; a los ex ministros José Manuel Otero Novas y José Pedro Pérez Llorca, y a Francisco Viqueira, ex embajador de España en Arabia Saudí. Cada uno de ellos me ofreció su fundamentada visión de conjunto sobre las causas y los efectos del 11/S.

En la misma línea, con sus conocimientos y experiencias me ayudaron Jerry Gruner, ex jefe de la Estación CIA-Madrid; Francisco Ferrer y José Luis Cortina, ex jefes de los Servicios Operativo y de Contrainteligencia del Cesid, y Arturo Vinuesa, ex agregado militar en Irak y en Pakistán.

A los mandos de la Comisaría General de Información Exterior y comisarios especializados en grupos árabes y en sus dispositivos y redes terroristas: Mariano Rayón, José Manuel González Gil, Ángel Soto y Rafael Gómez-Menor.

A los miembros del Mosad e investigadores del Instituto de Contraterrorismo de Israel: Boaz Ganor, Yoram Schweitzer, Martin Sherman, Yohanan Tzoreff, Jonathan Fighel y Ely Karmon. Con ellos mantuve entrevistas informativas en Tel Aviv. Me dedicaron su tiempo y su saber, durante varios días en sesiones maratonianas.

Al profesor Ariel Merari, catedrático de psicología de la Universidad de Tel Aviv y experto en terroristas suicidas. Y al general Shlomo Gazit, ex jefe del Aman, Servicio de Inteligencia Militar de Israel.

Avner Azulay me abrió puertas de difícil clave en los laberintos del Mosad. Le quedo muy agradecida.

En mi búsqueda de «la luz contraria», me dieron sus puntos de vista varios dirigentes de la Autoridad Palestina: Saeb Erikat, ministro de Administración Local; Jibreel Rajoub, jefe de los Servicios Secretos palestinos, y Abed Alloum, portavoz oficial de la Autoridad Palestina. Con ellos me entrevisté en Jericó, Ramala y Jerusalén. Agradezco a mi colega, el palestino Adnam Al Ayoubi, sus eficaces gestiones para acordar esos encuentros, no exentos de riesgo.

Riay Tatari Bkri, imán de la mezquita Abu Bakr, de Madrid, y presidente de la Unión de Comunidades Islámicas de España, me explicó pacientemente un sinfín de aspectos de la religión musulmana y salió al paso de mis dudas sobre el sentido de algunas *aleyas* del Corán.

El magistrado Eduardo de Urbano Castrillo con sus ponderados dictámenes jurídicos me ayudó —más de lo que él imagina— en el difícil equilibrio de la imparcialidad.

Mi agradecimiento al piloto de líneas aéreas, comandante Ricardo Ramos; a Francisco Quereda, presidente de SENASA; y a Antonio Bonilla, jefe de la Unidad de Desarrollos y Simulación: su ayuda fue muy valiosa para narrar con exactitud algunos episodios de este libro que se relacionan con la aeronáutica, el tráfico de vuelos y las incidencias aéreas.

En el ámbito de la aviación militar de combate y del funcionamiento de misiles, me ilustraron con sus conocimientos el general Andrés Nava y los coroneles Francisco Javier Arnáiz y Gonzalo Lecea. En el tema específico de la artillería antiaérea, fue sumamente útil el coronel Domingo Crespo Conesa.

Antonio Navalón me aportó datos muy interesantes sobre hechos, lugares y costumbres de Estados Unidos.

Alexandria Katis tuvo la amable paciencia de rastrear las líneas del metro de Washington, buscando... estaciones emergidas.

Agradezco sus informes, directos y bien documentados, a Cruz Roja Internacional, Amnistía Internacional, Unión Americana de Derechos Civiles y a las organizaciones árabes de derechos humanos Adamis y Al Qanun.

Inestimable, la ayuda de «precisión» de Paulino Serrano Valero, cuyo cerebro es una prodigiosa y enciclopédica base de datos siempre puesta al día.

Me ayudaron mucho en la traducción de textos en alemán Teresa Cañadas y Nieves Lluch; en tareas de documentación, Rocío García Campelo y Alicia García Amilburu.

No sé cómo agradecer el concienzudo trabajo de Esperanza Serrano, tanto en la verificación de datos como en su lectura crítica del texto original de este libro.

Mi gratitud al ensayista Arcadi Espada: sin él sospecharlo, y sin conocernos, hizo que ante cada episodio que me disponía a narrar, yo me preguntase en nombre del lector «¿y eso usted cómo lo sabe?». Tener de continuo una respuesta para esa pregunta me obligó a que, hasta las escenas y diálogos en apariencia imaginarios, tuviesen una base de rigor documental y de reflexión lógica.

En fin, guardaré siempre el recuerdo de una enjundiosa y amplia conversación —empalmando un té tras otro, en el hotel Hilton de Rabat— con el teniente general estadounidense Vernon A. Walters, embajador, ex subdirector de la CIA y conocedor avezado del escenario y los personajes del mundo árabe, en especial de Oriente Próximo y Oriente Medio. El general Vernon Walters falleció cuando yo trabajaba todavía en la elaboración de este libro. Agradezco su ayuda, pidiendo para él una eternidad feliz.

PILAR URBANO

1

UN DOSSIER NEGRO

George Walker Bush estaba solo en el Despacho Oval de la Casa Blanca. La gente de las oficinas se había ido ya. Quedaban los funcionarios de retén, las secretarias del gabinete de guardia, el Servicio Secreto... Con cierta parsimonia metió los dedos en la curva metálica del tirador, empujó hacia fuera y abrió un cajón de su escritorio. El segundo cajón de la derecha. Sacó un dossier, un abultado dossier negro, y lo puso sobre la mesa.

No era un rito. Ni un hábito. ¡Por nada del mundo podría acostumbrarse! Pero aquel dossier le daba fuerzas, le motivaba, aunque le desagradara. Lo hacía muy de tarde en tarde. Sólo cuando sentía que aflojaba, que las críticas le influían, que la guerra estaba siendo más larga y deshilachada de lo que calcularon, y menos fulgurante y exitosa que la Tormenta del Desierto que hizo su padre.

De tarde en tarde. Aunque últimamente, con más frecuencia. No necesitaba que Karen Hughes* le mostrase las encuestas para estar al cabo de la calle: se había convertido en el Presidente más aborrecido fuera de Estados Unidos. ¿Quizá también dentro...?

Pero él no podía estar dirigiendo la guerra y a la vez dando charlas junto a la chimenea para explicar día a día a los ciudadanos que, en el fondo, no estaban haciéndolo tan mal; que pronto tendrían posiciones de dominio, pero que los talibanes resistían y los afganos del norte no sabían ni manejar una metralleta; y que no se empastaba una coalición internacional tan insólita como aquella si no era comprando voluntades. Voluntades de Estado. ¿O alguien creía que los apoyos de Pakistán, Rusia, India, Reino Unido... para lanzar su «venganza infinita» le habían llegado gratis, por espontánea solidaridad con la tragedia del 11/S? Y él no era diplomático. Nunca lo fue. Si le hubiese tocado estar bajo la camisa de Colin Powell, hablando con 47 jefes de Estado en menos de veinticuatro horas, habría terminado mareado, sin saber si era de día o

---

* Karen P. Hughes era la consejera de Comunicación de la Presidencia de Estados Unidos. Dimitió tras la guerra de Afganistán.

de noche, si estaba en París, en Turkmenistán, en Qatar o en Moscú, y vomitando «bilis y multilateralitis».

Él no podía explicar la «hoja de guerra», por la sencilla razón de que esta guerra era más imprevisible y secreta que ninguna otra en toda la Historia. En Afganistán, por primera vez, operaban juntos el ejército y la CIA. El general Tommy Franks y George Tenet.* Uno ponía los bombardeos y el otro los maletines de dólares para untar confidentes, delatores, traidores, desertores. Una tropa «oscura y ruin, pura mierda»; pero sin esas informaciones no podrían avanzar un centímetro en la dirección acertada. A los Estados fronterizos había que darles «amor» todos los días. Y a los socios de la coalición internacional, esperanzas de magnánimas recompensas.

Nada de eso salía en los periódicos ni en la tele, claro. Lo que llegaba a la gente eran los flashes de un país árido y polvoriento, flaco y miserable, arrasado por bombas «inteligentes» que, cuando no caían en un ambulatorio de la Cruz Roja, incendiaban un asilo de ancianos... Una sangría y un dineral. Y entretanto, el objetivo a abatir se les escapaba como lagartija entre las peñas: un hombre escuálido, enfermo de un riñón, diabético, megalómano alucinado, con barbas de chivo y chaleco de camuflaje, del que sólo tenían fragmentos de vídeo y retazos de voz, grabados a saber dónde y cuándo.

Lo que llegaba a la gente era eso: el corte de mangas que les hacía Osama Bin Laden, y una guerra sin cifras, pero no sin muertos, en la que sospechosamente había más bajas de periodistas que de comandantes.

A George W. Bush no le preocupaban las disensiones y los encontronazos entre los miembros de su «gabinete de guerra». A veces los reunía en la cabaña de Camp David, en la sala Laurel. Bastaba que él se ausentase un par de minutos a orinar, para que los cinco —Cheney, Rumsfeld, Powell, Rice y Tenet—** empezaran a lanzarse los trastos a la cabeza. Bueno, al fin y al cabo, eso signifi-

---

* General Tommy Franks, comandante en jefe del Mando Central de Estados Unidos en la guerra contra Afganistán; George J. Tenet, director de la CIA (Central Intelligence Agency).

** Dick Cheney, vicepresidente de Estados Unidos; Colin L. Powell, secretario de Estado; Donald H. Rumsfeld, secretario de Defensa; Condoleezza Rice, consejera del Presidente para la Seguridad Nacional; George J. Tenet, director de la CIA.

caba que todos querían hacer la guerra, aunque cada cual según su propia fórmula.

En cambio, sí le hacía mella palpar el bajonazo de ánimos en su equipo de asesores. O percibir a su alrededor, en la propia Casa Blanca, electricidad y crispación, miradas torvas, sonrisas biseladas, respetos burocráticos: «Éstos empiezan a hartarse», «éstos ya se han olvidado de por qué sacamos pecho y nos metimos en el berenjenal», «éstos no me lo dicen a la cara, pero piensan que soy un canalla predador», «éstos se han creído las amenazas de Al Qaeda contra una central nuclear, y están cagados de miedo». O echar de menos que alguien le pidiera: «¿Tiene cinco minutos para mí, señor Presidente? Quisiera hablarle a solas de un asunto», como hacían antes. O cuando el ayudante de turno, en pie al otro lado de la mesa, carraspeaba para hacer saliva antes de entregarle el último parte de «bajas» en el frente de...

O cuando, qué asesores ni qué ayudantes ni qué leches, ¡cuando él mismo estaba a punto de arrojar la toalla! Entonces, con la moral por los suelos, agarraba fuerte el tirador, abría el segundo cajón a la derecha y sacaba el dossier.

El dossier era su recurso extremo. Antes recurría a una conversación a solas con Laura. O a la Biblia. En los últimos días meditaba el pasaje de Ezequiel: «Hijo de hombre: se han secado nuestros huesos, se ha desvanecido nuestra esperanza... Ven, Espíritu, ven de los cuatro vientos y sopla... El Espíritu penetró en los huesos secos y revivieron y se pusieron en pie». Le tonificaba. O el sermón matutino del pastor que dirigía su proceso de «cristiano renacido». O una partida de golf. O una de póquer con tres de sus amigotes de Texas, los que tanto y tanto le animaron a meterse en política. O sudar desbrozando foresta en el rancho Crawford.

Al dossier acudía como último asidero: un latigazo que le hacía reaccionar.

Era un dossier corriente de plástico negro. El mismo que le entregaron los del Servicio Secreto. Un fólder de oficina, con 35 foliobolsas transparentes. Dos fotografías por bolsa, una en cada cara. Setenta fotos de aquel horror. Cuando las vio por primera vez, preguntó: «¿Quién más ha visto esto?», y prohibió que se publicaran.[1]

Todo el asunto de la comunicación se había llevado bien, muy bien. El 11/S. Y los días siguientes. Con decoro. Con respeto. Con dignidad. Sin crudeza. Sin mostrar la carnicería. Sin excitar con el morbo de la sangre. Incluso hubo críticas por eso: «No han dejado ustedes que veamos cadáveres, sólo cascotes, hierros chamuscados y cristales rotos».

En esas fotos estaba la tragedia humana, atrapada en primer plano y con una carnalidad casi obscena. No «las víctimas», sino hombres muertos y mujeres muertas.

Ver una pierna suelta con el pie dentro del zapato, o una mano entera, o el tronco de un hombre sin cabeza y todavía con su corbata... le impresionaba, pero no le sobrecogía. En cambio, había fotos que le cortaban la respiración.

Del Boeing que se estrelló contra la Torre Norte, parte del fuselaje con sus asientos salió despedido y no ardió dentro del edificio. Una de las fotos mostraba, sobre el pavimento del World Trade Center, varios asientos atornillados al suelo del avión, unidos en su hilera, negros por el fuego, y con los pasajeros sentados, como estaban en el momento del impacto. Se les veía enteros, inmóviles como muñecos muertos, amarrados al asiento por el cinturón de seguridad. Aun carbonizados, era perfectamente reconocible una pasajera, un hombre que viajaba a su lado...

Cuando chocó el segundo avión, las cámaras que estaban ya en la zona, desplazaron sus objetivos hacia la Torre Sur. En aquel momento nadie se ocupó de filmar la Torre Norte. Sin embargo, doce o quince personas que estaban en los pisos 75 y más abajo de esa Torre, aterradas y creyendo que el nuevo impacto iba también contra ellas, se lanzaron al vacío. Algunos cuerpos quedaron aplastados, pero enteros, en el suelo. Una de esas personas, una mujer, había caído de espaldas sobre la acera, y en la foto se apreciaba con nitidez su rostro boca arriba...

Sin duda, en el dossier habría fotografías «altamente reservadas»: de los empleados en oficinas militares que murieron en el siniestro del Pentágono; de los pasajeros del vuelo 77-AA, desaparecido en las inmediaciones del Pentágono; de los que viajaban en el Boeing del vuelo 93-UA y cuyos cuerpos no estaban entre los restos del avión estrellado en Shanksville, Pensilvania.

Él podía parecer un cazurro tosco, «ese palurdo tejano», visceral, instintivo, nada sofisticado, mediocre, plano, frontal y a quemarropa. Sabía que ése era su póster. Peor aún: un tipo con costra, con callo en el alma. Vale. Pero no era un masoquista. Y para abrir aquel dossier tenía que armarse de valor. Ver esas fotos espeluznantes era como un castigo que se imponía. Un ejercicio de sufrimiento. ¿Por tener a raya a su cobardía? No, no, no... Ese estremecimiento era como un chute de memoria en vena, para no ablandarse y poder seguir.

Observando una tras otra aquellas instantáneas del horror, Bush reconstruía el escenario del 11/S: volvía «a poner las cosas como estaban, tal como nos las dejaron: achicharradas, retorcidas, destrozadas, ¡matadas!»; «los sentimientos, en carne viva»; y los deseos ácidos de venganza «tal como los teníamos aquel día: un día que, los que sobrevivimos, no tenemos derecho a olvidar».

Él había jurado a Dios, a América y a sí mismo: «Nunca olvidaré».

Esa decisión tenía su historia íntima y compleja...

El 14 de septiembre de 2001, tres días después del 11/S, Bush fue a las ruinas de la Zona Cero, en Manhattan. Iba a ser su primer contacto de piel con la tragedia. Era consciente de que el 11/S él cogió su avión, se marchó, se esfumó, se escondió... Y todos los de la comitiva presidencial temían la actitud de la gente. Esperaban abucheos, insultos, pitadas, bronca... Y sabían que el Presidente no tenía precisamente «esmeradas reacciones». Antes de bajar del helicóptero en Wall Street, nada más abrir la portezuela de la carlinga, Bush respiró una bocanada nauseabunda de gomas quemadas y cuerpos descompuestos.

Echó a andar a pie por entre las ruinas. De reojo miraba a los voluntarios de rescate. Sucios, sudorosos y con polvo blanco hasta en las pestañas. Gente anónima. Llevaban ya muchas horas sacando de entre los escombros trozos de carne humana. Hoscos, en silencio, con ira seca, azacanados, tragándose el dolor y acumulando voracidad de venganza.

De pronto, uno de ellos levantó la cabeza hacia el Presidente. Se irguió, alzó una mano y, apuntándole con el dedo índice, le gritó: «¡No me falles!».[2]

Bush reparó en aquel rostro manchado de polvo, de secreción, de aceites pringosos, de desperdicios orgánicos y de sangre ajena. Registró aquella mirada desorbitada y salvaje, aquel poderoso dedo índice y aquel retador «¡No me falles!». Le gustó. Íntimamente, le confortó. Le devolvió la confianza en sí mismo. Al parecer, aunque el 11/S se acobardó y se quitó de en medio, aquel hombre no se lo reprochaba. Al contrario, contaba con él. «¡No me falles!» Era un encargo personal, imperativo: del pueblo a su Presidente.

Nunca había experimentado eso desde que llegó a la presidencia. Nunca.

Él salió Presidente por chiripa… Unos escrutinios raros, un pleito con su adversario Al Gore, unos votos simbólicos del colegio electoral de Florida y una victoria pírrica por sentencia del Tribunal Supremo, que en modo alguno superaba los votos que en la calle le sacó de ventaja el contrincante demócrata.[3] De modo que Bush llegó a la Casa Blanca con cierto complejo de intruso. Por primera vez en la historia de Estados Unidos, un presidente lo era por la decisión de unos jueces y no por el mandato de los votos populares.

Bush miró al hombre y asintió con la cabeza.

Ahí empezó su proceso interior. En adelante, por días, Bush fue asumiendo su trazado presidencial como una «misión»: «Vengar al pueblo americano, velar porque nunca más vuelva a ser atacada mi nación, aplastar a los terroristas y a quienes les ayudan y cobijan estén donde estén…». Dentro del presidente mediocre y de bajo perfil iba alzándose un místico, imbuido de su destino de vengador.

Después, volvió a ver muchas veces frente a él aquel dedo, aquella yema tosca y mal torneada. Una yema obrera, de macho, para amasar pan, retorcer cables, desescamar pescado o apretar un gatillo.

Aquel dedo y aquella yema le recordaban un antiguo cartel: lord Kitchener, con la bandera británica en la corbata y el dedo índice adelantado, interpelando a los viandantes desde cualquier esquina callejera de Inglaterra y reclutándolos para la Gran Guerra. El eslogan de aquel póster rezaba: «¡Tu país te necesita!» (*Your country needs you!*).

Era lo mismo que el hombre de la Zona Cero le había dicho a él: ¡Tú país te necesita! ¡Plántales cara! ¡Persigue a esos hijos de puta y dales duro! ¡No te acojones! ¡No me falles!

Bush había ido empastándolo todo en el disco duro de sus percepciones:

«¡Tu país te necesita!», lord Kitchener, 1914.

«¡Recordaremos siempre este día como el día de la infamia!», Franklin Delano Roosevelt, tras el ataque a Pearl Harbor, 7 de diciembre de 1941.

«¡Esto no se puede tolerar!», George W. H. Bush, padre, ante la invasión de Kuwait, 2 agosto de 1990.

Él, él mismo, al ver en la televisión las Torres Gemelas envueltas en llamas, como un remedo de su padre: «¿El terrorismo contra nuestra nación...? ¡Eso no se puede tolerar!».

Su memoria era un colage de *grafitti*, de frases sueltas, de recortes de prensa que Karen Hughes le ponía sobre la mesa. «Nuestro estado de ánimo es de furia helada», había oído por la radio. Y en algún debate de televisión: «De cada ciudadano americano debe levantarse un soldado». «Ah, que se enteren: el americano tranquilo puede ser bastante aterrador si se le provoca»...

El ex senador Gary Hart fue bien explícito: «Como con aquellos cuatreros, que nos robaban el ganado en el Oeste, así procederemos ahora: a estos terroristas los capturaremos, les daremos un juicio justo y luego... los ahorcaremos».[4]

El fiscal general John Ashcroft dio todavía un paso más hacia la raya fronteriza donde no rige la ley: «A los terroristas y a sus cómplices hay que capturarlos... Y si no se les puede llevar a juicio, pues... ¡amén y así sea!».[5]

El general británico sir Peter de la Billiere, a las 48 horas de los atentados ya azuzaba a Occidente a fajarse en una guerra sin cuartel: «Esta guerra no es sólo la guerra de América: hemos de estar todos hombro con hombro con los americanos... Vamos a prepararnos para lo peor. Esto podría significar una disminución de los derechos civiles, un incremento de las medidas de seguridad y la pérdida de ciertas libertades. Pero sería un precio muy pequeño a pagar en la lucha contra el terrorismo internacional».[6] La regresión democrática y el Estado policial, servidos en bandeja.

Y luego, el calambrazo de aquel «¡No *me* falles!». Los americanos se habían tomado el 11/S como un ataque y un agravio personal, *me*, y exigían un ajuste de cuentas.

Todos se sentían agredidos en primera persona. Y todos en primera persona querían pasar a la agresión. Se apostaba por una respuesta violenta y fulminante. Del noqueo y el pasmo, habían desembocado en un vitriólico afán de venganza. Talión. Ojo por ojo, diente por diente. Yugular por yugular. Los americanos exigían una guerra... y habría que montársela. No se aplacarían con un puñado de detenciones y un embargo económico a tal o a cual país cómplice. Bombardeos. Querían bombardeos. Y querían sangre.

También a él, en primerísima persona presidencial, le venía bien una guerra. Era «una oportunidad magnífica». Lo dijo a bote pronto, en cuanto le presentaron el plan de atacar Afganistán, poner a Pakistán contra las cuerdas, y concertar un bloque de aliados internacionales... contando con Rusia y con China.

«Hay que verlo como una oportunidad magnífica», reiteró.[7] Una guerra multinacional. Global. Total. Y sin tocarles un rizo ni a Arabia Saudí ni a Israel.

Desde su escritorio del Despacho Oval, desde el famoso *Resolute desk*,* él, «el palurdo tejano» —¿quién daba un dólar por él antes del 11/S?—, iba a frenar la decadencia política y moral americana. Él, «con la ayuda de Dios», situaría a su nación en el puesto de pujanza y de influencia que le correspondía: «Somos los más fuertes, somos los más poderosos, somos... el líder».
Persuadido de esa «misión», cuando sentía flaquear sus fuerzas o las de su entorno, abría el dossier negro para obligarse a «no olvidar».

Las novias y las madres podían decir: «Mala es la guerra». Los hombres de negocios y los intelectuales podían decir: «Mala es la guerra». Todos podían decir: «Mala es la guerra». Él no. Él era el capitán.

---

* George Bush utiliza en el Despacho Oval el escritorio *Resolute desk*, fabricado con las maderas de un barco británico del mismo nombre hundido frente a las costas norteamericanas. Rutheford Hayes, en 1880, fue el primer presidente que lo usó. En la historia de Estados Unidos sólo se ha dado dos veces el hecho de que padre e hijo hayan ocupado la presidencia: los Adams y los Bush. Extrañó mucho que cuando a Bush hijo se le dio a elegir un escritorio, no «rescatara» el utilizado por su padre. Nixon, por ejemplo, escogió la mesa de Abraham Lincoln, y Clinton la de Kennedy.

ELLOS, LOS QUE NOS MATARON

No iba dormido. Ya hacía un rato, sacó del neceser de viaje el antifaz de seda marengo y se cubrió los ojos, inclinó hacia atrás un poco, solo un clic, el respaldo del asiento y respiró hondo, como si intentara relajarse. Pero las mandíbulas tensas, los labios apretados, el bocado de Adán subiendo y bajando en su garganta al tragar saliva y, sobre todo, la fuerza con que oprimía entre las rodillas un maletín de cuero negro, denotaban que el viajero Mohammed Atta no dormía.

Era el vuelo de Lufthansa de 3 de junio de 2000 que había despegado de Praga y se dirigía a Estados Unidos, a Newark, con escala en Frankfurt. En la cabina del catering, separadas del pasaje por una mampara de poliéster, dos azafatas cuchicheaban a media voz mirando de soslayo hacia Mohammed Atta:

—Acabábamos de hacer la conexión en Frankfurt —decía una de ellas, de ojos saltones y pelo sujeto en cola de caballo—. Yo iba ofreciendo la prensa: «*Möchten Sie eine Zeitung…?*». Al llegar a él, como vi que leía un libro y no me contestaba, le repetí: «¿Quiere algún periódico?». ¡Buenobuenobueno… Me fulminó con la mirada!

—Estaría leyendo el Corán, y no se les puede interrumpir. Será uno de esos devotos estrictos…

—¡Qué va a ser el Corán! Era una novela, con títulos en alemán. Y él puso enseguida las manos encima para taparlo y que yo no supiera qué diablos leía…

—¿Es árabe o es checo? —La otra azafata llevaba el pelo muy corto y gafitas Armani sin montura.

—No, no es checo. Embarcó en Praga, pero lleva pasaporte egipcio, creo… Aunque el billete lo reservó en Hamburgo.

Tenían las cartulinas de Control de Inmigración que los pasajeros habían rellenado con sus datos de identidad. Por matar el rato, leyeron la ficha de Atta: «Mohammed El Amir Awad Al Sajjid Atta. Nacido el 1 de septiembre de 1968 en Kafr El Sheikh, Egipto. Domicilio: 26 El Doblat Blocks. Guiza. El Cairo.

Se volvieron a mirarle. Quizá porque el antifaz le cubría los ojos, el resto de su figura quedaba más expuesta a un rastreo curioso: era un hombre joven, moreno, no muy alto, delgado pero musculoso. Llevaba suéter de lanilla ligera verde manzana y pantalón beige.

Sin cruzar palabra, las dos azafatas exploraron su rostro: rasgos árabes como cincelados; cejas fuertes y espesas, con un repliegue de dureza en el ceño; labios muy finos y nariz recta casi griega; mandíbulas anchas de acusado vigor; mentón rotundo, desafiante... Aun estando así, quieto, vaciado de expresión y como ausente, todo en su conjunto denotaba a una persona de carácter, inteligente y con gran autodominio.

¿Nada del otro jueves? Esa cara tenía algo peculiar, algo que escapaba al primer golpe de vista. Era uno de esos rostros que una vez vistos no se olvidan.

—Tiene cara de mal café —dijo la de la cola de caballo.

—Pues a mí me parece atractivo. Los árabes, cuando son sexys, son muy, muy...

—¿Te has fijado en el entrecejo? ¡Ese capullo se depila!

Aquel árabe que reposaba con los ojos cubiertos no iba a Estados Unidos a «hacer las Américas». Más bien, a intentar «deshacerlas». A golpearlas donde más les doliera, y a hacerles sentir un terrible miedo al miedo.

Tenía una misión encomendada. Una misión criminal. Pero no era un Chacal a sueldo, no era un mercenario. Al contrario: no ganaba nada y lo perdía todo. La herramienta de su crimen era... él mismo. Iba a un ataque suicida donde el hombre era el arma. Si quería hacer mucho, mucho daño en sólo un instante, él debía morir en la ejecución de su obra. Y estaba dispuesto. ¿Por la crueldad de matar?, ¿por el placer de destruir?, ¿por una pasión de venganza? Su trabajo era infligir un castigo. Un castigo divino, asestado por manos humanas: *Alá versus América*. Y a eso iba a América: a diseñar, dirigir y acometer el mayor golpe terrorista de la Historia.

Se iniciaba la operación. Pero aún estaba todo por hacer. Los hombres que integrarían los equipos debían trasladarse a Estados Unidos. En la primera expedición irían pocos. Su amigo, el emiratí Marwan Al Shehhi, había llegado seis días antes desde Hamburgo. El libanés Ziad Jarrah viajaría desde Alemania un par de semanas después. Atta confiaba en que se les unirían algunos pilotos más. Un puñado de estudiantes árabes de la célula de Hamburgo querían participar en la misión: Ramzi Binalshibi, Zacarías Essabar, Mounir Al Motassadeq, Said Bahaji, Agus Budiman... Y el saudí Hani Hanjour, que estaba ya en California, «durmiente», a la espera desde 1996. Haciendo ¿qué? Viviendo, sin más. Atta no lo había captado, no lo había elegido. Se lo propusieron «desde arriba» como piloto y jefe de comando de una de las misiones. Precisamente, para saber de Hani Hanjour había ido a Praga Mohammed Atta.

El egipcio Mohammed Atta nació en Kafr El Sheikh, el corazón del delta del Nilo. Entre tierras húmedas de intensísimo verde, con mantillo rezumante de hierba y árboles de toda especie. No levantaba Atta un metro del suelo y ya era capaz de reconocer docenas de árboles diferentes: duraznos, acacias, alcanforeros, abedules, eucaliptos, alisos, naranjos, manzanos, sauces, laureles, granados, moreras... Su primer paisaje fueron las albuferas y las marismas donde espigaban el maíz y el arroz, o la fronda de tallos rojos en la que ventreaba el algodón. «¡El algodón más puro del mundo!», decía siempre con admiración un tío suyo. Las innumerables lagunas de un Nilo, que se remansaba en su perezoso final, como si no quisiera desembocar.

De niño, Mohammed Atta navegó por aquellas vías de agua en falúas de pesca o con cazadores de patos entre los cañaverales, junto a poblados de adobe. Veía los gatos salvajes de ojos alcoholados ribeteados de negro como los de los faraones, y los búfalos de poderosas cornamentas revolcándose en las orillas.

En invierno regresaban las cigüeñas, las garzas y las gaviotas. Aunque él pensaba que las gaviotas no se habían ido nunca. Le fascinaba seguir su vuelo. Escogía una y no la perdía de vista. La veía tomar fuerza con varios aleteos rápidos, llenar de aire las alas y luego planear, evolucionar, deslizarse. Oía sus graznidos antes de abatirse sobre los restos de pesca que hubiera en la orilla. Así podía pasarse horas.

Una tarde, presenció cómo una gaviota que volaba muy alto hizo de pronto un descenso en picado demasiado rápido. No pudo remontar y se precipitó en vertical hacia abajo, aleteando nerviosa, aleteando conmocionada, aleteando... sin mandar en sus alas. Cayó, como un fardo a la deriva, y se estrelló contra una roca.

Otro niño egipcio, amigo suyo, mirando el amasijo de plumas ensangrentadas todavía palpitante, dijo:

—Se ha suicidado.

—No. Es que... la pobre no pudo volver a subir.

—¡Qué va! Lo ha hecho adrede. Se ha suicidado —su amigo hablaba como un forense—. Las gaviotas se suicidan. No todas. Algunas... Pero las que son capaces de matarse, resucitan después y ya no mueren jamás.

—¿Cómo lo sabes?

—Lo sé. Las gaviotas se suicidan en septiembre.

—¿Quién te lo ha dicho?

—Viene en un libro.*

Mohammed Atta vivía con sus padres y sus dos hermanas. Mohammed Atta padre trabajaba como abogado. A mediados de los años setenta, se trasladaron a Guiza, al sur de El Cairo. Casas sencillas en la linde del desierto, muy cerca de la Esfinge y avistando las pirámides como un horizonte natural.

En junio de 1967, un año antes de nacer Atta hijo Israel había arrebatado a Egipto la península de Sinaí por sorpresa y como quien da un paseo militar. Fue la llamada guerra de los Seis Días. Mandaba el ejército israelí el general Moshé Dayán. Con un parche negro se tapaba la cuenca del ojo que la metralla le vació; pero, con el ojo sano, desde un ribazo del Jordán veía crecer la hierba en la orilla de enfrente. El clima que Atta respiró en su primera infancia era el de una amarga derrota nacional.

En El Cairo, diversos grupos de opinión consideraban el desastre como un castigo de Alá contra el presidente egipcio Gamal Abdel Nasser, por haberse secularizado. Intelectuales, religiosos, políticos, funcionarios, militares... le criticaban por haber vuelto la espalda al islam. El *rais* Nasser había sustituido la *umma*, el ideal de la gran patria musulmana transnacional, de tendencia expansiva y sin fronteras, por su invento panarabista de la República Árabe Unida. Para sus detractores, la RAU no era más que la ambición política, no religiosa, de un estadista «laico».

* Por entonces —años 1978-1979— estaba muy difundido el relato *Juan Salvador Gaviota* de Richard Bach, editado por primera vez en 1970 por The MacMillan Company, Estados Unidos, bajo el título *Jonathan Livingston Seagull*.

Un análisis sin teologías les habría dicho a esos críticos que la «operación relámpago» tenía poco o nada de «castigo instantáneo»: era la respuesta militar —calculada con paciencia por Israel y municionada con generosidad por Inglaterra, Francia y Estados Unidos— a la nacionalización del canal de Suez, que el mismo Nasser había decretado once años antes, en 1956, incumpliendo entonces sus pactos con los británicos y los franceses y cerrando a Israel su única salida comercial al mar Rojo.

Muerto Nasser, los egipcios partidarios de un Estado religioso musulmán confiaron en que el nuevo *rais*, Anuar El Sadat, reislamizaría Egipto y daría el giro hacia una teocracia: el poder político y la autoridad religiosa en una misma persona.

El entorno social del padre de Atta era de abogados, profesores, funcionarios medios, estudiosos del islam y miembros destacados de los Hermanos Musulmanes:* gente muy rigurosa con la tradición y atrozmente reacia al aperturismo occidental que el presidente Sadat emprendió nada más tomar el mando.

Si en Nasser veían mal su descreimiento y sus arrimos a la órbita soviética, de Anuar El Sadat les crispaba su entreguismo a Estados Unidos. Y, por demás, su frac, su esmoquin, sus modos occidentales, sus inobservancias religiosas... El papel de «primera dama» que ejercía la señora Sadat se veía como un desafío al islam, donde ni en los reinos hay reinas. Pero lo que les indignó y les pareció una traición de lesa patria fue que Sadat acudiese a la cita del presidente Jimmy Carter, en Camp David y luego en la Casa Blanca, para sellar su amistad con el presidente de Israel, Menahem Begin, «el enemigo judío».

Atta tenía casi trece años en 1981, cuando el presidente Anuar El Sadat fue ametrallado por un oficial del ejército, el teniente Jalid Islambuli, miembro de la Yihad Islámica. En medio de la consternación, el muchachito Atta percibió, entre frases sueltas y medias palabras, que su padre y los amigos de éste aprobaban el magnicidio. Volvió a oír aquellos argumentos de «quien no gobier-

* Hermanos Musulmanes: cofradía islámica fundada en 1928 por Hassan El Banna, un maestro de escuela de Ismailiya, con el deseo de reislamizar Egipto. En poco tiempo, se extendió por todo el mundo musulmán acreciendo su poder e influencia ideológica. Algunos de sus miembros fueron desviándose y organizaron facciones de un islamismo muy radical.

na según la ley de Alá es *kafir*, es infiel», «ha sido un castigo de Alá».

La firma de abogados donde trabajaba el padre de Atta prosperó, y la familia pudo trasladarse a un amplio apartamento en la planta undécima de un edificio de Shari Jatim Al Mursalim, en El Cairo.

Al socaire de los cambios políticos, Atta padre había sufrido altibajos en su profesión y en su economía. También en su carácter: un genio indómito, con cóleras de huracán. Se calmaba hablando y fumando un cigarrillo detrás de otro. No quería caer en los Marlboro ni en los Pall Mall. Fumaba Cleopatra. Y hasta eso le fastidiaba: «En la cajetilla dicen que es una mezcla de tabacos egipcios y americanos. Pero ¿qué ponen los americanos? El filtro, el envoltorio y el *"made in USA"*. Y nosotros como imbéciles les compramos nuestro propio tabaco. Así, entre unos y otros, los hacemos unos gigantes».

Durante años, los padres de Atta tuvieron problemas de pareja. Discrepaban, discutían. Un mal día, la madre —una mujer rozagante, guapetona y amiga de fiestas— hizo las maletas y se fue. Poco después se independizaron las hijas. Sólo de tarde en tarde volvían por aquella casa.

Al adolescente Mohammed Atta, en un principio le desconcertó que su madre les abandonase. Luego acusó la decepción. Al final quedó la herida, la muesca del desamor. Era un muchachito muy sensible. Como autodefensa, se blindó aborreciendo a todas las mujeres y arrojando contra ellas el desprecio que sentía hacia su madre. Fue drástico: borró a la mujer del mapa de su vida.

Entre sus compañeros de clase, Atta era un chico serio, metido en sí mismo. No buscaba juergas ni diversiones. Sólo le interesaba saber, saber, saber, y sacar las mejores notas.[1] Sin grandes esfuerzos, se situaba en cabeza. Bajito y menudo, parecía más joven de lo que era, y producía el asombro de la precocidad brillante. Tenía una inteligencia llamativa, por encima de lo normal.

De 1985 a 1990, estudió planificación urbana en la Universidad de El Cairo y se diplomó en ingeniería para la arquitectura. Trabajó como delineante de planos, allí en El Cairo, a la vez que obtenía sus diplomas de inglés, en la American University, y de alemán en el Instituto Goethe.

Aunque en Egipto el servicio militar era obligatorio, Atta se libró por ser hijo único varón. Eso sí, en cuanto pudo se afilió al S—dicato de Ingenieros, una de las asociaciones dominadas por los Hermanos Musulmanes.

Atta, padre e hijo, vivieron juntos todavía algunos años. El padre se fue convirtiendo en un hombre solitario cuyo mayor esparcimiento era el club de tiro Nadi Sid: un café, los periódicos, una charla con alguien de su cuerda política y disparar algunos cartuchos. No era rico ni tenía amistades influyentes en el Gobierno. Antes bien, pertenecía a esa recalcitrante oposición al régimen presidencial de Hosni Mubarak, que en Egipto se nucleaba en torno a los Hermanos Musulmanes como un auténtico contrapoder en la sombra.

El joven Atta entró bien pronto en relación con los Hermanos Musulmanes.[2] La potente cofradía —con sus dos sables cruzados sobre un Corán y su estricto islamismo—, cargó sus mochilas ideológicas. Ciertamente, no le dieron una bolsa de estudios; pero propusieron su nombre para un programa de intercambio entre estudiantes de Alemania y Egipto, organizado por profesores de Hamburgo.

Cuando Atta marchó a Alemania estaba a punto de cumplir 24 años y llevaba encima una fuerte aversión hacia los estados musulmanes laicos. Era muy crítico con el régimen de Hosni Mubarak. Se rebelaba ante los abisales desequilibrios económicos entre el Primer Mundo rico y el Tercer Mundo pobre. Como tantos rebeldes, veía muy claro lo que aborrecía y muy oscuro lo que deseaba. Tenía meridianas respuestas al ¿quién soy yo?, ¿de dónde vengo? Pero le mareaban las brumas ante preguntas como ¿qué hago aquí?, ¿adónde voy?, ¿qué debo hacer?

Llegó a Hamburgo el 24 de julio de 1992 como un graduado con buen expediente. Solicitó plaza en la Escuela Superior de Ciencias Aplicadas para un máster de arquitectura. No había vacantes. «¿Cómo que no, si estamos en julio?» Presentó una queja. Aunque no iba en plan batallador, tampoco estaba dispuesto a soportar humillaciones gratuitas. Pero en cuestión de días anuló el proceso porque en la Technische Universität de Hamburgo-Harburg, la TUHH, le daban toda suerte de facilidades. Allí se matriculó, en la especialidad de planificación urbana y desarrollo.

Mohammed El Amir Awad Al Sajjid Atta, al llegar a Alemania

abrevió su nombre y ocultó su identidad más genuina: el nombre de familia, Atta. Desde el primer momento dijo llamarse Mohammed El Amir. Durante los ocho años que duró su estancia alemana, todos le conocían como El Amir. Él mismo bromeaba con el significado de su apellido: El Amir, «el príncipe».

Si para cualquiera su nombre es su patria, su historia, su alma, Atta sólo fue Atta en Egipto, su cuna. Y sólo volvería a ser Atta en América, su tumba.

Como Atta o como El Amir, era un chico serio, secundario, que no hablaba si no le preguntaban. Correcto, detallista, agudamente observador. Tímido, con la timidez de los inteligentes, no la de los inseguros. Se diría que su fino esqueleto era una armadura de dignidad bajo su piel. Sin estirar el brazo más que la manga, se granjeó la estima de los alemanes.

El director de la TUHH, Christian Nedess, respaldó a Atta: le convalidaron los estudios cursados en Egipto y le dieron créditos académicos para que empalmara con el nivel superior de planificación y conservación urbana y pudiese combinar las clases con un trabajo remunerado de urbanismo.

En cambio, los profesores alemanes —marido y mujer— que le invitaron a Hamburgo tenían de él una opinión muy distinta: la del joven retraído y antipático, a quien veían andar por casa taciturno, sin agradecer su hospitalidad. Atta rehusaba sentarse con ellos a charlar o a ver la televisión. Sin dar una excusa, se retiraba a su cuarto en cuanto llegaba alguna amiga de la dueña de la casa. Ocupaba el baño varias veces al día para hacer sus abluciones y, deprisa, como si temiera contaminarse con el ambiente, se encerraba en su dormitorio. Allí, en pie, postrado, o de rodillas, oraba o leía el Corán.

No comía nada de lo que ponían en la mesa, salvo que le garantizasen que aquel guiso no había tenido contacto con ningún producto derivado del cerdo, ni lo habían cocinado con manteca o vino o cerveza. Los anfitriones notaban que su huésped egipcio vivía angustiado por practicar escrupulosamente su religión. Y empezaron a sentirse agobiados ante tal «exceso de fe».

Cuando en el televisor aparecían imágenes de semidesnudos o escenas eróticas, Atta se ponía las manos ante la cara y cerraba los ojos; o decía *«Auf Wiedersehen, Ich gehe»* («Adiós, me largo»), y se retiraba del cuarto de estar. Un día les citó de memoria un *hadiz* de Mahoma: «Di a los creyentes que bajen la vista con recato y repriman sus deseos carnales».

Si estaba estudiando y la señora se dirigía a él, vestida sólo con camisón y salto de cama, Atta se hundía ostensiblemente en las páginas del libro y fingía no verla ni oírla. En algún momento declaró su deseo de no tener contacto con mujeres. Y dejó en el aire una pregunta:

—¿O ustedes piensan que a mi edad ya no es posible seguir siendo virgen?

Se sometió a una operación del tabique nasal porque durmiendo respiraba mal. Pero ni aun entonces bajó la guardia. Hizo mil preguntas sobre el proceso de anestesia, quiso saber quiénes iban a tocar su cuerpo mientras estuviera sedado, sugirió que no hubiese enfermeras en el quirófano, y fue tajante al prohibir que informaran a su familia:

—Lo que ha de ocurrir, ocurrirá —decía con el énfasis de quien recita una sentencia sagrada—. Nadie debe preocuparse... Y menos, por lo que me suceda a mí.

Durante el mes del *ramadán*,* Atta ayunaba desde el amanecer hasta la puesta del sol. De madrugada, entre dos luces, se ponía a cocinar el *iftar*, la comida que rompe el ayuno, y a lavar sartenes, platos, utensilios... El matrimonio se despertaba de malhumor, porque no eran una o dos noches, sino treinta. Y ése fue el pretexto para rogarle que se marchara.

Se trasladó a una residencia universitaria, Am Zentrumhauss, cerca del campus de la TUHH, en pleno barrio de Harburg.

Los estudiantes de la TUHH, la Technische Universität de Hamburgo-Harburg procedían de más de cien países. Su canciller, Jörg Severin, estaba orgulloso del perfil internacional del centro y alentaba esa apertura cosmopolita.

Los profesores Peter Ache y Dittmar Machule vieron en Atta un alumno con un cerebro despejado, muy apto para la selección de datos. Subrayaron: «retentiva, reflexión, análisis». Les pareció «es-

---

* El *ramadán*, noveno mes del año lunar musulmán, conmemora las revelaciones del Corán al profeta Mahoma. Empieza tras el novilunio, con la primera aparición de la luna en creciente. Se ayuna mientras alumbra el sol, desde el amanecer hasta el ocaso.

tudioso y con ánimo de adaptarse cuanto antes al modo de vida europeo». Merecía que apostasen alto por él.

El doctor Machule le tomó aprecio. «Es un pensador preciso, sensitivo y muy delicado —decía de Atta—. Ya sé, ya sé que mira nuestro mundo occidental con escepticismo. Pero ese bisel crítico, esa disconformidad, significa que no es un estudiante del montón. El reto es "venderle" las bondades de nuestro orden de valores.»

El cubículo donde Machule trabajaba, su oficina en Harburg, tenía las paredes recubiertas de estanterías atestadas de libros, álbumes de fotos, cuadernos de notas. Apiladas por el suelo, cajas y cajas con ejercicios y proyectos de estudiantes. No tiraba nada, y allí no cabía un alfiler de punta. Detrás de la puerta, pósters y fotografías de excavaciones en Siria, que era uno de los campos de investigación de este profesor. Eso atrajo el interés de Atta.

Habló varias veces con Dittmar Machule, que aceptó dirigirle la tesis de licenciatura. Versaría sobre el urbanismo histórico de la antiquísima ciudad siria de Alepo. Obviamente, Atta tendría que hacer el trabajo de campo desplazándose al lugar. En aquel momento no veía cómo ni con qué medios, pero ya se buscaría la vida... Por otra parte, en Siria estaban, tanto como en Egipto, los manantiales del integrismo musulmán; y sirios eran los líderes actuales del islamismo en su modalidad combativa pura y dura. ¿Fue una elección espontánea, o alguien le orientó hacia esas fuentes? En 1994 viajó a Estambul y a Alepo.

Dittmar Machule era el tipo de profesor al viejo estilo: maestro, educador, preceptor y amigo. Una especie docente formidablemente humana pero en vías de extinción. De cada alumno le importaba todo: sus estudios, sus preocupaciones, su vida... Los atendía uno a uno, seguía sus trabajos, les estimulaba. Ellos sabían que a cualquier hora estaría a su disposición para prestarles un libro o darles un consejo útil. Durante unos años, Machule fue como un tutor, como un segundo padre, para Atta. Después, el propio Atta cortó esa línea de influjo que había entre su maestro y él.

Otro de los profesores, Alptekin Ozdemir, un turco que llevaba quince años en la TUHH, orientando en especial a los 3.600 estudiantes extranjeros de esa universidad, se fijó bien en Atta, El Amir. Y no porque diera guerra o tuviera problemas. Al contrario, si hablaba de Atta con algún otro profesor se refería a él en términos elogiosos: «Me parece un chico educado, con buenísimos modales, no frecuentes en otros alumnos. Aquí en la TUHH tenemos medio centenar de alumnos musulmanes, que hablan a gritos, son estrepitosos, suelen ir en pandilla armando ruido. Pero El Amir no. Él va a su aire. Siempre concentrado en lo suyo. Distante, reservado, eso sí. Es un hombre independiente que se vale por sí mismo. Nunca ha venido a pedirme ayuda. La informática se le da muy bien: he visto que se mueve como pez en el agua por las tripas de los ordenadores».

Cuando Atta se trasladó a Alemania, en 1992, dejaba atrás un Egipto en alerta roja, metido en una peligrosa espiral de acción-represión que propiciaba el caos. Los musulmanes radicales habían activado una campaña feroz de atentados para desestabilizar el país y derrocar el régimen de Hosni Mubarak. La reacción gubernamental no fue menos dura: redadas a mansalva, detenciones arbitrarias a punta de pistola, y un decreto ley por el que los terroristas y sus cómplices irían a juicios sumarísimos ante tribunales militares. El pulso se enconó. La violencia terrorista era cada vez más agresiva y la actuación policial cada vez más tiránica. La ley de la selva: miles de detenidos, encarcelados y torturados, sin cargos, sin pruebas y sin juicios. A distancia, Atta estaba muy al tanto de todo eso.

La universidad de Hamburgo donde se había inscrito, pese a la voluntad de sus rectores, podía dar cancha a los agitadores extremistas. Ahí entraban en juego el nivel medio y los contenidos técnicos de la TUHH, su alumnado de amalgama social desclasada con un alto porcentaje foráneo, incluso su enclave en el barrio emergente de Harburg. Y aunque él se mostraba como un joven sensato y tranquilo que no se metía en jaranas ni en trifulcas, tampoco escondía sus fobias políticas. Desde niño respiró la hostilidad de su padre hacia el poderío yanqui: «Los americanos se han empeñado en ser los amos del mundo —le había oído decir mil veces—, y no pararán hasta gobernarnos a todos. Antes o después, ocuparán Egipto».

El Cairo de aquellos años era una ciudad en transformación. Cadenas de hoteles de cinco estrellas empezaban a erigirse por todas partes. Los Sheraton, los Hilton, los Claridge. Y a Atta le parecía bien, muy bien... Pero esos edificios modernos, espaciosos, confortables, con aire acondicionado, ascensores transparentes, instalaciones electrotécnicas a la última, con sus camareros exquisitos, bufés de capricho, camas vibratorias, bañeras con jacuzzi y su hilo musical, se alzaban en lancinante promiscuidad con las viejas casuchas de adobe, cuatro tablas y uralita, las calles abarrotadas de transeúntes y gente ociosa, los tenderetes oliendo a rancio, a agrio, a podrido, las bicicletas entorpeciendo el tráfico, los cláxones frenéticos, los ladronzuelos del tirón, la vocinglería, las basuras, la cochambre, las moscas, las avispas, el calor... Y eso a Atta ya no le parecía tan bien.

A la vez, impertérritas y voraces, las excavadoras se llevaban por delante valiosas piezas de antigüedad. Lo nuevo arrasaba lo viejo. Y lo histórico. Ahí Atta se indignaba. ¿Quién concedía esas licencias para derruir y para construir? ¿Quién compraba esos solares? ¿De dónde salía ese dinero?

Dentro de Atta había un punto de aborrecimiento contra el yanquismo. Era sólo un punto de ignición. Antipatía, desconfianza, tirria. No llegaba a ser odio. Pero bastaría que alguien aplicase el fuelle a ese punto, para que la brasa flameara y prendiese en hoguera. Atta no tardaría en encontrar quienes alentasen ese odio. Poco a poco, que es como los odios y los amores echan raíz: odio a los judíos, odio a Israel, odio a su protectora América, odio a los satélites y comparsas occidentales.

El egipcio tenía una singular capacidad para hacer amigos. Si él quería. Amigos no superficiales, sino de hondura. Su personalidad, su hermetismo, su reserva y, de pronto, cuando no lo esperaban, su simpatía seductora o su confidencia a tumba abierta. Eso, y no prodigarse a cualquier hora, le hacía muy atractivo entre sus compañeros universitarios.

«Me preocupa lo que está ocurriendo en mi país —Atta se explayaba a veces con Volker Hauth, otro doctorando de la TUHH—. Irrumpe una nueva clase de egipcios, una burguesía de nuevos ricos, que se han forrado nadie sabe cómo, de la noche a la mañana. Y me remuerde la conciencia ver el contraste entre unos pocos multimillonarios y una masa de sesenta millones de egipcios anónimos, con lo justo para sobrevivir, malnutridos, sin medicinas, sin vivienda, sin transportes, sin escuelas para sus niños, con una renta de miseria...»

Tomando café o paseando con sus nuevos amigos alemanes, si percibía que podían entenderle,[3] Atta daba suelta a sus ideas:

«Algo habrá que hacer para frenar la apisonadora de Estados Unidos. ¿Quién diablos les ha dado la regla y el lápiz para que tracen un mapa de influencias a su antojo, apoyando a unos y marginando a otros? No todo se compra con dólares o con petrodólares; hay pueblos, como el mío, que no tienen McDonald's ni Disneylandia, pero tienen una historia, unas tradiciones, una cultura, una religión, unas señas de identidad... ¡Lo que a ellos les falta! Nos pertenecen y las queremos preservar. No vamos a permitir que las prostituyan y luego las tiren a la cuneta».

Desde que llegó a Hamburgo, se aplicó a perfeccionar su alemán con palabras y giros nuevos, y pronto pudo expresarse con fluidez, incluso con elocuencia, en el ambiente universitario. Para ir a clase llevaba ropa informal: suéter, vaqueros, una cazadora de piel vuelta... Los viernes, en cambio, solía presentarse trajeado y con corbata.

—Qué, ¿tienes plan?, ¿vas a bailar con alguna chica?

—No. Es viernes y voy a la mezquita.

En una bocacalle de la avenida Steindamm, en pleno barrio de Saint Georg, la mezquita de Al Quds era un oratorio islámico y un lugar de encuentro. Tarde o temprano, todos los estudiantes musulmanes de Hamburgo acababan yendo por allí.

La avenida Steindamm. Un mundo estrafalario: restaurantes chinos de comida rápida, salas de videojuegos y máquinas tragaperras, gimnasios, cines X, caricaturistas al cuarto de hora, echadoras de cartas de tarot, grabadores de tatuajes, puestos de baratijas, herbolarios árabes con sus olores dulzones y antiguos. Todo ello, entreverado con un lumpen de yonquis, camellos, putitas, travestis, *skin heads*, mendigos y haraganes pululando a su avío. Y junto a eso, sorprendentemente, en poco tiempo habían proliferado las mezquitas. Más de una docena. Entre la gente joven de Hamburgo hacían furor las casas de oración.

En la mezquita de Al Quds, las salas de rezos estaban en la segunda planta. Los hombres separados de las mujeres. Alfombras azul turquesa a franjas amarillas cubrían todo el suelo. Había también una biblioteca islámica y pequeños cuartos para reuniones de estudio, de trabajo, de conversación. En el piso de arriba, una peluquería y barbería para hombres. Y, sin salir de Al Quds, un colmado que hacía las veces de salón de té.

Por entonces, se fundó en la mezquita de Al Quds un equipo de estudio que editaba su hoja informativa. Pero Atta no estaba de acuerdo con las opiniones de ese grupo y desde el primer momento les dijo que no contasen con él. En efecto, ni distribuía los boletines, ni se plegó a las instrucciones del director, ni se subordinó a los horarios del grupo.

Con sus compañeros recién conocidos de la residencia Am Zentrumhauss, Atta frecuentaba el Sharky's Billiard, un bar que hacía pisar fuerte a la joven clientela anunciándose como el lugar de las hipersupermegaposibilidades. Y, realmente, Atta podía sentirse hipersupermega: en diciembre de 1992, a los pocos meses de llegar, ya estaba en el nivel superior de licenciatura en la TUHH y tenía asegurado un trabajo compatible con sus estudios en Plankontor, una consultora de planificación urbana.

La Plankontor fichaba talentos en la universidad. A la vista de su expediente, contrató a Atta como delineante: 19 horas semanales por 1.700 marcos al mes. Las leyes docentes alemanas prohibían que los alumnos dedicasen al trabajo remunerado más de noventa días por curso. Aunque era un empleo temporal, Atta lo mantuvo durante cuatro años. Las oficinas de la consultora Plankontor estaban en Ottesen, un barrio de moda en el distrito hamburgués de Altona, lejos de la Universidad de Harburg, pero cerca de la mezquita de Al Quds.

En 1994, Atta pidió una beca de la prestigiosa sociedad cultural Carl Duisberg Gesellschaft.[4] Razonaba así su solicitud:

«Nací y me crié en un país en vías de desarrollo. He experimentado, de primera mano, sus problemas. Como nueva generación, me formulo preguntas sobre las salidas, las posibilidades y los riesgos del desarrollo económico [...]. Quisiera hacer algo por mi país».

Una prosa envolvente con la que no decía nada. Sin embargo, fue seleccionado y en 1995 viajó a El Cairo. Le acompañaban dos alemanes: su amigo de la TUHH, Volker Hauth, y Ralph B., un experto del islam. Como «bolsa de estudios» recibió 2.625 marcos. En El Cairo, vivió en casa de su familia y le dio la mitad del dinero a su padre, que entonces estaba en apuros económicos y con un sueldo muy bajo, de 500 marcos al mes. De ese modo, pudo quedarse tres meses en El Cairo.[5]

Atta en Egipto parecía una persona distinta de la de Alemania. Llevaba a sus amigos a hacer excursiones por todo el país, les mostraba monumentos colosales y rincones de escondida belleza: «Esto no viene en la guía Michelín, ni en la Guide Bleu», les decía guiñando un ojo con picardía.

Salía de noche con ellos. Se sentía en su casa, dominando la situación. Estaba relajado y simpático. Gastaba bromas. Hasta reía contando chistes de dictadores árabes. Una de aquellas noches, en un café de la antigua ciudadela de los mamelucos, hablaban de la inquietud con que, no sólo en Arabia Saudí sino en la Casa Blanca, en el 10 de Downing Street y en los bancos de Manhattan seguían el progresivo quebranto de la salud del anciano rey Fahd y las intrigas y disputas familiares por heredar el trono.

—Cada vez que aparece en público, lo filman, lo fotografían y después lo escrutan con mil ojos —decía Atta—. Todo el mundo ahí, comparando detalles casi imperceptibles entre las imágenes anteriores y las últimas. Es de morbo: buscan «nuevos signos de debilidad». Están preocupados porque el sucesor será uno de sus hermanastros, pero ¿cuál? Y el cambio puede ser de ciento ochenta grados...

—Por lo que yo he oído —comentó uno—, el rey Fahd es una mera presencia. Se mueve muy despacio, casi no ve, las piernas ya no le sostienen. Está fatal, pero... está.

—Va siempre en silla de ruedas —dijo otro del grupo.

—Y en sus palacios de Riad, de Ginebra, de Marbella, o los que tenga, han instalado escaleras mecánicas y ascensores para subirlo y bajarlo sin que él haga esfuerzos.

—Es diabético. Eso le produce insuficiencia renal y obesidad por la retención de líquidos... Un comentarista americano decía el otro día en televisión: «La orina del rey Fahd debe de ser la más analizada del mundo». ¡Joder, la que se montó! Decir que el Rey de la Casa Saud orina como cualquier mortal, sonó a sacrilegio...

—Por lo visto —intervino Atta con una sonrisa mordaz—, un especialista judío, una eminencia de Tel Aviv, se está haciendo de oro con lo que cobra por atender y cuidar los testículos de Su Majestad, el servidor y custodio de los Dos Nobles y Sagrados Lugares... ¡que sí, que hablo en serio! Y en Israel corren los chistes sobre quién tiene de verdad «la custodia de los Dos Nobles y Sagrados Lugares».*

Como urbanista, a Atta le irritaba que los altos edificios modernos se construyesen en el casco antiguo de una ciudad árabe. Él quería conservar la identidad islámica. Por otra parte, aborrecía la invasión de las americanadas. En cierta ocasión, hojeando un folleto turístico de Las Vegas, saltó con furia: «¡No respetan nada, lo mezclan todo!». Y señalaba unas reproducciones a tamaño natural de la torre Eiffel, del templo de Luxor, del Gran Canal de Venecia con sus *palazzi* y sus góndolas... y todo ello, junto a un casino de juego, un pub de rock duro o un monumento a la Coca-Cola y otro a la Harley Davidson. Y, páginas más adelante, un museo donde el estadounidense John F. Kennedy aparecía al lado de Tutankamón y de Anuar El Sadat. «Pero ¿por qué demonios los ponen juntos? ¿Los asocian por algo tan simplón como que los tres mandaban y los tres murieron asesinados?»

Al regresar de El Cairo, Atta utilizó su informe del viaje de estudios para denunciar «la especulación inmobiliaria en nuevas ciudades de Egipto, a costa de las zonas antiguas». Y elaboró el estudio de un caso concreto: en El Cairo estaban derribando una ciudad medieval de arquitectura fatimí de los siglos XI y XII. Numeraban las piezas de ciertos edificios, las trasladaban a otro lugar, y allá reconstruían el puzzle. Necesitaban sitio céntrico libre para edificar rascacielos. «Esos murallones y esos arcos, desmontados y rehechos fuera de su genuino emplazamiento, ¿qué son, sino una falsificación de la Historia?»

Los calificadores de la Carl Duisberg Gesellschaft consideraron el trabajo de Atta como «un informe brillante».[6] Y desde ese momento Atta fue admitido a participar «en los seminarios de la CDG que le interesasen por su especialidad».

En el invierno de 1995, Atta viajó de nuevo a Siria para la inves-

---

* Hacían un juego de palabras malicioso. La dinastía Al Saud reina en Arabia Saudí con la encomienda de servir y custodiar Medina y La Meca, los Dos Nobles *haram*, lugares sagrados del islam. Y el reproche de los musulmanes más puritanos al monarca saudí era precisamente que tolerase la presencia en Arabia de tropas «infieles» de la OTAN. El propio Bin Laden venía denunciando «esa profanadora ocupación» que, según él, contravenía un *hadiz*, un dicho de Mahoma ya a punto de morir: «Si Alá quiere, y yo vivo, expulsaré de Arabia a judíos y cristianos: en la Tierra Santa, el islam no debe convivir con otra religión».

tigación de su tesis de licenciatura. Esta vez, con Volker Hauth. En Alepo, Atta conoció a una muchacha palestina, Amal, que trabajaba como delineante en un estudio de arquitectos y urbanistas. Enseguida surgieron temas comunes de qué charlar: los dos estudiaban planificación urbana y los dos ejercían como delineantes. Amal era una chica moderna. Vestía camisetas y jeans ceñidos. Rímel en las pestañas, sombra de ojos en tonos lilas, los labios realzados con brillo y un leve rubor en los pómulos. Era atractiva y tenía estilo. Hablando de su vida en Siria, ella comentó: «Me gasto un dineral yendo en taxi a la oficina. Lo hago para evitar el contacto físico con los hombres en los autobuses. A mí, la promiscuidad no me importa nada. Pero a ellos ¡uf!, sí, les importa mucho. Y, al fin y al cabo, como no estoy en mi país, quiero respetar las costumbres musulmanas de aquí».

Parecía que a Amal le gustaba Atta. Coqueteó jugando a provocarle. A ratos lo miraba con admiración, y a ratos le lanzaba puyitas de ironía: «Todos los egipcios lleváis dentro un faraón». Si estaban juntos Atta, Volker y Amal, ella hablaba mirando a Atta. Pero él dejaba resbalar esas miradas.

Volker pensó que Atta debía aprovechar la ocasión. De vuelta al hotel, se lo comentó:

—Me parece que a Amal le gustas, eh… ¿No vas proponerle salir los dos solos?

—Pero ¿no te has fijado en cómo va vestida y en cómo va maquillada? —La expresión de Atta era muy severa—. Una mujer musulmana digna no va así. No es recatado, no es adecuado. Amal es una de esas chicas que se consideran libres y emancipadas…

—No es que se considere, Mohammed: es que está emancipada. Vive en un país que no es el suyo, trabaja, estudia, va, viene… Se costea su vida. ¡Jo, tío, lo normal! Como cualquier chavala de Hamburgo.

—Bien, vale, «lo normal» para ti. Pero «cualquier chavala de Hamburgo» no responde a mi concepto tradicional de la mujer. Amal, por lo que ella misma dice, tiene unos criterios de vida muy distintos de los míos. Tanta liberación no cuadra con mis esquemas. Ni me gusta ni me interesa. —Atta había ido endureciendo el tono—. Además, Volker, esa chica, con su actitud, con su coqueteo… es provocativa, es desafiante. ¡Fuera, fuera!

El suceso de Amal, no siendo nada de nada, fue el trato más cercano con una mujer que se conoció en toda su vida. La austera vida de Mohammed Atta: un musulmán riguroso que no bebía alcohol, no asistía a fiestas, no pisaba una discoteca, no iba a una playa ni a una piscina donde pudiera haber mujeres en bañador, no salía con chicas y prefería las reuniones donde sólo hubiera hombres.

Atta era sobrio, capaz de soportar viajes extenuantes, ayunos, noches en vela, frío y calor. No se consentía placeres. Sólo transigía alguna vez aceptando un trozo de pastel o unos bombones: era goloso.

No le gustaba estar mano sobre mano. Si tenía que esperar a alguien, invertía ese tiempo en estudiar, leer, recitar interiormente versos del Corán. O buscaba un cibercafé cercano para navegar por internet.

En la empresa Plankontor apreciaban el trabajo y la conducta de Atta. Disponía de su juego de llaves, podía utilizar el teléfono con libertad y respetaban sus ausencias por viajes o por clases. Con uno de la oficina, Matthias Frinken, echaba sus buenas parrafadas sobre asuntos candentes de actualidad. Algunas veces llevaba a sus compañeros de Plankontor hierbas curativas para el ardor de estómago o para el dolor de lumbago.

Se le veía integrado en Occidente: tenía trabajo y amigos, y estaba logrando éxitos culturales en la Carl Duisberg. Pero él se sentía un extranjero. No le pasaban inadvertidas las miradas de asombro de Helga Rake, una compañera de Plankontor, cada vez que al mediodía, dejando lo que tuviera entre manos, se arrodillaba junto a su mesa de dibujo, y mirando a La Meca hacía su plegaria.

Mohammed Atta había tenido un 1995 ajetreado, con sus viajes de estudio a Egipto y a Siria. Pero aunque esas ausencias supusieran cuatro meses, él faltó más de medio año a su trabajo en Plankontor. Antes de irse, explicó que iba a tomarse algún tiempo libre: «Quiero hacer mi peregrinación a La Meca y volver a El Cairo para ver a la familia».

¿Por qué no les dijo que iba a Egipto con una beca de la Carl Duisberg y que el viaje a Siria era para su tesis en la TUHH? Esos datos los ocultó. Ahí comenzaron los vacíos, los tramos oscuros en su currículo, las versiones que no coincidían, los fingimientos.

¿Estuvo en La Meca? Al parecer, sí. Y en Medina. Incluso es muy posible que, durante esa larga estancia en Oriente Próximo, se produjese su captación para Al Qaeda.

Se recomienda a los jóvenes musulmanes que, antes de peregrinar por primera vez a la tierra del Profeta, contraigan matrimonio. Sin embargo, Atta rehusó hacerlo. Ya había decidido no casarse.

Cuando se reincorporó a su mesa de dibujante en Plankontor, llevaba barba al modo de los talibanes y de los estudiantes coránicos: una aureola que le bordeaba la cara dejándole al descubierto los pómulos y el labio superior. Podía ser un simple cambio estético. Pero entre los alumnos de las madrasas* afganas, egipcias, paquistaníes, indias... ese tipo de barba era signo de un compromiso islámico radical.

Aún fue más extraño que, de su «viaje santo» a La Meca, Atta no contase nada ni en la oficina ni en la universidad. Tampoco habló de esa peregrinación con su amigo Volker Hauth. Cosa rara, ya que a los dos les interesaba mucho la religión: era el tema de fondo de muchas de sus conversaciones.

Con todo, enviada por Atta o por alguien que de su parte la franqueó y la echó al buzón, desde La Meca llegó una postal con unas letras suyas para Matthias Frinken, su colega de Plankontor.

Lo evidente fue que, a raíz de aquel viaje, se inició un cambio en él. No ya por las barbas, sino por sus nuevas actitudes. Atta llegó rechazando la música: «Es una banalidad —decía— que distrae de tener los sentidos y la mente en Dios». En cambio, pasaba horas oyendo grabaciones del Corán.

Acudía con más frecuencia a la mezquita. Se le vio en varias. Aunque al final solía recalar en Al Quds. ¿Buscaba ambientes?, ¿buscaba personas? En aquel tiempo, buscaba maestros. Asistía a

---

* Las madrasas son escuelas coránicas, de acendrada tradición desde la Edad Media. Hay decenas de miles, muchas de ellas sin registro oficial. Su programa de estudios consiste en aprender de memoria el Corán; la *sunna* o tradición: hechos y dichos del Profeta; interpretación del Corán; jurisprudencia y ley islámica o sharia; difusión de la palabra de Alá; filosofía islámica; lengua árabe y matemáticas. Los alumnos de las madrasas se llaman talibán. En Afganistán y Pakistán, muchas madrasas derivaron hacia la indoctrinación política y la exacerbación beligerante contra todo lo occidental. Otras se convirtieron en centros de formación paramilitar de «guerreros santos» o muyahidines.

los sermones de los viernes, los *jotbas*, y a charlas coránicas. Escuchaba y elegía. No seguía a cualquier predicador. Había comenzado su proceso de radicalización.

Atta era un estudiante sin continuidad, como tantos otros foráneos en la TUHH. Invirtió siete años en obtener su licenciatura. La tomaba o la dejaba por rachas. No era su dedicación primordial. Más bien fue su cobertura, un estatus para seguir como residente en Alemania. También por temporadas atendía y desatendía su trabajo en Plankontor. Ahora bien, si se lo hubiesen exigido, hasta mediados de 1997 habría justificado bien sus ausencias: viajes a Siria para su tesis en la TUHH o desplazamientos por Egipto, Baviera, Baja Sajonia, Renania del Norte-Westfalia, Berlín y Alta Turingia, con los seminarios de la CDG.

Aun así, nadie en su mundo de Plankontor, de la TUHH, de la residencia Am Zentrumhauss o de la sociedad CDG hubiese podido afirmar que Atta El Amir era un musulmán diferente de millones de otros musulmanes devotos de su religión y conservadores de sus tradiciones, pero ciudadanos pacíficos. No se detectaban indicios de que estuviera llevando una doble vida.

A Said Bahaji se le cayó el alma a los pies en cuanto llegó a Hamburgo. Todo estaba gris. Todo eran brumas y nieblas y cielos encapotados. No sabía si acababa de llover o si llovería enseguida. La gente andaba deprisa, metidos en sus gabardinas o en sus impermeables, y nadie miraba a nadie. Las casas eran antiguas y oscuras, con las ventanas cerradas, sin balcones, sin macetas, y sin geranios, claro. Arriba, donde los tejados, unos empinados remates de pizarra negra. Tan graves y severos le parecieron que, al instante, imaginó estancias lóbregas en su interior y gente adusta con luto recio moviéndose en silencio por angostos pasillos.

Era el otoño de 1995. Un incierto otoño. Y Said Bahaji ya tenía 20 años pero aparentaba 17 o menos. Llevaba un escaso equipaje y él mismo se notó pobretón y mal vestido. «A tía Barbara le dará vergüenza que toda esa gente vea que es a mí a quien ella espera, que soy familia suya. Igual da la vuelta y se va sin recogerme», pensó, temió. Said procedía de Marruecos, donde siempre hacía calor. Su atuendo eran unos vaqueros baratos, una camiseta de colores chillones, unas zapatillas deportivas sin marca y, alrededor del cuello, un collarcito ensartado en pelo de elefante. De todo a cien.

Barbara Arens le dio muchos besos, moinmoin, ruidosos, moinmoin, efusivos. Mientras aguardaban para retirar la maleta, le hizo mil preguntas de las que no parecía esperar respuesta: «¿Cómo está tu madre? Al final, tu padre ¿qué?, ¿ha protestado mucho? ¿Y cómo no se ha decidido a venir también tu hermana Myriam? ¡Con la alegría que me daría tenerla aquí! ¿Traes ropa de abrigo? Hamburgo no es Mequínez, ¿sabes, Saidito?, aquí hace frío y llueve». Luego, ya en casa: «Y ¿qué te ha parecido Alemania... bueno, lo poquito que has visto?».

Said se alegró de que tía Barbara siguiera haciendo cosas y parloteando sin el menor interés por oír lo que a él le había parecido «Alemania... bueno, lo poquito que has visto». Habría tenido que confesarle que estaba decepcionado, desfondado, tristísimo, y quería volverse a casa, a Mequínez. No se sentía capaz de vivir en un lugar sin sol. Hamburgo era tan diferente de la Alemania donde nació y vivió hasta los nueve años, la Alemania que él guardaba en la memoria... Quizá en todo este tiempo de Marruecos la había idealizado, y más con las evocaciones de su madre, pero sus recuerdos eran luminosos: Haselünne, junto al río Hase; Haren, entre las ondulantes colinas del río Ems, una anchurosa continuidad de prados siempre verdes.

Said Bahaji era un chico guapo, árabe y musulmán, medio alemán y medio marroquí. Su padre, Abdallah Bahaji, había emigrado a Alemania a principios de los años setenta por abrirse camino. Trabajaba de camionero a sueldo transportando carne. Conoció a Anneliese, una costurera alemana que cosía en un taller de confección de ropa de señora. Se enamoraron y se casaron. Vivían en un pueblecito del *land* de Baja Sajonia, al noroeste de Alemania, Haselünne, casi en la frontera con Holanda. Tuvieron una hija, Myriam, y un hijo, Said. En 1975, al poco de nacer Said, se trasladaron a Haren, un lugar tranquilo, provinciano y de serenísimos paisajes, diáfanos y sin sobresaltos, también por Emsland, la tierra del río Ems.

En Haren, los padres de Said montaron una discoteca con bar, Zur Sonne. De allí, de Emsland, procede el protagonista de *El acorde de Tristán*.[7] Pero no eran precisamente acordes wagnerianos los que sonaban en la discoteca. Más bien, rock, salsa, blues, merengue, tecno pop y, mientras limpiaban y fregaban, la bossa nova «Garota de Ipanema», que a Abdallah le gustaba. La verdad es que no acudía nadie. Cerraron. Lo intentaron con otra Zur Sonne. Y volvieron a cerrar por falta de clientela. «Las chicas alemanas no quieren bailar con moros... ¿Les damos miedo? ¿No les gustamos? ¿Nos desprecian? ¿Qué coño les pasa?», se preguntaba Abdallah Bahaji, y escupía enfadado.

En 1984, liquidaron sus deudas, liaron sus escasos bártulos y se marcharon a Marruecos. En Mequínez, el lugar de origen de los Bahaji, Abdallah había heredado un par de hectáreas de secano a 10 kilómetros de la ciudad. Modesto y sin lujos, pero allí al menos tendrían un suelo, un techo y trabajo seguro en el campo para ir tirando.

Con nueve años y sin hablar ni media palabra de árabe ni de francés, Said tuvo que partir de cero en el colegio. Sus compañeros se chanceaban, le hablaban a gritos como si fuera sordo y con desmesurados gestos: «¡Tonto más que tonto, que no nos entiendes!, ¡jujujú, taraditoalemán, jujujú, taraditoalemán!».

Entre los marroquíes, Said era un extranjero, como lo sería años más tarde entre los alemanes. Le hacían de menos. O cogía carrerilla y se ponía al nivel de los otros por sí solo y de un tirón, o lo marginarían. Ante esa disyuntiva, hincó los codos cara a los libros a toda hora. En un año, aprendió árabe, francés, algo de inglés y con su madre hablaba alemán. Anneliese, en cambio, había encajado mal el traslado. No quiso aprender el árabe. Decoró su casa a la europea y ahí se recluyó, cerrada en banda a trabar amistad con las mujeres marroquíes del barrio.

Anneliese y Abdallah discutían a menudo. Ella le reprochaba sus fracasos con las discotecas y le hacía ver que en Mequínez estaba «desterrada, a la fuerza, y sólo por mis hijos». Día a día, fue agriándose la relación y la pareja se distanció. Vivían en la misma casa pero no se dirigían la palabra.

A Said le rompían el alma aquel desamor y aquel silencio áspero. No soportaba estar siempre en el trance de tomar partido, unas veces por su padre, otras por su madre. Se refugió en los libros y en su nueva vida escolar marroquí, que era muy distinta de la de Emsland. En la escuela recibió sus primeras nociones islámicas. Los chiquillos, todos muy formales, descalzos y sentados en el suelo con las piernas cruzadas, salmodiaban a coro y de memoria las suras* del Corán, empezando siempre por la sura primera, la que abre el Libro: «En el nombre de Alá, el Misericordioso, el Compasivo».

En el mes de *ramadán*, a los alumnos les hacían enseñar la lengua: si la tenían roja era porque habían comido en el tiempo de ayuno. El desprecio y ser considerado infiel, *kafr*, por el grupo era el castigo moral.

A Said le agradaba el Corán. La historia del islam y las vicisitudes de Mahoma y sus seguidores le deslumbraron. El islam, como religión y como ímpetu de conquista: «Todo musulmán —le decían— debe ser proselitista, militante y combativo. El buen musulmán lucha hacia dentro para lograr el dominio de sí mismo, y hacia fuera para conquistar territorios y hombres, sometiéndolos a la causa islámica». La *umma*, como ideal de patria de patrias, encendió en él las primeras chispas de ese militantismo religioso.

Pero lo que más le confortaba era saber que aquel patrimonio era suyo y que él pertenecía a ese grupo. Ahí podría encontrar una identidad. Su madre era una prusiana protestante, que ni iba a la iglesia ni le hablaba de Jesús. Su padre, un hombre de poca cultura y aún menos palabras. Y Said no veía que fuese un musulmán muy practicante.

Un día fueron juntos de caza. Abdallah Bahaji abatió un faisán. Según la ley musulmana, el animal cazado ha de ser degollado en el acto para que no sufra en su agonía y para que se desangre cuanto antes. Sólo así esa carne es *halal*, y está permitido comerla. Sin embargo, el padre de Said tardó un buen rato en ir a buscar la pieza. El muchacho no dijo nada. Después, llegados a casa, se negó a comer.

—Pero ¡si es faisán, manjar de ricos! —decía Abdallah.

—Es faisán, pero no es *halal*. No lo como. Y tú… tampoco deberías comerlo.

Said no quería ser un campesino. Prefería leer, pegarse a la radio y oír las noticias, o destripar un ordenador estropeado hasta repararlo. No le gustaba lo de andar con la azada abriendo surcos y formando caballones de tierra. Además, tenía alergias: se le infla-

---

* El Corán, libro sagrado de los musulmanes, consta de 114 capítulos o suras, cada cual bajo un título diferente. A su vez, las suras se componen de párrafos, estrofas o versículos, llamados aleyas.

maban las manos al menor roce de un metal. «¡Delicado, este chico es demasiado delicado... *delikatessen*!», rezongaba Abdallah.

Said veía a su padre caminar desgarbadamente a campo traviesa, embutido en un jersey de lana espesa, que era como su segunda piel, y un recio tabardo del color de los olivos. Un labriego de rostro cetrino, curtido por el sol y profundamente demacrado. De vez en cuando se paraba y, apoyado en el azadón, parecía un olivo más. Escrutaba el horizonte oteando la lejanía como si quisiera ver venir las nubes... ¡ojalá las nubes!

Inteligente y melancólico, Said buscaba un sentido para su vida. Algunas veces lo intuía leyendo. Pero estaba seguro de que no lo encontraría con aquella vida estrecha de Marruecos, con una madre malhumorada y un padre que se consumía, de sol a sol, arañando la tierra reseca sin traer dinero a casa.

Estudió matemáticas. Pronto despuntó como el mejor de su clase, en el instituto público Muley Ismail de Mequínez. Aprendía rápido. Era serio y cumplidor. «Puntual como un alemán», decían de él. La mecánica, la electricidad y la informática se le daban muy bien. En la escuela o entre los chicos de su barrio, Said nunca llevaba la voz cantante. No era líder. Él seguía al grupo.

Con su compañero de pupitre, Tabar Salah Al Dine, hablaba de salir de allí, ir a un país próspero y adelantado como Canadá, Inglaterra o Alemania. Para él, era un deseo alcanzable: «He nacido en Alemania, hablo alemán. Mis abuelos, mis tatarabuelos... por la rama materna, todos son alemanes. Y, en cuanto cumpla la mayoría de edad, puedo elegir la nacionalidad alemana. Además, allí vive mi tía Barbara Arens. Es rica y, si voy, me echará una mano».

Abdallah no quería que su hijo se marchase de Marruecos:

—Escúchame, Said: yo ya hice ese viaje. ¡Ese mismo viaje! Y... mira dónde estoy. Allí me desplumaron. ¿Qué te van a dar los de fuera que tú no puedas ganarte aquí entre los tuyos? Aquí serías el dueño de estas tierras. Te concederían un crédito agrario. A mí no, pero a ti sí te lo darían. Comprarías un tractor y una cosechadora. Tendrías gente trabajando para ti. Vivirías bien aquí...

—¡¿Aquí?! ¿Para ser un esclavo de este rey,* títere de los americanos, y de esta monarquía corrupta? ¡No, gracias!

* En 1995 el rey de Marruecos era Hassan II, de la dinastía alauí.

Anneliese, genuina inspiradora de los deseos de «fuga» de su hijo, lo organizó todo. En octubre de 1995, envió a Said a estudiar a Hamburgo. Se alojaría en casa de su hermana Barbara.

—¡No dejes que te confundan, hijo! —le susurró su padre al oído, mientras le abrazaba en la despedida.

Barbara Arens, la tía de Said, era una diseñadora de comunicación que había vivido muchos años en Nueva York y en California. No tenía hijos y sabía lo justos de dinero que andaban los Bahaji. A expensas de su tía Barbara pasó Said su primer semestre en Alemania. Superada la impresión de grisura del primer día, se aclimató rápido y zascandileaba feliz por Lokstedt con una gorra de béisbol que le regaló su tía.

Se matriculó en la Technische Universität de Hamburgo-Harburg, la TUHH, en la especialidad de electrónica. Said era ya un musulmán muy observante, aunque sus aficiones fueran de adolescente: le apasionaban los videojuegos, las carreras de Fórmula 1 y pasarse las horas muertas ante el ordenador. «Me da igual que sean juegos o programas o chatear por internet —escribió en su página web—. Lo que me hace vibrar es sentarme frente a la pantalla y entrar en mundos insospechados con un simple clic».

Al año siguiente, llegó a Hamburgo su hermana Myriam, y Said se trasladó a la residencia de estudiantes Am Zentrumhauss, en Harburg. Pronto hizo nuevos amigos. Allí los residentes árabes le transmitieron cierta conciencia de humillación colectiva: «Si algún día queremos comer cuscús, nos dicen "hacedlo vosotros en la cocina común". En Ramadán, podemos traernos la comida a la habitación y guardarla hasta la noche; pero lo comes todo frío. Somos bastantes, ¿que les costaría dejarnos un microondas o unos termos?». El corolario era pesimista: «Por mucho pasaporte alemán que consigas, Said, eres árabe y musulmán. Nunca serás aceptado como uno de ellos en Alemania».

Empezó a ir a la mezquita de Al Quds. Quería pertenecer a algún grupo. No se sentía de Mequínez, ni de Hamburgo. Tampoco le agradaba el ambiente de su universidad: «¡Qué aburridos son los estudiantes de Harburg! ¡Es penoso! —se desahogaba en su página web—. No hablan de nada. Nada les interesa. Sólo abren la boca cuando están borrachos, y entonces no paran de decir bestialidades o tonterías». Y seguía buscando su patria en algún lugar. Necesitaba el abrigo y la aceptación de un entorno social. Sospechaba o sabía que, como individuo aislado, su vida no sería valiosa ni importante. Era un perro sin amo. Carne de cañón para ser captado. Lo contrario de aquel de quien Paul L'Église escribió que «era un muchacho sin importancia colectiva: exactamente, un individuo».

Y lo contrario también de Mohammed Atta. Éste sí se sentía de Egipto y bien acogido en Alemania. En cambio, no era el grupo lo que le daba conciencia de su identidad... por entonces. Un entonces en que Atta buscaba la soledad: quería ser un atleta del rigor, un asceta de la virtud. Perseguía la perfección, por sí misma. Y el aplauso narcisista que premiase sus vencimientos y sus plusmarcas. Atta era un asceta sin amor.

Myriam Bahaji, una vez en Hamburgo, no entendía que su hermano Said y sus jóvenes amigos se pasasen el tiempo libre en la mezquita. A Said, en cambio, lo que le extrañaba era el desenfado con que vestía su hermana. Aquel año, las chicas llevaban camisetas blancas muy cortas y ceñidas, y pantalones pitillo ajustadísimos. Y Myriam iba a la moda. Él la reprendía:

—¿Quieres ir por la calle provocando a todos? ¿Tú sabes lo que pareces, pintarrajeada así, con esos labios color chocolate y esas uñas moradas? ¡No es digno de una mujer musulmana ni pegarse lingotazos, como tú haces, ni fumar ni ir insinuando las formas del cuerpo a todos los que pasen!

—¿Y lo que tú pareces diciendo eso? ¡Un moro del jurásico!

A Myriam y a su tía Barbara les desquiciaban las moralinas de Said y sus soflamas apocalípticas:

—¡El islam asumirá el señorío del mundo! Ese día está cercano...

—¡Ay, Saidito, guapo, guárdate tus monsergas para la mezquita! Anda, rico, vete a hacer el coco allí...

Said defendía sus ideas con vehemencia de visionario y las sobremesas acababan en discusión. Poco a poco, fueron espaciando los encuentros hasta que dejaron de verse.*

¿Qué fue de aquel muchachito alegre que llegó a Hamburgo

---

* Según Barbara Arens, vio a su sobrino Said por última vez una tarde de 1998 en el Literaturkafé de Aussenalster. Lo encontró muy fanatizado por el islam, pero no se le pasó por la mente que fuera un adepto de Al Qaeda.

vistiendo ropa barata y estridente, collares hippies y corte de pelo a lo punk, rapado sobre las orejas y en la nuca y con un copete arriba de cabellos engominados de punta? ¿Dónde quedó aquel chaval espabilado que silbaba de gusto al descubrir frente a un escaparate los adelantos del civilizado Occidente? Hubo un cambio fulminante. En un abrir y cerrar de ojos, por no se sabe qué extrañas influencias, se transformó en un joven huraño y reservado. Enfático al hablar, lanzaba dardos críticos contra todo el sistema de vida de alrededor. Se había desinteresado por sus estudios. Alquilaba coches caros para desplazarse por Alemania de norte a sur. Se ausentaba días y días. Alternaba con gente mayor que él. Y, repentinamente, disponía de un dinero que ni su familia acertaba a saber cómo lo ganaba.

»¿De dónde sacará Said el dinero?», se preguntaban Anneliese y Barbara Arens hablando por teléfono. Primero era curiosidad. Luego, intriga. Sabían que el chico no tenía un trabajo estable. Ahí había un intríngulis que se les escapaba.

La pregunta no era estúpida. Sobre todo, cuando la oficina del fiscal federal de Alemania y la policía, la BKA,* andaban muy cerca, investigando ciertos circuitos de dinero raro y sobrevenido: fuertes cantidades de dólares o de marcos, enviadas por remitentes anónimos, iban a parar a receptores insolventes cuyas cuentas, abiertas el día antes, quedaban a vacías en cuanto se recibía el ingreso. Eran transferencias para terceros, con hombres de paja por medio.

Pero ni éste era un caso de dinero, ni el dinero era problema en este caso. Para lo que se preparaba, el dinero estaba listo. Y de sobra. Lo que hacía falta era encontrar a los hombres.

Said se dejó barba. Iba poco a clase. Era el típico empollón de la última semana. A veces cogía algún trabajo eventual. Pero tenía tiempo holgado para estar con sus nuevos amigos en la mezquita. Al Quds llegó a ser un punto caliente de encuentro e intercambio de información para aquellos árabes. Allí hablaban, rezaban y conspiraban sin esconderse de nadie.

Said aborrecía a los judíos. ¿Por musulmán? ¿O por alemán, hijo y nieto de gente afín a los nazis? Su madre, Anneliese, nacida en Dantzig, era muy pequeña durante la Segunda Guerra Mundial,

---

* Bundest Kriminal Amt: la policía federal de Alemania.

pero ella y toda su familia la pasaron con tranquilidad en Alemania. Tuvieron que escapar, precisamente, cuando llegó el final de Hitler: en 1945, mientras las tropas rusas entraban en Berlín, los Arens huían en el último tren ambulancia. El abuelo de Anneliese fue fabricante de hornos. Su padre, comerciante y miembro del partido nazi. Tras la derrota de Hitler, lo deportaron a Rusia y fue desnazificado en Osnabrück.

Said aborrecía a los judíos y no se preguntaba por qué. Era algo ancestral. Además, al odio —como al amor— le resulta incómodo someterse a los chequeos de la razón. Pero él y otros musulmanes expresaban ese mismo odio en la mezquita: «¡Que ardan los judíos! —gritaban—. ¡Arrasaremos sus lujosas mansiones, sus bancos, sus oficinas de negocios, y bailaremos sobre sus tumbas!». Eran las mismas arengas con que enardecían a los jóvenes en los campamentos de Al Qaeda.

En Am Zentrumhauss, la residencia de estudiantes de Harburg, Said había conocido a Mohammed Atta. Le pareció un egipcio impenetrable y altivo que sabía lo que quería, y que iba a lo suyo... Said hubiese asegurado que durante meses y meses Atta no se fijó en él. Después llegó Ramzi Binalshibi. No aclaró si venía de Yemen o de Sudán. Al poco, Atta, Ramzi y Said se hicieron amigos. Coincidían en muchas ideas y en muchos sentimientos. Ellos fueron enseguida su hogar, su familia, su patria.

Esos amigos le presentaron a otros musulmanes que, a su vez, le abrieron mundos inesperados. Fue todo muy rápido. Gente mayor, más pudiente y más representativa que él: el hombre de negocios sirio Mamoun Darkazanli; los primos hermanos Zammar, sirios también; el cirujano egipcio Aidaros Adley Al Attar, que prestaba su domicilio para ciertas reuniones; el predicador de la mezquita de Aquisgrán, Shalak Nakdali, tan influyente con sus sermones; el gestor financiero de fundaciones benéficas «de caridad y solidaridad islámica», Nabil Sayadi,[8] hiperactivo y transmundial, cogiendo dinero y más dinero con una mano y repartiéndolo con la otra a través de la Global Relief Foundation y de la Secours Mondial Foundation; un cultísimo profesor de fonología árabe; un afamado escritor de Estambul... Gente nueva para Said, gente que usaba tarjeta de visita, varias Visa bancarias, buenas casas y automóviles Mercedes, BMW, Chrysler, con lunetas entintadas. Algunos, pese a su aspecto de don nadie, manejaban caudales considerables y con una simple llamada telefónica le conseguían un empleo temporal. Otros le prestaban de mil amores cualquiera de sus coches para un viaje rápido con ingredientes de emoción y de secreto; o le encargaban hacer cien fotocopias de un discurso de Bin Laden y repartirlas en mano «a cien musulmanes, uno por uno», y «pasados tres o cuatro días, vas preguntándoles su opinión, su valoración, también uno por uno».

Said Bahaji supo entonces de Osama Bin Laden: un saudí multimillonario que, pudiendo vivir como cien rajás, renunció a todo confort y se enroló de muyahidín raso en la guerra de Afganistán hasta expulsar a los soviéticos. De ahí en adelante, entregó sus fuerzas, su tiempo, dinero, influencia y talento a la causa del islam. Se había rodeado de eruditos islámicos, ulemas, que le asesoraban en lo religioso, y de buenos estrategas y comandantes para que le orientasen en las operaciones militares. Bin Laden no era jurista, ni teólogo, ni militar. Era un musulmán sunní,[9] ortodoxo del islamismo «tradicional», con muchas rebeldías ardiendo en su conciencia. Pero era también un hombre de empresa. Con esa mente, había fundado y organizado Al Qaeda, La Base: oficina de reclutamiento de muyahidines, luchadores para los distintos frentes de «guerra santa», de *yihad*. Arsenal de armas, municiones y equipos de campaña. Extensa malla de hospederías y campamentos de «guerreros de Alá». Red mundial de células, activas o «durmientes», para ejecutar operaciones especiales: atentados terroristas. Circuitos seguros para el movimiento de dinero: donativos, dinero religioso, colectas, beneficios empresariales, cuotas de ONG. Y base de datos sobre los muyahidines entrenados y enviados al frente de guerra; las personas que los reclutan, los avalan, los presentan, los acogen, los apoyan… Al Qaeda, algo más complejo e inextricable que una simple «base de datos».

«Bin Laden —le explicaban a Said— duerme en el suelo junto a un fusil Kaláshnikov.[10] Come una vez al día: un trozo de queso de cabra o medio huevo y dos dátiles. Vive en estado de guerra. Y planta cara a la envilecida monarquía saudí, a los gobernantes musulmanes apóstatas de su fe: desde Hosni Mubarak hasta Benazir Bhutto, y a los gobiernos del Occidente infiel empezando por el de la Casa Blanca. ¿Nunca descansa? Algunas noches, le ven a lo lejos galopando en su caballo…»

¿Que de dónde sacaba Said el dinero? Ciertamente no era una pregunta estúpida. Ni de fácil respuesta. Con la mano sobre el Sagrado Corán, Said diría que «en el principio fue Ramzi... Ramzi Binalshibi».

El empleado de Aduanas solía llevar las gafas muy caídas, resbaladas casi hasta el final del puente de la nariz. Esa posición le permitía leer documentos y, por encima de la montura, mirar la realidad al natural. En aquel momento tenía entre las manos un pasaporte y delante un chico árabe de veintipocos años, con pinta de indigente, que acababa de llegar en barco al puerto de Hamburgo. No disponía de autorización de entrada, pero presentaba un pasaporte legal y pedía asilo político.

El de Aduanas se dirigió al funcionario de Inmigración, que estaba a su lado y hacía de traductor:

—Hombre... el pasaporte es legal. Lo que ya no sé es si lo que dice aquí es verdad o es una pipa... Este sujeto afirma ser —leyó en el documento— Ramzi Mohammed Abdullah Omar, estudiante, nacido en 1973 en Jartum, Sudán... Pregúntale qué ha hecho, quién le persigue, por qué diablos pide asilo... Y a ver qué milonga nos cuenta.

El de Inmigración se puso a hablar con el árabe. Mientras, por encima de las gafas, el aduanero escrutaba el rostro del susodicho Ramzi Omar: un joven delgado, macilento, de tez morena, facciones finas, labios carnosos y una mirada entre atemorizada y triste, pero frontal, no esquiva. Una mirada que pretendía inspirar lástima, y que a él le parecía fingida. Luego, bajaba la vista y comparaba con la foto de carné.

—Pssssssss... es verosímil. —El de Inmigración había terminado su conversación con Ramzi Omar—. Cuenta una historia de poco interés: ha salido huyendo por piernas, porque la policía sudanesa le detuvo durante unas revueltas estudiantiles en Jartum, y él se escapó, y blablablá... No conoce a nadie en Hamburgo que le respalde. Y no tiene ni alojamiento ni trabajo en perspectiva.

—Bien, dile que la República Federal de Alemania es la Gran Guardería Benéfica de los Parias de la Tierra, y nos encantan los chicos buenos como él que no han roto un plato en su vida y van dando tumbos de puerto en puerto... Que le retenemos el pasaporte para estudiar su solicitud de asilo; pero entretanto le damos un pase de estancia temporal... Y, como somos buenos samaritanos, le adscribimos a un centro de acogida de inmigrantes, en Kummerfeld. Ahí puede alojarse gratis. Ah —remató chungón— y que, si no le gusta el color de las sábanas, no tiene más que decirlo.

Aunque el pasaporte y la identidad de Ramzi Omar eran falsos, él sabía que en Sudán no le desmentirían. Desde el golpe de Estado de 1989, en ese país había un régimen militar, presidido «de derecho» por el brigadier Omar Hassan Al Bashir; pero el poder «de hecho» lo ejercía Hassan Al Turabi, que se proponía crear un Estado islámico. Cuando Osama Bin Laden fue expulsado de Arabia Saudí, en 1991, el Gobierno sudanés —en realidad, Al Turabi— lo acogió como huésped de honor. Bin Laden se instaló en Sudán con sus mujeres y sus hijos. En tiempo récord, creó un emporio de empresas comerciales y de obras públicas en aquel país, empleando a varios miles de nativos y produciendo magros beneficios para el Estado sudanés. De su bolsillo, puso 50 millones de dólares en el Shamal Islamic Bank de Jartum.

A cambio de sus magnánimas inversiones de capital, le permitían que Al Qaeda tuviese allí su sede central, sus contingentes de armas y cuarteles. Como detalle minucia, le dieron doscientos pasaportes para que algunos miembros de Al Qaeda pudiesen viajar por otros países con nuevas identidades. Uno de esos pasaportes era el de Ramzi Omar.

El recién llegado Ramzi Omar se alojó donde le indicaron: en el centro de acogida de Kummerfeld, a la espera del permiso de residencia, el *aufenthaltsserlaubnis*. Entraba así en el laberinto de los trámites burocráticos. Tiempo muerto que iba a serle utilísimo para explorar el escenario de Hamburgo.

Cuatro meses después, Inmigración le denegó la solicitud de asilo. Y él, bien asesorado en la picaresca de burlar las leyes y de dilatar los plazos, elevó un recurso de queja. Ganaba así más tiempo muerto. Mientras el Gobierno elaboraba su respuesta, Ramzi Omar se quedó retranqueado en Hamburgo. Durante ese margen, se movió como un avezado «agente de información» conociendo ambientes, lugares y personas. Sobre todo, personas.

Por guardar las apariencias, se apuntó como voluntario de Prestación Social en Pinneberg. Apenas arrimó el hombro en tal voluntariado, pero... figuraba en las listas.

A los quince meses de estar en esa situación provisional, a principios de 1997, se dejó caer por unos viveros de árboles en Ellerhoop, en Hamburgo. Pagaban a 12 marcos la hora. Lo echaron a los diez días. Según el informe de Volker Offen, supervisor del vivero, Ramzi Omar era «lento y flojo: demasiado delicado y enclenque para este tipo de trabajo».

El recurso presentado por Ramzi Omar ante las autoridades alemanas se rechazó: le denegaron el asilo. Entonces él, sin decir esta boca es mía y sin retirar su pasaporte, que lo tenían retenido en Inmigración, se marchó de Alemania. A Sudán o a Yemen. Era una habilísima «tapadera»: a efectos oficiales, él seguía en Alemania como «el emigrante sudanés Ramzi Omar». Para más garantía, sus documentos de identidad estaban en poder y custodia de la policía. Entretanto, él podía volver a entrar en Alemania, incluso quedarse a vivir, usando otro pasaporte y otro nombre. De ese modo, el falso Ramzi Omar le cubría las espaldas.

Quien se hacía llamar Ramzi Omar era realmente Ramzi Binalshibi: un hombre de Al Qaeda y del ámbito casi doméstico de Osama Bin Laden. Ramzi Binalshibi no era sudanés, sino yemení. Y no sólo yemení: había nacido en Hadramaut, tierra y cuna de la familia de Osama Bin Laden.

«Sé bien de dónde viene Ramzi: es hadramí y del pueblo de mi padre», comentó Osama con tono afectuoso en alguna ocasión. En efecto, en 1930, Muhammad Bin Al Awad Bin Laden, el padre de Osama salió de Hadramaut hacia Arabia Saudí, para ganarse la vida.

La región yemení de Hadramaut es un desierto de arenas y montañas calcinadas al sol. Al sur, el mar Arábigo. Al norte, más desierto: el de Arabia. El pueblo de los ancestros de Bin Laden es Al Rubat Ba'eshn. No deja de ser un toque irónico que el pueblo lleve ese nombre en honor y memoria de un santón sufí, Muhammad Ba'eshn, cuando Osama Bin Laden es sunní y rechaza el sufismo[11] como un islam idólatra, de mística sensual.

Los villorrios de Hadramaut viven todavía en plena Edad Media, con casas de adobe, sin agua corriente, sin teléfono, sin televisión... sin electricidad. En el campo, las mujeres hadramís visten amplias sayas negras y se protegen del sol y de las miradas de los hombres con unos enormes sombreros de ala ancha. En las ciudades, no conducen coches. Y sus casas están construidas como si fueran cenobios.

Un hombre puede tener hasta cuatro esposas conviviendo a un tiempo con él, más los hijos habidos con cada una, los familiares de cada esposa, los criados y criadas del servicio... Para que no haya promiscuidad y cada mujer esté aislada en sus dominios domésticos propios sin que la vean los ajenos, las viviendas son torres de varios pisos con auténticos laberintos de pasillos y callejones cerrados, que aseguran una separación a cal y canto.*

Los hadramíes no podían esperar mucho de un terreno tan árido y pedregoso. Pero Dios reparte con sabiduría sus tesoros, y a esas tierras las hizo capaces de dar el incienso, el sándalo y la mirra. Y para vender sus preciadas mercancías por el mundo entero, los hadramíes se hicieron viajeros y comerciantes. Son trabajadores infatigables, austeros, honrados «hasta el último real», espabilados en los negocios y muy devotos de su religión: sus tiendas y sus oficinas cierran a la hora de la plegaria.

La gente de Hadramaut que quería prosperar se iba a Malaisia o a Egipto. A principios del siglo XX, varias familias yemeníes partieron hacia Arabia —que todavía no era feudo de la dinastía saudí— y en poco tiempo se enriquecieron: los Barum, que amasaron una enorme fortuna con las importaciones y exportaciones a gran escala; los Bin Mahfuz fundadores del National Commercial Bank; los Al Amudi, que se dedicaron al petróleo, la minería y las inmobiliarias; y los Bin Laden, los más ricos de todo ese ranking de hadramíes, dueños de la empresa constructora más potente del reino saudí, y cuyo grupo de empresas —el Saudi Bin Laden Group— es un conglomerado internacional que, además del negocio de la construcción, abarca proyectos industriales y eléctricos, explotaciones petrolíferas y de gas, minería y telecomunicaciones. Tienen fuertes inversiones de capital en casi todos los sectores: desde los coches Volkswagen y los Porsche hasta varias cadenas de alimen-

---

* Ese aislamiento —*hiyab*— de la mujer se enuncia drásticamente así: «La mujer ha de estar en su casa o en la tumba».

tación; desde licencias de productos Disney hasta puertos, aeropuertos y autopistas; o desde los *jets* de alquiler y los balnearios turísticos hasta los satélites para telefonía móvil.

Los abuelos y toda la parentela de Osama Bin Laden eran pobres. Por eso emigró su padre. El primer trabajo de Muhammad Bin Laden fue de maletero en Yedda: en Arabia aún no había brotado el petróleo, y lo que daba un dinero seguro y continuo era atender al flujo de viajeros que iban a su peregrinación a La Meca. Pero enseguida, en 1931, creó su empresa constructora. En los años cincuenta, Muhammad Bin Laden compitió con otros constructores para edificar los palacios reales y ganó la contrata. Luego, se hizo muy amigo del rey Saud y de su hermano Faisal. Cuando en 1964 Saud y Faisal se disputaban el poder, Muhammad Bin Laden influyó en Saud para que cediera ante su hermano Faisal. Durante un tiempo, Muhammad Bin Laden fue ministro de Obras Públicas del rey Faisal. Lógicamente, se benefició con la «coincidencia» de que el ministro adjudicador de contratas y el constructor que licitaba por obtenerlas fueran, no ya amigos o parientes, sino... la misma persona. Como «Juan Palomo: yo me lo guiso, yo me lo como».

La empresa Bin Laden era considerada como «la constructora privada del rey». Dicho de otro modo: Muhammad Bin Laden era quien se alzaba con más contratas de obra pública, porque también era quien más «mordida» de comisión dejaba en las cuentas privadas de Su Majestad.

Muerto Muhammad Bin Laden, Osama siempre se sintió huérfano y desdeñado en palacio. Veneraba la memoria de su padre. Y, aunque él había nacido en Arabia, en Riad, cuando llegaba algún paisano de Hadramaut, que pudiera traerle descripciones de aquellos paisajes, recuerdos de su familia o noticias de sus primos y primas, Bin Laden le abría las puertas de su casa y de su confianza de par en par.

En el caso de Ramzi Binalshibi —huérfano también desde los 16 años, soltero y sin lazos familiares—, Bin Laden sabía que ahí tenía a un hadramí de lealtad berroqueña y dispuesto a morir por la causa.

Ramzi estuvo en varios campos de entrenamiento de Al Qaeda:

en Afganistán, Yemen, Sudán y posiblemente en Malaisia. Al iniciar su primer campamento afgano ya hizo el *bayat*, el juramento de lealtad al emir Osama Bin Laden.*

No era uno más en Al Qaeda, sino alguien a quien podían hacer encargos difíciles y delicados. De hecho, iba y venía, se desplazaba con soltura de medios, manejaba dinero de otros, tenía conocimiento de planes que la mayoría en Al Qaeda desconocía, se ausentaba largas temporadas sin dar explicaciones a nadie. Era un «liberado» a tiempo completo de quien la organización se fiaba a ojos cerrados.

Había hecho su «compromiso de martirio». Lo grabaron en vídeo y lo exhibían ante cientos y cientos de jóvenes muyahidines. Era una arenga funeraria de 45 minutos. Ramzi aparecía sentado, mirando de frente, con barba breve, la cabeza cubierta por la *kefïya* de cuadros rojos y blancos. En una mano el Corán. En la otra, un fusil Kaláshnikov que besó en dos ocasiones durante su discurso: «Hermanos, soy un mártir viviente…». La cinta original se conservaba en casa de Mohammed Atef, el comandante militar de Bin Laden.[12] Un indicio del alto valor que Ramzi tenía para la organización.

El 3 diciembre de 1997, Ramzi entraba de nuevo en Alemania. Esta vez mostró un pasaporte yemení y la identidad de Ramzi Mohammed Abdullah Binalshibi. No existían razones de estudios, trabajo, familia, amores o negocios que explicaran su afán por residir en Alemania. Concretamente, en Hamburgo. Pero sí existía un mandato: Ramzi Binalshibi volvía al Hamburgo que se había pateado a fondo en los dos años de deliberada espera burocrática; y volvía para poner en marcha una célula operativa de Al Qaeda.

Funcionaban ya células y comandos terroristas en Frankfurt y en Wiesbaden, en los *länder* de Hessen y de Baden-Württemberg. En Hamburgo, no. La célula de Wiesbaden controlaba los trayectos y los viajes de voluntarios muyahidines hasta los campos de entrenamiento de Al Qaeda. El comando de Frankfurt tenía en ese momento varias operaciones terroristas en fase de estudio. En cambio, Hamburgo era una plataforma financiera y comercial muy bien engrasada donde se recibía y se bombeaba dinero o se adquirían

---

* Ese juramento, *bayat*, se dirigía al emir Osama Bin Laden, sin necesidad de que él estuviera delante. Su representante oficial era el jefe del campamento.

armas y equipos de guerra para campamentos de Bin Laden; pero no había un núcleo operativo de «francotiradores», no contaban con una célula, ni despierta ni «durmiente».

La tarea de Ramzi Binalshibi en Hamburgo consistía en recorrer mezquitas, cafetines, casas de té árabes, gimnasios, boleras, universidades y escuelas técnicas donde hubiese estudiantes musulmanes. Conocer jóvenes, motivarlos, seleccionar a los idóneos y captarlos para la causa de la *yihad*: la «guerra santa» contra judíos, cristianos y quienquiera que fuese enemigo del islam.

Se matriculó en la Technische Universität de Hamburgo-Harburg, la TUHH. En su estancia anterior como Ramzi Omar había observado bien el terreno y sabía que ahí, bajo la tersa piel de su prestigio docente y su elástica apertura a un alumnado de todos los países, razas y religiones, había un clima propicio para la «propaganda y agitación» estudiantil. La TUHH sería su palestra y su cobertura.

Iba poco a clase. Sólo si buscaba a alguien. Y en el aula mostraba escaso interés por la asignatura. Mientras el profesor explicaba, Ramzi leía el Corán sosteniéndolo en sus rodillas bajo el pupitre. Suspendía en física, matemáticas, analítica; pero no hacía el menor gesto de contrariedad. Protestaba, en cambio, porque en el bar de la TUHH sólo vendían salchichas y hamburguesas: «¡Cerdo y sólo cerdo! ¿Dónde está la opulenta oferta del Mercado Común Europeo? ¿Dónde diablos el cacareado respeto a las minorías de otras creencias?». O, mirando de soslayo los generosos escotes de las chicas, comentaba en el corrillo de alumnos: «¡Yo no vengo aquí a ver tetas...! Yo vengo a aprender matemáticas».

No pretendía ser grosero; más bien, provocar la reacción de algún solidario. Si luego se le acercaba alguien con la mano tendida, «oye, Ramzi o como te llames, yo pienso como tú», ése podía ser un individuo captable.

Ramzi Binalshibi viajaba mucho y tenía soltura para burlar bien a la policía. Desde que llegó a Alemania, usó al menos tres pasaportes. Trabajó sin continuidad en empleos esporádicos, cambiando continuamente de nombre. Sólo en Hamburgo, dejó huella de cinco identidades diferentes y cuatro domicilios distintos. Solía tomar trabajos temporeros. Uno de ellos, como embalador, en el Computing Service, un edificio rojo en Wentorf bei Hamburg. El dueño era un japonés, Tetsuo Hayashi, que buscaba mano de obra barata. Sólo exigía «papeles en regla y horas de sesenta minutos» y pagaba un sueldo base de 630 marcos y 12 más por cada hora extra.

En ese empleo, Ramzi coincidió con otros estudiantes árabes: Mohammed Atta, Said Bahaji, Marwan Al Shehhi, Ziad Jarrah… Y no fueron coincidencias fortuitas: entre 1997 y 1999, justo el tiempo en que la célula de Al Qaeda en Hamburgo tomaba cuerpo y se amalgamaba, en la empresa del japonés trabajaron como embaladores a destajo varios miembros de ese grupo. Siete de ellos serían autores o cómplices directos en la matanza del 11/S.

Aunque no se le conocía ocupación ni negocio estable, Ramzi manejaba dinero con la misma soltura con que él se movía. Recibía ingresos, hacía transferencias, usaba tarjetas de crédito, tenía una cuenta siempre activa en el Citybank de Hamburgo. De modo ocasional, abría y cerraba cuentas en otros bancos, y ahí le giraban dinero desde Emiratos Árabes diversas personas con nombres supuestos. Muchos pequeños abonos de cantidades no llamativas —1.000, 2.000 o 3.000 dólares, sin sobrepasar nunca los 15.000— que podían parecer donativos de musulmanes. Ramzi, a su vez, enviaba dinero a otros. Él era un eslabón: un hombre que ponía en contacto a personas que debían encontrarse.

Entre sus múltiples nexos, los más interesantes en el momento germinal de la célula de Hamburgo fueron el comerciante sirio Mamoun Darkazanli, afincado en Hamburgo; el también sirio Mohammed Haydar Zammar, excombatiente en los frentes de Afganistán y de Bosnia; y el sudanés Mamduh Mahmud Salim, gestor general y factótum de las finanzas de Osama Bin Laden.

Darkazanli, Zammar, Salim… ¿quiénes eran esos hombres? ¿Qué papel jugaron?

Mamoun Darkazanli había nacido en Damasco en 1959 y procedía de una familia burguesa. En los años ochenta huyó de Siria, como tantos otros de su generación, perseguido por su radicalismo religioso y por sus ideas políticas: él se oponía al panarabismo y al nacionalismo populista que regía en su país. Refugiado en Hamburgo, se estableció en el elegante barrio de Uhlenhorst como comerciante de piezas electrónicas y repuestos mecánicos de todo tipo. En 1990, obtuvo la ciudadanía alemana.

En su mundo musulmán se le conocía como Abu Ilyas. Pero entre la sociedad civil hamburguesa era «Darkazanli el sirio». Gozaba de buena reputación como hombre de negocios y nadie lo hubiese relacionado con una banda terrorista.

Ni flaco ni grueso, de complexión fuerte, Darkazanli tenía el pelo color castaño claro, caoba al trasluz, y ensortijado. La piel tersa, la frente despejada con incipientes entradas en las sienes. Siempre con bigote, algunas temporadas llevaba barba corta y muy espesa; otras, cambiaba de *look* y dejaba que le creciese la cabellera rizada hasta cubrirle la nuca. El conjunto de su rostro, armonioso y atractivo, denotaba aplomo y seguridad. Sus ojos ambarinos se clavaban en su interlocutor como dos rayos láser. Pero no con una mirada inquisitiva. Él no pretendía adivinar lo que pensara el de enfrente; antes bien, trataba de impedir que el otro penetrase en sus pensamientos. Se cubría con cierta veladura distante, como de amianto.

De inteligencia ágil, construía tan bien su fraseo en alemán como sus apuntes contables. No había modo de pillarle el menor traspiés.

Acostumbrado al trato comercial con gentes de culturas diversas, Darkazanli tenía mundo, sabía estar. En ocasiones, usaba el caftán.* Pero si en un acto social o en una reunión debía presentarse como un hombre de negocios occidental, se afeitaba las mejillas y se ponía un elegante terno de buen paño inglés. Por prurito religioso, daba mil rodeos para zafarse de estrechar la mano a una mujer, y era devoto asiduo en la mezquita. Aun así, no parecía un musulmán extremista.

En 1994, Darkazanli medió en la compraventa de un barco carguero, en Hamburgo. Era una transacción de 800.000 marcos, y Darkazanli hizo las gestiones *gratis et amore*, sin cobrar comisión ni pasar factura por los gastos. El comprador fue el libanés Wahid El Hage,[13] secretario personal de Bin Laden. Y el barco se adquirió para transportar armas a los muyahidines de Al Qaeda que guerreaban en Kosovo.

A esa mediación en la compra del barco se añadía otro dato

---

* El caftán es una especie de tunicela o sobrecamisa de tela liviana, holgada y larga hasta debajo de las rodillas. Muchos musulmanes lo usan sólo para sus plegarias en casa o en la mezquita.

extraño: en las tarjetas de visita de Wahid El Hage, el secretario de Bin Laden, bajo el nombre de una empresa comercial propia, Anhar Trading, la dirección que figuraba era «Uhlenhorster Weg 34, Hamburgo». Cosa extraña: ése era... el domicilio de Darkazanli.

El FBI, el Buró Federal de Investigación, seguía muy de cerca al tal Wahid El Hage, que por entonces, 1994, se ocupaba de organizar la célula de Al Qaeda en Kenia. Incluso entraron en su casa de Nairobi para copiar el disco duro de su ordenador, un Apple PowerBook.

Debe de tener alguna explicación el que tantas veces los agentes del FBI inicien sus «estrechos seguimientos» cuando un atentado está todavía en fase conspiratoria, de preparativos, y sin embargo no logren desbaratarlo. Así ocurrió en aquel caso. El FBI «estaba sobre la pista», pero Wahid El Hage no se sintió estorbado en sus trabajos para Al Qaeda: impulsó la célula keniana y también la tanzana. Cuatro años después, se vio que estaba gravemente implicado en los brutales atentados de esas células contra las embajadas de Estados Unidos en Kenia y en Tanzania: 263 muertos y más de 4.000 heridos.[14]

Con menos datos —apenas una tarjeta de visita—, la BKA alemana empezó a atar cabos...

El sirio Darkazanli no tardó mucho en percatarse de que le seguían en los trayectos y tenía los teléfonos intervenidos. En realidad, estaba en la lista de sospechosos vinculados a Al Qaeda. El FBI, la CIA y la BKA le consideraban «el delegado oficioso de Bin Laden en Hamburgo», con una tarea importante de suministro de dinero, armas y apoyo logístico a la organización terrorista.

Consciente de que le vigilaban, Darkazanli se movía con cautela, por teléfono hablaba en clave o era muy lacónico, usaba cabinas públicas, cambiaba de itinerarios y era precavido en sus citas. Por supuesto, cuando empezó a fraguar la célula de Al Qaeda en Hamburgo, él procuró que sus contactos con los estudiantes pareciesen inocuos, irreprochables: coincidencias casuales en las mezquitas.

Pese a todo, las escuchas telefónicas y las observaciones de sus movimientos pusieron a la policía en la pista de unas relaciones anómalas entre Darkazanli y varios universitarios musulmanes de Hamburgo, como Ramzi Binalshibi, Said Bahaji, Mohammed Atta, Marwan Al Shehhi, Ziad Jarrah... No tenían razón de ser: no eran de la misma edad, ni del mismo ámbito social. No trabajaban para él en sus negocios. No les unían lazos de familia. No vivían en el mismo barrio. No procedían siquiera del mismo país... Pero «¿uno no es libre de elegir sus amistades?» En democracia, ese argumento ata de manos a cualquier policía.

No obstante, existían otras franjas oscuras donde investigar: Darkazanli tenía poderes sobre una cuenta del Deutsche Bank de Hamburgo abierta el 6 de marzo de 1995 por Mamduh Mahmud Salim, responsable de las finanzas de Al Qaeda y gestor de varias empresas del patrimonio personal de Bin Laden. Darkazanli administraba también la cuenta bancaria de otro personaje, Sadek Walid A., dueño de un negocio de importación y exportación en Baviera, y muy próximo a Salim, el jefe de las finanzas de Bin Laden. Este Sadek Walid A. ya había salido como avalista de Mamduh Mahmud Salim, en 1994, respaldando su visado de residencia en Alemania ante las autoridades germanas.

Tener poderes sobre las cuentas de dos «hermanos de religión», que a su vez se conocen entre sí, no es en absoluto delictivo, ni tiene por qué infundir sospechas... Pero sí en este nudo concreto, porque los dos «hermanos de religión», Sadek y Salim, eran piezas claves del engranaje que municionaba a Al Qaeda. Y no sólo con armas convencionales: en aquellos momentos, la organización terrorista intentaba acceder a un armamento químico, biológico y nuclear con capacidad de exterminio masivo.

Obviamente, Darkazanli no tenía contrato ni reglamento que describiese sus funciones. Su colaboración con Al Qaeda era gratuita, idealista y clandestina. Un manager financiero, en la intrincada jungla donde el dinero negro se mueve como los guepardos en la sabana: con sigilo, con ojos incandescentes, sin ruidos, sin huellas. Es decir, sin recibos ni apuntes contables, de mano en mano, de país en país, hasta llegar a tal célula, a tal campamento, a tal mercado de armas. En definitiva, para costear entrenamientos y acciones violentas de Al Qaeda.

No era otro el sentido del fluido trato entre Darkazanli y otros dos sirios residentes en Madrid, Imad Yarkas, Abu Dahdah, y Galeb Kalaje.* Bajo la apariencia de una vieja relación amistosa en-

---

* Imad Eddin Barakat Yarkas, Abu Dahdah, y Muhammad Galeb Kalaje Zouaydi, Abu Talha.

tre sus familias, se encubría un nexo funcional bien perfilado y concreto. Abu Dahdah no era un amigo sirio cualquiera, sino el líder de «Los soldados de Alá» y jefe de las células de Al Qaeda en España.[15] Y el empresario inmobiliario Galeb Kalaje era un eficaz recaudador de dinero «para la causa del islam». Galeb Kalaje derivaba los beneficios de sus negocios de construcción en España y dinero de colectas, donativos y limosnas preceptivas —el *zakat*—[16] de los musulmanes, haciéndolo llegar a diversos puntos del planeta, pero siempre a responsables económicos de la red de Bin Laden.

Era dinero de difícil rastreo. Como el Corán proscribe la usura y gravar los préstamos con interés, los musulmanes apenas utilizan la banca comercial, y menos para donativos religiosos. Desde el siglo XVII, funcionan con el rudimentario pero indetectable sistema del *havala*: las limosnas anónimas, la entrega en mano a un intermediario de confianza, con el cambio de moneda incluido: «Yo te doy rupias, y tú a Fulano le entregas dólares; tú me das afganis y yo a Mengano de tu parte le doy libras».

Al Qaeda se ha servido siempre con gran habilidad de esa difusa red de correos y de comerciantes que utilizan sus negocios convencionales —un bazar, un camión de transporte, un cafetín, una carnicería, un tiovivo de feria— como «tapaderas», para no dejar pistas del dinero que toman y dan.

Los donativos en oro, plata o piedras preciosas, se enviaban directamente a la tesorería de Al Qaeda, con lo cual su reflejo como ingreso era más opaco todavía. Y qué decir, cuando el dinero enviado a Al Qaeda o a sus células del mundo procedía del contrabando, de tarjetas de crédito clonadas y del saqueo de cajeros automáticos...

Pero, a pesar de tantos ingenios para disimular el trasiego de dinero negro, unas notas autógrafas del propio Galeb Kalaje sobre su «caja B» revelarían que, de 1996 a 2001, distribuyó entre terceros innominados 442.587.516 pesetas procedentes de donantes musulmanes. Además, en otros documentos contables de Kalaje constaba que entregó más de 111 millones de pesetas a activistas islámicos identificados, con nombres y apellidos, de Estados Unidos, España, Alemania, Bélgica, China, Turquía, Jordania, Yemen, Indonesia, Australia, Siria y Arabia Saudí. Algunas de sus remesas a Alemania, no inferiores a 30 millones de pesetas, fueron a parar a Darkazanli.[17]

Abu Dahdah y Kalaje estaban tan implicados en la red de Al Qaeda como Darkazanli. Abu Dahdah prestaba apoyo logístico, reclutaba muyahidines y establecía contactos. Kalaje y Darkazanli aportaban la intendencia económica o la distribuían. Y los tres operaban en conexión con el «número uno» de las finazas de Bin Laden, Mamduh Mahmud Salim.

De corte similar eran las relaciones entre Darkazanli y los hombres de Al Qaeda en Reino Unido. Tenía hilo directo y continuo con los más relevantes: con el jeque Mahmud Othman, un palestino conocido a escala mundial como Abu Qutada,[18] redicador islámico de incendiarios sermones y cautivadora personalidad que, desde la mezquita Four Feathers de Londres, recolectaba dinero y promovía nuevas levas de voluntarios muyahidines hacia Afganistán. Con el profesor argelino Rachid Boukhalf, Abu Doha, coordinador de Al Qaeda en Londres.[19] Con el representante y portavoz de Bin Laden en Gran Bretaña desde 1995, Khaled Al Fawwaz. Con el sirio Mustafá Setmarian Nasar, director de un campamento de Bin Laden, en Khalda, Afganistán...

En su piso de Uhlenhorster Weg 34, en Hamburgo, Darkazanli tenía una foto panorámica del World Trade Center con una anotación manuscrita: «¡Americanos, estamos sobre vosotros!». ¿Premonición?

Y ése fue uno de los hombres que sin demora contactaron con jóvenes estudiantes de Hamburgo como Ramzi Binalshibi, Said Bahaji, Mohammed Atta, Marwan Al Shehhi y otros que giraban ya en torno al núcleo naciente de la célula de Al Qaeda.[20]

Mohammed Haydar Zammar, un gigantón imponente con sus casi dos metros de estatura, sus 140 kilos y su frondosa barba, era un «guerrero de Alá». Había luchado en Afganistán contra los soviéticos en la década de 1980.

«Allí lo aprendes todo —chasqueaba la lengua sobre el paladar, como si quisiera no recordar—. Y todo es todo: desde soportar el olor de los cuerpos quemados después de un bombardeo hasta... llorar de vergüenza cuando, de una avanzadilla de siete que salisteis, sólo tú vuelves con vida al campamento. Allí sabes de verdad lo que es tener hambre y sed y frío y vómitos y miedo... ¡y todo a la vez!

Allí llegas a acostumbrarte al tacatacatacatacatac de las ametralladoras, al estruendo de los morteros, a la conmoción de los bombardeos y las explosiones. A mí, que soy capaz de dormirme de pie, hubo noches que lo que me despertaba era el silencio... Allí aprendes que al enemigo no debes mirarle a la cara ¡nunca! ¿A los ojos, como se miran las personas? ¡Nunca! Si tú le miras, te compadeces... y entonces la jodes, eres hombre muerto, porque él no se compadece, no, no, él va por ti... Allí aprendes a matar, y a olvidarte. Y a no llevar la cuenta. Aunque otros sí, otros hacían muescas en la culata de su fusil.»

Los que le oían por primera vez no sabían si eran bravatas de un muyahidín pasado de rosca o apasionantes confesiones de guerra. De Afganistán volvió Zammar con «mono» de trinchera y se alistó para la guerra de Bosnia. Dicen que eso de que a uno se le pegue el dedo al gatillo es enfermedad de combatientes. No era el caso de Zammar:

«Yo tengo aquí a la mujer y a los hijos. ¿Por qué coño iba a complicarme la vida? Pero en Bosnia estaban muriendo hermanos musulmanes, a chorros. Había que ir y hacer la *yihad* codo a codo con ellos... De los kosovares y su maldito nacionalismo de mierda, prefiero no hablar».

Ante el fascinado corrillo de jóvenes que le escuchaban sin parpadear en algún rincón apartado de la mezquita de Al Quds, Haydar Zammar se quitaba la *kefiya*. Se enjugaba el sudor de la frente, de la nuca, de las barbas. Volvía a plegarla despacio y se la enrollaba como un fulard alrededor del cuello. Todo ceremoniosamente. Bebía un sorbo de té con hierbabuena. Se relamía los labios. Era consciente de que nadie se le había distraído. El hilo de la atención seguía tenso. Entonces, sacando pecho, enumeraba los frentes de guerra donde «en este momento, jóvenes hermanos, en este preciso momento, hace falta sangre nueva, coraje sin cálculos, muyahidines con cojones que vayan a jugársela por unos territorios que fueron musulmanes y han de sernos devueltos para que ondee la bandera verde del islam: Palestina, Líbano, Chechenia, Cachemira, Kurdistán, Azerbaiyán, Tayikistán, Kazajistán, Birmania, Tashkent... Eritrea, Somalia, Filipinas, Malasia, Indonesia... Y añado, y no digo ninguna necedad: Siria, Jordania, Argelia, Irak, Egipto, Arabia Saudí, Yemen del Sur, Kuwait... ¡Sí, sí, sí! Lo sabéis igual que yo:

esos gobernantes son musulmanes de boquilla, *munafaqin*, hipócritas, títeres ateos del circo mundial que dirige su Tío Sam. Unos son "asociadores idólatras", que permiten la bota permanente de tropas americanas y británicas en la Tierra Santa de los Dos Sagrados Lugares. Otros, con sus leyes civiles y sus usos sociales, profanan la sharia a diario...».

Solía concluir sus charlas con frases de Abdullah Azzam,[21] el mentor espiritual de Bin Laden: «Ni negociaciones ni conferencias ni diálogos: ¡sólo la *yihad* y el fusil!»... «La *yihad* será una obligación individual hasta que vuelva a reinar el islam»... «Una hora en el frente por Alá vale más que sesenta años de oración nocturna».

Pero el «guerrero de Alá» no hablaba a cualquier público. No era un cuentacuentos para pasar un rato. Él era un captador, un reclutador de hombres. Cuando se ponía a relatar sus epopeyas bélicas, miraba uno a uno a los jóvenes de su escogido auditorio. Los calaba con un golpe de vista. Luego, a solas, los tanteaba, los examinaba, les prestaba revistas, folletos, casetes de algún insigne comentarista del Corán, discursos de Bin Laden, o los invitaba al pase de unos vídeos: «Son de mala calidad, pero auténticos: grabados en los campamentos de Khalda y de Zenica».

Zammar facilitaba la rutas para llegar a un campo de entrenamiento de Al Qaeda a los que ya estaban preparados: qué pasos intermedios tenían que recorrer, qué personas los alojarían o les darían comida en cada etapa del trayecto, qué contraseña debían usar. Él mismo activaba el mecanismo de avisos y acreditación para que, al llegar a Pakistán el nuevo reclutado, alguien le acompañase a cruzar la frontera por el punto estratégico, le diera atuendo afgano e hiciese el contacto último con el responsable del campamento. Si surgían problemas, los de Al Qaeda telefoneaban al reclutador. En este caso, a Zammar. En otros, llamarían a Abu Dahdah, a Abu Doha, a Tarek Maaroufi, a Abu Qutada o a Said Mansour, según que el aspirante a muyahidín hubiese sido captado y enviado desde España, Canadá, Bélgica, Reino Unido, Dinamarca...

Durante años, muchos jóvenes muyahidines, al ser detenidos por la policía cuando volvían del frente de «guerra santa» o de un campo de Bin Laden, les encontraban entre sus papeles el nombre de Haydar Zammar y su teléfono de Hamburgo. Poco a poco, la BKA alemana iba sabiendo que esas pistas no eran fortuitas.

Zammar, el agitador de la colmena, era una figura aguerrida que predicaba con su vida; un héroe de carne y hueso, no de libro. De ahí que provocase entusiasmos entre los jóvenes musulmanes de Hamburgo,[22] sobre todo si soñaban con hacer su *yihad*.

Como su paisano y amigo Darkazanli, Haydar Zammar había adquirido la ciudadanía alemana. Llegó de Siria siendo un niño de diez años, y ya fijó su residencia en Alemania. En Hamburgo vivía también un primo hermano suyo: Abdul Fattah Zammar, miembro de Al Qaeda como él. Eran muy distintos, pero se llevaban bien.

Aunque el gigantón Zammar acaparara los focos en el primer plano del escenario, quien estaba detrás, en la tramoya del suministro del dinero para viajes y estancias de muyahidines en los campamentos, era su primo Abdul Fattah Zammar. Éste, al igual que Darkazanli, recibía en metálico «donativos para los hermanos». Y ahí se cerraba el triángulo del dinero de la organización en Alemania: Salim, Darkazanli, Fattah Zammar. En Al Qaeda, como en todo negocio, eran muy pocos los que tocaban la caja.

Said Bahaji se había alejado tanto de sus padres, de su casa, de las tierras en Mequínez y de su hermana Myriam, que era como si todo aquello nunca hubiese existido. Él había descubierto otro mundo, desplazando al desván del olvido las estampas, los recuerdos y los sentimientos de veinte años...

De cuando en cuando, Anneliese se asomaba a la vida de su hijo. Le llamaba por teléfono. Le enviaba un paquete: un jersey, un par de calcetines, turrón y dulce de membrillo. Pero Said daba pocas noticias de sí. ¿Qué iba a contar?

Encerrado en su cuarto con otros árabes de la residencia Am Zentrumhauss, escuchaba casetes de *jotbas*, sermones de dirigentes radicales como Osama Ajub, el imán de Münster. Leía textos de Abu Qutada, el imán de Londres, que fustigaban «el ateísmo de los infieles», o cartas circulares de Osama Bin Laden. Le gustaba oír una cinta que recogía pasajes seleccionados por su causticidad crítica. Uno aludía al rey Hassan II de Marruecos: «¿Os ha dado siquiera un fusil para que vayáis a liberar Palestina? Quizá tema que comencéis por liberar a vuestro propio pueblo: él, como tirano que es, lo tiene bien esclavizado...».

En otro tramo de la casete, clamaba un predicador indonesio: «Hermanos míos musulmanes, mi llamamiento a morir como "mártires" no son palabras huecas: brotan de mi corazón y se dirigen al vuestro... ¿Estáis dispuestos a morir como "mártires"? ¿Estáis dispuestos de verdad? ¿No os dejáis engañar tal vez por la hipocresía? ¿Sois sinceros?... Si es así, nos enfrentaremos valerosa y brillantemente con esta situación. Sabed vosotros y que sepan todos que yo estoy preparado a morir como mártir ahora mismo. ¡Sí, ahora mismo! Si queréis seguirme, hacedlo».

A veces, en una salita de Al Quds, un grupo reducido asistía al pase de un vídeo clandestino de los que Zammar prestaba «recién llegado de un campo de prisioneros rusos del frente de Chechenia». Se sentaban sobre esteras frente al televisor. A sus espaldas, una vieja cortina corrida. Ya con los carteles de presentación en letras arábigas se oían salmodias exultantes o dolientes, himnos religiosos y cantos guerreros, que ellos coreaban a media voz. Después, en silencio «presenciaban» escenas atroces de violencia real, filmadas en directo sin trucos de cine. Sobreimpreso en el ángulo superior derecho, el año, el mes, el día. Un modo fehaciente y cruel de decir «esto es verdad, está ocurriendo y alguien lo filma».

Un soldado ruso muy joven y con ropa de camuflaje está sentado en el suelo de un sótano. Ha debido de caer prisionero. Le han tapado los ojos con tela blanca. Un checheno corpulento, con la cabeza cubierta y barbas, blande una pistola y le ordena algo. El vídeo no tiene sonido. El joven soldado levanta su mano derecha. El de la pistola le apremia más. El soldado, a tientas, porque con los ojos vendados no ve, adelanta su mano vacilante en el aire hasta tocar algo: el cañón de la pistola. Es todo muy rápido. Un disparo. Un disparo que no se oye, pero se ve vibrar el arma y el antebrazo de quien la empuña. Por instinto, el joven prisionero retira la mano hacia atrás. No sabe qué ha ocurrido. No puede ver ni dónde está, ni con quién, ni qué le hacen. Se le crispa el rostro con un gesto de sorpresa y desconcierto. Todavía no ha llegado el dolor a su cerebro, y ya el que maneja la cámara filma un descarnado primer plano de la mano derecha del soldadito sin dedos. En un ángulo de la imagen, seis cifras: «24.08.98».

Sin intermedios ni rótulos, la cinta pasa a otra escena· Exterior, luz de día y en descampado. Un hombre escuálido con barba puntiaguda, maniatado a la espalda. A golpes, le obligan a tumbarse en el suelo. La cámara enfoca en primer plano una mano que sostiene un cuchillo de matarife con mango de madera y un solo borde afilado. La punta del cuchillo pincha el cuello del prisionero y ahí se para. El prisionero ha cerrado los ojos, intenta decir algo. Pasan unos segundos. Sólo se ve la punta del cuchillo quieta sobre el cuello del prisionero. El muyahidín hunde la hoja lentamente en la garganta. Salta un borbotón de sangre oscura. Es la yugular. El cuchillo penetra con dificultad, abriéndose paso torpemente entre músculos, venas, huesos y tendones. El hombre escuálido ha muerto. Sólo se ve su sangre. El que sostiene la cámara aguanta sin que le tiemble el pulso. Y el matarife corta, saja, degüella, hasta decapitar del todo a su víctima. Luego filman la cabeza rodando por el suelo del campo. Es como un ovillo de lana con facciones, empapado en sangre.

Exterior, luz de día. Esta vez la escena tiene sonido directo. El escenario es incierto. Puede ser un campamento, un fortín, el patio de una cárcel… Un hombre calvo y con barba crespa gime acobardado. De soslayo, implorante, mira hacia la cámara. Es decir, mira hacia el hombre que está detrás de la cámara. Se remueve. Se contorsiona. Intenta soltarse de la vigorosa sujeción de otros dos, barbudos y con gorros o turbantes negros, que le fuerzan a poner ambas manos sobre un tajo de madera, un tronco de árbol envuelto aún en su corteza. Con ruda pericia, le atrapan las manos entre grilletes de hierro. Los cierran y los aseguran con unos pernos. Gritan algo en árabe, y el reo separa los dedos. Parecen diez sarmientos agarrotados y ateridos. Uno de los verdugos alza un machete… Dos, tres, cuatro segundos. No se ve caer la cuchilla, pero se oye un golpe seco. Saltan a la vez un chorro de sangre y un dedo. Después, otro golpe seco, otra efusión de sangre y otro dedo… El reo se ha desmayado. Le dan unos cachetitos en la cabeza, para espabilarle. Quieren que se entere. La amputación continúa. El hombre se desmadeja sin volver en sí, pero las manillas de hierro siguen apresándole. El otro verdugo reclama el machete. Lo descarga tajante sobre la muñeca izquierda. Luego, sobre la derecha. Suenan los huesos astillados. Separado así de las argollas, el reo se desploma entre los regueros de sangre que manan de sus muñones.

Sobre la imagen, el tenor de la salmodia en *off* canta:

«A cada uno le castigamos por sus faltas. A unos les mandamos un viento huracanado, a otros los agarró el Grito, a otros los ahogamos. Alá no fue injusto con ellos. Fueron ellos mismos los injustos».[23]

Otros vídeos mostraban escenas de guerra, tiroteos, emboscadas de muyahidines chechenos contra soldados rusos, exhibición de armas, preparación de explosivos y trampas para vehículos blindados... O ejecuciones de presos, maniatados y con los ojos cubiertos por un trapo oscuro, junto a un paredón. Se les ve vivos, de pie. Se les ve recibiendo la descarga de metralla. Se les ve derrengándose. Una toma larga y detenida se recrea mostrándolos, agonizantes o muertos, en el suelo.

Otra cinta contenía una secuencia deslavazada con la voladura de un camión ruso. Después, reiterativos paseos de la cámara sobre los cuerpos destrozados de los doce o quince soldados que iban subidos en el camión. Planos despiadados y fisgones, escrutando sus carnes chamuscadas, sus rostros manchados de sangre, sus ojos vidriados, sus bocas abiertas en un último estupor. Eran soldados muy jóvenes y cada uno de ellos parecía sorprendido por la muerte a quemarropa. En otras escenas, los muyahidines chechenos rebuscan en los cadáveres para quitarles las armas y los documentos. Sin voz, como quien presenta un trofeo de guerra, varios primeros planos de esos carnés militares y de insignias militares rusas.

El comandante muyahidín con una pistola intenta rematar a dos soldados rusos que yacen amontonados en el camión; pero la pistola, que era de uno de los caídos, se encasquilla... Sobre la orgía de muertes, una risotada del comandante muyahidín, mirando a la cámara mientras hace con dos dedos la uve de victoria. Después, voltea su caballo, pica espuelas y se interna en el bosque. La salmodia del árabe cantor sonaba jubilosa.

Pero Said y cualquiera del grupo tenían su ración de morbo mucho más a mano, en su cuarto. Les bastaba entrar en internet: www.qoqaz.com. Y clic. Desde esa página web, la empresa Qoqaz instruía al aprendiz de muyahidín para su «guerra santa»: «El adiestramiento militar —decían ahí, en alemán, en inglés, en árabe— no es una práctica aconsejable: es una obligación islámica indeclinable. No cabe elegir». Las indicaciones que daban eran de clandestinidad y secreto: «Si quieres ir al curso de tiro, pide plaza, asiste, atiende y aprovecha bien. Después, regresa a casa y calla: guarda sólo para ti lo que hayas aprendido. No des explicaciones a nadie: ni dónde has estado, ni a quiénes has conocido, ni qué te han enseñado».

Adoctrinamiento a domicilio y con tarifa plana.

De las páginas de Qoqaz en inglés respondía Publicaciones Azzam,[24] una empresa británica llamada así en memoria del hombre que dio armadura ideológica a Bin Laden.

Y no es que Said Bahaji hiciera ahí un par de consultas por curiosidad, sino que figuraba en la lista encriptada de Qoqaz como abonado. También recibía la revista *Yihad*, editada en Londres para consumo de musulmanes extremistas desperdigados por Europa, con toda suerte de datos sobre cómo prepararse, con bagaje de ideas y de armas, para hacer la «guerra santa».

Aquel Said lampiño y naïf que, recién llegado a Hamburgo, confesaba «lo que me hace vibrar es sentarme frente a la pantalla y entrar en mundos insospechados con un simple clic», en muy poco tiempo se exhibía él mismo en su página web personal y hasta adjuntaba versiones en alemán, árabe, inglés y francés de las cosas importantes que tuviera que decir… *urbi et orbi*.

Por entonces, alguien dio a Said un número de teléfono difícil de conseguir por un estudiantillo cualquiera: el privado de Abu Dahdah, el jefe de las células de Al Qaeda en España. Abu Dahdah estaba en conexión constante con todos los «delegados» de Bin Laden en Europa, Asia, África y Oceanía. Era parte de su tarea, como abridor de rutas, tanto para ir a los campamentos de Al Qaeda en Afganistán o en Indonesia como para regresar de los frentes de *yihad* en Bosnia, Chechenia, Cachemira, Somalia… Ese teléfono pudieron dárselo Zammar o Darkazanli, amigos y conmilitones de Abu Dahdah y sirios como él. Más tarde, Abu Dahdah cambió su domicilio en Madrid y su número de teléfono. Pero, al margen de que Said Bahaji lo actualizara, conservando en su listín el número antiguo dejaba un vestigio de que ya en los primeros años de su llegada a Hamburgo, 1995 y 1996, pudo tener relación directa con un «delegado» de Al Qaeda en España.

El Boeing de Lufthansa volaba sereno y monótono a velocidad de crucero. De repente, pegó un par de botes y se bandeó con brusquedad varios segundos entre las nubes hasta capear una turbulencia. El zarandeo espabiló a Mohammed Atta. Deslizó hacia atrás el antifaz marengo y, sin quitárselo, lo dejó sobre su frente apoyado donde el nacimiento del pelo. Se frotó los ojos con las yemas de los dedos. Parpadeó varias veces para aclararse las córneas. Miró su reloj, pero no había cambiado la hora desde que despegaron en Praga. Atisbó por la ventanilla. Fuera había una claridad hirientemente blanca. Sólo vio nubes brillantes. Supuso que sobrevolaban ya el Atlántico. A su alrededor, marasmo de pasajeros dormidos, enfrascados en la lectura de un libro o enganchados a la película que ofrecían: una de perros por la nieve. Subió a sus rodillas el maletín de cuero negro. Era de lomo ancho y paredes duras, como los que usan los pilotos, con dos cerraduras de seguridad. Lo abrió y, sin rebuscar mucho, extrajo un sobre gris tamaño folio. Volvió a dejar el maletín en el suelo. Puso vertical el respaldo de su asiento y sacó del sobre un dossier fino, de pocas páginas. Se detuvo un momento mirando o leyendo la tapa de cartulina color hueso. Luego, abrió el dossier de izquierda a derecha. El texto estaba en árabe. La escritura iba de atrás a adelante y de derecha a izquierda. Sobre hojas muy blancas, una grafía homogénea e impecable, de ordenador. En los laterales y al final, algunas rúbricas y *visés* trazados a mano. Era un testamento.

¿En qué momento empezó Atta a dirigir los rezos y a enseñar en la mezquita de Al Quds? Los asiduos le recordaban «yendo por delante, desde hacía años... siempre por delante de los demás». El 11 de abril de 1996, Atta concibió y escribió su testamento en la mezquita de Al Quds. Firmaron con él, como testigos, dos musulmanes que estudiaban en Hamburgo: Abdelghani Muzuadi y Mounir Al Motassadeq. Atta constituyó al tunecino Bejir B. como su albacea y representante legal para las cuestiones testamentarias.

Quizá en aquellas fechas Atta ya había decidido morir por el islam. El testamento era tan inconcreto en la cesión de sus bienes, como detallista en lo que atañía a su cadáver. Más que legar una herencia, Atta redactaba ahí una severa y puntillosa directriz sobre la liturgia que debían seguir en sus exequias:

Yo, Mohammed El Amir Awad Al Sajjid,[25] quiero que después de mi muerte se haga lo que sigue.

Creo que Mahoma es el enviado de Alá Dios y no tengo la más remota duda de que llegará el momento en que Él resucitará a todos los hombres de sus tumbas. Deseo que mi familia y quienes lean esto teman al todopoderoso Alá, sigan a su Profeta como verdaderos creyentes, sin desviarse por las ofertas del mundo.

En memoria mía, deberían comportarse según el ejemplo de Abraham, que llevó a su hijo a morir como un buen musulmán.

Cuando yo muera, quienes hereden mis posesiones habrán de tener en cuenta lo siguiente:

1.   Que sean buenos musulmanes los que amortajen mi cadáver. Ellos me encomendarán a Dios y a su clemencia.

2.   Quienes se hagan cargo de mi cadáver, que me cierren los ojos y pidan que yo suba al cielo. Habrán de ponerme ropa nueva, y no dejarme con la que lleve al morir.

3.   Que nadie llore por mí, ni grite, ni desgarre sus vestidos, ni golpee su rostro. Ésos son gestos insensatos.

4.   A nadie que haya reñido conmigo en el pasado se le permitirá visitarme, ni besarme, ni despedirse de mí después de mi muerte.

5.   No quiero que me despidan mujeres embarazadas ni personas impuras. Lo rechazo.

6.   A mi muerte, que ninguna mujer pida perdón por mí. No soy responsable de los sacrificios de animales que se hagan estando yo de cuerpo presente: eso viola los principios del islam.

7.   Los que se sienten a velar mi cuerpo deberán pensar sólo en Alá y rezar para que yo esté en compañía de los ángeles.

8.   Quienes laven mi cadáver deben ser buenos musulmanes. Que intervenga poca gente: la absolutamente imprescindible.

9.   Quienes laven mis genitales deben llevar guantes, para que yo no sea tocado ahí.

10. Mi mortaja constará de tres piezas de tela blanca, pero que no sea de seda ni de otro tejido caro.

11.   No se permita que asistan mujeres a mi funeral, ni que se reúnan después junto a mi tumba.

12.   Mi entierro debe ser silencioso y tranquilo, porque Alá ha

dicho que Él desea la calma y el silencio en tres ocasiones: mientras se lee el Corán, durante los entierros y cuando alguien se postra en el suelo para orar. El entierro será rápido y en presencia de muchos hombres que estén rezando por mí.

13.   Quiero que me tumben sobre mi costado derecho, que mi rostro esté vuelto hacia La Meca y que me entierren junto a buenos musulmanes.

14.   Quienes me den sepultura, arrojen tres puñados de tierra sobre mi cuerpo diciendo «vienes del polvo, eres polvo, vuelves al polvo, y del polvo surgirá un hombre nuevo». Después, que cada uno invoque los 99 nombres de Alá y atestigüe que he muerto como un buen musulmán, creyendo en la religión de Alá. Todos los que participen en mi funeral deberán pedir perdón por mí.

15.   Que los hombres pasen una hora junto a mi tumba, y yo pueda así disfrutar de su compañía. Y sólo después, sacrifiquen un animal y repartan su carne entre los necesitados.

16.   Es costumbre recordar a los muertos cada cuarenta días o una vez al año; pero yo os pido que no lo hagáis conmigo porque no es un uso islámico.

17.   Durante mi funeral que nadie escriba versos o aleyas en un papel para llevarlos luego en el bolsillo como talismán. Eso es superstición. Mejor aprovecharían ese tiempo rezando a Alá.

18.   Las posesiones que yo deje, repártanse según la práctica del islam, tal como Alá nos ha indicado: un tercio para los pobres y necesitados. Mis libros entréguense a una mezquita.

Quienes ejecuten mis últimas voluntades han de ser dirigentes sunníes. Quien sea, debe proceder de la tierra donde yo crecí, o alguien a quien yo haya seguido en la plegaria.

A los que dejo en esta tierra: que sean temerosos de Dios y no se dejen embaucar por las cosas banales que la vida ofrece; antes bien, recen a Alá Dios y sean buenos creyentes.

Quien no respete estas disposiciones mías o permita que en mis ceremonias fúnebres se quebranten los preceptos religiosos, responderá de ello al final de los tiempos.

Escrito así el 11 de abril de 1996. Por el calendario islámico, Dhu Al Kada en el año 1416.

Testigos: Abdelghani Muzuadi (firma) y Mounir Al Motassadeq (firma)

El elogio del patriarca hebreo Abraham,* subrayando que estuvo dispuesto a ofrecer en holocausto a Isaac, su único hijo, podía ser una señal de que ya en 1996 Atta pensaba en su muerte como «martirio». Por otra parte, no era normal que un hombre joven y sin bienes, como Atta, viajase llevando encima su testamento. Salvo que tuviera la certeza de que ése iba a ser un viaje sin retorno.

Poco tiempo después, bastaría una ojeada a esas últimas voluntades para ver que, salvo las oraciones, nada de cuanto el testador pedía con tan mojigata autocomplacencia podría ser atendido. Y ello, por una carencia esencial «imprevista»: tras su muerte, no habría cadáver al que cerrar los ojos, lavar, amortajar, velar, enterrar tumbado sobre el costado derecho... En 1996, cuando redactó su testamento, Atta desconocía la inclemencia destructora de la muerte que él mismo daría a su cuerpo. ¿Cómo iba a imaginar entonces que esos miembros suyos, para los que reclamaba poco menos que el respeto y la veneración con que se trata una reliquia, ciertamente volverían al polvo, pero siendo ya polvo, ceniciento y desintegrado polvo?[26] En cambio, si lo llevaba consigo a América era porque sabía que ninguna de sus indicaciones se podrían cumplir. Aquel documento era para él un recuerdo sentimental, «papel mojado».

Atta retuvo todavía en sus manos el dossier abierto por la última página. Quizá releía las fechas y los nombres de sus dos amigos que firmaron como testigos. ¿Quiénes eran? ¿Por qué los buscó Atta para que certificasen tan solemne declaración?

Mounir Al Motassadeq, alumno de la Technische Universität de Hamburgo-Harburg, no era un *quidam* cazado al vuelo en la mezquita «oye, tú, ¿quieres echar aquí una firma?». Motassadeq, fervoroso orante de Al Quds, fue uno de los primeros miembros de la célula de Al Qaeda en Hamburgo. Vivía con otros universitarios árabes en la residencia de Schüttstrasse. Estaba en el núcleo de la ira.

Oriundo de Marraquech y nacido en 1974, al concluir la reváli-

---

* Los musulmanes se saben del linaje de Abraham por la rama de Ismael, no por la de Isaac.

da del bachillerato se trasladó a Alemania para estudiar. Entre 1993 y 1994 hizo sus cursos preceptivos de alemán en una escuela superior estatal de Münster. Y le sobraba tiempo libre para jugar al fútbol en el equipo local Kreisligisten FC Gievenbeck.

Debió de ser entonces, en los primeros meses de 1995, cuando conoció a Atta, que... «pasaba por allí» con uno de los seminarios de la Carl Duisberg Gesellschaft en Westfalia, todavía como alumno becario. Lo cierto es que ya en ese curso de 1995 Motassadeq dejó Münster y sus amistades, dejó su equipo de fútbol, se instaló en Hamburgo y se matriculó en la TUHH. No en cualquier ciudad ni en cualquier universidad: en la TUHH de Hamburgo-Harburg, donde estaba Atta. De momento, sólo Atta. Motassadeq fue el segundo. En pocos meses, se hicieron tan amigos que Atta le eligió como testigo de sus últimas voluntades.

Entre sus encargos, Motassadeq buscaba información para posibles atentados. Bajo la cobertura de ser estudiante de electrotecnia, visitó la central nuclear de Stade, cerca de Hamburgo, junto al gran canal del Elba. Muy atento y con mucho pormenor, se interesó por los controles de acceso, los dobles y triples sistemas de seguridad, las medidas de reconocimiento y detección biométrica, etc. En la central de Stade no pasó inadvertido lo minucioso de sus preguntas, y tomaron nota.

Cuando la policía alemana desmanteló poco después un comando de terroristas musulmanes en Baden-Württemberg, se confirmó que, bajo el mando de un comandante muyahidín bosnio, preparaban atentados de alta potencia en Europa. Y entre los documentos que les incautaron, había precisamente un informe técnico sobre la central nuclear de Stade.

La página web de Motassadeq reflejaba enlaces con diversas páginas de islamismo extremado. Y, como ocurría con Said Bahaji y sus conexiones de internet, eran contactos demasiado reiterados para ser meras consultas pasajeras de un día...

Tan imbricado estaba Motassadeq con la célula de Al Qaeda en Hamburgo que hizo su curso de campamento en Afganistán durante los primeros meses de 2000. Y estando allí, conoció a Bin Laden. Al marchar a América los que encabezarían el gran ataque, él ya estaba adiestrado para tomar el relevo en el grupo y quedarse en Hamburgo —con Ramzi Binalshibi, Said Bajahi, Haydar Zammar,

Mamoun Darkazanli, Zacarías Essabar y algunos otros— como re taguardia activa. Su participación sería de total confianza: le encomendaron la delicada tarea de administrador e intermediario financiero. Y Marwan Al Shehhi, destacado cabecilla de la célula, abrió expresamente una cuenta nueva en el Dresdner Bank dando poderes y cotitularidad a Motassadeq.[27]

Mientras Atta volaba hacia Estados Unidos, Motassadeq habría cumplimentado ya uno de sus encargos: pagar la mensualidad pendiente del piso que Atta y Marwan compartieron en la Wilhelmstrasse de Hamburgo y rescindir el contrato de alquiler. No iban a necesitarlo más. Incluso, por seguridad, los meses finales ya no vivían allí.

El otro musulmán firmante del testamento de Atta, Abdelghani Muzuadi, era un marroquí nacido en 1973 que estudiaba electrotecnia en Hamburgo. Vivía con un amigo en la barriada de Fischbek y conocía a Atta de la universidad y de la mezquita. Éste tenía sobre él cierta ascendencia, que Abdelghani no negaba: «Sí, todo empezó con ese trato espontáneo que surge entre jóvenes estudiantes. Un grupo de árabes musulmanes, al sentirse minoría en el extranjero, tienden a encontrarse y a crear lazos. ¿Que Atta me influyó? Sí, pero no con una presión dura y peligrosa, sino con dulzura, como influye un amigo mayor o un hermano con quien se ha rezado mucho: más desde la suavidad que desde la fuerza». Curioso apunte.[28]

Abdelghani tenía 23 años cuando firmó el testamento de Atta. Compartió un piso con Atta y buscó alojamiento a Marwan en una residencia estudiantil de Hamburgo para que se escondiera entre febrero y mayo de 2000, los últimos meses hasta su marcha a Estados Unidos. Esa misma primavera, Abdelghani estuvo con Essabar y Motassadeq, compañeros suyos de la TUHH, en un campamento afgano de Al Qaeda. Se preparaba para intervenir también en los ataques contra América.

En Alemania, Atta fue conociendo a muchas personas, musulmanes y no musulmanes, gente interesada en la cultura del islam. En la

TUHH, encandilaba a alumnos y profesores con sus relatos de El Cairo. La sociedad Carl Duisberg Gesellschaft, que ya le invitó en 1995 a participar en tres seminarios por distintos *länder* alemanes como alumno remunerado, ante su dominio de las cuestiones de Oriente Próximo le ofreció dirigir seis seminarios entre 1996 y 1997: dos en Berlín, tres en Turingia y otro en Renania del Norte-Westfalia. Interesaban sus disertaciones técnicas sobre «Planificación y construcción en países en vías de desarrollo», en las que señalaba las dificultades que debían afrontar ciertos países del norte de África y de Oriente Próximo. Conocía los problemas sobre el terreno y argüía con el realismo concluyente de las cifras. Sobrio, sin esa retórica alambicada que suelen usar los orientales, Atta resultaba elocuente. Persuadía. Gustaba. Y algo más: aguijoneaba la sensibilidad de sus auditorios con la denuncia de un reparto de bienes tan injusto y desigual entre Occidente y Oriente como entre Norte y Sur.

El paso de alumno a director en los seminarios de la Carl Duisberg le convirtió en un orador itinerante: daba noticia de un mundo musulmán que —aparte el petróleo y el tipismo— seguía siendo un gran desconocido sobre el planeta, y... un actor emergente al que convenía prestar atención. Atta expresaba ese mensaje de un modo políticamente correcto desde una tribuna prestigiosa y occidental.

Aunque él no pretendiera hacerse notar, lo cierto es que era observado. De manera discreta, se desplazaban a oírle determinados estudiosos de la cultura islámica o de los conflictos entre civilizaciones: intelectuales, musulmanes «motivados» por la causa islámica y algún que otro imán se mezclaban con el público de participantes y oyentes. El nombre de El Amir empezó a circular por esas alcazabas.

Despuntaba ya su genoma de líder. Atta tenía cierto don social, cierto magnetismo para atraer a otros y enrolarlos en su causa. Menudo, delgado y ligero de movimientos, con el pelo negro de brote rizoso, siempre muy corto y bien rasurado. La mirada firme. En ocasiones, inesperadamente dulce; pero también, de pronto, metálicamente dura. O peor aún: glacial.

Puestos uno junto al otro no se parecían; sin embargo había algo en el semblante de Mohammed Atta que recordaba al de Franz Kafka. El mismo aire entre atento y ausente, intemporal y sepia. Un hombre no común. Alguien con aureola.

Caprichosas coincidencias de almanaque las de abril de 1996: el egipcio Atta hacía testamento en Hamburgo. El libanés Ziad Jarrah llegaba a la fría localidad alemana de Greifswald para estudiar ingeniería aeronáutica. El emiratí Marwan Al Shehhi se matriculaba en el Instituto Goethe de Bonn. Y el saudí Hani Hanjour aterrizaba en Estados Unidos y se instalaba en casa de unos amigos de su familia, en el Hollywood de Florida, con idea de aprender inglés y pilotaje aéreo.

Atta, Ziad, Marwan, Hani. Cinco años después, cada uno de ellos secuestraría un *jet* comercial para conducirlo a un punto de muerte.

Ziad Jarrah nació en Líbano en 1975. Aún no sabía escribir cuando construyó su primer avión en miniatura y anunció: «De mayor, seré piloto». Con doce años iba ya a la biblioteca a leer libros de aviación. Le fascinaban los aviones. También hacer acampadas, encender hogueras, ser boy scout, montar en bicicleta... Y más adelante, jugar a baloncesto, buceo y pesca submarina, salir de copas con los amigos los fines de semana, ir a discotecas, bailar hasta perder el sentido, ligar con las chicas, perseguir por la playa a las amigas de sus hermanas Dania y Nisri... Le gustaba la vida y sabía disfrutarla.

Alto, delgado, de rostro alargado, pelo trigueño, tez clara y ojos grandes de color miel, o verdosos en días de sol, muchos le tomaban por europeo. Solía llevar gafas sin montura y vestía traje y corbata o ropa sport de buenas marcas. Sin atildamientos, tenía un toque de distinción. Piropeaba a las chicas y siempre estaba enamorado de alguna como un chorlito... Era un tipo alegre y divertido, con una sonrisa que todo lo llenaba de luz.

¿Musulmán? Sí, pero no a ultranza. Ziad tenía una mentalidad abierta, dialogante y su modo de vida era de corte occidental. Ni en casa ni en el colegio había respirado un clima de fanatismo religioso.

Su padre era un funcionario gubernamental de alto nivel: gerente en la agencia pública de la Seguridad Social. Tenían una casa en Beirut y otra en Marj, un pueblo del valle de la Bekaa, para fines de semana y vacaciones. Ziad se había educado en el Hikmeh,

La Sagesse, el mejor colegio de Beirut, de dirección cristiana. Los alumnos musulmanes, que eran muchos, tenían absoluta libertad para asistir o no a las clases de religión y a los actos en la capilla. El padre de Ziad se ufanaba de darle «lo mejor de lo mejor». Luego, a solas con su mujer, reconocía «lo estoy malcriando, no sé decirle que no... pero es que el chaval es un zalamero: un guiño, una sonrisa, ¡y me gana!». Por supuesto, hacía la vista gorda si Ziad traía a casa varios suspensos. Le ponía profesores particulares o se las ingeniaba para que tuviese tutorías en matemáticas, física y química.

Ziad no era torpe. ¡Qué iba a serlo! Era un vivales y un mal estudiante. Zanganeaba. Prefería divertirse. Cuando le cateaban alguna asignatura «para septiembre», y tenía que hincar los codos cara a los libros en plena canícula del verano, su padre se apiadaba de él: «Ziad, ¡cógelas! —Le lanzaba las llaves de su coche—. Anda, sal un rato con tus amigos a que te dé el aire».

Aunque desde niño soñaba con ser piloto, sus padres decidieron que antes fuese a algún país de Europa «a estudiar una carrera, una ingeniería, y venirte con un título universitario, un máster, algo de más nivel que una simple licencia de vuelo».

Así llegó Ziad a Alemania el 3 de abril de 1996. Iba con un primo suyo, a quien también le gustaba la jarana. Comenzaron un curso de alemán en la pequeña ciudad de Greifswald, a orillas del mar Báltico. Un extraño lugar. Hasta la reunificación, perteneció a la antigua Alemania Oriental. Al desovietizarse, sus habitantes acusaban desconcierto: unos nuevos modos de vida, una libertad con la que no sabían qué hacer, un pasado del que no debían hablar y un presente en el que se movían con torpeza. Eran una rara especie de ciudadanos: se habían «salvado» del Este, pero no se sentían del Oeste. Se habían quedado como un viejo lobo disecado, sin expresión, sin fuerza, sin vida, sin alma. Además, el panorama del liderazgo en las dos superpotencias no era por entonces el más adecuado para despejar dudas ni para ilusionar a nadie: en el Este, Yeltsin; en el Oeste, Clinton.

Ziad percibía temor y tristeza en aquella gente. Sus miradas huidizas si se los cruzaba por el barrio. Su silencio hosco de pocos amigos en los transportes o en el supermercado. Las puertas de las casas cerradas a cal y canto. Y una indolencia colectiva, lenta, perezosa y sucia. Unos pantalones y una camisa podían estar tendidos, colgando de una cuerda varios días. Las basuras se amontonaban en las aceras. Nadie las olía, nadie protestaba, nadie las quitaba. Acostumbrados demasiados años a que todo fuera del Estado y todo lo hiciera el Estado, no sabían cuidar como algo propio su ciudad, su calle, su portal... Greifswald era gélida e inhóspita para los estudiantes musulmanes. Si los vecinos recelaban entre ellos, ¿cómo no iban a desconfiar de los forasteros árabes? Ni aunque pagasen un caro alquiler querían alojarlos. Además, preferían vivir de la pensión estatal a tener que lavar sábanas para un huésped.

A Ziad se le helaba por días su espontánea sonrisa.

«El viento frío del Báltico —escribió en su cuaderno— acuchilla los rostros y a algunos les endurece el alma.»

El remedio, al principio, era montarse alguna juerga con los residentes de Makarenkostrasse. Una noche, Ziad y su primo bebieron tantas pintas de cerveza que, a la hora de volver a la residencia, no podían mantenerse sobre las bicicletas.

¿Por qué habían ido a elegir Greifswald? Bueno, cosas de familia: allí vivía su tío abuelo, Assem Omar Jarrah. Él les facilitó los primeros contactos, les buscó residencia y les ayudó a situarse como estudiantes.

El tío Assem Omar tenía una historia muy interesante, casi novelesca. Él mismo era un personaje de novela negra. Había sido espía: agente de la Sección XV del MfS, el Ministerio de la Seguridad del Estado de Alemania Oriental, en el distrito de Neubrandenburg. Bajo el nombre de guerra Karsten Berg —con registro oficial número XV/1309/85— y matriculado como estudiante de farmacia en la Universidad de Greifswald, desde 1983 obtenía información y la pasaba al Este. También trabajó varios años en la Sección II de Inteligencia: contraespionaje, para los servicios del IMB, en el distrito de Rostock.

Un hombre con muchas historias de intrigas y suspense que contar, y un buen tipo, Assem Omar. Pero, como buen espía, no era hablador y ni siquiera en confidencia reveló a sus sobrinos que las misiones secretas de mayor peligro las había acometido en la Sección XXII, como agente infiltrado de contraterrorismo. Su tarea de topo consistía en «marcar» de cerca al terrorista árabe más famoso y temido en los años setenta y ochenta: Sabri Khalil Al Banna, alias Abu Nidal.[29]

Entre el frío, la nostalgia de su Líbano natal, el rechazo de aquellos huraños habitantes y el confinamiento en el gueto, Ziad empezaba a tocar fondo. Justo entonces conoció a un hombre que volvió su vida del revés: Abdulrahim, un yemení de 43 años, muy respetado por la comunidad musulmana de Greifswald, que admiraba su sabio conocimiento del islam. Dirigía los rezos en un barracón destartalado, cerca de la residencia de Makarenkostrasse.

Abdulrahim había llegado desde Yemen por la frontera de Alemania Oriental, en 1989, en los confusos momentos de la caída del muro. Ante las autoridades germanas, era un estudiante de odontología. Cabría decir que «estudiante de hoja perenne», porque ya lo era cuando llegó, con 36 años, y seguía siéndolo siete años después, cuando Ziad le conoció. «Quiero ser dentista —decía— porque en mi tierra, en Yemen, si eres el médico, eres el amo.»

Pero ni se le veía por las aulas ni hablaba de un próximo regreso a Yemen. En cambio, se había convertido en un líder singular: como imán, predicaba después de la plegaria común, guiaba a los jóvenes universitarios extranjeros en la oración, les instruía en la doctrina coránica y en la historia del islam.

Exponía su radiante pasado de glorias y grandeza: la conquista de Hispania, ocho siglos dominando Al Andalus; el Imperio turco y otomano extendido hasta Viena en el siglo XVI. Relataba lances heroicos de los acompañantes del profeta Mahoma en el campo de batalla... Cuando más embelesados estaban sus oyentes, Abdulrahim hacía una pausa larga, cerraba los ojos, contenía la respiración. Al cabo de unos instantes, alzaba los párpados lentamente. Sus ojos estaban empañados. A partir de ese momento, su discurso les volvía al presente de la gente del islam: un cuadro crepuscular de parias marginados, perseguidos en sus países de origen, fugitivos, sin documentación legal, pobres, sin trabajo, sin vivienda o hacinados en suburbios de miseria, o muriendo ahogados en una patera frente a las costas de Italia, Grecia o España.

Abdulrahim cuidaba solícito a los jóvenes musulmanes recién llegados a Greifswald. Si les interesaba conocer mejor el Corán, entraban enseguida en su círculo.

Aquello funcionaba como un «banco de favores» con su calderilla de ayudas y servicios mutuos. El imán sabía conseguir un permiso de residencia, una habitación donde alojarse, prestar sin pega ninguna su viejo coche, o ceder un pequeño donativo a fondo perdido: «No me des las gracias. Esto es del *zakat*, limosnas de los hermanos. Ni mío, ni tuyo: ¡nuestro!».

Hoy por ti, mañana por mí... o por el islam. Si no creaba dependencias, sí generaba adhesiones agradecidas, conciencias endeudadas. Pero, sobre todo, Abdulrahim estimulaba en aquellos jóvenes su identidad musulmana como ADN, como esencia. Y la fuerte noción de que no eran cabos sueltos de un tejido deshilachado; antes bien, pertenecían a un colectivo religioso y patrio, que superaba las fronteras políticas. Sin saltos abruptos, suavemente, les ponía en condiciones, no ya de entender organizaciones transnacionales como los Hermanos Musulmanes o como Al Qaeda, sino de aspirar ambiciosamente a una *umma* que desplegase la carpa de su tienda común desde Marruecos hasta Filipinas. Era la apuesta por el renacimiento de un islam vigoroso y combativo capaz de conseguir el control del Oriente Próximo y Oriente Medio.

Abdulrahim deslumbró a Ziad. Le acogió con calor humano en aquel páramo glacial de Greifswald. Le fascinó con sus palabras. En menos de un año, la vida frívola de Ziad tenía un rumbo nuevo.

Para la militancia terrorista, como para los servicios de espionaje, nunca se intenta la captación de un individuo sin antes recibir el aviso del «señalador»: alguien que ha conocido a una persona y dice «aquí hay una pieza idónea para ser reclutada». Abdulrahim encendió primero la llama en el alma de Ziad Jarrah; y luego fue su «señalador». Es más que probable que el imán de Greifswald diera el aviso a su paisano yemení, Ramzi Binalshibi, cuya tarea en aquel momento era formar la célula de Hamburgo.

En su estancia junto al Báltico, Ziad no sólo se transformó al islamismo radical. Hubo más cambios. El chico veleidoso, que en Líbano coqueteaba con todas y se quejaba de que «en cuanto les das un beso, ya quieren hablar de boda», se enamoró de una muchacha turca muy guapa, Aysel, que estudiaba medicina en Bochum, Westfalia, y se comprometió con un noviazgo formal. Incluso, por tener más puntos de unión con Aysel, aunque desde niño soñaba con ser piloto, en Greifswald cursó una solicitud para estudiar tecnologías médicas. Y ahí ocurrió algo extraño: cuando le dijeron que estaba admitido, declinó la plaza. Sin más, había decidido trasladarse a vivir a Hamburgo y matricularse en ingeniería de construcción aeronáutica, en la Escuela Superior de Ciencias Aplicadas, Hochschule für Angewandte Wissenschaften: la HAW de Hamburgo.

Alguien influyó en aquel Ziad mutante que, de pronto, decidía alejarse de su primo, que era su mejor amigo, y de Abdulrahim, su líder espiritual, e incluso de su novia, aunque la visitase a menudo viajando hasta Bochum.

En cualquiera de sus excursiones a Westfalia para ver a Aysel, Ziad pudo conocer a Atta que, en aquel primer semestre de 1997, dirigía seminarios de la Carl Duisberg por Westfalia. También así, viajando a esa región, entró en contacto con Osama Ajub, un profesor egipcio que ejercía como imán de Münster. Él y sus epígonos del Centro de Estudios Islámicos de Westfalia marcaron la vida de Ziad con trazos profundos.

Sin embargo, lo más verosímil es que el propio «señalador», Abdulrahim, después de hacer sus consultas con Ramzi, sugiriese a Ziad: «¿Para qué vas a quedarte aquí? Vete a estudiar a Hamburgo. Allí están empezando cosas que te interesarán. Hay más posibilidades y más ambiente para hacer algo... valioso».

Transcurrido algún tiempo, no tendrán inocente explicación ciertas transferencias —en alguna ocasión, hasta de 6.000 marcos— a la cuenta de Abdulrahim, el imán de Greifswald, giradas por un gestor financiero de la célula de Hamburgo. ¿Donativos de los hermanos para mantener engrasado el «banco de favores»?

Ziad no vivió en el barrio de Harburg, como Atta, Ramzi, Said, Motassadeq, Abdelghani y los otros, sino en el distrito de Hummelsbüttel, una de las mejores zonas hamburguesas. Se alojó con una familia que tenía una casa de doble planta muy cuidada, con rododendros de flor rosa púrpura en el jardincillo.

—Es un chico tan brillante, tan correcto, tan detallista, que parece europeo... bueno, quiero decir que no parece musulmán. Se nota que es de una familia bien —comentaba a sus amistades la dueña de la casa. A veces Ziad la oía, pero no le daba importancia.

Allí se sentía a gusto y permaneció hasta que llegó la hora de su marcha a América, en junio de 2000.

Su casera era pintora y tomó tanto aprecio a Ziad que quiso hacerle un retrato al óleo: «Será mi regalo para Aysel —decía—, cuando pongáis vuestra casa».

Al principio, su padre le giraba 1.200 marcos cada mes. Después, aumentó a 1.500. Más tarde, subió a 2.000. No escatimaba gastos por dotar a Ziad de una buena formación científica. Su pregunta recurrente por teléfono era: «¿Estás entre los mejores o entre los peores de tu clase? ¿No os dan notas...?».

Por tranquilizar a su familia, Ziad les envió «un importante documento académico oficial... por favor, no me lo perdáis». Muy orgulloso, el padre lo enmarcó y lo colgó en la pared del cuarto de estar, como muestra de los progresos de su hijo en Alemania. Pero Ziad no les había enviado más que el certificado de matrícula en la HAW de Hamburgo. En realidad, no les mintió: «un importante documento académico oficial».

En el semestre de invierno de 1997 estudió con intensidad. «El alumno Ziad Jarrah se exige en sus estudios, invirtiendo mucho tiempo, día y noche, encarado a las fórmulas matemáticas más abstractas: tiene auténtico interés en ser ingeniero», estimó Heinz Krisch, el decano de la HAW, al concluir ese período. Para pasar al ciclo superior de ingeniería de construcción aeronáutica sólo le faltaban las prácticas.

En cuanto Ziad empezó a frecuentar la mezquita de Al Quds, le invitaron a compartir la plegaria y a unas charlas del grupo de musulmanes que se movían en torno a Atta y a Ramzi.

Aquello empezó a ser, de repente, un vórtice inesperado en su vida tranquila. Un torbellino que le aterraba y le atraía. Por días, se iba sintiendo como un esquizofrénico entre dos mundos contrapuestos que tiraban de él a un tiempo. En uno, su familia, su novia, sus estudios, su futuro como ingeniero aeronáutico, su vida acomodada. En el otro, ese horizonte heroico, con su resplandor mítico: cuanto representaban Atta, Ramzi, Said Bahaji, Motassadeq, Zammar, los imanes Abdulrahim y Osama Ajub... La fascinación de la nada con apariencia de todo, que tan inteligentemente se ofrece en los ambientes sectarios. Y en los totalitarios.

Ziad se notaba dividido, amagando sin dar, queriendo y sin

querer, subyugado y temeroso, intentando conciliar dos universos no conciliables. Incapaz de encararse a uno de ellos y rechazarlo. No sabía decir «no». Ésa era su debilidad.

Atta se dio cuenta rápido. Un día, estando con dos o tres del grupo, cuando aún no existía un plan de acción para la célula, alguien comentó que Ziad Jarrah iba muy a su aire, como si no acabara de integrarse.

—Ziad vale mucho. Tiene talento y tiene coraje —dijo Ramzi, enfatizando su opinión—. ¿Cuál es la pega? Que ha nacido ya con la mesa puesta y no conoce la vida dura. Además, necesita madurar: ese chico es un cóctel de costumbres cristianas y de ideas musulmanas... Pero todo eso se arregla con una temporadita de campamento.

Aunque Atta parecía entretenido buscando algo en su ordenador, les escuchaba y en ese punto intervino:

—Lo que a mí me preocupa no hay campamento que lo cambie. Es un rasgo de su carácter: Ziad es un entusiasta, un impulsivo. Y eso es peligroso porque le hace inestable. Si nos proponemos una acción fuerte y de largo alcance, ¿aguantará el tirón?

Y, sin que Ziad lo advirtiera, procuró controlarle.

Los inicios del jovencito emiratí Marwan Al Shehhi en Alemania, en la primavera de 1996, podían parecer de similar indecisión y desconcierto. Cualquiera lo habría pensado. Como el chaval provinciano que va a una feria de atracciones y, palpando el dinerito caliente en su bolsillo, mira deslumbrado en derredor sin saber en qué caseta entrar o a qué tiovivo subir. Llegó a Alemania desde Qatar, forrado con una potente beca de las Fuerzas Armadas de los Emiratos Árabes Unidos. Tenía 18 años. Era fornido, macizo, muy moreno de tez y peludo como un oso. Unos labios carnosos y ojos muy vivaces, cuyos brillos traspasaban el cristal ahumado de sus gafas. Llevaba bigote y perilla al estilo de su país. A veces se ponía la *kefiya* árabe blanca con coronilla de cordón grueso negro sobre la cabeza, pero la llevaba con desgaire. Le traía sin cuidado que le quedase torcida. Era un tipo simpático, bromista y socarrón. Le gustaban las mujeres, el alcohol, la comidas lentas y la siesta larga. Y no le importaba que en torno a su cintura se hubiesen almacenado ya algunos michelines de grasa.

Marwan se matriculó en el Instituto Goethe de Bonn: tenía que aprender alemán y superar las pruebas, si quería acceder a cualquier estudio superior. Ahí se encasquilló y tuvo que intentarlo en segunda vuelta.

Pese a sus pocos años, el ejército emiratí le concedió una generosa beca. La embajada de Emiratos Árabes Unidos en Bonn informó de que le otorgaban ese estipendio «como a otros cientos de musulmanes; a nuestras Fuerzas Armadas les interesa formar gente joven especializada en distintos campos». Lo que nunca estuvo claro fue en qué campo concreto deseaban que se formase el becario Marwan Al Shehhi. Pero mensualmente le transferían 2.000 dólares, desde el HSBC Middle East Bank de Dubai a su cuenta del Dresdner Bank. Y una vez al año recibía un ingreso extra de 5.000 dólares. De modo que, durante cuatro años, dispuso de unas 410.000 pesetas mensuales. Mucho dinero para un estudiante, aunque él era discreto: no alardeaba, ni iba por ahí de niñato rico.

En Bonn, vivía en una pequeña habitación de alquiler. Sus arrendatarios se preguntaban «y este chico ¿cuándo estudia?», porque Marwan era dormilón y solía quedarse en la cama hasta la hora de comer. Tampoco despuntó ante sus profesores. Les parecía un estudiante del montón: «indolente, inmaduro». Alguno de ellos apuntó: «Se le ve desorientado y sin una meta clara».[30] Un diagnóstico miope, a mil años luz de sospechar que ya entonces la «meta clara» del becario Marwan era «desorientar, ofrecer un bajo perfil, no destacar por nada, no llamar la atención, hacer tiempo y mantenerte "durmiente" hasta que alguien te avise».

Si en el Goethe pasaban películas en alemán, Marwan no se perdía una: quería practicar. Tampoco dejaba de acudir los viernes a la mezquita para la oración colectiva solemne.

En marzo de 1997, Marwan se matriculó en la universidad renana de Friedrich-Wilhelm bajo el seudónimo de Marwan Lekrab; pero, sin dar ni una explicación, canceló esa matrícula, se trasladó a vivir a Hamburgo y se inscribió en la Technische Universität de Hamburgo-Harburg, la TUHH. ¿Quién le orientó para decidir ese cambio? Cuando Marwan estaba en Bonn y después, ya matriculado en la Universidad de Renania, Atta impartía sus seminarios de la Carl Duisberg justamente por esas zonas.

Es llamativa la casualidad: entre tantas universidades y escuelas técnicas alemanas, ir a escoger precisamente la TUHH. Y no menos raro que, después de los antipáticos trámites de anular una matrícula, solicitar otra y conseguir el traslado de universidad, más el engorro de una mudanza y la búsqueda de nuevo alojamiento, Marwan ni apareciera por las aulas de la TUHH. Sin duda, lo que buscaba era vivir en Hamburgo con situación oficial de estudiante. Una vez dentro de la gran ciudad, eligió con puntería: el feísimo barrio de Harburg.

Entre diciembre de 1997 y enero de 1998, fue concentrándose en Hamburgo un inquietante grupo: aparte de Mohammed Atta, ya veterano en la ciudad, Mamoun Darkazanli y los primos Zammar, que residían allí, poco a poco se habían establecido Said Bahaji, Ramzi Binalshibi, Zacarías Essabar, Agus Butiman, Mounir Al Motassadeq, Abdelghani Muzuadi, Ziad Jarrah y Marwan Al Shehhi, con línea financiera directa de Emiratos, como se comprobaría más adelante.

Entretanto ¿qué hacía Atta? Durante año y medio había combinado las clases en la TUHH, sus horas laborales en la Plankontor, los rezos y pláticas en la mezquita de Al Qud y los seminarios por media Alemania. En junio de 1997, Plankontor le planteó el despido:

—Hemos adquirido un sistema informático CAD, que resuelve los planos, las alzadas, las perspectivas; amplía y reduce a escala y, además, imprime. Ese artilugio sustituye a varios delineantes... Sin embargo, como estamos muy contentos contigo, aparte de la última paga, queremos darte una gratificación.

—Lo entiendo —respondió Atta, con serena dignidad—. Son los gajes de la tecnología contra el hombre. Pero permítame que no acepte la gratificación. Ya he recibido mucho de ustedes. Me han dado más de lo que me he ganado.

Hubo un breve forcejeo. Atta se mantuvo en sus trece. Alzó el mentón y dejó el sobre del dinero sobre la mesa.

¿No le preocupaba de qué iba a vivir? No dio esa impresión. En lugar de ponerse a buscar otro empleo, se ausentó seis meses de Alemania. Los servicios de inteligencia de la CIA y el SIS paquistaní situaron en ese tramo de calendario una de sus estancias más largas en campamentos de Al Qaeda en Afganistán: de julio a diciembre de 1997, Atta recibió cursos de estrategia y técnica paramilitar.

Cuando volvió a la TUHH, en enero de 1998, su cambio exterior era notorio: vestía ropa suelta y pantalones holgados; llevaba una barba larga y muy poblada; su mirada era más dura y su expresión menos amistosa. Dittmar Machule, se quitó las gafas de aros metálicos que usaba para leer de cerca, le miró despacio de arriba abajo y detectó que dentro de su alumno algo esencial se había transformado; pero no acertó a darle forma en su mente. Aquella ausencia había durado mucho.

—Te has tomado un buen descanso, ¿eh, El Amir?

—Yo no le llamaría descanso. Tenía asuntos familiares, problemas entre mis padres. Soy el único varón, y es lógico que intente echar una mano...

Ante esa explicación, y aunque Atta no lo había dicho, Machule y otros de la TUHH pensaron que todo ese tiempo había estado en El Cairo.

—Entonces, te habrá tocado vivir de cerca los últimos atentados, lo del autocar de turistas alemanes —le comentó un profesor—. ¡Qué brutalidad! Aquí la gente estaba consternada...

—No, yo no estaba por allí en ese momento —dijo Atta, elusivo.

—Y ¿quién diablos son esos terroristas del Yamaa o de la Yamaa Islamiya, o como se diga?

—Son de un movimiento islámico... radical.

—Y ésos ¿de dónde salen? ¿Qué tienen contra nosotros? Yo nunca había oído hablar de ellos...

—Yo tampoco los conozco. —Atta elevó las cejas y se encogió de hombros con gesto de supina ignorancia, zanjando el tema.

La ausencia de Atta había coincidido, en efecto, con una oleada de terrorismo contra extranjeros en países árabes. El grupo extremista que la desató, Yamaa Islamiya, estaba en la órbita de Bin Laden. El primero de esos ataques fue contra un autobús de turistas en El Cairo. Los nueve muertos y los once heridos eran alemanes. Pero Atta no mentía: él no estaba en El Cairo en aquellos momentos. Él estaba... más cerca de Bin Laden.

Marwan alquiló un apartamento en la Wilhelmstrasse, una callejuela del barrio de Harburg. Desde un principio, y con la espontaneidad sin recovecos de los pocos años, Marwan no ocultaba a nadie en la mezquita que él, como buen musulmán, quería hacer su *yihad*, ir a la «guerra santa». Declaraciones de ese tipo eran como el destello de un anuncio luminoso. Atta y Ramzi entendieron que el emiratí «durmiente» estaba bien dispuesto. Había llegado el momento de despertarle.

Marwan y Atta congeniaron enseguida. Se entendían bien. Sintonizaban. Atta tenía diez años más que Marwan y le trataba como un preceptor a su pupilo. Bromeando, decía «le protejo porque es mi ahijado» o «lo tengo a raya, porque es mi sobrino». Inventaban historias sobre su relación. Y en la TUHH y hasta en la mezquita algunos llegaron a creer que eran primos por la rama materna.

De cara a la galería, Marwan era un chico divertido y guasón. En cambio, de puertas adentro tenía esa ácida seriedad de los ultras que nunca están para bromas, y un fuerte trallazo de espiritualidad de combate. Aunque vivía de la ubre del régimen de Emiratos, se sentía un rebelde frente a sus patronos. Los nombraba como una letanía despreciable: «Qatar, Dubai, Bahrein, Omán...». Y concluía despectivo: «¡poderosos esclavos de mierda!».

El mismo joven que se iba de juerga con éste o con aquél, sin más condición que un «no vengas, si no eres capaz de aguantar emociones fuertes», era puntillosamente selectivo a la hora de compartir su intimidad. Con muy pocos hablaba Marwan de su familia, de sus orígenes. Y entre esos pocos a los que se abría en la corta distancia, estaba Atta.

¿Por dónde empezaron las confidencias? El emiratí Marwan tenía con Atta algo muy importante en común: también por sus venas corría sangre egipcia. «Aquí nadie lo sabe, pero mi madre es de Egipto, como la tuya... y como tú». Secreto por secreto, Atta le contaría que su madre les había dejado, y que él ni lo aceptaba ni se lo perdonaba...

Otra estancia de su privacidad que Marwan vedaba a los ajenos, para que no se mofaran: su padre, además de comerciante dedicado a su negocio, era un predicador musulmán.

«Era yo muy chiquito, y ya me llevaba con él a la mezquita. Me enseñó a hacer de almuédano y llamar a los fieles a la oración. Si él tenía pedidos de su trabajo o clientes que atender y calculaba que llegaría tarde, me decía "Marwan, adelántate y empieza tú". Entonces yo me subía al minarete, cogía aire, abombaba los pulmones y, con la cara vuelta hacia arriba, entonaba el *"¡Allah u akbar!: ¡Allaaaaaaaaah u akbaaaaaaaaar!"*.

»La gente acudía a rezar como si les hubiese llamado mi padre. No reparaban en que vocease un crío. Sólo oían que "Alá es Grande". Esa fe siempre me impresionó».

Una tarde, mucho antes de que la célula de Hamburgo se determinase por una acción terrorista masiva, Ramzi, Marwan y Atta volvían de la mezquita de Al Quds dando un paseo por el barrio de Saint Georg. Llegados al malecón del puerto, se detuvieron a mirar las evoluciones de las gaviotas sobre el Elba. Atta se ensimismó en uno de sus enigmáticos silencios. De pronto, Marwan dijo:

—Esta semana me ha ocurrido una cosa fantástica y muy rara. He soñado lo mismo dos noches seguidas. Sí, ¡lo mismo! Más que un sueño, parecía una visión: todo luminoso y en colores. Yo hendía el cielo, lo surcaba, desde dentro de un pájaro inmenso y potente. Como esas gaviotas, pero muchísimo más grande. Era un pájaro verde y brillante. Volábamos muy alto y luego nos estrellábamos contra algo...

—¿Contra qué? —preguntó Ramzi.

—No lo sé. Eran superficies que, al chocar yo, se rompían... Ahí se acababa el vuelo, pero no el sueño. Yo volvía a volar otra vez... ¡Era fantástico! Si supiera, podría dibujarlo, porque lo estoy viendo ahora mismo. Y siempre volaba en un pájaro verde...

—El verde es el color del islam. ¿Te dabas cuenta, cuando lo estabas soñando?*

Ziad Jarrah no era un musulmán fanático; antes bien, muy respetuoso con las creencias de los demás. Por su talante de apertura,

---

* En vísperas del 11 de septiembre de 2002, Ramzi Binalshibi confirmó al periodista de Al Yazira, Yosri Fouda, que Marwan les había contado ése y otros sueños parecidos. También Bin Laden se refirió a conocidos suyos que, poco antes del 11/S, le relataban sueños sobre «aviones nuestros que destruían grandes casas y ciudades enteras».

deseaba que el mundo islámico se modernizara, se pusiera a la página del día y dialogase con otras culturas y otras formas de vida. Personalmente, no entendía «a los intolerantes que no tienen nada que aprender de nadie y se encastillan en la posesión de su verdad». Él era un hombre abierto, consciente de sus límites, dispuesto a aprender del vecino de enfrente. Y siempre en actitud de compartir, de comunicarse con los demás. Rara vez se le veía triste o sombrío.

Sin embargo, algo ocurrió en su vida durante los primeros meses de 1998. De buenas a primeras, Ziad empezó a mostrarse más serio, más reservado, más silencioso. Se dejó barba... Las dos mujeres que estaban más cerca de él, su anfitriona en Hamburgo y su novia en Bochum, lo percibieron. Sin saber qué podría haber detrás, hablaron de ello por teléfono:

—¿Qué te parece la barba que se ha dejado Ziad?

—Hummm... le hace mayor, pero me gusta: está guapo —contestó Aysel, sincera—. A quien no va a gustarle nada es a su padre. ¡Odia las barbas! Bueno, las barbas de algunos muy cerriles.

—Aysel, lo que yo he notado es que hace un tiempo que Ziad no va a discotecas, ni al cine, ni al fútbol, ni ve la tele...

—¡Mejor así! Él ahora tiene exámenes muy fuertes.

—Pero es que tampoco va mucho a clase. Y los libros ni los toca. Aysel, yo lo sé porque arreglo su habitación. En cambio, está metidísimo en el círculo ése de las mezquitas. Es como si le hubiese entrado de pronto una manía religiosa...

—¿Crees que no me he dado cuenta? Está pasando algo en su vida, y no me lo dice. No sé qué es, pero ¡reza tanto ahora...!

Lo que estaba «pasando en su vida» y en las de otros miembros de la célula de Hamburgo era una fuerte movilización, un alistamiento y una acometida de combate, como respuesta al último reclamo de Osama Bin Laden.

En efecto, el 22 de febrero de 1998, Bin Laden y los líderes de otras organizaciones musulmanas extremistas acababan de fundar el Frente Islámico Mundial para la Guerra Santa contra los Judíos y los Cruzados. No era una fantasmada retórica. Entre los firmantes de ese «frente de guerra», junto a Bin Laden por Al Qaeda, estaban Ayman Al Zawahiri por el Yihad Islámico Egipcio, Rifia Ahmed Taha por la Yamaa Islamiya Egipcia, y todos los líderes de los grupos radicales de Pakistán y Bangladesh, que por primera vez aparcaban sus disensiones y unían sus fuerzas.

Aquel texto fundacional, más que dar cuerpo a un organismo nuevo, expresaba una actitud colectiva en pie de guerra. De eso se trataba: de una declaración de guerra a Estados Unidos y sus aliados. Una llamada apremiante y galvanizadora para «luchar contra los norteamericanos y sus aliados, sean militares o civiles, como obligación de cualquier musulmán capaz de hacerlo en el país que sea». El texto justificaba como «lucha santa» toda acción violenta y, por supuesto, los ataques terroristas.

Era un documento explosivo. Y así corrió: como reguero de pólvora. En cuestión de horas, se fotocopió, multiplicó y distribuyó masivamente por casi todas las comunidades islámicas del mundo. Apenas hubo mezquita donde no se leyera. En muchas, se ensalzó a sus firmantes y elevaron plegarias por ellos.

En julio de 1998, y hasta octubre, Ziad trabajó por las tardes, como «estudiante en prácticas», en la enorme fábrica de Volkswagen en Wolfsburgo, al sur de Hamburgo. Lo destinaron a los talleres de carrocerías, sección de esmaltado y pintura, pabellón 15B, zona sur. Allí coincidió con Zacarías Essabar, un marroquí que vivía en Alemania desde febrero de 1997 y estudiaba en la Escuela Técnica Superior de Anhalt/Köthen. Trabaron amistad. Hablaron con hondura. Ziad hizo un proselitismo tan eficaz con él que, en otoño, al concluir las prácticas, Essabar trasladó su matrícula a la universidad de Ziad, la HAW de Hamburgo. Ziad lo presentó al grupo de los que rezaban juntos en Al Quds, y se les adhirió. Era el primer paso.

El 7 de agosto de 1998, Al Qaeda atacó las embajadas de Estados Unidos en Tanzania y Kenia provocando una masacre.[31] Dos acciones terroristas que respondían a la «declaración de guerra» formulada por Bin Laden.

Un mes después, la policía germana detenía en Grüneck, a las afueras de Munich, a Mamduh Mahmud Salim,[32] el jefe de las finanzas de Al Qaeda, por su complicidad con ésos y otros atentados de la organización de Bin Laden.

Desde que comenzó el proceso judicial de Salim, en septiembre de aquel año, los estudiantes de la célula de Hamburgo quedaron al cabo de la calle —si no lo estaban ya— de que ni el amigo Darkazanli era un simple comerciante que, como cualquier musulmán devoto, iba los viernes a la mezquita, ni el amigo Haydar Zammar, cuyas historias de muyahidín escuchaban con emoción, era un pacífico padre de familia que, por defender a sus hermanos afganos y bosnios, tuvo que coger su fusil.

Darkanzali, Haydar Zammar y su primo Abdul Fattah fueron citados a declarar como enlaces de Salim. Los Zammar tenían una relación funcional directa con Salim, en tanto que gestor financiero de Al Qaeda, dado que la recluta y el envío de muyahidines no se hacía sólo con peroratas, sino que generaba muchos gastos. Y se encontraron en serios apuros al quedar en evidencia sus actividades clandestinas para la organización de Bin Laden. Incluso, en otra investigación paralela sobre la célula de Al Qaeda en Turín, cuando la policía italiana desmanteló el comando terrorista Varese, al registrar el piso franco del cabecilla Ben Khemais, encontró entre otras cosas la dirección y el teléfono de Haydar Zammar en Hamburgo.

Si los primos Zammar y Darkazanli, agentes de Al Qaeda en Alemania, pudieron eludir la prisión fue porque, datos en mano, la fiscalía alemana no disponía todavía de la armazón probatoria necesaria para calificar criminalmente a Al Qaeda como «banda terrorista». Aunque los indicios no podían ser más palmarios.

Se supo entonces que Salim, ya en 1989, siendo imán de la mezquita que Al Qaeda tenía en Peshawar, Pakistán, gestionó campos de entrenamiento de Bin Laden en Pakistán y en Afganistán; que ese mismo año desplegó una agilísima movilidad, contactando con agentes de la red de Al Qaeda en Alemania, Malaisia, Filipinas y China; que, expulsado Bin Laden de Arabia Saudí en 1991, se trasladó con él a Sudán y allí cofundó Al Qaeda; que Salim no sólo era el tesorero de los fondos de Al Qaeda, sino que administraba el holding de Bin Laden en Sudán:[33] un emporio de empresas mercantiles operativas que servían como pantalla para las actividades de Al Qaeda.

Asimismo, se probó que Salim había adquirido armas convencionales y equipos de radiotelefonía y telesatélite para Al Qaeda; y que, en 1993, animó unas revueltas de civiles somalíes contra las tropas de Estados Unidos y de la ONU en Mogadiscio en las que murieron 18 soldados estadounidenses.

También salió a la luz que, cuando Al Qaeda intentaba adquirir armas de destrucción masiva —elementos radiactivos y agentes químicos letales para mezclarlos con explosivos—, como surgieron dudas éticas en la organización, Bin Laden expuso su criterio: «No consideramos un crimen tratar de poseer armas nucleares, químicas y biológicas». En esa disyuntiva, Mamduh Mahmud Salim, con el crédito moral de haber sido imán, y desde su relevante puesto en Al Qaeda como director general de Inversiones, se manifestó «muy de acuerdo» con Bin Laden. Y no se conformó con dar su plácet a las gestiones para adquirir uranio enriquecido: él, en persona, buscó componentes de armas nucleares para el grupo.[34]

Una vez que se hizo pública la investigación sobre Salim y el calibre criminal de los hechos en que él y sus adláteres andaban implicados, los estudiantes de Harburg y los devotos de Al Quds ya no podían fingir ingenuidad ni ignorar con quiénes estaban tratando.* Claro que a esas alturas, en el otoño de 1998, Atta, Ramzi, Said y Marwan ya hacía tiempo que eran agentes de Al Qaeda. Y en una línea más difuminada, pero comprometidos y a la espera de que les convocaran a los cursos de campamento, Ziad, Essabar, Motassadeq y Abdelghani. Todos estaban al corriente.

Lo que quizá no supieron los chicos de la célula de Hamburgo fue lo de los lloros de Salim. No salió en los periódicos. Ocurrió en un cuartelillo policial de Baviera. En uno de esos cuartos insonorizados donde agentes expertos, en mangas de camisa y la corbata aflojada, suelen practicar sus «habilidosos y persuasivos interrogatorios». Salim sollozaba, gemía y entre patéticas convulsiones pedía «¡una pistola, por favor! ¡me basta con una bala! ¡no soporto esto, quiero acabar de una vez!».

Mamduh Mahmud Salim se cerró en banda. Estaba en su derecho. Y lo negó todo. Incluso juró no conocer a Darkazanli —«¡no he estado en mi vida con ese tal Darga... zen... li, o como se llame!»—, aunque tres años antes, el 6 de marzo de 1995, habían acudido jun-

---

* Estados Unidos reclamó a Salim por causa penal terrorista contra personas y bienes estadounidenses. El Gobierno alemán concedió su extradición en 1998.

tos a una sucursal del Deutsche Bank de Hamburgo para abrir una cuenta común que, cuando le detuvieron, seguía activa y con las firmas de los dos.

Tras la detención de Salim, la policía alemana orientó sus radares hacia otras personas que aparecían extrañamente vinculadas con él, sin causa justificada. Así, el médico egipcio Aidaros Adley Al Attar, que ejercía como cirujano en Neu-Ulm: él invitó a Salim varias veces a su casa de Alemania. Y, en cuanto le detuvieron, le visitó en la cárcel, se encargó de buscarle un abogado y corrió con los gastos de la minuta.

Pasado el tiempo, se llegó a saber que el doctor Aidaros Adley Al Attar, que a veces prestaba su casa de Neu-Ulm para reuniones islámicas, también recibía en privado en su domicilio a Mohammed Atta. Ambos procuraban que esas visitas pasasen inadvertidas. Si andaba por la casa alguna empleada doméstica, el médico recurría a la explicación más socorrida: «Mohammed es un paisano mío de Egipto».[35]

Entre las diligencias policiales que llevaron a la detención de Salim, había seguimientos por la calle y conversaciones telefónicas intervenidas en las que no sólo aparecían Darkazanli, Aidaros Adley y los Zammar: afloraron también rastros de Said Bahaji y Ramzi Binalshibi, en conexión con Salim. Desde entonces, la BKA los tenía en sus ficheros como «sujetos a observar».

Lo chocante era que, para un organismo tan riguroso como la BKA, el «sujeto a observar» Ramzi Binalshibi policialmente no existía. Ellos seguían exhibiendo en sus oficinas la foto de un Ramzi jovencito de expresión asustada, boca entreabierta, y más cara de tonto que de ruin, bajo el rótulo de SE BUSCA: RAMZI OMAR, INMIGRANTE SUDANÉS DESAPARECIDO.

Al margen de sus implicaciones con Salim, Darkazanli y los Zammar, la policía alemana lo tenía en un archivo letárgico de «búsqueda» por una cuestión burocrática: hacía tres años que llegó en un barco, pidió asilo, hizo ciertos trámites, dejó allí su pasaporte y no volvió a dar señales de vida. La BKA ignoraba que estaba en Alemania, moviéndose tan campante, alojado en una residencia universitaria de Hamburgo, matriculado como alumno en la TUHH, rezando en cualquiera de las mezquitas de Saint Georg, chupándose los dedos con una comida afgana bien picante en el Hindu Kush, un restaurante barato de la calle Grindelhof, o en el Balutschi de Grindelalle, la calle de al lado, tomando sin prisas un té amargo con pastas y miel al estilo paquistaní.*

El 6 de noviembre de 1998, Atta, Said y Ramzi dejaron la residencia de Am Zentrumhauss y se trasladaron a vivir a un sencillo apartamento en el primer piso, derecha, del 54 de Marienstrasse, también en el barrio de Harburg y muy cerca del piso de Marwan en la Wilhelmstrasse.

Said Bahaji se ocupó de las formalidades, firmó el contrato de arrendamiento y cada mes abonaba el alquiler. Era ya el encargado de la logística en la incipiente célula. Al fin, Said se sentía estimado y con una tarea que cumplir. Había encontrado su gente, su patria, su identidad. Tenía un lugar bajo el sol.

En la mudanza les ayudó un estudiante indonesio, Agus Budiman. Era «uno de los nuestros». Más adelante, se trasladaría a Estados Unidos, para prestar apoyo logístico desde allí como «cabeza de puente» facilitando a otros de la célula la entrada en el país.

Al sur de Hamburgo, en un barrio emergente de medio pelo, sin rincones típicos ni turísticos, la Marienstrasse es una calle estrecha, más bien corta, de unos 600 metros, por la que se circula en una sola dirección. El número 54 es un edificio de cuatro pisos, una casa barata de las tantas que se construyeron después de la guerra: fachada de estuco amarillo pálido con marcos de plástico en las ventanas y un portal sin pretensiones. Arriba, un apartamento de 56 metros cuadrados con tres habitaciones: dos dando a la calle y la otra a un patio en el que entonces había un abeto, un tobogán y un columpio para niños.

Era lo que el grupo buscaba: un refugio, un lugar seguro, no sólo una casa. Como Atta escribió una vez de su puño y letra, aquel reducto era Dar Al Ansar, sinónimo en árabe de «lugar de los seguidores». Lo llamaron así en memoria del Beit Al Ansar, un bungaló

---

* La BKA no supo que Ramzi Omar y Ramzi Binalshibi eran la misma persona hasta después del 11/S. Cuando se publicaron las fotos de varios árabes sospechosos bajo el epígrafe de SE BUSCA, un testigo lo identificó: él había conocido a ese hombre, años atrás con el nombre de «Ramzi Omar».

blanco de Peshawar, Pakistán. Por allí iba Osama Bin Laden de cuando en cuando para dar la bienvenida a los voluntarios que empezaban su aprendizaje de las artes marciales de la «guerra santa».

Los tres del 54 de Marienstrasse hacían sus compras a la vuelta de la esquina, en el quiosco de la señora Hannelore Haase. Allí se vendía de todo un poco: prensa, lotería, tabaco, chucherías, refrescos y bocadillos. Hannelore veía llegar a Atta, Said y Ramzi, vistiendo a veces los tradicionales pantalones anchos y el caftán hasta media pierna. Ellos procuraban no llamar la atención, no ser ruidosos, no armar juergas, sacar las bolsas de basura a sus horas, no crear problemas al vecindario. A los vecinos lo único que podía extrañarles era que aquellos jóvenes árabes del primero derecha dejasen sus zapatos fuera, cerca de la puerta.[36] Pero no les molestaba.

En distintos momentos, se alojaron allí sucesivamente varios miembros de la célula de Hamburgo. Cuando uno se marchaba, le reemplazaba otro. Así, en septiembre de 1999, Said Bahaji dejó su puesto a Zacarías Essabar. También Abdelghani Muzuadi se alojó en Marienstrasse. Los 916,75 marcos de alquiler se pagaron con puntualidad cada mes, y casi siempre en metálico.

Iniciaban una nueva vida conspirativa. En esa línea de encriptamiento, mientras para las autoridades universitarias el alumno Atta o El Amir era egipcio, para su arrendatario era emiratí; y para Torsten Albrecht, el administrador del edificio de Marienstrasse 54, era un inquilino agradable, reservado, discreto, de quien no le llegaban quejas.

Los futuros terroristas de la célula de Hamburgo, por muy seguros y respaldados que se sintieran y aunque desde Emiratos les inyectasen el dinero que necesitaban, mantuvieron sus coberturas académicas como estudiantes y guardaron las apariencias sociales: cada uno en su ambiente procuró dar la impresión de que deseaba integrarse, abrirse camino y afincarse en Alemania.

Aparte de los que se emplearon en las plantas de ensamblaje mecánico y de pintura y carrocería de la Volkswagen, o como embaladores destajistas en la Computing Service del japonés Tetsuo Hayashi, otros trabajaron en el sector electrotécnico del grupo Siemens, en la Ground Stars de carga y descarga del aeropuerto de Hamburgo, y algunos en Cablecanal Premiere.

Cada viernes, Atta y sus compañeros tomaban el metro desde Harburg hasta la estación central de Hamburgo, junto a Saint Georg. Luego, desde la avenida de Adenauer, caminando a lo largo de Steindamm, llegaban a la mezquita de Al Quds. El grupo de Atta rezaba en un rincón, entrando a mano derecha, sobre la gran alfombra azul turquesa con rayas amarillas. Había allí cerca una pilastra con agua para las abluciones. Después se quedaban a charlar o a tomar un té.

Uno de aquellos días, en la mezquita y ante un grupo de jóvenes, Atta ofrendó su vida y su muerte por el islam, y expresó su determinación de ser «mártir».* Poco después, Ramzi hizo lo mismo y pidió a los presentes «rezad a Alá, para que haya mártires».

En el ínterin, desde mayo de 1998 y hasta bien entrado el otoño, Marwan Al Shehhi estuvo ilocalizable. Abonó por adelantado seis meses de alquiler del apartamento de la Wilhelmstrasse y se «perdió». Durante medio año, no hay noticias académicas de él. Sus patrocinadores de las Fuerzas Armadas de Emiratos tampoco se las reclamaron. Todo ese tiempo lo pasó en un campamento afgano de Bin Laden, bajo el alias de Abu Abdallah.[37]

Del semestre en el campo paramilitar, Marwan regresó bravío y como atravesado por un calambrazo de cólera. Había hecho su juramento de lealtad al *emir* Osama Bin Laden, igual que antes lo hicieron Atta y Ramzi. Enseguida fue a encontrarse con ellos.

En pocos meses, fraguó el grupo, el núcleo duro de musulmanes decididos a la guerra total, sin desdeñar el suicidio. Optaron por «una gran acción de acciones» y se aplicaron de inmediato a pergeñar proyectos de asesinatos masivos. Ellos serían los soldados. Ellos serían el arma. Bastaba que les dieran la orden, y ellos pondrían la guerra.

Como en Occidente, también en Oriente los ricos apilan sus billetes sobre apuestas seguras. Saben que para ciertas operaciones de riesgo es preciso captar e incendiar por dentro a jóvenes temerarios, capaces de todas las audacias sin que les tiemble el alma. Y también, que esas operaciones de riesgo sólo tendrán éxito si en

---

* El juramento formal ya lo había hecho años antes, en un campamento de Al Qaeda.

cabeza sitúan a hombres fríos y realistas, de los que comen poco y duermen menos; y en la retaguardia, gente eficaz y obediente: corredores de fondo, recaderos ágiles, peones discretos.

Y ése sería el reparto de funciones. Al mando, el egipcio Atta. En el grupo, él sabía siempre lo que convenía hacer y cómo hacerlo. El emiratí Marwan, el libanés Ziad y el saudí Hani Hanjour, llegado el día, tendrían que jugársela en primera línea. Ramzi el yemení coordinaría, pero supervisado a su vez por Khalid Sheij Mohammed, un kuwaití inteligentísimo y ambicioso, «oficial itinerante» de Al Qaeda. Said, Essabar, Motassadeq, Abdelghani y Budiman, de la célula de Hamburgo, funcionarían como piezas de apoyo. Dispondrían además, en cada ocasión, de un ejército de ayudantes anónimos: en Ontario, San Diego, Sarasota, Casablanca, Torredambarra, Madrid, Düsseldorf, Valencia... Una malla dispersa y en apariencia durmiente, pero entrelazada y atenta a la señal, que prestaría la logística de «imprescindibles minucias» sin preguntar para qué. Y todos subordinados a la ingeniería de una operación cuyo diseño, por entonces, no conocía nadie: ni Atta, ni Ramzi, ni Khalid, ni Atef, ni Bin Laden. No existía sobre el papel.

Por la experiencia de otros ataques planeados y ejecutados desde Al Qaeda, Bin Laden tenía buen cuidado de no encargar atentados. Él antecedía a los hechos, como instigador. Después de cometidos, los sancionaba con su elogio público. Incluso les dedicaba poemas panegíricos.[38]

Claro que no todo se quedaba en palabras de incitación y alabanza. Los «guerreros de Alá» —los chicos de la célula de Atta en Hamburgo, como los del comando Meliani de Ben Shakría en Frankfurt o los de la célula Varese de Ben Khemais en Turín— sabían bien cuáles eran las reglas del juego, quién barajaba y repartía los naipes... y quién era el señor de la partida.

Para empezar, no todos los reclutados iban a un campamento de Al Qaeda. Y no todos los que hacían un cursillo en un campo de Al Qaeda pasaban al curso siguiente. Eran restringidos y eliminatorios. Llegaba mucha escoria humana: vagos desarraigados sin nada mejor que hacer, delincuentes en fuga, psicópatas, iluminados con instintos asesinos... Al Qaeda se reservaba el derecho de admisión y de selección. Incluso entre los elegidos, tenían que esperar en una hospedería cerca del campamento, semanas, meses quizá, hasta que hubiese plaza. Algunos recibían un cursillo de armas y se iban como muyahidines a pegar tiros en un frente de guerra. Otros «ascendían» y eran inscritos en el curso de explosivos. A los que mostraban ser habilidosos, listos, precavidos y templados, les abrían horizontes para indagar en las armas bacteriológicas, químicas, atómicas... «como hipótesis de trabajo, pero hipótesis mortífera». Llegados ahí, quedaban todavía dinteles por franquear: el adiestramiento en vigilancia y seguridad de objetivos terroristas: personas, vehículos, edificios; el curso de francotirador; cómo hacer una guardia, una vigilancia, para custodiar a jefes o sedes de Al Qaeda.

A quien superaba tres cursos se le consideraba «de Al Qaeda». Ya preparados, unos regresaban como «durmientes» a sus países, donde llevaban vida normal, legal, hasta que les avisaran. A otros les encomendaban de inmediato una acción específica. Pero esos encargos no los hacía Bin Laden, sino alguien del comité militar o del subcomité de «operaciones especiales»* de Al Qaeda.

Desde 1997, muy pocos campamentistas llegaron a conocer a Bin Laden en persona. Se contaban con los dedos los que tenían ocasión de departir en privado con él y ofrecerse «para lo que la organización quiera disponer: estoy decidido a todo». Y aun éstos no hablaron a solas con él: Bin Laden siempre iba guarnecido por una armadura de vigilantes, guardaespaldas, ayudantes de campo y edecanes que no le dejaban ni un instante. Tanto en una cueva montañosa del Hindu Kush como en su casa oficina de Kandahar, en Afganistán. Si se desplazaba en coche, le precedía y le seguía una apabullante caravana de vehículos con gente feroz armada hasta los dientes.

A la cúspide de Al Qaeda llegaban, de abajo a arriba, propuestas operativas muy diversas: atentados, incursiones, «ataques santos», que ellos llamaban *gazwah*.[39] A partir de cierta viabilidad y cierto consenso de aceptación, comenzaba un laborioso y paciente estudio del anteproyecto, del proyecto, de las alternativas. Sin prisas, con las aportaciones fragmentarias de los expertos se iba perfilando el diseño.

---

* En Al Qaeda llaman «operaciones especiales» a las de terrorismo, acometidas por un francotirador o ejecutadas por un comando. Reservan la denominación «militar» sólo para los muyahidines en frentes de guerra.

Un modo de operar: últimos días de julio de 1998. Alguien esparció sobre la mesa de trabajo de Osama Bin Laden veinte fotografías de color con brillo, de 18 por 24 centímetros, con enfoques distintos de la fachada y los accesos de la embajada estadounidense en Nairobi. Bin Laden las miró. Comparó dos o tres. Luego tomó una, puso la yema de su dedo índice derecho sobre un punto y dijo: «Por aquí. El camión podría entrar por aquí, por esta puerta». Antes, y camuflados dentro de una furgoneta, otros habían filmado un vídeo sobre el terreno, y en el laboratorio habían purificado los fotogramas. Otros habían observado la embajada y los movimientos de personas por la zona y alrededores, en horas y días diferentes, hasta escoger «un viernes por la mañana, durante la plegaria común», de modo que en las calles adyacentes hubiese pocos musulmanes. Otros compraron el camión que cargaría con la bomba. Otros alquilaron, también en Nairobi, una vivienda con un pequeño jardín y la protegieron de las miradas curiosas con empalizada y malla metálica. Otros proveyeron los elementos químicos y explosivos. Otros fabricaron la bomba. Otros captaron y prepararon mentalmente a los dos jóvenes que debían conducir el camión aquel día de agosto, activar la bomba y matarse matando. Otros, en efecto, subieron al camión y cantaron himnos religiosos para darse ánimos... el 7 de agosto de 1998.

Bin Laden sólo puso el dedo sobre un punto de una foto.

Se funcionaba así. Eran las reglas del juego de naipes. A Bin Laden le presentaban unos planes de atentados, unas listas de personas adiestradas para operaciones de máximo peligro, unos ofrecimientos de jóvenes dispuestos al «martirio»... Pero él no diseñaba nada, ni contrataba a nadie, ni arriesgaba su pellejo. Si Al Qaeda aceptaba un proyecto, entonces sí, Bin Laden volcaba ahí su patrocinio: equipos técnicos, adiestramiento, armas, explosivos, dinero, apoyos logísticos, coordinación, pasaportes... y la bendición de Alá.

Ahora bien, en Al Qaeda no bastaba la voluntad de afrontar riesgos. Exigían garantías de éxito. Y de sigilo. Nadie debía romper la red. Una vez que se estaba en el secreto de la operación, nadie podía salir de la red.

Tenían lacerantes experiencias de delatores: terroristas detenidos en plena acción, que luego cambiaron de bando.[40] Ante la perentoria disyuntiva de la silla eléctrica o el «colabora, muchacho: tendrías una drástica reducción de condena, un cambio de identidad, una pensión bien engrasada y un lugar en el planeta donde podrías vivir seguro el resto de tus días», se convirtieron en locuaces informadores del FBI y «testigos protegidos» del fiscal ante los tribunales. Y eso para una organización criminal era ruinoso: nombres de personas, claves, direcciones, pisos seguros, arsenales, campamentos, proyectos, conexiones...

Si un plan de ataque obtenía su venia, Bin Laden ocupaba su puesto: detrás. Detrás, pero bien informado. Y reservándose el conocimiento de importantes detalles, que algunos de los que iban a intervenir ignorarían hasta que fuese ineludible decírselos.

Así lo haría también en la maquinación de los atentados del 11/S de 2001. Pasado el tiempo, comentándolo en una hospedería de Afganistán con tres o cuatro musulmanes amigos, el propio Bin Laden reconocería que Atta y los que marcharon con él a América tenían su respaldo porque iban a cumplir una misión que Al Qaeda les encomendó. Como Bin Laden era consciente de que aquella charla en la hospedería se estaba grabando en vídeo,[41] escogió con astucia sus palabras: sin decir que los del «pelotón», los soldados de a pie, iban engañados o en la inopia, sí dejó entrever que, no todos, sólo los responsables de los atentados, sabían que iban a una acción suicida. A los demás se les escamoteó información, no ya sobre los detalles, sino sobre la premisa mayor. Hasta el último momento no les desvelaron el quid de la operación: que no se trataba de un secuestro convencional de aviones para negociar «precios políticos», sino que esos aviones debían estrellarlos, y que ellos mismos inexorablemente iban a perder la vida:

«Los hermanos que realizaron los ataques sabían que todos sufrirían una operación de martirio. Les pedimos a cada uno de ellos que fueran a América; pero no sabían nada de la operación [...]. Ellos fueron entrenados, y nosotros no les revelamos la operación hasta que estuvieron allí [...] y justo un poco antes de embarcarse en los aviones. Es más, no todos lo sabían [...]. Mohammed, de la familia egipcia, estaba al mando del grupo».

Las reglas de un juego inicuo en el que Al Qaeda barajaba y repartía los naipes y Bin Laden era el señor de la partida.

En enero de 1999, Atta fue llamado por Al Qaeda desde Afganistán. Se alojó varios días en Kandahar, en una casa de huéspedes de la organización, y asistió a unas sesiones de trabajo con miembros del comité de operaciones especiales. Hablaron de aspectos tácticos de un posible *gazwah*, una incursión terrorista «contra Estados Unidos y en su propio territorio: en Estados Unidos». La operación estaba todavía sin esbozar.

Dedicaron alguna sesión a ver unas cintas de vídeo que habían grabado en Norteamérica algunos aficionados. Contenían numerosísimas tomas de lugares con carga de símbolo, de insignia, que podrían ser objetos de atentado: la isla de Manhattan por sus cuatro costados, el Empire State Building, Wall Street, el puente de Brooklyn, la estatua de la Libertad en Staten Island.

Dos de las cintas eran monográficas sobre las Torres Gemelas de Nueva York, enfocadas desde abajo, desde arriba, con luz de día, con luz artificial de noche, por fuera, por dentro: techos, paredes, estructuras metálicas, escaleras, ascensores, guardas jurados en las puertas, público visitante. Las Gemelas y su entorno en maqueta. La Torre Norte desde la azotea de la Torre Sur. Diversas perspectivas aéreas tomadas a esa altura. El vuelo coincidente de un helicóptero negro sobre el World Trade Center... El filmador volvió a Manhattan y a las Torres Gemelas, insistiendo desde nuevos ángulos y distancias. En los fotogramas de reinicio se registraron al menos tres fechas diferentes de 1997: 30 de agosto, 1 y 2 de septiembre.

Otras cintas, también grabadas en agosto y septiembre de 1997, contenían el Golden Gate sobre la bahía de San Francisco, el inmenso parque de Disneylandia en Los Ángeles, la Torre Sears de Chicago... De modo indirecto, la NASA y Cabo Cañaveral, filmando con pormenor las maquetas de esas instalaciones reproducidas a escala en un museo de Chicago. La cámara se fijaba en detalles que no eran ni bellos ni atractivos para un turista: el pilar de sostén del Golden Gate, bajo el puente; el grosor de los muros en las casas de fantasía de Disneylandia; y en ese mismo parque, las cajas postales, las papeleras, los depósitos de desperdicios situados por las zonas donde se concentraba más público. En cambio, pasaba sin detenerse ante las inesperadas curiosidades de los Universal Studios de California en Hollywood con su artificio de bosques, lagos, cascadas, mansiones aristocráticas, selvas, desiertos jurásicos, poblados del *far west*, haciendas mexicanas, castillos medievales, calles londinenses de 1800... reproducido todo a su tamaño natural como escenarios permanentes. Era innegable que esas cintas sólo servían para quien trabajase sobre tales escenarios como objetivos terroristas.

Durante el pase de los vídeos, estuvo presente el kuwaití Khalid Sheij Mohammed, al que unos denominaban «oficial itinerante» y otros «el estratega» de Al Qaeda. Khalid había concebido «un ambicioso plan, más bien una conjunción de planes» y buscaba las personas idóneas para ejecutarlo.

Tiempo atrás, Khalid ya fue el diseñador de ciertas operaciones de Al Qaeda que se saldaron una tras otra con fracaso, y en las que el operativo aprendiz de Chacal era siempre, casualmente, su sobrino Ramzi Yusef. Así, el proyecto de estrellar un avión contra el cuartel general de la CIA en Langley, Virginia. Y la voladura perpetrada ya en 1993 de las Torres Gemelas, que falló porque no estudiaron la resistencia de los cimientos ni calcularon bien los explosivos necesarios. También en junio de 1993 tenían que explosionar de manera simultánea varias cargas de alto potencial en cuatro puntos críticos de Nueva York: en dos túneles de tráfico, en la sede central de la ONU y en las oficinas del FBI; pero los terroristas árabes que preparaban ese complot fueron descubiertos y arrestados antes.

Otros planes del mismo «diseñador» que tampoco funcionaron: los asesinatos de Juan Pablo II en su viaje a Filipinas y del presidente Hosni Mubarak durante su visita a Etiopía en 1995.

La maquinación más delirante de Khalid, en tándem con el grupo terrorista filipino Abu Sayyaf, fue el Plan Bojinka: en 1994, el Día D a la Hora H debían estallar doce aviones norteamericanos de pasajeros en pleno vuelo desde Extremo Oriente. El proyecto se frustró porque al «artista» Yusef le explotó un componente químico que estaba manipulando en su apartamento de Manila. Empezó a salir humo por las ventanas. Cundió la alarma entre los vecinos y él se dio a la fuga. Pero en el piso se dejó un ordenador portátil con información sobre planes en marcha y datos de Al Qaeda y de Bin Laden, que entonces vivía en Sudán.

A Yusef le detuvo el FBI en 1995, en Islamabad, Pakistán. Fue juzgado y condenado a 240 años cárcel en Estados Unidos. Otros que andaban metidos en los distintos atentados fallidos acabaron también entre rejas.

En cambio, Khalid, el «cerebro gris» de tales inventos, salía siempre indemne de aquellas redadas. ¿Por qué continuaba teniendo un peso específico en Al Qaeda? Quizá porque movía influencias: era el director de Mercy International Relief y del Consejo de Coordinación Islámico. De él dependían una veintena de ONG y asociaciones de ayuda económica y material para musulmanes. Curiosamente, desde la Mercy International de Peshawar, Khalid facilitó en su día un pasaporte a Bin Laden.

Sin embargo, como miembro del comité de operaciones especiales, dependiente del comité militar de Al Qaeda, el propio Khalid sabía que estaba en números rojos y soñaba con saldar con éxito esa odiosa cuenta de yerros y fiascos.

Un documento encontrado al registrar la casa de Manila donde se escondían Khalid y su sobrino Yusef, en 1995, describía así de escueta y fríamente la acción fallida contra la sede central de la CIA en Langley, Virginia:

> Embarcará en un avión comercial de EE.UU., haciéndose pasar por un ciudadano cualquiera. Después secuestrará el avión, se hará con el control de la cabina y lo estrellará contra el edificio central de la CIA. No habrá bombas: sólo una misión suicida.

En ese informe,* el estratega Khalid proponía ya estrellar aviones contra el Pentágono, en Washington, las Torres Gemelas de Nueva York y otros edificios de Chicago y San Francisco.

Aquel día de enero de 1999 en Kandahar, sentados en unos divanes rústicos de colchonetas y cojines de telas baratas, mientras contemplaban en penumbra las imágenes a veces desenfocadas o temblonas, Atta preguntó:

—¿Quién ha filmado eso?

Estaban viéndolo sin sonido, para intercambiar comentarios entre ellos. Subieron el volumen de la voz y oyeron voces de gente,

---

* Conocido como *Informe Bojinka*, la policía filipina lo entregó en 1995 al FBI.

ruidos de calle y, en primer plano sonoro, un hombre que hablaba con otro informalmente y en árabe.

—Esto creo que lo filmó en 1997 un hermano sirio,[42] que viajó a América a hacerlo para nosotros —dijo Khalid, sin añadir más información.

El Plan Bojinka de 1995 seguía vigente para Khalid y la organización de Bin Laden. De modo que encargar en 1997 al «hermano sirio» Al Abrash que filmase en vídeo esos lugares encajaba a la perfección con el desiderátum de Al Qaeda. Sin que Al Abrash, o quienquiera que grabase todo aquello, tuviera que estar al corriente de para qué se querían.

—No sé si te habrás dado cuenta, Mohammed, pero estos vídeos no sólo nos enseñan cómo son las Torres Gemelas —Khalid no deseaba apartarse del asunto central—, sino algo formidablemente interesante: ¡desde dónde se podrían filmar los ataques, sin riesgo para el cámara, en el mismo momento en que se produjeran!

—Y eso, ¿para qué? —preguntó Atta.

—Bueno, es un aspecto que aún está muy verde; pero yo cavilo y no dejo de darle vueltas… Por supuesto, lo esencial es que sea una batería de atentados simultáneos. Y lo adjetivo, si quieres, pero importante: la presentación de esos ataques ante el «respetable público». Los americanos son teleadictos, animalitos enfermos de obnubilación televisiva. Habría que lograr un modo de servirles el espectáculo en directo. No sé cómo… Filmarlo y colarlo en sus televisores: que lo vean mientras esté ocurriendo, que se aterroricen sin poder hacer nada.

Atta calló. No hizo ningún comentario. Khalid parecía gozar con sus crueles ideas.

—¡Hay que darles un guantazo tan sangriento y que les duela tanto —agregó con saña—, que no puedan olvidarlo por muchos años que vivan!

No entró en detalles operativos. No habló de volar edificios con explosivos, ni de secuestrar aviones, ni de estrellarlos contra tales o cuales objetivos.

Sí parece que, entre Atta, Khalid y otros del comité, compusieron una lista de voluntarios idóneos para intervenir en acciones de ese tipo. Por la secuencia de los hechos acaecidos aquel mismo año, se deduce que Atta en esa reunión de enero de 1999 propuso como «listos ya», porque habían estado en campos de adiestramiento, a Ramzi Binalshibi y al saudí Nawaq Hazemi, que llegaría a ser su mano derecha, su hombre de confianza; y también a Marwan, que justo en esos días concluía su preparación armada cerca de Kandahar.

Hay datos fehacientes de que Marwan y Atta coincidieron por esas fechas —enero de 1999— en la misma hospedería de Al Qaeda,[43] de modo que también pudo asistir a las sesiones de trabajo y al visionado de cintas. Atta debió de recomendar que admitieran cuanto antes en cursos de campamentos al libanés Ziad Jarrah y a los marroquíes Mounir Al Motassadeq, Abdelghani Muzuadi y Zacarías Essabar, todos ellos estudiantes de carreras técnicas e integrados en la célula de Hamburgo.[44]

Los de Al Qaeda aconsejaron a Marwan que cuidase mejor su cobertura de estudiante becario en Alemania y su conexión oficial con Emiratos Árabes Unidos. Inmediatamente, regresó de Kandahar a Bonn para superar las pruebas de idioma alemán que aún tenía pendientes.[45] Una vez aprobado el examen de Bonn, Marwan se matriculó en la TUHH. Es decir, le dio un barniz oficial a su estancia en Hamburgo-Harburg.

En 1999, no ya la célula de Atta, sino todo su grupo de Hamburgo se sentía tan enardecido por el islam que librar la «guerra santa» contra judíos y cruzados era para ellos «un sagrado deber de conciencia».

Atta había solicitado a las autoridades académicas de Hamburgo-Harburg un recinto para que los estudiantes musulmanes pudieran reunirse a orar en las horas preceptivas. Hubo un debate. El representante de la asociación ASTA, partidario de separar la religión y la actividad universitaria, se oponía.

—Si no puedo rezar, tampoco puedo estudiar —arguyó Atta—. Los alumnos musulmanes tenemos a lo largo del día unos momentos establecidos, canónicos, en los que debemos retirarnos a orar.

—Según eso, tendríamos que construir capillas protestantes, iglesias católicas, sinagogas judías, templos budistas —le replicaba el de ASTA—, porque en esta universidad hay grupos religiosos de toda especie.

—No, yo no pido una mezquita. Pido una estancia de reunión, un lugar donde poder rezar con recogimiento y leer el Corán. Si nos dificultan cumplir con ese deber religioso, nos ponen en el brete de elegir: estudiar en la TUHH dejando el islam en casa, o tener que renunciar a la TUHH para ser musulmanes fieles. Y esa opción es injusta, inconstitucional y nada coherente con la apertura y la libertad religiosa de que ustedes alardean.

Su razonamiento prevaleció. Con subvención estatal, Atta, El Amir, fundó un club islámico como grupo de estudio y sala de plegarias. En la franja norte del campus de la TUHH, entre frondosas arboledas, había un pabellón para actividades organizadas por los alumnos. Les cedieron la habitación 10, junto a la Sociedad de Estudiantes Protestantes y el Club de Radioaficionados de Onda Corta. En la puerta colgaron una gran vista de La Meca y un cartel: CLUB ISLÁMICO/SALA DE ORACIÓN. En la práctica, era un lugar de proselitismo y de conspiración. Dentro, una mesa, una silla, estanterías con libros, un ordenador de segunda mano, alfombrillas cubriendo el suelo. Y el Corán. En la página 62 del *Catálogo de actividades* de la TUHH, figuraba a nombre de Atta, El Amir, el Club Islámico, y su dirección electrónica: el-amir@tuharburg.de.

Pero Atta no sólo dirigía los rezos: era el líder de la célula de Hamburgo. Era el jefe.

Al Qaeda tenía un buen dossier de Atta: datos suministrados por árabes que le trataron hasta 1992 en Egipto; observaciones de gente que le conoció después, en diferentes localidades de Alemania, cuando recorría el país con sus seminarios de urbanismo y recalaba en las mezquitas; apuntes de alumnos y entrenadores que convivieron cerca de él en campos paramilitares. Ramzi Binalshibi debió de aportar información de primera mano sobre el Atta íntimo en su privacidad.

Aparte de otros rasgos —datos biométricos, idiomas y dialectos, estudios, habilidades, tests de memoria, dinámica, orientación tiempo espacial, resistencia física, aptitudes en maniobras de campo, pruebas de tiro, etc.—, en la ficha/perfil que manejaron los dirigentes de Al Qaeda subrayarían trazos como éstos:

«Cerebral. Con un poderoso autocontrol de sus nervios y sus humores. Podría mantenerse estable en una decisión adoptada. Ha ejercitado el dominio de sus pasiones hasta el punto de parecer imperturbable ["un hombre de pedernal"].

»Extremadamente inteligente. Sabe usar el pensamiento para llegar a puntos nuevos que otros ni siquiera atisbaban. Mente bien organizada: capaz de simultanear atenciones diferentes sin distraerse. Precavido y astuto. Es ingenioso e imaginativo, pero no confía en la improvisación: todo lo prueba, ensaya y verifica antes con paciencia. Observador minucioso. En sus equipos de estudio o de trabajo, no admite a los chapuceros ni a los distraídos. Él es un perfeccionista.

»Austero y frugal. No se le conocen "vulnerabilidades" ni dependencias afectivas. No tiene relaciones sexuales y parece determinado a no casarse. No es ludópata. No fuma. No consume alcohol ni drogas. Ha acreditado una alta resistencia física [se le supone fortaleza moral]. Es valiente: afrontaría riesgos de final imprevisible.

»No le agrada la violencia [quizá le repugne]. Ante relatos o vídeos de matanzas, ejecuciones, atentados, etc., mientras otros disfrutan, Atta enmudece y si puede se ausenta. Aborrece cualquier forma de encarnizamiento o ensañamiento. Su opción por los ataques terroristas es una decisión moral, de conciencia.

»Bien caracterizado para el mando. Sabe ejercer la autoridad: razona sus órdenes, y le obedecen con respeto. Da seguridad. Duro consigo mismo y exigente con los demás. Pero tiene una comprensión muy sensitiva [casi maternal] de las debilidades o desánimos de los de su grupo.

»Muchas personas se consideran "amigo de Atta", quizá porque han sentido su fibra entrañable; sin embargo, muy pocos dicen que él les haya hecho confidencias personales. Atta es un solitario.

Said Bahaji no había vuelto a Marruecos, a casa de su familia, desde 1995. En el verano de 1998, estuvo en Mequínez. Su padre, Abdallah, le miraba de soslayo, inseguro y sin atreverse a preguntar nada. Complacido, porque su Saidito se había hecho un hombretón apuesto y de finos modales; no obstante con cierto remusguillo de recelo, porque... no acertaba a saber en qué, pero a su Saidito se lo habían cambiado. Said le mostró su flamante pasaporte alemán: en julio, al cumplir los 23 años, había optado por la nacionalidad alemana.

—Entonces ¿renuncias a ser marroquí?

—He nacido en Alemania, me he criado en Alemania, vivo en Alemania, ¡buena gana de ser súbdito de este rey y de esta dictadura! Además, allí me llamarán a filas enseguida...

—Pero tú estás libre del servicio militar, eres el único hijo varón...

—No, en Alemania hay otras normas.

—¿Y vas a llevar el uniforme de soldado alemán? —Abdallah parecía escandalizado, como si su hijo fuese de las SS.

—¡Por favor, papá! Hitler y los nazis se acabaron en 1945. *Kaputt!* Eso ya es prehistoria...

En otro momento, Said le contó que tenía novia:

—Se llama Nese. Nese Kul. Es turca, pero es una buena musulmana. Tiene 18 años y vive y estudia en Hamburgo.

—¡Venga, hombre, enséñame una foto... a ver qué gusto has tenido!

—¿Una foto? No tengo fotos. Nese no se deja fotografiar, ni yo soy de los que llevan la foto de la novia en la cartera y la exhiben ante la gente. En nuestro islam, la mujer es sólo para el esposo y para los hijos.

Casi todos los diálogos entre padre e hijo concluían así, de un modo seco y abrupto. Con la pedantería del nuevo ilustrado en los arcanos del Corán, Said se pasaba el día adoctrinando a quien se le pusiera delante. Una tarde, quiso que escucharan —«pero en silencio, por favor»— una casete en la que cierto «clérigo» islámico disertaba sobre la conducta de toda esposa recatada, en privado y en público. Anneliese oía como quien oye llover, porque no entendía el árabe. Myriam, en cuanto escuchó el enunciado, abrió ostensiblemente una revista, se arrellanó en el sofá y se puso a leer. El alim* predicador afirmaba que «la mujer casada debía llevar todo el cuerpo tapado, la cabeza cubierta con un velo y el rostro velado también, para que nadie que no fuese su esposo o su familia carnal disfrute de sus encantos».

---

* Un alim (en plural, ulema) es un jurista experto en la interpretación de la sharia —la ley y la tradición islámica— o un exégeta del Corán. Se le considera «clérigo», aunque el islam no es iglesia y carece de orden jerárquico y de sacerdotes. Los decretos o sentencias de los ulema, reunidos en asamblea, se llaman *fatwas* y tienen fuerza vinculante de ley moral.

—Nuestro islam no quita ni pone ningún velo —comentó Abdallah, mirando a su hijo—. Se es islámico en el corazón, no en la ropa... Además, Said, viviendo en Hamburgo, ¿cómo va a ir tu mujer al supermercado o a la oficina, si es que trabaja, con esos trapos encima y con la cara tapada? ¡Pensarán que está chiflada!

El buen Abdallah no sabía que su hijo se había convertido en un musulmán recalcitrante. Y que la que iba a ser su nuera, Nese Kul, aceptaba ir vestida al gusto de su rancio prometido, como las tatarabuelas del mundo musulmán más chapado a la antigua: un abrigo ancho y largo hasta los tobillos, un shador oscuro por la cabeza, y el rostro oculto tras un velo tupido que apenas dejaba una estrecha ranura para los ojos. Con encantos o sin ellos, era como un bulto ambulante envuelto en telas.

Said Bahaji vivía ya con Atta y Ramzi en Hamburgo, en el piso de Marienstrasse, cuando en enero de 1999 el ejército le llamó a filas. Sirvió como soldado en una unidad acorazada, el Batallón 71 del ejército federal alemán.* A los cinco meses le exoneraron por causa médica: sus alergias le provocaban asma.

Contra el consejo de su padre, pero con el parabién de sus amigos de Hamburgo, Said se casó en junio de 1999. A la vieja usanza musulmana, pagó una dote por la novia: 1.700 dólares —unas 290.000 pesetas—, más los gastos de la boda, el alquiler de un vivienda... Ya no era sólo su tía Barbara Arens, también su padre, Abdallah Bahaji, se preguntaba: «¿De dónde sacará el dinero Said?». Y después, por teléfono:

—Said, yo tengo aquí un trabajo a jornada completa en las tierras; pero, no iré a tu casamiento porque no tengo dinero para comprarme un traje, una camisa, unos zapatos y pagarme un billete, una pensión... ¿Cómo tú, sin terminar los estudios, sin un oficio, sin un empleo fijo, tienes dinero para meterte en gastos de boda, poner casa y formar una familia? No te pido que me lo expliques, pero sí te digo que no lo entiendo, hijo, no lo entiendo.

La boda se celebró en la mezquita de Al Quds. Por parte del novio sólo estuvo su madre, Anneliese. Aunque ella no se sentía de

---

* Panzergrenadier Bataillon 71, del Bundeswehr, en Hamburgo-Fischbeck.

aquel mundo, estuvo en una sala contigua, donde las mujeres. Lo festejaron con tan estricta separación entre hombres y mujeres que, cuando el hermano de Nese quiso pasar a saludar a la novia con un amigo, al que había llevado como su único invitado, Said se opuso rotundo: «¡Imposible! A la novia sólo pueden verla los miembros de la familia. Lo dice el Sagrado Corán».

Quienes estaban allí, en Al Quds, como en su propia casa eran los más conspicuos musulmanes de Hamburgo: Haydar Zammar; su primo Abdul Fattah, el de las gestiones económicas; el hombre de negocios Mamoun Darkazanli; y la «cofradía de estudiantes»: Ramzi Binalshibi, Zacarías Essabar, Ziad Jarrah, Marwan Al Shehhi, Mounir Al Motassadeq, Abdelghani Muzuadi, con Mohammed Atta a la cabeza. Un significativo arropamiento de islamistas radicales, todos de Al Qaeda. Según consta en el acta matrimonial, Zammar, el muyahidín grandullón de las gallardas aventuras, firmó como testigo de la boda.[46] Y regaló a los novios dos libros sobre «la guerra santa por el islam» dedicados de su puño y letra.

En el vídeo que un aficionado grabó durante la fiesta se veía a Ramzi Binalshibi arengando al combate contra los enemigos del islam, y a Said Bahaji, el novio feliz, posando junto a todos sus amigos. Ahí estaba la célula. Y la «foto de familia». Aquel vídeo casero tenía ya cierto tufo mafioso, a lo Francis Ford Coppola, como retratista de bodas en el clan de los Corleone.

Los novios se instalaron en un pisito de dos habitaciones en Bunatwiete 23, por la zona de Harburg. El cuarto de Said en el piso de Marienstrasse 54 lo ocupó el estudiante marroquí Zacarías Essabar. La mudanza se hizo el 1 de septiembre de 1999; Atta aprovechó el movimiento de entrada y salida de maletas, cajas y bultos para trasladarse él ese mismo día al apartamento de Marwan en Wilhelmstrasse, una calle perpendicular a Marienstrasse y sólo a dos manzanas de distancia. En adelante, permanecerían juntos hasta que una mañana de septiembre de 2001 se separasen para embarcar cada uno en un avión diferente.

La habitación que Atta dejó en el «lugar de los seguidores» alojó por temporadas a otros miembros de la célula. Pero Ramzi fue siempre el elemento de continuidad, el inquilino permanente que se entendía con el arrendador.

Said Bahaji y Ramzi Binalshibi eran los ayudantes logísticos de la célula en los preparativos del «gran ataque», sin saber aún en qué consistiría. También actuaban como correas de transmisión en la recluta y envío de nuevos muyahidines a los campos de entrenamiento. Said repartía panfletos de propaganda, buscaba pisos seguros, suministraba intendencia de apoyo: pasaportes, planos, móviles con tarjetas falsificadas, Visa clonadas... En su piso de Bunatwiete 23, tenía cientos de fotocopias de la *fatwa** de Bin Laden, y kilos de panfletos, libros, boletines y revistas sobre la *yihad*.

El papel de Ramzi era de más nivel: actuaba como enlace y presentador; viajaba llevando y trayendo mensajes, armas o piezas para armas. Gradualmente, le fueron encomendando tareas más «sensibles»: mover dinero y trasladar información.

A su debido tiempo, Ramzi sería el primero en conocer, de labios de Atta, la fecha de la operación *Alá contra América*, *Alá versus América*. Y él mismo la transmitiría a su jefe y paisano, Bin Laden.

Ramzi había pasado temporadas en campamentos de Al Qaeda. En las mezquitas de Hamburgo hizo ardientes incitaciones al «martirio», apostando la promesa del Profeta: «Os esperan setenta y dos vírgenes que os servirán vino y miel». Y ninguno de sus hermanos en la fe dudaba de que Ramzi estuviera listo para ir a la muerte. Sin embargo, no daba la talla del entrenador espiritual. Le faltaba autoridad religiosa, bagaje cultural y consistencia humana para ser templador de ánimos y consejero moral de musulmanes como Atta, Ziad, Marwan...

Tampoco Haydar Zammar cuadraba como alentador a largo plazo. Por mucho entusiasmo que suscitasen sus soflamas entre los jóvenes, por muchas cicatrices y mellas de guerra en su cuerpo de muyahidín, no tenía fundamentos ni calado para ser el rodrigón que sostuviera la célula de Hamburgo.

Meses después de regresar Atta y Marwan de Kandahar, en la primavera de 1999, Ramzi Binalshibi les transmitió un mensaje: el comité de operaciones especiales de Al Qaeda estaba estudiando a fondo una operación de ataques múltiples. Los que fuesen a inter-

---

* La llamaban así, aunque Bin Laden no tenía la facultad de emitir sentencias jurídico-morales.

venir serían convocados a una *shura*, a un consejo deliberante, en Afganistán. Entretanto, que concluyeran los estudios y exámenes pendientes; que se dejasen ver en la universidad, en el trabajo, en la mezquita; y que, con toda discreción, tuvieran dispuesta la marcha para salir en cualquier momento y sin aviso.

Si el plan iba adelante, Atta, Marwan y Ziad tendrían que irse a Estados Unidos. Posiblemente, les seguirían Ramzi, Essabar y Motassadeq.

Preparando el terreno, Ziad Jarrah aprovechó un viaje a Líbano y habló con su padre:

—Papá, he pensado mucho sobre mi futuro profesional. Con los pies en la tierra, ¿qué empresa me va a pedir que le construya aviones? La salida más socorrida es emplearse como técnico aeronáutico en unas líneas aéreas, para reparar y revisar aviones. Pero si, en lugar de ser sólo un técnico mecánico yo pudiera pilotar *jets*, aviones de pasajeros de líneas internacionales, mi porvenir cambiaría mucho. Siempre hay demanda de pilotos, y viven como pachás: les pagan muy bien.

—¿Y pasarte la vida arriesgándote, subido a un avión?

—Tú sabes, papá, que volar me ha gustado desde niño… Ahora, lo bueno sería sacarme la licencia en Estados Unidos. Sería como entrar por la puerta grande.

Tras un «déjame pensarlo y… a ver qué dice tu madre», Samir Jarrah aceptó que su hijo Ziad marchase a América a hacerse aviador.

—Seguiré cubriendo tus gastos —fue su respuesta a los pocos días—. Y, como sé que me lo vas a pedir, me adelanto: te aumentaré algo la paga porque la vida en Estados Unidos es más cara que en Alemania. Pero tú, hijo, pon también de tu parte: corresponde a mi esfuerzo aprovechando el tiempo.

Ziad dejó que entre sus compañeros de clase corriese la voz de que planeaba hacer alguna especialidad en Estados Unidos.

Un buen día, a mediados de 1999, se lo anunció a su casera:

—Tengo el proyecto de marcharme una temporada a Estados Unidos para sacar el título de piloto comercial. Aún no sé en qué fecha. No he hecho todavía los trámites con ninguna escuela oficial. Quizá me vaya pronto, esté allí dos o tres meses, regrese aquí y me vuelva otra vez para rematar las prácticas, examinarme, etcétera.

Ya sé que es un abuso pedírselo, pero ¡sería estupendo que usted me reservase la habitación!

En esa ronda de adioses y despedidas anunciadas, durante el verano de 1999 Ziad fue a Bochum a pasar unos días con Aysel. Se alojó en una residencia estudiantil de la calle Stiepeler que le buscó su novia. Lo pasaron muy bien juntos. Pero Ziad no se sinceró con ella. Le ocultó que estaría ausente varios meses para formarse como «guerrillero sagrado» en Afganistán.

«Voy a hacer unos cursillos especiales relacionados con la aviación —le dijo—. Aún no sé dónde serán. Fuera de Hamburgo, seguro.» No podía explicar más. Cumplía una orden de silencio.

Casi todos los de la célula trabajaron alguna temporada del curso de 1999 en Computing Service, la empresa del japonés Tetsuo Hayashi. Marwan se dejó ver con cierta asiduidad por la TUHH, en el que sería su curso primero y último. También Atta se presentó en la TUHH, decidido a dar el empujón final a su tesis.

—Pero ¿es cierto lo que estoy viendo? Hace... ¿cuánto?, ¡casi dos años, que te esfumaste de esta universidad! —el profesor Dittmar Machule, no disimuló ni su asombro ni su alegría—. Yo pensaba «este chico tiene otras cosas en la cabeza... ya no quiere saber nada de nosotros».

Atta reaparecía de manera inesperada, con una barba más poblada y larga que la última vez. Sí, habían transcurrido dos años y Atta era otro hombre. Chrylla Wendt, una profesora ayudante, lo comentó después con Dittmar Machule:

—¿Dónde habrá estado El Amir todo este tiempo? Parece otro. Y no lo digo por las barbas, que le dan ese porte tan solemne y tan grave. No, no. Es... otra cosa. Le he notado distante, frío. Algo ha cambiado aquí, en su mente. Y no sé qué es.

Chrylla había detectado un hecho tan real como indemostrable: la mente del estudiante egipcio había sido distorsionada.

Dittmar Machule pidió a esa profesora que ayudase a Atta en la tesis: «Hay que pulir su redacción en alemán». Chrylla Wendt aceptó y empezaron enseguida, en junio de 1999.

Se reunían un par de veces por semana en la pequeña oficina que Chrylla tenía en la TUHH. Se sentaban juntos ante su angosto pupitre. De refilón, ella veía que Atta estaba tenso y rígido, respiraba con fuerza por la nariz, como desasosegado, y continuamente miraba su reloj de pulsera.

Con las mujeres, Atta era áspero, cortante, incluso rudo. Se notaba que no estaba a gusto, sino turbado, desapacible y con ganas de irse. Si veía venir a alguna por su mismo camino, desviaba la mirada. No les tendía la mano en saludo, y a sus preguntas respondía con monosílabos.

Cuando llegó el momento de revisar el último capítulo, Atta se negó a verlo con la profesora.

—No hace falta gastar más tiempo: la tesis está acabada.

De ese modo, puso punto final a los encuentros de trabajo. Chrylla pensó que El Amir no soportaba tanta proximidad física y a solas con una mujer.

El tema de la tesis era «Khareg Baben-Nasr, barrio de la antigua ciudad de Alepo, en peligro. Desarrollo urbano del barrio en una ciudad islámica oriental».

Atta sabía que nunca ejercería como urbanista. En la página de cortesía de su trabajo doctoral había escrito:

> Di: Mi oración y mi sacrificio, mi vida y mi muerte pertenecen a Alá, Dueño y Señor de todos los mundos.

El profesor Machule interpretó, sin darle más importancia, que poner como *ex libris* de la tesis esa aleya del Corán era el rasgo de un musulmán muy devoto. Pero la tesis era sólida y brillante. Y eso era lo que a la TUHH y a él les importaba.

Atta defendió su tesis el 26 de agosto de 1999. Obtuvo sobresaliente *cum laude*.[47] Tras los aplausos, Chrylla Wendt se acercó a felicitarle y darle un abrazo. Pero Atta la rechazó con sequedad, a la vista de todos.

Entre febrero y abril de 1999, en Kandahar, donde Al Qaeda tenía sus cuarteles generales, los conspiradores musulmanes del comité militar, con Mohammed Atef, Abu Zubaidah y Khalid Sheij Mohammed en la cabecera de la mesa —tablones largos y estrechos cubiertos por un pañete verde oscuro, sobre trípodes de pino rústico y dispuestos en forma de herradura—, se reunieron varias veces para planificar una «operación de martirio» contra Estados Unidos y en su mismo territorio. De «martirio» por exigencias tácticas: las armas tendrían que ser hombres. En Al Qaeda, además, se jactaban de que nunca les faltó despensa de voluntarios suicidas, «candidatos a mártir». Tanto que crearon un departamento de mártires.

Pensaron combinar dos elementos: el ataque a ciertos edificios insignias, como en el fallido plan del World Trade Center de 1993, y la simultaneidad en las acciones, que se preveía ya en el Plan Bojinka de 1994. Así pues, un par de aviones de pasajeros, tripulados por pilotos suicidas, se estrellarían al mismo tiempo contra las dos Torres Gemelas. Pero, en principio, no descartaron otros puntos que no fueran sólo símbolos, sino sedes de poder real: el Capitolio, el Pentágono, la Casa Blanca, las oficinas centrales de la CIA en Langley...

«Hay que acertar y darles en pleno rostro —se dijo allí— una bofetada inolvidable... Provocar el mayor caos y la mayor sangre de que seamos capaces.»[48]

De abril a octubre de 1999, los reclutadores buscaron musulmanes idóneos, que se desenvolvieran con facilidad en Occidente y estuvieran dispuestos al suicidio.

Mientras, los estrategas dilucidaban el modo de conseguir la megafonía directa, la transmisión de las masacres a la vez que estuvieran sucediendo. Querían provocar el estupor colectivo. Que al mundo se le pusiera el corazón en un puño. Y no sólo por la agresividad espeluznante de las imágenes, sino por el desconcierto de no saber qué otras catástrofes terribles podrían estar ocurriendo a la vez en otro lugar, y por el miedo ante lo imprevisible que pudiera sobrevenir al minuto siguiente.

No sabían cómo lograr esa inmediatez informativa, pero sí que la ignorancia despavorida de todos a un tiempo sin que nadie explique a nadie qué está pasando... ni qué va a pasar, sólo tiene un nombre: terror. Y ese efecto de terror era el que ellos perseguían.

El comité militar de Al Qaeda consideró también la hipótesis de atacar dos centrales nucleares. Pero, calibrando el riesgo de que se les fuese de las manos, lo sometieron a votación y se decidió «abandonar un atentado contra objetivos nucleares... por ahora».[49]

En noviembre de 1999 y en un edificio de Kandahar que utilizaban los muyahidines voluntarios de Arabia Saudí, el comité militar de Al Qaeda celebró una sesión de consejo, una *shura*, para acometer ya la planificación detallada. Requeridos por Al Qaeda, asistieron también Ramzi Binalshibi, como coordinador, Atta, Marwan, Ziad y Hani Hanjour, seleccionados para actuar como pilotos; y otros dos, que se encargarían de la logística: los saudíes Jalid Almidhar y Nawaq Hazemi. Este último era persona en quien Atta confiaba. Más adelante, establecidos ya en Estados Unidos, sería su «delegado» en el comando territorialmente más lejano: el de Hani Hanjour y su equipo, que vivían y se entrenaban en California y Arizona.

Atta y Hanjour se conocieron durante la *shura* de Kandahar. Trabajaron, rezaron, comieron, hicieron deporte y vivieron un montón de días bajo el mismo techo, pero sólo hablaron de aspectos técnicos de la operación.

Se acordó allí que los logísticos Jalid Almidhar y Nawaq Hazemi —de 25 y 24 años, respectivamente— les precedieran en la marcha a América, para reconocer el terreno. Viajarían en enero de 2000. Antes debían acudir a Kuala Lumpur, donde recibirían datos de contactos útiles y algunas instrucciones concretas.

A mediados de enero de 2000, los servicios secretos de Malaisia grabaron un enigmático encuentro en Kuala Lumpur: una «cumbre» clandestina a la que asistieron, entre otros, el jefe de la seguridad personal de Bin Laden, Tawfiq Bin Attash; el responsable de los comandos operativos de Al Qaeda, Muhammad Omar Al Harazi; los saudíes Jalid Almidhar, Nawaq Hazemi y su hermano Salem Hazemi; Ramzi Binalshibi y Khalid Sheij Mohammed, oficial de las operaciones especiales de Al Qaeda. También estuvo el activista indonesio Riduan Isamudin, alias Hambali.*

La reunión de terroristas se celebró en casa de otro miembro de Al Qaeda: Yazid Sufaad, microbiólogo doctorado en Estados Unidos, que vivía en Kuala Lumpur.[50]

---

* El indonesio Hambali, de la Yamaa Islamiya, dirigió en octubre de 2002 el atentado de Bali donde murieron casi 200 turistas. Entre los asistentes a la «cumbre» de Kuala Lumpur, Tawfiq Bin Attash y Fahad Al Quso estaban involucrados en el ataque contra el buque estadounidense *US Cole* fondeado en Yemen.

Después de la «cumbre», Jalid y Nawaq viajaron a Hong Kong y allí embarcaron en avión hacia Los Ángeles. Iban como primera «unidad de reconocimiento» para al ataque contra América. El 15 de enero franqueaban la aduana estadounidense sin problemas: no estaban «fichados» por la policía. Se instalaron en San Diego, California. Allí intentarían formarse como pilotos de vuelo. Luego Atta los adscribió al comando de Hani Hanjour.

Al terminar la *shura* deliberante de Al Qaeda, no todos regresaron enseguida a Hamburgo. Ziad Jarrah hizo prácticas en un campamento afgano, hasta febrero de 2000. Y, coincidiendo en algunos tramos con las estancias de Atta, Marwan y Ziad en Afganistán, los marroquíes Abdelghani, Motassadeq y Essabar, de la célula de Hamburgo, se adiestraron durante tres meses en cursos de armas, también en un campo de entrenamiento.[51] Habían sido seleccionados para participar en la *gazwah* contra América.

En ese tiempo, la organización de Bin Laden envió a Estados Unidos cuatro unidades más de reconocimiento, por parejas o solos. Debían elegir certeramente las localidades, incluso las barriadas, que serían el hábitat seguro de Atta y su gente mientras preparasen los atentados. Y, a partir de ahí, buscar alojamientos, academias de vuelo, vehículos de alquiler, gimnasios, entidades bancarias, mezquitas, contactos fiables en algunas comunidades musulmanas, miembros *durmientes* de Al Qaeda que prestasen apoyos puntuales, sin hacer preguntas.

Los enterados del «estado mayor» de Al Qaeda vivieron con zozobra los días de la bisagra entre el siglo xx y el xxi. Habían concebido una recepción terrorista y muy sangrienta del nuevo milenio cristiano, con diversos escenarios de muerte a un tiempo: el aeropuerto de Los Ángeles, el rascacielos Space Needle de Seattle, un mercado navideño de Frankfurt, la catedral católica de Estrasburgo en la noche de Navidad, las embajadas de Estados Unidos en París y Roma, el hotel Radisson de Ammán, el destructor norteamericano *Sullivan*, que por esas fechas fondearía en el puerto yemení de Adén...

En unos casos, los servicios policiales estuvieron alerta y espabilados; en otros, habían tenido avisos de primera mano: los detenidos de Al Qaeda comenzaban a soltar información sobre planes en marcha. Lo cierto es que varias detenciones en Bélgica, España, Alemania, Italia, Reino Unido, Francia, Siria, Dubai y Canadá abortaron uno a uno todos los planes.

Con ser importante la caída de los comandos y el fracaso de las operaciones, en el entorno próximo a Bin Laden preocupaba más la moral de derrota, la sensación de «chapuza» y el recelo mutuo que se había generado dentro ante tantos ineptos y tantos «soplones». De repente, todos veían «traidores en todas las células». Era un síndrome de desconfianza que podía gangrenar la organización. Decidieron endurecer la exigencia de garantías a quienes se ofrecían voluntarios.

Esos escrupulosos chequeos a cada aspirante fueron la causa de que la *gazwah* —operación que entre ellos llamaban *Alá versus América*— arrancara sin tener completos los comandos.

Pero Al Qaeda no se concedió una hora de depresión. Ese mismo enero de 2000 empezaron los preparativos de un nuevo atentado, también con operadores suicidas y asimismo contra un buque de la Armada de Estados Unidos, el *US Cole*, atracado como el otro en el puerto de Adén.[52] Precisamente para diseñar esa acción terrorista se convocó la reunión en Kuala Lumpur.

Ni Atta ni Marwan volvieron a las aulas de la TUHH desde el verano de 1999, aunque seguían matriculados. Sí se dejaron ver, y les vieron, antes y después de la estancia en Kandahar. En octubre de 1999 callejearon largos ratos por Saint Georg; iban a rezar a la mezquita de Al Quds y allí se encontraban con sus compañeros. Entre los rezos, salían a tomarse un té o un café por los alrededores de la Steindamm. Pero no siempre se desplazaban hasta Al Quds. Muchos días hacían su plegaria en la mezquita turca de la Knoopstrasse, que les quedaba muy cerca del apartamento de Wilhelmstrasse, o en la habitación de rezos en la universidad. Un periodista árabe que les conocía, coincidió con los dos, Atta y Marwan, un par de veces en un café oriental de Harburg.

Después de Kandahar, ya en la primavera de 2000, Alptekin Ozdemir, el profesor turco de la TUHH que atendía a los alumnos extranjeros, se encontró también con Atta por Hamburgo en una zona de tiendas. Atta disimuló: «Pues ya ves, sigo por aquí... Ahora estoy trabajando en temas derivados de mi tesis».

Ciertamente: estaba trabajando en el contraurbanismo y en la antiverticalidad de Nueva York.

Uno de aquellos días, estando Marwan en una biblioteca de Hamburgo, discutió con alguien, se le calentó la boca y soltó una andanada: «¡Ya falta poco para que haya miles y miles de muertos en Estados Unidos!». Los que estaban allí leyendo le oyeron con asombro. Marwan era un tipo tranquilo y guasón. No supieron interpretar esa salida de tono, pero no les pasó por alto su énfasis apocalíptico.

Aunque Ziad Jarrah llevaba tiempo anunciando que se iría a Estados Unidos a hacerse piloto, el viaje a Pakistán y Afganistán, para asistir a la *shura* de Al Qaeda y empalmar después con su campamento, debieron de planteárselo a bocajarro y sin previo aviso. El caso es que, contra su costumbre de exquisita corrección, se marchó sin despedirse de nadie, sin inventar cualquier historia para salir del paso. Por supuesto, no dejó señas, ni apartado postal, ni número de móvil donde localizarle. Un buen día de noviembre de 1999, desapareció de Hamburgo, del piso de Hammelsbüttel y de la Universidad HAWH de modo tan extraño que daba la impresión de un secuestro. Era como si se lo hubiese tragado la tierra.

Aysel, alarmada, denunció su desaparición a la policía.

Cuando regresó a Alemania, en febrero de 2000, ella se lo contó, entre un río de reproches y de preguntas sin respuesta. La reacción de Ziad fue colérica:

—¡¿A la policía...?! ¡¿Que fuiste a la policía...?! ¿Lo dices en serio, Aysel? ¡¿No se te ocurrió otra cosa más estúpida, más inútil y más peligrosa?! ¡Dios, Dios, Dios...! Me has perjudicado como no puedes ni imaginarte. Por tu culpa, Aysel, desde ahora en este país seré, no ya un extranjero musulmán mirado de reojo, sino un extranjero musulmán sospechoso, fichado y buscado... ¡Les has armado de razones para que se me peguen como una lapa! ¿Entiendes lo que me has hecho?

No. Aysel no entendía. Aysel tenía que creer en Ziad sin entender, sin preguntar, sin saber. A ciegas. Y lo asombroso era que le creía. Estaba segura de una cosa: Ziad la amaba por encima de todo y de todos. Y eso bastaba.

También a la vuelta de Afganistán, Ziad le confesó a su tío Assem Omar, el espía, con quien tenía una especial confianza: «Para mí sólo hay un camino abierto: el camino del martirio».

Cuando Atta lo supo, le reconvino con severidad: «No debiste decírselo, y jamás vuelvas a decirlo a nadie».

Poco después, Atta y Marwan por separado, cada uno en el consulado de su país, informaron del extravío o robo de sus pasaportes y les emitieron otros nuevos. Era una treta hábil para que de modo «legal» fuesen eliminados los sellos aduaneros de entradas y salidas en países como Pakistán y Afganistán, siempre inquietantes en los controles policiales.

Ziad Jarrah hizo lo mismo: en febrero de 2000 renovó su pasaporte libanés n° 1151479, alegando que había perdido el original. También él necesitaba un documento de identidad donde no constase su estancia en lugares bajo sospecha como Afganistán, Yemen, Sudán, Pakistán...

El 18 de mayo, Atta fue al consulado de Estados Unidos en Hamburgo y solicitó un visado de entrada en el país. Lo obtuvo sin dificultades ni demoras. La operación había despegado.

Si a esas alturas alguien vacilaba todavía entre seguir o no con el plan de matanzas y suicidios, ver a Atta imperturbable y apuntalando la red le contagiaba fuerza y empuje.

Cuando el comerciante sirio Mamoun Darkazanli supo que le vigilaba la policía alemana por su conexión con Salim, el jefe de finanzas de Bin Laden, expuso la conveniencia de desmarcarse para no comprometer a la célula de Hamburgo. Como conocía bien a Marwan Al Shehhi y sus vínculos con Emiratos, sugirió que los temas financieros del grupo los gestionasen Ramzi Binalshibi y Marwan. Una vez aprobada la operación *Alá versus América*, decidieron que Marwan, antes de ausentarse, abriera una cuenta nominal y apoderase a alguien de confianza, policialmente «limpio» y que supiese de manejos bancarios. Ese alguien sería el marroquí Motassadeq, veterano de la célula y que ya en 1996 dio fe del testamento de Atta. Acababa de regresar de un campamento de Al Qaeda en Afganistán.

La célula tuvo desde sus inicios una caja común: pequeñas cantidades iban de la cuenta de un miembro a la de otro, si se necesitaba. Así, el 10 de mayo de 2000, todavía en Alemania y antes de partir hacia Estados Unidos, Marwan transfirió 2.100 marcos de su cuenta a la de Atta en el Dresdner Bank de Hamburgo. Esa economía de vasos comunicantes se mantendría hasta el final.

En mayo, julio, agosto y septiembre de 2000, Ramzi envió a Marwan, que estaba ya en Norteamérica, dinero depositado en el Dresdner Bank por alguien de Emiratos: 22.500 dólares entre mayo y agosto, 3.853 marcos el 26 julio y 9.629 marcos el 25 septiembre. En total, 29.241 dólares, unos 5 millones de pesetas.

Pero aquel era un dinero distinto de los 110.000 dólares, también procedentes de Emiratos Árabes y también ingresados en el Dresdner Bank hamburgués en la segunda cuenta que Marwan abrió compartida con Motassadeq. Los 110.000 dólares llegaron en cuatro entregas y por la misma época: entre el 19 de julio y el 18 de septiembre de 2000. Motassadeq quedó al cargo de reenviar esos depósitos a los que habían marchado a Estados Unidos, a medida que se recibieran en Alemania. Y así lo hizo.

No iban desencaminados los de Al Qaeda cuando, a raíz de la *shura* de Kandahar, dieron un toque de atención a Marwan Al Shehhi para que cuidase mejor su cobertura como estudiante becario. Estaba poniendo en una situación de compromiso a sus «padrinos» emiratíes, y dando pie a que desde Emiratos Árabes o desde Alemania abrieran una investigación. En efecto, el deplorable currículo académico de Marwan y, por contraste, el magnánimo patrocinio oficial con que le arropaban los Emiratos Árabes podía plantear incómodas preguntas para ese país.

Alemania estaba en su legítimo derecho de inquirir: cuando Marwan llegó a Alemania en 1997 con 18 años de edad, ¿había prestado ya su servicio militar? De no ser así, no se entendería que el ejército emiratí le tuviera como becario. Si antes de 1997 no lo había cumplido, nunca lo cumplió: en los años siguientes hasta 2000, que se correspondían con su edad de reclutamiento, Marwan no fue llamado a filas. Desde Abu Dabi, sede de la autoridad de Emiratos Árabes Unidos nunca dieron noticia ni de que el joven Marwan Al Shehhi se hubiera licenciado como soldado ni de que se le reclamara esa prestación militar.

Por otra parte, ¿cómo justificaba oficialmente el disfrute de aquella beca? Para responder ante las Fuerzas Armadas de tan considerable estipendio, una dotación anual de 29.000 dólares, durante cuatro cursos, ¿qué notas, titulaciones, asistencia a clase, y resultados de aprovechamiento en los estudios presentaba el becario Marwan? De lo que sí había constancia era de que vagueaba, apenas iba a clase, se ausentaba meses y meses, y no logró ninguna graduación universitaria. Incluso, de las pruebas básicas de idioma alemán, tuvo que examinarse dos veces en Bonn, en 1997 y 1999.

Además del Instituto Goethe, se matriculó y abonó las tasas en dos universidades: la Freidrich Wilhelm de Renania y la Technische Universität de Hamburgo-Harburg. En la primera, sólo estuvo unos meses y bajo otra identidad, haciéndose llamar Marwan Lekrab. ¿Por qué funcionó académicamente con un alias, si estudiaba a cargo del erario público de Emiratos Árabes Unidos? ¿Cómo acreditó esos gastos de matrícula, figurando bajo otro nombre?

Lo que estaba fuera de duda era la negligencia de las autoridades emiratíes —la militar, docente y económica—: «negligencia al elegir» como becario a un muchacho tan poco dispuesto a estudiar. Y aún más prolongada «negligencia al no vigilar» la conducta y los resultados académicos de su protegido.

Por el mismo banco de Dubai desde donde, año tras año, le enviaban la beca mensual a Marwan, el HSBC Middle East Bank, alguien transfirió 110.000 dólares durante el semestre de julio a noviembre de 1999 a la segunda cuenta que Marwan abrió en el Dresdner Bank de Hamburgo, y de la que dio poderes a Motassadeq. Ese dinero fue reexpedido a Estados Unidos, a las cuentas de Marwan y Atta en Florida, para los gastos de preparación de los atentados.

Las azafatas repartieron las cartulinas del menú. Atta las oyó lejanamente entre el ronroneo sordo de los motores, pero siguió con sus pensamientos. En cambio, cuando minutos después volvieron a pasar ofreciendo toallitas húmedas calientes, se quitó el cubreojos, parpadeó deslumbrado y miró por la ventanilla: abajo, sin celajes de nubes brillaba el océano azul intenso. Lo observó con curiosidad: veía el Atlántico por primera vez en su vida. Como viajaban en la dirección del sol, seguía siendo mediodía. Decidió hacer su plegaria de antes del almuerzo.[53] Alargó la mano y tomó dos de las toallitas que la azafata sostenía con pinzas metálicas. Las usó para las abluciones de la oración. Con una, se frotó los ojos, la boca, los orificios de la nariz, las orejas, el cuello, las manos y los antebrazos. Luego se descalzó y pasó con suavidad la otra toalla húmeda por sus pies y sus tobillos. Volvió a ponerse los calcetines y dejó los zapatos bajo el asiento. Todo, con los movimientos rápidos y precisos de quien está habituado. Desde la ventanilla, ubicó la orientación sudeste de La Meca. Se levantó mirando hacia esa dirección. Sólo un instante y volvió a sentarse. Juntó las manos con las palmas hacia arriba, como si leyera un libro. Saludaba a Dios y le ofrecía la plegaria. Después se cruzó de brazos, reposando la mano derecha sobre el antebrazo izquierdo como suelen hacer los musulmanes para indicar que rezan en paz, sin sacar la espada. Oró en silencio durante seis o siete minutos. Concluyó en cuanto percibió el olor de comida, el tintineo de los cubos de hielo en los vasos de vidrio, las voces de los pasajeros que habían salido de sus marasmos animados ante las bandejas del catering. No debía mezclar la oración con esa algarabía ni con alimentos impuros o bebidas que tuvieran alcohol.

Pulsó un botón en el panel del techo. Acudió la azafata del pelo corto y gafitas Armani. Atta le dijo que avisara a un aeromozo. En un par de minutos, se presentó el sobrecargo. En correcto alemán, Atta le pidió un menú vegetariano:

—*Ich bin Vegetarier... Ich möchte ein Mittagessen, bitte...*

Entretanto, la azafata de gafitas Armani ya le había dado «el parte» a su compañera de cola de caballo:

—¿Quieres saber qué libro va leyendo el árabe?

—¿A que no es el Corán?

—No, no es el Corán. Es un libro... raro. Me he fijado, pero tiene un título muy largo: *El Batallón sagrado*, o *Los guerreros sagrados*, o *Los soldados enamorados*, o algo así. Parece de mitología griega.[54]

¿Cómo surgió la célula de Hamburgo? Ni brotó de modo espontáneo ni la iniciativa terrorista fue un mero impulso interior del grupo de estudiantes de Marienstrasse 54. Al tiempo que las ayudas económicas y los apoyos materiales, hubo una ideología inteligentemente suministrada y un fervor alentado con tenacidad. Ideología y fervor. Ése fue el binomio.

¿Sólo Ramzi Binalshibi llegó a Alemania motivado, a tiro hecho, con la premeditación de ir a cumplir un encargo? ¿Y los otros estudiantes musulmanes del grupo de Hamburgo? ¿Fueron *in albis*, y el azar los reunió?

El primero en llegar, Atta, ya llevaba dentro la incandescencia, el ardor de cierta especie singular de fanáticos, capaces de esperar en calma, «durmientes» pero vigilantes, hasta que suene la hora de la soñada venganza.[55] Hay un manojo de piezas en la actuación «visible» de Atta que, dispersas, no dicen nada; pero, puestas una junto a otra, resultan muy elocuentes: sus contactos con los Hermanos Musulmanes de Egipto; la formación radical y extremista que recibió de su padre; la facilidad con que le habilitaron un intercambio estudiantil en Alemania sin que, por cierto, la familia de Atta correspondiera de ninguna manera con los anfitriones alemanes de su hijo; desplazarse a una universidad técnica europea y no elegir como tema de su tesis el urbanismo moderno occidental sino el antiguo oriental de Alepo, lugar de referencia sentimental y de conexiones humanas para tantos fundamentalistas sirios que tuvieron que salir huyendo y con muchos de los cuales Atta se relacionaría en los años siguientes; el hecho anómalo de que, ya al llegar, con 24 años, dispusiera de dos pasaportes y dos identidades, reservando la de Atta y utilizando la de El Amir durante ocho años… Elementos bien expresivos de que Atta no fue a Alemania para invertir todo ese tiempo en una licenciatura que no pensaba ejercer: tenía otra causa profunda, otro móvil inconfesable, que daba sentido a su vida. Y a su muerte.

Alguien que le conocía bien, Ramzi Binalshibi, afirmó que «Atta era miembro «durmiente» ya en 1992». Antes de salir de Egipto.

En cuanto a los demás del grupo, ninguno de ellos llevaba entre sus planes la bizarra idea de liarse un turbante por la cabeza, coger un Kaláshnikov, cruzarse el pecho con dos cananas de munición y echarse al monte a pegar tiros. Ni siendo niños habían dado cancha libre al sueño de ser «guerreros sagrados». Quizá Marwan Al Shehhi sí lo pensó, después de la guerra del Golfo. En todo caso, ninguno se había visto a sí mismo integrando una banda terrorista. ¿El suicidio heroificado con honras funerarias de «martirio»?

Conocían esas historias como epopeyas lejanas. Nunca les rozaron de cerca. Ni entre sus parientes ni entre sus amigos.

No eran unos perdedores ni unos desesperados de la vida. Eran chicos normales y corrientes. Superiores a la media, tal vez. Musulmanes interesados en ponerse a la última en las ciencias y las tecnologías, en el *know how* que se expendía en Europa. Los estudiantes de Hamburgo y los saudíes que se les unirían después en Estados Unidos, eran hijos de familias árabes acomodadas, que podían privarse durante años de la presencia laboral del hijo adulto varón en el negocio familiar, incluso costear sus estudios en el extranjero. Sin embargo, iban a generar un nuevo biotipo de terrorista: nivel universitario, idiomas, traje y corbata, Visa Oro de American Express, desparpajo urbano, página web, gimnasio, bolera, squash y mezquita.

Aquellos jóvenes pasaron de la fe pacífica al fervor fanático y, de manera sucesiva, del fanatismo a la acción guerrera, a la acción iracunda, a la acción violenta, a la acción terrorista, a la acción suicida.

Analizados uno a uno, expediente a expediente —como lo hizo el comité de operaciones especiales de Al Qaeda—, resultaban demasiado valiosos para destrozarlos anónimamente en el frente de guerra kurdo o checheno o cachemir, o para quemarlos en oscuros menesteres terroristas de coche bomba. Adiestrados con esmero y motivados a conciencia, podrían ingresar en la Historia por mucho más, por muchísimo más.

Todos ellos tenían inteligencia y reflejos suficientes para llevar una doble vida, una impostura sólida y creíble en un país como Estados Unidos que les era extraño, y no durante quince días sino a lo largo de quince meses, sin que les descubrieran. Y la frialdad emocional que les permitiría cortar nexos familiares, vínculos afectivos y relaciones sexuales estables.

Habían superado duros ejercicios de fortaleza física. Con estudiada crueldad, se les sometió a pruebas de resistencia psíquica. Y en esta operación demostrarían un temple de ánimo muy por encima de cualquier estándar. No ya por atreverse a «atacar de frente a los Estados Unidos» —lo cual no era una metáfora desaforada—, sino por algo más simple pero que iba a requerir toda la sangre fría del mundo: a 9.000 pies de altura, en pleno vuelo, arrebatar y empuñar los mandos de un Boeing 757, dar un volantazo de giro, meter la palanca para descenso, picar, hacer la maniobra de aproximación y estrellarse con limpia puntería contra el objetivo previsto. Y todo, en cosa de instantes y sin que les temblara un músculo, después de haber eliminado al comandante y al copiloto segándoles la yugular de una cuchillada.

Atta y sus compañeros no eran unos perturbados mentales. Ni psicópatas, ni paranoicos, ni esquizofrénicos. No estaban locos. Estaban equivocados. Los habían conducido a un error demencial. Los cegaron con la deslumbrante luz de los iluminados. Durante tiempo, les mostraron una imagen deformada del mundo, les inocularon una fermentada conciencia de pueblo humillado, una resentida memoria de patria maltratada. Y junto a eso, les suministraron una religión justiciera y agresiva: la que resultó del maridaje entre los Hermanos Musulmanes, liderados por Al Zawahiri, y Al Qaeda con Bin Laden al frente.[56] Una traducción vitriólica del islam. Si sembrando vientos se cosechan tempestades, de las cepas del resquemor ¿qué podían cosechar sino las uvas de la ira?

A partir de la captación, se sometieron a un «proceso guiado» de cambio. Hubo unos inductores de esas conversiones dirigidas. Atta podía ver ahí un mosaico de rostros, gente que desempeñó su papel adecuado en el momento oportuno. El propio Atta fue crucial en la recluta y en la transformación de otros. Durante años —entre 1995 y 1998—, cuando viajaba por Alemania con sus seminarios de urbanismo y desarrollo, Atta no perdía el tiempo en banalidades ni en hacer turismo. Desplegó un proselitismo tan pujante que llegó a dirigir hasta siete grupos de jóvenes musulmanes extremistas.

Mohammed Atta no podía engañarse. Lo vio en otros y lo experimentó en sí mismo: además de los cursos de adiestramiento, hubo un adoctrinamiento gradual, una enseñanza reglada, de contenidos *in crescendo*. Unos dieron pasos más rápidos, otros más lentos. Pero, sí, en la célula de Hamburgo —como en toda célula de terroristas suicidas de Hamas, de Yihad Islámica, o de los Tigres Negros de Ceilán— tuvieron una sensibilización personalizada. Atravesado cierto umbral, el aspirante avanzaba ya sin volverse atrás.

La tarea de Al Qaeda —para eso se fundó— era reclutar y adiestrar a «luchadores» voluntarios: batallones de yihadistas. Siempre había frentes de contienda en actividad. Unos iban a la guerra, hacían su *yihad*, igual que hacían su peregrinación a La Meca.

Después, colgaban el fusil y se volvían a casa. Otros se reenganchaban como muyahidines. Algunos, más «civiles» y menos montaraces, se integraban en una célula terrorista. Entre éstos, unos pocos, sólo unos pocos, decían: «Estoy dispuesto a asumir una misión de martirio, un atentado suicida».

A ese joven que quería ser «mártir», la organización lo observaba durante un tiempo: si asistía a actos públicos comprometedores dando la cara por el islam, el interés de sus preguntas, los libros y revistas que leía, su fervor en la mezquita. Si el chico repetía aquel deseo, lo citaban. Empezaban a hablar con él. Un tanteo, un examen, una batería de tests para confeccionar su ficha psíquica: temperamento, instintos, intelecto, agresividad, orientación en el espacio y en el tiempo, sentido de la realidad, escapismos, zonas oscuras, dependencias y puntos flacos. Se informaban acerca de su ambiente familiar, sus estudios, su trabajo. El interesado comprendía que era una indagación necesariamente previa a ser aceptado, y colaboraba.

Pero, aunque el escrutinio fuese favorable, sólo le encomendarían una misión de ese tipo si se sometía y se dejaba conducir por una especie de «camino guiado» de preparación. La mezcla de rebeldía y obediencia era clave.

Comenzaba entonces un proceso iniciático individual. Cada uno era único. Con charlas motivantes, impartidas como estudios religiosos, al candidato se le iba orientando al sacrificio.

Entre el grupo de Hamburgo-Harburg, los formadores partieron de que sus pupilos tenían ya una fe islámica y una conciencia de identidad musulmana, más avivada al sentirse minoría en un país extranjero y en un ambiente social desconfiado.

Convertir un simple grupo de amigos estudiantes en una célula terrorista, manteniendo la tensión de una cólera religiosa y, como horizonte de fondo, la ejecución de unos asesinatos masivos, requirió un paciente abastecimiento de ideas. Ideas grabadas en casete, editadas en vídeo, digitalizadas en página web. Pero, aun siendo ideas envasadas y retransmitidas, interpelaban la conciencia y la voluntad de los jóvenes árabes de la TUHH. Les resultaban atractivas y convincentes.

Aquellas metamorfosis violentas se nutrían de los sermones de Abu Qutada desde Londres, las conferencias de Mahmun Al Hodeibi desde El Cairo, las arengas de Bin Laden desde Kandahar, los pulcros argumentos del islamista Mehdi Razvi invitando a «volver a los orígenes de nuestro Sagrado Corán», los discursos de Abdul Qadir As Sufi Al Darqawi, potente voz del radicalismo musulmán divulgada en CD-ROM: «Estamos en guerra. Y la batalla no ha hecho más que comenzar. El islam se mueve a través del mundo. Nada impedirá su expansión por Europa y América hasta el absoluto dominio del islam».

Los sermones tenían una finalidad: reforzar la percepción de Occidente como un mundo corrupto, un árbol envenenado. Y además, hostil. Era una rampa graduada con tiento en la que, poco a poco, se endurecía la imagen de Occidente hasta identificarse con «el maligno», «el enemigo del islam y de Dios».

En su momento oportuno, las lecciones de insignes teóricos de la «guerra santa» describían cómo debía librarse hoy la *yihad*. Según tales estrategas, sentado el hecho real de que los musulmanes carecen de una fuerza militar y económica capaz de vencer a una superpotencia como Estados Unidos en el campo de batalla convencional, había que ir a una guerra asimétrica: «Se ha de emplear otra táctica, descompensada en cuanto a las fuerzas, pero mucho más eficaz: el terrorismo. De todos los lugares del islam deben surgir grupos de musulmanes bien adiestrados, dotados de medios y reforzados por la fe, que lancen el ataque contra los usurpadores. Y hostigarlos sin tregua, hasta que su morada sea un tormento infinito. La *yihad* jamás se detendrá, durará hasta el día del Juicio Final».[57]

Les mostraban la situación presente del islam como de patria en peligro y en perentorio estado de guerra. Voces, de cuya autoridad no dudaban, lo decían paladinamente en sus discursos: «Todo buen musulmán debe tomar conciencia de que estamos en guerra contra los soldados de Satán y contra los aliados del demonio».

Todos sabían que el 23 de agosto de 1996, desde las cimas del Hindu Kush, Bin Laden lanzó la declaración de guerra a Estados Unidos basada en «tres humillantes agravios»: su permanencia en Arabia Saudí, el país de los Dos Lugares Sagrados; los bombardeos y el embargo contra Irak; y su ayuda a Israel, que ocupa la Tierra Santa y asesina a los musulmanes de esa región.

Y nadie ignoraba que en febrero de 1998 se había creado el Frente Islámico Mundial para la Guerra Santa contra los Judíos y los Cruzados, cuyo texto fundacional instaba a que «el musulmán creyente y que obedezca a Alá debe acatar su orden, matando a los idólatras norteamericanos, civiles o militares, en cualquier ocasión, allá donde los encuentre». Matar norteamericanos era, pues, un mandamiento moral: una «orden de Alá».

Aunque Bin Laden carecía de autoridad religiosa para emitir un decreto de condena, una *fatwa*, ese impedimento lo subsanó rápidamente. Al mes siguiente, en marzo de 1998, cuarenta ulema afganos reunidos en conferencia declararon «santa» la guerra contra Estados Unidos y sus «apoyadores». En abril, otro grupo de ulema paquistaníes promulgó una fatwa similar desde Karachi.

En tal clima bélico —aunque fuera artificialmente provocado—, las acciones heroicas se estimaban dignas de honor. Y la desproporción de medios para combatir a tan potente adversario forzaba a echar mano de otras armas: la astucia, la audacia, la extorsión paciente. O el terrorismo imaginativo y feroz.

«Nosotros no tenemos buques fondeados en el mar de Arabia, como tiene Clinton, ni misiles crucero Tomahawk para bombardear a distancia y sin arriesgar la piel los campamentos de Al Qaeda». Era agosto de 1998, y la queja de Al Qaeda mordía: Clinton acababa de destruir unos campos de muyahidines en Afganistán y en Sudán para distraer la atención pública de sus escarceos sexuales con la becaria Monica Lewinsky.

Contra un enemigo cuyo poderío económico y militar era incuantificable, la única acción efectiva sería el asesinato masivo, la matanza incalculable.

Una vez asumido el terror como respuesta, se ascendía un nuevo tramo: difuminar la humanidad de las víctimas. ¿Miles de muertos? ¿También mujeres y niños...? El propio Bin Laden salía al paso comentando entre sus íntimos —y se lograba que enseguida trascendiera— «los inevitables daños colaterales de toda guerra».

Si el aspirante mostraba repugnancia moral ante una acción que acarrease «víctimas inocentes», le recordaban que «nadie puede ser blando, ni arrogarse una compasión que es atributo divino: sólo Alá es el Compasivo».

Ahora bien, para que «un grupo de musulmanes, bien adiestrado, reforzado por la fe» se lanzara «al ataque contra los usurpadores», no bastaba un líder ideológico invisible en cinta magnética ni una autoridad magistral a distancia, en pantalla de cuarzo. A partir de ahí, era necesaria una presencia: alguien a quien se oyese respirar cerca; alguien que, sentado frente al aspirante, le mirase a los ojos y se fajara con sus dudas y sus miedos: «¿Te desvela pensar que no haya nada después? ¿Te asusta el dolor? ¿Quieres saber qué se siente al morir?».

En esa fase, solía entrar en juego el imán, de asiento en tal mezquita o en tal centro islámico, con quien se podía hablar despacio y ser su huésped fraterno dos o tres días...

Uno de los conductores espirituales que más influyó sobre los jóvenes del grupo de Hamburgo fue el predicador Osama Ajub.[58] Con 35 años ya era imán y rector del centro islámico de Münster, en Westfalia.

Osama Ajub, egipcio como Atta, pertenecía también a los Hermanos Musulmanes[59] y militaba en una organización extremista de acciones violentas, la Yamaa Islamiya Egipcia, en muy estrecha sintonía con Al Qaeda.

Juzgado en rebeldía, el Gobierno de Egipto pedía su extradición por varios delitos de asesinato y conspiración para el asesinato. Estaba condenado a 25 años de reclusión y trabajos forzosos. Osama Ajub logró huir de Egipto, y se refugió en Pakistán y Yemen, donde Bin Laden tenía sólidas estructuras.

Allí trabajó como predicador y profesor, hasta que le sugirieron la conveniencia de trasladarse a Alemania. Eso era «casualmente» en 1996, cuando empezaba a fraguarse la célula de estudiantes de Hamburgo.

Al llegar, en el mismo aeropuerto de Frankfurt, Ajub pidió asilo político. Dijo que era «un inofensivo profesor de árabe», y que en Egipto le perseguían por ser «un pensador islamista, crítico con el Gobierno de Hosni Mubarak». Consiguió el asilo sin dificultad.

La Alemania surgida con esfuerzo admirable de las ruinas y cenizas de «su propia guerra», tuvo a gala ser país de acogida de gentes de todo pueblo y toda raza, y banco de trabajo para cualquier tipo de inmigrantes, llegasen de donde llegasen. Sin duda, bajo la piel de ese buen instinto se agazapaban el complejo del estigma nazi y el temor a provocar suspicacias con alguna actitud xenófoba o discriminadora de etnias o grupos sociales.

El fugitivo Osama Ajub no podía llamar a mejor puerta: en Alemania, un individuo perseguido por el «delito de pensar con libertad» quedaba automáticamente protegido de la deportación o de la extradición, por muchos asesinatos que le imputaran los jueces de su país.

Osama Ajub se estableció en Westfalia. La comunidad musulmana «supo» enseguida que debía nombrarle imán y rector de la mezquita de Münster. ¿Acaso no llegaba blindado con las credenciales de Bin Laden y su cúspide de mando? ¿No iba ungido con la bendición del jefe religioso y político del régimen talibán, Mohammed Omar, el mulá tuerto, consuegro de Bin Laden y Príncipe de los Creyentes, que se cubría con el manto de Mahoma?

Ajub y Marcel Krass, su segundo en la mezquita de Münster, eran afines a los talibanes, y no lo ocultaban: «Hombre, no han acertado en todo al cien por cien; pero sí al noventa y nueve por cien», afirmaban sin empacho, elogiando «la pureza de su rigor religioso» y sus «logros de reislamización del país».

Aplaudían, pues, el regreso cultural y social de Afganistán al siglo VII. El totalitarismo político y religioso: partido único, ley única, religión única, pensamiento único. El despotismo de una policía religiosa que, so capa de «preservar la virtud y erradicar el vicio», según las normas de una moral colectiva obligatoria, patrullaba calles, requisaba automóviles, saqueaba tiendas, registraba casas, destrozaba libros, cuadros, televisores, casetes musicales, juegos de mesa, muñecas y juguetes infantiles… O detenía a viandantes sospechosos de cualquier violación de la sharia y, sin garantía judicial alguna, encarcelaba, azotaba, torturaba. O, como espectáculo de escarmiento público, amputaba manos, orejas, testículos… Ese fanatismo nauseabundo, esa tiranía de una religión impuesta, pisoteando la libertad de las conciencias, era lo que Ajub alababa desde su inviolable sede de imán en Westfalia.

Los oficiales de la BKA tenían certeza de que el imán de Münster desplegó una influencia «moral» sobre la célula de Hamburgo. En su mezquita hubo encuentros y desde su mezquita se produjeron persistentes conexiones con Atta, Motassadeq, Ziad y otros del grupo. Y uno de sus más cercanos epígonos telefoneó varias veces a Ziad Jarrah, no sólo dentro de Alemania, sino también a Estados Unidos, según el registro de las llamadas en las facturas del teléfono.

Como Ajub en Münster, un puñado de «clérigos» musulmanes,

exégetas del Corán y directores de plegarias, acogidos a la toleran-
cia de Alemania, sentaron plaza en sus mezquitas como guías espirituales. Y luego usaron esos púlpitos «de protección oficial» para
azuzar actitudes combativas y fomentar una *yihad* agresiva «contra cruzados y judíos». Así, el yemení Abdulrahim, sempiterno estudiante de odontología e imán de Greifswald. Así, Issam El Attar,
rector del centro islámico de Aquisgrán, en Westfalia.[60] Así, Shalak
Nakdali. Y así tantos.

Cabría hablar de una «hora de los imanes» porque su influjo
exasperador fue notorio entre la feligresía joven.

Luego, cada cual a su tiempo tuvo su bautismo de fuego: el trallazo de los campamentos de Al Qaeda. En aquellas severas academias de barro, cinc y cuatro tablones, obtuvieron el máster de la
violencia y de la muerte.

Allí supieron que, de los 13.000 muyahidines que habían com-
batido contra los soviéticos en Afganistán en los años ochenta, unos
4.000 seguían comprometidos con la causa de Bin Laden, diseminados por todo el mundo. Eran los «hermanos durmientes». Además
estaban las continuas levas de musulmanes que cada tres meses
iban a los campos de entrenamiento de Al Qaeda.

Tomaron conciencia de su mundialidad, conviviendo y adiestrán-
dose con jóvenes afganos, paquistaníes, sirios, jordanos, libaneses,
egipcios, saudíes, emiratíes, turcos, palestinos, iraquíes, iraníes,
libios, argelinos, sudaneses, marroquíes, omaníes, eritreos, tuneci-
nos, bosnios, yemeníes, malaisios, indonesios, bangladeshíes, indios,
filipinos, chechenos, uzbecos, tayicos, uigures chinos, birmanos, ca-
chemires, kenianos, ugandeses, tanzanos, afroamericanos y musulmanes nacidos ya en Alemania, Suecia, Francia, España... Codo a
codo con gente tan diversa y tan afín, no necesitaban discursos sobre
la *umma*: allí veían palpitar la gran nación de naciones abrazada por
la rodaja blanca de luna.

Un viernes, el predicador en el oficio religioso del campamento
fue Osama Bin Laden. Y en su presencia le hicieron el *bayat*, el
juramento de fidelidad.

Aprendieron aguerridos cantos de gestas que les transportaban
a la Edad Media. Los escuchaban a la vez que fabricaban bombas
con explosivos de compleja tecnología, como el RDX, el HMTD o el
C4, mezclándolos con carbamida, ácido nítrico, ácido sulfúrico y

potenciadores de hexamina y usando temporizadores de relojes Casio.

Atta prestó gran atención al curso de explosivos. Apuntaba las fórmulas, dibujaba esquemas y bosquejos. Intuía que tendría más ocasión de usar esos conocimientos que el manejo de armas de combate: fusiles AK-47, ametralladoras, lanzagranadas, morteros, misiles Sam-5 y Sam-7, misiles Stinger antiaéreos o antitanques. Prefirió las prácticas de pulso y precisión empuñando una simple pistola con una mano. Y, en el cuerpo a cuerpo, las armas blancas cortas: la navaja, el punzón, el cuchillo, y la incisión efectiva y exacta en el pecho o en la garganta que llamaban «la punzada mortal».

Como todos, Atta adoptó un alias, un nombre de guerra.

Una noche, el jefe del campamento le hizo ir a su barracón. Al hombre le brillaban extrañamente los ojos mientras le transmitía una nota verbal de Bin Laden: «De modo muy cortés, el emir Osama te pregunta si quieres prolongar un tiempo más tu formación...». Eso era ya un privilegio. Atta debió de sentir el dedo índice de Bin Laden sobre su frente.

Le instruyeron en las técnicas de vigilancia y medidas de seguridad para el secuestro de personas en vehículos, en sus domicilios, en zonas públicas; entradas y ataques a embajadas y bases militares con fuertes sistemas de protección. Aprendió a ser un observador atento y cauteloso, a no pasar por alto el detalle más nimio. Practicó sobre fotografías y vídeos de edificios, estudiando los puntos más protegidos, los más débiles, los accesos por azoteas, garajes, escaleras de incendios, puertas de proveedores, colectores de basuras o galerías de aire acondicionado. En Al Qaeda, las acciones terroristas se estudiaban con vídeos grabados en el lugar donde pensaban actuar.

A un grupo reducido de alumnos les dieron un cursillo práctico sobre las técnicas del agente de espionaje: la cámara camuflada, la foto furtiva, el seguimiento en coche o en moto, el cambio de fisonomía, la captación visual, el alzado de planos reproducidos de memoria, la falsificación de documentos... Dos instructores les enseñaron a bloquear alarmas, neutralizar controles electrónicos, abrir cajas fuertes, organizar sus propias medidas de seguridad para obtener información secreta y transmitirla cifrada o en microfilme, el encriptado en internet, el secráfono y el distorsionador de voz por teléfono.

Junto con otro —no preguntó su nombre ni su país de origen— y sin que los demás acampados lo supieran, Atta recibió una instrucción especial: «Organización y gestión de una célula». Supo entonces que cada célula de Al Qaeda está compartimentada en cuatro secciones: inteligencia, planificación, intendencia y ejecución. En la célula, cada uno sabe lo que necesita saber para funcionar, y sólo eso. Las secciones no intercambian información. Sólo el jefe conoce y coordina los datos de todas las secciones.

Con todos esos hilos se trenzaba una soga o se tejía una bandera de gloria para ensabanar y amortajar a un rebelde.

Llegados a cierto punto del proceso de adoctrinamiento, los «guías» seleccionaban entre quiénes podían participar en un ataque terrorista y quiénes no.

Y un paso más: a quiénes se les podía plantear la cuestión del suicidio y a quiénes no.

Hasta comienzos de 1996, Atta no mereció el honor de ser aceptado por Alá para el alto grado de *shahid*, de «mártir».

Después, redactó su testamento en Al Quds. Estaba dispuesto a morir.

Una de las veces que Ziad Jarrah trabajó como embalador destajista en la Computing Service del japonés en Hamburgo, conoció a Kamal, un joven sirio que vivía con su familia en Hamburgo. Como había nacido en Damasco, le llamaban el Damasceno. Era un musulmán creyente. Estudiaba ingeniería de telefonía celular. Su padre y su tío regentaban una cafetería en Övelgönne, uno de los barrios con más caché, al oeste de Hamburgo. Ziad y Kamal se hicieron amigos, comían, paseaban, rezaban y charlaban a diario... Llegó un momento en que Ziad percibió su interés, sus reacciones y sus respuestas muy positivas hacia planteamientos combativos por la causa islámica.

Atta seguía esos avances entre bastidores, a distancia, marcándole ritmos y temas a Ziad para que los tratase con el Damasceno. Kamal fue incluso a un campamento afgano. Regresó a las seis semanas. «¡Viene entusiasmado!», dijo Ziad a Atta. Y pensando que podrían incorporarlo a la célula de Hamburgo, decidieron que Ziad comenzara ya su «proceso guiado».

Pero llegó un momento en que Ziad se vio en el brete de tener que dar un salto en el programa. El libanés habló crudamente al Damasceno de que el final de su servicio no sería ir al frente de guerra, ni convertirse en predicador, ni dedicar sus conocimientos técnicos de telefonía al espionaje dentro de Al Qaeda, sino «participar en una operación de guerra total, de destrucción masiva... siendo tú mismo el arma mortífera». El Damasceno creía no haber entendido bien:

—¿Me hablas de intervenir yo como *kamikaze*? ¿Suicidarme, a la vez que mato a otros...?

—Te hablo de una operación de sacrificio: de martirio.

—¡¿Y eso me lo estás proponiendo tú... tú, Ziad?!

—Una operación de martirio a la que no irías solo, Kamal. Te acompañaríamos y moriríamos a tu lado un puñado de jóvenes musulmanes: veinte, veinticuatro...

Al joven damasceno se le había demudado el rostro. Estaba lívido. No parpadeaba. El horror mantenía abiertos sus ojos. Se le quedó seca la garganta. Pasó un rato hasta que pudo tragar saliva. En ese momento, también los ojos se le anegaron de lágrimas.

—Te juro, Ziad, que jamás contaré a nadie nada de lo que me has dicho hoy. A nadie. No diré una palabra de cuanto hemos hablado todo este tiempo. ¡Te lo juro!... Olvidaré tu nombre, tus señas, tu teléfono... Olvidaré el campamento de Jost... No me volverás a ver por Al Quds... No sabrás de mí. ¡Por favor, no me busques! Borra mi nombre de cualquier agenda donde lo tengas anotado. Borra de tu móvil ni número de teléfono... Elimíname de tu memoria. No he existido nunca en tu vida, ni para bien ni para mal. ¡Te lo suplico, Ziad...! —Kamal sollozaba, muy quebrantado—. Yo creo que no hay más Dios que Alá, y que Mahoma es su Profeta, pero... ¡no quiero suicidarme por el islam! ¡Me aterra! ¡No soy capaz! Tienes derecho a pensar que soy un cobarde. Piensa lo que quieras. Lo siento... perdóname.

—Kamal, yo no tengo nada que perdonarte. Tú eres un hombre libre. Libre de ir o no ir a la muerte por tu propio pie. Quédate en paz y no tengas miedo. Te doy mi palabra de musulmán: haré cuanto esté en mi mano para que nadie tome represalias contra ti. Pero tú, Kamal, haz lo que me has dicho: olvídame, olvídanos, nunca uses lo que has conocido. Un último consejo: piérdete, esfúmate, cambia de ciudad, no dejes ni un rastro...

Ziad dejó pasar una semana, antes de informar a Atta. Quería dar un margen al Damasceno, para que abandonase Hamburgo.

—¡Mal, mal, mal...! —Atta reaccionó muy contrariado— ¡Y habrá salido de estampida como alma que lleva el diablo! ¿Por qué no has seguido «la guía», Ziad? ¿Por qué has quemado etapas? ¿Por qué te has precipitado? ¿Por qué has buscado atajos? ¿Por qué no has sido paciente? ¿Por que no has...?

—Porque Kamal es un muchacho inteligente. —Ziad frenó la escalada colérica de Atta—. Y preguntaba y preguntaba... y sólo quería saber qué se esperaba de él, que yo le situase en el escenario final. Y... joder, yo no podía engañarle.

—No necesitabas engañarle, Ziad. Bastaba hacerle esperar. Y mientras, formarlo, fortalecerlo, disponerlo. ¡Un mártir no se improvisa, necesita su tiempo de maduración!

—El Damasceno no quería ser mártir. Le aterraba la idea.

—¡Cuántos luchadores ganan la gloria del martirio sin ellos saberlo! Si uno acomete un castigo al infiel en nombre de Alá, y en esa acción gloriosa encuentra la muerte, aunque él no la buscara deliberadamente, ése musulmán es *shahid*, es mártir.

—Pero si un reclutado pregunta a su instructor, tiene derecho a saber la verdad. Lo siento, Mohammed, yo... yo no soy Himmler.

—¿Himmler? ¿Y qué coño tiene que ver Himmler con esto?

—Himmler encomendó a sus SS de élite el secreto de la Solución Final... Iban a exterminar a seis millones de judíos, pero sólo unas cuantas mentes superiores podían estar en el secreto. Ocultó la verdad, o engañó, ¡igual me da!, al pueblo alemán. Pues bien, quiero que te quede claro, Mohammed: yo no soy Himmler. Yo abomino del secreto. Y el engaño me da náusea.*

En el grupo de Hamburgo, sólo unos pocos sabían que lo de América sería una «operación de martirio».

El suicidio, aunque el Corán lo prohíbe, se consideraba una decisión de defensa militar, una forma de combate necesaria en la que

---

* La identidad de Kamal y algún dato de domicilio están deliberadamente alterados por salvaguardar su seguridad personal. El Damasceno vivió en Hamburgo y siete meses después del 11/S él mismo refirió los hechos que aquí se narran.

el hombre se convertía en un arma de alta potencia destructora. Dado el estado de necesidad, entregar la vida era un acto legítimo y aceptable. Más aún: un sacrificio glorioso y querido por Alá.

Un argumento religioso ayudaba a amortiguar escrúpulos de conciencia: el terrorista suicida —en su lenguaje, «el guerrero santo que se inmola»— ha sido señalado y predestinado por Alá para adquirir el rango inmarcesible de «mártir». «Ni tú lo buscas, ni yo te convenzo. Alá te quiere y Alá te elige»: «Está escrito. No te rebeles: lo que ha de ocurrir ha de ocurrir, sin que puedas evitarlo».

Cuando alguien se ponía a comparar lo que dejaba aquí y lo que encontraría más allá, el mentor espiritual clavaba el énfasis en el señuelo de la recompensa: «Qué valioso y grato es para Alá que el creyente obedezca a lo que Él desea. Qué placentero el Paraíso adonde sólo van los mártires. Cuántos privilegios los del *shahid*: apenas cierra sus ojos la muerte, cuando los abre ya en el cielo donde le esperan setenta y dos vírgenes bellamente engalanadas. Allí satisfará todos los placeres sensuales que están prohibidos aquí. Y podrá escoger puestos de honor para setenta parientes y amigos, cerca de Alá».

Pero esa oferta placentera de vírgenes y vinos que no embriagan, ese premio de pensamiento débil no era lo que les impelía al holocausto. La mayoría de los candidatos para misiones suicidas se consideraban patriotas del islam y estaban persuadidos de que su muerte sería mucho más útil que su vida: sería una «muerte salvadora». Ese pensamiento fuerte les deslumbraba con la fascinación del heroísmo y la atracción del riesgo.

Sin embargo, a poco que se revisara el trayecto «guiado», se palpaban los puntos donde el sofisma se hacía insostenible. Había que estar muy ofuscado para no ver que ni el Occidente en su totalidad merecía ser satanizado como «el enemigo del islam y el aliado del demonio», ni el Corán autoriza matar a inocentes desarmados, ni se pueden considerar «guerra santa» los ataques terroristas como iniciativa de venganza.

Por supuesto, apelar al estado de guerra o al estado de necesidad era falsear la realidad. Y, a partir de ahí, todo recurso a la violencia autodefensiva o a la legítima defensa, una cadena de subterfugios mentirosos.

En cuanto al uso de la palabra «mártir» como máscara del suicidio, más grave que pervertir el idioma era prostituir el concepto moral.

El mártir no busca su muerte. Ni la planifica. Ni la provoca. El mártir no se mata: se deja matar, cuando la única manera de conservar la vida es renegando de su fe. Y no hay Corán ni Torah ni Evangelio que ofrezca el Paraíso a quien se suicida con el propósito de causar daño, o a quien usa su propia muerte como arma de asesinatos. No hay una promesa de cielo para quien libremente decide la atrocidad de matarse matando.

Para que cada seleccionado cumpliera su misión suicida sin inquietudes morales, la organización les entrenaba y mantenía en células herméticas y reducidas, de tres a cinco personas: células suicidas. Se juramentaban con el grupo en un compromiso que de ninguna manera podían romper. Un modo de afianzarles en su decisión inicial era la presión interna de solidaridad dentro de la célula. Quien se desenganchara del compromiso adquirido sería perjuro, provocaría el fracaso de la acción planeada y haría estéril la muerte de sus compañeros.

La célula suicida era secreta. Sólo sus integrantes la conocían. En su seno se iba generando cierto magnetismo de apiñamiento psicofísico que fraguaba en un espíritu de cuerpo. La fórmula «claustral» favorecía un clima de compromiso y de obediencia ciega, muy útil para ejercer entre todos un mutuo control.

Con todo, pese a haber sido adiestrado, guiado, comprometido y embarcado en una operación, el candidato seguía teniendo hábil su libertad personal. Si quería, podía romper la espora celular y salir por sus fueros. El recurso para afianzarle en su decisión hasta el final eran las reflexiones sobre la autoestima, el valor de la palabra dada, el servicio a la causa del islam, el respeto que un héroe o un «mártir» tenían asegurado dentro de la organización de Al Qaeda y en el universo de los verdaderos musulmanes. O, por el contrario, el deshonor, la vergüenza, la «muerte civil» y el asco que inspiraban los desertores.

Ésa era la línea fronteriza. Hasta un paso antes, el individuo tenía su proyecto vital y su voluntad libre. Él era un individuo. Un paso después, comenzaba el dominio de la célula, la dictadura del grupo, el interés superior de la organización. Y él era sólo... un elemento del colectivo.

Quienquiera que fuera, seguiría siendo él hasta un paso antes de la raya. Un paso después, él mismo habría liquidado su conciencia individual. El rebelde se habría sometido. El «muchacho sin importancia colectiva: exactamente, un individuo» quedaría extinguido. Podrían hacer de él una «valiosa pieza» homologada o ensamblada en un conjunto. En adelante, nunca estaría solo. Pero tampoco tendría libertad. Ni conciencia. Ni intimidad donde defender sus sueños.

Atta, Marwan y Ziad habían oído comentar con desprecio las cobardes actuaciones de dos miembros de Al Qaeda: Muhammad Rashid Al Owhali, un joven saudí que fue pacientemente preparado como «protomártir» y en cuya instrucción intervino Bin Laden en persona; y Jalfan Jamis Muhammad, adiestrado en campamentos de Al Qaeda y valiente muyahidín en Afganistán y Somalia. Ambos estaban ya juramentados para morir en los ataques terroristas contra las embajadas norteamericanas de Kenia y de Tanzania. El Día D, 7 de agosto de 1998, uno en Nairobi y el otro en Dar es Salam, llegaron como copilotos en sus camiones bomba cantando himnos religiosos hasta las verjas... Pero, en el último momento, uno y otro lo pensaron mejor, se apearon de los vehículos explosivos y salieron corriendo. Cada cual dejó solo y al volante a su compañero de «martirio».

A uno y a otro les detuvo la policía cuando huían. Fueron procesados. A cambio de una reducción de condena, tanto Al Owhali como Jamis se convirtieron en «delatores protegidos» y testigos de cargo ante la justicia estadounidense.

En el examen autocrítico de esas experiencias de miedo final y deserción, Al Qaeda tomó buena nota de que en los dos atentados se había producido un mismo fallo: en Nairobi y en Dar es Salam, los equipos preparadores abandonaron el campo y se pusieron a salvo, incluso se fueron de Kenia y Tanzania, antes de que se ejecutaran los ataques. Durante las últimas veinticuatro horas, dejaron solos a los que habían de morir.

Considerando que «en el salto de trampolín, para que haya buen salto, lo importante no es el trampolín sino el atleta», Al Qaeda ordenó que en adelante se funcionara con células reducidas y cerradas: pocos hombres, pero todos comprometidos en la operación de principio a fin.

Cuando se estimaba que el elegido tenía ya madura y firme su decisión, y el día estaba próximo, le invitaban a escribir sus últimas voluntades y a que las leyera o recitase filmándole en vídeo. Esa cinta con su despedida y sus motivos de ir a la muerte serían «consuelo y orgullo» para su familia y «ejemplo para otros hermanos musulmanes». Era un modo de resellar su compromiso.

Desde aquel momento, la organización le dispensaba un trato de honor: ya era «un mártir vivo». Él mismo procuraba no pensar, borrar los recuerdos y las imágenes de su memoria, hacer un vaciado de conciencia hasta desalojar su «yo». Vivía impasible sus vísperas en una especie de antesala neutra, como diluido en un magma colectivo. Existía sin pasado y sin futuro. Para sí mismo, él ya había muerto. Tenía un compromiso absoluto con su muerte. Estaba en un punto sin retorno. Algunos concluían su adiós filmado diciendo justo eso: «Soy un mártir viviente».

Ese efecto alienante podía conseguirse —de hecho, se conseguía— si el compás de espera era breve y la acción suicida inmediata. Pero ¿cómo lograr que el individuo escogido y preparado cumpliera su promesa de «martirio», cuando aún debía estar meses y meses, más de un año quizá, aislado de la organización, lejos del «entrenador», a la intemperie de un ambiente ajeno e «infiel», sin los estímulos que en su día le motivaron y le enardecieron?

Atta había pasado muchas noches en blanco pensando en ello. La jefatura del grupo entrañaba un fajo de responsabilidades: fabricar para cada miembro una cobertura ciudadana, una respuesta creíble al «¿Qué hace usted aquí?»; organizar los equipos y distribuir los alojamientos; facilitarles indumentaria adecuada, documentación civil en regla y dinero para gastos de bolsillo; estar al tanto de las clases y las prácticas de los que iban a hacerse pilotos; supervisar la provisión de fondos y el empleo que se hiciera del dinero; que los «logísticos» tuviesen siempre a punto una gama de lugares alternativos donde comer, alquilar coches, lavar la ropa, hacer gimnasia, establecer contactos, rezar, guardar documentos, esconderse, y, por supuesto, pisos adonde mudarse en pocas horas si surgía una emergencia... Bien. Todo eso era un engranaje mecánico. Bastaba lubricarlo para que marchase sobre ruedas. Lo endiablado y complejo, lo que le desvelaba, era lo otro: mantenerlos tiempo y tiempo en el juramento de ir a unos atentados suicidas.

En Alemania, había sido casi un juego de estudiantes. Se sentían los reyes de Harburg. Quizá inconscientemente, eran felices al calor de su propia célula de Hamburgo, con su elitismo, su caché de «fundadores», la ilusión juvenil por las gestas heroicas, los entusiasmos contagiosos, el clima de hermandad, los encuentros a horas intempestivas con sus aristas de peligro, la clandestinidad que hacía tan apasionante el peligro, las noticias lejanas de Al Qaeda servidas en mano caliente... Marienstrasse 54: el grupo como hogar, el grupo como centinela, el grupo como ley, el grupo como misión.

Allí, en el «lugar de los seguidores», lo tenían todo: el refugio, la exigencia, el recordatorio del compromiso. Y algo que hasta el luchador más estepario necesita: el aliento, la mirada, el hombro con hombro, el insomnio compartido soñando despiertos, la plegaria y la despensa en común. Era tan fácil someterse a eso como difícil era sustraerse.

En Estados Unidos no vivirían juntos como en Hamburgo. Ni siquiera cerca. Sin embargo, a pesar de la dispersión y la separación física, él debía tener la célula bajo su disciplina, sin fisuras, estimulada y con la moral alta.

Ideología y fervor. El binomio. Atta no dudaba del armazón ideológico de cada uno de ellos, ni de la hoguera de su fervor. Pero intuía que eso no era suficiente. Cuando es la propia vida lo que está en juego... el instinto de defensa puede ser más fuerte que la fe.

«No es cierto que las ideas muevan el mundo —comentó Atta una vez ante el grupo de Hamburgo, viéndoles embelesados con las inflamadas palabras de cierto imán—. Un hombre con una idea, sí. Un hombre con una idea, puede mover el mundo. Pero las ideas, por sí mismas, ni dan vida ni dan muerte. ¡No se la dan siquiera al que las piensa! Las ideas no van a la guerra. Las ideas no hacen una revolución. Las ideas no matan. No... No bastan las ideas.»

Ciertamente, las ideas no tienen «realidad» para convertirse en un arma peligrosa. No hay idea, por perversa y aberrante que sea, capaz de alzarse como un arma letal. Por muy cargadas de daño que estén las ideas, no se disparan solas: siempre alguien tiene que apretar el gatillo.

Atta lo veía con claridad. Para pasar de las ideas a los hechos, haría falta alguien que estuviese allí y activase el detonador. No un mensaje, no un e-mail, no una casete. Alguien en persona, físicamente allí. Alguien. El jefe.

Durante meses y meses, Atta funcionaría con dos cerebros, dos relojes, dos ritmos interiores. Como jefe de la célula, tendría que aplicarse a conocer el terreno, seleccionar los objetivos, estudiarlos palmo a palmo, planificar la operación, definir la estrategia, sin olvidar que las verdaderas armas serían unos *jets* imponentes que deberían manejar como quien usa un tirachinas. Pero, además, le tocaría ser entrenador de ánimos, psicólogo de cabecera y guía espiritual de su propia gente. No podía confiar en la inercia de aquel primer impulso, ni traspasar a nadie la tarea de mantener hasta el fin la decisión de «martirio» en Marwan Al Shehhi, en Ziad Jarrah, en Hani Hanjour —a quien apenas conocía de unos días en Kandahar—, en Abdulaziz Alomari, en los logísticos Jalid Almidhar y Nawaq Hazemi, es decir, en los que estaban al cabo de la calle. Y... en él mismo.

A más de 3.000 metros sobre el Atlántico, velocidad de crucero, sin tomar ni una nota en papel, Atta trabajaba, trabajaba, trabajaba... organizando *su* célula de América.

Para empezar, ponía en cuarentena las «incondicionales ofertas de ayuda de hermanos "durmientes" que están por la causa en Seattle, Ontario, Tucson, Detroit, Brooklyn, Minnesota...». Para seguir, dudaba de que los métodos de Al Qaeda les sirvieran en América.

La envergadura de la misión aparecía nítida; pero aún estaba por ver cuáles serían los objetivos de los ataques, qué tipos de aviones emplearían y cuántos hombres serían necesarios para secuestrar un avión con pasajeros. Como mínimo, dos pilotos en cada comando. Y los operativos, «soldados de base», que debían reforzar la célula todavía tardarían en incorporarse. Así, con todo en el aire, debiendo improvisar sobre la marcha hasta... hasta el propio sentido de la marcha, no era fácil dar órdenes sensatas ni repartir faena.

Lo que iban a realizar en América era terriblemente nuevo y distinto de lo hecho hasta entonces. Al Qaeda había fracasado en Occidente una y otra vez. Sus acciones de éxito se ejecutaron en Arabia Saudí, Somalia, Yemen, Kenia, Tanzania... Otro hemisferio. No servían como experiencia trasladable a Estados Unidos. Carecían, pues, de un referente válido.

Era un reto que su gente se adaptase al nuevo país, obtuviera unas licencias de piloto dominando las acrobacias aéreas y llegase a conocer con los ojos cerrados el objetivo que debía destruir. Pero eso, con ser mucho, era sólo «el trampolín» y el entrenamiento en «el salto», como dirían en la jerga de Al Qaeda. Ahí no estaba el riesgo. El riesgo estaba en «el atleta». El atleta que, por exigencias operativas, tenía que funcionar fuera del búnker de la célula. El atleta, que volvía a ser un individuo... con su soledad, con su intimidad, con sus miedos, con sus sueños, con su libertad.

Frente al binomio «ideología y fervor», que todos veneraban como un talismán, Atta veía alzarse otro, menos brillante pero más abrasivo: «tiempo y espacio». La operación *Alá versus América*, por su minuciosa puesta a punto, iba a requerir mucho tiempo y tenía que realizarse lejos, con un continente y un océano por medio. Era en rigor, una operación a distancia. En el tiempo y el espacio.

Como jefe de la célula, Atta debía calibrar que ése sería el talón de Aquiles de sus «atletas»: el paso del tiempo, sin un Día D prefijado; y el vivir cada uno en solitario, cambiando de ciudades y de casas, sin contactos directos, comunicándose a través de mensajeros, móviles y diálogos crípticos por internet. Ingredientes estúpidos, inofensivos en apariencia, pero que podían oxidar y corroer la firmeza de un juramento. No venía en ningún manual. Era un resabio de experiencia humana que el tiempo y la lejanía son los padres de la tibieza y del olvido: la memoria huye, la brasa se enceniza, la luz titila, la decisión se enfría, el ánimo se acobarda.

Para paliar esa erosión habría que inventar algún «efecto invernadero» de ayuda, de compañía, de estímulo, de control... El liderazgo y el mando del grupo no debían ser bicéfalos. Atta lo sabía. En cambio, sí le convendría apoyarse en un lugarteniente leal que reforzase su autoridad. Su instinto le advertía que ése *alter ego* sólo podría ser Marwan. Si Marwan mantenía la envergadura del compromiso inicial, serían ya dos los focos de convicción y de entusiasmo.

Durante una de sus últimas estancias en Kandahar, Atta expuso ante varios miembros del comité militar de Al Qaeda las normas tácticas para el grupo que iba a liderar: «Que cada uno sepa sólo lo imprescindible. Que entre ellos no hablen de asuntos operativos, salvo si les encomiendo ir juntos a una vigilancia, a una obtención de datos...».

En cierto momento dijo: «El alcance y el desenlace final de la operación deberán conocerlo los menos posibles». Como los que le escuchaban se miraron entre ellos con perplejidad y empezaron a bisbisear comentarios, Atta se puso en pie y habló con voz opaca y tono rotundo:

—Yo respondo de mí. Pero la libertad de los demás me sobrepasa. Esta operación sólo tendrá éxito si unos pocos, los que hemos de pilotar los aviones y muy pocos más, estamos dispuestos a inmolarnos libremente. Quiero decir: LIBREMENTE. No me gusta presionar, no quiero presionar. ¿Cómo voy a dirigir un grupo de «mártires» si tengo que andar convenciendo a unos y a otros de que su muerte es un sacrificio necesario? ¿Cómo voy a dirigir con éxito una operación compleja, con un escuadrón de mártires, estando en vilo porque cualquiera de esos «mártires» puede rajarse y dar la espantada en el último momento?

Se entendió el mensaje: «El desenlace final de la operación deberán conocerlo los menos posibles».

Y no había alterado su criterio: sólo los imprescindibles sabrían que iban al suicidio. Una célula escueta y cerrada, bajo su mando. Tendría que moverse por Estados Unidos de punta a punta, en coche o en avión, para estar cerca de sus hombres, alentándoles boca a boca, percibiendo incluso antes que ellos mismos la más tenue bruma de vacilación. Él era ese alguien que debía estar allí, físicamente allí, para atizar los rescoldos, para activar el detonador, para apretar el gatillo.

Atta pudo haber viajado a Estados Unidos directamente desde Hamburgo. Pero se desplazó antes a la República Checa. Hizo un kilométrico zigzag: de Hamburgo a Praga, de Praga a Frankfurt, de Frankfurt a Newark.

Tres días antes, el 31 de mayo, ya había estado en Praga, aunque sólo en el aeropuerto. Llegaba en avión desde Hamburgo para acudir a una cita, que estaba concertada hacía tiempo. Debió de pensar que, con su pasaporte egipcio expedido en Alemania y el visado de acceso a Estados Unidos, no tendría la menor dificultad de movimientos. Sin embargo, la policía checa le paró en el aeropuerto: «Le falta a usted una autorización especial para entrar en este país». Y no le permitieron salir de la sala de tránsitos.

Anuló la cita y regresó a Alemania. Se agenció el documento y volvió a la República Checa dos días después. Pero como había observado los rigurosos controles aduaneros en los accesos al aeropuerto de Praga, por si hubiese una alerta policial tras su primer intento, la segunda vez buscó otro modo de entrar en el país sin llamar la atención. Fue más tortuoso y más cansado: sacó un billete en un autocar de turismo, donde el control de frontera se hacía casi a bulto. No quería que le siguiesen al lugar de la cita. Lo consiguió. Nadie supo ni dónde ni con quiénes estuvo.

La reunión era importante y sólo tenía sentido si acudía él. Después, como llevaba sus papeles en regla, salió sin problemas por el aeropuerto internacional de Praga, zona norte. Embarcó en un Boeing de la compañía alemana Lufthansa y, durante la escala técnica en Frankfurt, se permitió el capricho de comprar chocolates en el *duty free* como un turista cualquiera.[61]

Había ido a Praga, entre otras cosas, a recabar datos de cómo se integraría en el grupo Hani Hanjour. Amarró también pormenores sobre contactos y correos de confianza en América, alojamientos iniciales, escuelas de vuelo, direcciones electrónicas seguras, hombres de apoyo logístico residentes ya en Estados Unidos y que ayudarían sin preguntar de qué iba la operación.

La última carpeta a despachar era de «información sensible»: recursos financieros, bancos, cuentas, alias que utilizarían los remitentes de transferencias. Más allá de Bin Laden, el dinero procedería de Arabia Saudí, aunque les llegase desde bancos lacayos de Emiratos Árabes Unidos.

En Praga le confirmaron la noticia de que los agentes operativos Jalid Almidhar y Nawaq Hazemi, dos saudíes fogueados y de confianza, miembros de Al Qaeda a quienes Atta ya conocía, habían logrado entrar en Estados Unidos desde Kuala Lumpur y tenían orden de incorporarse a su equipo.[62]

Marwan Al Shehhi estuvo en Qatar, su tierra, en mayo de 2000, antes de viajar a América. El 29 de ese mismo mes y en vuelo de Sabena, llegaba al aeropuerto de Newark. Seis meses más tarde, en noviembre de 2000, hubo una reclamación del consulado de Emiratos en Hamburgo por su «prolongada ausencia sin noticias». Avisada la familia, el hermano mayor de Marwan se presentó en Hamburgo. No obstante, sin una indagación entre profesores y alumnos de la TUHH, ni entre sus conocidos de la mezquita, sin buscar siquiera en los listados de líneas aéreas, o en los de movimientos bancarios, correos y aduanas, el consulado de Emiratos le dio formalmente por desaparecido. Fue un trámite demasiado rápido, demasiado sigiloso, demasiado oscuro.

Apenas un mes después, en diciembre de 2000, académicamente lo «desmatricularon»: la Technische Universität de Hamburgo-Harburg canceló su plaza como alumno de ingeniería para construcción de buques. La beca de las Fuerzas Armadas emiratíes cesó en ese mismo instante. Obvio: el becario se les había evaporado.

En cambio, para otras «fuerzas» económicas, Marwan estaba vivo y bien localizado como receptor de los fondos que iban a financiar la operación *Alá versus América*: hasta mediados de enero de 2001 y a través de su cuenta conjunta con Motassadeq en el Dresdner Bank de Hamburgo, seguirían llegando a Florida dólares de Dubai.

El 27 de junio de 2000, Ziad Jarrah aterrizaba en Atlanta, Georgia.

Cuando los que tenían que partir emprendieron la marcha, Said Bahaji, Mounir Al Motassadeq y Ramzi Binalshibi se quedaron de retén en Hamburgo, guardándoles las espaldas, ocultando sus ausencias, recogiendo la correspondencia de sus apartados postales, pagando los gastos de luz, teléfono y alquiler de los pisos de Wilhelmstrasse y Marienstrasse...

Ramzi retiró lo que pudiera ser comprometedor y borró las huellas de Atta y de Marwan en los dos apartamentos. A los musulmanes curiosos que hacían preguntas en la mezquita o en el salón de té, les contó las historias de que «Atta se fue a Malaisia a doctorarse» y que «Marwan ha traído a su mujer a Hamburgo… Ah, sí, ¿no sabías? Se casó en Dubai siendo muy jovencito. Y ahora, el pobre, casi no tiene tiempo de nada». Sobre sus propias ausencias, tan frecuentes, susurraba en tono confidencial: «Es que quiero casarme y ando muy dudoso porque hay dos posibles esposas. Debo elegir bien. Estoy visitando al padre de una y de otra en sus pueblos de origen. Pero eso me lleva tiempo, no puedo hacerlo de una vez».

Tozudo, como cuando años atrás forcejeó con las autoridades de Inmigración para lograr asentarse en Alemania, a lo largo de 2000 y 2001 Ramzi intentaría hasta cuatro veces obtener un visado de Estados Unidos. Aunque cursaba las peticiones desde embajadas norteamericanas de países distintos, siempre le rechazaron. El FBI sospechaba de su implicación en el atentado de octubre de 2000 contra el destructor *US Cole* en el puerto de Adén, en Yemen.*

También Zacarías Essabar solicitó dos veces, sin éxito, el acceso a Estados Unidos para adiestrarse como piloto.[63] Tuvo habitación reservada en un hotel de Miami para enero de 2001. Como teléfono de contacto dejó el de Ramzi Binalshibi.

Mientras la cinta continua del aeropuerto de Newark, New Jersey, iba sacando maletas y bolsas del avión de Lufthansa, Atta, sin soltar el asa de su maletín negro, se asomó a la amplia sala de espera. Estiró el cuello y rastreó con la mirada de izquierda a derecha buscando a alguien. Al fondo, rezagados de las barreras humanas de familiares y amigos que esperaban a los pasajeros, avistó a Marwan junto a otro hombre más alto que él, con pelambrera y bigotes muy negros. Era Nawaq Hazemi.

---

* Ramzi Binalshibi fue uno de los asistentes a la «cumbre» terrorista de Kuala Lumpur, en enero de 2000, donde se fraguó el atentado contra el *US Cole*. En esa reunión se facilitó también la logística inicial de la operación *Alá versus América*.

3

SIMULADOR A 80 DÓLARES LA HORA

No conocéis el día ni la hora, pero vais a un trabajo de martirio.

OSAMA BIN LADEN

Faltaban quince meses para el *gazwah*, la «santa incursión», los «ataques santos». Quince meses para la masacre, y nadie lo sabía. Ni las víctimas ni los verdugos. Algunos verdugos no sólo ignoraban la fecha, sino que también ellos serían víctimas.

Con sus flamantes pasaportes recién expedidos en Alemania sin rastros aduaneros comprometedores, fueron llegando a Estados Unidos.

El emiratí Marwan Al Shehhi, 23 años, musulmán hasta las cachas. Pese a su aspecto de oso grandullón inofensivo, tranquilo y de risa fácil, fue él quien abrió fuego en la célula de Hamburgo apostando antes que nadie por una operación de exterminio: «¡miles y miles de muertos… y que en mucho tiempo no puedan olvidarse de nosotros!».

El libanés Ziad Jarrah, 27 años, que había cambiado su vida multicolor y lúdica por una militancia parda y severa en Al Qaeda.

El egipcio Mohammed Atta, 33 años. El jefe. *The boss.* Llevaba consigo la encomienda. Algunos con sentido reverencial empezaban a llamarle *Abu Atta.**

Los tres llegaban con visado HM1 de estudiante para adiestrarse como pilotos y encabezar un comando aéreo. Los tres habían empeñado ante el *shaij* Osama Bin Laden un juramento de obediencia hasta la muerte. Los tres iban a realizar algo portentoso y terrible. Algo jamás visto, que cambiaría la marcha del mundo. Los tres iban a acometer «una tarea heroica, en nombre de Dios». Y eso, ante sí mismos, les almenaba de grandeza.

Pero no eran tres en raya. Cada cual tenía su alma en su alma-

---

* En los varones árabes, el prefijo *abu* indica una paternidad real o simbólica. A veces se usa como tratamiento de respeto para el «padre» de una estirpe o el «jefe» de un grupo.

rio. Al propio Ziad dos cordajes le retenían en tierra y trababan su intención de saltar al vacío: estaba muy enamorado. Aysel, su novia, era una atadura de la que no quería desligarse. Además, le daba miedo la muerte.

Como los demás, ignoraba cuánto tiempo durarían las clases y las prácticas, la preparación de los dispositivos técnicos, el señalamiento de los objetivos... Por tanto, qué plazo de vida le quedaba. Sabía que tenía que morir y que alguien le diría «hoy, ahora». Pero ¿cómo iba a imaginar que la espera se demoraría mes tras mes, con el desconcierto de no tener una fecha en el horizonte? Y no una fecha cualquiera: la fecha en que él mismo aniquilaría su horizonte. A veces Ziad pensaba que ese dato no se lo podían escamotear a un suicida.

Ziad se había propuesto no alojar entre su corazón y su camisa ni un vaivén ni una duda sobre el sentido de la existencia. Sin embargo, esos catorce meses y catorce días americanos los pasó en un debate sonámbulo entre el bien y el mal, el amor y el deber, la vida y la muerte...

Nada más llegar, Atta se puso en contacto con Hani Hanjour: en su momento le encargaría conducir un Boeing de la American Airlines y estrellarlo contra el edificio del Pentágono.

Hani Hanjour, 32 años, saudí oriundo de At Taif, había pasado su vida entre La Meca y las playas del mar Rojo. Residía en Estados Unidos desde 1996.

Para Atta, el tal Hani Hanjour —o quien usaba ese nombre— era una botella sin descorchar. No procedía de la célula de Hamburgo. Al Qaeda se lo recomendó como «un hermano devoto, un musulmán acérrimo de nuestras ideas, un luchador preparado: sabe algo de aviación, lleva años en Estados Unidos, conoce aquel territorio y tiene buenos contactos que pondrá a vuestra disposición».

Atta y Hani se habían visto las caras por primera vez en noviembre de 1999, cuando la organización los citó en Kandahar para planificar los atentados contra Estados Unidos. Pero allí eran muchos opinando, haciendo cálculos, trabajando sobre mapas y gráficos... Dejaron para mejor ocasión una charla a solas.

Al reencontrarse en América, Atta no tardó ni quince minutos en hacerse una idea del tipo que le habían señalado para encabezar un comando: flaco, desgalichado, tímido, poco hablador, con mirada sumisa de perrillo faldero, bigote fino y ralo, los dientes amarillos de sarro, las uñas mordisqueadas, y oliendo a sudor a un kilómetro. El antilíder.

Hani había pasado unos meses en Tucson,* Arizona, a finales de 1990 y principios de 1991, supuestamente visitando a un hermano. Después regresó a At Taif para ayudar en la granja familiar. Cuando volvió a Estados Unidos, en 1996, llevaba un plan más concreto: conocer el país, aprender inglés y sacar el título de piloto. Pero los resultados al cabo de cuatro años no eran muy lucidos: un inglés rudimentario de *gudmuuninjj, jaguaryu?, e cofi, plííís, zankiú*; y mucho *more or less*, que él pronunciaba *moroulés*: un socorrido «más o menos», para salir del paso sin concretar distancias, cantidades, duraciones, fechas, precios... A Atta, que pedía siempre respuestas exactas, le exasperaba tanta vaguedad. Respecto a la aviación, Hani había pasado por varias escuelas, acumulando cientos de horas en el aire, pero sin tripular él ni conseguir siquiera la licencia de auxiliar de vuelo.

Con todo, ya en esa primera charla Atta apreció en aquel chico cohibido, que sin venir a cuento se ruborizaba como un adolescente, un empeño rotundo y tenaz. Él, Hani, estaba en América «para cumplir una misión que asombrará al mundo». Él, Hani, tenía «la paciencia de nuestro gran vecino, el océano Índico». Él, Hani, aguantaría «los años y los esfuerzos perros» que tocase aguantar. Él, Hani, no moriría «hasta dejar hechos sus deberes».

Quizá Atta se preguntaba bajo qué tapadera o con qué leyenda habría funcionado Hani Hanjour durante todos esos años en América. Lo cierto era que había vivido en Florida, en Arizona y en California. Tenía interesantes relaciones con las comunidades islámicas de Oakland, San Diego, Phoenix, Scottsdale y Hollywood. Recitaba de memoria increíbles listas de «buenos hermanos musulmanes, casi todos con ciudadanía estadounidense, dispuestos a ayudar en lo que sea, en cualquier servicio marginal, sin olisquear lo que no deban».

A pesar de su desaliño, su ropa barata, su respiración entrecor-

---

* Tucson era ya, a principios de los noventa, uno de los principales núcleos de musulmanes radicales en Estados Unidos.

tada y su aire apocado, Hani se había desenvuelto bien en América. No estaba perdido, ni solo, ni cruzado de brazos.

Cuando llegó, en 1996, conectó enseguida con Said Alghamdi. La mención de ese nombre fue sin duda para Atta el primer indicio alentador. Said Alghamdi, del clan saudí de los Alghamdi, era uno de los comisionados: estaba en la «nómina» de la operación.

Al rato, Hani mostró otras dos piezas del mecano: desde enero de ese mismo año 2000, acudía los viernes a cierta mezquita de San Diego, donde se encontraba con sus paisanos saudíes Jalid Almidhar y Nawaq Hazemi. La noticia que Hani le estaba dando a Atta era que «esos dos ya están en América» y «para dedicarse en cuerpo y alma a preparar los ataques».

Atta fingió sorpresa. Como buen jefe de una célula compartimentada, administraba sus datos. Prefería que Hani no supiera que Marwan y él habían estado ya con Nawaq. Era lógico. Nawaq iba a ser su «topo», su agente encubierto, en el comando de Hani Hanjour.

Hani tenía buenos recuerdos de Hollywood —«pero no el gran *jolivuud* californiano, eh, sino el pequeño *jolivuud* del Este, en Florida», precisaba, rechazando la idea con las manos y cerrando los ojos con gesto de pudor, como si le avergonzara la confusión con el Hollywood fastuoso de La Meca del cine—. Allí en un modesto bungaló de la calle Canal tuvo su primer alojamiento. Como invitado, no como inquilino, de los Khalil. Adnam Khalil era saudí y daba clases de inglés en un instituto local. Su mujer, Susan Samek, era la típica ama de casa estadounidense: rubia, gordezuela, parlanchina y hacendosa, cuya vida transcurre entre la cocina, el televisor y el supermercado... Adnam conocía al hermano mayor de Hani y se brindó a tenerle en casa:

«¡Buena gente, los Khalil! —comentaba Hani—. Adnam, el marido, guisaba al gusto árabe para que yo no echase de menos mi tierra. Pero Susan, la mujer, siempre estaba con nosotros: en el desayuno, en la comida, en la cena. Yo me sentía incómodo. Me retiraba a mi cuarto. Prefería no desayunar, no comer, no cenar. Él lo entendía. Ella no, y me traía el plato a la habitación. Ufff, me atosigaba con sus cuidados... y con sus agobiantes preguntas: ¿tienes ya amigos?, ¿qué piensas hacer hoy?, ¿adónde vas?, ¿de dónde vienes? Yo contestaba "me voy a la mezquita de Dar Ulum". No siempre era verdad. A ella le extrañaba tanta mezquita, y a mí me perturbaba mentir.

»Un buen día, les dije que me iba lejos, a Oakland, en California. Había recibido ese "consejo". Era lo que debía hacer. Me apenó dejar a Adam, el hijito de los Khalil. Era un niño de tres años. Jugaba conmigo, y yo le enseñaba palabras árabes. ¡Fui el primero que le enseñó los nombres de Alá! Ya estará hecho un hombrecito...

»Pero no puedo volver por allí. Es un sitio pequeño, y enseguida me localizarían y querrían saber qué hago, a qué me dedico...»

La instrucción de Al Qaeda era que se dispersaran y no estudiasen todos en las mismas academias. Como Hani Hanjour se movía con soltura en Arizona y en California, sería mejor que siguiera por allí, por el Oeste. Atta le explicó qué esperaban de él. Y Hani se trasladó a Scottsdale, Arizona, donde sabía de una escuela de aviadores muy acreditada: el CRM Airline Training Center.

Entre agosto y diciembre de 2000 Hani no hizo otra cosa que estudiar y entrenar. Pero era un negado para los despegues, los aterrizajes, los giros en el aire... Sentado ante la consola del avión, se ponía a sudar, nervioso y agarrotado. No se hacía con los mandos. Al cabo de cinco meses de instrucción intensa, más un montón de horas extra, seguía sin superar las pruebas que cualquier alumno aprobaría en mes y medio.

Sin embargo, lo más difícil de la misión de aquellos árabes destacados como punta de lanza para preparar el ataque no era aprender a pilotar. Lo que les tenía siempre tensos y avizor era el vivir fingiendo de la mañana a la noche.

Cada uno de ellos debía mimetizarse con el terreno, integrarse, pasar por uno más entre la gente, vestir niquis y vaqueros, llevar una estúpida gorra de los Miami Dolphins o de los Dakota's Tigers con la visera vuelta hacia la nuca igual que millones de chicos americanos, conducir como tiburones imperiales por sus ajetreadas calles sin perderse en el galimatías de los incesantes rótulos indicadores, fumar Marlboros, mascar chicle, meterse en las orejas los auriculares del walkman y andar por la ciudad con cara de ido, comiendo panqueques o bebiendo Coca-Cola de bote, gastar puñados de monedas en sus máquinas tragaperras jugando a *Star's War*,

androides, marcianitos o safaris virtuales con Toyotas de ficción...
Convivir meses y meses en el país «enemigo», caminando dentro de
los zapatos del otro.

No podían exteriorizarlo, pero en su interior debían aborrecer
cada vez con más saña los vicios de aquel país: sus negocios corrup-
tos, su falsa democracia, su aún más falsa igualdad de clases sociales,
su hedonismo blando, sus costumbres promiscuas, su obscenidad
rampante, su mal disimulado racismo, su laxa moralidad, su religión hipócrita y pacata, su crasa incultura, su idólatra adoración al
dinero: Dios salve al Dólar y el Dólar salve a Dios...

Por pura estrategia, no debían escupirles a la cara el desprecio
que sentían hacia la fatua arrogancia de aquellos americanos, «jo-
díos americanos», amos del mundo, nuevos ricos patanes, agentes
provocadores de golpes de Estado en casa del vecino, muñidores de
guerras bastardas con las que se aseguraban la hegemonía militar
en los puntos del mapa donde algo muy codiciado estuviese en juego: gas, petróleo, litio, plutonio, oro... Dictadores del desorden
mundial que subrepticiamente habían generado, y mandamases del
nuevo orden mundial que descaradamente habían diseñado. Padrinos de los israelíes, a costa de los derechos elementales de los palestinos. Protectores de los gobiernos musulmanes «laicos» cuyos
cimientos religiosos envilecían con pactos mercantiles y armamen-
tísticos. Y, lo más insultante, lo que ningún buen musulmán podía
aceptar: su profanadora presencia armada en la península de Arabia. Sólo eso los convertía en enemigos del islam. A pesar de sus
iglesitas blancas y sus funerales negros, a pesar de su ingenuo
Santa Claus y su pavo familiar el día de Acción de Gracias, el pueblo estadounidense merecía un duro *gazwah*.

Durante más de un año, debían someterse a las normas y usos
de los estadounidenses, pagar sus carísimos precios, seguir el ritual de
sus colas en los supermercados o en las gasolineras... Correctos y
afables, aunque manteniendo a distancia la cordial curiosidad de los
otros. Tener siempre a mano una buena disculpa para eludir sus
obsequiosas invitaciones, la pueblerina propensión yanqui de meter a cualquiera en su casa «pasa, ponte cómodo y siéntete como de
la familia». Fotografiarse en grupo, reír mucho sus bromas y corear
un desafinado *happybirthdaytoyouuuuuu!!*, si le sorprendían a uno
con una tarta coronada de velitas porque se habían enterado de que

«hoy es tu fiesta de cumpleaños». Escuchar sus historias sin contarles la propia. Observar y tomar buena nota de todo. Aprender las técnicas del enemigo que pudieran ser útiles para ejecutar la misión.

En ese tiempo de impostura, tenían que hacerse amigos del enemigo. Pero sin enturbiar su propia fe, sin contraer impurezas y sin aplacar el odio. El odio era su fuerza. Llegado el día, sólo ese odio frío les daría la inclemencia necesaria para mirar de frente al «amigo enemigo» y asestarle el golpe mortal.

El 1 de julio de 2000, Mohammed Atta y Marwan Al Shehhi empezaron sus clases de aviación en una escuela de vuelo de Norman, en Oklahoma. Se la habían recomendado los de Al Qaeda, porque allí se formó como piloto Ihab Alí,[1] un árabe norteamericano de los veteranos de Al Qaeda que fue piloto particular de Bin Laden en Sudán. Mientras Atta practicaba con el instructor, Marwan atendía desde el asiento de atrás. Pero algo en ese tipo de enseñanza no les satisfacía. Ellos querían más prácticas, más celeridad, más marcha.

Atta y Marwan dejaron la escuela, y se marcharon de Oklahoma a Florida. En agosto se matricularon en la escuela Huffman Aviation Inc. de Venice, Florida, y comenzaron inmediatamente las clases. Hablaban un inglés funcional, básico, salpicado de haches aspiradas que sonaban como jotas rasposas emitidas desde la faringe. Atta llevaba pasaporte egipcio. Marwan, de Emiratos. Ambos disponían de Visa Oro.

Al principio se alojaron en casa de los Voss, Charles y Drucilla. Les quedaba cerca de la nueva escuela de pilotos y del campo de aviación. Pero tuvieron problemas domésticos: mojaban el suelo de la casa al andar descalzos y chorreando agua; y un día se dejaron abiertos los grifos de la bañera y provocaron casi una inundación. Con muy buenas palabras, les pusieron las maletas en la puerta de la calle.

A partir de entonces, para ir a las clases de la Huffman en Venice, Atta y Marwan compraron un coche de segunda mano muy ostentoso. Lo aparcaban en el prado de hierba que rodea el pabellón de la escuela: un edificio de una planta con grandes ventanales. En la parte trasera, dando al campo de aviación, hay un porche cubierto, con barandas de madera. Desde ahí, o desde la cafetería Cockpit de la escuela se veía a los alumnos con sus monitores despegando, aterrizando o evolucionando en el aire a bordo de unos ligeros avioncillos de hélices.

Por 9.000 dólares, cada alumno recibía cuatro meses de clases de vuelo en cabinas de simulación o en aviones. Los gastos oficiales de la licencia iban aparte. Atta y Marwan habían seleccionado esa escuela después de tantear otras treinta más, por internet. El sello Huffman era una garantía de buena enseñanza. Entrenaron allí desde agosto hasta noviembre de 2000. Al llegar, les preguntaron:

—¿Qué sabéis de vuelos?

—Nada.

—¿Y de aviones?

—Nada.

—¿Y de turbinas? ¿Y de mecánica de motores?

—Nada de nada.

—Pero ¿no habéis estudiado ingeniería en Alemania?

—¿No conocen ustedes a los alemanes? ¡Todavía estamos con los logaritmos nepperianos...! Tenemos que aprenderlo todo. No sabemos ni... ni dónde lleva un avión la llave de contacto.

—¡Ja ja ja ja ja!

Y se dispusieron a «aprenderlo todo»: encender el motor, precalentarlo, arrancar, deslizarse en pista, tomar velocidad, despegar, remontar. En esas fechas aún no estaba decidido cómo sería la operación: si secuestrarían los aviones en tierra o ya en vuelo, si *jets* comerciales o bimotores de alquiler...

Atta denotaba avidez por dominar los mandos del aparato.

—¡Calma, hombre, no quieras saberlo todo en una semana!

Marwan tenía el mismo interés aunque aparentaba más cachaza. Los dos se aplicaron a aprender giros, descensos planeando, bajar en picado, remontar rápido en contrapicado... Comenzaron su entrenamiento en monomotores de propulsión Cessna 152 y 172. El Cessna *single* es un avión de fácil manejo, muy común en las escuelas porque aguanta bien los fallos de los aprendices. Luego, cada uno de ellos pilotó un monomotor Piper Warrior, y finalmente un Piper Seneca de dos motores.

Tuvieron que empollarse tres libracos de física aeronáutica, teoría de vuelo y mecánica aviónica. Se tomaban uno al otro de memoria la relación de símbolos y claves de las cartas de navegación aérea, los parámetros de vuelo y la jerga técnica con que los pilotos se entienden entre sí y con la torre de control. Dedicaron muchas horas libres a interpretar informes meteorológicos.

Rudi Deckkers, el dueño y director de la Huffman Aviation Inc. de Venice —45 años, rubio, ojos azules, ancho de espaldas y unos antebrazos macizos y espolvoreados de pecas—, se ahuecaba como un pavo porque chicos y chicas del mundo entero acudiesen a adiestrarse como pilotos en su escuela. Sin embargo, el alumno Mohammed Atta no le gustaba especialmente. Atta pagó unos 18.700 dólares y Marwan algo más: 20.900. Cualquiera de los dos había abonado más del doble de lo que costaba un cursillo normal. Además, al contado y en efectivo. Pero algo de sus modales no encajaba en el ambiente internacional, elitista y un poco snob de la Huffman. Más que alumnos, parecían compradores de horas de clase, alquiladores de profesores. En ocasiones, Rudi Deckkers oía comentarios enfadados de algunos instructores de la escuela:

—Me parece muy bien que ese jodido árabe quiera exprimir hasta el último dólar que paga aquí. Vale. Pero el muy capullo no gasta un segundo de su tiempo en decirte buenosdías, holaquetal, adiosmuybuenas... Va a lo suyo, sólo a lo suyo, y a los demás se nos pasa por el forro. ¡No lo soporto!

—¡Qué me vas a contar! La otra mañana, empecé yo un chiste simpático, un poco porno, que venía a cuento por no sé qué de la palanca... Y va el tío, me mira serio, con cara de malcafé, se cala el casco ¡y me deja con la palabra en la boca!

—El otro árabe que va con él, Marguan o Maruán o como se diga, que parece su sombra, es más tratable, es más persona...

—No sé qué relación habrá entre ellos, pero ahí quien manda es el flacucho, el egipcio.

—Y se cree que es el comandante de un Boeing...

—Es un tío difícil, indómito. En clase me las tengo tiesas con él porque quiere imponer su ritmo: «ahora hagamos esto, ahora hagamos lo otro...». Anteayer discutía mis indicaciones en pleno vuelo. Y como le hablé en tono enérgico, oye tú, ¡que me hizo un amago de amenaza para quitarme los mandos! Fue sólo un gesto, pero, bufff... me dio mal tufo.

Tampoco a Anna Greaven, alumna de la Huffman, le agradaba Atta. Le tocó volar con él a menudo. Cuando el instructor anunciaba que también ella subiría al Cessna, Atta fruncía el ceño con gesto de fastidio. A partir de ahí, se envaraba, se ponía tenso, rígido y no abría la boca en todo el vuelo.

—O le enerva la cercanía de una mujer, o va muerto de miedo mientras vuela —le comentó Anna Greaven al director—; pero algo le paraliza. En cualquier caso, no es un gusto volar con él.

A finales de septiembre, Rudi Deckkers llamó a Atta a su despacho y le amonestó seriamente:

—Vamos a ver, quiero que me entiendas bien: me han estado llegando protestas sobre ti y sobre tu amigo Marwan. Pero especialmente tú, Mohammed, has sacado de quicio a más de un instructor. Sí, sí, tú. Con tu actitud poco... nada amistosa, has enrarecido un clima que aquí, en la Huffman, siempre ha sido de equipo, de camaradería... Tú y Marwan vais a lo vuestro, nunca os dejáis caer por el bar, por el Cockpit, con los demás, no habláis con nadie, resulta grosera vuestra desgana de seguir una conversación. Tú, Mohammed, discutes y desobedeces a los profesores, quieres dirigir las clases a tu gusto. Tratas de modo despectivo a tus compañeras o les niegas la palabra... En fin, la gente viene, se sienta ahí donde tú estás y se me queja. Y yo debo ser el director de todo este tinglado.

—Yo no me he matriculado en esta escuela para hacer amistades, sino para aprender a manejar un avión.

—¡OK! Estás en tu derecho. Mira, Mohammed Atta, hay miles de escuelas de pilotos en este país. ¡Miles y más importantes que ésta! La Huffman es una escuela modesta. Ahora bien, si quieres seguir aquí, tendrás que compartir un ambiente, un estilo, unas normas de trato y de convivencia. Y plegarte al programa, sin imponer tus preferencias. Piénsatelo.

—¿Me está expulsando?

—No. No te estoy echando. Te estoy dando un serio toque de atención.

Marwan y Atta cambiaron de escuela y de ciudad. Se matricularon en la Jones Aviation de Sarasota.

«Queremos prácticas, prácticas y prácticas —dijeron nada más llegar—. Ya hemos estado en un par de academias y nos sale la teoría por las orejas. También tenemos suficiente aprendizaje en despegues y aterrizajes.» Sin rodeos, desde el primer día impusieron su programa de ejercicios: «Nos interesa hacer giros, maniobras de aproximación, picados, contrapicados, resolver emergencias en vuelo». Y una condición: «Volar juntos los dos, sin mujeres a bordo; tómenlo como un protocolo de respeto a nuestras costumbres».

Eran puntuales y pagaban por adelantado cada nuevo lote de clases. Sin embargo, los instructores Ivan Chirivella y Tom Hammersley tuvieron roces con ellos, por su indisciplina: querían tomar los mandos del avión y tripular del modo que les interesaba, discutían con aspereza y hubo algunos amagos de agresividad.

—Atta, ¿tú te crees que sabes más que nadie? —le preguntó un día Tom Hammersley, un poco harto ya.

A los profesores de la Jones Aviation les exasperaban tanto la actitud prepotente de Atta como las risitas chungonas de Marwan cuando le corregían. Se armaron de paciencia y pasaron por alto esas conductas; pero lo que no estaban dispuestos a tolerar era el tono vejatorio con que los dos alumnos árabes se dirigían a las empleadas administrativas de la escuela. Si alguna les llamaba la atención sobre tal o cual norma del centro que ellos estaban incumpliendo, le respondían como escupiendo:

—Tú, ¡a callar! ¿O acaso piensas que, a mí, una mujer puede decirme lo que debo o no debo hacer? ¿Quién te has creído que eres? Para mí tú no eres nadie. ¿Te enteras? ¡Nadie!

Después de un mes dándoles cuatro horas diarias de clase, a cien dólares por hora y persona, en aviones Cessna 182 y 310 de uno y de dos motores, les dijeron:

—Chicos, hemos pensado que vamos a dejarlo… Sí, estáis oyendo bien: que os busquéis otra escuela.

Atta y Marwan reconsideraron su situación. En teoría, pretendían mimetizarse, invisibilizarse, camaleonizarse con el paisanaje y sus costumbres. No dar guerra. No llamar la atención. No ser molestos. Fingirse amigos del enemigo… todo aquel rollo de «una conducta políticamente correcta». Pero, en el día a día, el odio visceral les salía por los poros, les destellaba de modo vidrioso en los ojos. Se levantaban de la cama y ponían ya el pie en el suelo con actitud retadora. Caminaban por la calle erguidos, altaneros, echando las caderas hacia delante y la espalda y los hombros hacia atrás, muy hacia atrás, hasta sentir la punzada de las vértebras en la cintura. Iban los dos siempre juntos, mal vestidos y mal encarados, sacando pecho como matones de barrio, como chuloputas, como pandilleros buscagrescas. Cualquiera pensaría que detrás de ellos y a sus órdenes avanzaba un par de temibles Escuadrones Destructores del Desguace Total.

En tiempo récord, habían cambiado ya tres veces de alojamiento y tres veces de escuela; y tres veces los habían expulsado como personas «no deseables». Tácticamente decidieron disimular su aversión, templar su furia, bajar la presión del vapor en las calderas. Todavía no era el momento de los Escuadrones Destructores del Desguace Total.

Volvieron a la Huffman. Aunque no resultaban alumnos gratos, como pagaban por adelantado, no eran ruidosos y tenían los papeles en regla, los readmitieron un par de meses más.

Registraron más de 250 horas de vuelo llevando los mandos del avión. A últimos de noviembre de 2000 se examinaron ante la Autoridad Federal de Aviación y obtuvieron la licencia oficial para pilotar aviones ligeros.

Pero ellos necesitaban conducir un Boeing. Y con la precisión inerrante de un piloto automático.

En esos cuatro meses de aprendizaje, Atta y Marwan cambiaron de residencia más de nueve veces. Atta no paraba en un sitio: vivió en Vero Beach, en Venice, en Delray Beach, en Coral Springs, cerca de Fort Lauderdale, en Hollywood, junto a la costa sudeste de Florida, y en Sarasota. En algunas localidades ocupó pisos diferentes. Uno de los apartamentos de Coral Springs lo compartió un tiempo con otros dos árabes del grupo.

Mientras duró el adiestramiento en la escuela Huffman de Venice, Marwan y Atta recorrieron miles y miles de kilómetros por carretera cruzándose Florida de este a oeste, ida y vuelta cada día: como Venice es una población pequeña, prefirieron alojarse lejos para que les tuviesen menos controlados. Un tiempo vivieron en Coral Springs y otro en Hollywood. Siempre en la otra costa de la península. En cambio, para adaptarse a los horarios de clases de la Jones Aviation se instalaron un mes en Sarasota.

Con sus carnés de pilotos y sus certificados de 250 horas de vuelo en el bolsillo, Atta y Marwan contrataron el servicio de un simulador de Boeing 727 con instructor en el SimCenter Inc. del aeropuerto de Opa-Locka, cerca de Miami. Abonaron 1.500 dólares —255.000 pesetas— por seis horas.

El instructor Henry George le comentó un día a Atta: «Tienes buena mano para girar a izquierda y a derecha y para las maniobras rápidas de ascenso y descenso. Pero, si lo que quieres es conducir un *jumbo* o un Airbus, no hace falta que te entrenes tanto en acrobacias. En la aviación comercial, lo que tendrás que hacer siempre, lo normalito, será despegar, tomar altura, mantenerte en esa línea a velocidad de crucero y poner el piloto automático. Hombre, sí, andar atento por si te vienen turbulencias o un bache de aire. Luego, llegando al punto de destino, descender suavemente, sacar los alerones y aterrizar. No pienses que vas a estar forzando siempre el espinazo».

Y es que ahí, en Opa-Locka, tampoco gastaron ni un dólar de alquiler de cabina aprendiendo despegues o aterrizajes. Aunque la operación no estaba perfilada todavía en sus detalles, Atta daba por sentado que la toma o el secuestro de los aviones sería en pleno vuelo. Por tanto, a qué invertir tiempo y dinero en unos ejercicios que ellos no tendrían que realizar. Eso ocurría en diciembre de 2000. Fue la última vez que Atta y Marwan se sentaron ante la consola de un Boeing.

A partir de entonces, para mantener sus reflejos en forma, maniobraban de cuando en cuando con bimotores de alquiler en aeropuertos de Florida, de Georgia y de Maryland.

El ataque contra Estados Unidos no fue una operación que costase mucho dinero. Se movieron unos 600.000 dólares, algo más de 100 millones de pesetas. El dinero llegaba a los terroristas por diversos caminos y en pequeñas cantidades —muchos pocos— para no levantar sospechas. Las entregas más fuertes se hicieron por transferencia telegráfica o a través de mensajeros. Desde Dubai, Bahrein, Qatar y otros emiratos árabes. También desde Arabia Saudí. No faltan allí empresarios ricos que actúan como si tuvieran dos conciencias. Hacen sus negocios con las grandes firmas de Occidente. Son sus socios y clientes. Y, a la vez, donan una parte de sus ganancias para engrasar la *yihad* contra esos mismos socios y clientes porque, a fin de cuentas, son «infieles». En definitiva, compran seguridad. Se blindan. Para que el terrorismo islámico no golpee en su propio territorio, financian sus acciones en escenarios más lejanos. Un impuesto terrorista tan cobarde como cualquier otro, a cambio de tener su patio en paz.

Durante el segundo semestre de 1999, entre julio y noviembre, constituida ya la célula de Hamburgo, quien recibía el dinero era Marwan Al Shehhi. En su cuenta del HSBC Bank en Emiratos[2] fueron depositados unos 100.000 dólares, en varias entregas y casi todas por transferencia telegráfica.

En noviembre de ese mismo año, en cuanto la célula de Hamburgo se decantó por una acción violenta de gran alcance, Marwan abrió una cuenta conjunta con su compañero, el marroquí Mounir Al Motassadeq, en una sucursal del Dresdner Bank de Hamburgo. A esa cuenta de Marwan en el Dresdner Bank llegaron unos 25.000 dólares fraccionados en remesas. El emisor, desde Dubai, era Mustafá Muhammad Ahmed Alhawsawi, un importante responsable financiero de Bin Laden. Más adelante se recibieron otras cantidades del mismo emisor. Motassadeq se encargó de administrar fielmente esos ingresos. Sirviéndose de mediadores, una práctica muy usual entre musulmanes, fue enviando el dinero a Estados Unidos para financiar la formación de los pilotos y sus gastos de estancia y desplazamientos.

Atta y Marwan, nada más establecerse en Florida, abrieron sendas cuentas conjuntas, una en el Sun Trust Bank y otra en el West Coast Bank.

El 4 de julio de 2000 se registró ya un ingreso de 9.985 dólares en la cuenta número 573000259772, recién abierta en el Sun Trust Bank. El depositante era alguien llamado Isam Mansur, desde una oficina de cambio de moneda en Emiratos. Dos semanas más tarde, el 19 de julio, otro ingreso de 9.485 dólares. El 30 de agosto, un nuevo depósito por más del doble, 19.985 dólares que ingresaba Mister Alí. El 18 de septiembre, un tal Hani transfería 69.985 dólares. La suma total ascendía a 110.000 dólares. Pero quien estaba realmente detrás de esos envíos era Mustafá Muhammad Ahmed Alhawsawi, el agente financiero de Bin Laden para esa operación.[3] Y a él volverá en su día el dinero sobrante: la víspera de los atentados, Atta, Marwan y Ziad le remitirán de manera escrupulosa hasta el último céntimo no gastado.

En el verano de 2000, cuando los recién llegados tenían que afrontar gastos de alquileres de pisos y matrículas en las escuelas de pilotos, también Ramzi Binalshibi les transfirió dinero desde Hamburgo, a través de la Western Union of America: 3.853 marcos en julio y 9.629 en septiembre a la cuenta del West Coast Bank.

Además de los envíos de Ramzi, los de Motassadeq y los 110.000 dólares remitidos desde Dubai a la cuenta del Sun Trust Bank de Florida por Mustafá Alhawsawi, el hombre de Bin Laden, en la primavera de 2001 se registró otro ingreso a nombre de Atta y en su cuenta del West Coast Bank de Florida por 220.000 dólares procedentes de otro banco de Emiratos.

Cuentas diferentes. Pequeñas cantidades. Puntos de origen diversos. Remitentes distintos. Ingresos sin frecuencia reglada... Un simulacro de desorganización muy bien organizado.

Atta y Marwan no sólo compartían las cuentas bancarias. Tenían en común las tarjetas de crédito. Ya antes, viviendo en Hamburgo, si uno necesitaba dinero, el otro le giraba cierta cantidad.[4]

A los americanos fisgones que indagaban sobre sus vidas privadas, les decían con descarado ánimo de confundir: «Somos tío y sobrino, aunque en realidad somos primos segundos por parte de padre y concuñados por parte de madre»; o Atta explicaba: «En cuanto conocí a Marwan, siendo él casi un niño, pensé: este chico parece valioso, voy a adoptarlo... ¡si se deja!». Y no mentía.

A otros les contaban con sorna una historia: «Érase una vez un príncipe heredero, El Amir Atta, el príncipe Atta, hijo de Atta I, faraón de Egipto. Marwan era su guarda real y con el tiempo llegó a convertirse en ministro de Finanzas del faraón...».

En Estados Unidos, Marwan actuaba como si realmente fuera el ministro de Economía del faraón Atta: llevaba al día las cuentas de los gastos del grupo, estaba al tanto de los saldos bancarios, ingresaba los «donativos» que les llegaban por mensajero en mano, de «los hermanos en la fe».

También el libanés Ziad Jarrah obtuvo su licencia de piloto en los últimos meses de 2000. Se entrenó en el Flight Training Center, una escuela de vuelo pequeña pero muy eficaz, en la ciudad de Tampa, al oeste de Florida.

A Ziad se le podía pedir cualquier cosa menos que fuese un lobo estepario. Enseguida se hizo amigo de otro alumno, Thorsten Biermann, un alemán de Neu Wulmstorf bei Hamburg. Para camuflarse, Ziad fingía ser un diletante con reloj parado a quien no le urgía demasiado obtener la licencia. «Aquí estoy bien. Me gusta el estilo de vida americano, *the american way life*. No tengo que clavar los codos con la física y las matemáticas como en Alemania. Y mi viejo paga los gastos, cataclás, todos los meses... ¿Qué más quiero?»

En ocasiones, para no tener que hablar de sus andanzas en Hamburgo, le proponía matar el rato navegando por internet, o le decía: «Hoy mi viejo me ha enviado "la tela" del mes. ¿Pido una pizza doble por teléfono y luego nos vamos a la final de boxeo? Invito yo».

Naturalmente, le habló de su novia:

—Queremos casarnos pronto, en cuanto yo vuelva. Me gustaría tener muchos hijos. El problema es que, bueno, Aysel es musulmana como yo, pero es una chica totalmente occidental, evolucionada, moderna. Cree en el matrimonio por amor, monógamo, indisoluble: «Uno con una y para siempre». O sea, más de tipo cristiano que musulmán...

—¿Y tú quieres tener más de una mujer?

—No, yo quiero casarme sólo con Aysel. Para ligar y pasar el rato, vale, cuantas más chicas mejor, pero el matrimonio es otra cosa.

—Entonces ¿cuál es el problema?

—Que yo en Líbano tengo mi familia, mis amistades, un ambiente social, una casa propia que me están construyendo ahora... En Alemania, en cambio, no soy nadie. Pero Aysel estudia medicina en Bochum y le ilusiona ejercer como médico en Alemania. ¡Por nada del mundo viviría ella en Líbano! Y siempre que hablamos de eso, tenemos una agarrada...

Así justificaba sus largos ratos paseando sobre el césped del aeródromo con el móvil pegado a la oreja: «Era Aysel. Para ella ésta es la mejor hora».

Pero Ziad no le contaba a Thorsten la verdad sobre sus broncas con Aysel. Discutían porque él se empeñaba en que su novia se cubriera la cabeza con un pañuelo o un shador y llevase chaquetas de manga larga y faldas hasta los tobillos, en invierno y en verano. Incluso, quería que por la calle y en actos sociales usara guantes: «No son manías mías, Aysel. Tú sabes que nunca he sido un machista —le decía Ziad por teléfono—. ¡Es el Corán y es la sharia...! Ningún extraño, nadie que no sea yo o alguien de tu familia de sangre, tiene derecho a verte ni un milímetro de piel». Si Aysel no lo entendía, cómo iba a entenderlo Thorsten.

Otra fuente de enfados era las dilaciones de Ziad para fijar una fecha de su regreso a Alemania. Aysel sabía que Ziad la quería «mucho, lo más que se puede querer, con toda el alma». Sin embargo, le desconcertaban sus enigmáticas evasivas cada vez que le preguntaba: «Por favor, Ziad, dime cuándo piensas venir para quedarte. ¿Tienes más cursos que hacer ahí? Además, no entiendo por qué te desquicia tanto que te lo pregunte. ¿Acaso crees que no tengo derecho a saberlo?».

En una ocasión, Ziad Jarrah habló de esto con Atta. La respuesta de Atta fue inclemente:

—Debías haber cortado hace tiempo. Cuando se elige un camino, hay que decir «no» a otros caminos. Cada vez que hablas con esa mujer, te expones y nos expones. Ella quiere saber. Y pregunta, pregunta, pregunta... Una palabra tuya de más nos comprometería a todos y mandaría al carajo la operación.

—Aysel no hará nada contra mí. Me quiere —argüía Ziad—. Y ese amor merece, cuanto menos, respeto, comprensión, compasión...

Atta dejó caer como plomo derretido unas palabras del Corán:

—¿Quién eres tú para tener compasión de nadie? Sólo «Alá es el Misericordioso y el Compasivo.

—Cuando el Corán dice que «Alá es el Misericordioso y el Compasivo» no excluye con eso que los hombres lo seamos también. Hay que saber interpretar...

—El Corán no se interpreta, Ziad. El Corán es absoluto.

Ziad Jarrah disimulaba bien entre sus compañeros del Flight Training Center. Era uno más. Se apuntaba a sus fiestas. Reía sus chistes y sus payasadas. Posaba en sus fotos poniendo cara de chimpancé. Viéndole conducir a toda pastilla el Porsche de dos plazas seminuevo que se había comprado, y oyendo a volumen máximo los últimos compactos de Bruce Springsteen, de Disturbed o de Paul Weller, nadie hubiese imaginado que era un musulmán extremista anclado en el siglo VII.

El director de la escuela de vuelos, Arne Kruithof, le estimaba. Alguna vez habló de él con los profesores:

—Es un buen tipo: cumplidor, simpático, bien educado. Y con una cualidad excelente para un piloto: no es un pajarraco solitario. Él sabe que se vuela en equipo, y engrana bien con su compañero. Da seguridad ir a empuñar la palanca y encontrarte ya sobre el pomo la mano del copiloto, porque notas que voláis compenetrados. Ziad eso lo tiene por instinto. Pilotando él, yo volaría con los ojos cerrados. Se le dan los aviones. Y otro punto muy a su favor es que distingue «la delgada línea roja»: cuándo hay que decir «no bebo» y cuándo hay que tomarse unas cervezas con la gente de la escuela en el 44th Squadron.

En abril de 2001 Ziad tenía que seleccionar, fuera de Estados Unidos, algunos hombres de Al Qaeda que pudieran integrarse en los comandos de América. Antes de salir, consultó a Atta su deseo de viajar a Westfalia, concretamente a Bochum:

—He pensado que debo ver a Aysel. Está cada día más inquieta. La creo capaz de presentarse aquí, de ir a Beirut a hablar con mi familia, o ¡qué se yo! Acuérdate de la que montó, yendo a la policía cuando yo estaba en Afganistán. Prefiero que me vea, tranquilizarla y, sin explicarle nada, dejarle un buen recuerdo final.

Junto a Aysel, en Bochum, Ziad se sentía como un vaso de cristal resquebrajado de arriba abajo. Era su última primavera. Y lo sabía. Había superado todas las etapas. Dejó de ser un chico frívolo de discotecas y copas hasta las tantas de la madrugada, para ser un musulmán observante que rezaba cinco veces al día. Marginó de su vida los afectos y lazos de familia. Ingresó en un grupo que él no había elegido y algunos de cuyos miembros le repelían humanamente; en su interior los calificaba como los «tres erres»: romos, rasposos y rústicos. Con todo, se inyectó en vena el odio de sus hermanos en la fe hacia el Occidente idólatra. Se sometió a la áspera disciplina de los campamentos de Al Qaeda. Aprendió las artes marciales, que nunca habían sido su fuerte. Se volcó en el entrenamiento para la misión. Puso un continente y un océano por medio entre él y la mujer de la que estaba enamorado... Pero, en su pisito de Bochum, teniéndola cerca, se estremecía con escalofríos al pensar en la inmolación. La idea del suicidio le provocaba náusea. Náusea física hasta el vómito. No quería morir.

Ya tenía su licencia de piloto. En las prácticas había descubierto que le fascinaba el desafío de la altura y la velocidad y moverse por el espacio. Disfrutaba volando. Con unas horas de prácticas en cabina de simulador podría tripular un Boeing. Por otra parte, los hombres que iban a formar su comando terrorista ultimaban ya los trámites de la marcha a Estados Unidos. Él mismo estaba en el cronómetro de la cuenta atrás. Sin embargo, acababa de decirle a Aysel «quiero ser padre, quiero que tengas un hijo mío». Debía encararse a la muerte, pero no se decidía a romper con la vida. La tentación de huir era como las olas de una pleamar batiendo contra él. Sentía la embestida en su carne. Y en el paladar, un sabor desconsolado y salobre.

Cuando no podía con la pesantez de su alma, cabizbajo y arrastrando los pies descalzos —«Aysel, voy a rezar un rato»— se encerraba en el dormitorio. Mirando hacia un punto imaginario del sudeste, cara a La Meca, extendía las manos, musitaba «en el nombre de Alá, el Misericordioso, el Compasivo», oraba unos minutos en silencio y luego abría el Corán.

Atta le había sugerido que meditase las suras «Los botines de la guerra» y «La retractación». Incluso, por deferencia a sus gustos occidentales, le citó una recomendación de Anatole France: «Es preciso volver a traducir el Corán cada día. Siempre nos dice algo más profundo». En esos capítulos, Ziad buscaba mensajes de incitación al combate, promesas de ayuda divina, reproches de Alá por sus vacilaciones y sus miedos:

—«Cuando pedisteis auxilio a vuestro Señor y respondió que os ayudaría con mil ángeles en turnos sucesivos, lo hizo para tranquilizar vuestros corazones. Pero la fuerza viene sólo de Alá… ¡sólo de Alá! Sólo Él es poderoso y sabio.

»Os cubrió con un sueño protector, para dar firmeza a vuestros corazones y afianzar vuestros pasos.

»Alá distingue a los malos de los buenos. Amontona a los malos unos sobre otros. Y, cuando más apilados y altos están, los castiga eternamente.

»Él hará que al encontrarlos os parezcan pocos, para que no les temáis. Y que vosotros les parezcáis pocos a ellos, para que no se defiendan. Así se cumplirá una orden de Alá que ya está decidida.»[5]

Apoyada en el quicio de la puerta, sin entrar en el cuarto, Aysel veía a Ziad de rodillas y sentado sobre sus piernas. Leía monódicamente. De vez en cuando, se detenía ante una aleya y, como si exprimiera granos de uvas, repetía esas palabras con fruición:

—«...Una orden de Alá que ya está decidida.»

Luego reanudaba su salmodia, recitando «La retractación». Ahí, el timbre de su voz se endurecía. Aysel contenía el aliento.

—«Matad a los asociadores[6] donde quiera que los halléis. Capturadlos, sitiadlos, tendedles toda clase de emboscadas...

»¿Vais a temerlos? Alá es el único digno de ser temido. Combatidlos. Alá los castigará por vuestra mano y os dará la victoria sobre ellos. ¿O pensáis que Alá os va a dejar?

»Vosotros, los creyentes, ¿qué os pasa? ¿por qué cuando se os dice "salid a luchar en el camino de Alá" os aferráis a la tierra? El disfrute de la vida de este mundo es poca cosa comparado con el de la Última. Alá tiene junto a Él una hermosa recompensa: jardines donde gozaréis un deleite permanente.

»Si no salís a luchar, Alá os infligirá un castigo doloroso y, sin que Le perjudiquéis en nada, os reemplazará por otros.

»Cuando se les dice "¡esforzaos en luchar junto al mensajero de Alá!", los más ricos te piden dispensa: "déjanos estar con los que se quedan". No quieren ir a la lucha. Sus corazones han sido marcados y no comprenden.

»Ningún reproche a los débiles, ni a los enfermos, ni a los pobres que nada tienen. Tampoco a quienes piden que los lleves contigo, y cuando les dices "no tengo medio de llevaros" se alejan con los ojos inundados de lágrimas, tristes por no tener nada que aportar.

»En cambio, sí son reprobables los ricos que piden dispensa de ir a luchar. Les satisface más quedarse. ¡Apartaos de ellos! Son suciedad. Su refugio será el fuego eterno.

»Los que luchan arriesgando sus bienes y sus personas tendrán los mejores dones. Alá les ha preparado jardines por cuyo suelo corren los ríos. Ése será su inmenso triunfo. ¡Serán inmortales!»

Ziad se puso en pie. Sosteniendo el libro sobre las palmas de las manos, afiló el perfil de su rostro hacia la Kaaba y, como si le hubiesen insuflado nuevas energías, entró con brío en los versos finales de esa misma sura:

—«Di: No nos ocurrirá sino lo que está escrito. Alá lo ha escrito para nosotros. Y los creyentes deben fiarse de Alá.

»Di: ¿Qué esperáis que nos pase? Sólo puede ocurrirnos uno de los dos bienes: la victoria o morir como mártires dando testimonio...»

Al llegar ahí, a Ziad se le quebró la voz. Aysel tuvo una premonición extraña, punzante como el aguijón de un alacrán.

Ziad continuó su plegaria entre jadeos:

—«Es cierto que Alá ha comprado a los creyentes sus personas y sus bienes a cambio de que posean el jardín. Combaten en el camino de Alá. Matan y mueren. Es una promesa verdadera que Él asumió. ¿Y quién cumple sus pactos mejor que Alá? Regocijaos, pues, por el pacto que habéis estipulado.

»Es mejor construir una torre sobre el temor a Alá y sobre el deseo de agradarle que construirla al borde de un precipicio.

»Una torre al borde de un precipicio será siempre una duda en el corazón, a menos que el corazón se rompa.

»Alá da la vida y da la muerte. Aparte de Alá, no tenéis nadie que os proteja y os auxilie.

»Di: ¡Alá me basta, no hay más Dios que Alá, a Él me confío, Él es el Señor del inmenso trono!»

Sin poder adivinar la causa, Aysel captaba su desasosiego. Aquella misma noche le dijo:

—Rezas mucho, Ziad. Antes no rezabas tanto. Sin embargo, yo no veo que después de tus largas plegarias te quedes con más paz. Realmente, ¿en la oración te encuentras con Dios?

Ziad la besó. Luego con toda suavidad acarició el óvalo de su cara, como si quisiera envolverlo en seda:

—«Sólo puede ocurrirnos uno de los dos bienes: la victoria o morir como mártires dando testimonio...

»Una torre al borde de un precipicio será siempre una duda en el corazón, a menos que el corazón se rompa.»

Su voz no sonó a plegaria ni a respuesta. Sonó a lamento.

Bochum está a mitad de camino entre Düsseldorf y Münster. Después de pasar esos días con su novia, Ziad quiso ir a Münster. Se presentó en la mezquita sin avisar. Era lo prudente.

Debió de ser conversando con Osama Ajub —¿por las palabras?, ¿por los silencios?, ¿por ciertas preguntas que quedaron en el aire?— cuando Ziad entendió que ya no era libre para renegar del pacto que un día le fascinó. La malla era férrea y muy trabada. A esas alturas no podría salir de ella vivo. Sabía demasiado. A partir de ahí, se impuso seguir el plan hasta el final. Hasta *su* final.

De vuelta en Florida, contrató en el Aeroservice Aviation Center de Miami las horas en simulador de Boeing 727 precisas para el recertificado de piloto.

Para la inaudita operación *Alá versus América*, «un *gazwah* portentoso, el más sangriento ataque contra Estados Unidos y desde Estados Unidos» había un rico plantel de voluntarios. La selección fue muy puntillosa: en las arcanas penumbras donde Bin Laden y el núcleo pensante de Al Qaeda, escrutaban al trasluz el historial y el perfil de cada aspirante. Además de las garantías personales de los candidatos, perseguían un juego de equilibrios que situase al frente de cada comando a musulmanes de distintos países árabes con peso específico en Al Qaeda. Había que repartir bien el medallero. Así, Mohammed Atta fue elegido en honor de «la gran familia» de Egipto, Marwan Al Shehhi por los Emiratos Árabes Unidos, Ziad Jarrah por Líbano, y Hani Hanjour por Arabia Saudí, que estaría ampliamente representada en los atentados. Fallaron los intentos de que un yemení y cuatro magrebíes engrosaran el equipo; pero tenían el visto bueno de Al Qaeda y habían hecho su *bayat*, su juramento de fidelidad a Bin Laden.[7] En total, serían un egipcio, dos emiratíes, un libanés y quince saudíes.

Nawaq Hazemi y Jalid Almidhar, dos de los hombres de apoyo que llevaban ya desde enero de 2000 en Estados Unidos, tenían visados para «entradas y salidas múltiples». Se movían con libertad. Sin embargo, les faltaba soltura para cubrir las apariencias entre gente occidental.

Jalid Almidhar era bajo y menudo, un «peso pluma» resistente y ágil, de rostro anodino. Pasaba inadvertido. La gente se fijaba más en su compañero Nawaq Hazemi: alto, grande, cetrino de tez, con una abundante pelambrera negra que le caía ensortijada sobre la frente. Cualquier otro, con su imponente estatura, sus generosos mostachos y sus largas patillas, hubiese tenido un aspecto feroz. Pero Nawaq no. Su expresión quitaba hierro: era risueña y directa y sus ojos despedían chiribitas de luz.

En los hechos del 11/S llegaron a intervenir tres hermanos Hazemi: Nawaq y Salim subirían con Hani Hanjour al avión cuyo objetivo era el Pentágono. El tercer Hazemi, Al Bader Mohammed,[8] ayudó desde la periferia operativa, sin integrarse en ningún comando suicida.

El padre de estos tres activistas, Mohammed Salim Hazemi, era un próspero comerciante saudí, dueño de un supermercado en La Meca que reclamaba su atención y vigilancia continua. En Oriente como en Occidente, el frenesí de la competitividad comercial y la carrera del dinero han producido muchos «padres pródigos». A Hazemi *senior* le iban bien los negocios, y el futuro de sus hijos no le quitaba el sueño. Por lo visto, tampoco le preocupaba gran cosa lo que hicieran en el presente. ¿Sabía acaso que su queridísimo hijo Nawaq estaba integrado en Al Qaeda y no de un modo fortuito, sino a un nivel de alto compromiso y máxima confidencialidad? Nawaq había participado en la *shura* o concilio deliberante de Kandahar y en las reuniones operativas de Kuala Lumpur, y era el *longamanus* de Atta en el equipo de Hani Hanjour. El mismo Nawaq enganchó a su hermano Salim y consiguió la colaboración de Al Bader, el otro hermano, con quien vivieron algún tiempo en San Diego, California.

Con el encargo de atender las necesidades materiales de los ataques, Nawaq Hazemi y Jalid Almidhar, se alojaron en los modestos apartamentos Parkwood, 26.401 Mount Ada Road, cerca de un barrio comercial muy transitado y ruidoso de San Diego. El que ellos tomaron estaba en la planta baja. Era una medida elemental de seguridad aconsejada por los manuales de Al Qaeda: vivienda con salida fácil, para escapar en caso de redada por sorpresa. Y antes de nada, cambiar las cerraduras originales del lugar alquilado.

Llevaban ya varios meses allí cuando los vecinos de los apartamentos Parkwood empezaron a fijarse en ciertas rarezas: Jalid y Nawaq no se ajustaban a un horario laboral fijo de salida y regreso a la vivienda. ¿En qué trabajaban? Seguían sin tener muebles y dormían con colchonetas en el suelo. Iban y venían continuamente con maletas, transportando ¿qué? No podían imaginar los del barrio que, en esas maletas, los dos logísticos suministraban al resto del comando las cosas más variadas: material informático, folletos, vídeos instructivos, correo, medicinas, calzado, alimentos...

Les veían hablar por sus móviles, caminando por la acera, arriba y abajo, hasta que un coche grande paraba y los recogía. A veces, se ausentaban varios días: viajaban de un estado a otro para explorar rutas, horarios e incidencias en los vuelos de líneas aéreas diversas, controles en aeropuertos, el interior de distintos tipos de aviones.

En algún momento, Atta tuvo que darles un toque, una admonición de «más sensatez y menos bravatas», porque Jalid y Nawaq habían alardeado de que ciertas cantidades de dinero que les pasaba Omar Al Bayoumi —un «colega» saudí que les recibió cuando llegaron a América, les buscó el apartamento de Parkwood y les abrió camino en San Diego— eran «donativos de una hija del mismísimo rey Faisal: la princesa Haifa, esposa del príncipe Bandar Sultán... el embajador de Arabia Saudí en Washington».

Y no mentían. Ellos recibían dinero de diversas procedencias y nunca preguntaban el origen. El suministrador de algunas de esas «inyecciones» periódicas era Omar Al Bayoumi, saudí y miembro de Al Qaeda, que vivía en San Diego aunque viajaba mucho a Oriente Próximo. Fue el propio Al Bayoumi quien les desveló que ese dinero venía indirectamente de la familia real saudí.

La historia podía tener una explicación benévola: la princesa Haifa y su marido, el embajador Sultán, ayudaban desde enero de 1999 a un compatriota residente en Estados Unidos, Osama Basnam, cuya esposa —Majeda Ibrahim Dweikat— padecía una enfermedad tiroidea de caro tratamiento. A nombre de la mujer, le enviaron un primer cheque de 15.000 dólares y después, durante cuatro años, una asignación mensual de 2.000 dólares por cheques de caja comprados en el Washington's Riggs por la princesa Haifa.

Ésa era la versión relatada por los egregios donantes saudíes, que llegaron a reconocer unas remesas benéficas por encima de 18.870.000 pesetas. Hubiese sido aceptable y hasta encomiable. Pero se comprobó la circunstancia de que el necesitado compatriota Basnam podía prescindir —y prescindía— de parte de esas ayudas, derivando varios talones a la cuenta de Al Bayoumi, quien a su vez hacía llegar el dinero a manos de Jalid Almidhar y Nawaq Hazemi, los «logísticos» de la operación *Alá versus América*.[9]

En cuanto algún vecino empezó a hacer preguntas, Jalid y

Nawaq se mudaron a otro sitio. Lo curioso fue que, contraviniendo las ordenanzas de Al Qaeda, se refugiaron en la comunidad islámica de San Diego. Era como darle tres cuartos al pregonero. Un indicio claro de que estaban nerviosos. Y tenían motivos: pasaba el tiempo, no llegaban los refuerzos humanos prometidos, el objetivo que debían atacar seguía siendo una incógnita, nadie fijaba una fecha, ignoraban cuánto tendrían que esperar así, en ese enervante *stand by* de «quietos pero alertas». Y Hani Hanjour, el jefe de su comando, andaba siempre atareado con sus fracasadas clases de aviación.

Nawaq Hazemi y Jalid Almidhar se matricularon en la Sorbi Aeronautical School de San Diego, en California. Fue el «colega» saudí Al Bayoumi quien les orientó hacia esa escuela. Poco antes, en enero de 2001, Nawaq había ido con Hani Hanjour a otra escuela de vuelo en Phoenix. Estaban empeñados en aprender a volar, pero eran bastante ineptos. Incluso llegaron a ofrecer un soborno al instructor Richard Garza: «Dinos cuánto quieres. Si nos enseñas a pilotar reactores, te pagamos lo que pidas, y sin recibo».

A Garza aquellas prisas y aquellos modales de gángster le dieron mala espina. O no quiso meterse en líos. Apartó los billetes que habían soltado ya sobre la mesa y se negó en redondo. Sin embargo, no denunció el intento de soborno ante la policía local. Y menos, ante el FBI.

También por esas fechas, primeros días de enero de 2001, Atta y Marwan salieron de Estados Unidos. Dos viajes separados y de corta duración.

Atta voló el 4 de enero desde Tampa-Miami hasta Madrid.[10] Usó su pasaporte egipcio. Dos días después, el 6 de enero, se detectó su paso por Alemania. No le importó dejar el rastro de esa estancia: pagó con su tarjeta Visa una compra en el *duty free* del aeropuerto de Düsseldorf. En ese rápido viaje, Atta se encontró con Ramzi Binalshibi, coordinador de la operación.

Aunque a Ramzi le habían negado dos veces el visado, todavía abrigaba la esperanza de entrar en Estados Unidos e incorporarse a los ataques. O eso decía él. Además de cruzar información y ponerse mutuamente al día, Atta entregó a su compañero un buen paquete de material didáctico: folletos de distintos modelos de Boeings y varios manuales que precisaban sus características, un grueso libro de texto para aprender a pilotar, dos mapas de navegación de la costa Este de Estados Unidos, libros y casetes de métodos de inglés rápido, algunos discos compactos con programas de simuladores de vuelos, listados con los horarios de vuelos de las líneas estadounidenses para el año 2001, y un cuadro de símbolos de las previsibles variaciones en esos vuelos.

El 10 de enero Atta regresaba a Florida en un Boeing de la American Airlines. Era un pasajero especialmente interesado en conocer esas aerolíneas desde dentro.

Marwan, por su parte, había viajado de Florida a Casablanca. Pero a la vuelta no entró por Florida: aterrizó en Nueva York el 18 de enero. En sus desplazamientos utilizaban aeropuertos y compañías aéreas diferentes. Después, hacían acopio de lo que cada uno había observado sobre los controles y medidas de seguridad en tierra y sobre los usos y hábitos de las tripulaciones a bordo. Cualquier experiencia rutinaria como cualquier percepción anómala, todo les resultaba útil.

¿A qué fue Marwan Al Shehhi a Casablanca? Acudía a una cita con su compañero de célula, Mounir Al Motassadeq, con quien compartía una cuenta bancaria en el Dresdner Bank de Hamburgo. Eligieron Casablanca porque Marwan no debía poner el pie en Alemania: policial y consularmente, el estudiante Marwan Al Shehhi había desaparecido, estaba *missing*. Y también, porque Casablanca era una ciudad segura y sin secretos para el marroquí Motassadeq, que por entonces tramitaba su visado de entrada en Estados Unidos. Había una razón de peso para cerrar la cuenta común: el recién pasado diciembre, la Technische Universität de Hamburgo-Harburg había cancelado la matrícula de Marwan «por excesiva e injustificada inasistencia». Automáticamente, las Fuerzas Armadas emiratíes suspendieron el estipendio de la beca.

De hecho, a los pocos días de ese viaje, Motassadeq liquidó la cuenta conjunta en la sucursal de Hamburgo y pudo presentar la orden con su firma y la de Marwan.

Un par de meses después, en abril, Marwan salió otra vez de Estados Unidos. Fue directamente a Amsterdam, sin pisar Alemania ni Emiratos. En esa fase, Atta y Marwan, siempre por separado, se desplazaban para examinar y seleccionar uno a uno, entre los voluntarios ya autorizados, quiénes podrían intervenir como ayudantes en el *gazwah*. Los elegidos no sólo debían contar con un formidable adiestramiento y una retahíla de ardorosos motivos para asumir altos riesgos: tenían que ser mirlos blancos con un expediente policial sin tacha, de modo que las autoridades aduaneras no les pusieran ni media objeción. En marzo y abril de 2001 empezaron a trasladarse a Estados Unidos esos operativos. Los más tardíos llegaron en junio.

En el papel y en la pantalla del ordenador la operación aparecía nítida, fulmínea, devastadora y asombrosamente fácil. Un rayo. Un instante de crueldad inaudita. La muerte vertical. Pero la realidad planteaba día a día sus tercas dificultades. No era lo mismo agarrar la botella de un cóctel mólotov, prender la mecha y lanzarlo lejos que manejar un *jet* cuatrimotor y tener mano diestra para dirigirlo con exactitud hacia un punto fijado de antemano. Un punto casi invisible a 9.000 pies de altura; pero que, barrenando en picado a una velocidad de 700 u 800 kilómetros por hora, en cuestión de segundos era una mole inmensa, frontal, inevitable. O se atinaba de lleno con un impacto preciso que arrasara el objetivo, o el avión se precipitaría calamitosamente contra cualquier masa de edificios que no fueran la diana perseguida.

Encarado a su ordenador portátil, Atta hacía pruebas con un programa de simulador de vuelos. Pero no descartaba otras alternativas. En la primavera de 2001, aún no estaba definido el procedimiento con que ejecutarían la operación.

Zacarías Moussaoui, un francoargelino comprometido con Al Qaeda y que residía en Oklahoma, había investigado algo sobre las avionetas que fumigan pesticidas para preservar las cosechas y «su posible empleo esparciendo con ellas sustancias químicas tóxicas, agentes biológicos o gases letales sobre una gran ciudad». Incluso «su reconversión en bombas voladoras». Estudiaba esa vía por internet y guardaba los apuntes en su ordenador.

Una mañana de febrero, Atta se dejó caer por los alrededores de Belle Glade, en Florida. Estacionó su coche, un Pontiac rojo antiguo, junto a la tapia de una nave industrial. Caminó oteando las inmensas alfombras verdes de hierba lozana y se detuvo un par de minutos a contemplar el azulísimo lago Okeechobee. Luego, se dirigió hacia el aeropuerto de avionetas. Pasó sin que nadie se lo impidiera. Muy americano ese estilo de «casa abierta, entre sin llamar».

Hizo un sinfín de preguntas sobre fumigación con herboricidas: cuáles eran las plagas más frecuentes, en qué época del año solían fumigar, qué tipo de avioneta se utilizaba para desinsectar una plantación, qué autonomía de carburante tenía una avioneta *single*, qué distancia podía cubrir de un tirón, cuántos kilos de pesticidas cabían a bordo, qué cantidad soltaban en cada descarga, qué altura y qué velocidad podían coger «esos bichos», cómo establecían su ruta, de qué control aéreo dependían... Averiguó cuanto quería saber. Volvió a su Pontiac. Escribió unas notas de memoria. Arrancó y se alejó zumbando. No volvieron a verle por allí.

Johnelle Bryant durmió mal aquella noche. Tres veces se despertó sobresaltada y con sudor frío. Pero no eran pesadillas, no estaba soñando nada. Nunca fue una mujer asustadiza, sin embargo esa noche tenía miedo. Seguía todavía bajo la impresión de los ojos oscuros y agresivos del árabe que estuvo por la mañana en su oficina. Como si se le hubiera grabado sobre las retinas, no podía dejar de ver su mirada implacable, tenebrosa...

Había sido una mañana fresca y diáfana de finales de abril. Andaba atareada en su oficina de Ayudas Agrarias, cuando él llegó con un aparatoso coche rojo que ya tendría sus buenos diez años o más de rodaje. Dio un frenazo seco y aparcó frente al edificio de la Delegación de Agricultura. Al abrir la puerta del despacho de Johnelle Bryant y verla sentada detrás de la mesa, hizo un gesto instintivo de rechazo y un amago de irse. Todavía con la mano en el picaporte dijo ásperamente: «Se han equivocado. Me han informado mal. Yo quiero hablar con el encargado de las subvenciones».

—¿Es para algún asunto de ayudas agrícolas?

—Sí, pero busco al funcionario encargado.

—¿El funcionario encargado de las ayudas gubernamentales del Departamento de Agricultura? Soy yo.

—¿Usted...? Ah, no, ni hablar. Yo a usted no voy a explicarle nada ni a pedirle nada.

—¿Cómo dice? No entiendo...

—Digo que yo a usted no voy a explicarle ni a pedirle nada.

—Y eso ¿por qué?

—Porque no. ¿Quién es usted? Usted es una mujer. Sólo una mujer. Por mucho despacho que le hayan dado: para mí no es nadie.

—Si viene a solicitar un crédito tendrá que hablar conmigo, que soy la responsable de Ayudas Agrarias, o dejarlo estar. Usted verá.

Johnelle Bryant estaba acostumbrada a tratar con todo tipo de gente de los contornos: granjeros rudos y torpones; inventores majaretas empeñados en patentar «la prodigiosa máquina que hace lluvia»; jornaleros despedidos sin indemnización, que llegaban allí soltando palabrotas: «perdone, señora, no es por usted: es por el cabronazo de Freddy Lewis»; listillos intentando cobrar un subsidio por su «pobre "viejo", con asma y reuma», que ya llevaba veinte años difunto y sepultado... Ella los catalogaba al primer golpe de vista. Y, sin dejarse impresionar por las apariencias, tomaba posición. Era una mujer de maneras suaves y temple firme.

Aquella mañana, Johnelle Bryant observó al hombre que tenía delante con atención, como calibrándolo. Elaboró una rápida ficha mental: árabe, inglés de *assimil*, treinta y pocos años, ropa barata y arrugada, manos finas, éste no ha cogido un arado en su vida... Siguió explorando su fisonomía: la piel aceitunada, las cejas fuertes como las alas de un halcón, el mentón enérgico, los labios carnosos y unas mandíbulas muy acusadas, que en ese momento apretaba con fuerza para reprimir su contrariedad por tener que hablar con ella, «sólo una mujer».

Lo miró de manera fugaz a los ojos. Y aquella mirada la turbó. El árabe tenía una extraña belleza. Una belleza armoniosa pero no serena. Más bien, inquietante. Una belleza que instintivamente le pareció maligna.

Se había quedado allí plantado, decidiendo qué hacer. La nuez, angulosa y sobresaliente en medio del cuello, subía y bajaba. Estaría tragando saliva. Al fin, tomó asiento frente a la mesa con expresión de fastidio. De modo expeditivo y altanero, empezó a exponer su caso. Hablaba como quien exige, no como quien pide. Y mirando al techo, a las paredes, al ventanal, a los muebles... evitando dirigirse a la funcionaria.

—He obtenido mi licencia de piloto en una escuela de Florida. Mi ambición es montar un negocio de fumigación agrícola. Necesito 650.000 dólares para comprar una avioneta... Y sé que el Gobierno federal tiene un presupuesto para esas subvenciones.

—¿Es usted ciudadano americano?

—No. Soy egipcio. Pero estoy aquí, vivo aquí.

—¿Cuánto tiempo lleva en Estados Unidos? ¿Tiene residencia permanente? ¿Vive aquí su familia? ¿Establecería su negocio en Florida? ¿Dispone de algún terreno en la zona donde las avionetas de su negocio puedan despegar y aterrizar? ¿Instalaría naves de seguridad para almacenar los bactericidas...?

La funcionaria Bryant desgranaba sus preguntas sin énfasis ni petulancia, más bien con la rutina con que un labriego desgranaría una mazorca de maíz. Irritado porque una mujer le sometiera a ese cuestionario, Atta respondía con monosílabos o fruncía los labios y se encogía de hombros.

—¿Tiene usted experiencia agraria? ¿No? ¿Y conocimientos químicos?

—¡No, no, no, no...! Yo no soy un agricultor. Yo soy un ingeniero. Doctor ingeniero por la Technische Universität de Hamburgo-Harburg. Mi plan es adquirir una avioneta bimotor de seis plazas y modificarla por dentro: eliminaría todos los asientos excepto el del piloto, y en el recinto alojaría un gran tanque metálico para los productos químicos, que ocupase hasta el último centímetro cúbico.

—Después de formalizar la solicitud, tendría que enviarnos su currículo, su proyecto, un aval bancario...

—¿Y no basta con que yo haga la petición y la firme ahora mismo?

—¡Noooo! Esas ayudas llevan su trámite burocrático...

—Yo creía que en América —lo soltó con mordacidad— este tipo de ayudas se concedían automáticamente. ¿No son ustedes tan ricos? ¿No son los más ricos y poderosos del planeta?

—Antes debo advertirle, señor... señor...

—Mohammed Atta.

—Antes debo advertirle, señor Mohammed, que quizá no se le dé esa subvención porque no cumple usted los requisitos mínimos.

—¡¿Y para eso me he desplazado hasta aquí...?!

Atta se levantó y empezó a dar zancadas por el despacho, resoplando con desasosiego. Los ojos le llameaban de cólera.

—O sea, que aquí reciben a cualquiera que pase y entre. Le

someten a un interrogatorio policial de tercer grado. —Extendía el dedo índice de la mano derecha hacia la funcionaria como apuntándola con un arma—. Y luego le dicen «lo siento, no cumple usted los requisitos mínimos» —imitó gazmoñamente la voz de Johnelle Bryant; después siguió con tono descarnado, enfurecido—. Y no cumple usted los requisitos porque va y no es usted americano, ni tiene usted respaldándole un banco americano, ni es usted dueño de un aeropuerto en territorio americano donde aterricen y despeguen sus avionetas americanas... Y, sobre todo, porque es usted un jodido árabe, un puto musulmán. Y nosotros, ¡nosotros somos americanos!, y no queremos nada con los árabes ni con los musulmanes ni con toda esa ralea de comemierdas del tercermundo...

Atta estaba perdiendo los estribos, pero no podía refrenar el corcel.

—Ah —continuó—, gasten cuanto antes toda esa soberbia fanfarrona. Gástenla, porque tiene sus días contados. ¡CONTADOS! Las tornas van a cambiar. Se acerca el final de todo esto. ¿Conoce usted las *fatwas* de Osama Bin Laden?

—Que si conozco ¿qué...?

Las *fatwas*, las condenas y la declaración de guerra de Osama Bin Laden contra Estados Unidos de América...

—No sé de qué me habla.

—¿No sabe quién es Osama Bin Laden?

—No. Nunca he oído ese nombre.

—Pues conviene que vaya oyéndolo. ¡El *shaij* Bin Laden está predestinado a ser el mayor líder del mundo!

En sus evoluciones por el despacho, Atta acababa de situarse junto a la mesa de la funcionaria Bryant. Se apoyó con ambas manos. Su tono cambió. De pronto era sibilante, misterioso:

—Quizá no se ha fijado en una cosa que le he dicho: «Ustedes reciben a cualquiera que pase y entre...». Para entrar aquí, nadie me ha pedido mi identidad, ni he pasado por el escáner, ni me han cacheado, ni me han hecho firmar ningún registro en la puerta. ¿Así custodian en América un edificio oficial, gubernamental? Supongo que en otros edificios públicos habrá más vigilancia... La central de la CIA en Langley o las Torres Gemelas de Manhattan, por ejemplo, ¿sabe usted qué tipo de medidas de seguridad tienen?

—Imagino que esos edificios estarán bien blindados, pero no tengo información...

A la funcionaria Bryant le resultaba estrafalario el sesgo que había tomado la conversación. «Bueno», pensó, «está chasqueado porque no le hemos puesto en la mano el dinero que pedía, y ahora marea la perdiz para ver cómo salir de aquí sin rebajar su orgullo. Es un tipo arrogante».

De pie junto al costado de la mesa, Atta clavó sus ojos en ella por primera vez.

—Usted misma no sabe exactamente con qué Mohammed está hablando. ¡Hay millones y millones de Mohammed en el mundo! ¿Quién soy? ¿De dónde vengo? ¿Dónde vivo? ¿Qué intenciones me han traído hoy a esta oficina? Dígame, ¿cómo podría usted evitar que yo sacase ahora una navaja de mi bolsillo y la degollara... para robarle los fajos de dólares que guarda en esa caja fuerte que tiene ahí detrás?

—No hay dinero en la caja fuerte. Ahí se custodian sólo ciertos documentos oficiales del Departamento. —Bryant hizo acopio de valor. La mirada de Atta le había provocado un escalofrío, que le recorrió en zigzag todo el cuerpo desde las sienes hasta los tobillos. Se oyó a sí misma como hablando desde muy lejos—. Además, si usted o alguien me atacara, yo sabría defenderme. Soy karateka... y mantengo al día mis técnicas de artes marciales.

—A ver, a ver... ¿Eso significa que cualquier funcionario americano está adiestrado en defensa personal?

—No necesariamente. Pero yo sí.

—¿Y dónde aprendió artes marciales? ¿Ha sido usted soldado?

—En Florida hay miles de gimnasios y academias donde enseñan yudo, kárate, lucha tailandesa, *kick-boxing*...

—Y la gente va, también las mujeres, para descargar allí su agresividad, ¿no?

—No. La gente va a esos gimnasios porque quiere aprender a defenderse, andar por la vida con seguridad, perder el miedo...

—Perder el miedo... ¡Muy interesante!

Mohammed Atta consultó su reloj y decidió concluir la visita. Pero aún faltaba el golpe de efecto final. Antes, mientras hablaba recorriendo el despacho, se fijó en las fotografías enmarcadas que colgaban sobre una pared. Señaló una.

—¿Esto es Washington?

—Sí. Es una panorámica tomada desde un avión...

—¿Qué distancia habrá entre la Casa Blanca y el Pentágono? No digo yendo a pie por la calle, sino en distancia... aérea.

—Lo siento, no sabría decírselo.

—Me gustaría tener esta foto. Se la pago y me la llevo.

Atta sacó del bolsillo un rollo de billetes sujetos con una goma elástica.

—No, no es posible —la funcionaria Bryant seguía estupefacta—. No está en venta, forma parte del mobiliario de esta oficina.

Atta iba desenrollando los billetes. La señora Bryant, con las palmas de las manos vueltas hacia él, intentaba que parase de una vez. Súbitamente, a él le cambió la expresión. Como si se le hubiese desmoronado la máscara de altivez, apareciendo en su lugar un rictus de crueldad y una mirada pérfida, luciferina.

—¿Qué sentiría el pueblo americano si gentes de otros pueblos vinieran y destruyeran sus monumentos, sus símbolos, sus ciudades... en justa venganza, porque a esos pueblos les han destruido sus monumentos, sus símbolos y sus ciudades con el poderío militar y económico de los americanos?

Como si de repente cayera en la cuenta de que estaba desvelando el plan de ataque, Atta se impuso zanjar la situación y salir de ese despacho.

Con la mano en el pomo de la puerta, se volvió. Aún tenía los ojos incendiados de furia, sin embargo su voz ya era fría:

—Usted no ha oído hablar de Osama Bin Laden, ¿tampoco ha oído hablar de la ley del Talión...?

Josh Strambaugh, ayudante del sheriff del condado de Broward, en Fort Lauderdale, costa este de Florida, acababa de entrar de servicio. Faltaban unos minutos para las once de la noche del 26 de abril de 2001. Le quedaban por delante ocho horas de noche y madrugada. Había cenado bien. Había tomado café. Olía a loción de afeitado y se sentía a gusto bajo su impoluta camisa blanca y su gorra de plato. Sin demasiadas ganas de abroncar ni de multar a nadie. Conducía su coche policial por Inverrary Boulevard, una autovía de dos carriles, cuando vio que un Pontiac rojo, modelo antiguo, un Grand Prix 1989, hacía doble adelantamiento y sin poner el piloto intermitente. Como circulaban en el mismo sentido, adelantó él también para tenerle así en su campo de visión. Minutos después, cerca ya de la urbanización de Forest Trace, el Pontiac volvió a hacer otra maniobra anómala. El agente Josh Strambaugh encendió las luces azulonas intermitentes de la baca, activó la sirena y sobrepasó al Pontiac. Con la mano indicó al conductor que aparcase en el arcén.

El policía se acercó al Pontiac para una revisión de rutina. Dio un par de golpecitos en la luneta y se tocó la visera de la gorra a modo de saludo. Mohammed Atta iba solo en el coche. Bajó el cristal de su portezuela.

—Buenas noches. ¿Puede enseñarme su documentación y la del vehículo?

Despacio, con parsimonia, Atta buscó en la guantera y en uno de sus bolsillos. Al fin entregó al agente los documentos del coche y su pasaporte egipcio. Strambaugh revisó los papeles a la luz de una enorme linterna de mano.

—¿Y su licencia de conducir?

—Tengo dos, una de Egipto y otra de Alemania; pero ahora mismo no las llevo encima.

—¿Sabe que en Estados Unidos está prohibido circular sin licencia? Tendrá que ir a que le validen esos permisos extranjeros y le expidan uno del estado de Florida.

La tarea de Strambaugh no era controlar el tráfico en las carreteras, sino la circulación y las infracciones en el casco urbano. Pero tampoco podía silbar mirando para otro lado... Con el haz luminoso de la linterna exploró el interior del Pontiac. Vio varias pegatinas escritas en árabe y colgando del espejo retrovisor un collar corto de cuentas color albaricoque. «¿Un rosario sin cruz? Será un amuleto musulmán», pensó. Sacó su bloc y garabateó unas notas al tiempo que decía con tono de admonición paternal:

—Mire, no le multo, pero tiene usted un mes de plazo para conseguir su permiso de conducir y presentarse con él en el juzgado del condado de West Satellite. Su citación, que se la doy ya ahora, es para... exactamente, el 26 de mayo a las 8.45 de la mañana. Y queda advertido de que si no se persona en día y hora —Josh Strambaugh había engolado levemente la voz, como si le leyera a un detenido *las generales de la ley*—, se cursará contra usted una orden judicial de arresto válida en todo el territorio de Florida...

Enseguida, una reconvención afable:

—Venga, circule... ¡y no me haga usted adelantamientos temerarios sin poner la luz intermitente!

Pese a la citación judicial, Atta no compareció en el juzgado de West Satellite. Pudo haberlo hecho sin dificultad ya que, a los seis días del incidente con el policía de tráfico, obtuvo su permiso de conducir de Florida número A300540-68-321-0. Por esa incomparecencia, a partir del 26 de mayo de 2001, su nombre quedó registrado en la memoria de los ordenadores de todos los distritos de policía de los 66 condados del estado de Florida con una orden de arresto: el individuo egipcio llamado Mohammed Atta podía ser detenido en cuanto un agente policial le echara la mano encima. Sin embargo, Atta siguió exhibiéndose con su llamativo Pontiac rojo.

Pocos días después de la visita de Atta a la Delegación de Agricultura, Marwan Al Shehhi se presentó en la misma oficina y con una solicitud similar:

—Soy piloto de aviones ligeros. Quiero poner en marcha un negocio de fumigadoras aéreas. Necesitaría un crédito de 500.000 dólares.

Cuando Marwan ya había salido del inmueble con la desalentadora advertencia de que «quizá no se le dé esa subvención: no cumple usted los requisitos mínimos», la funcionaria Johnelle Bryant tuvo una corazonada... Fue hacia el ventanal de su despacho. Se pegó a la pared, ocultándose a un lado para ver sin vista desde el exterior.

En efecto, aparcado frente al edificio estaba el Pontiac rojo de cuarta o quinta mano con sus pretenciosos adornos plateados delante y detrás. Sentado al volante, un hombre delgado, menudo, con gafas negras. Observó aquellos rasgos inconfundibles: el mentón rotundo, los maxilares anchos, el rictus de odio en las comisuras de los labios. Era Atta.

A pesar de los cristales y de la distancia que le separaba de él, Johnelle Bryant volvió a sentir una sacudida de miedo.

No cejaban en su empeño. Durante el mes de mayo, otros dos miembros del grupo árabe lo intentaron también.[11]

En mayo de 2001, pues, el plan de secuestrar aviones de pasajeros todavía no había cuajado. Seguía abierta la posibilidad de usar avionetas como bombas explosivas o de fumigar zonas de población con productos químicos letales.

Ya de regreso en América, asimilando como podía el último adiós de Aysel y su conversación con el imán de Münster, Ziad Jarrah acudió al US-1 Fitness Center, el gimnasio de Bert el cubano, en Dania, Florida. Se lo habían recomendado como un maestro en artes marciales y un fuera de serie en lucha tailandesa, experto en todas las modalidades: *thai-boxing*, *full-contact*, *kick-boxing*. Incluso en la durísima *muai-thai*, sin reglas ni protección: «Te atan las manos hasta los codos con cuerdas bien enrolladas. Te dejan al alcance un trozo de vidrio de botella, y allá te las apañes... ¡Todo vale!».

Atleta duro y muy ágil, el tal Bert. 52 años. La cabeza rapada y lustrosa como la de un lama tibetano bien erguida sobre un cuello de poderoso trapecio. Y un cuerpo de carnes prietas y músculos torneados que parecían labrados en roble. Como atavío brutal de belleza, un ramal de cicatrices en el tórax: costurones de cuchilladas sin edad. «Mis agallas», era su lacónica explicación cuando algún primerizo le miraba justo ahí.

Al comienzo, Ziad levantaba pesas, pedaleaba en la bici estática, hacía flexiones de torso o braceaba con las anillas para fortalecer los pectorales. Un día vio a Bert entrenando a un alumno, en el piso de arriba. Le enseñaba técnicas de *kick-boxing*:

—Conviene que le hagas sangre, y que el otro la vea —decía Bert al aprendiz—. La sangre acojona. Con eso tú tienes ya una ventaja... Mira, un golpe muy doloroso es aquí —se tocaba la cara exterior del muslo—, en «el bocadillo». Debes darlo con la pierna, con la tibia. Al tío le prensas el cuádriceps contra el fémur y lo dejas machacado, fuera de juego por el dolor, pero sin lesionarlo... No, el golpe en la entrepierna es muy de película, pero en la realidad es un golpe difícil y de mucho tino porque los testículos están bien resguardados. Mejor, dale al hígado o al páncreas con la rodilla. O aquí, en las costillas flotantes.

Ziad escuchaba atónito aquella descarnada clase de anatomía del dolor:

—Te voy a señalar algunos puntos de dolor álgido —seguía Bert—, donde provocas un dolor helado insoportable. Si pellizcas con el índice y el pulgar entre el cuello y el hombro oprimiendo el músculo trapecio, te quedas sin enemigo: se te desmorona. También, un golpe seco, fuerte, con el canto de la mano aquí, entre la nariz y el labio: le haces ver las estrellas. O, si puedes agarrarle la cabeza, apriétale con los pulgares detrás del lóbulo de la oreja: ahí le crujes todos los huesecillos del oído. Es un dolor terrible, intenso, desolador... Si el tipo es más bajo que tú, dos palmadas simultáneas, clas, en ambos oídos a la vez. Pero, repito: en los dos a la vez. Se queda sonado. Y, si tienes suerte y coges vacío, puedes reventarle los tímpanos.

Ese mismo día, antes de abandonar el gimnasio, Ziad se apuntó a 18 clases y las pagó por adelantado.

Lo de ir a un gimnasio a desacobardarse y a envalentonarse no se le ocurrió realmente a Ziad. Fue «una de esas ideas geniales de *boss*, de jefe y maestro, una de esas oportunas ideas de *abu*» con que Atta le sorprendía de cuando en cuando.

Bert le recibió con una descarga de preguntas rápidas como detonaciones de metralleta:

—Y a ti, ¿qué diablos te pasa? ¿Por qué quieres aprender a luchar? ¿Para lucirte ante tus amigos, o porque necesitas defenderte? ¿Te ataca alguien? ¿Te mueves en zonas de peligro? ¿Estás asustado? ¿De qué? ¿De quién?

Ziad le miró confuso. No tenía respuestas. Y las que tenía no iba a dárselas. No podía decirle: «Verás, estoy en un callejón sin salida. Tengo que matar a millares de personas y me espanta la idea. Tengo que suicidarme y me repugna pensarlo. Mi única liberación de esta pesadilla sería huir... pero ¿adónde? No hay rincón para mí. Nunca tendría un refugio seguro. Antes o después, me saldría algún hermano musulmán en cualquier esquina y me rebanaría el cuello de oreja a oreja. Eso sí, después me pondría boca abajo para que me desangrara sin ahogarme con mi sangre, y que fuese una muerte limpia, un sacrificio *halal*».

Bert esperaba. Frente a frente en el ring, los dos hombres aguantaron escrutándose en silencio.

—Soy de Líbano —dijo Ziad.

—Ah, ya, sí, la guerra de todos los días, la guerra en el patio de casa... Pero, hijo, para eso lo que necesitas es un tanque y un misil Stinger, no unos guantes de boxeo.

—No vengo por la guerra. Vengo porque soy piloto civil y —sobre la marcha, Ziad tejió una historia verosímil—, tú mismo lo has dicho, estoy asustado. A veces vuelo con miedo. Miedo a que falle cualquier mecanismo y yo no tenga los reflejos a punto... Miedo a que nos estrellemos.

—Las cosas por su nombre: ¿miedo a matarte?

—No, bueno, sí... Miedo a matarme y miedo a matar a los que vayan a bordo. No puedes tripular un *jet* de pasajeros con los músculos rígidos y castañeteándote los dientes de miedo. Tampoco puedes tomar pastillas relajantes...

Ziad iba dando cada vez más viveza a su relato. En el fondo, no se apartaba de la verdad.

—Incluso he pensado en dejarlo, pero no debo. Además, como musulmán devoto, sé que el miedo sólo es admisible como una forma de adoración.

—¿Cómo dices?

—El temor de Dios... El miedo sólo se le puede tributar a Alá, a Dios, nunca a los hombres. Tener miedo de alguien o de algo es ya una falta de fe en Dios.

—Ahora sí que no te entiendo, macho. —Bert ponía los ojos redondos y cara de pasmo.

—Alá, Dios, lo controla todo. No ocurre nada que Él no quiera. Todo está escrito. Un buen creyente no debe temer. Él lo ha dicho: «No temáis a los hombres, temedme sólo a Mí.»

—Ah, vale, vale. Y... ¿desde cuándo tienes miedo?

—Empezó hace unos meses. Es como si saliera a flote algo antiguo, algo que estuviera escondido dentro de mí sin yo saberlo. Me siento miedica, me siento cobarde.

—¡No, no, no! Una cosa es tener miedo y otra cosa es ser cobarde. El miedo es jodido, pero... se le puede tener a raya.

Durante varias semanas de mayo de 2001, el cubano y el libanés se fajaron cuerpo a cuerpo en el ring. Bert golpeaba. Ziad huidizo, se protegía, se zafaba, cubriéndose el rostro con los puños enguantados y sin parar de dar pequeños saltos. Bert le ordenaba frenético:

—¡No te defiendas! ¡Atácame, atácame! No te conformes con esquivar mi gancho... Toma tú la iniciativa. Sorpréndeme. Salta sobre mí. Pega donde puedas... luego ya pegarás donde quieras.

Entre jadeos, le suministraba una salvaje teoría de la ferocidad:

—¿Te atacan? No te pares a pensar qué coño va a hacer tu contrincante. No calcules su próxima jugada. Esto no es una partida do ajedrez. No esperes tu turno. Adelántate. Ataca. Golpea. Hiere. Con los puños. Con los pies. Con las rodillas. Con la cabeza. Pega duro donde más le duela al otro. En el plexo solar, en el bajo vientre, en la nuca, en los ojos... Métete esto en el coco: él está dispuesto a matarte; si quieres sobrevivir, tú tienes que estar dispuesto a matarle.

Bert entrenaba a militares, a policías, a agentes antidroga, a tiburones con negocios oscuromarengo, a «gorilas» que buscaban emplearse de guardaespaldas a sueldo con un banquero, con un político, con un mafioso... Él tenía sus gags retóricos y los empleaba con efectismo:

—¿Has leído lo que pone en mi gorra? —Señalaba un rótulo en su visera—: «Instinto asesino». Pero eso no se aprende en un gimnasio. Quien lo tiene, lo lleva puesto. Y lo lleva siempre.

Cuando acababan la sesión, desabrochándose los guantes, Bert le decía a Ziad con el mayor respeto:

—Entérate bien, libanés: tú no eres un cobarde. No, Ziad, no eres un cobarde. Tú conoces tu punto flaco: el jodido miedo. Lo conoces y quieres aprender a superarlo. Eso es todo, amigo.

Otras veces, bromeando y como fuera del protocolo de clase:

—Clinton, ya ves, acorazado, blindado, con todo el poder del mundo en su puta mano, pero cagándose de miedo el tío, acojonadito por una becaria...

El miedo. Ése era el *leitmotiv* de sus «teóricas» a borbotones en el ring o yendo hacia las duchas:

—Mira, chico, yo no sé cuál es tu guerra, y no me cuentes milongas: no quiero saberla. Pero sea cual sea la lucha en que te veas metido, antes de enfrentarte a tu adversario, enfréntate a tu miedo: plántale cara, domínalo. Sólo entonces vencerás a tu enemigo.

Bert se iba encariñando con el «caso Ziad». No le gustaba perder el tiempo en el gimnasio hablando de mujeres o alardeando de machadas. Sin embargo, le atraía el reto de quitarle el miedo a su discípulo libanés. Sesión tras sesión, tunda tras tunda, entreveraba los ejercicios de lucha física con los consejos psicológicos. La precisión:

—Fíjate bien, Ziad, éste es el ángulo exacto para que un golpe de talón sea fulminante.

Y a la vez:

—Dos, tres respiraciones hondas, pausadas, por la nariz, llenando los pulmones, vaciando los pulmones —Bert respiraba ceremoniosamente, como si estuviera creando el mundo—... hasta que sientas la plenitud de tu superioridad... ¡Tienes que sentirte poderoso, sereno y libre como un dios!

Hablaron mucho. También de ideales y de creencias.

Uno de esos días, Ziad recibió en su móvil una inesperada llamada desde Alemania. Era un adlátere de Osama Ajub, el imán de Münster, quizá Marcel Krass, su segundo en la mezquita. Ajub raramente usaba el teléfono. Bert, sin conocer el motivo, notó a Ziad enturbiado, temeroso, a la defensiva.

—¡Ataca, ataca! No te enroques defendiéndote... ¡No me seas maricón y no tires la toalla!

—No la tiro, Bert...

—¡Vuelta a empezar! Mira, no sé quién coño te acobarda. Pero soy perro viejo y sé que, aunque a ti te lo parezca, tu problema no está fuera: está dentro de ti. Es tu propio miedo el que te impide ser libre. Estudia tu miedo. Analízalo. Conócelo como hay que conocer al enemigo. Llámalo por su nombre: miedo al dolor, miedo a morir, miedo a matar, miedo a que te maten... Y asédialo. ¡A ese puto miedo es al que tienes que golpearle el bazo y los riñones! ¡Duro con él! Mátalo, Ziad. Mátalo, o serás hombre muerto.

Ziad Jarrah atendía fascinado. Flipaba. Ése era el chute de «heroína» que él necesitaba.

La última tarde, después de quitarse los guantes y el vendaje de los dedos, Bert se detuvo un momento. Bajo la luz cenital del ring, el sudor relucía como brillantina en su cabeza, en sus hombros y en sus bíceps.

—Una moneda de experiencia, por si te sirve, libanés: sólo unos pocos hombres, sólo una élite de hombres en todo el planeta, son capaces de dominar el miedo a su miedo. Y eso, justamente eso, es lo que les da agallas para hacer cosas inauditas, cosas extraordinarias.

Quizá no se dio cuenta; pero, cuando dijo lo de las agallas, se palpó con suavidad las cicatrices del pecho como un general que acariciase sus condecoraciones.

Ziad se quedó desconcertado. ¿Por qué le hablaba Bert de «hacer cosas inauditas... cosas extraordinarias»? ¿Habría adivinado ese zorro de qué iba su guerra?

Luego, en su apartamento, tomó un cuaderno y escribió algo que en los tiempos de Hamburgo le enardecía:

> He venido hasta vosotros con unos hombres que aman la muerte tanto como vosotros amáis la vida.
> Hemos jurado que os derrotaremos. Y así será.
> El «día de mañana» ya está llegando. Los vencedores ya están viniendo...
> Los idólatras morirán. Y bajo vuestros pies la tierra temblará.

En junio, Ziad Jarrah llamó desde Florida a su casera de Hummelsbüttel, en Hamburgo. Ella le guardaba varias cajas con libros y papeles. La voz de Ziad sonó jovial y entusiasta: «¡Lo conseguí! ¡Ya puedo pilotar un Airbus!». Pero no le dijo ni media palabra acerca de su regreso.

Ya estaban en América todos los que iban a reforzar los comandos. Reclutados por Al Qaeda, y con el visto bueno de Atta, Marwan, Ziad y Hanjour, les propusieron «intervenir en una operación grandiosa, pero de mucho peligro, incluso peligro de muerte... como en cualquier *yihad*».

Habían llegado de uno en uno, de dos en dos, en la primavera de 2001. Desde Dubai, Bahrein, Riad, Yemen... Casi siempre, con escala en Londres. Como encargados de la logística, Jalid Almidhar y Nawaq Hazemi prepararon los alojamientos. Y Atta distribuyó los equipos.

Era una punta de árabes fogueados en combate, tipos duros, rompehuesos, capaces de mantener bajo control a todo el pasaje de un Boeing mientras durase un secuestro, o de acuchillar al comandante y a la azafata si oponían resistencia.

Esos ayudantes no conocían el plan en sus pormenores ni que se enrolaban en una operación suicida. En opinión de sus jefes, era más seguro dejarles creer —incluso estando ya a bordo— que se trataba de un secuestro convencional con rehenes, para negociar las condiciones políticas del rescate. Cuanto menos supiesen respecto a fecha, objetivo y desenlace, menos riesgo habría de que alguno se fuera de la lengua o que, aterrorizado por la idea de su propia muerte, se echase atrás a última hora.

El Día D, en el momento mismo del secuestro, ciertas frases engañosas como la de Atta: «No hagáis ninguna estupidez y no resultaréis heridos», o la de Ziad Jarrah: «Estamos volviendo al aeropuerto», quizá no fuesen sólo unos mensajes sedantes para la tripulación y los pasajeros. Tal vez intentaban tranquilizar a sus propios hombres manteniéndolos en la inopia hasta el final.

Como red de redes, Al Qaeda es un diseminado sistema planetario que alcanza a células, familias, grupos, comunidades, organizaciones islámicas, armadas o no, gente pacífica, gente violenta, ricos, pobres, eruditos, analfabetos, jóvenes que se enturbantan y se van a pegar tiros en cualquier trinchera de guerra, ancianos de blancas barbas y consejos rancios, que celestinean contactos clandestinos mientras fuman la pipa del narguile, vendedores de ropa usada, tenderos de mercancías decomisadas, inmobiliarios, falsificadores de visados, imanes de mezquita, fabricantes de paquetes explosivos... Tan inextricable y extensa es su capilaridad que no se conocen las fronteras. O no hay fronteras. Como no hay —a pesar de «La Base» de datos que es Al Qaeda— una lista exhaustiva y al día de «miembros de Al Qaeda» ni de «grupos vinculados a Al Qaeda». No es una federación de bandas guerrilleras ni de comunidades musulmanas.

Sería más aproximado hablar de una ingente «masonería islámica» con su carga de secreto y hermetismo, de hermandad y ayuda solidaria. Y de latencia. Todos los grupos «afines» son autónomos. Sin embargo, existe entre ellos una trabazón de malla tupida: se comunican, se auxilian, se respaldan, se dan vivienda, dinero, armas, información, hombres, adiestramiento... Por encima de la religión, les une un mismo concepto supranacional de patria musulmana, una misma ideología política y un mismo ideal expansivo de conquista. Son muchos y están por todas partes. No son un poder. Son una fuerza.

La red de redes, Al Qaeda, la diáspora de Hermanos Musulmanes, las incontadas e incontables Yamaas, las Yihads, los Soldados de Alá, las Vanguardias Luchadoras... tienen la entraña inexpugnable de una familia. Un patriarcado mundial, anónimo e inmenso, deslavazado y disperso, pero avizor y eficiente. Con tal sintonía en los tuétanos y en la sangre, que acude a la llamada de la causa y lo mismo presta una furgoneta, un pasaporte, un plato de alubias, tres islas en Indonesia para campamentos, un batallón de muyahidines o veinte hijos «mártires».

Por instinto, ese troncal familiar busca su continuidad de un modo endogámico: para la *yihad* o para una célula terrorista, antes que tentar a un extraño, hacen prosélitos a los de su parentela, a los de su pueblo, a los de su barrio. La captación de seguidores en ámbitos de confianza les garantiza una lealtad, un silencio cómplice, un escondite amparado. Y un relevo: si un miembro es detenido o muere en una acción de guerra por el islam, el hermano o el hijo toman el testigo. Al fin, todo queda en la familia.[12]

Se explica así que, entre los quince hombres que Al Qaeda envió a Estados Unidos como refuerzo operativo, nueve fuesen familia carnal: tres hermanos Hazemi, tres hermanos Alghamdi, dos hermanos Alsheri y otro Alsheri primo de ellos.[13]

A Jalid Almidhar y a Nawaq Hazemi, los dos logísticos que estaban en América desde la primera hora, se les unió enseguida un hermano de Nawaq, Salim Hazemi. Con sólo 20 años, era el benjamín del grupo. Hasta tomar el avión que le llevó de Arabia a California, Salim nunca había salido de su entorno familiar ni conocía otra ciudad que La Meca, donde su padre tenía el supermercado. A estos tres se les incorporó otro saudí, Majed Moqed, un árabe aristócrata, hijo de un príncipe tribal beduino de Riad. Tenía veinticuatro años y había estudiado derecho en la Universidad Rey Saud.

Ése era el comando de Hani Hanjour. Después de vivir juntos unas semanas en San Diego, California, se trasladaron a Wayne, en Maine. A últimos de mayo de 2001, se establecieron en Fort Lee, en el estado de New Jersey.

El equipo de Mohammed Atta lo formaban un emiratí y tres saudíes. Satam Al Süqami, el emiratí, tenía 25 años, aspecto de boxeador y una biografía tan oscura como el color de su piel. Dos de los saudíes eran los hermanos Alsheri: Wail, de 28 años y licenciado en físicas, y Waleed, de 23, un estudiante con suspensos acumulados y algún trastorno psíquico pero muy hábil para conducir coches y aviones ligeros. Su hermano Wail ejercía autoridad sobre él. Los Alsheri pertenecían a una familia muy numerosa: eran once hermanos. El padre, un hombre de negocios de holgada economía en la ciudad de Khamis Mushait.

Estos ayudantes de Atta cambiaron de residencia varias veces, sin salir del estado de Florida: Hollywood, Orlando y Daytona Beach. Wail Alsheri, el físico, conocía bien Daytona Beach: años antes había estudiado allí, en la Embry Riddle Aeronautical University, cuatro cursos completos con resultados brillantes obteniendo la licencia de piloto comercial en 1997. Por cierto, fue el Gobierno de Arabia Saudí quien costeó esos estudios.[14]

Abdulaziz Alomari, también saudí integrado desde el principio en el comando de Atta, llegó pronto a Estados Unidos: se trasladó con su mujer y sus cuatro hijos en julio de 2000. Usó todo el tiempo un pasaporte falso y un nombre inventado; sin duda, para preservar la futura tranquilidad de su familia. Quienes le prepararon y embarcaron para intervenir en la operación *Alá versus América* le proveyeron asimismo de documentos donde se acreditaba que Alomari había trabajado para las Líneas Aéreas Saudíes. Así pertrechado, y con dinero suficiente a su disposición, alquiló —con contrato y por 1.400 dólares al mes— una de las casas con fachada de estuco color pastel que forman hilera de adosados en la 57th Terrace de Vero Beach, en la costa este de Florida.

Alomari era un chico muy guapo y muy joven. Llamaba la atención de sus vecinos que, con apenas 21 años, tuviera ya tanta familia a su cargo. Cada mañana, le veían salir de casa vistiendo su camisa blanca reglamentaria con las hombreras negras y doradas y el emblema de The Flight Safety Academy. Iba a sus prácticas de vuelo. También solían ver a su mujer, una muchachita menuda y silenciosa, paseando con los niños por el parque.

Marwan Al Shehhi tuvo a cuatro saudíes en su comando. Mohald Alsheri, primo de los hermanos Wail y Waleed. Un tipo bizarro. Siendo alumno de la universidad islámica de Abha, le dio la ventolera: cambió las babuchas por las botas, los libros por el Kaláshnikov, marchó al Cáucaso y se alistó como guerrillero en Chechenia. Pero le bastó una señal de Al Qaeda para ponerse inmediatamente a las órdenes de la operación *Alá versus América*. Otro saudí de sangre ardiente, Fayez Ahmed, se integró en el equipo con la idea fija de que en algún momento tendría que emplear sus puños de acero y sus técnicas para dejar a alguien fuera de juego. No hacía preguntas.

Completaban el grupo de Marwan dos hermanos Alghamdi, saudíes de Baljurshi, en la provincia de Baha. Viajaron por separado. Hamza Alghamdi salió de Riad vía Londres y llegó a Washington el 2 de mayo de 2001. Ahmed Alghamdi aterrizó en Miami el 28 de ese mismo mes, procedente de Dubai y también con escala en Londres.

Los cuatro miembros del comando de Marwan se instalaron en Delray Beach, al norte de Florida, en la costa este. Y el jefe Marwan, muy cerca de ellos.

Los Alghamdi eran una saga bien conocida por la gente de Al Qaeda. En la operación participaron y murieron tres hermanos: Hamza, Ahmed y Said. Ayudando desde fuera, intervino también un cuarto miembro de la familia. Después de la masacre del 11/S, Bin Laden los mencionará uno a uno con pausada memoria de elogio. Y en su honor llamarán La Casa Alghamdi a un edificio de Al Qaeda en Kandahar. Precisamente, el que utilizaron para planificar el *gazwah* contra América.

Ziad Jarrah sólo contó con tres hombres, saudíes los tres: Ahmed Alnami, Said Alghamdi y Ahmed Alhaznawi, de 23, 22 y 21 años, respectivamente. Said Alghamdi llegó desde Emiratos; los otros dos, desde Arabia Saudí. Alnami hacía años que no veía a sus padres ni les daba noticia de sí. Y no es que fuera un balaperdida. Más bien era un místico religioso. Siendo un muchacho, peregrinó a La Meca por vez primera y de tal manera se fascinó con lo que vio allí que no volvió a su casa. Renunció a su familia y a sus amigos. Cortó de manera drástica con su pasado, su breve pasado, y desapareció de su mundo para convertirse en un «clérigo» del islam. Llegó a ser el más joven imán y dirigente de plegarias en la mezquita de Asir.* Seguía conservando su melancólica belleza de efebo, su tez dorada y tersa. Sin embargo, sus ojos parecían dos pozos vacíos. Su mirada no expresaba nada. Entonces se sabía que Alnami era alguien sin pasado y sin futuro. Un individuo que había amputado el ayer y nada esperaba del mañana. A su manera, un existencialista viviendo la momentaneidad del presente. Es obvio que su captación para la ofensiva contra América no se hizo en un frente de guerra, sino en el ambiente, en apariencia más pacífico, de una sala de oración.

---

* Asir es un pequeño pueblo iraní, junto a la costa del golfo Pérsico y muy cerca de la península de Arabia.

Los tres saudíes del comando de Ziad Jarrah se incorporaron a finales de junio de 2001 y también se alojaron en Delray Beach, como los de Marwan.

Jalid Almidhar y Nawaq Hazemi, los veteranos de la logística, se ocupaban de instalar a los hombres de apoyo recién llegados y proveer su manutención. Una mañana de finales de mayo se citaron en un banco de New Jersey para abrir una cuenta conjunta con Ahmed Alghamdi, del equipo de Marwan, y Moqed, el hijo del príncipe beduino y miembro del equipo de Hanjour. A partir de entonces, desde esa cuenta recibían y redistribuían dinero a los terroristas de los otros comandos.

Para difuminar mejor los circuitos de abastecimiento financiero, otros «ayudantes» jugaron también con sus propias cuentas. Así lo hizo Hamza Alghamdi, del equipo de Marwan: tuvo su cuenta personal en Hollywood, Florida. Un donante cómplice depositó allí cantidades pequeñas —1.000 dólares, 3.000, 2.000— en diversas ocasiones, usando nombre supuesto y cheques de viaje comprados en el emirato de Bahrein.

Salvo Atta, que ya tenía 33 años, los demás eran veinteañeros. Y no llegaban de los oscuros tugurios de la delincuencia callejera, sino de las diáfanas aulas de los institutos y las universidades. La mayoría pertenecían a familias solventes: eran hijos de abogados, altos funcionarios, comerciantes, dueños de supermercados, hombres de negocios, terratenientes, o príncipes de clanes acaudalados.

Aparte de la experiencia que algunos tuvieran antes, doce recibieron clases de aeronáutica* ya en Estados Unidos y quedó constancia documental de su paso por diversas escuelas de vuelo: Huffman Aviation Inc., de Venice, Florida; Embry Riddle Aeronautical University, de Daytona Beach, Florida; Airman Flight School, de Norman, Oklahoma; CRM Airline Training Center, de Scottsdale, Arizona; Jones Aviation, de Sarasota, Florida; Sorbi Aeronautical School, de San Diego, California; Escuela de Pilotos Aéreos, de Phoenix, Arizona; The Flight Safety Academy, de Tampa y de Vero Beach, Florida. Además, varios de ellos entrenaron con instructor en cabinas de simuladores de *jets* en la Pan Am Flying Academy y

---

* Trece, si se cuenta al francoargelino Zacarías Moussaoui, el supuesto «hombre número 20», detenido en Minnesota cuando ultimaba su preparación como piloto.

en diversos aeropuertos. Había, pues, pilotos y copilotos disponibles para seis misiones al menos.

Otro dato llamativo era que, de los 19 terroristas comisionados, 17 procedían de la península de Arabia: Arabia Saudí y Emiratos Árabes.

Empezaba la fase crucial de estudiar y preparar los atentados. Debían pasar inadvertidos, grises como el asfalto. A la espera del Día D, tenían que ser ceros sociales. La consigna no era ya «sé uno más», sino «sé uno menos, hazte invisible: no existes». Y no resultaba demasiado fácil.

Eran jóvenes extranjeros, árabes, estrictos observantes de su religión, que nunca habían estado en América. Algunos ni siquiera habían salido de su entorno cultural nativo. Ni medio se defendían en inglés. Era preferible que guisaran y comieran en sus propios alojamientos. De continuo les recordaban: «Tened las persianas echadas o los visillos corridos; no salgáis a la terraza, aunque os apetezca la brisa marina; si queréis refrescos, nos los pedís por el móvil, pero no vayáis al bar».

Tenían que convivir sin hacerse molestos, sin meterse en grescas, sin discutir entre ellos, sin elevar demasiado el volumen de sus televisores, sin confundir las bolsas de basuras orgánicas y de basuras reciclables, y, dentro de éstas, clasificar bien las bolsas azules, amarillas, naranjas y verdes. Un ritual cívico que los saudíes desconocían, «pero aquí la jodida ecología tiene un valor sagrado: si te equivocas de bolsa, como si escupes en la acera, vas contra la conducta vecinal políticamente correcta».

Ziad Jarrah tuvo que hablar un día muy en serio con Waleed, el menor de los Alsheri. Wail y Waleed compartían la habitación 8 del motel Bimini de Hollywood, que el propio Ziad había buscado y alquilado para ellos dos. Waleed tenía costumbres y gustos tan inalterables que llegaban a ser fijaciones psíquicas, manías. Su hermano Wail procuraba complacerle. No era tan difícil. Bastaba saberlo: Waleed sólo bebía zumos de la marca Gatorade Grap que iban en envases de color azul; se negaba a usar otro desodorante que no fuese «mixtura de ámbar sin alcohol: el que venden en Riad». Por nada del mundo se olvidaría Waleed de rezar sus cinco veces al día y con las abluciones previas. Pero, más allá del precepto del *salat*, miraba el reloj con desasosiego desde mucho antes, temeroso de que un cambio de planes le impidiera hacer su plegaria a la hora en punto.

Una tarde, estaba con ellos Ziad. Había ido a llevarles una caja de zumos y un paquete de comida.[15] Empezaba a caer el sol y Waleed daba muestras de inquietud: quería hacer ya su oración. Pero tenía el empeño de ponerse el caftán, la tunicela color membrillo, para ambientarse mejor. Ziad intentó disuadirlo:

—Te ven los vecinos, Waleed.

—No me ven. Yo estoy aquí dentro.

—Te ven, como nosotros les vemos a ellos. ¿Te imaginas lo que pueden pensar?

—Yo estoy en mi cuarto y me importa un huevo lo que piensen.

—Waleed, escucha: se trata de no llamar su atención, de no hacer nada que les choque.

—¡El caftán no es nada malo!

—Tienes razón, Waleed —terció Wail con suavidad—. El caftán no es nada malo, pero para ellos puede ser raro. Igual piensan que estás pirado y te disfrazas... Por eso yo no me lo pongo.

—Además, el uso del caftán es opcional, no es un deber. En cambio, EL OBJETIVO sí es un deber. Y nada ha de entorpecerlo. ¿Te queda claro? —Ziad pronunció las últimas frases en voz baja y muy despacio, silabeando las palabras como si quisiera labrarlas en la mente de Waleed. Y ahí se zanjó el episodio.

No eran robots de la muerte. No eran bombas con piernas a la espera de una orden de Osama Bin Laden que les activase por control remoto. No trabajaban en una operación de diseño, que se pudiera dirigir a distancia. Sobre el terreno, tuvieron que elaborar sus propias estrategias.

Atta se lo explicaba a Marwan, a Ziad, a Hani. Y a Jalid Almidhar, Nawaq Hazemi y Abdulaziz Alomari, los «operativos» que estaban avisados del alcance de la misión:

«Partimos de cero. No hay experiencia de la que aprender. Lo que nos proponemos está inédito. No se ha hecho jamás...

»Ya podéis olvidaros de los manuales de Al Qaeda para los muyahidines y de los mamotretos de consejos prácticos para el buen terrorista en nombre de Alá... Esto no es Afganistán, ni Bosnia, ni Chechenia, ni Cachemira. Esto no es una aldea de Somalia. Esto no es el puerto de Adén, ni la bañera del Pequeño Adén, donde un solo pescador, embarcado en su *houri*, puede estar tocándose las narices y controlando a la vez la dársena entera.

»No, no, no. Nosotros, aquí, nos movemos en otra dimensión. Estos son... LOSESTADOSUNIDOSDEAMÉRICA. Joder, un monstruo. Un monstruo de 50 estados, con 9.363.130 kilómetros cuadrados y doscientos cincuenta y tantos millones de habitantes, cientos de miles de calles, millones de edificios, cientos de miles de policías, millones de videocámaras y escáneres y controles. Más un poderío infernal de aviones, portaaviones, destructores, cazabombarderos, tropas, misiles, ojivas nucleares, la guerra de las galaxias y... ¡la leche!

»Sólo hay un arma en el mundo capaz de vencer a este monstruo: el propio monstruo. Y de eso se trata: que el monstruo ataque al monstruo. Utilizar contra el enemigo las armas del enemigo. Este golpe hay que pensarlo con los registros mentales de Occidente, prepararlo con las técnicas más punteras de Occidente, y darlo desde Occidente. Es Occidente quien va a degollar a Occidente».

Por supuesto, ellos tenían que usar cibercafés para intercambiar sus e-mails; entrar en internet para convenir el alquiler de un coche, transferir dinero, conseguir los listados de las mejores escuelas de entrenamiento aéreo, o copiar uno a uno los planos de todos los aeropuertos internacionales de la costa atlántica y de la pacífica...

«Son tan capullos —decía Marwan riéndose— que te regalan la información. No tienes más que clicar. Clique aquí. Todo está de oferta. Clic. Todo se compra. Clic. Todo se vende. Clic. Todo se explica. Clic. Todo se exhibe. Clic.»

En la terrorífica metáfora del monstruo predador contra sí mismo iba incluido el plan secreto de que serían aviones americanos los que atacarían a objetivos americanos y matarían a ciudadanos americanos.

Sin embargo, ellos no eran unos profesionales del crimen. Desconocían el oficio. Y más, a gran escala. Les quedaba grande el proyecto. Grande el escenario. Grandes las herramientas: los *jets* transcontinentales. Pero como tenían que ser audaces, fueron pacientes. Le echaron tiempo. Barajaron cientos de alternativas. Con ingeniería matemática y cabeza fría, calcularon las milésimas del error y los millares del horror.

Tuvieron que moverse de manera cautelosa. Cambiando de domicilio cada poco tiempo. Unas veces estaban aquí, otras allá, sin apenas dejar huellas, o dejando tantas y tan simultáneas que se hacían realmente inaprensibles.

Residieron en Norman, Minneapolis, San Diego, Fort Lee, Wayne, Phoenix, Scottsdale. Cruzaron el país desde New Jersey hasta California, ida y vuelta, varias veces. Viajaron a Nueva York, a Washington, a Chicago, a Boston, a Las Vegas. También estuvieron algunos días entrenándose en Georgia y Maryland. Pero el grueso del equipo se distribuyó y se movió por ambas costas de Florida: Tampa, Sarasota, Venice, Daytona Beach, Palm Beach, Delray Beach, Pompano Beach, Oakland, Fort Lauderdale, Hollywood, Opa-Locka, Miami, Florida City, Vero Beach, Coral Spring. O más al interior: Bell Glade, Orlando...

Sin una familia en la casa, sin un negocio que atender, sin un horario de taller o de oficina, se ocultaron del modo más inteligente: sin esconderse, funcionando con normalidad y a la luz de día, mezclados entre la muchedumbre de jóvenes turistas como cientos de miles de veraneantes extranjeros. La cobertura de «estar de vacaciones» en una ciudad playera hacía que pareciese natural su haraganeo a la espera, su anárquico ir y venir, sus visitantes a deshora, sus ausencias imprevistas. Ésa fue su estrategia de invisibilidad.

Pero tuvieron que aguzar el instinto para saber cuándo debían liar el petate y, con agilidad de ardillas, abandonar el lugar antes de que los vecinos empezaran a hacer preguntas.

Un equipaje ligero: poca ropa y bártulos escasos. Casi todo de usar y tirar. El alquiler por adelantado. Se alojaban en pensiones, moteles de carretera, apartamentos suburbiales baratos, hoteles económicos, habitaciones en casas de familias modestas.

Excepcionalmente, porque el guión en esa etapa exigía sigilo e intimidad, Marwan Al Shehhi tomó un apartamento de renta cara en una comunidad cerrada como Hamlet Country Club en Delray Beach, al norte de Miami. Era una vivienda de potentado en el 401 de Greenswald Lane: 6.000 dólares, 1.020.000 pesetas, al cambio del momento.* Durante un par de meses, él y Ziad Jarrah necesitaban

---

* En todo el tiempo que abarca este relato, todavía no había entrado en circulación el euro. De ahí que las equivalencias monetarias se den en marcos o en pesetas.

un fondeadero donde mantener encuentros con toda reserva y a resguardo de curiosos: desde allí daban instrucciones y recogían la información obtenida día a día por los siete árabes de sus equipos, que vivían en Delray Beach. Esa información sería analizada después por Atta y Marwan en otro lugar.

En ese tiempo, mayo y junio de 2001, Atta alquiló un pequeño ático, en Hollywood. Realmente, un cuartucho en Jackson Street 1.818, una casa de pisos venida a menos, que quizá tuvo sus pretensiones cuarenta años antes. Entregó por adelantado 650 dólares como alquiler por dos meses, a 55.250 pesetas mensuales. Ese ático era uno más de los juegos de prestidigitación de Atta para desorientar a quien le estuviera siguiendo la pista. Servía también de escondrijo para documentos, de «buzón» donde recoger mensajes, material, dinero. En todo caso, un discreto punto de citas con los del equipo. Un «piso seguro».

Si durante esos meses de mayo y junio alguien hubiese tomado instantáneas, en semanas y días diferentes, habría visto que Marwan, Atta, los hermanos Wail y Waleed Alsheri y Abdulaziz Alomari, aunque tenían su domicilio en otra ciudad, coincidían residiendo a la vez en pisos distintos de Hollywood.

Estando en Hollywood, solían acudir a la mezquita Dar Ulum, donde años atrás iba Hani Hanjour, en el 7.050 del Pines Boulevard. Era un local amplio, feo y desangelado, que servía como mezquita igual que antes sirvió como supermercado.

En su estrategia de dejar pistas múltiples y simultáneas, a la vez que Atta tenía un ático pobretón en Hollywood y Marwan un piso de lujo en Delray Beach, los dos se alojaban juntos en una vivienda de nivel medio: el 10.001 West Atlantic Boulevard, del condominio Tara Gardens, un edificio blanco rodeado de palmeras en Coral Spring. Alquilaron el apartamento 122 por tres meses —de mediados de abril a mediados de julio—, a 150.000 pesetas mensuales. Y ésa fue la dirección oficial que Atta dio para su tarjeta de residencia en Estados Unidos.

El servicio de lavandería del complejo de apartamentos les permitía hacer el lavado de ropa de varios del equipo. Suscitaban la perplejidad de la encargada y de alguna vecina, porque no entendían cómo dos hombres podían usar tantas camisas y tantos pantalones.

En el Tara Gardens, Atta y Marwan cuidaron bastante su aspecto: pantalones de raya marcada, camisas abotonadas, calzado de piel, cinturones con hebilla. Podían tomarles por dos abogados, dos sociólogos, dos profesores. Pero ellos no daban noticia de sí, ni trataban con nadie. Nunca les vieron en la piscina. Se cerraban como ostras frente a la afabilidad de los otros inquilinos. Su relación vecinal no pasó más allá de un evasivo «Buenos días», «Buenas tardes».[16]

Sin embargo, su tarea más absorbente, con la que pasaban horas dándole al teclado, era elaborar la información que les suministraban sus «operativos». Cada día, desde el caro apartamento de Hamlet Country Club, en Delray Beach, los sabuesos de Ziad, de Marwan y de Atta, recibían el encargo de «salir a husmear tal y cual». Igual que hacen los «cabeza de huevo», los oficiales analistas en unos servicios secretos, Marwan y Atta tenían que tomar en bruto los datos que esos «agentes» acarreaban. Un dato no dice nada. Es mudo. Hay que ponerlo junto a otro y a otro... hasta hacer que los datos hablen. Ellos debía leer esos informes, cribarlos, depurarlos, contrastarlos, unirlos a otros. Y luego, analizar el conjunto. Es decir, transformar la información en inteligencia.

El grupo de «operativos» sólo en apariencia haraganeaba. Tenían un trabajo que hacer. Estudiaban el terreno y averiguaban lo que sus jefes les habían encomendado. Durante meses, de dos en dos, a veces uno solo, se desplazaron a diversos aeropuertos internacionales en la costa Este para observarlo todo por fuera y por dentro: garajes y aparcamientos, densidad del tráfico rodado en los entornos y accesos en distintas franjas horarias, terminales de carga, áreas vip's y restringidas. Rastrearon palmo a palmo aquellos inmensos recintos: salas de espera, zonas de conexión y tránsito, consigna de equipajes, locutorios telefónicos, cafeterías, tiendas, lavabos, superficies diáfanas donde deambular y poder hacerse desde lejos una señal convenida sin necesidad de aproximarse, puntos de mayor o menor cobertura de los móviles, salidas de emergencia, ascensores, ubicación de mostradores y colas de despacho de billetes, sistemas de control, medidas de seguridad, guardas jurados, policía federal, policía aduanera, telecámaras, escáneres, arcos detectores de metales...

Obtuvieron folletos con todos los horarios de vuelos y rutas de las distintas compañías estadounidenses. Viajando ellos mismos, comprobaron la puntualidad en las salidas y el grado de alerta y vigilancia o de descuido y vulnerabilidad del personal de tales y cuales aerolíneas, en tierra y a bordo.

En esos vuelos, cronometraban y anotaban cualquier pormenor: cómo estaban distribuidos los asientos del pasaje y las puertas y ventanillas de emergencia, cuándo repartían los periódicos, a qué hora distribuían el desayuno y el snack, cuántas azafatas atendían los carritos, qué tiempo tardaban en despejar el pasillo, qué tipo de tenedores, cuchillos y objetos punzantes o cortantes servían con el catering. En primera clase, los vasos eran de cristal y el vino, el champán y la soda iban en botellas de vidrio.

Habían visto que, antes de empezar el despegue, una azafata cerraba por fuera la puerta de la cabina, bloqueándola así para mayor seguridad. Los pilotos podían abrir desde el interior.

Instalados en sus plazas de primera clase, los de Al Qaeda afilaban la atención cada vez que se abría esa puerta. Uno de ellos llevaba sujeta a la pierna una minicámara plana. Querían captar el tipo de cerradura. En un momento en que el copiloto salió de la cabina, el operativo árabe se subió el bajo del pantalón como para estirarse el calcetín y, rápido, disparó dos fotos furtivas.

En otro de esos «viajes de reconocimiento», los terroristas localizaron el escondite donde las azafatas guardaban la llave de la cabina: un pequeño armario metálico empotrado que utilizaban para colgar las chaquetas y los gorros de uniforme. Ese hallazgo y las fotografías de la cerradura fueron muy valiosos para la operación.[17]

Varios se turnaban merodeando por el Capitolio, la Casa Blanca, el Pentágono, el Empire State Building, el World Trade Center... Entre los guardas de seguridad que custodiaban las puertas de las Torres Gemelas, eligieron a uno con cara de bulldog y estatura imponente, y a quien un revólver del 38 sobre su cadera izquierda le potenciaba secretas ínfulas de supercomisariojefe. Se plantaron delante de él. Le miraron de abajo arriba, una vez, de abajo arriba, otra vez, como calibrando su enorme corpachón. El elogio mudo surtió efecto. Le preguntaron un par de simplezas. Luego, con impostado asombro de catetos deslumbrados:

—¿Hemos entendido bien? ¿Cuánto dice usted que miden estas

Torres…? ¡Oh, no es posible! ¿Y cuántos empleados pueden trabajar ahí dentro… un día cualquiera? ¡Alucinante! ¡América es más colosal de lo que el mundo piensa!

El guarda jurado les indicó un mostrador donde les darían folletos sobre los espacios de ocio y negocio ubicados en ambas torres, su original arquitectura, y un apartado de conexiones a páginas web, por si querían referencias más precisas.

Unos dieron vueltas inútiles por los alrededores del inaccesible cuartel general de la CIA, en Langley, Virginia. Otros viajaron a Cabo Cañaveral, al Kennedy Space Center, con idea de fisgar por el sanctasanctórum de la NASA. No lograron ver nada. Nada que mereciese plasmarse en los detallados informes que entregaban al «jefe». Las visitas eran guiadas y había que inscribirse adjuntando un montón de datos de identidad y domicilio. Los pases para asistir al «lanzamiento de una nave espacial desde la misma plataforma» eran gratuitos —realmente, lo ofrecían como un espectáculo más de Florida— pero se reservaban por escrito con tres meses de antelación y debían recogerse en persona cinco días antes.

Durante su estancia en el apartamento 122 del Tara Gardens, Atta y Marwan hacían juntos las plegarias de cada jornada. Y leían fragmentos del Corán, para estimularse y sublimar el ánimo. En días cálidos, con las ventanas abiertas, los vecinos les oían entonar monodias en árabe. Atta escogía aleyas que subrayasen el rigor y la fuerza combativa de los servidores de Alá:

—«Los idólatras no podrán escapar… Hemos creado al hombre y sabemos lo que su alma le susurra. Estamos más cerca de él que su propia vena yugular. Nosotros somos quienes damos la vida y quienes damos la muerte. El día en que la tierra se les abra, acudirán veloces. Será fácil para Nosotros reunirlos…»

—Eso es de la sura de «Qaf». —Como hijo del predicador de una mezquita, Marwan se sabía el Corán de memoria desde niño.

—Sí. Pero escucha esto y asómbrate del sentido nuevo que tiene. —Atta enfatizaba su recitación—: «En el nombre de Alá, el Misericordioso, el Compasivo… ¡Por los que levantan un torbellino!».

—Los vientos.

—«¡Por las que son portadoras de una carga!»

—Espera... ¿Las que son portadoras...? ¡Las nubes!

—«¡Por las que se deslizan con facilidad!»

—¿Los barcos? No. ¡Las naves!

—Las naves y... las aeronaves.

Después de redondear el acertijo del símbolo, Atta continuaba su lectura:

—«¡Y por los que cumplen un mandato!»

—Nosotros.

—Nosotros. Y oye esto, Marwan: «¡Por los hermosos caminos del cielo será apartado quien haya sido apartado! ¡Los embusteros van a morir!». ¿Te has fijado? No «por los hermosos caminos de la tierra», sino «del cielo». Es decir, por los caminos el aire.

—Sí, una alusión a los vuelos.

—Y aún precisa más: «Desobedecieron el mandato del Señor y fueron fulminados mientras miraban».

—¿Dice «fulminados»?

—Dice «fulminados». Y sigue: «No pudieron levantarse, ni tuvieron quien les auxiliara».

—Hay otra descripción fuerte, que parece escrita pensando en ahora. Busca la sura del «Astro» —Marwan citaba de memoria—: «Él hizo que cayeran las ciudades, y fueron puestas del revés».

Sin embargo, a Marwan le gustaban más los versos que aludían a las delicias del Jardín. Conduciendo por carretera, solía poner casetes de textos del Corán recitados con agradable modulación:

¡Entrad en el Jardín! Éste es el Día de la Eternidad. Estarán disfrutando en jardines de deleites...

Alá les dará resplandor y alegría. En sus rostros, el brillo de la dicha. Manantiales surtiendo, con palmeras y granados. Estarán recostados en lechos. Las sombras de los árboles les cubrirán y los frutos bajarán a su mano sumisamente. En torno a ellos circularán muchachos que tendrán siempre la misma edad. Muchachos como perlas, con vasijas de plata y copas de cristal de líneas trazadas con elegante exactitud.

Llevarán vestidos de seda verde y brazaletes de plata. Su Señor les dará a beber un vino puro de jengibre.

Es una recompensa que os corresponde. Vuestro esfuerzo ha sido agradecido: jardines y viñedos y doncellas de senos formados y edad invariable y una copa rebosante. Beberéis un vino delicioso, sellado, cuyo sello será almizcle y su mezcla será de Tasnim, la más noble de las bebidas del Jardín.

Allí habrá unas huríes, elegidas y hermosas, de mirada recatada cuyos labios parecerán de coral. Resguardadas en tiendas, antes de ellos ninguno las habrá tocado.

Ellos estarán entre azufaifos sin espinos, recostados sobre verdes cojines y altos lechos de brocado. Los desposaremos con las huríes de ojos bellísimos. A esas mujeres las habremos creado de nuevo: vírgenes, amorosas y de la misma edad que el esposo.

Tendrán las frutas que elijan y las carnes que apetezcan. Se pasarán unos a otros una copa sin frivolidad ni malicia. En torno a ellos, mancebos eternamente jóvenes con vasijas de un vino que manará sin cesar y no les provocará dolor de cabeza ni embriaguez.

El recitador concluía con énfasis:

Alá ha prometido a los creyentes hermosas estancias en los jardines del Edén. ¡Es promesa verdadera de Alá![18]

A Mohammed Atta no le entusiasmaba ese ingenuo paraíso de corte sensual. Alguna vez había comentado, con ironía comedida, que esos menús de frutas, licores y agua fresca sólo podían resultar tan apetecibles «desde la sequía y la insolación del desierto». Pasarse la eternidad bebiendo vino con una hurí bajo una palmera le parecía una esperanza insulsa, simplona y teológicamente pobre. Quizá fuese un «porvenir» sugestivo para la soldadesca plebeya que guerreó en los tiempos del Profeta. Atta nunca lo esgrimía como argumento. Además, había algo en la indisimulada oferta hermafrodita del Jardín que le azaraba.

Si él estaba delante cuando se escuchaban esas aleyas, al concluir el recitador, añadía como colofón:

—«Pero ser aceptado por Alá es más importante. ¡Ése es el inmenso triunfo!»[19]

La última semana de junio de 2001, Atta viajó al Oeste y estuvo dos días —29 y 30— en Las Vegas. Se alojó en la habitación 22 del Econo Lodge, un hotel sin pretensiones en el 1.150 South Boulevard. Acudía a una cita importante para desbloquear el punto muerto en que había entrado el plan *Alá versus América*.

Allí estaba ya, desde el día 23, el piloto e instructor de vuelo argelino Lofti Raissi. Durante una semana, él y su mujer hicieron turismo en Las Vegas. Los Raissi tenían nacionalidad británica y residían en Colnbrook, Berkshire, entre Heathrow y Windsor. Lofti Raissi había volado con las líneas aéreas nacionales de Argelia. Después marchó a Estados Unidos para trabajar en la Academia de Aviación Westwind, en el aeropuerto Valle Deer de Phoenix. Ese empleo le daba derecho a entrenamientos gratuitos, que aprovechó durante 1997 y 1998. Con ese bagaje, se matriculó en la Four Forces Aviation, cerca de Poyle. Hizo un curso superior de vuelo y en enero de 1999, teniendo 24 años de edad, sacó el título de piloto comercial con tasación para conducir un Boeing 737. Siguió estudiando y a los tres meses obtuvo las licencias de instructor de vuelo en tierra y en aire.

Hasta ahí su historial académico: funcionaba como piloto de alto bordo en rutas europeas y maestro de pilotos, y podía hacerlo. Otra cuestión era su orientación ideológica: la que le hacía responder de inmediato y con docilidad a una llamada urgente de Atta, desplazándose de Gran Bretaña a California sin saber ni a qué iba.

Sin embargo, en el currículo de Raissi había un repliegue oscuro. Un paso fraudulento en su documentación británica: Raissi usaba espúriamente como número de identificación social el de una mujer muerta. Se había apropiado de un número de identidad que estaba fuera de curso legal: perteneció a Dorothy Hansen, una obrera de la isla de Jersey, jubilada y fallecida en 1991.

Pero ¿qué podía importarle eso a Atta? Raissi era, como hecho a la medida, el hombre que necesitaba en aquel momento. Por eso le citó en Las Vegas. Fue un encuentro a tres bandas. Lofti Raissi, Hani Hanjour y Mohammed Atta:[20]

—Lofti, tenemos un trabajo muy grande y muy serio entre manos, que se está retrasando estúpidamente... y sin culpa de nadie. Pero es una ocasión de oro y no podemos tentar al cielo.

Atta enardeció a Raissi —tenía que hacerlo, por lo que le iba a pedir— desenfundando su discurso del monstruo:

—...Y sólo hay un arma en el mundo capaz de vencer a este monstruo: el propio monstruo. ¿Comprendes por qué hemos pensado en ti y para qué te hemos hecho venir? Toma a Hani por tu cuenta. Echad las horas que hagan falta en un Cessna, en una Piper... Luego, enciérrate con él en la cabina de simulador. Nada de despegues ni aterrizajes. Sin disimulo: maniobras en el aire, giros, descensos en picado, descensos en barrena... Tiene que ser capaz de conducir un Boeing 757-200 de pasajeros y llevarlo en el tiempo justo hasta... hasta el punto equis que se le indique.

Desde Las Vegas, sin volver a Inglaterra, Raissi se fue a Arizona con Hani Hanjour. Y se metieron en faena. Hanjour asistió a la escuela CRM Airline Training Center en Scottsdale, Arizona. Raissi volaba con él. Después de un maratón de clases intensivas, Hanjour logró pasar su examen de piloto comercial.

Lofti Raissi no sólo instruyó a Hani. Para dinamizar a sus hombres y romper el marasmo de la espera, Atta les había ordenado que «calentaran motores» y volvieran a practicar acrobacias en aviones ligeros. Lofti supervisó a varios de esos pilotos. Se le vio por diferentes escuelas de aviación.[21]

El 5 julio de 2001, Atta conducía por la carretera de Delray Beach. Iban con él los hermanos Wail y Waleed Alsheri. Se dirigían hacia el aeropuerto Palm Beach County Park de Lantana, para informarse sobre el alquiler por horas de aviones pequeños. El agente de tráfico Scott Gregory le dio el alto. Después de revisar su documentación, le multó por exceso de velocidad.

Estacionados en el arcén, el policía transmitió los datos de Atta por radioteléfono al ordenador central de la policía de tráfico del estado de Florida.

—Ahora hay que esperar a que en la central procesen sus datos y den luz verde o luz roja —explicó el agente—. Es un trámite de rutina.

—Luz verde o luz roja, ¿a la multa o a qué?

—No, la multa ya está puesta. Si no hay nada contra usted, podrá seguir su camino, pero el ordenador tiene que chequearlo... —Atta sabía que existía una orden de detención contra él, emitida el 26 de mayo en Broward, porque no compareció ante el juzgado del condado de West Satellite cuando le sorprendieron conduciendo sin carné. Mientras esperaba, calibró el apuro en que estaba. Esa orden de detención era aplicable en los 66 condados de Florida. Y él llevaba encima un billete de avión para viajar de Miami a Madrid dos días después, el 7. No podía cancelarlo ni aplazarlo. A petición suya, estaba concertada una reunión de alto nivel, una especie de *shura*, a la que acudirían los dirigentes de misiones especiales de Al Qaeda.

Sonó el radioteléfono del vehículo policial. Atta tragó saliva. La nuez subió y bajó en su gaznate varias veces seguidas, como siempre que tenía que embridar el potro de su altivez. Al poco, el agente Scott Gregory se acercó despacio al coche de Atta, le entregó el impreso de la multa y le dijo algo absolutamente increíble:

—Me informa el compañero que en el ordenador de Policía de Tráfico del estado de Florida no hay nada registrado contra Mohammed Atta. Disculpe. Ya puede usted circular, pero aténgase a los límites de velocidad señalizados, que para algo están.

—¡Alá es el único Dios y Bill Gates no es su profeta! —respondió Atta sin el menor deseo de ser entendido.

Era un sarcasmo: en un país cuyos niños aprenden a escribir sobre el teclado y sin lapiceros; en un país donde la gente lo busca y lo encuentra todo por internet: piso, empleo, masajista, negocios, pareja, plan de vacaciones; en un país que se ufana de haber patentado el software electrónico de la guerra del Golfo… ¡que la orden de arresto inmediato contra el mayor asesino potencial del mundo, emitida judicialmente desde hacía cuarenta días, no hubiese entrado todavía en la computadora!

El estudiante indonesio Agus Budiman, asiduo a la mezquita de Al Quds y miembro de la célula de Hamburgo desde la primera hora; el que ayudó a Said Bahaji, a Ramzi Binalshibi y a Mohammed Atta en la mudanza al piso de Marienstrasse, residía en Estados Unidos desde octubre de 2000 y tenía visado para un año. Una de sus tareas en Estados Unidos era ser cabeza de puente. Así, ya el 4 de noviembre de 2000, recién instalado en Alexandria, Virginia, ayudó a otro musulmán, Mohammed Belfas, indonesio como él y miembro también de la célula alemana de Al Qaeda, a obtener su visado de entrada en el estado de Virginia. Belfas era un «hombre nexo» de Bin Laden en cuatro direcciones: Alemania, Estados Unidos, Afganistán e Indonesia. Al Qaeda ya tenía campamentos y grupos muy activos en el archipiélago de las veinte mil islas.

El yemení Ramzi Binalshibi tenía cierta preparación como piloto civil. A sus íntimos les aseguraba: «Me desesperaría si no pudiese intervenir en la gran matanza. ¡Sueño con tripular yo mismo uno de los aviones!». Cuatro veces solicitó el visado de acceso a Estados, en 2000 y 2001, desde las embajadas norteamericanas en Alemania y en Yemen. A Budiman le pidió «aválame ahí», y el indonesio se presentó enseguida en el Departamento de Inmigración mostrando la tarjeta de residente y su domicilio en Seminary Road, Alexandria, Virginia, para respaldar a su compañero de célula. También le avaló Ziad Jarrah, el libanés. Pero fue en vano.

Ramzi pretendía establecerse en Estados Unidos no tanto por participar en la masacre como por estar cerca de los terroristas que la urdían. Él se movía rápido como un gamo y podía actuar de enlace ágil entre el grupo de América y el estado mayor de Bin Laden: entrar y salir con libertad para llevar información, instrucciones, dinero. Pero, cuando recibió de las autoridades estadounidenses la cuarta negativa del visado con la malagorera apostilla «quedando usted advertido de que en adelante la entrada le será denegada», se empleó a fondo en lo que venía siendo su función: como oficial de intendencia, subvenir a las necesidades del grupo terrorista en América.

Entre julio y septiembre de 2000 ya había remitido, a través de la Western Union Money Transfer, 13.482 marcos a la cuenta conjunta de Marwan y Atta en el West Coast Bank of Florida. El 15 de agosto, depositó en su propia cuenta número 0105721089 del Citybank de Hamburgo 2.200 dólares, con orden de transferirlos al West Coast Bank of Florida para las clases de Ziad Jarrah en la escuela aeronáutica de Tampa. Y, aparte de lo que enviase por mensajeros en mano, todavía haría dos transferencias en agosto de 2001. En realidad, Binalshibi reexpedía el mismo dinero que, pocas horas antes, le habían ingresado a él desde Emiratos.

En julio de 2001 y tras la puesta de acuerdo entre Atta, Hani Hanjour y Lofti Raissi en Las Vegas, en Al Qaeda estimaron que había que decidir ya los objetivos y establecer una horquilla de fechas opcionales para los ataques. Fue Ramzi Binalshibi quien coordinó y montó la «cumbre» operativa entre Atta y los mandos de Al Qaeda.

Se eligió España como lugar a mitad de camino entre Afganistán y Florida. También porque en España los de Al Qaeda podían reunirse con total discreción y seguridad: tenían ámbitos de confianza y de hospedaje entre «hermanos» de comunidades musulmanas afines; y sobre todo, porque si celebraban el encuentro en Pakistán, Afganistán, Yemen, Malaisia o Indonesia, cualquiera de esos pasos de frontera dejaría en el pasaporte de Atta unos sellos aduaneros inconvenientes cuando, días después, intentara reingresar en Estados Unidos.

Atta embarcó el 7 de julio en el vuelo 656 Miami-Zurich-Madrid. Llegó a Barajas a las 16.20 horas del domingo 8. Vestía camisa clara de manga corta y pantalón oscuro con raya planchada. Llevaba en mano su maletín negro de piel.

Le irritaban los planes imprevistos y deshilvanados. Sólo pisaba firme y con aplomo cuando todo estaba bien calculado y amarrado. Pero éste iba a ser un viaje incierto, y él tendría que adaptarse a un programa trazado por otros.

Ya su inicio fue raro: Atta permaneció en el aeropuerto de Barajas desde las 16.20 hasta las 21.20. Cinco horas. Y no porque tuviese que embarcar de nuevo. ¿Esperaba a alguien? ¿Se encontró allí con alguien? ¿Se dedicó a deambular para gastar tiempo?

Cuando se arrastra el *jet lag* de haber volado ocho horas en sentido contrario al giro de la Tierra, más una escala con transbordo de avión en Zurich y un plus de otras dos horas de vuelo eurocontinental, nadie se queda todavía cinco horas en el estresante ambiente de un gran aeropuerto, con sus cantinelas megafónicas, sus gentes apresuradas, sus móviles sonando... Nadie que no tenga una inexorable razón para hacerlo.

En cuanto llegó a Madrid, en el mismo aeropuerto, Atta localizó los ordenadores de uso público. Quería conocer el «parte de viaje», el plan concreto de sus próximos días en España: dónde, cuándo y con quiénes debía encontrarse.

Para utilizar el servicio se identificó con un escueto «Atta». Entró varias veces en su buzón electrónico como si esperase un mensaje e intentó enviar algunos correos, e-mails. Tenía experiencia del uso de ordenadores con monedas en cibercafés, en boleras, en hoteles, y sabía que cada siete días se borraban de manera automática los mensajes, aunque el usuario no los hubiese eliminado. Por tanto, si los informáticos policiales quisieran averiguar lo que él escribió o lo que él recibió, tendrían que armarse de paciencia. Pasado cierto tiempo, recuperar la «papelera de reciclaje» era factible pero endiabladamente farragoso. En todo caso, al final se toparían con su contraseña encriptada. Ahí los sabuesos deberían moverse en el orden de los 300 sixtillones de posibles contraseñas —un 3 seguido de 38 ceros—, de combinaciones que se pueden lograr mezclando entre sí números, signos de puntuación, letras y caracteres, ya sean de alfabeto romano, arábigo, griego, cirílico o chino, más los símbolos de teclados digitales y de jergas informáticas.[22]

Mientras aguardaba correo, Atta accedió por internet a las páginas de Yahoo! y buscó alquileres de coches económicos. En cuanto le pedían que se identificara, cortaba la comunicación. Autodefensa comprensible. Pero ¿por qué alquilar un coche, si ya tenía otro reservado desde varios días antes?

Ciertamente, Atta había contratado por internet el alquiler de un vehículo Hyundai para que se lo sirviesen en Madrid el 9 de julio. Lo hizo a través de Answers Travels de San Antonio de Tejas. Esta agencia tramitó la reserva por medio de la compañía Sixt de Alemania, que a su vez pasó la orden a Sixt de España. En esa gestión, Atta tuvo que aportar un montón de referencias y claves de localización: dos teléfonos de contacto en Estados Unidos, su pasaporte egipcio y su permiso de conducir, número A300-54068321-O, librado en Florida, en mayo de 2001, donde además de su identidad, fecha y lugar de nacimiento —1 de septiembre de 1968 en Kafr El Sheikh (Egipto)—, constaba también el domicilio estadounidense: Coral Springs, 33.071 Florida, 1.001 West Atlantic Boulevard. El apartamento que compartía con Marwan en Tara Gardens.

Había comprometido tal cantidad de referencias personales que ese Hyundai, circulando por España, podría tener el efecto delator de un chip de identificación ambulante: un pasaporte con ruedas. Era lógico que, aun disponiendo de un coche, buscase otro. Ya lo intercambiaría con cualquiera de los árabes con quienes se iba a reunir. En Barajas no cerró esa operación, pero nada excluye que al día siguiente la efectuara desde otro lugar.

Cuando varios días más tarde —ya al término de su estancia en España— devolvió el Hyundai de alquiler, el taquímetro marcaba 1.908 kilómetros. Atta o quien lo condujese tuvo que repostar combustible varias veces. Sin embargo, Atta no pagó con Visa en ninguna gasolinera, salvo al final al entregar el vehículo. Viajara en el Hyundai o en otro coche, evitó deliberadamente dejar señales de su paso. Es muy posible que, después de retirar el vehículo en la agencia Sixt y una vez recorrido el primer trayecto, lo pasase a otro de los asistentes a la «cumbre» o a cualquiera de los que se ocuparon de la contravigilancia, y ya no lo utilizara él. El Hyundai de Atta pudo estar cada vez en un sitio, y Atta en otro. Un señuelo inteligente.

En los hoteles donde se registró, nunca le vieron llegar ni salir en coche. Si usó algún vehículo particular, debió de aparcarlo lejos. En cambio, en un hotel de Cambrils —donde se hospedó pero no se registró— sí le vieron «sentado dentro de un coche». Y curiosamente, no era el Hyundai plateado sino «un coche oscuro».[23]

Pues bien, el mismo hombre que con precavida antelación había alquilado un coche para moverse por España, no tenía reserva de hotel en ninguna localidad. Y, viajando a una zona como la Costa Dorada en temporada estival alta, no era ésa una minucia como para dejarla al albur. Tampoco tenía billete de vuelta. En realidad, al aterrizar en Barajas, Atta llevaba una agenda tan difusa que no sabía ni cuándo regresaría a América ni dónde dormiría esa misma noche.

Para recibir su «programa», Atta estaba en función del correo electrónico, pero también podía esperar a alguien.

Aunque el envío y la llegada de un e-mail son inmediatos, si los interlocutores de Atta residían en Oriente Próximo, era necesario ajustarse al huso horario. Tres o cuatro horas de antelación respecto a Madrid. Quienes fueran sus corresponsales tenían que estar atentos a abrir el correo, leer los mensajes y enviar las respuestas. Parece evidente que cuando Atta abrió su buzón electrónico, al llegar a Barajas, no encontró lo que buscaba en la bandeja de entrada. Esa dependencia de unos informantes remotos pudo ser el imperativo que le obligó a demorarse tanto en el aeropuerto.

La posibilidad era que obtuviese la información por un contacto en persona. En tal caso, Atta esperó durante horas a alguien que no acudió; o a alguien que sí acudió, pero mucho más tarde de lo acordado. Quizá, estando ya en el aeropuerto, al conectar por e-mail, le advirtieron de que había surgido una contingencia y su «eslabón» no aparecería; que llamase a Hamburgo y allí le darían novedades. Eso fue lo que hizo Atta aquella misma noche.

Quienes andan en operaciones de riesgo y bordeando la ley conocen un elemental abecé de seguridad que desaconseja tener contactos comprometidos de persona a persona en los aeropuertos. Son espacios muy sensibilizados por las policías y los servicios de inteligencia. Abundan las cámaras subrepticias de televisión de circuito cerrado. Hay vigilancia humana, visible o encubierta: la cajera de la bombonería o el empleado que expide los billetes desde cualquier mostrador son muchas veces informantes policiales. Cientos de ojos desde todos los ángulos escrutan y graban... hasta lo inocente.

Atta consumió poco más de media hora ante el ordenador; el resto del tiempo lo empleó en desorientar a quienes estuvieran observándole. La verdad es que en aquellas fechas no había cargo ni causa penal para vigilar y mucho menos para perseguir a Mohammed Atta. En España, era un viajero «policialmente limpio». Y él lo sabía. Por eso iba de cara, con su verdadero pasaporte. No obstante, por si el FBI o la Interpol hubiesen recibido un soplo sobre la reunión conspirativa que Al Qaeda iba a mantener en España, no eran superfluas ciertas cautelas. De ahí que, al llegar, tantease el terreno en vez de seguir la riada de viajeros hacia la puerta de salida.

Gastó pacientemente cinco horas brujuleando por distintas zonas del aeropuerto. Cinco horas, tiempo de sobra para abandonar la Terminal 1 de internacionales y desplazarse sin prisas a la Terminal 2 de nacionales.

Tiempo de sobra para tomar el pulso a sus equipos en América. Ellos estaban en plena actividad de su jornada diurna. Pudo llamarles desde una o dos o tres cabinas telefónicas distintas: Atta en ese viaje no utilizó teléfono móvil.

Tiempo de sobra para situarse frente a cualquiera de las inmensas paredes de cristal que dan a las pistas y, vuelto hacia La Meca, hacer con calma su plegaria del atardecer.

Tiempo de sobra para entretenerse en una de las tiendas de periódicos y libros. Leyó titulares de la prensa extranjera del día: «Arafat exasperado escribe a Bush: Los EE.UU. no son jueces neutrales en el conflicto Israel-Palestina». «Putin busca aliados en OTAN y China para forzar a Bush a que abandone su "escudo antimisiles"». Se detuvo ante la estantería de guías turísticas. Curioseó en los anaqueles de libros. Sujetando el maletín entre sus piernas, tomó un par de libros que llamaron su atención: *El sueño de Alejandría* y *El amargo don de la belleza*, con Nefertiti en la tapa. Los dos eran de Terenci Moix. Atta hojeó el de Nefertiti. Y luego lo dejó donde estaba. Sin tocarlo, miró el *Garzón* de Pilar Urbano escrutando en la portada el rostro del juez. De pronto, se fijó en un libro de André Gide: *Corydon.** Era una edición en francés. Lo tuvo unos minutos en las manos y lo devolvió a su sitio. No compró nada.

Tiempo de sobra para que, si hubiese policías alertados de su posible llegada, pensaran «o ese tipo no embarcó en Miami o se nos ha escabullido en Zurich» y desistieran. Pero ni hubo soplo ni hubo alerta.

A las 21.15 Atta estaba en la Terminal 2, sala 5 de llegadas nacionales. Se dirigió al mostrador de la empresa Aira S.A. y se puso en la cola. A los pocos minutos, otro hombre se situó a su espalda, inmediatamente detrás de él. Era un individuo de unos cuarenta años, metido en carnes, de cara ancha y piel oscura, rasgos paquistaníes, espesa cabellera negra y bigotes muy poblados.

Atta, en inglés, pidió «una habitación para esta noche en un hotel económico y próximo al aeropuerto». Presentó su pasaporte egipcio número 1617066 expedido en Hamburgo el 8 de mayo de 2000. No dio el domicilio de Florida, sino la vieja casa de su padre en Egipto: 26 El Doblat Blocks, Guiza, El Cairo. Le ofrecieron la habitación 111 del hotel Diana Cazadora, en el pueblo de Barajas.

El otro individuo, el que se había puesto detrás de Atta, chapurreando español pidió lo mismo: «alojamiento para esta noche en algún hotel cercano, que sea barato». Se identificó: Amjad Iqbal Afzal. Aunque su nombre y sus apellidos eran paquistaníes netos, mostró un pasaporte irlandés donde figuraba como nacido en Uganda en 1960, ciudadano del Reino Unido y residente en Irlanda con domicilio en 3R4 Water Watly, Dublín. Era un buen galimatías, pero Ángeles, la empleada que atendía el mostrador de Aira, no tenía por qué meterse en averiguaciones. Le dio plaza también en el Diana Cazadora: habitación 109, contigua a la de Atta.

Ninguno de los dos había reservado habitación. Ángeles hizo los

* El escritor francés André Gide (1869-1951) recibió el Nobel de Literatura en 1947. Corydon es el protagonista de su *Bucólica segunda*, que narra el amor entre un pastor y un esclavo. Es un relato poético sobre el homoerotismo masculino, se editó en España por primera vez en 1929.

formularios de reservas en aquel mismo momento, con los números 18.598 y 18.599 respectivamente. Luego les indicó: «Por favor, salgan ustedes a la calle y en la puerta 5 aguarden al vehículo de la compañía, que les trasladará al hotel».

Mientras estaban ante el mostrador Atta e Iqbal ni se miraron ni se saludaron. Sin embargo, cuando Alicia, la conductora del minibús de Aira, pasó a recogerlos se los encontró charlando en árabe animadamente. Sólo llevaban equipaje de mano.

Llegados al Diana Cazadora, Atta abonó por adelantado y en metálico: 10.750 pesetas más IVA. Entregó dólares. Iqbal Azfal pagó con Visa 4B del Barclays Bank y preguntó si había cerca «algún mesón, donde cenar buena carne». Después, cada uno desde su habitación, utilizaron el teléfono de la mesilla de noche. Iqbal puso una conferencia a Manchester y conversó un rato. Atta llamó a un número de móvil con tarjeta de prepago emitida en Alemania. Le contestaron, pero fue una comunicación breve: 45 segundos. Eran las 21.30. Al cabo de una hora, Atta telefoneó otra vez al mismo número. Entonces habló más: 9 minutos. Su interlocutor podía ser Ramzi Binalshibi o Said Bahaji o Zacarías Essabar o Haydar Zammar o cualquiera de la célula de Hamburgo, porque usaban ese móvil diversas personas. Atta necesitaba enlazar con Ramzi, el coordinador de la operación *Alá versus América*; y más, faltando pocas horas para que Ramzi saliera de Hamburgo hacia España.

A las 22.45 Iqbal y Atta reaparecieron de nuevo en el vestíbulo del hotel con idea de salir a cenar. Alicia los acercó en el minibús al Duque de Osuna: «Es un asador especializado en buenas carnes», les dijo. Pero al llegar allí vieron que estaba cerrado: el domingo era su día de libranza. Los dos hombres despidieron a la conductora y al vehículo:

—Puede irse, señorita, gracias. Volvemos dando un paseo...

Alrededor de las 23.30 regresaban al Diana Cazadora. Atta había comido algo mientras estuvo en Barajas. Iqbal no, y tenía hambre. Como el restaurante del hotel estaba ya fuera de servicio, en la cafetería del *hall* les sirvieron unos canapés, dos vodkas Smirnoff que se bebió Iqbal y un par de refrescos para Atta. Iqbal quiso que le cargaran a él la cuenta.

Se despidieron pasada la medianoche. Desde el dormitorio, Iqbal llamó otra vez a su familia. Eran las 0.38. Las 23.38 en Manchester. Aun así, una hora intempestiva en Inglaterra para que suene el teléfono de una casa. Sin duda, Iqbal tenía algo interesante que comunicar: un cambio en su plan de regreso.

Al día siguiente, poco antes de dejar la habitación, Atta marcó de nuevo el número de prepago de Alemania y habló.[24]

La subdirectora del Diana Cazadora, María José, estuvo en turno de continuidad aquel fin de semana y había visto llegar a los dos nuevos clientes, Iqbal y Atta, el domingo 8 por la noche, charlando amigablemente entre ellos. Recordaba que Celestino, el barman, les sirvió algo en el *hall* del hotel y estuvieron juntos allí hasta después de las doce. Por eso le extrañó que el lunes por la mañana no se hablaran, como si no se conocieran. Mientras les preparaban las facturas con lo que tenían pendiente de pago y esperaban al minibús que les llevaría al aeropuerto, Iqbal se arrellanó en un sofá del vestíbulo y Atta se quedó de pie en silencio y con las manos en los bolsillos.

Salieron del hotel a las 11.30. Iqbal tenía que viajar a Londres y se apeó en la Terminal 1. Atta pidió que le dejasen en la 2, salidas nacionales, aunque no iba a embarcar en ningún avión sino a retirar un coche de alquiler.

El encuentro de Atta con Iqbal ¿fue algo fortuito?, ¿un haz de casualidades?, ¿dos musulmanes que coinciden el mismo día y a la misma hora ante un mismo mostrador de agencia reservando habitación en un mismo hotel y teniendo que pasar solos esa noche en un país donde uno y otro son extranjeros?

En tal caso, Atta —poco dado a prodigarse en conversaciones con extraños, y menos con el cansancio que llevaba acumulado y debiendo meterse en carretera al día siguiente— tuvo un notorio interés en dar realce a ese inesperado contacto. Como si quisiera aprovecharlo y que les viesen juntos; de modo que, si entonces o más adelante hubiera pesquisas policiales, varias personas pudiesen recordarlo y declararlo.

En el juego de disimulos con que pensaba desfigurar todos sus pasos durante esa estancia en España, le venía bien dar la imagen descomplicada y lúdica de alguien que, iniciando sus vacaciones, no tiene nada serio que hacer y se va de copas con un británico ¡de

Uganda! El despiste estaba espléndidamente servido. Atta acudía a una cita peligrosa, a una reunión cuya minuta de contenidos tenía una enjundia criminal de alto voltaje. Y de manera sagaz se afanó en emboscar la realidad entre una fronda de apariencias y pistas falsas.

¿O no fue casual, sino convenido, el encuentro de Atta con Iqbal? ¿Era Iqbal la persona que Atta esperaba en Barajas la tarde del 8 de julio? Un hecho sin vuelta de hoja es que, mientras Atta deambulaba por el aeropuerto, el único «contacto visto» que tuvo fue Iqbal Azfal.

La súbita presencia de Iqbal en Barajas no tenía una explicación fácil: ni embarcó ni desembarcó, ni despidió ni recibió a nadie; simplemente, buscó alojamiento para una noche. Hay que forzar mucho la lógica para entender que un individuo que va a viajar el lunes, y no al amanecer sino después de la una del mediodía, se desplace la víspera, el domingo por la tarde, hasta el aeropuerto para tomar habitación en un hotel... cerca del aeropuerto. Extraño capricho, porque si algo tienen asegurado los clientes en los hoteles de esa zona es que, entre los aterrizajes y los despegues de los vuelos nocturnos, no pegarán ojo en toda la noche.

Por otra parte, Iqbal podía llevar ya dos días en Madrid. Al menos, intentó dar esa impresión: el viernes 6, telefoneó a la central de la agencia Aira S.A. y reservó plaza en un hotel de Madrid. Aunque luego no se presentó en tal hotel.[25]

¿Quién era Iqbal Azfal? Cuando tiempo después le interrogó la policía británica, dijo que su familia procedía de Pakistán. Su aspecto y sus apellidos no engañaban. Cuarenta años atrás, su padre trabajó en Ginga, Uganda, como funcionario subalterno de la Commonwealth. Viviendo en Ginga su familia, nació él y le dieron la nacionalidad británica como a su padre.

Así pues, se trataba de un musulmán, hijo de musulmán paquistaní y ex súbdito del Imperio británico. Un baúl delicadísimo y nada desdeñable de sentimientos y recuerdos tan antiguos y tan vivos como la sangre que a cada quien le viaja por sus venas: las señas de identidad de una religión y de una raza, la historia de una cultura que se oye contar desde hace cinco mil años, las brechas sin sutura de un pueblo roto y troceado,[26] el orgullo de una casta familiar que emigra pero no olvida, la humillación escociente de una nación dos siglos colonizada, la herida del desarraigo, el estigma de la apatridad... y todo ello con patente *british*.

Iqbal se dedicaba a la compraventa de muebles viejos. Para eso viajó a España en julio de 2001. «Fui a Barajas el domingo 8 con plan de volver esa misma noche a mi casa, a Londres —dijo Iqbal justificando su presencia en el aeropuerto—. Como no había billetes, saqué uno para el día siguiente y ya me hospedé cerca.»[27]

Es raro que, quien acostumbra reservar hotel por teléfono y a través de una agencia —así lo hizo Iqbal el día 6 en Aira S.A.—, no asegure del mismo modo su billete de avión. Como también es raro cancelar el alojamiento hotelero donde uno está y desplazarse hasta el aeropuerto sin llamar antes a las líneas aéreas españolas o británicas y cerciorarse de si hay plaza en los vuelos de esa noche o reservar una en los del día siguiente.

Tampoco parece muy normal que un comerciante de muebles viejos —no un anticuario—, que pide un alojamiento «barato», viaje de Inglaterra a España, sólo para comprar o vender, y lo haga justo en sábado y domingo que no son días feriales.

En el pasaporte británico número 1020230466 que Iqbal presentó figuraba una dirección irlandesa. Sin embargo, hacía años que no residía ahí ni en ningún otro punto de Dublín. Y aunque declaró a la policía que iba de regreso a Londres, a su casa, las dos conferencias que puso desde el Diana Cazadora —«conversaciones familiares», explicó— fueron a Manchester. Iqbal vivía en Manchester. De modo que cuando el lunes 9 tomó el avión hacia Londres, no volvía a casa.

En ese punto podría estar el meollo de lo ocurrido entre él y Atta. Y, como resultado, un cambio de planes sobrevenido, un retraso en su «vuelta a casa». Razón de peso para que, muy de noche, llamase otra vez por teléfono a su familia.

El supuesto congruente es que Iqbal fuese la persona a quien Atta esperaba. Alguien no relacionado de modo directo ni consciente con la «cumbre» de Al Qaeda. Posiblemente Atta y él se veían por primera y última vez. ¿Qué asunto podían tener en común? Iqbal no se ajustaba al tipo de «hombre-correo» que Al Qaeda emplea para trasladar un mensaje. No era él quien iba a instruir a Atta acerca de sus próximos movimientos en España. Eso se lo diría Ramzi Binalshibi al día siguiente y cara a cara.

En cambio, el paquistaní sí pudo prestar un servicio oportuno y puntual como persona de confianza, llevando a Londres cierta cantidad de dinero y entregándola en mano a la esposa o a algún pariente de Lofti Raissi, sin siquiera mencionar a Atta.

Lofti Raissi, el argelino instructor de pilotos, residente en Colnbrook —unas casas nuevas, bajo el corredor aéreo de Heathrow y junto al aeropuerto de Londres—, estaba literalmente «atrapado» en América por encargo de Atta, entrenando a los que iban a ejecutar la masacre. Es obvio que su mujer necesitaría percibir cada mes al menos una cantidad de dinero similar a la que Lofti hubiese cobrado durante ese tiempo como piloto en Londres. Pero no hubiese sido sensato girarle una transferencia por banco, como dinero legal y fiscalmente declarado. Para compensar a la esposa de Lofti, lo que procedía era usar el *havala*: el donativo en dinero «negro», sin rastro contable y de mano a mano.

El propio Lofti habría indicado a Atta qué musulmán de su confianza o de su cuerda, residente en Reino Unido, podía aprovechar su paso por Madrid. El favor era tan sencillo como hacer escala en Londres. Incluso sin salir del aeropuerto de Heathrow. Una vez allí, alguien se le acercaría a recoger el sobre. Quizá uno de los e-mails o una de las llamadas telefónicas que Atta esperaba en Barajas, el domingo 8 por la tarde, era de Lofti: desde Arizona —después de hablar con Iqbal que seguía en Madrid— el piloto argelino concretaba un lugar y una hora para el encuentro entre Atta y el paquistaní. Iqbal conocía la existencia de Aira y de su delegación en Barajas. Él mismo pudo fijar ese punto de cita.

A partir de ahí, la conducta de Atta e Iqbal respondía a una plantilla de elementales precauciones. Sabiendo ambos que los aeropuertos están muy controlados, lo discreto era hablar a solas por la calle o en un local elegido sobre la marcha, donde nadie antes hubiese podido instalar micrófonos.

Eso fue lo que hicieron realmente: dejaron pasar tiempo muerto en Barajas, buscaron alojamiento en el último minuto, solicitaron un hotel de idénticas características para asegurarse de que irían al mismo, y no se dirigieron la palabra mientras estaban en el recinto del aeropuerto. Empezaron a hablar entre ellos sólo cuando hubiese sido chocante y grosero no hacerlo; y sobre todo, cuando ya estaban en la puerta 5, pero en la acera peatonal de la calle y fuera del alcance de cualquier visor de cámara.

Luego, sin necesidad de fingir, actuaron como dos musulmanes forasteros que coinciden una noche en un hotel. Al fin, lo que tuvieran que darse o decirse lo ventilaron a solas, caminando del asador Duque de Osuna al hotel y tomando unas copas en el bar del Diana Cazadora. El guión perfecto.

A las 11.50 del lunes 9, desde el interior del minibús, Atta vio por última vez las anchas espaldas de Iqbal cruzando la puerta mecánica de cristales de la Terminal 1. Misión cumplida.

Minutos después, Atta volvía a ser una pieza anónima en el tráfago de Barajas. A las 13.30 telefoneó a la compañía Sixt:

—Soy Mohammed Atta. Tengo reservado un coche Hyundai. ¿Dónde puedo retirarlo?

—¿Dónde está usted ahora?

—En el aeropuerto, Terminal 2, llegadas nacionales.

—Pues siga ahí y en unos minutos le recogerá un empleado nuestro para acompañarle al garaje.

Un Hyundai Accent gris claro metalizado, matrícula 5315 BHF, estaba ya listo y con el depósito de gasolina lleno, en los garajes de Sixt. Atta lo revisó. Leyó el pliego del contrato de alquiler, convenido hasta el día 16 de julio, y firmó el impreso. Como no quiso suscribir ningún seguro, le pusieron una fianza muy alta. No protestó. «Después me devuelven la diferencia, ¿no?» En total, incluido el alquiler, 362.655 pesetas que avaló con su Visa Oro del Sun Trust Bank de Florida.

Mientras cumplimentaban los trámites y llegaba la aceptación electrónica del banco, Atta charló en inglés con José Luis Garrote, el gerente de la oficina de Sixt. A propósito de que la central de Sixt está en Alemania, Atta comentó:

—Yo estudié en Alemania varios cursos de medicina. Pero ahora vengo a España de vacaciones.

Ninguna de las dos cosas era cierta.

Ya al volante del Hyundai y con el motor en marcha, preguntó a un empleado de Sixt:

—Por favor, ¿por dónde se sale hacia Barcelona?

Le indicaron cómo enfilar la N-II. Arrancó y se fue.

Hasta entonces, Atta no había tenido reparo en dejar huellas de su identidad, de sus movimientos, de sus llamadas telefónicas, de su cuenta corriente. Pero desde esa hora, las dos de la tarde del lunes 9 de julio, se sumergió. Por un tiempo quería perderse y confundir a quien intentara seguirle la pista. Llevaba entre manos asuntos secretos, asuntos peligrosos, asuntos criminales. También algún asunto íntimo, un punto vergonzante, que él prefería ocultar.

A las 19.15 de la tarde de ese mismo día, Ramzi Binalshibi aterrizaba en Reus en el vuelo chárter IPI 408 de Aero Lloyd procedente de Hamburgo.

Sin reserva y sin aviso, Ramzi se presentó a las diez de la noche en el hotel Mónica, junto al Club Náutico de Cambrils, Tarragona, solicitando una habitación doble. Le acompañaba Atta, que esperó en el aparcamiento, dentro de un coche oscuro y en el asiento del copiloto. Ramzi iba mal trajeado: una chaqueta grande, impropia del verano, y debajo una camiseta parda, de mala calidad y desbocada de cuello. No ofrecía buen aspecto. No respondía al perfil de clientes «clase bien» del hotel Mónica. Las recepcionistas se entendieron con una mirada y le despacharon rápido: «Lo sentimos mucho —dijo una de ellas, Laura—, no nos quedan plazas libres». Ramzi le preguntó por «otro hotel del tipo de éste, cerca de aquí». Sobre un plano de Cambrils, Laura marcó una cruz junto al Tropicana y le explicó cómo ir.

A los veinte minutos sonó el teléfono de la pequeña oficina del Mónica. María, la otra empleada, atendió esa llamada.

—Llamo de aquí, del Tropicana: ¿tenéis libre una doble para dos clientes? Nosotros estamos a tope.

—Bien, envíalos. Gracias y... *bona nit*.

Cuando las recepcionistas del Mónica vieron que los «dos clientes» que les remitía el Tropicana eran los mismos árabes con mala pinta que ellas habían rechazado un rato antes, espabilaron una excusa fácil:

—¡Ha habido suerte! Nada más irse ustedes se ha producido una cancelación: tenemos una habitación doble.

Se registró sólo Ramzi, presentando un pasaporte yemení, número 00085243, con domicilio en Sanaa. Durmieron allí esa noche. No usaron el teléfono ni el minibar ni el garaje. No recibieron visitas. Por la mañana, Ramzi abonó en efectivo 13.371 pesetas. Sin desayunar siquiera, abandonaron el hotel.

Tanto al llegar como al irse, Atta se mantuvo rezagado en un segundo plano. A las del Mónica les dio la impresión de que era «un invitado». Ni se identificó, ni oyeron su voz.[28]

La «cumbre» se desarrolló entre el 10 y el 13 de julio. En esos días, Atta y Ramzi no dieron señales de vida: no se alojaron en ningún hotel, no hicieron gastos con Visa, no sacaron dinero en cajeros ni operaron en bancos, no estuvieron en bingos ni en casinos ni cn gimnasios ni en piscinas, no alquilaron embarcaciones deportivas y la gasolina que necesitaran repostar la pagaron en efectivo.

Escogieron el litoral catalán, una zona veraniega de gran afluencia turística donde era más fácil diluirse entre la gente.

Por los alrededores de la ciudad de Tarragona y en lugares como Tortosa, Valls, Roquetes, Torredembarra, Reus, Hospitalet, Montblanc, Vendrell, Vandellós, Gandesa, Falset, Salou, Cambrils... hay comunidades musulmanas de raigambre, muy trabadas entre sí, con vínculos internacionales y con epicentros de fervor en mezquitas cuyos imanes suelen ser de la misma ideología —salafista y combativa— que la rama egipcia dc Al Qaeda y sus adláteres sirios y magrebíes.

Cualquiera de esas colonias tiene capacidad sobrada para proteger y hospedar de incógnito a unos «hermanos» que necesiten reunirse sin ser perturbados.

Algunos de los asistentes a la «cumbre» debían moverse con extrema cautela porque ya había contra ellos orden internacional de busca y captura en relación con varios atentados terroristas de Al Qaeda. Viajaron con pasaportes falsos y evitaron alojarse en hoteles o dejarse ver estáticamente en lugares públicos.

Mohammed Belfatmi, un argelino de 25 años, miembro activo de Al Qaeda y residente en Tarragona, a pesar de su bajo estatus social —peón de albañil y temporero en la recolección de cosechas—, se movió por encargo de Ramzi Binalshibi buscando sitios seguros para las reuniones y los alojamientos. Siempre, entre «durmientes» de Al Qaeda o musulmanes muy afines afincados por aquellos entornos.[29]

Una casa de labranza, una masía en el campo, fue el lugar escogido como albergue discreto de la «cumbre».

Se reencontraban algunos de los que estuvieron en la *shura* de Kandahar. En esta ocasión serían menos. Más densa, en cambio, la concentración de cerebros y de astucias por milímetro cuadrado. Como mandos del comité militar de Al Qaeda, el palestino «Abu

Zubaidah»,[30] jefe de operaciones especiales, y el oficial estratega iti-nerante Khalid Sheij Mohammed. Mohammed Atta, responsable de la célula terrorista destacada en Estados Unidos. Y Ramzi Binal-shibi, el coordinador.

Hasta última hora no supieron si asistiría Mohammed Atef, comandante en jefe de las fuerzas de Al Qaeda. En su día se des-plazó a Kenia y a Tanzania para supervisar *in situ* los preparati-vos de los atentados contra las embajadas de Estados Unidos en esos países, y eran de mucha menor entidad que la operación *Alá versus América.*[31]

Una cuadrilla de guardaespaldas vigilaba en torno a la casa y otra patrullaba a campo abierto.

Se descalzaron antes de entrar y a la puerta dejaron los zapa-tos. Eso simbolizaba la pureza interior y el abandono de las inmun-dicias del camino, y era también un signo de paz, aunque allí den-tro iban a decidir la guerra.

Un potente ventilador de aspas rojas refrescaba la estancia, orientada a poniente. Las persianas echadas mantenían una sua-ve penumbra. Sólo destacaban los cuadros de luz tenue de dos pan-tallas de ordenadores portátiles que instaló Ramzi al llegar.

El anfitrión había puesto en el centro de la mesa una amplia bandeja redonda de latón repujado con grecas y arabescos. Enci-ma, una tetera siria panzuda de cobre rojizo por fuera y de esta-ño por dentro apoyada sobre un trébede. Debajo, a modo de samo-var, ardían unas bujías blanquecinas y largas, enroscadas en espiral como ensaimadas. Alrededor, los vasitos para el té de cris-tal fino con orlas grabadas a fuego. Aparte, sin azucareros, dos montecillos de azúcar blanca y morena y una cuchara hincada en cada montón. Varios cuencos de cristal con hierbabuena, romero y malvavisco para aromatizar el té. Un azaharero de plata labrada, con el cuello espigado y alto. Profusión de boles con pasas, avella-nas, almendras, pistachos, anacardos, pipas de calabaza, altramu-ces en remojo. Bandejitas con dátiles de palmera negra, higos se-cos y nueces.

También sobre la mesa, un generoso frutero de tres pisos con peras, ciruelas, albaricoques, melocotones, paraguayas, brevas, plá-tanos, cerezas, rezumantes rajas de melón y de sandía, todo sobre un fondo de hojas de higuera. Por el copete del frutero colgaban como aleonados los racimos de uvas moscatel negras y rubias y otras albillas transparentes.

Mirando a Atta, alguien explicó: «Las uvas no son de España; aquí no maduran hasta septiembre. Éstas vienen de Egipto: un obsequio para el hermano Mohammed... ¡nuestro hombre en América!».

La mecánica del ataque estaba diseñada y escrita desde 1995 con la prosa imperativa y tajante de su autor, el estratega Khalid Sheij Mohammed, a quien Atta con ironía llamaba «el sublime teórico»:

> Embarcará en un avión comercial... Secuestrará el avión. Se hará con el control de la cabina y lo estrellará contra el edificio... No habrá bombas: sólo una misión suicida.*

Atta había viajado a España para exponer ante el *staff* de Al Qaeda los resultados de un año de entrenamientos, observaciones y tanteos sobre el terreno. Experiencias fallidas, experiencias válidas. Objetivos posibles y objetivos descartables, con el conocimiento directo de haber sobrevolado las zonas varias veces. Riesgos asumibles, riesgos inútiles. Estimación realista... Incluso, gente con la que podía contar y gente que pululaba cerca sin ser del grupo: «buenos musulmanes que desean colaborar, lo sé, pero zanganean a toda hora por allí, se les ve demasiado y también ellos pueden ver y oír más de lo conveniente». Atta quería darles una salida: «casi enredan más que ayudan, deben despejar el ring, ¡segundos fuera!».

Habló horas y horas. Delante, brillando encendidas, las pantallas de los ordenadores con los documentos que trajo consigo en compactos y en disquetes. El doble resplandor le iluminaba el rostro. Aspiraba y espiraba con fuerza, como si a sí mismo por dentro se marcara el ritmo: «dureza mental, dureza mental, dureza mental, dureza mental».

Su parlamento era riguroso y exacto. Apenas necesitaba asistirse de los datos informáticos: lo tenía todo en la cabeza. Contestaba minuciosamente a lo que le preguntaban los de Al Qaeda, pero

---

* Véase, en este mismo libro, capítulo 2, p. 108.

en modo alguno daba la impresión de que estuviera pasando un examen o rindiendo cuentas. No, no. Allí era él quien dominaba la situación. Él conocía como ninguno de los presentes los pormenores técnicos, logísticos y operativos de su tarea. Cliqueaba con el ratón de vez en cuando y aparecían nuevos juegos de documentos simultáneos en las pantallas. Entonces, señalando con un vago desdén superior hacia el mosaico de ventanillas luminosas, decía: «Ahí están los pasos... Pero os ahorro tiempo. Vayamos al resultado».

Con destreza de arquitecto, podía dibujar de memoria a mano alzada el plano general de un aeropuerto y tal o cual segmento: «este recodo en la planta segunda, junto a los ascensores de minusválidos»; o describir las características internas de un Boeing 767-200 y la ubicación de tantas filas y tantos asientos por fila en primera, en *business*, en clase turista; o recitar las rutas transcontinentales y los horarios de las aerolíneas americanas y europeas más importantes; o trazar un círculo en una hoja de bloc —«imaginad que esto es un GPS,* con sus 360 grados»— y, sin retirar del redondel la punta del bolígrafo, explicar que «se dice pronto pero tiene bemoles pegar un volantazo en pleno vuelo yendo a unos 720 kilómetros por hora y con un peso de 186 toneladas, para dar media vuelta, girar justo 180 grados, de manera que el avión describa en 7 segundos una curva que normalmente requeriría 60 segundos; porque, con esos parámetros de peso y velocidad, el GPS gira 3 grados por segundo, es decir, que para dar el giro completo de 360 grados el avión necesitaría 120 segundos, 2 minutos; y nosotros en cualquiera de las operaciones proyectadas tendremos que hacer esa maniobra de giro de 60 segundos en apenas 7 segundos».

Sabía cuántas veces por minuto respiraba cada uno de sus hombres, quién era un sabidillo y quién un metepatas, quién iba a prostíbulos y quién empinaba el codo aunque lo prohibiera el Corán. Pero, sobre todo, él no era un «sublime teórico». Él iba a darse a sí mismo una orden de muerte, en cuanto la recibiera de la autoridad.

Lo dijo así en cierto momento: «orden de muerte, en cuanto me

---

* GPS: sistema de posición global. Es un artilugio pequeño, puede ser portátil. Se lleva no sólo en aviones, sino también en automóviles. Si previamente se marcan las coordenadas de posición de quien conduce un vehículo y las del punto de destino adonde se desea llegar, el GPS le guía en el trayecto a seguir para llegar al punto predeterminado.

la dé la autoridad». Y después fue clavando su mirada oscura en los ojos de aquellos árabes que le escuchaban. Uno a uno: Abu Zubaidah, Khalid Mohammed, Ramzi Binalshibi... Muy inteligentes los tres. Zubaidah, palestino de piel clara, se había rasurado la barba y sólo llevaba un bigote muy fino, largo y arqueado sobre las comisuras de los labios. Tenía las orejas pequeñas y despegadas como asas. Bien apoyadas ahí, sus gafas Cartier ultraligeras y sin montura dándole un aire frío de científico —en cierto modo lo era—. Los pequeños rectángulos de cristal óptico alejaban aún más sus ojos diminutos y achinados. La mirada de Zubaidah era tan aguda como un bisturí de láser capaz de taladrar el rostro, la osamenta y el cerebro de quien se le pusiera enfrente.

Los ojos de Ramzi, cuando él quería, eran los de un pobre chico implorante y desvalido a quien no puedes dejar de comprarle un paquete de kleenex si se acerca a tu coche cuando estás detenido ante un semáforo; o, también cuando él quería, los ojos soñadores de un doncel ilusionado y entusiasta hasta el delirio. En contraste, la mirada del oficial kuwaití Khalid Mohammed tenía un brillo cínico que a Atta le resultaba insoportable. Con sus ojos grandes, potentes y ambiciosamente irrespetuosos, Khalid lanzaba una ojeada panorámica y pensaba que ya lo había captado todo. Desdeñaba el pormenor. Muy dinámico, el estratega de Al Qaeda solía hablar caminando por la habitación, moviéndose y gesticulando con las manos. Se quitaba las gafas, se las ponía, se mesaba la barba, se acariciaba los bigotes. Cuando alguien hablaba, si él tenía pensada ya su réplica, sacaba la punta de la lengua y se humedecía los labios, carnosos y color grosella, como preparándose con deleite.

Al poco de comenzar la «cumbre», Khalid había declamado con engolada petulancia:

—Aunque parezca inmodesto, me felicito de que estemos hoy aquí y por lo que estamos hoy aquí. Sé que no soy el jefe del operativo ni actuaré en ningún comando ¡y lo lamento con toda el alma! Pero siento el orgullo de ser... el padre de la criatura. Ha resucitado mi antiguo Plan Bojinka: «aviones estrellados simultáneamente contra objetivos americanos». Sobre la pauta de mi Informe, aquel plan se ha convertido en un proyecto de acción bélica, frontal e inesperada. Un golpe inaudito, por su capacidad relámpago de destrucción instantánea y masiva. Eso van a ser los *gazwah* contra América.

Sin embargo, algo en aquella reunión le producía ansiedad. No cesó de beber té a pequeños sorbos y de picotear cositingas de los boles: piñones, almendras, higos secos... Sin tocar los racimos de uva, daba un tirón preciso y arrancaba un grano. Le quitaba la niebla de polvillo. Lo hacía girar entre las yemas de sus dedos medio, índice y pulgar. Buscaba trasluz en la penumbra, miraba el grano como si lo desnudase y se lo echaba a la boca. Luego, otro tironcito leve y otra uva. El placer refinado que aconsejaba el poeta Omar Khayan: «de las uvas, una». Pero Omar Khayan era sufí. Un hedonista sufí. ¡Fuera, fuera!

Sin reproche ni altivez, Atta les dio a entender que ellos eran «de los que se quedaban».* Ellos vivirían para contarlo, ensalzarlo, criticarlo y... ¡teorizarlo!

Atta seguía un curioso guión. Se había aprendido con puntos y comas el famoso Informe de Khalid y le iba sacudiendo estopa, sin apariencia alguna de agresividad. Ramzi olfateaba el ambiente. Detectaba electricidad, un halo invisible de electrones y protones enfrentados, cargas contrarias entre Atta y Khalid.

—«Embarcará en un avión comercial» —decía Atta, como si enunciase un dogma—. ¿En uno cualquiera? ¡No! Tiene que ser un avión potente para que ocasione un destrozo grande. Un avión ligero se estrella, revienta y ¿qué logra? Romper cinco cristales y chamuscar la fachada del edificio... Han de ser Boeings 757 o 767, *jumbos*, gigantes aéreos. Y con rutas previstas para atravesar el país de punta a punta. No es un delirio de grandeza. Hay una razón «demoledora»: la propia carga de combustible, 90.700 litros, los tanques a tope, multiplicará el efecto devastador del impacto y de la explosión de los motores. Han hecho el cálculo por separado Zacarías Essabar y Ziad Jarrah, ingenieros los dos, y Wail Alsheri que es físico.

Atta repitió el estribillo, ahora mirando al techo:

—«Embarcará en un avión comercial.» ¿En cualquier aeropuerto? Me permito apuntar las ventajas de los de la costa Este. En concreto, Newark o JFK en Nueva York, Logan en Boston, Dulles en Washington...

—¿Por qué ésos? —quiso saber Abu Zubaidah.

---

* Alusión al desprecio del Profeta hacia quienes no salen a combatir, sino que «son de los que se quedan». Cfr. el Corán, sura «La retractación».

—Porque es más fácil embarcar, para lo que nosotros nos proponemos. Al ser vuelos domésticos, nacionales, no hay que pasar aduanas ni enseñar documentos de identidad, basta el visionado rápido por escáner de la bolsa de mano. La seguridad está subarrendada a empresas privadas de seguridad y el personal es negligente, están con la guardia baja y hacen controles casi rutinarios. Son aeropuertos descomunales, pero muy desprotegidos. Mejor dicho: indefensos. Hay un flujo de viajeros tan continuo y tan intenso, gente yendo y viniendo con los carritos y las maletas, que no hay quien registre a todo ese caudal de pasaje.

»Hombres de mi célula han hecho pruebas, llevando en la bolsa de mano una navaja con hoja de diez centímetros, o un spray adormecedor, o un juego de escribanía con una lupa y un abrecartas largo como un estilete. Han pasado ellos limpiamente por el arco detector de metales y sus bolsas por los escáneres sin que les pusieran ni media pega. ¿Casualidad? Pues no, porque lo han repetido en rutas y en líneas aéreas distintas. Pero siempre en esos aeropuertos que os digo.

—¿Habéis intentado camuflar una pistola? — preguntó Khalid.

—Sería un riesgo para el que hiciera la prueba. Además, nuestra gente allí no tiene licencia de armas. De todos modos, el propio servicio de catering nos facilita cuchillos.

—¿Esos cuchillitos de plástico...?

—Esos cuchillitos de polivinilo tienen el borde serrado con dientecillos y son más cortantes de lo que parecen: cortan carne y cortan un cartón duro. Pero, a lo que iba yo... Dice el Informe: «secuestrará el avión». Un avión de las características que he descrito puede llevar a bordo hasta 192 pasajeros el modelo menor y 218 el más grande, y entre ocho y once tripulantes. El Informe no nos explica cómo Superman «secuestrará el avión». Para dominar a 200 o 229 personas mientras dura una secuencia de secuestro, ¿cuántos «operativos» tengo que meter en el avión?: ¿quince?, ¿veinte? Sólo dispongo de cinco hombres por comando: un piloto y cuatro «operativos» para cada avión. El piloto, aplicado a lo suyo. Otro, encargado de neutralizar al comandante y al oficial y bloquear la cabina. Otro, controlando a los aeromozos y azafatas. Y me quedan ¡sólo dos!, para tener a raya a todo el pasaje en ese coloso volante.

—Pero habrá días y horas con menos pasajeros —intervino de nuevo, Zubaidah—. Y tiene que haber modos de conocer y comparar el caudal del trasiego...

—Hacemos esas catas a diario, desde distintos teléfonos y turnándonos para que oigan voces diferentes. Hemos descartado internet porque ahí siempre quedan señales. Llamamos a varias aerolíneas, muy al límite de las horas de salida de los vuelos, preguntando si hay billetes «para un grupo». Y ahí nos cantan cuántas plazas tienen disponibles... Anotamos día a día esos rastreos. Os ahorro la fatiga. —Atta clicó dos o tres veces con uno de los ratones y sacó en pantalla varios listados—... Preguntabas «habrá días y horas de menos trasiego». Efectivamente. Domingos por la mañana temprano. Y, en laborables, los vuelos de despegue nocturno. Pero, aunque nuestros objetivos sean edificios que están iluminados, y el GPS te indique su ubicación exacta, ¿qué ganamos atacando de noche o en domingo unos edificios... vacíos?

—¡Obvio! Eso hay que descartarlo. No vamos a hacer que se juegue la vida un hombre nuestro por romperles a ellos la estatua de la Libertad —zanjó Abu Zubaidah—. Ahora, insisto, ¿no hay alguna temporada baja, algún «después del gran puente» en que se viaje menos y los vuelos lleven menos pasaje?

—En ese punto estamos justamente. En esa búsqueda: una fiesta con puente y que se celebre en todo Estados Unidos. Como bien dices, «después del gran puente» regresan a sus trabajos, se meten en el frenesí de recuperar el tiempo perdido y por unos días no se mueven de su ciudad. Ésa sería la ocasión.

Atta siguió con el Informe de Khalid. Paso a paso, quedaba en evidencia que era una bolsa fofa:

—«Se hará con el control de la cabina...» Bien, dejemos a un lado cómo se invade la cabina y con qué cuchillos se les rebana el gaznate a los tripulantes. Imaginemos que nuestro piloto está ya ante la consola de los mandos. Aquí no puedo optimizar. —Atta alargó el brazo y la mano hacia la bandejita de los dátiles. Iba a exponer un asunto ácido y sentía en los maxilares y en el paladar una irrefragable necesidad de azúcar para pasar ese trago—. Yo respondo de Marwan y respondo de mí. Incluso, me atrevo a responder...

—¿Qué hay de Ziad Jarrah? —dijo Khalid, inquisitivo.

—Incluso, digo, me atrevo a responder... de Ziad.

—¿Te fías de él? ¿No sigue con la turca?

—Sigue con la turca. Sigue enamorado de esa chica, pero me fío de él... Como jefe de ese grupo, reclamo un respeto para ese hombre. Es un magnífico musulmán y un luchador valiente.

—Tiene todo mi respeto —Khalid prefería derivar por ese derrotero a que Atta siguiera deshilachando su Informe—, pero tú mismo no hace mucho lo veías inestable: «como viento racheado», nos dijiste.

—Ziad ha sacado su título de piloto de *jumbos* sin la menor dificultad. Quizá sea el mejor piloto de todos nosotros. Está decidido a hacerlo. Y lo hará porque es un hombre de palabra. Ziad tiene un sentido profundo del compromiso. Otra cosa es que va muy forzado. Si le liberásemos sería feliz... ¡El hombre más feliz de la tierra!

Atta aguantó el silencio de todos, doce o quince segundos, mientras hurgaba en otro dátil para sacarle el hueso. Viendo que nadie «liberaba» a Ziad, continuó:

—Lo que yo había empezado a decir era que, a fecha de hoy, tengo serias dudas sobre la eficacia final de otro piloto: Hani Hanjour. Y justamente, en ese punto clave: «se hará con el control de la cabina». El problema es técnico: a Hani no se le da el avión. ¡Lleva añññññññños... y no hay manera! Lofti Raissi está allí, metiéndole horas y horas de entrenamiento. Por otra parte, Hani conoce el intríngulis de la operación, es de los pocos que saben de qué va... Es cabeza de un grupo. Y no dejará de serlo porque se le agarroten las manos al coger el volante. Quería que lo supierais porque el tiempo apremia. Ésa es mi preocupación.

Atta sacaba la banderola de aviso cuando todavía era posible relevar a Hanjour, aun contando con él para la operación. Pero un piloto capaz de manejar un *jet* como si fuera un lapicero, con temple de secuestrador y dispuesto al suicidio no se improvisa.

—¿No podrías sustituirlo por Wail? —sugirió Zubaidah—. Me refiero al físico, al que ya es piloto, no al hermano.

—Yo también he pensado en esa permuta. Wail sería capaz. Pero antes tendría que saber que se trata de una misión suicida, y *sólo* de una misión suicida. —Atta hizo un subrayado mordaz al decir «sólo»—. Wail, por él, lo haría. Ahora bien, ¿embarcaría consigo a su hermano Waleed, ocultándoselo? ¿O le diría la verdad? Corro el riesgo de que, al saberlo Wail, la piedad le pueda y se me descuelguen los dos.

No se resolvió la cuestión en un instante. Optaron por alguien que, siendo ya piloto, estuviera «mentalizado para una misión suicida». A pesar del apabullante «Departamento de mártires» de que se ufanaba Al Qaeda, entre esos voluntarios no había tantos que fuesen pilotos y tuvieran conocimientos suficientes de física, de ingeniería y de inglés como para instalarse en Estados Unidos y, en un curso intensivo, aprenderse los códigos de aviación civil y dominar la conducción de un *jumbo*. Barajaron nombres. Sobre la mesa quedó el de Habib Zacarías Moussaoui, un francés de origen argelino, residente en Estados Unidos y miembro de Al Qaeda. Atta le conocía, y no expresó gran entusiasmo.

La dificultad más de bulto era su precario estatus legal: Zacarías Moussaoui vivía clandestinamente en Norman, Oklahoma, no tenía el pasaporte en regla, su visado debía de estar a punto de caducar, y existía contra él una orden internacional de busca y captura dictada en 1999 por un juez francés. Como no podían decidir en su nombre, Atta se encargaría de proponérselo cuando regresara a América.

Lineal con su guión, es decir, dándole cuerpo al gaseoso Informe Khalid, Atta llegó al nudo de la cuestión: los objetivos que debían destruir.

—…«Y lo estrellará contra el edificio» —enunció, sin añadir una palabra más.

Descartaron el cuartel general de la CIA en Langley, Virginia; las instalaciones de la NASA en Cabo Cañaveral, Florida; los estudios de cine de la Metro-Goldwyn-Mayer en Chicago; el puente de Brooklyn en Nueva York y el Golden Gate sobre la bahía de San Francisco.

—En esto, como en lo que dijiste sobre la estatua de la Libertad —Atta se apoyaba en el asentimiento de Zubaidah—, yo no mando a nadie «mátate», por montarles a los yanquis un problema de tráfico que en un par de horas lo resuelven. Y los estudios de cine, ¿qué? Cuatro montañas de cartón, una calle del *far west*, dos extras corriendo a caballo…

—¿Disneylandia? —apuntó alguien.

Atta aspiró una larga bocanada de aire dilatando mucho las aletas de su nariz. Se tomó tiempo. El aire debió de llegarle a la bóveda del cráneo. Luego, con los labios apretados, espiró lentamente. Ramzi le estaba mirando y vio cómo se demacraba.

—No habéis estado en Disney, ¿verdad? Una enorme ciudad de cuento, de juguete, de mentira, pero llena de niños... de verdad. Y esos niños no serían un «daño colateral». Serían mi «objetivo militar». Concededme la debilidad de que no me sienta capaz de hacer sangrecita.

Nadie insistió. Se centraron en el análisis del ataque a cada una de las Torres Gemelas de Manhattan y las probabilidades de «pegarles el cebollazo de lleno». Ramzi aportó una estimación de «cálculo de víctimas y daños materiales, según el número de pisos siniestrados». Se habló de que «siendo más fácil estrellar el avión contra la parte alta, interesaba que el impacto fuese lo más abajo posible para ocasionar mayor destrozo». Mencionaron que dentro de las Torres había bancos, dinero, oro, obras de arte, contratos, escrituras de propiedad, pagarés del Tesoro, títulos bursátiles, cédulas hipotecarias, documentos de gran valor societario y mercantil... Que un puñado de multimillonarios judíos tenían sus despachos de negocios en esas Torres; que allí mismo estaban unas oficinas del FBI y de Aduanas; y que justo al lado, en la Torre 7 del mismo World Trade Center, había una base de la CIA, «bajo la escafandra ficticia de otro departamento oficial, algo así como New York Electric Crime Task Force: desde ahí centralizan el espionaje económico, de inversiones y de negocios de alto bordo de Manhattan».

Atta hizo un comentario de soslayo: «Si al atacar las Torres Gemelas, por efecto dominó caen otros elementos, ¡bendito sea el poder de Alá!; pero a mí no me colguéis esas medallas». Introdujo un compacto en uno de los ordenadores, y desplegó una serie de fotos, esquemas, dibujos en planta y alzado del World Trade Center y de las Torres Gemelas. Recorría un plano o centraba un detalle y lo maximizaba:

—110 pisos, 411 metros de altura, 3,70 metros de alto cada piso. Como el fuselaje del Boeing 767 tiene un diámetro de 5,40 metros, necesariamente ya el impacto del morro afectaría a dos plantas. El segundo, con las alas, seguiría segando el bloque como si se cortase un pastel, pero en el mismo plano horizontal. En cambio, el tercer impacto, el choque con la cola, dañaría a otras dos plantas más, dos pisos por encima, porque el alto total del Boeing son 14 metros. —Con el puntero del ratón señalaba la estructura metálica de acero exterior y el núcleo interior y pormenorizaba—: ¿Veis? Aparte la valla exterior con 240 pilares de acero y aluminio y la película de cristal, esto otro es lo que habría que llevarse por delante... aquí... el núcleo central, esta malla de 48 pilares, también de acero, separados cinco metros entre sí. Ése es el sostén de la torre entera. Convendría tener un cálculo fiable de a qué temperatura empieza a fundir esa aleación, porque en este ataque lo realmente destructor no sería tanto la fuerza del golpe —aunque también— como el calor. El incendio del combustible es lo que reblandecería la estructura. Por lo que sé, estas Torres están preparadas para resistir la embestida de un 707 e incluso un 747 a gran velocidad. Y para soportar dos horas de incendio, digamos, «normal». Pero no se diseñaron pensando en que soportasen temperaturas de 600 o de 800 grados.

Determinaron que en adelante el nombre clave de las Torres Gemelas Norte y Sur sería «Instituto de Urbanismo N y S».

—Los financieros de Al Qaeda tienen por delante un sugestivo trabajo —dijo Zubaidah como repescando una idea que había quedado en el aire—: averiguar cuáles son las compañías aseguradoras de los negocios, despachos, oficinas y, por supuesto, de los propios inmuebles de las Torres. Ver si cotizan en bolsa... Y no digamos las líneas aéreas que vayáis a emplear en los ataques. Todos esos valores bajarán en picado «el día después».

Zubaidah era como el gran relojero y estratega de «el día después». Cada vez que pronunciaba esa expresión, a Atta se le entenebrecía el rostro. Mientras hablaba, había sacado del bolsillo una especie de petaca gris oscura. La abrió, alzando la tapa, y se encendió una pequeña pantalla de cuarzo líquido. Era un miniordenador Palm M100, como una agenda electrónica con gran capacidad de memoria. Con un punzón diminuto punteó algo rápido, apenas dos o tres pulsaciones que sólo él entendería. Atta siguió el movimiento del punzón sobre el teclado mínimo. Aquellos apuntes le perturbaron.

Zubaidah debió de darse cuenta. Miró a Atta a través de los pequeños rectángulos de sus gafas Cartier y le vio con el ceño fruncido. Zubaidah casi nunca sonreía. Tampoco en aquel momento, pero se le arrebolaron las mejillas y se sintió obligado a explicar algo que a Atta le parecía... indecoroso:

—Saberlo diez días antes sería un auténtico *blue chip* —Zubaidah mencionó la «ficha azul» con la soltura del argot de un corredor de bolsa—. Una información de oro para cualquier *broker* y para los que se mueven en el parqué de la bolsa... Pero yo no hablo de vender esa información, sino de tenerla y saber administrarla. Un golpe de tal magnitud generará efectos de pánico... Sí, y no sólo «el día después», habrá pánico a volar, pánico a subir en ascensor, pánico a salir a la calle, pánico a negociar. Muchas actividades, compraventas, inversiones, iniciativas de negocios se colapsarán. Y luego, la otra cara de ese mismo pánico: el instinto de defensa, la búsqueda de seguridad y de protección ante riesgos futuros... Mohammed, tú no puedes ignorar esa carga de efectos. Un golpe de tal magnitud —Zubaidah enfatizaba, como si quisiera dar un satisfactorio masaje al ego de Atta— puede producir un vuelco en la economía. Y no sólo en la americana. ¡Es lo único que he querido decir!

Atta, en efecto, no podía ignorar que, aunque las cuentas bancarias de Osama Bin Laden estuviesen mundialmente bloqueadas desde 1999,[32] Al Qaeda tenía inmensos «fondos ciegos» de dinero y de valores en Morgan Stanley, HBSC, Barclays y en un mapa extenso y muy repartido de grandes bancos. Bastaba que una brigadilla de sus agentes de bolsa —los llamados «operadores iniciados»— recibiesen a tiempo la orden de «vender papel» de tales líneas aéreas y de cuales aseguradoras, para ganar un macizo dineral de plusvalías en días, en horas. O, por el contrario, que disparasen operaciones veloces de compraventa a corto plazo en los «mercados de futuro» para adquirir acciones baratas de compañías aseguradoras, de empresas turísticas y del sector de defensa y prevención de riesgos, que inmediatamente se valorarían al alza...* Pero algo en su conciencia, algo no mancillado todavía, se rebelaba ante la maquinación carroñera de los de su «familia», que andaban ya rebuscando el botín antes de que su cuerpo y el de sus compañeros fueran cenizas de cadáveres. Atta se estremeció. Quizá todavía no había aprendido a ser malvado con premeditación, que es la forma más malvada de ser malvado.

—El combustible de esos aviones —Atta pensó en voz alta, sin importarle que el dato saltara descolocado del discurso general— no

---

* En efecto, pocos días antes de los hechos trágicos del 11/S se produjeron extraños y sospechosos movimientos bursátiles. En este mismo libro se detallan y comentan. Véase capítulo 6.

es un queroseno cualquiera: es muy volátil, al contacto con el aire se pulveriza. Se llama Jet A. Es letal. Los circuitos eléctricos de cada torre, de cada piso, de cada oficina, se convertirán a su vez en espoletas mortales de explosiones en cadena. Imaginad un huracán de fuego… Indescriptible.

Volvió a su mente el ritmo «dureza mental, dureza mental». Terminó de remover el azúcar en su vasito de té. Era goloso y le gustaba muy dulce. Estaban ya diseccionando los atentados contra el Pentágono y el Capitolio, en Washington. Comentaban que eran «objetivos de diana fácil» y requerían «menos acrobacia aérea». Se subrayó que «la horquilla de fechas debía coincidir con una jornada de actividad parlamentaria». Atta alzó una mano. La luz de las pantallas de los ordenadores le iluminaba el rostro.

—¿Habéis dicho «objetivos de diana fácil»? Ya me gustaría, pero no es así. El ataque al Pentágono es la maniobra más difícil. Aunque el polígono tenga unos 1.175 metros cuadrados, entre 11 y 12 hectáreas, al ser una edificación baja, de cinco pisos de altura, o bajas a ras de suelo para abalanzarte, o tienes que empotrarte descendiendo en picado, hincando el morro del Boeing. —Con la mano derecha abierta imitó el planeo y el descenso súbito de un avión—. ¿Cuál es el riesgo? Estrellarte antes de tiempo y fuera del lugar. O sea, pegártela contra el suelo sin llegar ni a tocar el edificio.

»Pero mi temor ahí no es que sean objetivos fáciles o difíciles, sino que sean objetivos… inalcanzables.

—¿Puedes explicarte? —Zubaidah adelantó el torso, con interés.

—Desde los tiempos de Reagan existe un sofisticado sistema de alerta, alarma y defensa inmediata para la llamada «zona crítica» de Washington, que va de la Casa Blanca al monumento a Washington, incluyendo el Capitolio y, más allá del río Potomac, entra en el territorio de Virginia, donde está el Pentágono. Es una especie de carpa defensiva invisible para todo ese espacio: un complejo muy potente con más de seiscientos misiles tierra-aire multidireccionales, listos para actuar automáticamente… sí, automáticamente, en el instante en que un avión no reconocido o no autorizado rebase el perímetro de esa zona protegida.

»Cuando un avión traspasa el umbral equis y entra en ese espacio aéreo prohibido, le dan un aviso de alerta para que se desvíe. Si sigue, le dan un aviso de alarma. Si continúa en esa ruta, el mecanismo de los misiles salta. Le sacuden por los cuatro costados, lo achicharran en el aire... Y esto no es la guerra de las galaxias de ciencia ficción.

—Preparados... apunten... ¡fuego! —dijo Ramzi por llenar el desfondado silencio, cuando Atta calló.

—Si ese escudo existe, podemos buscarlo —sugirió Khalid, pasado un rato— como información abierta y pública, en los presupuestos de Defensa o de Presidencia de 1992 o 1993. Tiene que estar, seguro, en las actas del Congreso que aprobaron esos presupuestos.

—Pero lo que nos plantea Mohammed es disuasorio —dijo Zubaidah, preocupado—. Si ese blindaje no es un *bluff* de propaganda y está en vigor, entonces los ataques al Pentágono y al Capitolio son imposibles.

—Salvo que... —Atta cliqueaba con «dureza mental» en los dos ratones a la vez, y en las pantallas iban apareciendo estadillos, listados y curvas estadísticas—. Salvo que... el propio caos de la cantidad de vuelos que congestionan esa «zona crítica» a determinadas horas les impida controlarse a sí mismos. Y eso es lo que me interesa averiguar: no cuánto les costó el montaje, sino qué ocurre cuando se condensa tal avalancha de tráfico aéreo como la que estos tíos tienen a diario entre las siete y las diez de la mañana, más o menos, en el corredor Newark (Nueva York), Logan (Boston) y Dulles (Washington).

»Mirad esta curva —los ojos de todos, clavados en una de las pantallas—: en esas horas se satura de tal modo su espacio de máximo peligro que no pueden apartar y desviar aviones de su confianza, para aislar al que deben soltarle el pepinazo. Ahí se les concentran vuelos comerciales internacionales y nacionales, vuelos saliendo o llegando de Europa o de Asia, aviones militares, aviones de mercancías, *jets* privados... Bueno, mi esperanza es que el sistema lo dejen fuera de juego durante esa franja de horas punta.

—¿De dónde has sacado esos datos? —Zubaidah se había acercado a los ordenadores. De pie, detrás de Atta y casi rozándole el hombro, leía en las dos pantallas.

—Estos de aquí, son de la FAA, la Agencia Federal de Aviación. Del radar de tráfico, Traffic Situation Display, en el comando central de Herndon, Virginia. Allí, en la FAA, tuvimos que examinarnos para las licencias de pilotos... Y estos otros son de bases de datos de controladores aéreos. Éste —Atta señaló una de las ventanas de las pantallas, la amplió y con el dedo índice recorrió el rótulo de origen: *www.flightexplorer.com*— es un servicio internacional de dimensiones de vuelos. Muy informativo, y actualizado cada día.

Hablaron también del posible contraataque, en el momento mismo de los atentados, por parte de los cazas F-16 y FA-18 de la Guardia Nacional, dependientes de la 113ª Ala de Caza y del 321º Escuadrón de Caza/Ataque: aviones de guerra, superveloces, con seis misiles a bordo cada uno, y listos para el despegue inmediato desde las bases militares de Langley y Hampton en Virginia, Andrews en Maryland, Otis y Falmouth en Massachusetts... En la base Roma, junto a Nueva York, para cubrir emergencias en el sector Nordeste disponían de aviones F-15 del año 1977 pero equipados con misiles de contraste térmico y guiados por radar. Cruzaron información. Todos ellos conocían la existencia del NORAD, el Comando de la Defensa Aeroespacial de Norteamérica, y sus varias divisiones.

—Disponen de un misil del tipo AGM de última generación —Khalid aportaba un dato nuevo—, dotado de carga vacía y punta de uranio empobrecido BLU. No va en un avión, aunque se asemeja a un avión. Funciona guiado desde tierra por un GPS. Es muy preciso, puede atravesar blindajes, perforar muros y desprender una fuerza calórica de dos mil grados. O sea, casi el triple que un Boeing con el depósito de combustible lleno.

—Pues, si los tienen —terció Zubaidah—, hay que contar con que echen mano de esos artefactos en cuanto se vean atacados.

—¡Ni lo pienses! —replicó Ramzi a bote pronto—. Estos yanquis, ¿sacar pecho contra otros hacia fuera?, ¡síííííí! Y si no hay una guerra la pintan, se la inventan. En cambio, no les entra en el coco ni la más remota posibilidad de que alguien pueda atacarles en su propio territorio. ¿Sabéis qué protección real tienen para todo su cielo? ¡Catorce avioncitos de la Guardia Nacional... y dispersos por siete bases!

—Sí, pero uno solo de esos catorce avioncitos, uno solo, interceptando a cualquiera de nuestros equipos nos puede joder el plan. —Khalid susurró un «perdón» por el taco. Hasta el momento hablaban como estrategas de diseño, como analistas Gucci, inoxidables, sin sudor y sin arrugas.

—¿Les creéis capaces? ¿Capaces de cargarse aviones americanos y matar a ciudadanos americanos con cazas o con misiles del ejército americano? ¡Eso sí que sería «el monstruo atacando al monstruo»!

Khalid y Ramzi cruzaron miradas de perplejidad. Daba la impresión de que a Atta le alborozaba más la hipótesis de provocar a las Fuerzas Armadas de Estados Unidos que el propio plan de golpearles duro y por sorpresa.

—¿Queréis saber cómo veo yo «el día después»? —Zubaidah hablaba entornando los ojos hasta casi cerrarlos como dos ranuritas de fulgor—. Hipótesis A: reciben en pleno rostro cuatro impactos brutales, mortíferos, terribles. Y su respuesta es la del grandullón noqueado: estupor, pasmo, desconcierto, miedo paralizante, incapacidad absoluta para una reacción adulta. Es decir, reacción sin reacción. Hipótesis B: encajan el primer golpe, quizá el segundo, y al tercero saltan con una reacción desesperada, nerviosa, improvisada sobre la marcha. Una reacción más dura pero no más adulta: contraataque militar de emergencia. Pero «contraataque» ¿contra quién?... En ese momento, ni ellos mismos lo saben. Contra un objeto volante no identificado, o que no se quiere identificar. ¡Contra un OVNI! Pero después ¿cómo venden a sus conciudadanos ese gol en su propia portería?: *jumbo* americano derribado por misil americano, americanitos civiles matados por americanitos militares...

—A mí no me incumbe la estimación de «el día después» —intervino otra vez Atta—. En América dicen «no me envuelvas en tu rollo». Bueno, pues ése será vuestro rollo... Yo espero estar en un buen lecho con otros compañeros mártires. Pero os pregunto, y no pido que me contestéis: ¿quién va a reivindicar nuestros ataques?, ¿quién responde de lo nuestro? ¿El Frente Islámico Mundial para la Guerra Santa contra los Judíos y los Cruzados? ¿Al Qaeda? ¿Osama Bin Laden? ¿Cuatro o cinco comandos de terroristas suicidas sin mando estructural conocido?

»A partir de ahí, podría dispararse una reacción de fuerza: Occidente declara el estado de guerra contra el islam. Acaso os convenga pulsar y prever el auténtico potencial de respuesta del mundo islámico en combate. ¿Combate convencional? ¿Combate asimétrico, de terrorismo y extorsión? Sería la hipótesis C, para "el día después... del día después".

Zubaidah había vuelto a sacar el diminuto Palm M100. Tecleó algo con dos o tres marcas veloces. En el recuadro titilante de la pantalla apareció un texto breve que estaría en el disco duro del miniordenador. Zubaidah lo leyó de una ojeada, punteó otra orden rápida, apagó y cerró la petaca informática gris.

—Siguiendo con la nomenclatura universitaria —su tono era resuelto: quería zanjar la cuestión—, el nombre en clave del Pentágono, por aquello de las artes marciales, será «Facultad de Bellas Artes»; el del Capitolio «Facultad de Derecho», porque allí hacen sus leyes; y el de la Casa Blanca, «Facultad de Políticas».

Quedaba claro: Washington, con todos sus riesgos, entraba en el plan de *Alá versus América*.

En otro momento, revisando detalles a petición de alguno de los presentes, Atta enumeraba las ventajas de despegar desde aeropuertos del Este:

—Primera: los objetivos están allí mismo, en Nueva York y Washington. Segunda: nos permite sincronizar la hora de inicio de la operación y que los comandos arranquen prácticamente a la vez. Y tercera: si no elegimos una temporada de anticiclones, nieblas y vientos fuertes, esa zona del país nos garantiza unas condiciones climáticas muy favorables para el plan. Uno o dos vuelos saldrían de Logan, en Boston. Bueno, pues hay un refrán por allí que dice «Si no te gusta el clima de Boston, espérate media hora». Es muy expresivo: en Boston el tiempo puede ser cambiante, pero se arregla en cosa de media hora. Además, Estados Unidos te da por internet sus previsiones meteorológicas, bastante certeras, con una semana de antelación. Y 48 horas antes, la predicción exacta. O elegimos un Día D en temporada de clima estable y bueno o, previendo alteraciones atmosféricas, reservamos varios conjuntos de plazas en vuelos de diferentes días. Reservar no cuesta dinero: abonas al retirar los billetes.

—Una sugerencia —Zubaidah y Khalid habían estado hablando entre ellos, y después Khalid tomó la palabra—, Mohammed,

¿has pensado en la posibilidad de que, desde tierra, un comando de transmisiones os oriente y os sincronice...

—Lo he pensado, pero me niego —cortó Atta con energía.

—...y os vaya dando las órdenes sucesivas de ataque, a medida que el anterior haga su entrada en picado?

—Lo he pensado, pero me niego.

—Bastaría un individuo con un transmisor de radio enlazando con vosotros, por la ADF, la radio del avión...

—Lo he pensado, pero repito que me niego.

—...si estáis a más de 9.000 pies, como a esa altura los móviles ni captan ni emiten sonido, vosotros mismos podéis comunicaros con el de tierra por un teléfono especial que llevan esos aviones en la zona de atrás... son de uso restringido porque cada minuto cuesta doce dólares.

—¿No me oyes, Khalid? Lo he pensado. Muchas veces lo he pensado. Y me niego.

—¿Por qué?

—Porque sé que, estando arriba o estando abajo, es imprevisible lo que ocurra cuando cada avión se ponga en marcha. Aunque esa fórmula tuya nos garantice la hipersincronía perfecta, ¿de qué sirve, si el piloto, sea Hani, sea Marwan, sea Ziad, sea yo, en ese preciso momento tiene un problema con el acceso a la cabina, o se le han rebelado los pasajeros, o un pirado quiere abrir la puerta y tirarse al vacío? ¿De qué sirve una señal horaria exactísima, si el que ha de lanzarse no puede iniciar todavía la maniobra de descenso?

»¡Nadie desde tierra, ni nadie desde una torre de control, ni nadie desde otro avión puede adivinar qué coño está ocurriendo en el interior de un Boeing de pasajeros en plena secuencia del secuestro! Y mucho menos, dar órdenes de cumplimiento exacto y al instante.

—Atiende, Mohammed: para que no sea una anarquía...

—Atiende tú, Khalid: ¡deja a un lado tus teorías perfectas, siquiera por una vez, por una jodida vez, y piensa con los pies en el suelo! Escúchame: el Día D a la Hora H, una vez embarcados, cada piloto será el jefe de su comando y el dueño, o el esclavo, de *su* situación. Yo mismo habré dejado de ser el jefe de todos los comandos, y sólo seré jefe del mío. El momento supremo y definitivo del «ataque santo» será en solitario. Cada piloto estará solo. Para tener en jaque a todo el avión, cuatro hombres; pero en la cabina de mandos, él solo. Y *él solo* tendrá que afrontar y resolver *su* operación.

»Además, con el cacareo de una asistencia telefónica desde tierra lo único que haríamos sería dar pistas a los controladores. ¿Entiendes que esto no puede ser un juego teledirigido?

—Entonces ¿cómo sincronizaréis las acciones sucesivas?

—Cada piloto, al ir a lanzarse, avisa por radio o por teléfono a los otros cabezas de comando. Pero sin esperar respuesta, sin implicarse en lo que les ocurra a los demás. Todos avisamos a todos, aunque alguno ya se haya lanzado y no responda, o tenga problemas y no se pueda lanzar.

»Si apagas el transpondedor, precisamente para que la torre de control no reciba señal de dónde estás, dale las vueltas que quieras, Khalid, ésta que digo es la única sincronía posible: cada uno avisa a todos. Incluso el último (quien esté previsto que sea el último en atacar) avisa a los demás, aunque sean "llamadas perdidas" porque... al otro lado ya no haya nadie.

Hicieron un receso. Era de noche. Zubaidah salió con Khalid a estirar las piernas. Olía a huerta y a mar no muy lejano. Ramzi fue al patio, desenrolló una manguera de regar que estaba junto a un bidón, se desnudó y se duchó a la brava.

Atta permaneció dentro. Archivó sus documentos informáticos y apagó los dos portátiles. Después rebanó un par de rajas de melón y las engulló a mordiscos. Estaba hambriento. En las cortezas quedaron las marcas de sus dientes. Con el dorso de la mano derecha se limpió un hilillo de jugo dulzón que le resbalaba por la comisura de los labios hacia la barbilla. En un rincón, sobre una mesa baja había un aguamanil de loza verde con una pastilla de jabón aromático. Se lavoteó las manos, los velludos antebrazos hasta más arriba de los codos, la cara, las orejas, la nuca... Y se sacudió con brío para secarse al aire.

Según las ordenanzas paramilitares de la organización de Al Qaeda, a un oficial sólo podía darle orden de ataque un comandante o un jefe autorizado por Osama Bin Laden. Abu Zubaidah, como lugarteniente de Bin Laden y jefe del comité de operaciones especiales, tenía potestad para hacer esa encomienda. Pero, como Atta representaba a los Hermanos Musulmanes de «la familia de Egipto»,* por cortesía resellaría la orden un mando egipcio y de rango superior a Zubaidah: Mohammed Atef.

Aquel 12 de julio por la noche acordaron que imperaría el «uno para todos, todos para uno» de solidaridad, como en *Los tres mosqueteros* de Alejandro Dumas, pero el jefe de la célula y de la operación sería Atta. Verbalmente le dieron dos órdenes: «atacar a muerte» y «morir en el ataque».

Asimismo, tendría «plenos poderes para determinar el Día D y la Hora H». En cuanto Atta supiese la fecha, se la diría a Ramzi. Y Ramzi de inmediato la comunicaría «a cada jefe de la cadena de mandos; no de abajo arriba sino de arriba abajo: a Osama Bin Laden, a Mohammed Atef, a Abu Zubaidah y a Khalid Mohammed». De ese modo, evitaban hernias de transmisión.

Como no fijaron siquiera un abanico de fechas posibles, ni Atta ni sus interlocutores podían prever durante aquella «cumbre» que el Día D y a la Hora H el presidente de Estados Unidos estaría ausente de Washington y fuera de la Casa Blanca. Por tanto, la opción de atentar en ruta contra el avión presidencial, el *Air Force One*, no estuvo sobre la mesa de los conspiradores.

Atta se adelantó a decir que ellos mismos vaciarían los contenidos de los discos duros de todos los ordenadores que tenían al uso los miembros de la célula en América. Consultó si, ya vacíos, donaban esos ordenadores a una o a varias mezquitas, o si los entregaban a algún hermano «durmiente» de Al Qaeda en Florida, en Tucson, en Oklahoma… Preguntó también a quién tenían que remitir, ya al final, el dinero sobrante.

Zubaidah le dio un número de cuenta bancaria y un nombre: Mustafá Muhammad Ahmed Alhawsawi, el tesorero central de Al Qaeda, que hasta ese momento había ordenado las transferencias a Estados Unidos con nombre encubierto.

—Las devoluciones de dinero, a Mustafá —le dijo—. De las máquinas ya te diremos. También, qué hacéis con vuestros efectos personales, calzado, ropa, libros. Esas donaciones han de ser discretas para que a nadie le extrañen. Ah, muy importante: ¡que ninguno envíe nada a su familia!

* Bin Laden se refería así a Mohammed Atta.

—Yo, a los del grupo que no deben saber, les diré que después del secuestro y de la negociación no volveremos a Estados Unidos; y que por esa razón nos conviene ir soltando lastre, de modo que el Día D viajemos con lo puesto y poco más.

—Pero no destruyáis el fondo documental que habéis ido reuniendo con vuestros trabajos de campo —insistía Zubaidah—. Observaciones, planos, listados de personas, informes, vídeos, fotografías, datos, aunque se refieran a otros objetivos... Todo eso puede ser útil para ataques futuros. Tú mismo, Mohammed, sin delegar en nadie lo juntas todo, haces un paquete y lo envías certificado a Mustafá. Ramzi te hará llegar en e-mails distintos el puzzle con las coordenadas de Mustafá: una calle, un número de casa, un distrito postal y un nombre de ciudad.

En la última reunión, establecieron un protocolo para que Atta pudiera comunicarse con los jefes de Al Qaeda por correo electrónico y mantener charlas directas por internet: Atta tomó el nombre en clave de Abu Abdul Rahman Al Masri, el egipcio; Marwan se llamaría Abu Qaqáa Al Qatari, en honor del guerrero que sometió Persia al islam y por ser Marwan del emirato de Qatar; Ziad Jarrah, Abu Tarek Al Lebanni, por el árabe que conquistó Al Andalus y por el origen libanés de Ziad; Hani Hanjour sería Orwa Al Taefi porque era oriundo de Taef, en Arabia Saudí.

El 13 de julio, Atta emergió de nuevo a la superficie. Es decir, dejó rastros de su presencia. Hizo una gestión en la agencia de viajes Vibous, en Ramblanova 125, de Tarragona. Le acompañaba Ramzi.

—Quiero viajar a Estados Unidos lo antes posible. ¿Tienen plaza en algún vuelo a Fort Lauderdale, en Florida?

La encargada exploró en su ordenador, hizo incluso alguna llamada a agencias colegas. Al cabo le dijo:

—Hay *overbooking* y muchas personas en listas de espera. Si a usted no le importa desplazarse hasta Madrid, puedo reservarle una plaza en el vuelo 3347 de Delta Airlines para el día 19.

—¿No hay nada antes?

—No. Eso es lo más pronto que hay... La ruta es Madrid-Atlanta, pero hace escala en Miami. Usted puede quedarse allí, aunque tendría que pagar el vuelo íntegro.

Atta abonó el doble billete, 506 dólares, con Visa Oro del Sun Trust Bank of Florida.

La tarea de Atta en España había concluido. Fue en esa agencia, pues, donde le fijaron la fecha de vuelta y la demora. En cuanto a Ramzi, tenía abonado su regreso a Hamburgo para el día 30 de julio en el mismo vuelo chárter de Aero Lloyd en que llegó a Reus el día 9. Los dos amigos decidieron pasar juntos unos días.

Del 13 al 16 por la mañana, se quedaron por Tarragona, alojados en el Sant Jordi.

¿Por qué el Sant Jordi? No es un hotel céntrico, ni llamativo, ni está en un paraje típico, ni se esfuerza en reclamar la atención del forastero con publicidad o con anuncios. No figura en la guías de viajes de la zona, y rara vez dan noticia de él las agencias de turismo. Es un hotel que queda a desmano y poco visible para el transeúnte desavisado. Más que a las afueras, está a varios kilómetros de Tarragona, en la antigua Vía Augusta. Aislado y como escondido entre la playa de La Sabinosa, la vía del tren y la carretera vieja.

¿Cómo dieron Atta y Ramzi con el Sant Jordi? Su ubicación es tan discreta y recóndita que sólo se encuentra si se sabe de antemano dónde está. Los dueños o los gestores no parecen demasiado interesados en atraer a nuevos huéspedes. Ni aun pidiéndolos en recepción se consiguen folletos, postales o tarjetas comerciales del establecimiento... Sin duda, unos clientes atraen a otros por «recomendación personal». Y no es extraño que los propios huéspedes pretendan cierta selección: el Sant Jordi es un hotel muy frecuentado por homosexuales, que allí se citan y se encuentran sin ser molestados con miradas oblicuas o con sonrisas reticentes. En verano, cuando estuvieron Atta y Ramzi, junto al Sant Jordi rebullían los bailes y kermés gays y el nudismo masculino en las calas playeras de La Sabinosa.

Al registrarse allí, Atta se enmascaró deliberadamente bajo la identidad de Mohammed El Amir. La había usado durante los ocho años de estudiante en Alemania, pero en Estados Unidos ya no la utilizaba. Y aunque unas horas antes, en la agencia de viajes Vibous, en la misma Tarragona, se identificó como Mohammed Atta y abonó su billete con Visa bancaria, en el Sant Jordi prefirió pagar en metálico la factura por tres noches en una habitación doble, la 206. No quería dejar vestigios comprometedores de su estancia en ese lugar.

Por otra parte, así como en el hotel Mónica de Cambrils se registró Ramzi y no Atta; en el Sant Jordi lo hicieron al revés: se registró Atta y no Ramzi. Pero en ambos hoteles se alojaron los dos.

«El cartero de mi pueblo —dice un proverbio chino— los días de fiesta sale a dar un largo paseo por el pueblo... como todos los días.» En esos tres días de asueto, los últimos que pasaban juntos, Ramzi y Atta hablaron de lo que les apasionaba: su trabajo como oficiales operativos de Al Qaeda. Para ellos, observar el entorno y registrar datos mentalmente era ya un modo instintivo de andar por el mundo. Como lo es para un policía, para un agente de inteligencia o para un estratega militar.

Como el cartero del proverbio chino, los dos amigos árabes dedicaron su tiempo de ocio a «dar un largo paseo» haciendo lo mismo que los días de faena: registrar objetivos de posibles atentados. Salieron de Tarragona por la autopista A-7 y se detuvieron en la playa de L'Hospitalet de l'Infant, a 8 kilómetros de Vandellós. Ramzi tenía interés en ir con Atta, medio ingeniero y medio arquitecto, para observar de cerca la central nuclear Vandellós II —Vandellós I estaba cerrada desde el accidente de 1989—. Sacó sus propias notas: unos cuadros de datos técnicos que fue leyendo con Atta:

—Reactor, PWR. Potencia térmica, 2.912 megavatios. Elementos de combustible, 157. Barras de control, 48. Distribución de barras, 17 por 17. Espesor del muro de hormigón, 1,15 metros.

—¿Tienes ahí el diámetro y la altura de contención?

—A ver —Ramzi consultó sus papeles—. Sí: diámetro interior, 40 metros; altura interior, 62,8 metros. También hay datos del sistema refrigerante del reactor, turbina, transformadores... ¿Quieres saber cuánto hormigón tiene la estructura? ¡Una bestiada: 215.000 metros cúbicos! Y tres millones de metros de cables eléctricos... Ah, esto es interesante: cubiertas de edificios, 29.120 metros cuadrados.

—Las centrales nucleares —dijo Atta— se construyen pensando en que resistan cortocircuitos, incendios, impactos fuertes, incluido el de un avión caza tipo Phantom a 770 kilómetros por hora. El diseño ya se hace de forma que un castañazo duro no dañe por dentro el hormigón, ni se produzcan vibraciones que afecten a los equipos nucleares.

Atta y Ramzi sabían que, a principios de 1999, cuando en Al Qaeda empezaron a planificar «alguna operación de martirio en territorio estadounidense», en la tormenta de ideas saltó la posibilidad de atacar una central nuclear. Llegaron a considerar dos concretas. Pero luego, en el debate del comité de operaciones especiales, no hubo unanimidad sino posturas enfrentadas. Algunos pensaban que ese proyecto debía estudiarse con más rigor y oyendo antes a los expertos: «se nos puede ir de las manos y tener un alcance y unas consecuencias imprevisibles». La cuestión se votó. Y decidieron aparcar el proyecto «por el momento». Sin embargo, la idea seguía en pie y en vía de estudio.[33]

En otro de esos paseos de exploración, Ramzi llevó a Atta al aeropuerto de avionetas y aviones ligeros de alquiler de Reus. Con sus polos fabriles químico y petroquímico, Reus es una zona de altísima concentración de riesgo industrial, muy tentadora para terroristas decididos a inmolarse en su acción fatídica. Atta le explicaría cómo había que «desguazar la avioneta por dentro, eliminando todos los asientos excepto el del piloto; alojar en el recinto un gran tanque metálico que ocupe hasta el último centímetro cúbico y llenarlo con explosivos».

Ramzi tenía su broma servida en bandeja. Imitó a Khalid, «el sublime teórico», con macabro sentido del humor:

—¿Habrá bomba, o... no habrá bomba: sólo una misión suicida?

Uno de los días que pasaron en el Sant Jordi, y en aquel clima de despedida, contándose secretos y confidencias, Atta le dio a leer a Ramzi unos folios escritos a mano con una caligrafía arábiga muy homogénea. El texto comenzaba así:

La última noche: Antes de nada, haz juramento de morir y renueva tus intenciones... Vas a afrontar un trance decisivo. Sólo pensarlo puede alejarte de la obediencia perfecta. Así pues, somete tu alma, convéncela, incítala...

—¿Quién ha escrito esto? No es tu letra...

—Es la letra de Abdulaziz Alomari. Lo redactamos entre los dos. Bueno, yo dictaba... Algo similar a lo del Profeta con sus seguidores. —Atta se echó a reír. Ramzi, sorprendido, iba leyendo a tramos en voz alta y a tramos bisbiseando sin apenas mover los labios:

...Si te sobreviene la duda o el temor... piensa que vuelves a Alá... Es cuestión de un breve instante... Y después, ¡la gran recompensa de Alá!

—Es un ritual: plegarias, últimas instrucciones y una ayuda psíquica para el tramo final. Quiero estimularlos, paso a paso, también en el trayecto hacia el aeropuerto y una vez dentro del avión.

—¿Puedo quedármelo?

—No. Los que están en América no lo conocen todavía. Y no todos lo conocerán entero porque ahí se habla en claves de «martirio»... Pero yo quería que lo vieras tú.

Todavía perplejo, Ramzi se concentró en los folios. Los releyó despacio. Al terminar, se los devolvió a Atta:

—Sólo un auténtico jefe sabe lo que se siente bajo la pelleja del más miedoso y frágil de sus soldados. Sólo un auténtico jefe es capaz de convertir a ese miedoso y frágil soldado en un héroe para la Historia. Abu Abdul Rahman al Masri, tú eres un magnífico jefe, y obedecerte... engrandece.

Ramzi de incógnito y Atta bajo el camuflaje de El Amir se mantuvieron «perdidos», sin usar sus pasaportes ni hacer gastos con Visa hasta el domingo 16. Ese día reaparecieron. A media mañana abandonaron el hotel de gays, del que quizá sólo recordarían el lienzo al óleo del vestíbulo con una escena de rondalla nocturna de tunos, un gran reloj de pie, imitación de algún modelo inglés, y el fragor cercano e intempestivo de los trenes rápidos a medianoche. Después, cada uno recuperó su verdadera identidad civil.

Aquel domingo 16, Atta empleó de nuevo la Visa Oro del Sun Trust Bank para sacar 24.000 pesetas en un cajero automático del Banco Santander Hispano, en Tarragona. Eso fue poco antes de las siete de la tarde: a las 18.48.

Ramzi tenía abonada su vuelta a Hamburgo en el chárter IPI 408 de Aero Lloyd del día 30, pero cambió de planes: el domingo 16 se presentó a las 14.30 ante un mostrador de Servisair, en el aeropuerto de Reus, y reservó una plaza para viajar a Hamburgo esa misma tarde, a las 20.15.

Le hubiese bastado liquidar la diferencia entre el regreso chárter y el regreso regular, pero quiso pagar un nuevo billete íntegro: 23.640 pesetas. Casualmente, el importe del billete coincidía con la cantidad que Atta había extraído del cajero de Tarragona ese día, hora y media antes de que Ramzi se marchara.

Ramzi Binalshibi llevaba el encargo de enviar una remesa de dinero a cierta cuenta de Oklahoma o de Minnesota —ya se lo indicarían—, para costear al francoargelino Zacarías Moussaoui su entrenamiento urgente como piloto de *jets*.

Aunque desde el día 13 Atta sabía que hasta el 19 no iba a devolver el coche Hyundai, prefirió no dar esa información de adelanto a los de la compañía Sixt. Durante los cuatro días de «inmersión» en el Sant Jordi y alrededores no quería que se supiese dónde estaba. Por eso, para pedir una prórroga del alquiler del coche, esperó al día 16: la fecha en que le vencía el contrato. Llamó a la compañía Sixt desde un teléfono público,[34] sin indicar dónde estaba ni qué problema le había surgido: «Necesito el Hyundai tres días más —dijo de manera escueta—. No podré devolverlo hasta el 19».

Cuando Atta tenía empeño en hacerse visible prodigaba las huellas de su paso por todas partes. Huellas a veces simultáneas, para confundir más. Fiel a sus tácticas, así lo hizo a partir del domingo 16. Volvía a ser un «ciudadano legal» en España, sin nada que temer. Usó un cajero bancario en Tarragona, dio noticia de sí a los de Sixt, despidió a Ramzi en Reus y, con su recuperada identidad de Mohammed Atta, se hospedó sucesivamente en dos hoteles distintos de Salou.

Al anochecer del 16, mostrando su permiso de conducir de Florida, solo y sin equipaje, alquiló una habitación en el hotel Casablanca. Si llevaba coche, lo aparcó lejos. No consumió nada en el bar ni en el restaurante del hotel. No utilizó el teléfono. Durmió solo y no le vieron en compañía de nadie.

A la mañana siguiente, 17, temprano y sin desayunar, Atta pagó en metálico las 9.363 pesetas de la pernocta y se fue del Casablanca. Pero no de Salou. Ese mismo día y en el mismo pueblo de la Costa Dorada, buscó otro alojamiento: el hostal Montsant.

Volvió a sacar dinero, 20.000 pesetas, en un cajero de Caixa de Catalunya cerca del Montsant. Por la razón que fuera, guardó ese dinero: a mediodía del 18, al entregar la llave de la habitación número 15 del Montsant, abonó con Visa los 36 dólares que costaba.

Tampoco allí hizo gastos extras ni habló por teléfono ni recibió visitas.

Hospedarse con registro en dos establecimientos diferentes, dejar señal de su Visa en dos cajeros automáticos, apalabrar con la compañía Sixt una fecha de devolución del vehículo... ¿no eran demasiadas pistas, en menos de dos días? Quizá era una ingeniosa maniobra de distracción con la que Atta pretendió —y consiguió— desviar la atención del único repliegue enigmático que aún quería salvar, ya al término de aquella estancia en España. Sus últimas veinticuatro horas.

Con libertad de movimientos, 20.000 pesetas al menos en el bolsillo y sin necesidad de recurrir a su Visa, Atta pudo acudir a alguna cita. En tal caso, ese encuentro sólo pudo concertarse a partir del día 13, que fue cuando Atta supo el margen de tiempo que le quedaba antes de regresar a Estados Unidos.

Sin embargo, ni las más puntillosas búsquedas policiales por los libros de registro en hoteles, hostales, pensiones y casas rurales lograron averiguar dónde estuvo Atta la noche del 18 al 19. La ausencia total de rastros lleva a un haz muy escueto de alternativas razonables: o se alojó en casa de algún conocido suyo, o durmió en la hospedería de una mezquita, o invirtió esa noche viajando. Atta llevaba encima una documentación sensible que debía custodiar. Eso mismo le desaconsejaba pasar la noche dormitando al descuido en una sala de espera de aeropuerto, o exponerse a trasnochar en un tugurio o en un burdel.

El 19 de julio por la mañana, Atta volvió a dar fe de vida, utilizando de nuevo su Visa del Sun Trust en la gasolinera de Barajas para repostar el Hyundai Accent gris plata metalizado. Poco después, a las 10.56, telefoneaba a la compañía Sixt:

—Tienen ustedes el Hyundai en el garaje, en perfecto estado, con el depósito de carburante lleno, las llaves puestas y cerrado.

Al encargado de Sixt no le extrañó esa forma de devolución. Era la práctica usual. Aunque, en rigor, nadie vio a Atta devolviendo el coche: pudo dejarlo otra persona por encargo suyo.

Lo cierto es que aquel mediodía Mohammed Atta embarcaba en el vuelo 3347 de Delta Airlines hacia Estados Unidos. Era un oficial que había recibido órdenes ejecutivas de «atacar a muerte» y «morir en el ataque». Volaba hacia el enemigo.

4

PROTOCOLO PARA UN SUICIDA

Atta tenía a veces corazonadas, intuiciones, avisos instintivos que le predisponían a favor o en contra de las personas. «La cuerda herida del laúd», decía él, admitiendo que esos atisbos sutiles eran modos de conocimiento más frecuentes en la sensibilidad del artista que en la del técnico, y más también en la de la mujer que en la del varón.

Desde hacía tiempo, presentía que el francoargelino Habib Zacarías Moussaoui era una ficha trucada. En la «cumbre» de Tarragona se lo habían señalado como «un buen elemento de Al Qaeda que está en situación de "durmiente"». Pero Atta, sin saber por qué, desconfiaba. Veía sombras detrás de ese individuo: como si alguien moviese los hilos del guiñol. No obstante, nada más volver de España a Estados Unidos localizó a «el francés», como le llamaban entre ellos, y acordaron un encuentro.

Aunque de padres argelinos, Moussaoui había nacido en San Juan de Luz, Francia. Tenía 31 años. Era un musulmán extremista y comprometido hasta los tuétanos con la lucha violenta.

Estando cara a cara, Atta le observó detenidamente:

El rostro nutrido y ancho, sin salientes ni hendiduras, formaba un bloque macizo con el cuello como si fuera un novillo fornido. Los labios, carnosos y subidos de color, rodeados de barba y bigote muy morenos a modo de bozo. El cráneo, las sienes y las mejillas rapados a cero. Pero en conjunto su expresión resultaba apacible y armoniosa, quizá por sus ojos, rasgados y negros, de suavísimo mirar. Parecía más santón que terrorista.

Sin embargo, ya en 1999 las autoridades francesas circularon una orden de busca y captura contra él, por su conexión con la Yihad Islámica y su presunta implicación en varios atentados perpetrados en París a mediados de los noventa. Moussaoui huyó entonces de Francia y se refugió en Pakistán y en Afganistán. Los de Al Qaeda le arreglaron un viaje a Londres y allí estuvo algún tiempo. Fue uno más de los epígonos del predicador y jeque palestino Mahmud Othman, Abu Qutada, y solía acudir a la mezquita de Finsbury Park, punto de encuentro consabido entre los islamistas radicales vinculados a Al Qaeda y que estaban mano sobre mano a la espera de algún encargo... Desde Londres, Moussaoui preparó su entrada clandestina en Estados Unidos. Pasó sin problemas de aduanas y se instaló en Norman, Oklahoma. Enseguida se matriculó en la Airman Flight School y a finales de julio de 2001 ya tenía 57 horas en su hoja de vuelos.

—Habib Zacarías, ¿tú estarías dispuesto a intervenir en una misión difícil, muy difícil, y de alto riesgo? —Atta disparó a quemarropa.

—Sí.

—¿Sí? ¿Y en una misión... mortal?

—Sí.

—Quiero decir, mortal... también para ti.

—Sí, sí, te he entendido.

—Tendrías que prepararte...

—Bien.

—Tú solo. Y con un esfuerzo duro y absorbente.

—Bien.

—¿Cuándo podrías empezar?

—Ya.

Atta escrutó al francés. Le escamaba su reacción: no había movido un músculo, no había parpadeado, no se había sorprendido, no se había tomado ni lo que es una respiración antes de responder. Como si estuviese sobreaviso y aguardando la propuesta. Ahí es donde a Atta le brincaban las dudas.

—Ah, ¡cuánto tiempo he soñado con esto! De verdad, créeme, yo esperaba y esperaba y esperaba. No es fácil esperar sin saber. Y yo no sabía ni a quién esperaba ni en qué momento llegaría... Pero ¡estaba seguro de que alguien vendría a «activarme»! —Zacarías Moussauoi había pasado súbitamente de los contraídos monosílabos a una locuacidad cada vez más animada y exultante—. ¡Olía el aire... y adivinaba que ocurriría pronto! ¡Alá es grande! ¡Se lo he rogado tanto! Mis clases de aviación en la Airman Flight School son justo para eso: yo me entreno para una «acción de martirio». Hasta he hecho mis cálculos y mis pesquisas pensando en un ataque *kamikaze* múltiple: varios pilotos nos estrellaríamos a un tiempo sobre tales y tales edificios, tripulando cada uno su avioneta bomba, cargada de queroseno.

—Hummmm... estaría bien. Pero olvídalo, no se trata de eso.

Aunque la disponibilidad de Moussaoui era vehemente y plétórica, Atta sólo le explicó lo imprescindible. Le dijo que se preparaba una acción con aviones, con *jets* comerciales; pero no le dio detalles concretos sobre fechas ni objetivos ni personas que fueran a participar.

—Bien, Zacarías, veo que estás animado —Atta no quería andarse por las ramas, y tampoco mostrarse demasiado seco—; pero como tendrás que funcionar aislado y lejos de mí, te voy a marcar una disciplina operativa y unas normas que debes cumplir a rajatabla. Antes que nada, grábate con un hierro candente en la conciencia o donde quieras que es absolutamente necesario trabajar en silencio. ¡Aunque te aspen vivo! Te lo voy a repetir sólo una vez: TRABAJAR EN SILENCIO.

»No te puedes ni imaginar el gravísimo revés que supondría para la operación que tú contases a cualquiera la mitad de la mitad de la mitad de lo que hoy me has contado a mí... Así pues, Zacarías, desde este mismo instante, ¡cierra el pico! —Con las yemas del índice y del pulgar, Atta se apretó sus labios por el centro, como si les ajustase una argolla—. ¿Queda claro?

—Queda claro: trabajar en silencio.

—Otra cuestión, Zacarías. Yo también estudié pilotaje en Norman. No me gustó. Será mejor que te busques otra academia. No en Norman. Aquí te conocen. Debes cambiar de ciudad, incluso de estado, y moverte en otros ambientes sin llamar la atención. Esto grábatelo también: HAZTE INVISIBLE. ¿Vale? Cambio de lugar. ¿Vale?

—Vale y vale. Estoy dispuesto a todo...

—Mira, he estado buscando centros con simuladores de vuelos Boeing 757-200 que tengan cabinas libres con instructor, y uno muy bueno es la Pan Am Flying Academy de Minneapolis. Gestiona la reserva de plaza y trasládate a Minnesota.

—Yo... bueno, lo único... es que... no tengo...

—Recibirás dinero enseguida. Alquila por adelantado varios bloques de cuatro horas, en simulador de cabina de Boeing tipo Airbus. Son muy caros. Aprovéchalos bien, exprime cada minuto de clase... Escúchame, quizá tengas que sustituir a un piloto. Quizá, quizá, quizá encabezar tú mismo un comando de ataque... Ponte las pilas y entrénate duro, a fondo.

Las mejillas, la frente y el cráneo rasurado de Moussaoui brillaban de sudor. Era un sudor manso, transpirado sin fatiga ni esfuerzo; como el lagrimeo de los ojos de un perro, que aflora sin sentir. El francés miraba a Atta de abajo arriba, encajando quieto, muy quieto, el mando expeditivo del egipcio.

—Zacarías, tengo el número de tu móvil, así que yo te llamaré. No guardes en la memoria los números que aparezcan en tu pantalla porque te hablaré siempre desde locutorios y cabinas públicas. Tú nunca me llames, ni me envíes e-mails. Esto es importante: borra de tus agendas del móvil y del ordenador cualquier teléfono que pueda comprometer a algún hermano... Ya te lo he dicho: vas a trabajar aislado, pero me comunicaré contigo a menudo.

Atta todavía le impuso otras dos condiciones, presentadas además con la severidad marcial del «son órdenes indiscutibles»:

—En adelante, Zacarías, te relacionarás sólo conmigo. Me obedecerás a mí. Sólo a mí. ¡Ni media interferencia de nadie! Ah, mi nombre es Abu Abdul Rahman Al Masri.

Poco antes, escuchando su entusiasta proyecto de las avionetas bomba, Atta se malició que aquello no era una idea genuina de Moussaoui sino que alguien de Al Qaeda —Khalid, Ramzi o cualquier «correo itinerante»— le habría chismorreado en su día el plan de lanzarse con avionetas fumigadoras que desecharon en primavera.

Le irritaba que quienes más obligación tenían de guardar reserva actuasen como comadres parleras... y encima, puenteándole a él, que era el jefe de esa operación. Más tarde empezó a hacerse preguntas tratando de atar cabos: ¿Quién mandó a Moussaoui a Estados Unidos para que se hiciera aviador? ¿Quién había pagado su viaje, sus clases y su manutención en Norman? ¿Cómo sabía Moussaoui el plan de las avionetas bomba? ¿Por qué lo propusieron como piloto sustituto, en la «cumbre» de Tarragona? Atta no recordaba quién dio su nombre... Pero «la cuerda herida del laúd» sonaba por algo. Tenía la inquietante impresión de que había un banquillo de jugadores de relevo que él desconocía, y que además funcionaban con otro entrenador...

Discurriendo por esa línea de enigmas que se alzaban como vidrios de punta, cayó en la cuenta de que Moussaoui iba a ser el único del equipo que no recibiera el dinero en directo desde Emiratos o desde Arabia. Le enviarían los giros con un raro trayecto en

Mohammed Atta pertenecía a una familia de clase media acomodada de Egipto. Su padre ejercía como abogado en El Cairo.

En una fiesta, con sus padres y hermanas. Los usos de la familia eran totalmente occidentales (1). Atta con sus padres (2).
Atta con un tío y con su padre. Ya se aprecia su temprana seriedad y cierta tristeza en su mirada (3).

4

Atta en los años noventa. Estudiaba ingeniería en Alemania, pero solía visitar a la familia en vacaciones. Sus padres se habían separado (4).

Con sus hermanas, en una playa de Alejandría (5).

Atta tenía entonces 27 o 28 años. Ya había hecho su testamento como mártir y tenía decidido no casarse (6).

5

6

ad Jarrah era de una respetada familia libanesa. Por su educación, sus costumbres y hasta por
ıs rasgos físicos, parecía un occidental. Se asimiló con facilidad a la vida de Alemania, donde
studiaba ingeniería aeronáutica. Su proceso guiado de radicalización, hasta convertirse en
·rrorista suicida, pasó inadvertido a sus familiares. Ziad con su madre, en tres fotos de carnet,
bailando en la boda de unos primos (7, 8, 9, 10, 11).

bdulaziz Alomari se diplomó como piloto
omercial en Vero Beach, Florida, con
·yuda económica de Arabia Saudí. En
fganistán hizo juramento de obediencia
ι Bin Laden y grabó en vídeo su ofrenda
:omo «mártir». Compuso el *Manual de las
íltimas horas* y pasó con Atta la noche
nal (12, 13, 14).

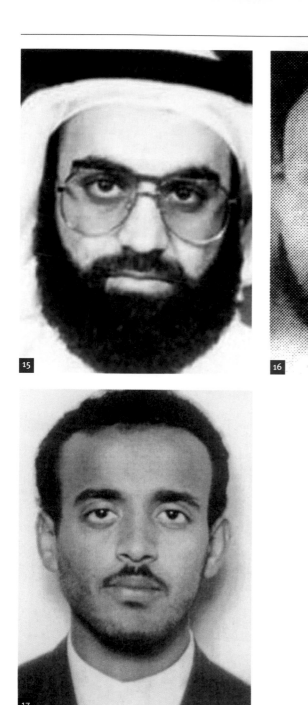

Tres cerebros del Comité Militar de Al Qaeda, especialmente encargados de la logística para atentados terroristas. Se reunieron con Atta en Kandahar y en Tarragona para ultimar la operación contra Estados Unidos: Khalid Sheij Mohammed, Abu Zubaidh y Ramzi Binalshibi (15, 16, 17).

Haydar Zammar, Said Bahaji y Mamoun Darkazanli, miembros de Al Qaeda y colaboradores activos de la célula de Atta en Hamburgo. Solo el germanomarroquí Bahaji consiguió escapar a las redadas policiales (18, 19, 20).

El francoargelino Zacarías Moussaoui iba a ser el piloto número 20, pero fue detenido dos semanas antes en Estados Unidos: al instructor de vuelos de Minnesota le extrañó su afán por aprender solo maniobras de giro» (21).

Las últimas fotos. Atta y Alomari fueron captados por diversas cámaras de seguridad las horas finales que pasaron en South Portland.

A las 8.41 entraron a cenar algo rápido en el restaurante UNO's (22).

A las 9.15 en la gasolinera del aeropuerto de South Portland repostaron el combustible del coche que habían alquilado. Atta llevaba una camiseta desaliñada de dos colores. Aquella misma tarde, compraron las camisas con que viajarían en el vuelo de la muerte. Sus mortajas (23).

Fast Green ATM
9/10/01

8:41 pm

UNO's Restaurant Parking Lot
280 Maine Mall Road
South Portland, ME

22

Jet Port Gas
9/10/01

9:15 pm
446 Western Avenue
South Portland, ME

23

Una cámara de vigilancia de Florida captó a Hani Hanjour y a Majed Moqed el 5 de septiembre de 2001. Estaban gestionando sus billetes de vuelo (24).

A las 5.45 del 11/S Atta y Alomari pasaban el control del aeropuerto de Portland. De ahí viajaron al aeropuerto de Logan para embarcar en el vuelo 11-AA (25).

Comando del vuelo 11-AA estrellado contra la Torre Norte (Nueva York):

Mohammed Atta (26)
Abdulaziz Alomari (27)
Satam Al Süqami (28)
Wail Alsheri (29)
Waleed Alsheri (30)

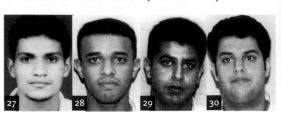

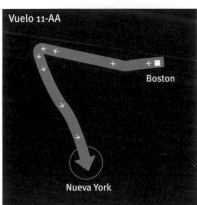

Vuelo 11-AA: Secuestrado por Mohammed Atta y su comando.
7.59: Despega de Logan, Boston, con 14 minutos de retraso.
8.14: Atta avisa a Marwan, Ziad y Hani, por mensaje de móvil, que inicia su ataque.
8.22: El traspondedor de ese avión deja de emitir señal.
8.28: Cambia la ruta y vira al sur. En American Airlines reciben una llamada de la azafata Betty Ong, que informa de la situación a bordo y da los números de asientos de los terroristas.
8.29: En el Control de Rutas de Tráfico Aéreo de Nashua captan la voz de Atta amenazando a los pilotos. Lo comunican a la FAA, Agencia Federal de Aviación.
8.38: Otra azafata, Madeleine Sweeney, confirma el secuestro y que han acuchillado a un pasajero, al piloto y al copiloto.
8.39: La FAA informa del secuestro a la autoridad militar de Defensa Aérea, comando NORAD. En esa llamada advierten ya del posible secuestro del 175-UA.
8.45: Se estrella contra la Torre Norte del WTC, en Manhattan.

Comando del vuelo 175-UA estrellado contra la Torre Sur (Nueva York):

Marwan Al Shehhi (31)
Ahmed Alghamdi (32)
Mohald Alsheri (33)
Hamza Alghamdi (34)
Fayez Ahmed (35)

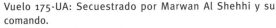

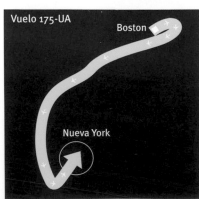

Vuelo 175-UA: Secuestrado por Marwan Al Shehhi y su comando.
8.14: Despega de Logan, Boston.
8.37: Desde el centro de Tráfico Aéreo hablan con el piloto, comandante Saracini.
8.42: Se interrumpe la comunicación por radio. El avión vira hacia el noroeste.
8.46: Se da orden militar de «despegue para la acción» a la base de la Guardia Nacional de Otis, en Falmouth.
8.50: Nuevo giro, hacia el sur. Atraviesa tres estados, enfilando Nueva York. Varios pasajeros y una azafata comunican a tierra, por teléfono, que los secuestradores han asesinado a cuchilladas al piloto y a otros dos miembros de la tripulación.
8.52: Despegan dos cazas F-15 de la base de Otis.
9.03: Se estrella contra la Torre Sur del WTC, en Manhattan.

Comando del vuelo 93-UA. Su objetivo era el Capitolio (Washington D.C.), pero cayó en Pensilvania:

Ziad Jarrah (36)
Ahmed Alhaznawi (37)
Ahmed Alnami (38)
Said Alghamdi (39)

Vuelo 93-UA: Secuestrado por Ziad Jarrah y su comando.

8.42: Despega de Newark, Nueva York.

8.52: Ziad marca el numero de teléfono de Aysel, su novia, en Bochum, Alemania.

9.00: United Airlines advierte a su flota de «posible incursión de extraños en cabina». El 93-UA responde «recibido».

9.03: Se registran las voces de un altercado en cabina. Es el momento del secuestro.

9.06: Ziad se dirige al pasaje: «Soy el capitán. Hay una bomba a bordo... Hablaremos con los terroristas».

9.35: Rebasado Pittsburgh, en la vertical de Cleveland (Pensilvania), el avión da media vuelta hacia el SE. «Volvemos al aeropuerto», dice Ziad.

9.07-9.59: Varios pasajeros llaman a sus familias y exponen la desesperada situación. Otro conversa con una operadora telefónica de GTE. Desean «hacer algo», pero tras una hora de secuestro no han decidido qué ni cómo.

10.03: El comando militar NORAD establece esta hora como «impacto del avión» (¿?).

10.04: Desde los lavabos, un viajero llama al 911 de emergencias. Además del secuestro, dice: «He oído una explosión y veo humo blanco salir del avión... Esto se está cayendo».

Testigos en tierra oyen dos detonaciones y después un gran estallido o un «bang». Otros ven el avión, que cae bamboleándose y como descompensado de peso.

10.06: El punto luminoso del 93-UA desaparece del radar a la altura de Johnstown. El Boeing cae en Shanksville, a 24 kilómetros de Johnstown, sede de la 28ª División de Infantería y Artillería Antiaérea de la Guardia Nacional.

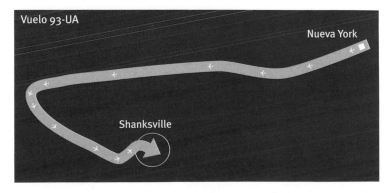

Comando del vuelo 77-AA cuyo objetivo era el Pentágono (Arlington, Virginia):

Hani Hanjour (40)
Jalid Almidhar (41)
Nawaq Hazemi (42)
Majed Moqed (43)
Salem Alhamzi (44)

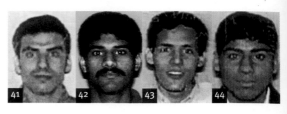

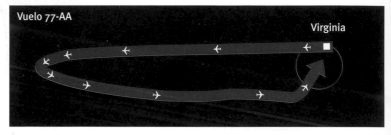

Vuelo 77-AA: Secuestrado por Hani Hanjour y su comando.

8.20: Despega del aeropuerto Dulles, Virginia.

8.41: Vuela con normalidad, a velocidad y altitud de crucero.

8.50: Desde cabina apagan el traspondedor. Al instante es advertido por la central de la FAA en Washington. Sin embargo, tardan 34 minutos en informar oficialmente.

9.05: Sobrevolando Ohio, gira 180° y regresa hacia Washington D.C.

9.05-9.20: La pasajera Barbara Olson llama varias veces a su marido, Theodore Olson, procurador del Departamento de Justicia, quien denuncia el secuestro.

Bush, desde Sarasota, autoriza por teléfono el derribo de «aviones que no obedezcan al control».

9.24: La FAA notifica al comando militar NORAD este probable tercer secuestro y su orientación hacia Washington D.C. Se traslada la orden militar a la base de Langley, Virginia.

9.30: Despegan los cazas F-16, un avión Awacs y un avión cisterna de Langley con orden de derribar el avión «no identificado» que se dirige hacia Washington.

9.32: Un miembro del Servicio Secreto presidencial ordena por radio a los pilotos de los F-16 «salvar la Presidencia a cualquier precio».

9.37: El avión gira 270° desde el sudoeste y desciende por debajo del umbral de captación de los radares de control de tráfico aéreo. Desaparece. No hay más noticias directas del avión. Testigos diversos oyen una explosión o ven el avión cayendo y una nube densa de humo, por el distrito de Columbia, Arlington, Columbia Pike o Crystal City; pero no en el Pentágono.

9.43: Oficialmente se informa de un «impacto» o de «fuego» en el Pentágono.

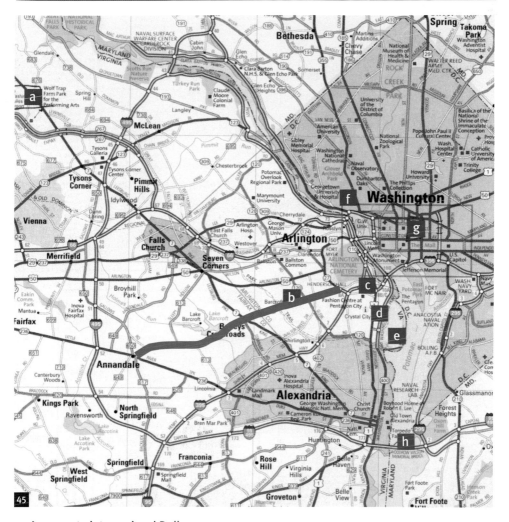

a - Aeropuerto internacional Dulles.

b - Autopista Columbia Pike, que va desde Annandale hasta Henderson Hall.

c - El Pentágono, sede central del mando militar y de la secretaría de Defensa.

d - Crystal City, por donde dejó de verse el avión 77-AA.

e - Aeropuerto nacional Ronald Reagan.

f - Universidad y hospital de Georgetown. Los cazas F-16 sobrevolaban esa zona.

g - El recuadro azul acota la «zona crítica», área protegida o P-56: alberga la Casa Blanca, sede de la Presidencia; el Capitolio, sede del Congreso; el Departamento del Tesoro; los memoriales a Jefferson, Lincoln y Washington, y el Mall, centro de oficinas del Gobierno. En ese espacio se concentran 340.000 funcionarios.

h - Woodrow Wilson Bridge. Desde ese puente y hasta el río Anacostia, al norte del río Potomac, la Guardia Nacional Costera patrulló varios días y noches.

Sep. 12, 2001, 17:37:19 — plane

Sep. 12, 2001, 17:37:19 — impact

Sep. 12, 2001, 17:37:21 — #2 impact

Sep. 12, 2001, 17:37:22 — #3 impact

Sep. 12, 2001, 17:37:23 — #4 impact

Esta curiosa secuencia fue registrada por una cámara de seguridad del Pentágono. Aunque las autoridades militares dijeron que la fecha y hora sobreimpresas eran erróneas «por un error del sistema», es más que posible que realmente se grabaran el día y hora que aquí figuran. Las sombras de los muros, de las cajas de registros y de los conos rojiblancos indican que las imágenes se captaron por la tarde, entre las 17.00 y 18.00 horas. Siguiendo el orden oficial registrado en los fotogramas, se observa que a las 17:37:19 (46) el edificio está normal, pero a la misma hora, 17:37:19, milésimas de segundo después (47), algo ha explotado; algo que no se ha visto venir de fuera. En los fotogramas siguientes, 17:37:21 y 17:37:22 (48, 49)continúa la combustión con su nube roja, cada vez más grande y alta, pegada al muro, sin que se vea ningún proyectil o artefacto que llegue desde fuera y penetre. Sin embargo, en el fotograma 17:37:22 (49) empieza a percibirse al fondo algo que toma cuerpo y volumen en la instantánea siguiente, 17:37:23 (50): asoma un objeto, que parece un misil, mostrando su cabeza en forma de punta de puro. En todo caso, no ha entrado en el edificio militar, sino que sale de él.

Esa filmación reproduce lo que muy probable-mente estaba ocurriendo en el Pentágono 32 horas después del primer gran siniestro: dentro, continuaban estallando y ardiendo los restos de explosivo de sus propias baterías de defensa antiaérea. Como dijo el jefe de los bomberos: «Era un fuego terco, obstinado... con brotes inesperados de trozos de explosivo». En efecto, observando con atención la foto 50, se aprecia al fondo, al pie del edificio, debajo de donde está la nube roja, un punto de fuego rojo y amarillo, un foco nuevo de ignición que no estaba en la secuencia anterior.

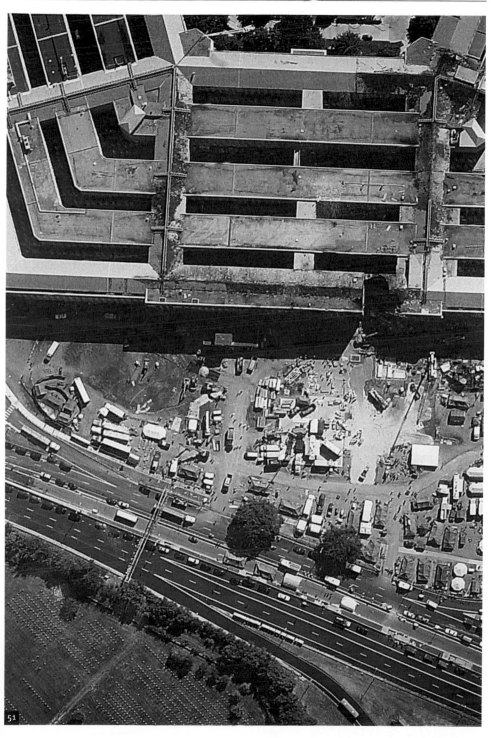

51

Imagen captada antes de que los equipos USAR derribaran techos y paredes. Había brotado fuego y humo en dos corredores verticales y paralelos, con focos de incendios distintos. Se aprecia con nitidez el exiguo agujero del muro: por ahí no pudo penetrar un Boeing 757 con sus motores y sus alas (51).

Se aprecia que el fuego no procede de un punto determinado —como debería ser tras el impacto de un avión o de un único elemento agresor—, sino que se reproduce fortuitamente en lugares y en tiempos distintos al del siniestro originario. Las mangueras de las cisternas se dirigen hacia un incendio a la derecha; pero un nuevo fuego brota a la izquierda (52, 55).

Ni rastro de los 40.000 litros de fuel Jet A que un Boeing llevaría en su depósitos. El césped de ese costado del Pentágono está limpio; ni quemado ni manchado (53).

Los equipos de la agencia oficial USAR —Búsqueda y Rescate Urbano— derribaron techumbres, paredes y columnas, «por razones prácticas para las tareas de desescombro, búsqueda de cadáveres, reparaciones posteriores...» (54). No fue, pues, un derrumbe a efectos del impacto. Después del siniestro las farolas metálicas seguían enhiestas. El impacto agresor ni las rozó (56).

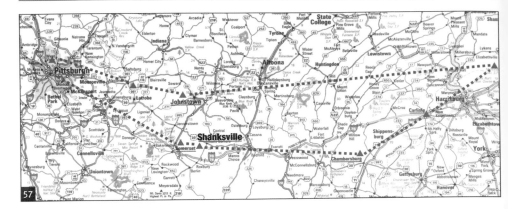

Al informar del siniestro del vuelo 93-UA, se daba como referencia oficial Pittsburgh, que dista 50 kilómetros de Shanksville, el lugar donde cayó el avión; en cambio, se eludió toda mención a la ciudad de Johnstown, que está mucho más cerca de Shanksville: a sólo 24 kilómetros. Quizá se distraía así la atención de Johnstown, sede de la 28ª División de Infantería y Artillería Antiaérea de la Guardia Nacional, cuyos cuarteles, instalaciones militares, arsenales y campos de maniobras dominan toda esa zona: Chambersburg, Indiantown, Carlisle, Letterkenny, Keystone, Lebanon, Tobyhanna...(57) (Area marcada en el mapa con líneas de puntos rojos).

«Los trozos más grandes eran del tamaño de una moneda. Y no había ni rastro de cadáveres...», comentó extrañado el forense de Shanksville-Moreland. Cuando un avión se estrella contra el suelo, no se produce tal fragmentación y volatilización. El Boeing del vuelo 93-UA apenas dejó restos en el descampado donde cayó (58).

En un aula de la escuela Bush habla por su teléfono de línea blindada con el vicepresidente Cheney, que está en la Casa Blanca. En el televisor se aprecian las imágenes de las Torres Gemelas ardiendo. Luego, redacta unas palabras para la televisión. Con Bush, la asesora Deborah Loewer, del Consejo de Seguridad Nacional; Dan Bartlett, jefe de Comunicación, y el consejero especial de la Presidencia, Karl Rover (59, 60).

El presidente George W. Bush —que escuchaba un cuento en la escuela infantil Emma E. Booker, de Sarasota, Florida— es informado por su jefe de Gabinete, Andrew Card: «Un segundo avión ha estallado contra la otra torre. Por televisión dicen ya que Norteamérica está siendo atacada.» (61).

A bordo del *Air Force One*, Bush habla con su jefe de Gabinete, Andrew Card (62).
En el *Air Force One*, en el trayecto de Luisiana a Nebraska, Bush y su comitiva miran por la ventanilla los cazas que les escoltan (63).

No le esperaban en la base aérea de Barksdale, en Shreveport, Luisiana, ni tampoco en el refugio acorazado de Offut, Nebraska: tuvo que bajar del *Air Force One* por la puerta trasera de carga y equipajes (64). Ya de regreso a la base presidencial de Andrews, en Maryland, Bush desciende por escalerilla de alfombra roja (65).

A las 19.30, Bush vuelve a casa... En un helicóptero de la Marina, el *Navy One*, camuflado entre cinco helicópteros más, sobrevuela el monumento a Washington y aterriza en la Casa Blanca. Cuando se dirija oficialmente al país, a las 20.30, habrán pasado casi 12 horas desde el primer atentado terrorista (66).

En aquel errático viaje por media América, se pasó las horas hablando por teléfono: con Cheney, Rumsfeld, Condoleezza Rice... y su esposa Laura (67).

Desde su pupitre en forma de «L», a bordo del *Air Force One*, Bush despacha con Andy Card (68).

En el búnker de la Casa Blanca, el vicepresidente Cheney habla por teléfono con el presidente Bush. Sentados junto a él, Condoleezza Rice, consejera de Seguridad Nacional y Lewis Scooter Liby, jefe de su Gabinete. Apoyada en la mesa, Karen P. Hughes, directora de Comunicación y asesora de Bush (69).

Ya en la Casa Blanca, el 11/S por la noche, Bush explica a Cheney cómo fue... Ante esa disposición de las manos, más de uno se preguntó: ¿qué colisión o qué ataque de «dos aviones a la vez» podía estar explicando Bush? No hubo dos ataques simultáneos. Incluso los de las Torres Gemelas, con 18 minutos de diferencia, requerirían otra posición gestual para reproducir la dirección de los impactos. ¿Quizá Bush estaba relatando un encuentro –o encontronazo– aéreo de dos elementos en vuelo...? (70).

En el Despacho Oval, Bush y Andy Card atienden lo que discuten Cheney (de espaldas) y George Tenet, director de la CIA (71).

En su rancho de Crawford, Tejas, Bush con el príncipe Bandar Bin Sultán, el embajador de Arabia Saudí. Bandar y su esposa, la princesa Haisa Faisal, enviaron periódicamente durante cuatro años talones a un sujeto árabe que trasladaba parte del dinero a dos terroristas del grupo de Atta: Jalid Almidhar y Nawaq Hazemi (72).

Bush encomendó a Henry Kissinger la presidencia de una comisión de investigación del 11/S. Pero Kissinger se excusó: «Perjudicaría los intereses comerciales de mis clientes». ¿A qué tipo de clientes asesora Kissinger, que puedan verse perjudicados si se investiga el terrorismo musulmán? Dos años después del 11/S, la investigación sigue en punto muerto (73).

La base militar de Guantánamo, en la isla de Cuba, es desde enero de 2002 un campo de reclusión y concentración donde más de 600 hombres malviven incomunicados y privados de libertad: sin acusación, sin asistencia letrada, sin horizonte de juicio. *Manu militari*, Estados Unidos ha eliminado allí el *habeas corpus* (el derecho de todo detenido a comparecer ante un juez), garantía elemental de un estado de derecho (74, 75).

La autora con el general Shlomo Gazit, ex jefe de los servicios de inteligencia militares del Mosad y experto en contraterrorismo, en Tel Aviv, Israel (76).
Con Jibreel Rajoub, jefe de los Servicios Secretos Palestinos, en Ramalah (77).
Ambas fotos son de noviembre de 2001.
Una visita al hotel Diana Cazadora, en Barajas, Madrid, donde Atta se alojó en vísperas de los atentados del 11/S (78).

Pilar Urbano estudia el complejo funcionamiento de una cabina de simulador de *jet*, como las que utilizaron los terroristas (79).
La autora investiga, sobre el terreno, las conexiones de una torre de control de vuelos (80).

zigzag: de Emiratos a Hamburgo y de Hamburgo a Norman. Para más cautela, Ramzi Binalshibi se cubriría con el pasaporte de un desconocido. Y Atta se preguntaba por qué.

En una de sus primeras comunicaciones con Ramzi a través de un chat de internet, Atta le dijo: «El francés no tiene expediente académico. [...]. No sé si espera recibir algún paquete, porque va mucho a la estación de ferrocarril». Lo cual quería decir que Moussaoui no tenía cuenta bancaria y que, para enviarle el dinero, Ramzi debía utilizar algún tipo de giro telegráfico o postal. Luego agregó el siguiente mensaje:

«¿Cuántos alumnos no matriculados saben que existen estos exámenes? ¿Cuántos y quiénes? Un tal Abu Abdul Rahman Al Masri está incómodo: él desconfía de ciertos profesores y llega a pensar que esas oposiciones de escuela superior o de facultad son un secreto a voces. ¡Sería estúpido y lamentable!».

Antes de marcharse de Norman, Zacharías Moussaoui recibió dinero dos veces: 23.571,79 marcos, el 1 de agosto de 2001 y 9.487,80 marcos, el 3 de agosto. En total, algo más de tres millones de pesetas en un par de días. Firmaba como remitente de los envíos un tal Ahad Abdallah Sabet. Las cantidades se habían depositado en metálico en los bancos de la Western Union Money Transfer, en una estación de trenes de Hamburgo y en otra de Düsseldorf. Un modo seguro y rápido de mandar dinero a cualquier parte del mundo. Basta avisar al destinatario y que se presente en cualquier oficina de la Western Union: puede retirar el importe transferido a partir del instante en que se haya hecho el depósito, aunque proceda de la otra punta del planeta.

En ambas ocasiones, el «remitente» Ahad Abdallah Sabet acababa de recibir a su vez, en Alemania y a su nombre, las mismas cantidades que a continuación reenviaba a Zacarías Moussaoui. Era un mecanismo exacto de intermediación. El dinero llegaba a Ahad Abdallah Sabet girado por Hashim Abdulrahman desde Emiratos Árabes Unidos.

Sin embargo, Ahad Abdallah Sabet no era un intermediario, ni estaba en Alemania, ni conocía a Hashim Abdulrahman de Emiratos, ni a Moussaoui de Norman, Oklahoma, ni había recibido dinero de uno para trasladarlo al otro... Ahad Abdallah Sabet era un individuo real que vivía ajeno a todas esas trapisondas: un árabe de nacionalidad estadounidense a quien le habían robado el pasaporte tiempo atrás, mientras paseaba por las Ramblas de Barcelona durante un viaje de turismo que hizo a Cataluña en julio de 1998.[1]

Tres años después, en los días de la «cumbre» de Al Qaeda en Tarragona, algunos hermanos musulmanes de la colonia del litoral catalán entregaron a Ramzi Binalshibi el pasaporte sustraído a Sabet. Un documento auténtico y legal que Ramzi utilizaría para enmascarar su propia identidad en el suministro de dinero al francés Moussaoui.

Pero, a pesar del antifaz y de que cada paso estaba medido y calculado, Ramzi no se dio cuenta de que los impresos de las oficinas de la Western Union donde formalizó los envíos tenían la superficie satinada. Y ahí quedaron sus huellas dactilares. Era el último dinero para los atentados.[2] En su momento, esa negligencia tendría una elocuencia demoledora porque dejaba al descubierto la conexión entre cinco elementos diferentes y los preparativos del 11/S: Zacarías Moussaoui, Ramzi Binalshibi, la célula de Hamburgo, la intendencia dineraria de Emiratos y la ayuda logística de los «durmientes» de Al Qaeda en España.

Con los 18.800 dólares recibidos de Ramzi, Moussaoui se trasladó a vivir a Minneapolis, como Atta le había indicado, y el 13 de agosto comenzó su entrenamiento en un simulador de vuelos de Boeing en la Pan Am Flying Academy. Era un cursillo caro, de 8.300 dólares, y lo pagó por adelantado y en metálico.

Atta tenía, entre otras competencias exclusivas de su jefatura, las de establecer los objetivos y fijar el Día D y la Hora H de los ataques. Al regresar de España, estudió la horquilla de fechas posibles. Como había acordado en Tarragona con Abu Zubaidah, interesaban aviones casi vacíos y fáciles de secuestrar. Por tanto, «algún día después de un gran puente, en que se viaje menos y los vuelos lleven menos pasaje». Empezó a buscar puentes entre días festivos y fines de semana. Se encaró con un listado de «fiestas nacionales que se celebran en todo el país» y leyó la advertencia de que «si las fiestas caen en domingo se trasladan al lunes». Descartó las ya transcurridas: Año Nuevo, día de Martin Luther King Jr., día de San Valentín, día de los Presidentes, Pascua de Resurrección, día de la

Madre, The Memorial Day, día del Padre y día de la Independencia. También relegó las que quedaban aún muy lejanas: Halloween, el 31 de octubre; día de los Veteranos de Guerras, el 11 de noviembre; día de Acción de Gracias, el 22 de noviembre; día de Navidad, el 25 de diciembre... No quería someter a sus hombres a ese desgaste de nervios en un tiempo muerto de espera.

Frente a un almanaque de 2001 y consultando algún dato por internet, ponderó los escenarios de movilidad o de quietud que se abrían entre dos largos puentes. El primero era inmediatamente después de las vacaciones estivales: el día del Trabajo, que caía en lunes 3 de septiembre. Atta acotó con rotulador los últimos días de agosto y continuó con los primeros de septiembre: 30 jueves, 31 viernes, 1 sábado, 2 domingo, 3 lunes: día del Trabajo. Mucha gente demoraría unos días más su veraneo, otros se ausentarían desde el viernes 31 de agosto hasta el lunes 3 por la noche. Y todo eso favorecería cierto estatismo durante las dos semanas siguientes, cuando ya hubiesen vuelto de sus ausencias y de sus vacaciones. En tal caso, el ataque podría hacerse el martes 4 o el martes 11 de septiembre. Martes, sin dudarlo. Atta conocía ya los hábitos de los yanquis: si una fiesta caía en lunes, podían agarrar una cogorza como un piano el sábado y otra como dos pianos el domingo, pero el lunes al atardecer regresarían a sus casas en orden de mansa manada, y el martes cada uno como un clavo estaría fichando y dando la cara en su lugar de trabajo. Por tanto, todos «quietos» ya.

Otros dos puentes interesantes y consecutivos eran el del día de Colón, 8 de octubre, que caía en lunes, y en esa misma semana, la fiesta de la Hispanidad, el viernes 12 de octubre. Los que quisieran tomarse unos días de relax, porque se les habían quedado ya en los talones sus vacaciones de verano —si las gastaron en junio o julio— viajarían, se moverían, empalmando ambos puentes. Atta volvió a acotar con su rotulador sobre el almanaque de octubre las casillas consecutivas de 4 jueves, 5 viernes, 6 sábado, 7 domingo, 8 lunes: día de Colón, 9 martes, 10 miércoles, 11 jueves, 12 viernes: día de la Hispanidad, 13 sábado, 14 domingo, 15 lunes. Le dio vueltas en la cabeza a esa retahíla de fechas. Eran dos puentes tan próximos entre sí que dejaban demasiada holgura en el calendario: demasiada incertidumbre para hacer predicciones exactas y fijar unos planes terroristas. El personal disponía de un compás muy amplio para su posible estampida de viajes y ocios: entre el 4 jueves y el lunes 15 de octubre. Sin embargo, aunque en los centros laborales hiciesen turnos y se repartieran los días de libranza, con toda seguridad el martes 16 de octubre la gente se habría reintegrado a sus puestos.

Parecía obvio y vaticinable sin margen de error que el martes 9 de septiembre y el martes 16 de octubre, salvo los multimillonarios con *jets* privados, el inmenso resto de los norteamericanos estarían trabajando con afán detrás de sus mesas, de sus mostradores, de sus ventanillas cara al cliente, de sus monitores de ordenador. Todos, de vuelta a sus colegios, oficinas, bufetes, tiendas, talleres, fábricas, granjas, camiones, consultas médicas, gabinetes, periódicos, emisoras. Todos trajinando entre papeles, pegados al teléfono, enganchados a la red, pateando las calles de las ciudades con sus portafolios en la mano. Y pocos, muy pocos, poquísimos embarcando en aviones para cruzar el país de punta a punta.

No era sencillo secuestrar varios *jumbos* por la fuerza y sin la coacción de unas armas de fuego; por tanto, debían asegurarse un pasaje escaso y controlable. Ésa era la cuestión.

Atta se enfrentaba a dos incertidumbres que sólo el tiempo podría despejar: ¿cuánto billetaje quedaría sin vender, cuántas plazas sin ocupar en cada vuelo previamente «señalado» como herramienta de ataque? Y ¿qué tiempo precisarían todavía Hani Hanjour y Zacarías Moussaoui para dominar los mandos de un Boeing? Marcó, pues, dos Días D alternativos para la masacre: el martes 11 de septiembre o el martes 16 de octubre. No antes y no después. Ésa era la horquilla.

Para reservar sin problemas los billetes de avión, algunos miembros del equipo necesitaban adquirir documentación en la que constase un domicilio estable en Estados Unidos. Les habían recomendado los servicios de «avalista» que, por 50 dólares y sin meterse en averiguaciones, ofrecía Luis Martínez Flores, un inmigrante salvadoreño. Este sujeto esperaba a sus clientes en una tienda de «24 horas», junto a un parking de Falls Church, en los alrededores de Washington.

El 1 de agosto llegaron por allí el desgalichado Hani Hanjour, con su mirada de perrillo faldero, su bigote ralo, las uñas mordisqueadas y su rudimentario inglés de *gudmuuninjj, jaguaryu*? Le acompañaba Jalid Almidhar: de los dos primeros logísticos que llegaron desde Kuala Lumpur, el de rostro anodino y cuerpo menudo, «peso pluma» pero con un gancho fulminante.

Los árabes necesitaban acreditar ante la policía de tráfico que alguien domiciliado en Washington respondía por ellos, para convalidar sus permisos de conducir coches. El salvadoreño les llevó a una oficina gubernamental donde certificó, dando su propia dirección, que Hani y Jalid vivían en su casa.

Se aliviaban muchas trabas de desconfianza burocrática en las ventanillas de facturación del aeropuerto exhibiendo un permiso de conducir estadounidense. De otro modo, habrían tenido que mostrar sus pasaportes árabes, provocando quizá extrañeza entre el personal de las aerolíneas al ver a tantos árabes empeñados en viajar el mismo día y a la misma hora. Les convenía eliminar suspicacias en el trámite de los billetes del Día D.

Ahmed Alghamdi, uno de los hermanos del clan saudí de los Alghamdi y miembro del equipo de Marwan, acudió también al parking de Falls Church y abonó los 50 dólares a Martínez Flores a cambio de utilizar la dirección de su casa en el trámite con la policía de tráfico.

A los pocos días, Hani Hanjour y Jalid Almidhar, valiéndose de sus flamantes permisos de conducir, fueron garantes a su vez de otros del grupo. Hani hizo de «padrino» de Majed Moqed, el abogado y aristócrata saudí hijo de un príncipe beduino. Y Jalid avaló a su compañero, Nawaq Hazemi, el del corpachón imponente, los tremebundos mostachos y las patillas negrazas, cuyos ojos despedían chiribitas de luz. Nawaq, el «topo» de Atta en el equipo de Hani. Un «topo» perfectamente innecesario ya que Hani, paciente «como el vecino océano Índico» y de una lealtad berroqueña, se había empeñado en no morir sin «dejar hechos sus deberes». Y uno de esos deberes fue la hábil treta de eslabonar una cadena de padrinos y apadrinados, hasta conseguir permisos de conducir o avales de domicilio en Estados Unidos para todos los «sin papeles» del grupo.

Cada uno de esos documentos era como un pequeño tornillo en un mecanismo exacto de relojería. Así quería Atta que trabajaran. Ése era su método. «El método del reloj —les decía—. Tú lo abres, lo desmontas y lo vuelves a montar... No hay pieza que sobre ni pieza que falte. Ah, pero sólo funcionará si cada una está debidamente ajustada.»

El 6 de agosto Atta se personó, maletín en mano, en el local de alquiler de coches de Brad Warrick, en Pompano Beach, costa este de Florida, y alquiló un Ford Escort blanco. Se portó con amabilidad y corrección, como si fuera un ejecutivo de tipo medio que necesitase el vehículo para trabajar, no para divertirse. Preguntó precios y condiciones. Optó por un utilitario del año 1995, en muy buen estado aunque pasado de moda.

En sus desplazamientos con el Ford blanco, Atta fue dando instrucciones a los diferentes comandos para que empezaran a reservar sus billetes. Y como les fijaba ya una fecha —el 11 de septiembre—, la primera de la horquilla, prefería decírselo en persona. A esas alturas desconfiaba del teléfono.

Transcurrido el plazo del alquiler, Atta devolvió el Ford Escort con el depósito repostado, limpio, sin un rasguño, sin un desperfecto, sin una colilla en el cenicero, ni un kleenex ni un papel tirado por el interior. A Brad Warrick le hubiese resultado muy difícil averiguar por dónde hizo sus trayectos el coche.

El 8 de agosto, obedientes a la orden de Atta —«no compréis: haced sólo la reserva»—, Jalid y Nawaq fueron a las oficinas de American Airlines, presentaron sus documentos de conducir recién adquiridos y reservaron dos plazas para el vuelo 77, Washington-Los Ángeles, del 11 de septiembre. Tenían que embarcar desde el aeropuerto de Dulles con el equipo de Hani.

Había llegado el momento de reunirse los jefes de los cuatro comandos para la puesta a punto de la operación. Atta citó a Hani Hanjour, a Marwan Al Shehhi y a Ziad Jarrah el 13 de agosto en Las Vegas.

Los cuatro, por separado y en aviones de United Airlines y de American Airlines que partían de Logan, de Newark y de Dulles, cruzaron el continente de este a oeste. Esos viajes tenían ya en sí mismos la eficacia de una inspección ocular. Cada cual observó atentamente todo el proceso desde los preparativos del vuelo en el aeropuerto: la inyección del combustible, la carga del catering y de los equipajes, el control de pasajeros... Una vez instalados a bordo, los usos de la tripulación en una ruta de larga distancia, de modo especial el movimiento de auxiliares de vuelo y sobrecargos, el tiem-

po que invertían en impartir la teórica de las normas de seguridad
y los momentos de obstrucción de los pasillos con los carritos de
prensa, desayunos, venta a bordo... Registraron detalles de interés
operativo de la distribución de espacios y del mobiliario en el habi-
táculo interior del *jumbo*. Era una especie de ensayo pacífico, una
oportunidad de explorar antes del Día D el escenario del crimen.

La cita era en el hotel Econo Lodge de Las Vegas. Atta y Hanjour ya habían estado allí en junio con Lofti Raissi, el instructor de
vuelos. A Mohamed Atta no le gustaba improvisar, prefería conocer
los lugares de antemano y pisar con la seguridad de quien ya sabe
dónde está la escalera de incendios.

En el aeropuerto McCarran de Las Vegas Atta tomó un taxi.
Enfilando el larguísimo bulevar Las Vegas South sin desvío alguno, le llevó al Econo Lodge, en el número 1.150. Durante el recorrido volvió a ver, como cuando estuvo en junio, una ciudad incandes-
cente que era toda ella un escaparate sin fin: neones parpadeantes
rivalizando en sus estridencias de reclamo, máquinas tragaperras
de mil colores, «para tontos que se sienten listos, para listos que se
sienten solos...», *sex shops*, norias gigantes, montañas rusas con
gente encanada de risa y de vértigo, individuos sobre zancos de tres
metros y disfrazados de noscsabequé, anuncios que disparaban sus
implacables fogonazos luminosos, músicas ¿músicas? de ritmos
agobiantes aulladas con ensordecedoras megafonías... En el trayecto, el taxi se detuvo un momento ante un semáforo en rojo. Atta vio
la fachada de una galería de *strip tease* al otro lado del bulevar.
Mostraban como anuncio varios números en vivo. Eran tres o cuatro dados grandes de cristal muy iluminados, cabinas con actuaciones individuales simultáneas. En una de ellas, una despampanan-
te señorita trabajaba muy seria y muy enfrascada ante la consola
de un ordenador. Llevaba sombrero hongo, gafas ópticas, cuello
duro, corbata masculina, zapatos negros con cordones y calcetín
de ejecutivo. Pero entre la corbata y el calcetín no llevaba... nada.
Atta desvió la mirada. El taxista pasaba también. De vez en cuando, a ambos lados de la calzada, recién casados que posaban ante
una puerta en forma de herradura de la suerte o de corazón, o ante una
capillita blanca, rodeados de padrinos con frac y niñitas con guir-
naldas de flores, todo de alquiler: «¡¡Cásese donde se casaron cele-
bridades como Melanie Griffith y Don Johnson, Richard Gere y

Cindy Crawford, Bruce Willis y Demi Moore, Clint Eastwood y Dina Ruiz, Jon Bon Jovi y Dorothea Hurley ...!!», se leía en un pasquín, junto a una palmera.

Ya en el Econo Lodge, pagó en metálico 60 dólares por una noche en la habitación 124. Una vez arriba, colgó el cartel de «No molestar» en el picaporte. Era una señal para que quienes debían asistir a la reunión supieran que él ya estaba dentro. Por otra parte, el cartel evitaría que pasase la camarera a quitar la colcha, correr las cortinas y dejar un par de bombones con la tarjetita de «Felices sueños».

Además de los cuatro pilotos, estaban convocados los operativos Jalid Almidhar y Nawaq Hazemi, que conocían todos los registros y secretos de la operación desde el instante cero, cuando se debatió, se votó y se aprobó en la *shura* del comité militar de Al Qaeda celebrada en noviembre de 1999 en Kandahar.

Antes y después de la reunión en el hotel, Atta fue al café CyberZone. Le había dicho a Nawaq que le acompañase. Era su hombre de confianza. Atta utilizó uno de los ordenadores de uso público para ver si tenía e-mails y luego hizo dos llamadas desde un teléfono del mismo café. En una de ellas, al habla con Moussaoui, supo que ese mismo día 13 había comenzado sus prácticas en simulador de Boeing 757. Mientras, Nawaq se entretuvo con el videojuego *Unreal*, de ciencia ficción a toda descarga ¡bang!, ¡bang! y a todo volumen. Volviendo ya hacia la habitación 124, Nawaq dio novedades a Atta sobre los progresos de Hani Hanjour en sus entrenamientos con Lofti Raissi.

—Hemos rastreado Washington desde el aire en distintas direcciones, sobrevolando la Casa Blanca, el Capitolio, el Mall, el río Potomac, Arlington y el cementerio, el Pentágono y su City... En vuelos bajos... bueno, lo más bajo que permiten con aviones ligeros.

—¿Y qué hay de vuestros billetes?

—Jalid y yo los hemos reservado, pero los de American Airlines todavía no nos los dan...

—¿Cómo que no os los dan...? Reclamadlos.

—Pregunté el día 10 y volví a preguntar ayer. Y me dicen que «el sistema electrónico no da el OK: tiene dificultad en verificar algunos datos de identidad y domicilio que ustedes han aportado... A veces ocurre, disculpen, ya les avisaremos nosotros».

—¡Nada de «ya les avisaremos nosotros»! ¡No os crucéis de brazos! Reservad plazas para ese mismo vuelo en otra sucursal, en agencias de viajes, en oficinas de aeropuertos... No me importa que al final hayáis reservado en veinte sitios. Lo que no podéis es quedaros en tierra por la gilipollez de que no os vendan los billetes.

En la reunión, Atta quería coordinar a los jefes de grupo en los últimos detalles y ajustar la sincronía de los cuatro vuelos. Pero ¿por qué eligió Las Vegas como punto de encuentro? ¿Tenía algún sentido efectista o ritual elegir esa ciudad donde sólo había ruido, trepidación y gente enloquecida por divertirse?

Estudiaron la horquilla de fechas posibles, aunque Atta insistió en que debían intentar hacerlo el 11/S. Fijaron una banda de vuelos con salidas simultáneas en las compañías American Airlines y United Airlines: despegando de Logan, Boston, el vuelo 11-AA a las 7.45 y el 175-UA a las 7.58; de Newark, New Jersey, el 93-UA a las 7.58; y de Dulles, Washington, el vuelo 77-AA a las 7.59.*

—Los aviones serán Boeing 757 y 767. Las cabinas y las consolas de los pilotos son casi iguales. Idénticas a las que conocemos de los simuladores. Como los cuatro van hacia California, llevarán las panzas cargadas de combustible Jet A, como ya sabéis... En los 757, los vuestros —Atta miró a Hani y a Ziad— caben 42.680 litros. Los depósitos de los 767, Marwan y yo, pueden llevar más del doble: 90.700 litros. ¡Nos va a hacer buena falta!

Establecieron el protocolo de avisos, tal como lo expuso en la «cumbre» de Tarragona: «Cada piloto, en el instante de acometer el secuestro, avisará a los pilotos de los otros aviones: en directo, de piloto a piloto. Y sin esperar respuesta, sin implicarse en lo que esté ocurriendo en los otros vuelos. Sin mantener una conversación siquiera».

En otro momento, Atta les informó de que el piloto Zacarías Moussaoui había iniciado su curso en simulador y «quizá podría incorporarse a la *gazwah* para reforzar algún comando». Miró a Hani y a Ziad. Primero a Hani y luego a Ziad. A uno y a otro con igual intensidad. Ziad hizo un leve ademán de ir a decir algo, pero

---

* Esos eran los horarios en la previsión oficial. El 11/S hubo ligeras variaciones en las horas de despegues: 11-AA, a las 7.59; 175-UA, a las 8.14; 77-AA, a las 8.20; 93-UA, a las 8.42.

no dijo nada. Se quedó pensativo. Atta aguardó unos segundos; luego, viendo que la noticia de Moussaoui no inmutaba a nadie, pasó a los asuntos siguientes.

Ordenó a todos que tuviesen listos para los miembros de cada comando «dos cambios sucesivos de domicilios en ciudades distintas y un tercer alojamiento cerca de la salida al aeropuerto, para la última noche». Adelantando la cabeza y el torso y bajando la voz, como para subrayar el sigilo, les dijo:

—Entramos en la recta final: de hoy al Día D, extremad las cautelas en las comunicaciones. Hablad poco por teléfono. Mejor nada. Yo voy a alquilar un par de coches diferentes para ir a veros y que podamos comentar las novedades cara a cara. Vosotros moveos también, y que cada jefe de comando esté muy encima de sus hombres. Hasta aquí hemos estudiado el trampolín y hemos diseñado y entrenado el salto. Bien. Ahora lo importante es atender a los atletas. Si es posible, debéis contactar todos los días con cada uno de vuestro equipo.

Nawaq Hazemi y Jalid Almidhar se turnaban vigilando en el pasillo. Cuando parecía que no quedaba nada por despachar en el «orden del día», Atta carraspeó y se tocó la garganta mirando oblicuamente hacia la rejilla del refrigerador. Expelió aire por la nariz varias veces y, del tono expeditivo de las órdenes pasó a otro más untuoso y cortés:

—Os debo una explicación por haberos citado en Las Vegas. Veréis... El otro día, uno del grupo, no está aquí y no diré su nombre, me hizo este comentario: «¿Sabes qué te digo? Pues que después de llevar equis meses conviviendo con yanquis y tratándolos de cerca, no me parece que sean ni tan cerdos ni tan malvados como yo creía. Hombre, hay de todo; pero estoy conociendo americanos encantadores, cariñosos, atentos... en fin, buena gente. De algunos yo sería amigo y ¡muy a gusto!». Me quedé de piedra. Al instante en no sé qué zona de mi cerebro se disparó la chicharra de una alarma.

»Ésa es la irrespetuosa razón... irrespetuosa, lo admito, de haberos hecho venir hasta aquí para una reunión de trabajo. Quería que lo vierais con vuestros propios ojos. "No son tan cerdos como yo creía... son, en fin, gente buena" —imitó gazmoño la voz de su confidente—. No necesito deciros nada. Salid y ved. Y que nadie se confunda: eso que hay ahí fuera no es una caricatura ni es una imitación. Es real. Es lo que es: una Meca idólatra con sus catervas de peregrinos (¡¡treinta millones al año, sólo por el aeropuerto McCarran!!), enfermos de tedio y de banalidad que acuden a adorar en sus altares a los dioses del Juego, el Dinero, el Lujo, el Sexo, el Alcohol, la Droga. Una ciudad vampiro, dicen ellos mismos en sus guías, que duerme de día y vive de noche. Una ciudad imbécil y podrida, una ciudad estupidizada, sonada, payasa, desinhibida...

—¡Una ciudad sin ley! —Marwan, iconoclasta, interrumpió en plan zumbón el airado discurso de Atta que iba in crescendo.

—¡Una ciudad sin Dios! —replicó Atta, y su voz restalló como una fusta, aguda por el enojo—. Y que encima alardea: ¡ese alarde obsceno de depravación es lo que gangrena los Estados Unidos!

—Yo creo que Las Vegas es un sacaperras del turismo —dijo Ziad, intentando amainar a Atta con un ingrediente razonable—. Y el negocio les funciona de putamadre porque va a un turismo de masas, poco selecto y con mucho dinero. Además, los tíos saben hacer el marketing: «¿Qué otra ciudad es capaz de ofrecer todos los placeres y satisfacer todos los deseos? ¿Qué otra ciudad ha producido más millonarios en un instante?»

—No, Ziad, no te engañes. No es un simple negocio. No son unos casinos. No son unas marcas: Coca-Cola, McDonald's, Harley Davidson, Disney World, la Metro... Es otra cosa. Las Vegas es el símbolo de una sociedad inmunda que se revuelca en su inmundicia, de una sociedad corrupta que se ufana de su corrupción... Fíjate que no digo «es el símbolo de una sociedad decadente», porque Las Vegas no ha decaído de ningún estado cimero y glorioso, que yo sepa. Las Vegas ya nació así, con vocación de ciudad ramera.

—Bueno, bueno, pero no te olvides de Babilonia, de Grecia, de Roma... que tampoco fueron fortines de la virtud.

—Vale, Ziad: Grecia, disoluta, supersticiosa, débil y en bancarrota moral... Roma, hedonista, lasciva, pervertida en su esclerosis imperial cuando ya era una anciana que peinaba canas. Deplorable, sí, pero... ¿qué hicieron antes? ¿Qué dejaban atrás? ¡Seamos justos con la Historia! Grecia y Roma guerrearon. Con sangre y sudor conquistaron territorios. Fundaron imperios. Sus artistas, sus filósofos y sus poetas crearon cultura. Sus políticos y jurisconsultos inventaron la democracia y el derecho... ¿Que luego se cansaron? ¿Que envejecieron y se volvieron lujuriosas y crueles? Vale, Ziad, vale, pero ¡cuántos siglos de grandeza dieron antes a la Historia! En cambio, Las Vegas... o Miami o Nueva York o San Francisco, me da igual, ¿qué han creado? ¿Qué han aportado a la Historia de la humanidad?

Nadie respondió. Como si Atta se lo hubiese preguntado a las paredes de la habitación 124, donde el aire acondicionado no daba abasto para absorber las respiraciones y el sudor de los cinco hombres encerrados allí tantas horas, y para ventilar el humo de los cigarrillos continuos de unos y de otros.

La conversación había derivado hacia un terraplén que sólo parecía interesar a Atta, a Ziad y a Marwan, «los de Hamburgo». Hani Hanjour escuchaba asintiendo muy convencido. A Jalid Almidhar le gustaba el tono de la retórica de Atta, aunque se mostraba impertérrito, como si no fuera con él. Y Nawaq estaba en los pasillos haciendo su turno de vigilancia.

—Empezaste a decir —dijo Ziad, queriendo reconducir el argumento de Atta— que nos habías citado aquí para que viéramos con nuestros propios ojos...

—Sí, creo que debéis salir a la calle y ver y oír y palpar el ambiente... y que vosotros mismos os percatéis de la catadura moral del pueblo al que vais a castigar.

—¿Y Las Vegas te ha parecido lo más execrable, lo que más fácilmente puede provocarnos arcadas de asco? —Ziad no pretendía discutir con Atta; pero estaban tocando el fondo de la cuestión, y justo ahí quería llegar él: por qué iban a «castigar» a América.

—Las Vegas es la ciudad emblemática del esplendor de América. —Atta extendió el brazo derecho y trazó un arco vago y amplio con la mano, señalando más allá de las tupidas cortinas que ocultaban el ventanal—. Pues bien, toda ella es una inmensa idolatría... un contradiós.

La palabra «contradiós» se quedó suspendida en el aire y resonando en los tímpanos como una blasfemia. En la 124 del Econo Lodge sólo se oía el zumbido mecánico del refrigerador y contradióscontradióscontradióscontradiós...

Llegados a ese punto, como Ziad no deseaba que aquello pareciese un desafío recurrió al alemán, que ni Hani ni Jalid entenderían. Miró a Atta de frente y a los ojos:

—*Warum hasst du sie so sehr?*

—*Hass? Seit langer Zeit fühle ich weder Hass noch Liebe...!*
Atta se volvió hacia Hani y Jalid. Tenía una extraña sonrisa. No era fácil adivinar si se sentía perplejo, halagado, complacido, contrariado, agredido... Alzó las cejas y chasqueó los labios con gesto condescendiente:

—Me pregunta el hermano Ziad, Abu Tarek al Lebanni: «¿por qué les tienes tanto odio?». Y yo le contesto: ¿odio? ¡Hace mucho tiempo que no siento ni amor ni odio...! Y añado: el amor y el odio son sentimientos viscerales, calientes, que encadenan al hombre con todo lo de este bajo mundo. Un mártir viviente no debe permitirse esas pasiones.

—*Mohammed Atta, ist wie der Bürger Nietzsche, jenseits von Gut und Böse: er empfindet weder Hass noch Liebe...!* —remedó Marwan con desenfado—. ¡Mohammed Atta, como el ciudadano Nietzsche, está por encima del bien y del mal, no siente ni amor ni odio! —Y luego, histriónico, zumbón, exagerado, ahuecando el vozarrón como si abriera la caja de los truenos—: Lo que él siente es... no te enfades, Mohammed... ¡¡la paranoia del ángel exterminador!! Nos convoca en la ciudad demoníaca de Las Vegas, símbolo de la lujuria, del crack, del alcohol, de la ludopatía, del placer desenfrenado, del éxtasis orgiástico... Y nos aconseja que, para no andarnos con remilgos a la hora de asestar un golpe mortal a la nación americana, vayamos a verificar... ¿Cómo has dicho exactamente?... Ha dicho «palpar», sí, palpar todo eso con nuestros propios sentidos. ¡Guaaaooooo! ¡Hermanos, la noche nos espera! ¡No desperdiciemos ni un minuto más!

Nawaq y Jalid se encargaron del «dispositivo de salidas»: situados uno en el pasillo y otro en el rellano de la escalera, iban indicando a los demás cuándo podían bajar. Se trataba de que en el vestíbulo del Econo Lodge no vieran salir a seis árabes juntos. Marwan se marchó el primero. Al poco, Hani. Ziad y Atta se habían quedado solos. Atta empezó a trajinar: amortiguó las luces, descorrió las cortinas, abrió el ventanal, fue hacia el baño y vació los ceniceros en el váter, se oyó la torrentera del agua de la cisterna. Cuando acabó, Ziad estaba todavía en la habitación:

—A propósito de Zacarías Moussaoui... no he querido decírtelo delante de todos, pero debes saber que, si se incorpora a mi equipo, le diré la verdad.

—¿Qué verdad?

—¿Qué verdad? ¡Que él morirá en la operación! Con tres en la inopia, ya llevo demasiado cargo en la conciencia... Recuerda, Mohammed: yo no soy Himmler.

—No hará falta que te tomes esa molestia: Zacarías lo sabe. Se lo he dicho yo.

Hani y Jalid querían ir al casino Bally's, sin salir del bulevar Las Vegas South, en el 3.645. Antes cenaron algo en un chiringuito de fritos y comida rápida.

Atta volvió al CyberZone, escoltado por Nawaq Hazemi. Puso monedas en el ordenador y envió un e-mail a Ramzi Binalshibi. De acuerdo con el protocolo establecido en la «cumbre» de Tarragona, por correo electrónico seguían usando una jerga académica de alumnos, cursos, exámenes, matrículas, profesores... «Cuatro de los candidatos han sido admitidos y matriculados en la Facultad de Bellas Artes». El texto en clave desde Las Vegas sería del tipo: «Reunión claustro de licenciados sin problemas. Buenos ánimos. Fijada fecha exámenes. Te concretaré cuando todos tengan sus papeletas de acceso a examen. El amigo francés recibió dos estipendios de estudios y hoy comenzó su máster de posgrado».

Nawaq se despidió. Lo del *gambling* no le atraía. Se sentía perdido y confuso. Desconfiaba, no entendía las reglas de esos juegos: la ruleta, los dados, el baccarat, el póquer... o las simples maquinitas de «pulse el botón». En cambio, le apetecía asomarse un rato al night club Utopía: «blues, hip-hop, hard rock, funk rock... bebidas y bellísimas mujeres», había leído en un folleto de propaganda.

Atta iba a tomar un taxi hasta MaryLand Parkway y cenar en el Mediterranean Café & Market, donde servían menús vegetarianos. Luego debió de pensar que no le importaba comer carne con tal que no fuese de cerdo, y optó por ir caminando bulevar arriba al Holy Cow, un restaurante con un ingenuo ambiente *country* del lejano Oeste, abierto día y noche, y de precios económicos.

A Ziad Jarrah, lejos de parecerle satánica y perversa la ciudad de Las Vegas, le gustaba aquel ambiente de fiesta y de carnaval. Parado en la acera, las manos en los bolsillos, indeciso sin saber adónde ir y un poco aturdido por el resplandor de las fachadas de los hoteles cinco estrellas, los *dancings* de lujo y los casinos «todas las estrellas», miraba la variedad atractiva de los anuncios luminosos con sus mil colores en movimiento, los faros y las luces rojas de los coches circulando arriba y abajo... Percibía como algo ajeno, pero no molesto sino tonificante, el bullicio callejero, las musiquillas, las voces, las risas. Se admiró de la imaginación y la «marcha» de toda una ciudad capaz de palpitar día tras día y noche tras noche en esa vorágine festiva de diversión. Vio que la gente iba en grupos, en pandillas, en racimos de familias, en parejas... Y se sintió plomizamente solo. Rechazó la idea de encerrarse en la habitación del hotel. Se fue al Circus Circus, donde se alojaba, en el 2.880 del bulevar Las Vegas South. Deambuló por el gran casino del Circus Circus: 160 salas de ruleta, 2.220 maquinitas tragaperras con juegos diferentes, 72 mesas de juegos de naipes... El reino del *gambling* en plena animación.

En el inmenso recinto, además del hotel y del casino, había un circo con exhibición gratuita y continua de toda suerte de atracciones en pistas giratorias: payasos y *clowns*, domadores de animales, equilibristas, magos, prestidigitadores, faquires... Y un público cambiante de chiquillos y mayores rendidos a la fascinación circense. Ziad se sorprendió a sí mismo con los ojos pasmados y la boca entreabierta ante un gigante negro, pantalón abombachado de raso amarillo y chaleco a juego dejando al aire los brazos y el torso, relucientes como ébano pulido, que engullía una tras otra cinco bolas de fuego...

En otras galerías, carruseles, tiovivos, puestos de chucherías y baratijas, tiro al blanco, concursos de fuerza, guiñol, tómbolas... y cascadas de premios ¡¡también por estar usted ahí, amigo!!

El pensamiento de Ziad discurría sobre una idea raíl que, al término de la reunión en el Econo Lodge, había quedado aparcada en vía muerta: «A fin de cuentas, ¿por qué iban a atacar a Estados Unidos? ¿Porque los americanos eran pecadores y depravados? ¿Porque les gustaba divertirse a lo grande durante sus vacaciones? ¿Porque sabían montar el show del juego, el show de los *superstars*, el show de las *crazy girls* moviendo sus exhuberancias de silicona, el show de las bodas al pastel, el show de por aquí pasó Elvis Presley, el show del show del show... y encandilar con ello a todos los públicos?

»Atta, en su *fatwa* abominadora del Econo Lodge, no había mencionado las condenas de Bin Laden, ni la declaración de guerra a Estados Unidos, ni el Frente de Guerra contra los Cruzados y los Judíos, ni la presencia militar de EE.UU. en la península de los Lugares Santos, ni los territorios ocupados ilegítimamente por Israel a costa de muchas vidas de musulmanes...»

En la barra del bar pidió cerveza alemana. Y escogió una marca Dunkles Lagerbier. De las cervezas bávaras, la más oscura. Después del primer trago, oprimió el sabor entre la lengua y el paladar. Poco lúpulo, mucho cuerpo, fuerte aroma de malta secada al calor y con fermentación baja. Al instante se sintió inundado por una espesa niebla de nostalgias: sus años en Greisfwald, Hamburgo, Bochum, Münster...

El corazón le pedía llamar a Bochum, hablar con Aysel. Pero ¿cómo iba a explicarle a ella...? Apuró la Dunkles, sacó el móvil y fue subiendo escaleras. En cuanto tuvo cobertura marcó el código de Alemania, Westfalia, 0049... Dudó ¿5192... o era 251? Y luego, el número de su amigo y confidente de Münster:

—... Sí, es verdad: ¡ya era hora! ¿Tienes limpia esta línea...? Oye, esto es de mí para ti... y sólo para ti. A fin de cuentas, tú estás en esta historia desde el «momento cero»... ¡qué digo!, ¡desde antes que yo, desde antes de «cero»! Escúchame: cuando estamos a punto de dar una respuesta, una imponente respuesta al gigante más poderoso de la tierra, ¿sabes que nos ocurre? Que... ¡no sabemos cuál era la pregunta![3]

Marwan Al Shehhi, amigo de las emociones fuertes, prefirió los chocarreros deleites del Olympic Garden Topless Club. ¡Cuándo iba él a soñar con una noche entera a sus anchas y en Las Vegas!

El Olympic Garden Topless era como un gran hangar que se caldeaba a partir de las dos de la madrugada. La atracción consistía en un centenar de provocativas señoritas cuyo arte más estimado no era precisamente la danza, sino la voluptuosidad con que iban quitándose velos, gasas, mallas y tisúes de su livianísimo vestuario, mientras se contoneaban ante los obnubilados espectadores. Podían llegar a hacinarse allí dentro cuatrocientos o quinientos hombres, casi todos empeñados en disfrutar, bien colocados de alcohol, tratando en vano de hacerse oír por el de al lado, en el estruendo de los gritos y vozarrones de todos ellos sobre los decibelios de una música compulsiva, trepidante y descoyuntada.

Borrachines lenguaraces, en fase de achispamiento, soltando procacidades a las chicas. Sentían los excitantes efectos de un alucinógeno juego de enciendeyapaga, enciendeyapaga de luces rojas, ámbares, verdes, violetas, enciendeyapaga, al ritmo del artilugio electrónico zzumpazzumpazzumpa que marcaba el compás. Zzumpazzumpazzumpazzumpazzumpazzumpa. Travestis melancólicos con rostros maquillados como muñeconas. Punkis pálidos y taciturnos con ojeras de cadáver y pelos teñidos en colores chillones. Punkarras de aspecto feroz con pantalones claveteados, herrajes metálicos, pendientes en las ternillas de la nariz y *piercings* en las cejas y en el labio inferior, y cuyas camisetas oscuras sin mangas mostraban unos poderosos bíceps y tríceps con endiablados tatuajes. Negros sobrios. Negros borrachos. Blancos sobrios. Blancos borrachos. Chinos californianos de Chinatown —¿sobrios?, ¿borrachos?— circunspectos, displicentes, con cara de no estar allí, pero sin un parpadeo. Y arriba, en la pasarela brillante, muchas Vanessas, Merryls, Sollys, Lucys, Karens, Susans, Melanies, Dorys, Bettys... evolucionando lascivas entre un tufo agrio y dulzón de sándalo, tabaco, papelinas esnifadas, cerveza vertida, vomitona reciente, perfumes baratos, crack y sudor.

Repantigado en su asiento, Marwan miraba el espectáculo a través de su vaso de bourbon.

Al salir del Holy Cow, después de cenar, Atta se dio cuenta de que estaba en el 2.423 del interminable bulevar Las Vegas South y le quedaba una buena tirada hasta el Econo Lodge. Fue andando a paso ligero, casi de desfile militar. A derecha e izquierda, otra vez los neones parpadeantes con sus estridentes reclamos, las máquinas de *gambling* con mil colores en sus pantallas, las tiendas de «sexo directo» y sus cautivadores porteros invitando a entrar a los transeúntes, el tobogán gigante, la montaña rusa, la gente vocinglera, las limusinas blancas de nueve metros de largo aparcadas ante deslumbrantes hoteles de lujo, los fogonazos luminosos de los escaparates, las músicas congestionadas y sus ensordecedoras megafonías... Caminaba sin mirar. En su cerebro, un obsesivo diapasón le marcaba el ritmo marcial: contradiós, contradiós, contradiós, contradiós...

Ya en la habitación 124, cerró las ventanas que había dejado abiertas para que el ambiente se ventilase. Conectó el refrigerador del aire. Se duchó y se perfumó. Descalzo y envuelto en el albornoz del propio hotel, sacó de su maletín un ejemplar del Corán.

Un musulmán devoto, pensaba Atta, debía aislarse de todas esas impurezas, aborrecer con toda su alma esas idolatrías mundanales y entregarse a la plegaria en su aposento. ¿Podría concentrarse? «Siempre que recitas el Corán, ponemos un velo protector entre tú y los que no creen en la Última Vida.»

Abrió el libro con seguridad por la página donde empezaba la sura de «La luna». Musitó el *basmala*:*

«En el nombre de Alá, el Misericordioso, el Compasivo.

»La Hora se acerca y la luna se ha partido en dos... Han negado la verdad siguiendo sus pasiones. Lo cierto es que les han llegado ya noticias disuasorias. Pero ¿de qué les han servido las advertencias?

»Apártate de los incrédulos el día en que el proclamador anuncie algo espantoso...»

Algunas aleyas llamaron su atención, como si descubriera en ese momento su carga profética de terror:

—«Aunque dicen "somos un grupo invencible", tal grupo será derrotado.

»Nuestra orden será de una vez: en un abrir y cerrar de ojos. Intentarán huir, pero habrá llegado la Hora de su cita. Horrenda y amarga será esa Hora, cuando se les arroje el fuego y lo vean de cara.

»Se enviará contra vosotros una llamarada de fuego y metal fundido y no os podréis auxiliar unos a otros...

»Con la mirada perdida, saldrán de sus huecos como saltamontes desorientados y dirán "éste es un día difícil"...

»Les llegará por la mañana un castigo permanente. ¡Gustad mi castigo y mi advertencia!

* Con esa expresión comienzan todas las suras del Corán, excepto la sura 9, «At-Tawba» o sura «La retractación», porque se considera que continúa y forma unidad con la sura anterior, «De los botines de guerra».

»Cuando el cielo se raje y sea como el cuero rojo, ese día nadie podrá hacer nada por nadie...»

Al día siguiente, Atta se levantó temprano para emprender el regresó de Nevada a Florida. Y al otro, 15 de agosto, volvió al establecimiento alquiler de coches de Brad Warrick, en Pompano Beach. Esta vez le acompañaba Marwan, que aportó sus datos y firmó en el impreso como «conductor ayudante». Contrataron por dos semanas un Chevrolet Corsica azul del año 1996.

El piloto Zacarías Moussaoui, «el francés», había realizado sus prácticas en la cabina del simulador de vuelos durante tres días. Y ahí se le acabó el curso. El 16 de agosto fue detenido en Minneapolis. ¿Qué había ocurrido?

En los últimos años, era cada vez mayor la afluencia de jóvenes árabes a las academias de aviación estadounidenses para hacerse pilotos. Sin embargo, la calidad docente que se ofrecía no era nada del otro jueves como para justificar tales desplazamientos ni tales gastos. De ahí que en ciertos ambientes policiales se preguntasen ¿por qué?, ¿por qué vienen hasta aquí? Y, como un eco de esa preocupación, las academias de vuelo estaban alerta.

Al instructor de la Pan Am Flying Academy le extrañó que el nuevo alumno sólo quisiera adiestrarse en maniobras de giro, aproximación y descensos en picado, y nada de despegues, ni toma de altura, ni mantenimiento en velocidad de crucero, ni aterrizajes siquiera. Después de hablarlo con otros instructores, informó a la policía del estado de Minnesota y formalizó una denuncia. Los agentes federales registraron la vivienda del francoargelino, confiscaron su ordenador portátil, y él mismo fue detenido bajo el pretexto legal de que su visado no estaban en regla.

La situación penal de Moussaoui era fragilísima. Con una brizna de perspicacia legal se habrían dado cuenta: además de no tener en regla su pasaporte, pesaba contra él una orden internacional de búsqueda y captura, a efectos de extradición, librada por Francia. Pero... los jefes centrales del FBI tenían «muchas cosas importantes que hacer». Estaban desbordados de trabajo, de burocracia, de información. «*Too much information!*», fue el motivo que adujeron para retrasar casi un mes el volcado del disco duro del ordenador de Moussaoui. Un trabajo técnico de sobremesa que no hubiese herniado a ningún agente y que habría puesto al FBI en la pista de la conspiración de Al Qaeda, cuando todavía faltaban 26 días para la tragedia americana.[4]

Una negligencia que, además, no podía escudarse en la ignorancia: los mandos centrales del FBI tenían sobre las mesas de sus despachos informes confidenciales del agente Kenneth Williams, de Phoenix, desde julio de 2001, y de Coleen Rowley, del FBI en Minneapolis, desde agosto del mismo año. Ambos plasmaban sus sospechas de que «extremistas árabes pudieran estar aprendiendo a pilotar aviones comerciales en Estados Unidos con objetivos muy peligrosos». El agente Williams pedía «que se investigase en las academias de vuelo de todo el país».[5]

Entre el 16 y el 17 de agosto, Atta llamó al móvil de Moussaoui, como solía hacer. Detectó entonces la primera anomalía. Luego confirmó sus temores. Al saber que le habían detenido, no insistió en contactar con él. Aguantó fríamente el hormigueo de la incertidumbre: desconocía por qué causa penal habrían ordenado la detención... no obstante, el plan debía seguir su marcha.

Mientras transcurrían las 72 horas de posible incomunicación policial del preso Moussaoui, Atta se dedicó a practicar sus habilidades como piloto. Del 16 al 19 de agosto, fue a diario al aeródromo Palm Beach County Park de Lantana, en Florida, y alquiló un monomotor Piper Archer de cuatro asientos, a 88 dólares la hora. Le acompañaba cada vez un pasajero diferente. Se le vio hábil y preciso en las maniobras. Al instructor Andrew Law le dijo «yo tengo mi licencia de piloto comercial con 300 horas de vuelo, pero me gustaría hacer unas cuantas horas más». Luego preguntó precios «si contratase el avión por cien horas». Era para despistar. A él sólo le interesaba tener sus reflejos a punto y mostrar al acompañante de turno todas las acrobacias que se podían hacer con ese tipo de avión.[6]

En esos días, Atta se citó con Hani Hanjour, con Ziad Jarrah y con Marwan Al Shehhi, a solas con cada uno. Utilizó el Chevrolet azul para acudir a los puntos de encuentro. Quería pulsar el estado de ánimo de sus hombres. Y percibió que la detención de Moussaoui les contrariaba, pero su decisión permanecía inmutable. La preocupación de todos era «lo que Zacarías pueda contar si los del FBI le aprietan las tuercas con los métodos que ellos gastan».

Ante el riesgo de que el francés detenido se fuese de la lengua en los interrogatorios, Atta ordenó que cambiasen de alojamiento aquellos a los que Moussaoui conocía de cara o de nombre. Y, mediado agosto, hubo algunas mudanzas rápidas.

Dentro de la ansiedad inmóvil del compás de espera, «la caída del francés» cohesionó más al grupo. Revitalizaron el «todos para uno y uno para todos».

Hani apretó en los entrenamientos. Su objetivo era «una tarta de hormigón de más de 11 hectáreas con forma pentagonal, que apenas se alza 24 metros del suelo... y ¡que no me hablen de ninguna otra cosa en este mundo!».

Ziad cortó sus amarras por sí mismo. No dijo una palabra, pero Atta se lo notó en cuanto le miró a los ojos. Esos ojos habían dejado de brillar y de reír. Ziad tenía ya, de cuerpo entero, la gravedad mate de los que caminan sin mirar a los lados y con el rostro afilado hacia la raya del horizonte.

El miércoles 22 de agosto Atta se comunicó con Ramzi a través de un chat de internet. Fingía ser un estudiante alemán que conversaba con su novia Jenny desde Estados Unidos:

«El primer semestre empieza dentro de tres semanas... Nada ha cambiado. Todo está bien. Hay buenas señales e ideas estimulantes... Dos Escuelas Superiores y dos Facultades... Aquí este verano será caliente, con toda seguridad... Todo marcha según el plan... 19 matrículas certificadas para estudios privados y cuatro exámenes. Me gustaría hablarte de algunos detalles. Te llamaré. Recuerdos al profesor. Adiós».

¿Por qué dar noticias si «todo está bien», si «nada ha cambiado», si aparentemente no hay noticias?

En realidad, Atta sí estaba informando. Decía qué plazo quedaba para el ataque, para «el semestre»: «dentro de tres semanas». Establecía el número de operaciones, de objetivos: «cuatro exámenes». Las «19 matrículas certificadas», una extraña cifra que precisaba el número exacto de participantes. Pero sobre todo, transmitía tranquilidad a Al Qaeda pese a la detención de Moussaoui, a quien obviamente no se mencionaba. Ése era el único suceso que podía alterar los planes, y había ocurrido el 16 de agosto. Sin embargo «nada ha cambiado... todo marcha según el plan... aquí este verano será caliente con toda seguridad».

Con la «movida» de domicilios, tras el arresto de Moussaoui, cinco del grupo buscaron como fondeadero para los días de la recta final un motel de carretera, el Panther, en Deerfield Beach, junto a la autopista A1A de la costa Este. Estaba cerca de Pompano Beach y de Boca Ratón. Atta y Marwan lo habían observado a distancia, al ir y al venir del local de alquiler de coches.

En la habitación 12 del primer piso se instalaron Marwan Al Shehhi y Mohald Alsheri, que eran del mismo equipo y también parientes. Los hermanos Wail y Waleed Alsheri y Satam Al Süqami, del comando de Atta los tres, ocuparon la habitación 10, en la planta baja.

Los dueños del Panther, un matrimonio de inmigrantes polacos, Richard y Diana Surma, habían trabajado duro muchos años hasta poner en marcha su propio negocio hotelero. Richard Surma tenía 61 años y tres aficiones: cultivar sus naranjos en un pequeño huerto detrás del motel, coleccionar cachivaches exóticos y rebuscar entre lo que los huéspedes desechaban al irse. En ocasiones, si encontraba algo de interés, rezongaba con humor: «por sus basuras los conoceréis...».

Los Surma se esforzaban por crear un ambiente cordial en su motel. Estos cinco musulmanes no tenían muchas ganas de conversación, pero tampoco causaban problemas. Además, habían pagado por adelantado y en efectivo 610 dólares.

Una mañana, al ir a limpiar la habitación, Diana se sorprendió porque los huéspedes árabes de la número 10, en la planta baja, habían tapado con toallas dos láminas enmarcadas y colgadas en la pared. Eran simples litografías sin valor que no tenían nada de pornográficas: una mujer de los años veinte del siglo xx, escuchando música junto a una gramola; y dos niñas en una playa.

Diana se lo contó a su marido. Richard Surma habló enseguida con Marwan, a quien identificaba como director del grupo:

—Decidme con sinceridad: ¿os molestan esos cuadros, por algún motivo religioso, o por lo que sea...? Los quitamos, y en paz.

—No, gracias, no hay problema —fue la escueta respuesta de Marwan. Al día siguiente ya habían retirado las toallas que cubrían las láminas. Y nadie volvió a hablar del asunto.

El 26 de agosto, Atta se presentó en el motel Panther para visitar a su gente. Primero estuvo en la habitación 12. Mohald Alsheri había salido al supermercado. Marwan estaba solo y Atta le entregó cuatro folios largos americanos manuscritos en árabe con una esmerada caligrafía.

—¿Esto qué es? ¿Son... plegarias? —preguntó Marwan, mirándolos por encima.

—Son instrucciones para los últimos pasos: la última noche y el Día D. Es una preparación... moral.

—¿Quién lo envía? —Marwan iba descifrando de derecha a izquierda los trazos arábigos sin detenerse en el pormenor.

—Yo te lo doy.

—Ésta no es tu letra...

—La letra es de Abdulaziz Alomari. Pero el texto es mío.

—¿Es sólo para mí, o...?

—Una parte es sólo para ti. Luego hay trozos que conviene que se los leas a los otros. Incluso a diario, de hoy al Día D. Les templará el ánimo.

Viendo que Atta se instalaba en la butaca baja rinconera, Marwan se sentó en el borde de su cama y comenzó a leer despacio, como a tientas, sin saber lo que iba a encontrarse en el siguiente renglón:

—«La última noche: Antes de nada, haz juramento de morir... Aféitate el exceso de pelo del cuerpo. Dúchate. Perfúmate...

»Revisa uno a uno todos los detalles del plan y las posibles reacciones del enemigo...

»Lee las suras "Los botines de guerra" y "La retractación".* Medítalas y piensa en lo que Alá ha prometido a sus mártires...

»Di a tu alma que escuche y obedezca. ¡Son órdenes divinas...! Somete tu alma, convéncela, hazla entender, incítala.

»Purifícate de todo lo sucio. Desprecia este bajo...» —Marwan se detuvo, no entendía el texto—. ¿Qué pone aquí? ¿...este bajo mundo?

—Sí... «este bajo mundo, esta vida efímera...».

—»El tiempo de jugar ha pasado. Ha llegado la hora de la verdad. ¡Cuánto tiempo hemos perdido! ¿No deberíamos aprovechar estos últimos momentos para ofrecer actos piadosos y actos de obediencia?»

---

* Son las suras 8 y 9, dos capítulos del Corán sobre la «guerra santa».

Marwan volvió a detenerse un instante. Luego miró a Atta:

—«Actos de obediencia...» ¿a ti o a otro jefe por encima de ti?

—«Actos de obediencia» a Alá. A su designio. Actos de someti-miento. «Todo está escrito.» ¿Crees eso, Marwan? ¿O piensas acaso que eres tú quien libremente ha elegido ejecutar esta misión y morir como «mártir» en esta misión?

—Hombre... estará escrito, pero... ¡yo no lo he visto escrito en ninguna parte! Yo me he enrolado en esto porque he querido. Y to-dos los días quiero seguir enrolado. Pero ¡soy yo el que quiero! ¡Yo, con libertad! ¡Y sé que podría no querer!

—Estás en un error, Marwan. Un error esencial. Tú, como yo, has sido elegido por designio de Alá —Atta alzó la cabeza señalan-do hacia más arriba del techo— para estar entre sus «mártires», porque «desde una eternidad ya estaba escrito así». ¿Que podrías no querer? ¡Obvio! Pero irías contra tu propio destino. Tú, Marwan, no haces más que seguir tu destino.

—¡Un momento! ¿Me estás queriendo decir que no soy libre?

—En sentido estricto, no eres libre. La iniciativa y el arbitrio de esta misión están muy por encima de ti. Y el triunfo o el fracaso escapan también a tu voluntad. Más adelante leerás en esos folios la invitación reiterativa a poner la confianza en Alá, a aceptar su designio, a ser pacientes y no rebeldes. Esos son los «actos de obe-diencia». No cabe otra actitud que ponerse en las manos de Alá. Rebelarse es inútil. Alá es el Fuerte, el Todopoderoso. El Irresisti-ble. El Invencible. Él gana siempre.

—Pero, pero, pero, Mohammed... si no soy libre, si cumplo un destino ciego, ¿qué coño de mérito tengo?

—No hay mérito en hacer lo que se debe hacer. Alá, si quiere, te premiará. Pero no está obligado a hacerlo.

—Según eso, sólo Alá es libre.

—Sí.

—Y nuestra vida, un puro determinismo, un «todo está escrito» inexorable, fatalista...

—La palabra adecuada es «indefectible». Ésa es la verdad, Ma-rwan, aunque muy pocos la acepten.

—Si lo que ha de ocurrir va a ocurrir de modo inevitable; si no sucede nada que no haya de suceder; si no hay libertad para hacer las cosas de otro modo, entonces, dime, los humanitos ¿qué somos? ¿Robots del destino? ¿Comparsas de Alá... de un peliculón escrito, dirigido y producido por Alá? —Marwan se había quitado las gafas y se secaba el sudor que le resbalaba por las cuencas de los ojos—. Porque, claro, si no hay libertad, ¿qué elección nos queda? ¡Ninguna! Según eso, no tenemos mérito al hacer el bien, pero tampoco tenemos culpa al hacer el mal. Más aún: ni hay bien ni hay mal...

—Exactamente.

—¡¿Exactamente?! Jodeeeecr, ¡eso es nihilismo puro!

—Venga, Marwan, déjate de filosofías y sigue leyendo...

Marwan discutía con Atta a menudo, pero nunca se enfadaba. Tenía un cachazudo sentido del humor. Se tomaba la vida tan poco en serio que... no le importaba demasiado jugársela, siempre que el juego en sí le gustara, le provocara —como él solía decir— «emociones no reciclables». De sus miedos y de sus demonios se defendía bromeando o haciendo el gamberro. En aquel momento, al recolocarse las gafas para seguir con los folios, rezongó:

—Mira por dónde: si no hay mérito ni culpa, el rollo ése del pecado es un invento para fastidiarnos la vida... ¡Barra libre y nenas con buenos butis, carnecita fresca dabuti!

—No me provocas... Lee, que te espera una grata sorpresa.

—«Te falta ya muy poco tiempo para alcanzar el paraíso. Es cuestión de un momento, un breve instante... Y después, la Vida Feliz donde Alá estará satisfecho de ti. Tendrás su eterna bendición y estarás con los profetas, los mártires y los justos. ¡Qué buena compañía!»

Marwan leía algunos párrafos en silencio. Otros en voz alta, como si buscase la confirmación de Atta:

—«Con esta acción Alá te pone a prueba. Él luego borrará todos tus pecados y te elevará en rango de dignidad ante Él.»

—¿Ves? Sí pecamos; pero una acción gloriosa y heroica emprendida por Alá mueve su Misericordia al perdón.

—Mejor me lo pones: mártires, ¡a pecar, que Alá no es quisquilloso! Sigo leyendo... «Está dicho: "¡Cuántos grupos pequeños derrotan a grupos grandes porque es voluntad de Alá!" Y también: "Si Alá quiere darte la victoria, nadie te podrá ganar; en cambio, si Él te vuelve la espalda, ¿crees que podrás vencer sin Él? Por eso, el creyente sólo pone su confianza en Alá".

»Acuérdate de tus plegarias de la mañana y de la tarde. Las plegarias al entrar en una ciudad, en un vehículo. Las plegarias sombrías. Las de antes de iniciar el ataque...»

—A partir de ahí —interrumpió Atta— el *Manual* sirve también para los demás. Luego van unos «consejos para el trayecto hasta el aeropuerto»...[7] Separa lo que es sólo para ti y lee el resto a los otros. La «recomendación final, dentro ya del avión» —en el texto leerás *tayyara*—, es exclusivamente para los que encabezamos cada ataque. Memoriza esos folios y destrúyelos cuanto antes.

Atta bajó después a la habitación 10, donde estaban Satam Al Süqami y los hermanos Waleed y Wail Alsheri. Sin circunloquios, —«vengo a leeros algo para las vísperas del *gazwah*»—, sacó del maletín otro juego de folios como los que acababa de entregar a Marwan, se sentó y de manera cadenciosa fue recitando unos párrafos:

—«La noche antes del "ataque santo", sé constante en pedir a Alá que te dé el control de la situación, que haga fácil tu tarea sin exponernos en vano, y que nos dé la victoria.

»Pasa esa noche pensando en Alá. La mejor manera es leer el Sagrado Corán: ahí están las palabras del Creador de la tierra, de los hombres, de las plantas...

»Ajústate y abróchate la ropa antes de entrar en combate: que tus brazos, tus piernas, tu pecho, tu espalda y tus partes íntimas estén cubiertas en todo momento. Así lo hicieron los guerreros creyentes de todas las generaciones desde el Profeta. Ata bien tus zapatos y ponte calcetines para que tus pies estén firmes y no resbalen...

»Estas trivialidades son lo poquísimo que podemos hacer los hombres para controlar nuestro destino. Todo lo demás está en manos de Alá. Pero ¿se puede depender de alguien mejor?»

La polaca Diana Surma era una mujer hacendosa, limpia, madrugadora y muy solícita con sus huéspedes. Lo que no toleraba era el timo de que en una habitación se alojara alguien sin registrarse y sin pagar. Por eso, en cuanto se percató de que un musulmán desconocido había estado en el cuarto de Marwan y llevaba ya un buen rato en la habitación 10, bajó, llamó a la puerta con energía y, como el picaporte cedía, entró muy enfadada a leerles la cartilla.

En la estancia había un clima de recogimiento, casi de unción religiosa: Atta leía en árabe con voz suave y bien modulada. Los otros tres se bebían sus palabras en respetuoso silencio. La irrupción de la casera resultó intempestiva y disonante.

Atta la miró muy serio y cortó su bronca diciéndole con tono de dominio:

—Cálmese, señora. Sólo soy un visitante... ¿O sus inquilinos no pueden recibir visitas?

Atta le lanzó una mirada de dura reprobación: ¿cómo una mujer se atrevía a entrar sin permiso en el dormitorio de unos hombres interrumpiendo estúpidamente una conversación seria?

Así lo acusó Diana Surma. Siendo como era una mujer de armas tomar, brava y nada tímida, se sintió desautorizada en su propia casa por el imperio de ese extraño. Azarada, farfulló una disculpa.

—*I'm sorry*, perdonen, continúen ustedes. —Y se marchó.

Atta concluyó su lectura con reafirmada parsimonia:

—«Está dicho: Obedeced a Alá y no disputéis entre vosotros, porque os acobardaríais y perderíais vuestro ímpetu... Para quien se apoya en Alá, Alá es Sabio e Invencible.

»Haz la oración matutina con tu grupo. No salgas de tu alojamiento sin haber hecho tu última ablución: recuerda que los ángeles pedirán por el perdón de tus pecados si estás en estado de ablución... Limpia tus dientes, enjuágate, no entres en combate con restos de comida en la boca. Así lo hacían los guerreros desde las primeras generaciones.

»Si Alá decreta una matanza, no te opongas: obedece. ¡Es una orden divina! Dedica la matanza a tus padres porque estás en deuda con ellos.

»Dice el Profeta: "Afila bien tu cuchillo, para que no le hagas al animal más daño del necesario durante el sacrificio". No seas negligente: presta atención al enemigo y no le hagas sufrir en vano.

»No te vengues: que tu acción sea sólo por la gloria de Alá.»

—Encuentro muy difícil, Mohammed, atacar a muerte al enemigo y no consentir en el deseo de venganza —comentó Wail Alsheri, el físico, que había escuchado con toda atención.

—¿Conoces el *hadiz* de Alí bin Abi Talib?

—Fue compañero y pariente del Profeta...

—Sí. Luchaba una vez Alí contra un infiel. En plena pelea, el infiel escupió a Alí en la cara. Alí lo maldijo, pero no le devolvió el escupitajo. Al terminar la batalla, sus compañeros le preguntaron «¿por qué no has escupido tú también al infiel?». Y Alí les contestó: «Cuando me echó el salivazo, sentí tal cólera por la ofensa que temí lanzarme contra él en ese momento sólo para vengarme. Por eso me contuve y sólo lo maldije». Después, Alí purificó su intención, aplacó su afán de venganza y, cuando ya estaba sereno, volvió, buscó a aquel hombre... y lo mató.

»Es decir, Wail: antes de una acción combativa, serénate hasta que estés seguro de que lo haces sólo por Alá.

—Jefe... Mohammed —Satam Süqami estaba sentado en el suelo, descalzo y con las piernas cruzadas. Levantó una mano como un colegial para preguntar—, ¿y si sientes miedo... bueno, sí, miedo, en el momento mismo en que tienes que dominar a toda aquella gente y secuestrar a un grupo tan numeroso?

Atta abrió mucho los ojos y enarcó las cejas como desorbitando su asombro. Era sorprendente que Satam Süqami, un «cachas» macizo, un tanque de hierro recamado de potentes músculos, un tipo capaz de matar a un toro de un puñetazo, él, justamente él, saliera con ese amago de debilidad.

—Sí... llevo días pensándolo. Por fuerte que seas y por huevos que le eches, la desproporción asusta... ¡Somos tan pocos en cada comando!

—Waleed y tú os llevaréis a los viajeros hacia la parte de atrás del avión, y allí los tendréis quietos y bajo control...

—¿Podríamos utilizar un spray que los adormile y los atonte?

—Siempre que esos botes pasen el control... Tendrían que ser envases pequeños y llevarlos camuflados en el neceser como si fueran desodorante o gomina para el pelo...

—Les ponemos pegatinas en árabe —sugirió Waleed, el menor de los Alsheri, que se sentía concernido en primera persona—; así, si nos registran las bolsas no entenderán qué pone...

—¡Hombre, tampoco creáis que van a ser doscientos veinte...! Lo hemos estudiado y se han elegido rutas, días y horas de vuelos con poco pasaje: máximo, ochenta o noventa personas por avión.

—Aun así —insistió Satam—. Yo sólo tengo dos puños. Y dos tibias y dos talones, pero no puedo usarlo todo a la vez...

Atta bajó los párpados y calló un rato. Satam, con un pecho y unos brazos que podrían batir cemento como una hormigonera, y de quien todos pensaban que era un descerebrado, precisaba una explicación «superior».

—Alá nos salva del miedo, Satam. —Atta había vuelto a sus

folios, aunque no los necesitase para esa respuesta—. Él dijo: «Sólo pueden temer los aliados del Demonio». Y así es. Estos americanos viven fascinados con la civilización occidental. Desde niños han mamado ese amor idólatra a la tecnología electrónica de su armamento, sus aviones supersónicos, sus computadoras, sus cirugías con láser, su aire acondicionado... ¡Ésos son sus dioses! Tú y yo dependemos de Alá. Ellos en cambio dependen de esas cositingas materiales hasta para respirar. Un corte de fluido eléctrico, un fallo en un motor del *jet* privado, un bloqueo en el sistema informático de bolsa... ¡¡y no son nada!!

»Lo saben, eh. En el fondo de su conciencia ellos saben que, como personas, son frágiles. La tecnología punta de las narices no les hace más fuertes. Y cuando caen en la cuenta de su debilidad, se sienten inseguros, les entra el miedo y ¿qué hacen?... ¡acuden al psiquiatra!

—¡¡Joajoajoajoaaa!! —a Waleed le divirtió mucho ese colofón retórico.

—Ríete, ríete, pero abre el listín de páginas amarillas de Nueva York: ¡psiquiatras a puntapala! Se forran y no dan abasto.

Atta recompuso su seriedad y volvió a dirigirse a Satam:

—¡Son ellos los que tienen miedo! Alá nos dice: «No les temáis. Si sois creyentes, temedme a Mí». El miedo es una gran forma de adoración y Alá es el único que se la merece. Temer a los hombres sería idolatría. ¿Me has entendido, Satam?

Buscó un párrafo de los folios y leyó literalmente:

—«En aquel momento, cuando te dispongas al ataque, nadie debe notar que estás haciendo una plegaria. Pero tú íntimamente di "¡no hay más Dios que Alá!". Si lo repites mil veces, nadie podrá saber si estás rezando a Alá o si simplemente estás sereno. Además, quien diga con el corazón "¡no hay más Dios que Alá!" va al cielo. El Profeta dijo: "Si pones todas las palabras y todos los mundos en un plato de la balanza", y "¡no hay más Dios que Alá!" en el otro plato, "¡no hay más Dios que Alá!" pesará más.»

—No temas, Satam. No temáis, Wail y Waleed. Repetid esas palabras en el corazón y de ellas sacaréis la fuerza.

Aquellos hombres no esperaban el escrito de recomendaciones. Sin embargo, la visita de Atta les tranquilizó. Desde el arresto de Zacarías Moussaoui estaban en ascuas. Habían pasado diez días y hasta el momento no tenían indicios de que el francés hubiese hablado de más, pero tampoco disponían de medios para saberlo. En todo caso, allí en el motel Panther, Atta corroboró a Marwan y a los de su propio comando que el plan seguía adelante aunque faltase uno del equipo. No les pidió parecer. No era una consulta, sino una orden. A continuación les confirmó la fecha, la hora, las aerolíneas y los números de vuelos. Y sobre un plano de Boeing 767-200 fue señalando la ubicación preferente de los asientos que debían reservar «o comprar en el acto, si con la reserva os pusieran pegas... ah, y sólo billetes de ida».

Antes de abandonar el motel Panther, Atta hizo un aparte con Marwan:

—Tendrías que hacer «política dulce» con la casera. Le he pegado un corte y se ha desconcertado. No sé, dile que soy un profesor de gramática con malas pulgas... Tú sabes hacerlo. Quítale hierro, para que no empiece a mosquearse y a preguntar.

Aquel mismo día 26 los hermanos Wail y Waleed Alsheri sacaron sus billetes —«sólo ida»— para el vuelo 11 de American Airlines del 11 de septiembre de Boston a Los Ángeles. Los abonaron con tarjeta Visa de débito del Sun Trust Bank dando como dirección un apartado postal de Hollywood, Florida.

Al día siguiente, Mohald Alsheri y Fayez Ahmed, del comando de Marwan, adquirieron sus carísimas plazas en primera clase, para el vuelo 175 de United Airlines también de Boston a Los Ángeles y «sólo ida». La dirección de contacto que dieron fue otro apartado postal de Delray Beach, Florida.

Atta reservó su billete y el de Abdulaziz Alomari el 28 de agosto, a través de la página web de American Airlines: vuelo a Los Ángeles del martes 11, a las 7.45 horas, en clase *business*.

Aunque era por internet, forcejeó con la operadora hasta conseguir asientos en las primeras filas «no importa que no sean contiguos». Utilizó su tarjeta de «viajero frecuente» —Advantage Profile #6H26L04— que acababa de dar de alta apenas tres días antes, el 25 de agosto, y pagó con Visa Oro del Sun Trust Bank.

Marwan Al Shehhi prefirió ir en persona al mostrador de United Airlines, en Miami. El día 28. Cruzó los dedos y se permitió una *boutade*: «por favor, si estuviera libre la plaza 6C... es donde vuelo más a gusto». Había pedido una zona cara, y le dieron lo que pedía. Le costó 1.600 dólares, más de 270.000 pesetas, que abonó en metálico.

Seis de los secuestradores aportaron como teléfono de contacto el número de Atta 915 8153004. Clara señal de que a Atta no le importaba que, en la investigación posterior, su nombre se vinculase con el desempeño de un papel rector en el complot.

Sólo siete estaban en el secreto de que iban a una operación inexorablemente suicida: Atta, Marwan, Hani, Ziad, Jalid, Nawaq y Alomari. Los siete sabían que, una vez dado el paso al frente, no había vuelta atrás. La red se había cerrado hacía tiempo, dejándolos dentro a ellos... y a los otros doce.

Ahmed Alghamdi, uno de los saudíes del clan Alghamdi que intervinieron en los ataques, debió de columbrar la atrocidad en que andaba metido y que no tenía escape posible. Flaco, de rostro enjuto y macilento, con barba cerrada y pelo muy negro, aunque sólo tenía 22 años, parecía mayor. Su puesto estaba en el comando de Marwan. Pocas fechas antes del Día D, saltándose las instrucciones, telefoneó a Baljurshi, el pueblo donde vivía su familia. Preguntó por cada uno, se interesó por algunas menudencias domésticas. Contó cosas de Florida y de Delray Beach. Les dijo que Hamza, Said y él mismo estaban muy bien... De pronto, enigmáticamente pidió: «Rezad a Alá por el perdón de mis pecados». Fue la última vez que su familia habló con él.

El 28 de agosto, después de reservar su billete y el de Alomari, Atta telefoneó a Ramzi. En su comunicación anterior por una sala de chat, el día 22, le había anunciado «te llamaré».

Para Atta, que llamaba desde Florida, eran las ocho de la tarde; pero en Hamburgo eran las tres de la madrugada. Ramzi dormía en el piso del 54 de Marienstrasse, el «Lugar de los Seguidores», y el timbre del teléfono le despertó con sobresalto. Atta no se identificó. Le habló en dialecto egipcio. Ramzi a pesar de la somnolencia lo reconoció enseguida:

—¿Ocurre algo...? ¿Qué hora es? ¡Me has despertado...!

—Siento despertarte, es que... tengo un jeroglífico y espero que tú me ayudes a resolverlo. He hecho una apuesta con un amigo mío... Verás, atiende bien: son dos bastones, un guión y un pastel con un rabo hacia abajo... ¿Qué puede significar?

—Hummmm... espera, espera... repítemelo...

—Apunta en un papel: dos bastones...

El dato que Ramzi esperaba era una fecha. Por tanto, tenían que ser números de días o nombres de meses. Intentó descifrar mentalmente: ¿Dos bastones, dos cayados, dos palos...? Podían ser dos sietes o dos unos. Rechazó el 77: no era un número adecuado para indicar fechas. «Será un once». ¿Un guión...? ¿Un signo menos o un simple separador? El pastel con un rabo hacia abajo parecía surrealista. ¿Un ratón? ¿Algo del ordenador? ¿El signo &, el signo @, una Ç, un ?, un 9...?

Al otro lado de la línea Atta le decía:

—Tómate el tiempo que necesites. Conozco a mi amigo y no es un tipo enrevesado. La dificultad de sus adivinanzas es que suelen ser muy simples... ¡evidentes!

Con ese toque, Ramzi optó por lo más obvio: «11-9». Aunque «11-9» podían ser dos fechas distintas.

«Mohammed llama desde Estados Unidos —pensó Ramzi— y se maneja con datos de vuelos y horarios y fechas de aquel país. Los estadounidenses escriben primero el número del mes y después el del día. Visto así, "11-9" quiere decir nueve de noviembre. Sin embargo, en Europa y en Arabia primero ponemos el día y luego el mes, con lo que "11-9" puede ser once de septiembre.»

—¡Es un buen jeroglífico! Vas a ganarle la apuesta a tu amigo. Sólo tengo una duda: ¿él escribe como los americanos... o como nosotros?

—Él escribe como tú escribirías ahí en Alemania, o como el profesor allá en su tierra... Ah, da saludos míos al profesor.

Eso despejó el acertijo: la fecha del *gazwah* no era el 9 de noviembre, sino el 11 de septiembre. Sólo faltaban dos semanas.[8]

Aquella noche, Ramzi ya no pudo conciliar el sueño.

El grupo de América estaba ya en la cuenta atrás. Fueron dejando los apartamentos y las casas de alquiler y, con poco equipaje, se mudaron a moteles suburbiales acostumbrados a los huéspedes de paso.

Incluso la familia de Abdulaziz Alomari abandonó su vivienda con fachada de estuco color pastel en la hilera de adosados, la 57th

Terrace de Vero Beach. A finales de agosto, Alomari devolvió las llaves a su casero, Hank Habora. Desaparecieron de la noche a la mañana sin despedirse de nadie en la barriada. En opinión de los vecinos, eran «gente sencilla, anodina, muy normal», «tranquilos, no gritaban ni armaban ruido a pesar de que tenían tres o cuatro niños», «parecían fiables y sin nada que ocultar: al salir de casa solían dejar la puerta abierta». Alguien de los adosados sí observó que «a finales de agosto tiraron a la basura ropa usada, cajas, trastos». Un vecino que vivía enfrente, cruzando la calle, vio que «una mañana temprano, llegó una furgoneta y recogió a toda la familia con sus bártulos».[9]

Durante los últimos días, Atta concentraba su atención más que nunca en «los atletas». Eran los momentos de la palabra estimulante, el brazo amparador por los hombros, comer con éste, desfogarse en el gimnasio con el otro, dar un largo paseo con aquél que andaba más cabizbajo y menos enardecido...

Con instinto de jefe, en cuanto Alomari se quedó solo, Atta lo llamó consigo. Sin embargo, Alomari era de los de temple inconmovible. Uno de los que estaba en el secreto y sabía que moriría en la operación. En el Departamento de Mártires de Al Qaeda guardaban su testamento manuscrito y su «último deseo» como mensaje de despedida grabado con voz e imagen:

«Este es un mensaje para que América se vaya y deje de apoyar a Israel —había dejado dicho Alomari—. Sabed que podemos derribaros igual que a los otros grandes enemigos. [...] Que Alá recompense a todos los que me entrenaron y planearon este acto glorioso, y me refiero especialmente al "guerrero santo" Osama Bin Laden. ¡Que Alá le proteja!».[10]

Durante la primavera de 2001, en Florida, Alomari fue tomando al dictado de Atta una *Guía de los últimos pasos del guerrero suicida*, unas recomendaciones rituales para la última noche y el último día del «mártir». Luego las pasó a limpio con esmerada caligrafía.

El 29 de agosto, Atta volvió al establecimiento de Brad Warrick en Pompano Beach para entregar el Chevrolet Corsica azul. Había recorrido con él 3.081 kilómetros. Preguntó al dueño si tenía libre el Ford Escort blanco modelo de 1995 que ya usó en otra ocasión. Como el coche estaba allí, lo alquiló y se lo llevó.

A los dos días, llamó por teléfono a Brad Warrick:

—¿Señor Warrick? Verá, el Ford Escort funciona bien de motor, neumáticos, todo... Sin problemas. Pero hay un pequeño asunto antipático: el chivato luminoso de la gasolina no se apaga... No, ya, ya... acabo de llenar el depósito a tope, y sigue en rojo...

¿Qué pretendía con esa llamada? Si tanto le molestaba esa lucecita, él mismo podía quitar el fusible, o pasarse por la casa de alquiler para que allí se lo arreglasen. Atta no era un palurdo timorato, ni daba innecesarias señales de vida salvo que conviniese para sus planes. Esa llamada tenía su porqué.

Desde la detención de Moussaoui, Atta y sus hombres sólo sabían que el francés continuaba preso ya quince días, pero no tenían medios para averiguar qué estaba ocurriendo policialmente. Pisaban sobre ascuas, ignorando si Moussaoui habría facilitado cualquier dato o si en el registro de su piso habrían hallado un nombre, una dirección, un número de teléfono, un apunte... Por tanto, si el FBI andaba tras la pista de alguno de ellos o si podían moverse con libertad.

Con esa llamada al local de Warrick, Atta exploraba la seguridad del terreno. Según cómo le respondiese el de los alquileres de vehículos, el egipcio podría detectar si había alguna indagación policial en marcha. Entre los primeros lugares que chequea la policía cuando busca a alguien están precisamente las oficinas y garajes de alquiler de coches. La historia del chivato de luz era un pretexto hábil. Atta estaba tendiendo una celada psicológica al tal Warrick: al telefonearle por sorpresa, el otro reaccionaría sin disimulos. Si la policía ya le hubiese alertado, mostraría cierto nerviosismo, cierto interés por saber «dónde está usted ahora». Más aún: de manera astuta le sugeriría «pásese por aquí, tráigame el coche y se lo cambio». Pero a Warrick no le importó saber dónde estaba Atta. No dio importancia a lo del chivato rojo y hasta le dijo algo así como que «con este puente festivo tan largo, todo el mundo se lanza a las carreteras y no me queda ni un coche que ofrecerle». Atta respiró.

En efecto, aquel viernes 31 de agosto comenzaba el largo puente de la fiesta del Trabajo. Cuanto más trasiego hubiera esos días, más calma y menos viajes habría a partir del martes 11.

La ingeniería cerebral de Atta funcionaba como un cronógrafo Perrelet Grand Maître de cuatro esferas sincronizadas por pilas de cuarzo. Con todo, él no se fiaba de la exactitud automática: revisaba manualmente las ruedecillas dentadas, los precisos tornillos de rubí, los diminutos muelles, los engranajes mínimos... como lo haría en 1771 Abraham Louis Perrelet, el relojero artesano.

El 4 de septiembre Atta fue a una oficina de correos de Florida para certificar un paquete postal cuyo destinatario era Mustafá Muhammad Ahmed Alhawsawi en Dubai. Siguiendo las instrucciones que Abu Zubaidah le dio en Tarragona, después de deshacerse de ropa, calzados, ordenadores, libros, cámaras de fotos, videocámaras y efectos personales, apiló en una caja de cartón el fondo documental que durante quince meses habían ido reuniendo con sus trabajos de campo: mapas, planos, horarios, vídeos, disquetes y CD-ROM conteniendo observaciones de lugares, listados de personas, informes sobre sistemas de vigilancia y seguridad, fotografías... todo cuanto pudiera servir para ataques futuros. Como acordaron, Ramzi Binalshibi ya le había enviado camuflados en distintos e-mails los datos de la dirección postal de Mustafá M. A. Alhawsawi en Dubai. Este hombre, un saudí de 33 años, era el jefe de las finanzas —más que de Bin Laden— de Al Qaeda.

Jalid Almidhar y Nawaq Hazemi, aunque fueron los primeros en reservar plazas —el 8 de agosto y en las oficinas de American Airlines—, casi un mes después seguían sin tenerlas confirmadas. Hartos de esperar y nerviosos porque el tiempo se les echaba encima, el 5 de septiembre se presentaron ante un mostrador de la American Airlines en el aeropuerto internacional de Baltimore, Washington:

—Queremos dos billetes de primera clase Washington-Los Ángeles para el martes, 11, por la mañana...

—Dos primeras en el vuelo 77-AA. La hora prevista de salida es a las 7.59 del aeropuerto de Dulles. ¿Cómo van a abonarlos?

—En metálico.

No habían viajado hasta Washington sólo por los billetes. Tenían dos tareas más. Una atenta observación del aeropuerto de Dulles: los accesos y el interior. Ya habían estado allí un par de veces, pero deambularon durante horas, mirándolo todo con ojos nuevos y con más minuciosa perspicacia. Finalmente, se desplazaron hasta las inmediaciones del Pentágono. Pasearon un rato como turistas y en cierto momento se detuvieron junto a uno de los costados del edificio militar contra el que pensaban estrellarse: introdujeron las coordenadas de situación de ese lugar en el GPS —sistema de posición global— portátil que Atta les había entregado. De ese modo, el Día D su avión enfilaría con puntería el objetivo.*

El mismo día 5 de septiembre, un Mitsubishi sedán blanco fue captado por la videocámara de control del parking del aeropuerto internacional de Logan, Boston. En el asiento del copiloto, uno de los mamporreros del equipo de Marwan, el saudí Fayez Ahmed. Al volante, el emiratí Satam Al Suqämi del comando de Atta, que además había conseguido un pase plastificado de «acceso a zonas aeroportuarias restringidas»: terminal de carga, abastecimiento, hangares, llegadas y salidas vip's, áreas de seguridad... En esos días, el Mitsubishi entró y salió cinco veces. Todas ellas fue registrado en vídeo.

Con la soltura de quien lleva un *cipol* abrepuertas, Satam evolucionaba rastreando Logan por dentro y por fuera. Con todo, donde más tiempo invirtió fue explorando los aparcamientos. Se entrenaba: el Día D él tendrá que conducir ese sedán blanco desde el centro urbano de Boston hasta el aeropuerto de Logan, llevando consigo a los hermanos Wail y Waleed Alsheri.

Durante meses, los terroristas se esforzaron por mantener un perfil bajo y gris para que nadie reparase en ellos. Sin embargo, metidos ya en el tobogán irreversible de la cuenta atrás, quienes sabían que estaban quemando su último septiembre y que cada día les acercaba más a su cita con la muerte, empezaron a ponerse agresivos y nerviosos. Hubo conatos de gresca, amagos de pelea de cantina.

---

* En cada vuelo usaron un GPS portátil. Previamente, situados junto al edificio que debían atacar —el Pentágono, el Capitolio o las Torres Gemelas—, incluso a nivel del suelo, en la calle, reinicializaron el sistema de posición global, solicitando las coordenadas de latitud y longitud del punto espacial donde ellos estaban. De manera automática se registró la posición exacta en grados, minutos y segundos con referencia al norte y al oeste. Después le dieron un nombre o una contraseña a ese punto y lo fijaron en la memoria del medidor. El Día D, a cada piloto le bastó marcar esas coordenadas en el GPS fijo que el Boeing llevaba ya instalado, para que el avión por sí mismo le guiara certeramente hacia el objetivo.

La noche del sábado 1 de septiembre, Marwan Al Shehhi y su compañero de cuarto en el motel Panther, Mohald Alsheri, se divirtieron bebiendo güisqui y champán con dos mujeres de alterne en el 251 de la avenida Sunrise de Palm Beach. Era un pub ubicado en una zona cara, entre los lujosos pisos Biltmore y el Paramount Building, un imponente chaflán amarillo con sus peculiares toldos verdes que, aun reconvertido en multicentro comercial, mantenía la solera de lo que fue en los años treinta: un teatro por todo lo alto donde lo mismo actuaba Charlie Chaplin que Orson Welles que Glenn Miller y su orquesta.

Ya de madrugada, cuando les presentaron la cuenta, Marwan leyó la cantidad y lanzó un bufido:

—¡¿Milciendólareeeeees!? Pero ¡¿qué se han creído...?! —se encaró al camarero—. ¡Esto es una estafa! ¡Y no pienso pagar!

Acudieron dos grandullones malencarados con trajes gris oscuro, camisa gris oscuro y corbatas gris plata. Uno de ellos parecía afro y llevaba gruesos anillos de oro en tres dedos de la mano izquierda y un brillante relumbrón en la oreja derecha. Marwan, muy colocado de alcohol y furioso, no se arredró:

—¡UNA ESTAFA, UN FRAUDE! ¿Se me entiende bien? ¡Sois una panda de ladrones! ¡Un champán barato de fábrica, un güisqui matarratas y dos furcias pasadas...! ¡No voy a dejar que me estafe ningún mamón hijoputa, por muy de Palm Beach que sea!

Se quitó las gafas y las dejó sobre la mesa. Crispó los puños y engalló el cuerpo con ademán de arremeter contra los dos gorilas del establecimiento. Pero, repentinamente, se detuvo. Algo ocurrió entre sus glándulas y su mente: se paró en seco. Aspiró y resopló fuerte, reprimió un eructo y volvió a ponerse las gafas. En un instante había aplacado su cólera. Del bolsillo trasero del pantalón sacó un puñado de dólares. Con fanfarrona lentitud fue arrojando sobre la mesa uno, dos, tres, cuatro, cinco... hasta veinte billetes de cincuenta. Miró la pila de dólares y al echar el último dijo: «y con esto hacen mil...». Una pausa tensa. Los gorilas abombaron sus pechos. En la oreja del afro refulgió el brillante. Marwan entresacó otro billete, éste de cien, nuevo y terso. Se embolsilló su fajo de dólares. Después, sosteniendo con ambas manos el billete de cien, lo alzó, lo exhibió ante las narices de los gorilas y, muy despacio, irritantemente despacio, lo rasgó en dos mitades que dejó caer, primero una y luego otra, junto al resto de billetes amontonados sobre la mesa.

—¡Me da asco vuestro jodido dinero! —masculló. Sin dejar de mirar con desprecio a los dos gris oscuro de la seguridad del pub, sacó otra vez su fajo del bolsillo y tomó seis o siete billetes de diez dólares:

—Distingamos, eh... No soporto los timos, pero ni soy un insolvente ni soy un roñoso... ni tengo nada personal contra vosotros. ¡Ahí va eso! —Les lanzó los billetes a la cara, como si echase cacahuetes a los monos—. Tú fúmate un Davidoff, y tú cómprate un brillantito para la otra oreja... Estáis invitados.

Los dos grandullones aguantaron imperturbables como moles de piedra. Marwan y Mohald se esfumaron por la avenida Sunrise.

Al día siguiente salieron otra vez juntos. Marwan conducía el Ford Escort de alquiler y Mohald iba en el asiento del copiloto. Se metieron 500 kilómetros de ida y otros tantos de vuelta por la A1A, desde el motel Panther en Deerfield Beach, hasta Daytona Beach.

En Daytona, brujulearon recorriendo la playa y el Daytona Speedway, el famoso circuito internacional de moteros y conductores de fórmula 1. Ya de noche, recalaron en el espectáculo de *striptease* del Pink Pony. Tomaron unas copas y fueron rumbosos con las chicas.[11] Marwan le preguntó a una:

—Oye, conejita, ¿tú sabes por dónde cae un bar o un motel o un loquesea llamado «El último refugio», The Last Refuge?

—¿The Last Refuge? ¡Ni idea! —la muchacha pronunciaba una especie de gangoso y desganado ¡ñideeeea!—. En Daytona hay más de trescientos moteles. Y pubs y bares... ¡bufff! ¡Ñideeeea!

—Ese que digo yo es especial, y tú sabes por qué.

—¡Ñideeeea, chico! No me suena... ¿Qué tiene de especial?

—¡Uaoooouuu! —exclamó Marwan, con cara de terror y voz rugiente de monstruo, como si jugase a asustar a la del Pony Rosa—. Aquí en Daytona Beach y exactamente en «El último refugio», la «pasma» trincó a Aileen Wuornos, «la doncella matahombres», la prostituta siniestra que se cargaba a tiros a sus clientes después de cobrarles el servicio... ¿Sigues sin tener ñideeeea, conejita?

—Aaaaaah, ya sé quién dices. A ésa la detuvieron aquí, sí, pero no era de aquí. Y lo tiene... crudito y muy crudito, porque en Florida también funciona la inyección letal. Crack en vena. Una dosis que mataría a un caballo, y hala, a joderse para siempre. Pero entiéndeme bien, Mohamed: esa tía ¡no era de aquí!*

Marwan y Mohald se marcharon pronto. Tenían que recorrer 500 kilómetros por la autopista hacia el sur, de regreso al motel Panther.

El viernes 7, su último viernes en este mundo, Atta, Marwan y Alomari estuvieron en un tris de montar un altercado. Fue también a la hora de la factura.

Habían pasado varias horas en la ostrería Shuckum's, en Harrison Street 1.814, de Hollywood: un bar de marisco y pescado, con poca luz, ventiladores de aspas renqueantes en el techo y olor de aceite refrito. La especialidad de la casa eran los montaditos de delfín y las ostras recién traídas de los arrecifes. Marwan y Alomari parloteaban en árabe. Se quitaban la palabra, gesticulando y riendo muy animados, mientras iban metiéndose en el cuerpo sus buenos lingotazos de alcohol. Uno se tomó cinco vodkas Stolichnaya con zumo de naranja y el otro cinco cócteles Capitán Morgan de Coca-Cola, especies y ron de Puerto Rico.

Ajeno a ellos, Atta bebía refrescos de arándanos. Estuvo todo ese tiempo en un recodo solitario cerca de los servicios, concentrado y en silencio ante una vieja máquina de monedas dándole a los manubrios del Golden Tee'97, un videojuego de golf simulado. Los jugadores que superaban cierto listón de puntos podían escribir sus iniciales —«tope: 3 letras»— en el ranking del trofeo Golden Tee. Atta lo hizo. Con fecha 7 de septiembre de 2001, en la máquina quedaron registradas tres letras: ABU.

* La escabrosa historia de Aileen Wuornos —«una patética criatura, con una infancia desgarrada, de abandono, miseria y desamor», en palabras del sheriff Steve Binegar, «una prostituta depredadora y lujuriosa» según el fiscal John Tarner— conmocionó la opinión pública de Florida. Asesinó a siete hombres después de prestarles sus servicios sexuales. Detenida en 1991 en «El último refugio» de Daytona Beach, renunció a su defensa porque no deseaba vivir. Hollywood dedicó dos películas y una ópera a «la doncella matahombres». Aunque en 1992 fue condenada a muerte, su ejecución se demoró años y años. Aileen Wuornos había escrito al Tribunal Supremo encareciendo que le aplicasen la pena capital: «Tengo tanto odio que, si viviese, volvería a matar. Prefiero estar en paz con Dios». En aquellos meses del verano de 2001 la resolución definitiva del Tribunal Supremo acaparaba el primer plano de la actualidad. Sin embargo, A. Wuornos no fue ejecutada hasta el 9 de octubre de 2002.

No eran sus iniciales, sino el prefijo de respeto que los árabes anteponen al nombre para significar «padre de» o «jefe». En el caso de Atta, célibe y sin promesa de estirpe, *Abu* era el rango que Al Qaeda le había otorgado con el nombre de guerra Abu Abdul Rahman Al Masri. Era el Abu de jefe.

Cuando la camarera Patricia Idrissi les presentó la cuenta, los tres árabes se enfadaron: 48 dólares les parecía muy caro. Patricia revisó las consumiciones y volvió a salirle la misma suma. Como, entretanto, Marwan y Alomari habían pasado de la euforia a la irritación, la camarera llamó a Anthony Amos, el encargado.

—¿Qué pasa? ¡Hombre, no me digáis que es caro! —Anthony trató de calmarlos—. Lleváis aquí tranquilitos cuatro horas y os habéis tomado cinco combinados de vodka, cinco de Capitán Morgan, tres zumos de arándanos, un agua mineral y tres raciones de pescado frito. Otra cosa es que no llevéis dinero suficiente...

—¿Quién ha dicho que no llevemos dinero suficiente...? —replicó Marwan.

—Porque pedir y beber es muy fácil...

—¿Quién ha dicho que no llevemos dinero suficiente...? —Marwan volvía a la carga subiendo el tono.

—... pero, amigo, luego hay que retratarse...

Atta no había intervenido. De pronto, le salió el faraón altivo que llevaba dentro:

—¿Estoy entendiendo bien...? ¿Piensa usted que no podemos pagar?, ¿que no podemos pagar su jodida cuenta? —Se iba enfureciendo él solo—. ¿Usted quién se cree que somos? ¿Unos mangantes? ¿Unos soplacervezas...?

Viendo que Atta echaba por el barranco de la gresca, Marwan se envalentonó todavía más.

—Sí, ¿quién se cree usted que somos? ¿Unos musulmanes putos parias...? ¡Somos pilotos... pilotos de la American Airlines!

En ese instante, Atta volvió la cabeza hacia Marwan y lo taladró con la mirada. Como si hubiese caído una guillotina, se cortó en seco la discusión. Atta sacó del bolsillo un manojo de billetes. Puso sobre el mostrador uno de 50 dólares. Hizo un gesto imperativo con la mano para que no le devolvieran, y tendió otro de 5 dólares a la camarera:

—Señorita, excúsenos.

Sin cruzar palabra, torvas las miradas hacia el fondo de la calle, alzados los mentones, los dedos de ambas manos hundidos en los bolsillos traseros de sus jeans, los pulgares fuera, taloneando con brío sobre las enormes zapatillas de goma negra y lona blanca como patrulleros provocadores de barrio, se alejaron del Shukhum's Oyster Pub.

Se sentían poderosos. Temibles y poderosos. Sin que nadie lo sospechase, tenían América en un puño. Era una sensación demasiado fuerte para que no les estallara por dentro. Pero una palabra de más podía destrozar todos sus planes. Y a esas alturas, cuando faltaban sólo ochenta horas para el instante cero, el sistema nervioso de cualquiera de ellos estaba como el tendón de un arco.

Nadie lo contó, ¿quién lo iba a contar?, sin embargo es muy probable que Atta, con su aura de mando y su voz aplomada, les amonestase, como lo hizo en otras ocasiones de tensión:

—Lo habéis visto, ¿no? El alcohol enrarece la mente, merma el autodominio, exaspera la cólera. Por eso es *haram*. Desde este momento y hasta el final: ni copas, ni juergas, ni peleas, ni putitas, ni nada que nos perturbe. Tenemos que estar fríos, sobrios, templados, como guerreros de Alá en la vigilia del combate. Y sin bajar la guardia, porque... somos vulnerables.

Al día siguiente, sábado 8, Atta y Marwan viajaron a Nueva York. Iban para dos gestiones rápidas y concretas, dos pequeños tornillos de rubí en el engranaje. Tanto a la llegada como al regreso, en el mismo aeropuerto, Atta se acercó a los mostradores de American Airlines y Marwan a los de United Airlines. Preguntaron si en los vuelos 11, 77 y 175 a Los Ángeles y en el 93 a San Francisco del martes 11 dispondrían de plazas libres para un grupo numeroso de escolares... Sin comprometerse en nada, por las respuestas supieron que «en este momento, para cualquiera de esos vuelos hay billetes suficientes, de sobra: están casi vacíos». Aviones con escaso pasaje: era la mejor información que podían recibir.

El otro rubí era marcar sobre el terreno las coordenadas de situación de las Torres Gemelas en los GPS portátiles que cada uno habían adquirido. Y así lo hicieron, parándose no más de medio minuto junto a esos edificios al nivel de la calle.

El domingo 9 de septiembre, Atta devolvió en Pompano Beach

el Ford Escort que había alquilado. Le recordó a Brad Warrick lo de «ese dichoso chivato de la gasolina». Y aún se volvió desde la puerta con una advertencia de buen cliente: «Ah, señor Warrick, convendría que al Escort le cambiaran pronto el aceite».

Aquel mismo día, todos abandonaron sus alojamientos y fueron concentrándose en Boston, Newark y Washington: los puntos desde donde partirían sus vuelos el 11/S.

A las diez de la mañana, Marwan Al Shehhi y los otros cuatro que se hospedaban donde él en Deerfield Beach entregaron las llaves y salieron del Panther Motel.

Waleed, el menor de los Alsheri, se rezagó del grupo y buscó a Diana Surma, la patrona. Miró hacia un lado y hacia otro, como para percatarse de que nadie le veía. Después, con una sonrisa inusual en él, tendió la mano a la mujer al modo occidental, mientras le decía en inglés, muy despacio y calibrando cada palabra:

—Diana, gracias por todo... Ha sido un placer conocerte. Tú eres una muy muy muy buena persona. ¡Qué la paz de Alá esté siempre contigo y Él bendiga esta casa!

Cuando las habitaciones 10 y 12 quedaron libres, Richard Surma hizo lo que acostumbraba: entró a ver qué habían desechado los huéspedes al marchar. Encontró mapas, un medidor de ángulos, horarios de vuelos, un diccionario alemán-inglés, calcetines y braslips usados, varias cintas de vídeo con sus envolturas de celofán sin desprecintar... Habían dejado también varias tiras de cuchillas metálicas de cúter, pero sin mango. Aunque a Surma le extrañó —«¡gente rara! ¿para qué diablos querrán los mangos sin cuchillas?»—, no se estrujó las meninges por salir de su perplejidad. Sin embargo el enigma era bien simple: cada cúter Stanley llevaba una cuchilla instalada ya en el mango y varias más de repuesto, que eran las que los árabes habían dejado. Esa estrecha y leve cuchilla de unos 10 centímetros con su borde afilado en bisel, al ir protegida por todo el armazón del mango de plástico, no se apreciaría en el escáner del aeropuerto. Surma guardó su exiguo botín y se olvidó de aquellos árabes.

Mohammed Atta y Marwan Al Shehhi estaban en capilla. Llegaban al término de sus vidas y a la culminación de su amistad. Desde que se conocieron, habían compartido el pan y la palabra, la canción y el fuego, la idea y el fusil. Habían trabado una fuerte relación de camaradas que les conduciría a ese punto mortal sin retorno. Ambos lo supieron desde el primer momento, y ninguno de los dos habría permitido que el otro vacilase en la palabra dada. Eran autores por convicción.

No por sentimentalismo sino porque debían cerrar las cuentas y poner a cero la caja común, se citaron en Boston el domingo 9. Exploraron una vez más el aeropuerto de Logan. De allí zarparían 48 horas después. Hicieron un cálculo de los gastos de viajes y alojamientos que ellos y sus equipos tendrían que afrontar todavía en los dos días finales y luego llamaron a la centralilla de la Western Union. Uno de ellos fue marcando en el teclado del teléfono los números y los datos que pedían desde el otro punto de la línea, para hacer una transferencia de 15.000 dólares a un receptor en los Emiratos Árabes Unidos: Mustafá Muhammad Ahmed Alhawsawi, tesorero de Al Qaeda y gurú financiero de Bin Laden. La víspera, Atta había enviado ya 7.860 dólares a esa misma cuenta. Al día siguiente, lunes 10, Marwan transfirió otros 5.400 dólares al mismo individuo. También Ziad Jarrah hizo su última transacción bancaria a favor de Mustafá Muhammad Ahmed Alhawsawi el 9 de septiembre. Estaban devolviendo, pues, a la terminal financiera el dinero sobrante de la operación. Eso sí, lo hacían tomando cautelas: distintas personas, en fechas y lugares diferentes, y con cantidades fragmentadas y desiguales.[12]

Con todo, a pesar de las precauciones, quedaron numerosos indicios que señalaban al saudí Mustafá M. A. Alhawsawi como gerente y canalizador financiero de la operación. La siguió a distancia, pero paso a paso y hasta el final. Incluso, en la mañana del 11/S, cuando los comandos estaban ya a punto de embarcar en sus vuelos de la muerte, Alhawsawi fue la última persona con quien hablaron Atta y Ziad Jarrah. Uno desde Boston y otro desde Newark le confirmaron las cantidades devueltas.

El domingo 9 de septiembre, después de reenviar a Mustafá Alhawsawi el dinero no gastado, Ziad Jarrah telefoneó a Líbano, a su familia. Sabía que los fines de semana se reunían en la casa del pueblo de Marj, en el valle de la Beca, a unos 35 kilómetros de Beirut. En efecto, cuando sonó el teléfono, allí estaban todos: sus padres, Samir y Nafisa, y sus hermanas, Dania y Nisri. Sin decirles nada, se estaba despidiendo de ellos. Procuró que el tono de su voz fuese desenfadado, alegre y muy cariñoso. Era el último recuerdo que les iba a dejar. A su padre le dio las gracias por todo el dinero que le había enviado en ese tiempo y le informó que ya estaba a punto de terminar un cursillo de especialidad «que puede abrirme, espero, un horizonte de futuro espléndido...». Rió y bromeó con todos, como era su estilo.

Su padre, Samir Jarrah, tenía 61 años y, aunque en febrero de ese año le habían hecho una operación quirúrgica de corazón para instalarle varios *bypass*, seguía siendo el hombre dinámico, optimista y emprendedor de siempre. Sentía orgullo y casi embeleso por su hijo Ziad. Y contaba los días que faltaban para verlo ya establecido, casado... Aquella misma mañana, en Beirut, le había comprado un Mercedes 300 de transmisión automática, negro y con asientos de piel color gacela. Sería su regalo de boda. No pudo reprimirse y le anunció:

—Ziad, aquí tienes una buena sorpresa esperándote...

—¿Una sorpresa... esperándome? ¿Alguien...?

—No, no es alguien. Es algo... un objeto. Es un regalo, para que lo estrenéis Aysel y tú después de vuestra boda...

—¿Después de nuestra...? ¡No será un lavavajillas...! ¡Ja ja ja ja!

—¡No, no...! Los lavavajillas son blancos, y ese regalo sorpresa es negro...

—¿Negro...? ¿Un televisor Panasonic con pantalla gigante?

—No...

—¿Negro...? ¿Una cadena musical?

—¡Frío, frío...! Cuando estés aquí lo verás...*

Samir Jarrah se imaginaba la escena: su hijo entrando por la cancela verde de hierro y él, de pie en el patio ajardinado de la casa, lanzándole al aire el llavero del Mercedes. Como en aquellas calurosas tardes de verano, cuando Ziad era un chaval. Sólo que esta vez le diría: «¡quédatelas... el coche es tuyo!».

---

* El Mercedes 300 se registró, casualmente, el 11 de septiembre del 2001 y con el número de matrícula Z-140810.

La alusión al regalo de bodas revolvió el alma de Ziad. Fue como si le hubieran acepillado el corazón dejándoselo aún más en carne viva. Llevaba días violentándose, haciéndose el duro, para no pensar en Aysel. Cuando no podía más, hablaba con Atta y, mal que bien, recuperaba valor para encarar su soledad.

Sin embargo, aquella noche pensó más en Aysel que en sí mismo. Por salvaguardar la operación, no podía decirle nada antes; pero, cuando todo hubiera ocurrido, ella iba a necesitar un argumento firme sobre el que hacer pie. Ziad no dudaba que Aysel tenía ese derecho y que él debía dejarle una pequeña luz encendida para que no se hundiera en la negrura.

Se sentó y le escribió una carta de despedida. No podía ser muy explícito: «Aysel, he hecho lo que debía hacer. Quizá no lo entiendas, pero... tendrías que estar orgullosa de mí».

Aquel día 9, ya por la noche, Atta encontró en el buzón de su teléfono móvil un mensaje de texto de Ziad Jarrah.* Escueto, apenas dos palabras: «Abu Atta». Es decir: «Jefe Atta». Todo un reconocimiento.

Los cuatro comandos se habían concentrado en sus puestos desde la víspera, lunes 10 de septiembre de 2001. El de Ziad Jarrah en Nueva York, para embarcar al día siguiente desde Newark. El de Hani Hanjour en Washington, porque su avión saldría del aeropuerto de Dulles. Los equipos de Marwan Al Shehhi y de Atta, en Boston: sus vuelos despegarían casi a la misma hora de Logan, el aeropuerto de Boston.

Marwan Al Shehhi con otros tres árabes, Fayez Ahmed y Mohald Alsheri, de su propio comando, y Satam Al Süqami del comando de Atta, se hospedaron en un mismo hotel: el Milner, en la calle Charles del casco viejo de Boston. Apenas llevaban equipaje.

---

* La referencia a ese mensaje aparece en la obra colectiva de *Der Spiegel*, *11 de septiembre. Historia de un ataque terrorista*, p. 57. En este punto, el libro citado no remite a ninguna fuente. De otra parte, sólo se puede conocer el contenido de un mensaje editado y transmitido entre teléfonos celulares disponiendo de alguno de los móviles empleados. Como está fuera de toda duda que el móvil de Atta ardió con el avión del vuelo 11-AA, si la información de *Der Spiegel* es cierta permite deducir que el FBI encontró el teléfono de Ziad Jarrah —y su tarjeta de memoria hábil— entre los restos del Boeing del vuelo 93-UA siniestrado en Pittsburg.

También en Boston, los hermanos Wail y Waleed Alsheri alquilaron una habitación doble, la 432 del Park Inn, un hostal sencillo a la altura del 160 de Boylston Street en Newton. Eligieron esa zona suburbial que estaba ya en la salida de la ciudad, a 32 kilómetros del aeropuerto de Logan.

Sin embargo, estando ya en Boston, Mohammed Atta y Abdulaziz Alomari se desmarcaron del resto para hacer algo extraño, algo incluso estúpido a primera vista. Desde Boston fueron en taxi hasta el aeropuerto de Logan. Allí, en las oficinas de Álamo Rental Cars alquilaron por 24 horas un Nissan Altima 2001 azul, cuatro puertas, con matrícula de Massachusetts y licencia 3335VI. Salieron del circuito aeroportuario por la vía 1A y enfilaron la autopista I-95 de siete carriles, bordeando la costa hacia el norte. Atravesaron los estados de Massachusetts y de New Hampshire. Se dirigían al estado de Maine. Pasaron sobre el puente Piscataqua y, después de hora y media de viaje, alrededor de las cinco de la tarde llegaron a donde querían ir: South Portland.

No era fácil de entender que, cuando todos se concentraban cerca de los lugares de inmediata partida, ellos dos se alejasen de Logan, el punto en el que debían estar sin falta a la mañana siguiente y muy temprano. ¿Tenía alguna lógica esa larga excursión, recorriendo por carretera exactamente el mismo trayecto que doce horas después volverían a cubrir en dirección contraria en un vuelo doméstico? En apariencia, tan superfluo era el esfuerzo como el gasto: el desplazamiento, cruzándose tres estados a la ida y a la vuelta; el gasto de alquilar y carburar un vehículo en Logan; el cansancio de conducir y maldormir en un hotel de South Portland; el madrugón para tomar en Portland un «puente aéreo» que, al alba, les llevase de nuevo a Logan, donde tenían que reunirse con los otros tres del comando —Satam al Süqami y los hermanos Wail y Waleed Alsheri—, embarcar en el vuelo 11 de American Airlines y... acometer su «ataque a América».

Pero Atta no corría riesgos que previamente no hubiese calculado y resuelto, ni se permitía aventuras caprichosas en plena cuenta atrás de la operación.

Esa rara maniobra respondía a dos razones. La primera, el efecto dispersión: no coincidir en su llegada al aeropuerto de Logan con

los otros miembros de los equipos de Atta y de Marwan —diez árabes, en total— que debían embarcar a la misma hora y en el mismo lugar, y llegarían a Logan en coche o en taxi. Atta y Alomari, en
cambio, accederían a la zona de salidas nacionales e internacionales de Logan desde dentro, porque estarían ya en el interior del
aeropuerto. Para empalmar con el 11 de American Airlines a Los
Ángeles, no necesitaban siquiera cambiar de terminal, sino ir de
una puerta a otra y con la franquicia con que se mueven los pasajeros en tránsito procedentes de un vuelo doméstico.

La segunda razón era facturar una maleta en Portland que viajaría hasta Logan. Deliberadamente, Atta no pasaría a recogerla.
Esa maleta debía aparecer sola y sin dueño en el aeropuerto... una
vez que Atta estuviese ya a bordo del Boeing. O muerto. Sería la firma póstuma de su obra.

A las seis menos cuarto de la tarde, Atta y Alomari se registraron
en el Comfort Inn de South Portland, un hotel sin pretensiones,
aunque no barato: algo más de 25.000 pesetas por una habitación
doble para no fumadores. Pagaron al llegar, pidieron un plano del
lugar y advirtieron al conserje que se irían muy temprano y sin
desayunar.

Subieron con el equipaje a la habitación 432. Estaba amuebla-
da en un estilo andaluz de imitación con mesillas de noche muy
afiligranadas, colchas y cortinas oscuras, sábanas de colores alegres
y veraniegos. Dejaron los zapatos en el cuarto de baño. El lavabo y
la bañera quedaban a la derecha. Enfrente, el váter. Lucía permanentemente un neón azul cobalto con alguna sustancia tóxica para
los mosquitos. Hicieron las abluciones para la plegaria de la tarde,
con sus cuatro inclinaciones y sus postraciones.

En pie, mirando al sudeste, hacia La Meca, hacia la piedra negra del profeta Mahoma, Atta y Alomari extendieron las palmas de
sus manos adelante alzándolas hacia Alá para ofrecerle el rezo...
Las inclinaciones, de pie y doblando el torso por la cintura. Para
la postración se pusieron de rodillas. Extendieron los brazos al
frente, de modo que ambas manos tocasen el suelo y también la
frente. El Profeta había dicho: «Estás más cerca de Alá cuando
estás totalmente postrado y entregado». Y les mandó que al orar

prosternasen siete huesos a la vez: los pies, las rótulas, las manos y la frente.

Tras la plegaria, como iban a madrugar y velarían casi toda la noche, descansaron un rato sin quitarse la ropa. Después se les vería con la indumentaria arrugada. Cuando salieron del hotel, a las ocho de la tarde, habían tenido tiempo suficiente para hacer también la oración vespertina la del crepúsculo.

El Comfort Inn está en el número 90 de Maine Mall Road, una gran arteria de doble dirección que atraviesa South Portland y llega hasta Portland. Atta y Alomari gastaron su última tarde deambulando por la localidad, como si no tuvieran nada que hacer. En coche, recorrieron de punta a cabo la Maine Mall Road, flanqueada de tiendas, cafeterías, supermercados, burgers, bancos, peluquerías, concesionarios de coches... Entraron en Pizza Hut, una pizzería popular a la altura del 415 de Maine Mall Road. Una cámara de vídeo los grabó cuando entraban y cuando salían. No estuvieron allí más de quince minutos. Otra vez en el Nissan, rebasaron Maine Mall Road hasta el final, doblaron a la derecha y se acercaron a un cajero automático en el 455 de la calle Gorham. La videocámara Key Bank ATM captó sus imágenes a las 20.31.

Una paradójica fórmula de «libertad y seguridad», que en la práctica se traduce a «más control = más seguridad = menos privacidad = menos libertad», impera coercitivamente en Estados Unidos de América y hace posible que a cualquier hora y desde cualquier esquina se controlen y se registren los movimientos de todo transeúnte, automovilista o peatón, vaya con buena o con mala intención: su imagen y la de quien le acompañe, su atuendo, el modelo y la matrícula de su vehículo, la hora exacta en que entra y sale de un lugar. Muchas veces, sin que el ciudadano captado y espiado lo advierta, ni pueda impedirlo, ni protestar, ni siquiera acceder a una tranquilizante información pormenorizada sobre los útiles resultados de tales controles en la prevención de delitos urbanos. En la sedicente patria de las libertades no hay negocio público o privado donde no vigile, día y noche, el Ojo del Gran Hermano.

En efecto, tan sólo diez minutos después, a las 20.41, Atta y Alomari volvieron a ser filmados por otra videocámara de seguridad: la

Fast Green ATM del parking del restaurante Uno's Chicago Bar & Grill, en Maine Mall Road 280. Se dieron cuenta de que estaban grabándoles, y Alomari empezó a gesticular cómicamente poniendo cara de susto, de indefensión, riéndose, sacando la lengua, bizqueando... Atta iba detrás, serio y con expresión desangelada. No parecía tan divertido como Alomari. A los dos se les veía mal vestidos y con las camisetas arrugadas. Atta llevaba un polo de color oscuro por arriba y tonos vivos por abajo. Cenaron algo rápido en el Uno's Chicago. Veinte minutos después salían ya en el Nissan azul.

A las nueve y cuarto, estaban en la gasolinera del aeropuerto de Portland, en el 446 de la Western Avenue, a bastante distancia del hotel. Sin duda, observaron los accesos al parking de Álamo, la empresa de alquiler de coches, donde tendrían que dejar el Nissan al día siguiente. Repostaron combustible. De ese modo, por la mañana ya no tendrían que detenerse a hacerlo. Tantas idas y vueltas, arriba y abajo de South Portland, no eran sin ton ni son: Atta lo ensayaba todo. Aquel día quería conocer bien el camino que debían recorrer horas más tarde, entre noche y madrugada, del hotel al aeropuerto de Portland y, una vez allí, los garajes de Álamo. En realidad, se dedicaban al juego previsor de gastar tiempo del lunes... para ganar tiempo del martes.

Se desplazaron en diversas direcciones. Pararon aquí y allá. Todo con gran agilidad. Siete minutos más tarde habían aparcado el Nissan en el 451 de Payne Road, la calle principal del barrio de Scarborough, que es la prolongación de Maine Mall Road hacia el norte, y empujaban las puertas de cristal de los almacenes Wal-Mart. El Ojo Hermano los captó al entrar, 21.22, y al salir, 21.41. Atta llevaba en la mano una bolsa de plástico. Habían hecho su última compra: dos camisas de manga larga con cuello, puños y botonadura. Como Atta pedía en su testamento: «ropa nueva y limpia» para viajar hacia la muerte al día siguiente. Habían comprado sus mortajas.

Antes de la diez de la noche estaban ya en la habitación 432 del Comfort Inn.

Cuando uno va a morir y lo sabe, cuando conscientemente lo sabe, y aún puede fumarse su último cigarrillo y pasear por la última acuarela del paisaje, los recuerdos, dicen, se alzan incandescentes y alevosos. Sin respetar postigos ni cerrojos ni candados ni persianas ni nada, irrumpen en tropel...

Cuando uno va a morir y lo sabe, de pronto, dicen, recuerda un olor panadero, una cigarra tenaz en verano, un gato salvaje de ojos alcoholados ribeteados de negro como los de un faraón. Y, si tuviera a mano lápices de colores, sería capaz de dibujar el durazno, la acacia, el alcanforero, el abedul, el eucalipto, el aliso, el naranjo, el manzano, el sauce, el laurel, el granado y la morera tal como eran en la patria de su niñez. Súbitamente, dicen, se abre el cofre de la memoria repleto de sensaciones. Y uno vuelve a ver, a oír, a oler la olla barbotando en la cocina, la bisagra que chirriaba, la madre sentada de espaldas a la sombra del zaguán, la gaviota que se suicidó en septiembre, el entierro de un amigo del colegio, los primeros pantalones largos de adolescente, un jirón de poema...

Quizá, quién sabe, ¿quién podría afirmarlo ni negarlo?, el pretendido estilo español de la habitación del Comfort Inn espabiló en la memoria de Atta unos versos que el turco Nâzim Hikmet escribió en Moscú, aunque pensaba en España. Quizá, quién sabe, con olor a algas y sabor a dátiles y tacto de arena, se acordó de Tarragona. Y de Ramzi... Del poema de Hikmet, no hacía mucho, él, Atta, recitó unos versos sueltos sin puntos ni comas:

España es nuestra juventud
España es una rosa abierta en nuestro pecho
España es nuestra amistad en la oscuridad de la muerte
España es nuestra amistad a la luz de la esperanza que no
[puede ser vencida.*

Hasta entonces, el trajín callejero los había entretenido. A partir de aquel momento cesaba la actividad exterior, y ellos afrontaban su noche final.

Todo era perfectamente descriptible. Atta lo concibió como el

---

* Nâzim Hikmet (Salónica, 1902-Moscú, 1963), *Últimos poemas I*. Traducción, Fernando García Burillo, Ediciones del Oriente y del Mediterráneo, Madrid, 2000. El fragmento citado pertenece al poema «España» fechado en Moscú el 20 de mayo de 1962.

ritual de un suicida en capilla. Y aquella noche llevaba consigo la *Guía de los últimos pasos*, para seguir al pie de la letra cada gesto, cada palabra, cada pensamiento.*

Entre sus efectos personales llevaba también una copia protocolizada del testamento que redactó y firmó en la mezquita de Al Quds cinco años atrás, en 1996, cuando era un doctorando en la TUHH de Hamburgo. La metió ya en su equipaje de mano, al trasladarse de Alemania a Estados Unidos en junio de 2000.

Es extraño que alguien viaje con su testamento encima. Salvo que, como Atta, quiera uno tener continua memoria de que ha decidido inmolarse por Alá. «Mi vida y mi muerte pertenecen a Alá, dueño y señor de todos los mundos» había ratificado años después, en 1998, sobre la página de cortesía de su tesis doctoral.

Para Atta, más allá del fervor sentimental, la razón fuerte de llevar consigo el testamento era una deliberada voluntad de que ni ese texto ni el del *Manual de las últimas horas* perecieran entre las pavesas de la Torre Norte del World Trade Center. Por el contrario, quería que fuesen exhibidos al mundo entero como su póstuma lección islámica. En definitiva, morir cumpliendo un precepto de buen musulmán: la *yihad* pacífica de dar a conocer el islam. Metiendo ambos documentos en la maleta que iba a preservar de la destrucción, Atta pretendía dejar bien patentes los genuinos motivos por los que él mataba y por los que él moría. La maleta se salvaría, no por un descuido, ni por unas prisas de última hora, sino por el premeditado empeño de Atta en asegurar que los papeles que iban dentro —ésos, y no otros— se difundirían y propalarían desde todos los medios de comunicación.

* Aparte los datos de acción exterior obtenidos por el FBI que aquí se aportan, y atendidas otras exigencias narrativas, el relato de las horas finales de Atta y los árabes terroristas que actuaron el 11/S —frases, plegarias, acciones— se ciñe con la mayor fidelidad posible al texto del *Manual de las últimas horas* o *Guía de los últimos pasos de un guerrero suicida*. Fragmentos de ese escrito, ideado por Atta y caligrafiado en árabe por Alomari, se han utilizado también en este libro para los diálogos de algunas escenas anteriores.

El citado documento estaba en la maleta de Atta que apareció en la zona de recogida de equipajes del aeropuerto de Logan, Boston. Fue dado a conocer por la dirección del FBI. Inicialmente, lo tradujo del árabe Imad Musa, de Capital Communications Group, de Washington, para *The New York Times*. Se ha tenido también a la vista la traducción de *The Observer*.

Atta y Alomari durmieron algunos ratos, pero no los dos al mismo tiempo. Al menos, toda la noche hubo una luz encendida en la habitación 432. Como si los guerreros suicidas velaran las armas.

Sobre la encimera que servía de escritorio y de cómoda, Atta dejó los folios del *Manual de las últimas horas* y su Corán. Ese libro sí que ardería junto a su cuerpo en el trance final. Se descalzó. Puesto en pie y con el rostro vuelto hacia la costa atlántica, comenzó una larga plegaria nocturna.[13] Cuatro inclinaciones y cuatro postraciones. Intentaría sojuzgar, sin duda, los asedios de la nostalgia, no evocar, no desear, no sentir, vaciarse del yo, difuminar los contornos de su identidad y despersonalizarse hasta alcanzar la situación anímica del «mártir viviente», un muerto en vida:

—«Alma mía, el tiempo de jugar ha pasado. Ha llegado la hora de la verdad... Alma, no oigas más que las órdenes divinas. No te escuches a ti misma. No recuerdes tu nombre, ni tu edad, ni tu historia. Olvídate de las personas a quienes amaste, a quienes te vincularon lazos de sangre, de amistad, de vecindad, de compañerismo en el estudio, en el trabajo, en la diversión. Olvida a tus padres y hermanas. Y a tus hermanos en la fe.

»Alma mía, estás sola cara a tu Señor. Olvida los paisajes donde naciste, donde creciste, donde te hiciste un hombre. Olvida tu casa, tus juegos, tus objetos preciados, tus libros... Olvida a los que te hicieron bien y a los que te pusieron trabas y quisieron hacerte daño... Alma mía, purifica tu memoria de todo lo pasado. Aborrécelo todo. Arroja de ti el lastre de las cosas sucias que hiciste. Desprecia este bajo mundo y esta vida efímera, estrecha y engañosa. No lamentes dejarla. No es nada comparada con la Última Vida que vas a encontrar...[14]

»Olvídate de ti, alma mía, y disponte a pensar sólo en Alá, el Creador, el Señor de los orientes y de los ponientes, el Rey del Día de la Retribución, el Dueño del Gran Favor, el Espléndido, el No Visto, Quien todo lo ve, Quien todo lo oye, el Conocedor perfecto, el Fuerte, el Invencible, el Severo en el castigo, el Perdonador, el Dueño de la Majestad y del Honor, el Viviente, el Uno, el Único...*

---

* Alá o *Allah* significa «Dios» en lengua árabe. El Corán le atribuye noventa y nueve nombres.

Mohammed Atta hizo su juramento de «morir por la gloria de Alá y sin ánimo de venganza o de revancha».

Después, fue al baño. Se lavó los dientes. Aunque en una bandejita del Comfort Inn había rasuradoras, gorros de ducha, lociones, colonias, jabón y gel de baño, Atta no usó nada del hotel. Tomó su propia maquinilla de afeitar y se rasuró con minuciosidad el vello sobrante de todo el cuerpo: las mejillas, el mentón, el sobrelabio, el cuello, la nuca, las axilas, los genitales, el pecho. Recogió los residuos. Luego se duchó. Sacó del neceser un frasquito de *sandalka** y se perfumó generosamente hasta agotar el contenido.

Siguiendo la *Guía de los últimos pasos de un guerrero suicida*, Abdulaziz Alomari hizo los mismos ritos que su jefe Atta: el juramento, el afeitado, el baño, el perfume.

Atta leía a media voz:

—«Persevera rezando la mitad de la noche. O algo menos. O algo más. Recita despacio el Corán. En el seno de la noche la quietud es mayor. Cuando se haga de día, has de llevar a cabo una gran acción. Ahora concéntrate de lleno en el Señor.»[15]

Alomari dormía a ratos. Si se desvelaba, incorporado en la cama escuchaba a Atta:

—«Lo que ha de ocurrir está escrito. Cuando ocurra, nadie podrá negarlo... Cuando la tierra se mueva convulsivamente, cuando las que están más altas y elevadas caigan desmoronadas y se conviertan en polvo esparcido...»[16]

—«Las que están más altas y elevadas...» ¡Nunca me había fijado! Siempre lo interpreté como una de las conmociones del fin del mundo; pero hoy le veo otro sentido... ¡Es asombroso! ¡Parece una profecía... de lo nuestro!

—Es una profecía. Y... «cuando ocurra, nadie podrá negarlo».

Si en algún momento Alomari rebullía inquieto entre las sábanas, Atta le sosegaba con fragmentos de la *Guía de un guerrero suicida* o con aleyas escogidas del Corán:

* Los musulmanes devotos usan perfumes de laurel, ámbar, sándalo, rosas, nardos, etc., elaborados sin alcohol, sin *al ham*, porque el Corán lo prohíbe. El que Atta usó, *sandalka*, estaba fabricado por Hollston's de Londres. El envase que tiró a la cubeta del baño tenía en el extremo un *roll on*, una bola giratoria para extender el contenido.

—¿Estás intranquilo, Abdulaziz? Deberías sentirte sereno, porque te falta ya muy poco tiempo para alcanzar el paraíso... Lo que vas a hacer dentro de unas horas pesará mucho en la balanza. Alá estará satisfecho contigo y te hará pasar con Él a la Vida Feliz.

—Se me hace larga la espera...

—Escucha esto: «Ésta es la noche del Decreto: cuando descienden los ángeles con las órdenes de tu Señor sobre lo que has de hacer. Paz, hermano: la noche del Decreto dura... hasta el despuntar del alba».[17]

—Una pregunta, Mohammed: el paraíso y el infierno ¿serán estados espirituales o serán lugares?

—Las dos cosas. Cada hombre, según sus acciones, gozará o sufrirá eternamente un estado espiritual en un sitio localizado: cielo o infierno.

—Y esos lugares ¿existen desde siempre?, ¿o serán creados después del Juicio Final?

—Los teólogos primitivos dijeron que el cielo y el infierno existen desde la creación de los mundos, pero que estarán vacíos hasta el Día de la Distinción, hasta el Juicio Final. En cambio, los ulemas racionalistas piensan que esas estancias serán creadas después del fin del mundo. ¿Quieres saber qué pienso yo? Para mí, el paraíso ya está creado y hay gente feliz allí. Yo creo que los profetas, los justos, los virtuosos y los mártires de la «guerra santa», al morir no sólo no se someten al interrogatorio de los ángeles sino que van inmediatamente al paraíso...[18]

En cierto momento, Atta juntó las palmas de las manos delante de su boca formando un cuenco. Suavemente, como si soplase las palabras en ese cuenco, recitó algunos versos del Corán. Luego se fue pasando las manos por la cabeza, por la cara, por los hombros y los brazos, por el pecho y el vientre, por las piernas y los pies... Era un antiguo rito de bendición que atribuye poderes protectores a las palabras del Corán.

Continuó recitando aleyas sobre las palmas de sus manos y pasándolas por la maleta y las bolsas de equipaje, los billetes de American Airlines, los pasaportes, los permisos de conducir, los mangos cúter con sus cuchillas dentro, el mapa de navegación y el GPS, los zapatos, los pantalones, las camisas de manga larga, una color arena y otra azul intenso, recién compradas en los almacenes WalMart... Quería trasladar el espíritu del Corán a cada cosa que iban a llevar encima.

Impuso las manos también sobre la cabeza de Alomari y por todo su cuerpo, lento y ceremonial, como ungiéndolo. Alomari le dejó hacer.

Poco después, Atta pasó la yema del dedo pulgar sobre el filo metálico del cúter. Cogió un folleto de horarios de vuelos y lo sostuvo en el aire con la mano izquierda. Empuñó el cúter con la derecha y descargó un golpe seco y preciso. El folleto se rajó en dos mitades.

—«Es una tradición de las generaciones antiguas —era Alomari quien repetía unos párrafos de la *Guía de los últimos pasos*—: "Comprueba bien que tu cuchillo esté afilado para no dañar al animal durante el sacrificio". Si has de matar, hazlo diestra y limpiamente. La víctima no debe sufrir más de lo necesario. Y, si te es posible, lleva el cuchillo escondido, para que no lo vea el que va a morir y no se asuste».

—Muchos no lo entienden —comentó Atta—. Piensan que es alevosía y cinismo. Pero es piedad. Y así lo hacen los musulmanes hasta en los mataderos de animales y en las carnicerías.*

—Somos piadosos... ¡hasta con las gallinas! —Alomari sonrió irónico.

A las cinco, lustraron su calzado y empezaron a recoger lo que debían llevar consigo. Hicieron todavía las últimas abluciones, las de «antes de salir del aposento». Se vistieron en silencio. Se pusieron calcetines y se ataron bien los cordones de los zapatos: «para que tus pies no resbalen y estén firmes en el combate» aconsejaba la guía.

---

* La carne que consumen los musulmanes no puede ser de cerdo, y el animal ha de ser sacrificado por alguien que tenga venia o licencia de la comunidad o del imán. El matarife hará su tarea en nombre de Alá, ocultando el cuchillo en la espalda para que la víctima no lo vea. Matará al animal diestra y rápidamente para que no sufra más de lo necesario: lo degollará de un tajo en el cuello, de parte a parte, cortándole la vena yugular para que se desangre. Después, tirará la sangre, desollará al animal y le arrancará las pezuñas y las vísceras que no deben comerse.

Atta entregó la llave de tarjeta plástica azul celeste al recepcionista. «Adiós, gracias por todo.» Eran las 5.33.

Fuera estaba oscuro, olían los tilos y en la acera había cajas vacías de cartón. Por las calles, nadie. En el Nissan Altima azul recorrieron deprisa Maine Mall Road y Payne Road, doblaron a la derecha por Darling Avenue, a izquierda por Foden Road y otra vez a la derecha para enfilar Western Avenue. Lo habían practicado la víspera al anochecer. En siete minutos llegaron al parking del aeropuerto internacional de Portland. Fueron flechados al garaje de Álamo Rental Cars, primera planta. A las 5.40 devolvían el coche que alquilaron en Logan a la misma empresa. De ahí, a paso ligero, cruzaron las amplias salas del aeropuerto de Portland hasta el mostrador de US Airways.

Iban callados Atta y Alomari. Cada cual era estuche de su drama. Quizá frente adentro devanaban lo que la guía indicaba justo para ese momento: «Cuando hayas llegado al aeropuerto, después de dejar el coche di una plegaria de lugar: "Señor, te pido lo mejor para mí y para todos en este lugar, y protégeme de sus peligros". Sonríe tranquilo: Alá está con los creyentes. Sus ángeles se ocuparán de que tú no sientas nada».

Compraron dos billetes del vuelo 5930 a Logan, Boston. Como identificación, presentaron unos carnés de conducir recientes, de New Jersey, distintos de los que usaban en Florida.

—¿Algo que facturar?

—Sí.

Atta puso su maleta en la plataforma de hule para el pesaje. Observó cómo le colocaban un identificador adhesivo en el asa, y la vio deslizarse sobre la cinta de transporte.

Mientras les preparaban el resguardo de la maleta facturada, Atta sonrió dulcemente a Alomari y le musitó en árabe:

—«Alá es todo lo que necesitamos. ¡Es el mejor en quien confiar!»

A las seis menos cuarto pasaron por el control de seguridad de Portland. Atta mostró un pasaporte de Emiratos y Alomari uno de Arabia Saudí. Cuando dejaban sus bolsas de mano sobre los rodillos del escáner, Atta se giró de nuevo hacia Alomari:

—Di: «Señor, nosotros vamos a descargar tu cólera sobre el enemigo. Protégenos de su mal, Señor, y ahora nubla sus ojos para que no vean…».

La cámara chivata registró sus imágenes desde arriba: iban los dos a cuerpo y sin corbata. Atta llevaba pantalón oscuro y camisa azul intenso de manga larga con los puños abrochados. Alomari, pantalón caqui y camisa color pan tostado de manga corta. Uno y otro, con su billete en la mano y una bolsa de poco peso al hombro.

Ni ellos ni sus bolsas dieron indicativos raros o inquietantes al pasar por los controles. La cámara que los filmó era un artefacto digitalizado, versátil, tridimensional, centrodiagramado, fotogenerador, autorreverse, altamente sensitivo... pero no era un detector de conciencias. ¿Cómo exigir a una máquina estúpidamente «inteligente» que captase la catarata de furia contenida, la implacable voluntad de exterminio y devastación que viajaba en el alma de cada uno de esos dos jóvenes tan modosos, tan discretos, tan provincianos, tan aseados, tan tranquilos, tan del montón, tan... normales?

La normalidad. Ésa sería la carga estremecedora de las últimas fotografías de Atta y su más íntimo «seguidor».[19]

Su cobertura funcionó hasta el final. Llevaban años disimulando, desapareciendo en la griseidad del ambiente. Años, fingiendo no ser ellos mismos. Años, asimilándose a lo extranjero. ¿Hay algo que humille y disguste más a un musulmán de rígida ortodoxia?

Con qué vehemencia había explicado Atta a sus condiscípulos alemanes de la Universidad Técnica de Hamburgo:

«Nosotros no hacemos como tantos japoneses que, al emigrar de su tierra, arrumban sus creencias y sus tradiciones, olvidan que su tatarabuelo era un samurái, reniegan de un pariente próximo que fue un héroe *kamikaze* en Pearl Harbour... Y todo, para convertirse en biólogos moleculares con patente yanqui.

»Nosotros no hacemos como tantísimos judíos que, en cuanto avistan desde el barco la estatua de la Libertad, tiran por la borda las venerables tradiciones de la Torah y sus genealogías israelitas, dejan de ser David, Aaron, Abraham, Isaiah, y se hacen llamar Frank Sinatra, Arthur Rubinstein, Henry Kissinger, Tony Curtis, Kirk Douglas, Bob Dylan, John Garfield o Rotschild I, II, III... a cambio de un cargo, una fama, una fortuna.

»También los musulmanes nos vemos forzados a emigrar y a integrarnos en el país de acogida; pero no nos disfrazamos, ni enterramos el Corán. Allá donde vamos, nos reunimos con la comunidad de hermanos en la fe, acudimos a la mezquita, tenemos un imán. Por lejos o por encumbrados que estemos, vivimos la oración, el ayuno y la limosna. Y conservamos nuestros nombres de familia, de linaje, de origen... El criptomusulmán no existe».

Ciertamente, Atta y su equipo habían logrado comer carne *halal*, rezar en común los viernes y ayunar en Ramadán, llevando camisetas del Texas Range, el equipo favorito de Bush, o teniendo sus encuentros clandestinos en boleras de luces amortiguadas.

Ahí estaban Atta y Alomari. Catorce minutos de espera ante la puerta 11. ¿Agarrotados por dentro? ¿Descargando adrenalina? ¿Las terminales nerviosas en máxima tensión? Si alguien se hubiese dedicado a observarlos, no habría visto más que un par de tipos anodinos de mirada vaga, aire somnoliento y pocas ganas de hablar a esas horas de la mañana. Un par de árabes adaptados, que podían ser vendedores de productos informáticos, empleados de oficina, fisioterapeutas, camareros con turno de noche, encuestadores puerta a puerta... a quienes en Boston aguardaba cualquier tarea rutinaria, nada del otro jueves.

Embarcaron a las 5.59 en un Beech 1900, una especie de aerotaxi de 19 plazas. Vuelo Portland-Logan operado por una compañía doméstica, Colgan Air. Era uno de tantos puentes aéreos de pocos pasajeros y frecuencia continua, para gente que vive en un sitio, trabaja en otro, gente que sale de casa por la mañana temprano y regresa por la tarde.

Pero aquellos dos no eran de los que salían de casa remolones y desganados para ir a «una tarea rutinaria, nada del otro jueves». No, no. Ellos iban a una gesta heroica que «cambiaría el curso de la Historia». Enardecidos con sus fervorines y sus plegarias obsesivas, se disponían a asestar un golpe demoledor, muchísimo más potente que ellos mismos. Un manotazo feroz, capaz de asesinar en pocos instantes a miles de hombres y de mujeres y destruir bienes materiales de valor incuantificable.

Tampoco eran de los que regresaban por la tarde, cansados y con la barba crecida. No, no. Ellos, jóvenes, sanos, fuertes, inteligentes, cultos, sin deudas económicas ni problemas con la ley, en un límpido amanecer de septiembre iban a entrar —estaban entrando—, impávidos y sin que nadie les obligara, en el corredor de la muerte... de su propia muerte.

Como en algunos trenes, los asientos del Beech 1900 iban encarados. El 3C de Alomari estaba frente al 8C de Atta, de modo que podían hablarse y mirarse cara a cara.

El pequeño avión describía una curva sobre la bahía de Casco. Abajo, en el mar, los destellos de la luz primera. Eran las 6.04 de un día soleado, sin nubes, sin viento.

Les sirvieron un escueto desayuno de catering: café, soda y bollería. El vuelo duraba sólo un cuarto de hora. Atta miró a Alomari y le sonrió con dulzura. Después, señalando con la cabeza hacia el envase plástico del catering, le habló en voz baja y en árabe:

—Tómate el café —le diría posiblemente—. No tiene aroma pero está caliente. Luego, con la soda misma te puedes enjuagar los dientes...

A pequeños sorbos, sin prisa, Alomari fue bebiendo su café. Mientras, Atta desgranaba de memoria y a media voz el texto del ritual para un «mártir». No lo decía como un recitado mecánico, sino como algo cálido y personal. El pasajero más próximo,[20] aun sin entender nada, pensó que el musulmán del asiento 8C daba consejos cariñosos a su hermano menor sentado en el 3C:

—Relájate, Abdulaziz. No estés confuso ni tenso. Mantén la calma. ¡Tienes tantos motivos para ser feliz, para sentirte optimista! Estás encabezando un acto magnífico que agrada a Alá. Hoy se abrirá para ti el paraíso con las setenta y dos huríes vírgenes, hermosamente engalanadas. Y todos los manjares y licores... ¡Sonríe, muchacho, como el cielo te sonríe a ti!

—Estoy sereno. Pero la verdad: en este momento no me apetecen tantas huríes vírgenes... Además, ¿con qué cuerpo podré gozar de ellas? ¿Qué quedará de mí?

—¿Dudas de que habrá un Día del Levantamiento? ¿Dudas de que Alá pueda devolver la vida a los muertos? ¡El mismísimo Alá ha jurado por el Día del Levantamiento y de la Resurrección de los cuerpos...! ¿Qué eras tú, Abdulaziz, sino una gota de esperma eyaculada? El que hizo tus vértebras y tus clavículas y articuló las falanges de tus dedos y te dio forma completa de varón, Él mismo recompondrá tu carne y tus huesos por destrozados que estén... Abdulaziz, no abras un resquicio a esa duda: sería una tentación infiel. Debes creer con todo tu corazón que «la muerte disgrega y Alá junta».[21]

¿Con qué cuerpo? ¿Qué quedará de mí...? No era una cuestión teológica nueva, sino discutida desde antiguo entre eruditos islamistas. También el grupo de estudiantes de Hamburgo debatió ese punto en reuniones de la mezquita de Al Quds. Y más de una noche lo hablarían junto a las fogatas de campamento en Afganistán. Era un tema sin duda inquietante para los «guerreros santos» que se disponían a morir en plena juventud.

—Muhammad, lo sabes mejor que nadie: ni tú ni yo nos suicidamos por ir a un guateque, ¡aunque sea una orgía con barra libre![22]

El Beech 1900 estacionó en un extremo de la Terminal B del aeropuerto de Logan, junto a las puertas de los primeros números. La sala de conexión de vuelos estaba en esa misma terminal, pero en la otra punta. Así que Atta y Alomari tuvieron que caminar a buen paso por el interior del aeropuerto.

Pasaron sin detenerse ante la cinta mecánica transportadora de equipajes. Atta no recogió la maleta que había facturado en Portland. Tal como planeó, aparecería más tarde —después del caos de los atentados— entre las franjas de la terminal del aeropuerto conteniendo la ropa usada que llevaron puesta en South Portland, el neceser, un vídeo de prácticas aeronáuticas y los dos espeluznantes documentos que él legaba al mundo: su testamento y el *Manual de las últimas horas* de los pilotos de la muerte.

Entretanto, poco antes de las seis de la mañana, en el casco viejo de Boston, Marwan Al Shehhi, Fayez Ahmed, Mohald Alsheri y Satam Al Süqami dejaban el hotel Milner en la Charles Street, por la zona de los teatros. Satam alzó levemente la barbilla en un gesto de adiós a los otros y se alejó hacia donde tenía aparcado el Mitsubishi sedán blanco de alquiler que usaba en los últimos días. Un adiós imperceptible, casi mecánico. El adiós de quien ignora que nunca volverá a ver a esos amigos, y que antes de tres horas todos ellos estarán muertos y desintegrados en el aire.

De ahí se dirigió hacia la barriada de Newton. A la altura del 160 de Bolyston Street, en la puerta del Park Inn, detuvo el coche sin parar el motor y recogió a los hermanos Wail y Waleed Alsheri. Enfilaron la salida hacia Logan. Allí se reunirían con Atta y Alomari.

Fuera ya del hotel Milner, aguardando el taxi que habían pedido, Marwan sacó su móvil y llamó a Ziad Jarrah. Ziad iba ya camino del aeropuerto de Newark. Fue una conversación breve, 70 segundos:

—¿Todo bien? ¿Sin problemas? ¿Y tus chicos? Ziad, aguanta el tirón, ¡va a salirnos de putamadre! ¡Alá es grandioso!

Y una despedida entre trascendente y trivial:

—¡Hasta pronto y hasta siempre! Si no hay desajustes en los vuelos, yo ya estaré allí... cuando llegues tú.

A la misma hora, dejaban también su alojamiento en Boston los Alghamdi: Ahmed, de rostro aceituno y flaco de cuerpo, asecundado en su hermano Hamza, de piel lustrosa y morena, cara abofada, facciones decisivas y ojos centelleantes. Por muy imbricado que estuviera con Al Qaeda el clan saudí de los Alghamdi, estos dos jóvenes no encajan en el biotipo de los luchadores motivados religiosamente para ir al «martirio por la gloria de Alá». Quizá su impulso era patriótico. Lo cierto es que Ahmed y Hamza no pasaron su última noche en oración, ni meditando el Sagrado Corán, ni purificándose de sus pecados... Lo que hicieron fue evadirse de un modo tosco, obsceno y barato, con películas porno en la habitación del hotel Days, de Brighton, en el 1.234 de Soldiers Field Road.

El Mitsubishi blanco evolucionó por el asfalto del parking del aeropuerto de Logan buscando una plaza libre. Al volante, Satam Al Suqämi y con él los hermanos Alsheri. Cuando llegaron a una casilla vacía, otro conductor maniobraba ya para aparcar. Discutieron de coche a coche, pero el otro no les cedió el sitio. Eran las siete y cuarto. Iban acelerados y muy justos de tiempo, así que dejaron el coche donde pudieron.

Menos cumplidores que Atta, ni lo devolvieron a Alamo Rental Cars, ni repostaron la gasolina, ni retiraron los desperdicios que durante seis días habían ido esparciendo por el interior: papeles, botes vacíos de Coca-Cola, kleenex, colillas de cigarrillos... Satam

Al Suqämi y los Alsheri querían desembarazarse del vehículo cuanto antes.

Entraron en la sala del aeropuerto con cara de velocidad. Pero enseguida vieron en el monitor de avisos que el vuelo 11-AA a Los Ángeles, cuya salida era a las 7.45, tenía 14 minutos de demora. Se miraron confusos: enarcadas las cejas, los ojos muy abiertos y una expresión desconcertada de «ahora ¿qué?». Si los cuatro «secuestros» tenían que hacerse sincronizados y en cadena, el retraso de uno de los vuelos podía estropear todo el plan.

De pie, mirando hacia arriba, hacia la pantalla, parecían tres pasmarotes hipnotizados por el rótulo parpadeante *delayed, delayed, delayed, delayed*.

—Joder, ¡esto nos lo funde todo! —Satam resopló conteniendo la furia. En el bolsillo derecho del pantalón palpaba su cúter y en el de la camisa su billete: asiento 10B. Hora y cuarto más tarde habría degollado, desde atrás, al pasajero del 9B.

Hay suficientes indicios de que Satam Al Süqami no sabía que iba a una «operación de martirio» en la que inexorablemente moriría. Uno de esos indicios es el cuidado que tuvo en no dejar pistas suyas, ni siquiera un domicilio transitorio en Estados Unidos. Apenas se conoce de él una identidad, que podía ser real o falsa, y su origen emiratí. Ni un dato más. En cuanto al Mitsubishi que usó la última semana, ni él lo alquiló ni él lo devolvió. Fue hábil para eludir esos trámites. Y ninguno de los papeles que quedaron dentro del coche apuntaban hacia él. Se diría que cubrió sus espaldas —su propia salida y la de su familia— pensando en «después del Día D».

Los «hombres de apoyo» que embarcaban ajenos a que la operación terrorista entrañaría sus propias muertes, tomaron sus cautelas, no dejando localizadores por donde pudieran ser atrapados después. Por eso, para respaldar sus billetes, seis de ellos aportaron sólo un número de teléfono... que resultó ser el de Atta en Coral Spring. Otros dieron apartados de correos en Florida, tan efímeros como su permanencia en esas poblaciones. Así, Mohald Alsheri y Fayez Ahmed se aparaguaron bajo un número postal de Delray Beach, y los hermanos Wail y Waleed Alsheri dieron un apartado de correos en Hollywood que no usaban ya hacía tiempo. Ninguno de los cuatro vivía siquiera en esas localidades. En la investigación posterior, al llegar a ciertos nombres de «segundones», el FBI se topó con un «agujero negro»: ausencia total de datos de identidad, filiación, estudios, domicilio... Y ninguna o muy vagas referencias a familiares y amigos. Era otra señal de que varios de los que participaron y murieron en los atentados del 11/S no iban con el ánimo de que sus nombres se inscribieran en la orla gloriosa de los «mártires». De los 19, probablemente 12 pensaban que, una vez secuestrados los aviones y resuelta la negociación que hubiese por medio, cada cual tendría que ventilarse una salida segura más la garantía de que sus familias no serían molestadas por la policía.

A las 7.35 por megafonía se invitó a embarcar a los pasajeros del 11-AA, aunque tuvieran que esperar el tiempo de retraso anunciado. Mientras caminaban hacia la puerta 26, sonó el móvil de Atta. La llamada procedía de una cabina telefónica de la Terminal C en ese mismo aeropuerto. El avión de United Airlines que debían abordar Marwan y su grupo salía precisamente desde la Terminal C. Sería, pues, alguien del equipo de Marwan para «darle novedades».

En la cola del control de embarque, Atta recorrió con los ojos la fila de pasajeros. Fingiendo desinterés, pasaba lista: Alomari, Wail, Waleed y Satam. El comando completo. Vio a un hombre de aspecto distinguido con ropa de sport, mirada vivaz y barba canosa tenue muy bien cortada. A su lado, una mujer alta, rubia y atractiva. Parecían marido y mujer. Detrás, una jovencita de ojos muy grandes con un diminuto móvil verde pegado a su oreja hablaba y sonreía a ella sabría quién. En la misma cola, se fijó en un tipo rubio de cuarenta y pocos, cara despejada y pecosa, ojos azules, mandíbulas anchas, cuello potente de deportista y cierto aire a Robert Redford con veinte años menos. Más allá, un grandullón con bigote y barba rodeándole la boca, sólo la boca, como si fuera el morro de un bulldozer, gafas Ray-Ban claras, traje gris de alpaca, corbata a rayas, portafolios de piel, ordenador portátil y pinta de asesor fiscal o de vendedor de bonos comisionado, no disimulaba su ansiedad por embarcar. Una muchacha de pelo trigueño, tez muy pálida y dientes igualitos, una estudiante quizá, se desmarcó de la fila y con paso elástico se acercó a una de las tiendas de accesorios pijos de marca. Estuvo mirando algo desde el escaparate. Al reintegrarse a su puesto en la cola, volvía con cara de frustración, de qué caro es todo.

Atta no siguió mirando. Bajó los párpados. Rememoró palabras de su *Manual de las últimas horas*:

«Una acción para la gloria de Alá vale más que todo el universo... Lo que comparecerá ante Alá no será nuestro cuerpo, sino nuestras acciones. Nuestras acciones que, para bien o para mal, construyen eternidad... Aunque después digan "unos han muerto asesinados, otros se han suicidado", tú debes saber que no es así: los que mueren por la gloria de Alá no están muertos, están vivos».

Cuando les llegó el turno, Alomari y Atta se sometieron a su segundo chequeo electrónico del día. Ni sonó el detector de metales, ni las imágenes de sus bolsas de mano en el escáner llamaron la atención del personal de seguridad. Y ellos no se inmutaron. Lo tenían previsto. Habían hecho pruebas, cuando no arriesgaban nada, en otros controles de vuelos, llevando un cuchillo o una navaja, con hojas de más de diez centímetros de largas y nadie les impidió pasar. Estaban permitidas. La normativa de vuelos comerciales no las consideraba «armas peligrosas». Ellos sabían además que los aeropuertos internacionales, con vuelos continuos y tránsito masivo, eran permeables como coladores: resultaba imposible chequear y escanear a fondo a todos y cada uno de los viajeros y sus equipajes. De ahí, su aplomada sangre fría.

Wail y Waleed Alsheri iban deliberadamente juntos porque tenían asientos contiguos, el 2A y el 2B. Los otros, desperdigados y mezclados entre la gente como si no se conocieran. Atta se retranqueó para pasar el último, cerrando la escuadrilla. Ante el pupitre de American Airlines, una risueña azafata de tierra, uniforme azul y rojo, les recogía la tarjeta de embarque —«¡adiós, buen viaje!, ¡adiós, buen viaje!»— a la vez que cotejaba sus nombres y números de asiento con el listado de pasaje del vuelo 11-AA, que en el registro de la compañía era el vuelo F9C19Y53.

El Boieng 767-300 tenía capacidad para 218 pasajeros y 11 tripulantes. Atta cruzó una mirada con Satam y le vio tranquilo. Ambos habían podido constatar que, aparte la tripulación, sólo embarcaban 81 viajeros. Aun así, para cinco hombres, reducir a 92 personas con unas simples cuchillas de cortar cartulina, sería endiabladamente complejo.

En la Terminal C del aeropuerto de Logan, Marwan Al Shehhi y sus cuatro secuaces vivían una escena muy similar, contando con disimulo a la gente que aguardaba en la puerta de embarque. El Boeing 767-222 del vuelo 175 de United Airlines era un aparato veterano con un largo historial: 18 años de servicio y 66.647 horas en el aire. Tenía también una capacidad alojadora de 218 pasajeros y 11 tripulantes, aunque aquella mañana el billetaje se había reducido a la cuarta parte: 56 viajeros y 9 miembros de la tripulación.

Marwan estaba ya a punto de entrar en el Boeing cuando sintió que sobre el pecho le vibraba el móvil: lo llevaba en el bolsillo de la cazadora y sin sonido. Jefe Atta le llamaba por última vez. Estuvieron conectados algo más de dos minutos.

—¡Qué...! ¿Bien todo por ahí?

—Bien, sí. Sin problemas... Y poco pasaje.

—¿Cuántos?

—Cincuenta o cincuenta y uno, más nueve de uniforme y nosotros.

—¿Algo nuevo de Abu Tarek el libanés?*

—Hablamos a las seis, y bien. Hace un cuarto de hora me llamó él desde una cabina. Estaba optimista: treinta y cuatro, siete uniformados y ellos.

—¡Cómo me alegro!

—Y de Orwa al Taefi,** ¿qué sabes?

—Van más o menos como vosotros: cincuenta y tres, seis de «la empresa» y ellos. Hablé con Nawaq. ¡Estaba crecido, exultante!

—Abu, acertamos de lleno eligiendo... los dos bastones y el pastel con rabo, ¿no? ¡Ja ja ja ja!

—Marwan, y tú... ¿cómo estás?

—¿Yo? ¡En forma! Tranquilo, jefe... Parezco un ventrílocuo re-

* En referencia a Ziad Jarrah, según el nomenclátor adoptado en la «cumbre» de Tarragona.
** Nombre de guerra de Hani Hanjour.

citando por dentro el *Manual*... Fue una idea cojonuda... Ahora estaría en blanco, si no.

—Una idea cojonuda, ¿cuál?

—Escribir esa *Guía para la ocasión*... Hace un momento, repetía «los que prefieran la otra Vida a ésta, volarán por la gloria de Alá», y me preguntaba ¿pensaría en nosotros Alá, al decir esas palabras?

—¡Seguro! ¡Desde toda la eternidad! Escucha, Marwan: que nada te distraiga, concéntrate, piensa sólo en con Quién vas a encontrarte. Hasta el último instante, tú quieres agradarle a Él. A partir del encuentro, Él querrá agradarte a ti...

—Esto va en serio...

—Cuando llegue mi momento, os llamaré a los tres. Acuérdate de hacer tú lo mismo: ¡a los tres!

—Sí, cada uno llama a los otros tres...

—Sin esperar respuesta...

—¡OK!

—Marwan, cíñete al *Manual*. Yo lo hago también: «Si ya no puedes hablar con tus hermanos, con la mirada serénales, dales coraje, envalentónales...». Recuerda: en Qatar, cuando eras un niño, hinchabas el pecho y convocabas a tus hermanos a la oración. Ahora eres un hombre y los convocas al combate... Han abierto la puerta del *finger*. Tengo que dejarte...

—Abu Abdul Rahman Al Masri, conocerte ha sido un regalo de Alá...

—Eso pienso yo de ti... Tengo que colgar... ¡Hasta muy muy pronto! ¡Sé fuerte! *Salam!*

—*Salam!* ¡Que Alá vaya contigo!

Los pasajeros avanzaban en grupo compacto por el pasillo gris del *finger*. Pisando sobre el suelo insensible de hule negro de la estrecha y larga rampa, Atta se aferró mentalmente a la *Guía de los últimos pasos del guerrero suicida*:

«Antes de poner tus pies en el *tayyara*, en el avión, date cuenta de que entras en una batalla para gloria de Alá».

Embarcaron. De pie y dentro ya del Boeing, las azafatas Sara Low y Jean Roger iban saludando a cada viajero que traspasaba el umbral. Atta ocupó el asiento 8D de clase *business*. En la misma hilera, Alomari en el 8G. Entre ellos, el productor de Hollywood David Anfell y su esposa Lynn, que tenían las plazas 8E y 8F. Los otros asientos de la fila 8 iban vacíos. Cinco hileras por delante, muy cerca de la cabina de los pilotos, los inseparables hermanos Alsheri codo con codo en las plazas 2A y 2B. Vigilando desde atrás, en el 10B, Satam Al Süqami.

«Siéntate y llena tu mente con Alá, sólo con Alá —Atta ejecutaba el tercer paso del *Manual*—. Él lo dijo: "Al encontrarte con el enemigo, mantente firme y piensa en Mí constantemente".

»Cuando el *tayyara* se mueva por la pista, di la plegaria del viaje. Que nada te distraiga, porque estás viajando hacia el Todopoderoso...

»Di: Oh Señor, perdona nuestros pecados, olvida nuestras desviaciones y excesos, afirma nuestros pasos, pon destreza en nuestros movimientos y danos la victoria...»

Era una rara oración en la boca o en la mente de un musulmán. El Dios del Corán es un Dios de tremenda majestad, incognoscible e inaccesible. Un Dios cuyos atributos pueden nombrarse, pero no conocerse. La religiosidad islámica no educa al creyente para que tenga un trato de intimidad con Dios, ni para que le pida favores. Su plegaria es adoración y alabanza. No hay trato personal con Dios. El buen musulmán está persuadido de que «nada va a ocurrir que no esté eternamente escrito» y decidido por la voluntad inmutable de Alá. Por tanto, tiene poco sentido pedir cosas a Dios o intentar que cambie el curso de los acontecimientos o que obre milagros en favor del orante.

Sin embargo, el texto de Atta se reclinaba en un *hadiz*, un dicho de Mahoma:

«Recuerda lo que dijo el Profeta: "Señor, Tú has revelado el Libro, Tú mueves las nubes, sólo Tú puedes darnos la victoria y hacer que la tierra tiemble bajo los pies del enemigo..."».

El vuelo 11 de American Airlines despegó a las 7.59.

Un cuarto de hora después, a las 8.14, el piloto del 175 de United Airlines, Victor Saracini, recibía desde la torre de control la indicación «pista libre para despegue».

A las 8.20, desde el aeropuerto de Dulles, en Washington, despegaba el vuelo 77 de American Airlines. A las 8.42, el Boeing del vuelo 93 de United Airlines emproaba los cielos de New Jersey desde el asfalto de Newark.

Mohammed Atta en el 11-AA, Marwan Al Shehhi en el 175-UA, Hani Hanjour en el 77-AA y Ziad Jarrah en el 93-UA se encomendaban a Alá:

«Oh, Dios, te pido que aceptes mi martirio afrontando al enemigo y no huyendo de él. Te agradezco que me hayas dado esta serenidad y esta certidumbre de que todo lo que me va a ocurrir es por ti...».

Con sus jefes de comando, rezaban Abdulaziz Alomari, Jalid Almidhar y Nawaq Hazem. Quizá también Saed Alghamdi, que había intuido el siniestro desenlace. Los que sabían que iban a morir y que iban a matar miraban a La Meca y rezaban a su Dios:

«Se acerca la Hora Cero. Doy la bienvenida a mi muerte por la gloria de Alá. Hasta el instante final quiero pensar en Alá Dios. Deseo acabar mi vida rezando... Y que en mi último momento consciente, inmediatamente antes del impacto, mis labios digan el *tawhid*: "Alá es el Único, Alá es el Solo. Ni ha sido engendrado, ni ha engendrado. Nadie es igual a Él. ¡No hay más Dios que Alá! Y Mahoma es su Profeta".»[23]

Después, un silencio de níquel. Y la vida llegando a la muerte. La vida, aflojándose la corbata y escuchando la monserga de «si se produce una despresurización en cabina, se desprenderá automáticamente una mascarilla de gas...». La vida, abriendo la polvera para retocarse el perfil granate oscuro de los labios, sin prestar atención a que «los chalecos salvavidas están debajo de los asientos». La vida, con su cinturón de seguridad debidamente abrochado, el respaldo en posición vertical, bebiendo naranjada o jugo de pomelo y leyendo el periódico del día. La vida, distante y altiva, echando una mirada de soslayo casi indiferente por la ventanilla a la panorámica de allá abajo: Boston, de Washington, de Newark, con sus deslavazadas geometrías. La vida, armada de un bolígrafo y abstraída ya en el descifre del crucigrama del *The New York Times*. La vida, sacando un cubreojos del neceser de American Airlines para dormir un rato. Ah, la vida despilfarrando vida. La vida, mascando chicle con dientes de leche todavía y un pimpante lazo verde en la cabecita dorada. Inconsciente, engañada, a cienmilañosluz de pensar en esa remotísima posibilidad, la vida, tan segura en el rugiente y poderoso cuatrimotor, viajando hacia la muerte.

Resultó que era cierto que la vida no avisa y que «sólo la sangre sabe siempre por qué».*

* José Luis Sampedro, *El río que nos lleva.*

5

CRIMEN DE ORIENTE,
CRIMEN DE OCCIDENTE

George Walker Bush se levantó a las seis de la mañana y salió a correr sus siete kilómetros de cada día por el campo de golf de Longboat Key, junto al hotel donde se alojaba, en Florida. Varias patrullas de policías habían vigilado durante la noche. Al alba, tomaron posiciones cubriendo tramo a tramo el itinerario por donde iba a correr el Presidente.

Una ducha. Un masaje con tónicos palmeándose el pecho, el abdomen, los hombros, los muslos. La primera púa del peine bien apoyada sobre la sien izquierda y, despacio, con precisión de delineante, la raya. Un toque en el nudo de la corbata granate y rosa. Esa mañana tenía un acto sin importancia en la escuela de enseñanza primaria Emma E. Booker, de Sarasota, Florida, el estado donde su hermano Jeb era gobernador. Mientras desayunaba escuchó el informe de previsión de la jornada, suministrado por el Servicio Secreto de la Presidencia: «Nada especial en el horizonte, señor». Eran las 7.59 del 11 de septiembre de 2001.

¿Nada especial en el horizonte...? A esa misma hora, un Boeing 767 de American Airlines rompía el horizonte del aeropuerto de Logan, Boston. Se iniciaba el vuelo 11-AA. A bordo, 11 tripulantes y 81 pasajeros. Entre ellos, Atta y su comando: Abdulaziz Alomari, Satam Al Süqami y los hermanos Wail y Waleed Alsheri.

El «mártir viviente» en capilla no tiene ya ni pasado ni futuro. Es un hombre en blanco. Ni una evocación del ayer, ni un deseo del mañana, ni el recuerdo de alguien que se queda aquí. Todo es una intensidad de presente. Si acaso, una pregunta. Una pregunta indomable mirando de frente el final, encarando la última razón: ¿para qué?, ¿para qué hago esto? La cuestión eficiente: ¿de qué servirán mi muerte y todas estas muertes?

Si en aquel instante terminal Atta pensó eso —nadie podrá afirmarlo ni negarlo—, se diría a sí mismo lo que siempre supo: que en su *gazwah* contra Estados Unidos no había razones de conquista territorial ni de afirmación nacionalista. Atta jamás oyó hablar a Bin Laden de construir un Estado islámico. Nunca le oyó pronunciar la palabra «nación» referida a la comunidad islámica. Bin Laden no era un político, ni tenía una estrategia o un desideratum de Estado. Atta tampoco. La razón terminante del *gazwah* era moral. Estrictamente moral: Castigar a Estados Unidos. Y obligarlos a ser sus propios verdugos. «Provocarlos para que se castiguen a sí mismos, para que se desangren y se agoten en guerras sin fin. Desafiarlos, y que vuelvan con rabia su poderío militar contra países musulmanes: que arrasen Afganistán, Irak, Irán, Siria, Arabia Saudí, Kazajistán, Tayikistán... Irritar su arrogancia. Encender su sed de venganza. Forzarles a una cadena de campañas bélicas que les esquilmen y les dejen exhaustos... Cuanto más sañudos sean sus ataques a los pueblos árabes, más reavivarán la fe de los musulmanes tibios y más movilizarán la fuerza combativa de los creyentes fervorosos». Así lo había escuchado Atta de sus auténticos mentores.*

Y así lo había enseñado él a otros: «Les golpearemos tan duro en su orgullo que, ciegos de soberbia, harán paso a paso cuanto queremos que hagan. Ellos, ellos mismos acrecentarán el islam, le darán un protagonismo estelar, lo sacarán de su marginalidad y lo pondrán en pie de guerra contra el Mal. Estúpidamente pensarán que nos convierten en víctimas. ¡Pero nos convierten en héroes, en mártires, en bienaventurados!».[1]

En definitiva, eso iba a ser él: un provocador.

A las 8.13, Atta editó un mensaje desde su teléfono móvil. Una sola palabra, escueta, rotunda: *gazwah*. No precisaba respuesta. Era el aviso convenido. Lo envió a Marwan Al Shehhi, a Hani Hanjour y a Ziad Jarrah, embarcados ya los tres pero todavía en las pistas de despegue. *Gazwah*. El egipcio se lanzaba al ataque.

* Abdel-Bari Atwan, director de *Al Quds Al Arabi* declaró a *El Mundo*, el 21-10-2001, lo que le había oído personalmente a Bin Laden: «Osama Bin Laden me dijo que el día más feliz de su vida sería aquel en que los americanos enviaran soldados contra Afganistán... y Occidente está haciendo ahora exactamente lo que él me dijo que quería. Ha sido una provocación largamente planeada».

Un minuto después, el Boeing de United Airlines vuelo 175-UA despegaba del mismo aeropuerto de Logan. A bordo, Marwan y su comando. El avión se deslizó a través de los estados de Connecticut y New Jersey por un pasillo aéreo más al sur que el del avión donde iba Atta.

El vuelo 11-AA se dirigía hacia Massachusetts; las azafatas habían empezado a distribuir los desayunos desde la fila 1. Mohammed Atta no probaría el suyo. Cuando vio que los carritos del catering habían sobrepasado la fila 10, donde viajaba Satam Al Süqami, se levantó y avanzó con Alomari hacia la cabina de los pilotos. Eran las 8.15.

Al verles entrar, el capitán Jim Ogonowski conectó el micrófono «manos libres» ubicado en el mismo volante, sin que Atta lo advirtiera. Era su único recurso para enviar señales a los controladores de que algo iba mal. Poco después pulsaría el interruptor con disimulo varias veces seguidas, abriendo y cerrando, en un desesperado intento de denunciar el secuestro a los centros de control en tierra.

Si Ogonowski tenía ese fácil acceso al interruptor del volante era porque seguía sentado en el asiento del piloto. Debió de permanecer allí bastante tramo del viaje obedeciendo las instrucciones que iba dándole Atta, en pie y detrás de él en la cabina. Posiblemente, bajo la coacción de una cuchilla de acero rozando su yugular.

Los empleados del Centro de Control de Rutas de Tráfico Aéreo de Nashua se dieron cuenta de que ocurría algo anómalo con la transmisión desde la cabina de ese Boeing, pero lo atribuyeron a un simple problema electrónico o radioeléctrico.

Desde su búnker sin ventanas, el ordenador de rutas aéreas de Boston autorizó al piloto del 11-AA a subir de 9.000 metros a 9.500, cuando su avión cruzaba sobre el oeste de Massachusetts. Luego le recomendó ascender a 13.000 metros, la altitud de crucero, y que evolucionase por encima de otro *jet* que volaba justo en esa zona. No obtuvo respuesta, y le extrañó. No era el primer indicio de que algo fallaba. Unos minutos antes había visto que ese mismo avión, en lugar de ir al sur, giraba levemente al norte, hacia Worcester. Miró la hora —8.18— y observó con atención su trayectoria. El 11-AA se dirigió al noroeste, hacia las colinas Berkshire y Green Fields, donde colindan los estados de Massachussets, Vermont y Nueva York. A los tres minutos, el Boeing ignoraba otra vez el itinerario de vuelo establecido, sobrevolando la ciudad de Amsterdam, entre el lago Sacandaga y el río Mohawk. El ordenador de Boston comentó perplejo: «Pero ¿qué hace ese tío...? ¿Va de turismo, o a qué juega?». El 11-AA enfiló el triángulo Albano-Shenectady-Troy. Y enseguida, un nuevo desvío a su antojo: viró 100 grados al sur y rebasó Albany, la capital de Nueva York. «O tiene problemas o no le gusta nuestra hoja de ruta...»

A las 8.22, el traspondedor del 11-AA dejó de emitir señales. Enmudeció. Lo habían desconectado desde la cabina del piloto.* A partir de ese momento, la altitud y la ubicación del avión sólo podía conocerse por su «firma» en el radar de control: un punto móvil en las pantallas Sony de 27 pulgadas y de alta resolución. Desde ahí, pasando de la extrañeza a la inquietud, seguirían la imprevisible trayectoria de un avión que iba por donde no tenía que ir, sin que el piloto diera noticia de tener un percance o de estar en apuros. Ni el capitán Ogonowski ni el copiloto Tom MacGuinness teclearon en ningún momento el código secreto de cuatro dígitos que indica «situación de secuestro».

El operador de Nashua encargado de ese vuelo intentó contactar con él por la frecuencia normal de radio: «Once de American, aquí centro de Boston, ¿me recibes?». Nada. «Once de American, aquí centro de Boston, ¿me recibes?» Se puso de acuerdo con otros dos controladores: «Quiero que el 11-AA vuele más alto, pero no lo consigo. Llevo un rato insistiendo, y el piloto no me contesta...». Usó entonces la frecuencia 121.5 de emergencia. Sólo recibió más silencio.

En el interior del avión, Satam Al Süqami había degollado al pasajero del asiento 9-B. Aquel hombre iba sentado delante de él. Por tanto, Satam lo hubiese tenido a su espalda cuando se pusiera de pie y se volviera para dominar al pasaje desde la fila 10 hasta el fondo de la nave.

---

* A través del traspondedor, el control aéreo en tierra recibe información directa de cualquier avión que esté ya en el aire: código de vuelo, posición, altitud, velocidad, dirección, etc. Esos parámetros se van imprimiendo de modo automático sobre unas tiras de papel con siete columnas.

La azafata Betty Ong descolgó el auricular de uno de los teléfonos de los asientos traseros, pulsó #8 que le conectaba en directo con los operadores de reservas de American Airlines, en Carolina del Norte: «¡Oiga, oiga! Soy Betty Ong —hablaba en voz baja, como no queriendo que la oyese quien estuviera cerca de ella; se le notaba alterada, asustada—, soy Elisabeth Ong, de la tripulación del 11-AA... Este avión ha sido secuestrado por cinco individuos... Hay un pasajero degollado, muerto» —ahí se le quebró la voz. El encargado de Carolina del Norte que estaba al habla, no sabía qué hacer, ni qué decir. Sin soltar el auricular, llamó rápidamente por otra línea al centro de operaciones de American Airlines en Fort Worth, Texas. Fue repitiendo a su superior Craig Marquis lo que Betty Ong le decía: «Han apuñalado también a un sobrecargo». Estaba transmitiendo, de primera mano, la crónica inicial de una tragedia que acababa de comenzar, y que el mundo ignoraba hasta ese momento. Eran las 8.27.

Cuando le preguntaron ¿quiénes son? ¿Cuántos son?, la azafata contestó: «Son... terroristas... cuatro o cinco... Puedo dar los números de sus asientos para que los identifiquen». No dijo que hubiesen asesinado al piloto. Hablando siempre en voz baja, Betty Ong intentó relatar cómo se habían apoderado del avión: «De repente, por sorpresa... Se han abierto paso hasta la cabina, con fuerza, con violencia... Han echado algo en el ambiente... Me arden los ojos y es muy difícil respirar».

De modo que, al final, Waleed Alsheri, el terrorista Forrest Gump, había logrado camuflar sus sprays irritantes de pimienta y nuez moscada como si fuesen desodorantes y meterlos a bordo.*

—Estamos empezando a descender —informó de nuevo Betty Ong.

Los controladores de Nashua que seguían en sus pantallas la silenciosa evolución del punto del avión 11-AA, oyeron de pronto a Atta por el micrófono que Ogonowski había dejado abierto en cabina: «No hagáis ninguna estupidez y no resultaréis heridos... A ti no queremos hacerte daño... Tenemos más aviones, tenemos otros aviones». Los del Control de Rutas de Tráfico Aéreo cruzaron miradas de estupor.

---

* El agente del FBI Matthew Walsh, durante el juicio que se siguió en Hamburgo contra el marroquí Mounir Al Motassadeq, de la célula de Atta, declaró que el relato de aquella azafata les hizo pensar que los terroristas utilizaron algún tipo de gas —quizá de nuez moscada y pimienta, o gas mostaza— que irrita los ojos y las mucosas.

El tono de voz autoritario, el marcado acento árabe y el propio significado de sus palabras no dejaban márgenes de duda: alguien estaba amenazando a los pilotos. Pero ¿qué querría decir eso de «tenemos otros aviones»?

Inmediatamente después —a las 8.29—, el centro de Control de Rutas de Tráfico Aéreo notificó por radio a la FAA, Agencia Federal de Aviación (Federal Aviation Administration) el presumible secuestro de un Boeing de American Airlines con viajeros a bordo. El centro de mandos de la FAA está en Herndon, Washington. Y fue allí donde Ben Sliney, responsable de operaciones nacionales, recibió la preocupante noticia.

A las 8.30, la alerta en tierra se había disparado.

Minutos más tarde, confusamente y sin que pudieran distinguir si hablaba el árabe o el capitán Ogonowski, los del Control de Rutas de Tráfico Aéreo percibieron algo así como la petición de «un pasillo aéreo libre: nos dirigimos al aeropuerto JFK de Nueva York». Era un ardid para abrirse paso hasta Nueva York y despistar al control haciéndoles creer que necesitaban un aterrizaje de emergencia.

Poco después, Atta y Alomari echaron de la cabina, a empellones y con algunas cuchilladas, a Ogonowski y al copiloto MacGuinness. Atta se encerró por dentro con llave. Eso debió de ocurrir a las 8.38: entre la falsa petición de un pasillo aéreo y una llamada de socorro que hizo Madeleine Sweeney, otra azafata del mismo vuelo.

Desde un control de American Airlines en tierra, el operador Michael Woodward descolgó el auricular. Al otro lado de la línea, serena, esforzándose por hablar a media voz, Madeleine Sweeney expuso la situación a bordo:

—Este avión ha sido secuestrado —dijo—. Han apuñalado a dos de mis compañeros de tripulación... Los han dejado tirados en el pasillo. Me parece que han muerto. Han degollado también a un pasajero de la clase *business*.

Facilitó los números de asientos de tres de los terroristas.

Desde el Control de Rutas de Tráfico Aéreo preguntaron al comandante Victor Saracini, piloto del vuelo 175 de United Airlines, que estaba por aquella zona, si sabía algo del 11-AA. Habían despegado de Logan casi a la vez. «Justamente ahora lo tengo a la vista, a mi izquierda, hacia el sur... Parece que vuela a veintinueve mil... eh... a veintiocho mil pies de altitud... ¡Brrrrr... está bajando a todo gas...!»

En aquel mismo momento —las 8.38— uno de los pasajeros del 175-UA, Marwan Al Shehhi, pulsaba tres veces seguidas la tecla OK de su móvil, despachando tres mensajes idénticos que ya tenía editados y listos en la parrilla como «salientes». Avisaba a Atta, a Hani y a Ziad del comienzo de su *gazwah*.

El controlador del centro de Chicago ordenó al comandante Saracini: «175-UA, cambie de rumbo: 30 grados a la derecha. Sálgase de ese barullo...».

Aprovechando que estaban en línea, Saracini informó: «Me he quedado con la copla del 11-AA y me he acordado de que escuché algo extraño, pero ya hace rato: acabábamos de despegar de Logan... Fue como si alguien hubiese pulsado el micrófono para ordenar que se estuviesen quietos en sus asientos... No sé, no se oía bien, pero el tono sonaba a amenaza».

Mientras Victor Saracini hablaba con los de Chicago, los cinco del comando se habían levantado de sus asientos en primera clase y en *business*: Marwan Al Shehhi del 6C, Fayez Ahmed y Mohald Alsheri del 2A y 2B, Ahmed y Hamza Alghamdi del 9C y 9D. Llevaron a los pasajeros y a la tripulación hacia las plazas de atrás. Hicieron sangre en quienes se resistieron. Y Marwan Al Shehhi se encerró en la cabina del piloto. La comunicación del comandante Saracini se cortó en seco. No volvieron a oírle más.

A las 8.40, con tono alarmado y urgente, un alto funcionario de la FAA informó a la autoridad militar aérea, comando NORAD, Defensa Aeroespacial de Norteamérica (North American Aerospace Defense), de que «el Boeing 767/300 en vuelo 11-AA y con pasajeros está fuera de control, y sospechamos que se trata de un secuestro». Luego agregó: «No tenemos certeza, pero puede que haya otro avión secuestrado: el 175-UA».*

Los directivos de la compañía American Airlines se reunieron a

---

* La FAA hizo esa comunicación a través del Sector Nordeste de Defensa Aérea, NEADS, división del comando NORAD, con sede en Rome, Nueva York.

puerta cerrada en la sala del comando de crisis, en Boston. En un monitor gigante de radar habían aplicado el foco al vuelo 11, aislándolo del resto de aviones de la flota de AA. Aquel punto luminoso concentraba las expectantes miradas de todos. Lo vieron vibrar y desdibujarse cuando evolucionaba sobre Albany. Desde ahí, a la línea del río Hudson y las montañas grises y verdes de Catskill. Por un instante, el punto se detuvo. Pero enseguida volvió a cobrar nitidez su trayectoria. Iba muy rápido hacia el área metropolitana de Nueva York.

Trepidante y feroz, el 11-AA enfilaba la ciudad de Nueva York. Atta blandía con firmeza los mandos para la maniobra de aproximación. Iba a poner en práctica por última y trágica vez su táctica habitual, su «¡hazte invisible!».

En efecto, a las 8.38 había descendido tanto que situó el avión por debajo del umbral de captación del radar. La «firma» móvil y brillante del vuelo 11-AA desapareció de los monitores del Centro de Control. Se hizo invisible.

«¡Lo hemos perdido!» dijo alguien en la sala de crisis de American Airlines.

El operador Michael Woodward mantenía en línea a Madeleine Sweeney, la azafata del 11-AA, y en ese momento le preguntó:

—¿Por dónde vais ahora? ¿Dónde está vuestro avión?

—No lo sé con exactitud... Nos han desviado de la ruta.

—¿Puedes ver algo por la ventanilla?

—Sí... Estamos sobre una ciudad, creo que es... Veo agua y edificios... ¡Oh, no, Dios mío, no, no, Dios mío...!

A más de 650 kilómetros por hora, el 11-AA giraba en vertiginoso descenso hacia Manhattan.

A las 8.45 el punto del 11-AA había desaparecido de todas las pantallas de radar. También de las de Rutas de Tráfico Aéreo de la FAA. El Boeing, con 92 personas a bordo, acababa de estrellarse contra la Torre Norte del World Trade Center a la altura de los pisos 101-105. Intencionadamente, Atta había desplegado el tren de aterrizaje para que el desgarro del impacto fuese más duro. En el momento del choque, el avión llevaba más de 40.000 litros de combustible en los tanques de las alas.*

* Aunque para vuelos transcontinentales aquel Boeing podía cargar 90.700 litros, al transportar poco peso de viajeros y de equipajes habían reducido a la mitad la carga de fuel Jet A.

—No hay transmisión. No oigo nada... Este hombre se ha callado de pronto —había comentado, perplejo, el controlador de Chicago al cesar de repente su comunicación por radio con el comandante Victor Saracini.

Desde la central de la compañía United Airlines también intentaron comunicar con el 175-UA a través de Datalink, un sistema automático de obtención de datos; pero no respondía.

Marwan, ya a los mandos desde las 8.42, desvió el avión de su ruta con dos virajes muy ceñidos, primero al nordeste y luego al sudoeste. Se dirigió hacia el estado de Nueva York.

Pasando entre Newburg y Middletown, el 175-UA se internó en New Jersey. Sobrevoló Newton y ahí empezó a describir una curva muy abierta hacia New Brunswick y Long Island. Luego, en su marcha hacia el sur, giró por encima del río Hudson. Fue en ese momento cuando el controlador del centro de Long Island unió los datos: aquel avión había abandonado la ruta y no parecía tener problemas, sino que volaba conducido con pericia y al doble de la velocidad permitida. «Eh —advirtió a las 8.50—, tenemos algo muy raro por aquí... Me temo que se trate de un secuestro.»

El piloto de otro vuelo comercial preguntó por radio «¿Alguien sabe qué es ese humo en la zona centro de Manhattan?». Era la Torre Norte incendiada por el avión del 11-AA que pilotaba Atta.

Los controladores repetían sus llamadas al 175-UA. Pero sólo obtenían silencio. Un silencio que asustaba.

Peter Hanson, que viajaba con su mujer y su hija de dos años en el 175-UA, llamó a sus padres cuando estaban en la vertical de Easton, Connecticut: «Lo siento... Tengo que daros una mala noticia: unos hombres armados con cuchillos han tomado este avión en secuestro. Son violentos. Han apuñalado a una azafata... y no sé si a alguien más».

Otro pasajero, despidiéndose de un ser querido, hizo un relato sobrio pero descarnado de lo que ocurría a bordo: «Empezaron acuchillando a dos asistentes de vuelo, no sé si por asustarnos o por divertirse... A otra azafata la maniataron. Nos habían traído aquí, a la zona de cola. Alguien debió de avisar al piloto, porque enseguida vino atrás para ayudar. Entonces, ellos lo degollaron y se metieron en la cabina».[2]

En efecto, días después, entre los escombros del World Trade Center hallaron trozos del cuerpo de una mujer que llevaba uniforme de la tripulación de United Airlines y tenía las manos atadas por la espalda. Así estaría cuando se estrelló el avión. De esta manera, inmovilizada, murió.

A las 8.59, ya al sur de Manhattan, el Boeing viró otra vez hacia el norte en una maniobra de aproximación muy rápida. Sin aminorar los 800 kilómetros por hora, pasó sobre las bahías *lower* y *upper* de Nueva York y la estatua de la Libertad. Marwan tripulaba con dominio: pivote de mandos en la mano izquierda, palancas a la derecha, timón de profundidad, pedales, alerones, deflactores... Picó suavemente y descendió flechado hacia el World Trade Center.

A las 9.03, ladeándose con suave elegancia, el Boeing se lanzaba certero, fulminante, a su destino final.

Conmocionados, en escalofriante directo, millones de espectadores presenciaron aquella acrobacia olímpica y brutal. El más teatral y trágico de los *reality shows* que jamás había servido el televisor.

El avión penetró límpidamente en la Torre Sur del World Trade Center y la rebanó, como si fuera un blanco pastel, a la altura de los pisos 86 y 87, ocupados por oficinas del gobierno: el Departamento de Hacienda y Finanzas de Nueva York.

Aunque a las 8.40 la autoridad aérea civil, la FAA, había advertido de los secuestros al comando militar NORAD, todavía transcurrieron seis minutos hasta que el NORAD pasó esa noticia y una orden de movilización de aviones al Ala de Caza 102 de la Guardia Nacional, en la base aérea de Otis. Y aún pasaron seis minutos más entre el recibo de la orden y el despegue de dos cazas F-15. Hasta las 8.52 no estuvieron en el aire los F-15.

Cuando los cazas arrancaron, Atta ya había estrellado su avión contra la Torre Norte, y el que tripulaba Marwan se precipitaba sobre Manhattan en vuelo rasante y con sus dos motores atronando los rascacielos.

Por otra parte, Otis —en Falmouth, Cape Cod—, a unos 350 kilómetros de la ciudad de Nueva York, quedaba demasiado lejos para llegar a tiempo a una emergencia grave. Hubiese sido más lógico encomendar esa misión a la base de Atlantic City, en New Jersey, también de la Guardia Nacional y bastante más cercana: a 160 kilómetros. Los F-16 de Atlantic City habrían llegado a Manhattan en 14 o 15 minutos. Pero no estaban en situación de alerta, ni listos para un despegue inmediato.

La imponente maquinaria autodefensiva americana tenía los motores parados. Como un gigante confiado y en letargo, tardó demasiado tiempo en espabilarse y ponerlos en marcha.

En todo caso, aunque los F-15 o los F-16 hubiesen despegado en cuanto se dio el aviso, a las 8.40, no habrían podido hacer nada. No tenían orden de interceptar ningún avión. Y mucho menos abatirlo. Ni la tenían ni podían tenerla. Si se producía el secuestro de un avión, la norma legal vigente sólo permitía detectarlo, darle por radio la orden de desvío y escoltarlo hasta el aeropuerto que se determinara. La ley* no contemplaba ni una actitud de rebeldía y enfrentamiento en los secuestradores; ni un «autismo» radioeléctrico que les llevara deliberadamente a desconectar toda comunicación; ni que el «pirata aéreo» fuese un suicida empeñado en morir matando.

Los cazas F-15 de Otis iban provistos de misiles guiados por sensores térmicos y radar, pero... qué piloto o qué jefe militar hubiese asumido la responsabilidad de evaluar y elegir, sobre la marcha, entre un «mal menor» cierto, como el derribo de un Boeing comercial con tripulantes y pasajeros a bordo, y un «mal mayor» incierto. En aquellos momentos, nadie podía prever que los dos aviones secuestrados buscaran estrellarse contra tal y cual edificios.

Al llegar a Manhattan, los pilotos militares fueron los primeros espectadores del horror... sobrevolando el terreno. Desde el aire, vieron el fuego, el humo como emborrachado y las bocanadas de polvo y escombros que vomitaban las Torres Gemelas. Su misión no rebasó el mero trámite de filmar la catástrofe. Algunos de esos fotogramas fueron a parar, días después, a un folder negro, en el segundo cajón de la mesa de despacho del Presidente.

* Orden 7610.4J, Operaciones Militares Especiales, de 3 de noviembre de 1998, enmendada en 3 de julio de 2000 y 12 de julio de 2001. Sección 2.ª, capítulo 7, sobre Escolta de Aviones Secuestrados (*Procedures for Escort of Hijacked Aircraft*).

Otros espectadores, que contemplaron el espeluznante drama cuando estaban en vuelo por aquella zona, fueron los funcionarios municipales del control de tráfico urbano rodado. Desde su helicóptero, uno de los equipos captó, lejana y granulosa, la primera imagen de la Torre Norte ya ardiendo, con el 77-AA dentro y abrasando sus entrañas. Aunque la toma estaba desenfocada y con baja definición, era un *scoop* planetario, una primicia histórica, y así la valoró el canal de CNN: cortó en seco su programa para transmitir en directo aquella imagen «apócrifa» que en pocos instantes daría la vuelta al mundo.[3]

En Afganistán eran las 17.45. Osama Bin Laden estaba en un bungaló de Al Qaeda trabajando con el doctor Ahmad Abu Al Khair y oyeron por radio la noticia. «Desde el jueves anterior nos habían notificado que ocurriría aquel día*—contó el propio Bin Laden un mes después—. Al terminar nuestra tarea, pusimos la radio local; pero enseguida cambiamos de emisora para oír Washington... Sólo al final del boletín, el periodista mencionó que acababa de chocar un avión contra el World Trade Center.»

Poco a poco se les fue uniendo gente de su confianza. Más de cincuenta personas en la misma sala. Avisado por Suleiman Abu Gaiz, su portavoz y estrecho colaborador, que lo veía en el televisor de la habitación contigua, Bin Laden le dijo moviendo una mano como para calmarle: «Ya lo sé, ya lo sé...».

«Al momento dijeron que había impactado un segundo. ¡Los hermanos estaban como locos de alegría! Y yo les dije: "tened paciencia"...»[4]

George W. Bush acababa de llegar a la escuela de primaria Emma E. Booker, en Sarasota, donde iba a practicar con los niños la lectura de un cuento sobre una cabra.

---

* Realmente, Bin Laden estaba advertido desde el día 29 de agosto. Ramzi Binalshibi le transmitió sin demora la información que Atta acababa de darle por teléfono, de madrugada y en clave: «Dos bastones, un guión y un pastel con un rabo colgando».

«Yo estaba sentado fuera, aguardando el momento de entrar en el aula —relató más tarde el mismo Bush—. Hablábamos de un método para aprender a leer. En ese momento me avisó Karl…* Miré hacia un televisor que tenían allí. Acababan de encender la tele, claro. Un avión había chocado contra la Torre. Como he sido aviador, me dije: "¡Pues vaya piloto, qué tío más malo!". Pensé que se trataba de un horrible accidente aéreo. Entonces me hicieron pasar al aula, y… ya no tuve tiempo de pensar más en eso. Luego, estando allí sentado escuchando a los niños, se me acercó Andy Card** y me dijo al oído: «Un segundo aparato ha estallado contra la otra Torre. Por televisión dicen ya que Norteamérica está siendo atacada».

«Al principio no supe qué pensar. Crecí en una época en la que nunca se me hubiese ocurrido que Norteamérica pudiera ser atacada. En ese corto intervalo, me puse a considerar intensamente qué significaba "ser atacado"… Ah, en cuanto yo tuviera todos los datos que confirmasen que habíamos sido atacados, el precio sería el infierno, por haberla tomado con Norteamérica.»[5]

Aún continuó Bush seis minutos más oyendo el cuento de la cabra… Al fin, reaccionó y se levantó: «Realmente, chicos, leéis muy bien».

Con retraso, el 77-AA había despegado a las 8.20 del aeropuerto internacional de Dulles, al oeste de Washington. A bordo iban Hani Hanjour y su comando. Veinte minutos después, el comandante Charles Burlingame situó el avión a 11.700 metros de altitud y volaba a velocidad de crucero. Los viajeros podían desabrocharse los cinturones de seguridad y abatir los respaldos. Las azafatas empezaron a distribuir un refrigerio.

El Boeing de United Airlines, vuelo 93-UA, donde viajaban el libanés Ziad Jarrah y los saudíes Ahmed Alhaznawi, Ahmed Alnami y

---

* Karl Rove, consejero especial de la Presidencia.
** Andrew H. Card, jefe del gabinete del presidente Bush. Antes había trabajado en la Casa Blanca como ayudante de los presidentes Ronald Reagan y George Bush padre.

Said Alghamdi, llevaba un rato con los motores en marcha aguardando en la pista de Newark, New Jersey. A las 8.42 recibió la orden de «despegue inmediato». Ziad y los tres de su comando habían pasado su última noche en el hotel Morrison, muy cerca del aeropuerto. Y con ellos, varios amigos árabes. Ocuparon siete habitaciones de la planta 4 y cenaron juntos, como si celebraran un banquete de despedida entre compañeros.

Cuando el avión evolucionaba tomando altura, por las ventanillas pudieron ver a la derecha las Torres Gemelas, blancas, airosas, altivas. Por el mensaje del móvil, sabían ya que de un momento a otro Atta remataría su ataque.

En efecto, tan sólo tres minutos después, desde la torre de control de ese mismo aeropuerto, Rick Tepper alzó sus ojos de las consolas electrónicas y escampó la vista a través de los grandes ventanales para descansar de la pantalla. Cuando contemplaba no muy lejos, en línea recta hacia el este, el río Hudson y la isla de Manhattan se quedó de una pieza: llamas potentísimas y un hongo de humo negro y cárdeno rebullía pugnando por salir de la Torre Norte del World Trade Center. Eran las 8.45.

—¡Uaooooooh! ¡Mirad esto! ¡La madre que...! ¡Ha reventado por dentro! ¿Cómo van a poder dominar ese incendio?

Varios controladores levantaron la cabeza y se acercaron al ventanal, pasmados por lo que veían. Uno de ellos aventuró:

—O les ha estallado algo dentro, o una avioneta se la ha pegado, o... o... o... ha chocado un avión.

Rick Tepper empezó a telefonear a los colegas de los aeropuertos cercanos con una pregunta que, de puro ambigua, parecía estúpida: «¿Habéis perdido algo?».

Nadie había perdido nada. De pronto, por la línea de avisos rápidos entre controladores, entró la voz de alguien del centro de Nueva York:

—Nosotros hemos perdido un avión sobre Manhattan... Desde donde tú estás, ¿puedes verlo?

—No, yo desde aquí no veo ningún avión... perdido —respondió Tepper—. Lo que sí veo es un incendio de mil pares de cojones. En Manhattan, una de las torres del Trade está ardiendo y echando humo. Es en los pisos más altos. Podría tratarse de...

—Te vuelvo a llamar... Nos hablamos.

Lo que no podía suponer Rick Tepper era que el Boeing del vuelo 93-UA, al que acababa de autorizar la salida y cuya brillante silueta divisaba aún desde el fanal de la torre, era también de la misma escuadrilla homicida, que no había hecho más que empezar su siembra de muertes.

Hani Hanjour a las 8.48 y Ziad Jarrah a las 9.00, cada uno desde su avión y por su móvil, avisaron a los otros cabecillas de comando del inicio de sus ataques. Pero Atta ya había muerto. Su teléfono, pinzado en su cinturón y derretido, no recibió esos mensajes. En cambio, el teléfono de Aysel, la joven turca que estudiaba medicina en Bochum, Alemania, sí registró una llamada a las 8.52. Era Ziad, su novio, desde su asiento en el avión 93-UA.*

El piloto del 77-AA había contestado «afirmativo» a la indicación de volar hacia una baliza en Falmouth, Kentucky, que le dieron desde el Control de Rutas de Tráfico Aéreo. Pero eso fue a las 8.50, y ya no respondió a ninguna llamada de tierra.

—¿77 de American? Aquí, Indy —decía el controlador una y otra vez— ¿77 de American...? Indy, comprobando radio... ¿Cuál es tu posición?... No te oigo, 77 de American, ¿me recibes?

El piloto del 77-AA no contestaba al insistente operador del control de Indianápolis: Hani, ya en la cabina del piloto, había desconectado el traspondedor cuando volaba sobre Ohio.

Empuñando los mandos del 77-AA, y metiendo a los reactores una potencia de más de 800 kilómetros por hora, Hani Hanjour describió un semicírculo y puso la proa hacia el lugar de donde venían. Volvían a Washington. En las pantallas de Rutas de Tráfico Aéreo aparecía como un simple punto blanco: «avión no identificado». Por tanto, «objetivo primario de atención».

La central de la FAA en Herndon, Washington, supo enseguida que el vuelo 77-AA no emitía señales: «Desde las 8.50 la cabina del

---

* Entre los escasos restos del 93-UA, que cayó en Pensilvania, fue hallado el móvil de Ziad Jarrah. Así se conoció también el texto de sus mensajes editados y no borrados. Uno de ellos, el que envió la víspera con un escueto: «Jefe Atta».

piloto está muda. La posición y el rumbo del aparato son inciertos. Ha dado la vuelta y parece que regresa hacia ahí».

Sin embargo, por tener datos más firmes, esperaron más de media hora —hasta las 9.24— para comunicarlo oficialmente. Y no era negligencia. Todo sucedía rápido y compulsivo aquella mañana. Pero no pocas veces un exceso de celo dio pábulo a demasiados rumores falsos, entorpeciendo la tarea de verificar las noticias reales. Sobre una gran pizarra blanca borrable, en la sala de mandos de la FAA en Herndon, llegaron a anotarse los códigos de hasta once aviones bajo sospecha de haber sido secuestrados.

En cambio, la compañía United Airlines no perdió un minuto: a las nueve alertó a toda su flota de servicio sobre «posibles secuestros». El piloto Jason Dahl y su primer oficial, Leroy Homer, que comandaban el vuelo 93-UA, oyeron el bling electrónico y agudo, anuncio de la entrada de un e-mail. En la pantalla, verde sobre negro, leyeron «¡Atención a intrusos en cabina!».[6] A su vez, teclearon «Recibido». ¿Cómo podían imaginar que llevaban a bordo a Ziad y sus secuaces?

Por iniciativa una mujer, Jane Garvey, directora de la FAA, la Agencia Federal de Aviación Civil, cursó órdenes precisas a los controladores de vuelos de centros de control y de torres aeroportuarias, para acometer la operación relámpago Cielos Limpios (*Clear the Skies*). Empezaron prohibiendo despegues y ordenando aterrizajes inmediatos en la zona de Nueva York. El dispositivo se extendió enseguida a escala nacional: vaciado de aviones, obligatorio en todo el espacio aéreo de Estados Unidos.

Desde los tiempos de la guerra fría, nunca se había contemplado semejante escenario operativo. Hacía ya bastantes años, cuando los americanos y los rusos vivían espiándose, alerta y al acecho, temiendo cada uno el ataque del otro, en Estados Unidos efectuaron, con simuladores de cabinas de avión y de torres de control, la operación SCATANA (*Security Control of Air Traffic and Navigation Aids*): un gran simulacro de aterrizajes forzosos urgentes, como ensayo ante un ataque fortuito de la Unión Soviética. Hasta el 11/S, aquellas maniobras eran el único precedente.[7]

Todos los vuelos civiles, *jets* privados y aviones de pasajeros o de transportes de mercancías fueron obligados a aterrizar en los lugares que se les indicó: los aeropuertos más próximos, aunque quedaran lejos de sus puntos de destino.

Cuando el avión secuestrado por Marwan se empotró contra la Torre Sur, unos 4.500 aviones estaban volando a la vez por los espacios estadounidenses. En el primer cuarto de hora de la operación «Cielos Limpios» se produjeron 1.100 aterrizajes no previstos. Cientos de aviones fueron desviados hacia aeropuertos de Canadá y se habilitaron pequeños aeropuertos que estaban en la ruta de esos vuelos interceptados con urgencia. Los aviones procedentes del Pacífico o del Atlántico, que aún no habían mediado su itinerario hacia América y llevaban suficiente carga de combustible, recibieron aviso de regresar a sus puntos de origen.

Aparte el esfuerzo de sinergias y de trabajo en equipo, aquel formidable ejercicio de reconducción del tráfico aéreo a escala nacional, con tomas de tierra improvisadas, se pudo hacer con rapidez y sin percances porque a esas horas en la costa Oeste norteamericana todavía era de noche y no había comenzado la oleada de vuelos desde aquella zona. Por la tarde, habrían tenido unos 7.500 aviones en el aire.

En pleno barrido aéreo, los centros de control de Indianápolis y de Cleveland comunicaron que de sus radares habían desaparecido dos aviones. Eran los Boeings de los vuelos 77-AA y 93-UA, secuestrados por Hani Hanjour y por Ziad Jarrah. Pero esos informes estuvieron un tiempo en «cuarentena», porque la situación era caótica. No cesaban los rumores sobre vuelos sospechosos. Se notificó que había una bomba a bordo de un *jet* de United Airlines recién aterrizado en Rockford. Y también, de otro avión desaparecido del radar, se dijo que podía haber caído en Kentucky. Esta noticia parecía tan seria y contrastada que la directora de la FAA, Jane Garvey, la pasó a la Casa Blanca.

Uno de los secuestradores —podía ser Jalid Almidhar,* mientras Hani Hanjour se aplicaba a los mandos—, habló a los pasajeros del 77-AA:

---

* Lo que hablaron en la cabina del piloto, o desde la cabina a los pasajeros, se registró en la caja negra CVR. Los servicios secretos indonesios habían entregado, tiempo atrás, a la CIA unas grabaciones de la imagen y la voz de Jalid Almidhar, a partir de conversaciones telefónicas intervenidas y de un vídeo de la reunión de Al Qaeda en Kuala Lumpur en enero de 2000. Recuperadas las cajas negras del vuelo 77-AA, probablemente hicieron un cotejo de las voces.

—Si quieren, pueden llamar a sus familiares y decirles adiós: todos, ustedes y nosotros, estamos a punto de morir.

¿Un rasgo de humanidad? ¿Un gesto piadoso? ¿O el sádico interés de que las mismas víctimas transmitiesen la crónica del atentado a medida que iba sucediendo, para estremecer a sus familias con un dolor tanto más cruel cuanto más inevitable? Sin embargo, al facilitar esa noticia, ellos mismos se exponían a ser detectados, perseguidos, interceptados. Y así ocurrió.

Barbara Olson, abogada y comentarista de televisión, que iba en ese vuelo 77-AA, llamó a su marido, Theodore Olson: «Ted, no vas a creer lo que te voy a decir: ¡nos están secuestrando! Sí, llevan cuchillos...». Estaba dándole una pavorosa primicia. Luego, le apremió: «¡Date prisa, llama a las autoridades, diles lo que ocurre!».

Theodore Olson había asumido ante el Tribunal Supremo la defensa jurídica de George W. Bush frente a Al Gore, en la pugna del escrutinio de votos, tras las elecciones presidenciales en noviembre de 2000. Después fue recompensado con un cargo en el Departamento de Justicia, en Washington, como representante de la Administración ante el Supremo.

Barbara había llamado muy pronto; tanto que, cuando Theodore Olson telefoneó al Departamento de Justicia, se sorprendieron: «¿Estás seguro, Ted? Aquí no sabemos nada de un secuestro. Es la primera noticia...».

El aviso de Theodore Olson a Justicia confirmaba, ya sin ninguna duda, lo que la FAA temía desde las 8.50, y daba una holgura de tiempo suficiente para que el avión 77-AA, que se dirigía a Washington, pudiera ser interceptado en el aire antes de llegar a su destino.

En efecto, a las 9.24 la FAA trasladó la noticia al comando NORAD. Y desde ese momento, el sector NEADS (North East Air Defense Sector), la autoridad militar encargada de la defensa aeroespacial del nordeste de Estados Unidos abrió una línea directa de comunicación con la FAA.

Barbara Olson habló con su marido alguna vez más, aunque brevemente, porque al momento se cortaba la conexión. A las 9.25 hizo su última llamada: «Nos han concentrado a todos en la parte de atrás del avión: los pasajeros y la tripulación... Ted, ¿qué le digo al piloto? ¿Qué crees que puede hacer él?». Esa pregunta permitía suponer que el comandante Charles Burlingame estaba sentado al lado de Barbara, o muy cerca. Lo habían sacado de la cabina, pues, y estaba vivo con los demás pasajeros.

Ted no pudo responder. Lo intentó, pero no había cobertura.

Entretanto, George W. Bush y su comitiva de asesores, ayudantes y escoltas se aislaron en un aula grande de la escuela Emma E. Booker de Sarasota, donde improvisaron una sala de comunicación. A las 9.15, conectó con el vicepresidente Dick Cheney por el teléfono de máxima seguridad: un secráfono portátil de sobremesa activado con llave especial.

Cheney llevaba ya un rato intentando hablar con Bush: «¡Engánchamelo de una vez, Andy, es muy urgente! Pónmelo en línea antes de que os vayáis de ahí. ¡Que no salga de Florida sin haber hablado conmigo!», le había insistido Cheney al asesor personal Andrew Card, mientras el World Trade Centre ardía y el Presidente escuchaba el cuento de la cabra.

En aquella primera conversación, Cheney informó a Bush de que a las 8.50 perdieron la comunicación con el vuelo 77-AA y que, al cabo de un cuarto de hora, sobrevolando Ohio, ese mismo avión dio media vuelta, cambió su ruta y volvía hacia el este. Desde las 9.09, el radar del Control de Rutas de Tráfico Aéreo lo daba como «objeto no identificado desplazándose veloz en línea recta hacia Washington». Las alarmas oficiales ya habían saltado.

Bush seguía con el auricular pegado a la oreja cuando Cheney le interrumpió. «Perdona, Presidente... me pasa Condoleezza* un pequeño informe... Te lo leo: a las 9.16 la FAA ha advertido al FBI y a las compañías aéreas United y American Airlines del posible secuestro de otro avión en vuelo: el 93-UA».

Desde ese momento, con la noticia de un tercer secuestro y quizá un cuarto, el Servicio Secreto de la Presidencia, que desde los atentados del World Trade Center tenía línea directa con la FAA, la mantuvo abierta de modo permanente. Lo mismo hizo la autoridad militar de defensa aeroespacial.

---

* Condoleezza Rice, consejera de Seguridad Nacional. Su oficina en la Casa Blanca estaba muy cerca del despacho del vicepresidente, en el ala oeste. Aquel día trabajaron permanentemente juntos.

Bush en el aula de Sarasota y Cheney en la Casa Blanca se apercibieron con fundamento de que estaban ante el panorama inédito de varios secuestros simultáneos de aviones, y ninguno al modo «convencional»: fueran quienes fueran los terroristas no buscaban dialogar, ni imponer condiciones, ni negociar rescates; era gente decidida a morir en aquella misión y sólo querían atacar edificios emblemáticos... habitados.

Cheney instó a Bush a tomar una medida extraordinaria y grave: dar orden a los aviones de combate estadounidenses de abrir fuego contra cualquier avión que estuviera bajo secuestro... aunque en éste viajasen pasajeros.

—Eso significa autorizar a unos ciudadanos militares norteamericanos a alzar sus armas contra otros ciudadanos norteamericanos... desarmados —oponía Bush.

—Un avión comercial, en poder de unos secuestradores decididos a estrellarlo contra un edificio, ya no es un avión desarmado: es un arma terrible. —Cheney era un hombre cauto, de avezada experiencia política, que no se embalaba con decisiones temerarias; sin embargo en aquella tesitura hablaba con aplomo y convencido—. La única solución, la única respuesta eficaz es eliminarlo. Pero, claro, para que los pilotos de los cazas lancen sus misiles contra un avión de pasajeros civiles, hay que darles la orden. ¿Estás dispuesto?

Tras unos segundos de silencio, al otro lado de la línea sonó la voz de Bush con un escueto «cómo no». Y dio la orden.

«¿La decisión más dura de aquel día? —reconocería Cheney días después—. Dar orden de interceptar ese avión comercial que se acercaba. Nos movíamos con la hipótesis de seis aviones sospechosos, según la información que yo tenía de Norman Y. Minetta, del Departamento de Transportes. O esos aviones se retiraban a donde les indicaran, o... Bueno, era muy posible que alguno de ellos atacase a la Casa Blanca o el Capitolio... Y decidimos hacerlo. Pusimos en vuelo varios aviones de combate patrullando sobre Washington. Los F-16 municionados, un Awacs* y un avión con el tan-

---

* Siglas en inglés de sistema aerotransportado de alerta y control. El Awacs es un avión radar, distinguible por la enorme antena circular que lleva sobre el fuselaje. Se utiliza para dirigir a las unidades aéreas en una acción combativa.

que de combustible hasta los topes para que los cazas pudieran permanecer arriba largo tiempo. Pero de qué sirve tener una patrulla de combate en el aire si no le das órdenes de actuar. El Presidente tomó la decisión, con mi recomendación y mi total acuerdo. Si un avión sospechoso no se desviaba, si no atendía a las instrucciones de retirarse del espacio aéreo de la capital, nuestros pilotos estaban autorizados a quitarlo de en medio [...]. Nuestros cazas tenían orden de derribar los aviones que desobedecieran las instrucciones, aunque fueran cargados de ciudadanos norteamericanos.

»A la gente le parecerá horrorosa esa decisión. Y en verdad lo es. Pero en casos así no hay otra manera de evitar miles de víctimas. Que cada cual se pregunte a sí mismo: si hubiésemos tenido a tiempo una patrulla aérea de combate sobre Nueva York, y la oportunidad de eliminar a los dos aviones que atacaron el World Trade Center, ¿habría estado justificado el hacerlo? Creo que sí. Lo creo en absoluto.»[8]

Bush tuvo que adoptar esa determinación mientras estaba en Sarasota. Es decir, antes de las 9.37. Antes del siniestro del Pentágono.* ¿Y por qué así? Porque a las 9.24 ya se transmitió desde el comando NORAD una alarma urgente a la base de la Fuerza Aérea de Langley, en Hampton, Virginia, con la «orden ejecutiva» de interceptar «un avión sospechoso, fuera de control», sin permitirle alcanzar su objetivo. Se suponía que era el vuelo 77-AA; y el objetivo, la Casa Blanca. A las 9.24, por tanto, los cazas de la Guardia Nacional tenían autorización presidencial para «echar abajo cualquier avión sospechoso que no obedezca las indicaciones de control».

En otro momento, Cheney sugirió a Bush las ideas fuerza que convenía decir en su primera intervención pública. Bush tomó cuatro notas en un bloc grande de páginas amarillas. Aún estaban hablando cuando unos agentes del Servicio Secreto entraron en el despacho del vicepresidente, en el ala oeste de la Casa Blanca, y sin

---

* No faltaron en Estados Unidos reportajes serviciales con el poder político, incluso libros cuyos autores habían sido sesgadamente informados por fuentes de la Casa Blanca y que, en este vidrioso punto, aun sin concretar la hora en que Bush despachó tal orden, daban a entender que se produjo tras el siniestro del Pentágono. Después, por tanto, de que desapareciese el Boeing del vuelo 77-AA.

demasiados miramientos le cogieron por ambos brazos: «Señor, tiene que salir de aquí inmediatamente». Eran dos forzudos de enormes corpachones y, casi en volandas, lo sacaron escaleras abajo hacia el búnker del sótano. Al parecer, el avión 77-AA evolucionaba por la «zona restringida» como si se fuera a abalanzar contra la Casa Blanca.

Al quedarse sin interlocutor, Bush colgó el auricular. Se volvió hacia sus asesores y ayudantes. Estaba demudado y con una mirada dura, extraña en él. «Estamos en guerra», soltó como un pistoletazo. En el aula se hizo un silencio helado. Bush se levantó, dio unos pasos rápidos arriba y abajo de la estancia, cargando su peso en los talones. Contenía su furia. Los demás, quietos, desconcertados. El Presidente iba y volvía mordisqueándose los labios, callado, como si mascase hierbas, como si rumiase ideas... Al poco, se paró y volvió a hablarles:

«Estamos en un buen follón, pero vamos a ocuparnos de ello. Entra en nuestro sueldo... Ahora bien, en cuanto descubramos quién lo ha hecho, que se preparen: alguien lo va a pagar caro. ¿No hacen la guerra? ¿Quieren guerra?, ¡pues tendrán guerra! Les voy a resultar un presidente muy antipático, muy antipático.»[9]

Desde el búnker antinuclear* de la Casa Blanca, Cheney pidió un teléfono de línea blindada y llamó otra vez a Bush:

—Presidente, ¿sigues en Florida? Aquí está todo muy confuso. En este momento, lo prioritario es asegurar la continuidad de la Presidencia y del Gobierno, así que voy a activar la CoG.** A la vez, haremos un nudo de información para enterarnos de qué está pasando, qué va a pasar, quién hay detrás... Mi consejo rotundo es que retrases tu regreso a Washington.

Bush habló también con Condoleezza Rice y con Robert S. Mueller, el nuevo director del FBI, que estaban con Cheney en el búnker sótano de la Casa Blanca.

En el aula de la escuela de Sarasota se improvisó un plató con

* Centro Presidencial de Operaciones de Emergencia. Se nombra como PEOC, por sus siglas en inglés.

** La norma de *Continuity of Govern*: preservar —en este caso, en refugios de alta seguridad— algunos miembros del Gobierno, el Congreso y el Senado, para que no quedasen descabezadas las instituciones nacionales. A su vez, el vicepresidente asumía el mando en ausencia del Presidente.

focos. El cámara oficial de Presidencia, que iba con el grupo de periodistas para registrar las incidencias del viaje, grabó una alocución de Bush. Brevísima. Apenas un minuto y de mala calidad gráfica. Visiblemente afectado, Bush se limitó a reconocer que Estados Unidos estaba sufriendo «una tragedia nacional... al parecer, un atentado terrorista... nos emplearemos a fondo para investigar y perseguir a los tipos que nos han hecho esto: el terrorismo contra nuestra nación no se puede tolerar». Se emitió a las 9.30. Bush lo vio desde el televisor de la escuela infantil de Sarasota. De ahí, en caravana velocísima, partió con su séquito hacia la pista reservada del aeropuerto Bradenton donde el *Air Force One* ya calentaba motores.

El avión presidencial despegó de Sarasota a las 9.48. Empezaba un largo viaje a ninguna parte.

Entretanto, la FAA acometía su titánica operación civil de Cielos Limpios. En el plano militar, había entrado en vigor la orden de disparar contra todo avión sospechoso de estar en manos de secuestradores.

Tras los atentados en las Torres Gemelas, los F-15 de Otis, aunque no llegaron a tiempo, permanecieron ya en el aire. Luego despegaron algunos cazas con la misión de proteger al presidente Bush e interceptar cualquier avión fuera de control que se les cruzara en el camino. A varias unidades de combate, que realizaban vuelos de entrenamiento, se les ordenó asumir tareas de rastreo y vigilancia.

El coronel Robert Marr, comandante del Sector Nordeste de la Defensa Aérea, nunca olvidaría la directriz que recibió aquella mañana: «Perder vidas en el aire, por salvar vidas en tierra». Algunos aviadores que estaban en prácticas con aviones militares sin armamento fueron enviados hacia el distrito de Columbia, afrontando la eventualidad de lanzarse en plan *kamikaze* contra un avión de pasajeros secuestrado, si no veían otro medio de interceptarlo en su trayecto.

«Es muy posible que varios de los pilotos —explicaría más tarde el coronel Marr— tuviesen orden de dar su propia vida, si fuera preciso, para evitar más ataques contra los ciudadanos.»[10] Marr aludía a la decisión expresa y clara del presidente Bush, tal como se transmitió a los mandos militares estadounidenses: «abatir cualquier avión no identificado o que no obedeciera las instrucciones, aunque transportase pasajeros civiles».

Ante la emergencia nacional de «peligros desconocidos e inminentes», el 11/S se puso en marcha militarmente la alarma Delta. Hay una graduación convencional entre las situaciones de «alerta» y de «alarma», como la hay entre los estados de «excepción», «sitio» y «guerra». En el régimen marcial existen cuatro niveles de alarmas: Alfa (A), Bravo (B), Charlie (C) y Delta (D). A su vez, la Delta tiene varios puntos de prevención. Aquel día en Estados Unidos se adoptó el punto DefCon 3, que no se había utilizado desde la guerra árabe-israelí de 1973. El punto DefCon 2 marca el umbral con el «estado de guerra». El DefCon 1 se emplea ya en situación de «guerra total».

El «estamos en guerra», declarado por el presidente Bush ante sus colaboradores próximos, más la alarma Delta, más la decisión de «abrir fuego contra aviones sospechosos», trasladada telefónicamente al vicepresidente Cheney, ¿a quiénes afectaba? ¿A quiénes movilizaba para una acción militar defensiva?

Por decoro político, no sería aceptable que después, pasado el peligro inminente, se pretendiesen aguachinar aquellas disposiciones diciendo que fueron «desahogos emocionales», «retórica de circunstancias». La seriedad de una nación conlleva tomarse en serio las palabras y los mandatos de su Presidente.

Antes de las 9.24 de la mañana, el «estamos en guerra» tenía enfrente un enemigo muy vago, muy impreciso. No era posible conocer la identidad del atacante ni determinar cuál era el país o el Estado agresor. Era una guerra, pues, contra no se sabía quién. Sin embargo, como declaración de guerra formulada por el Presidente de Estados Unidos, comandante en jefe de las Fuerzas Armadas, obligaba a todos los ejércitos y en todo el territorio de los estados federales.

La insistencia jeffersoniana en el ciudadano soldado capaz de autodefender a la ciudad-estado dotó y redotó a través de los tiempos a unas fuerzas militares, la Guardia Nacional,* desplegándola

---

* La Milicia norteamericana, fundada en 1636, fue el origen de la vigente Guardia Nacional.

por más de 2.000 puntos de Estados Unidos con sus unidades terrestres, aéreas y navales de guardacostas, como avanzadilla defensiva del espacio nacional. Coexisten, por tanto, dos ejércitos en los Estados Unidos: el US Army, como ejército permanente, y la Milicia o Guardia Nacional. Pero el derecho parlamentario, los principios republicanos y la preocupación por las libertades civiles limitan y restringen las acciones del ejército permanente en el propio territorio norteamericano, salvo que deban repeler un ataque de otra nación.

Las leyes estadounidenses que regulan estas materias parecen muy sensibles al riesgo de que unos ciudadanos, por el hecho de disponer de armamento y mando militar, detenten una situación de dominio y de fuerza sobre el resto de los ciudadanos civiles. En consecuencia, recogen cautelas y cortapisas con el fin de evitar no sólo militarismos prepotentes sino que, invocando «estados de necesidad», algunos militares norteamericanos puedan usar las armas contra sus connacionales.

En tiempos de paz, ante emergencias, catástrofes, huracanes, revueltas o agresiones surgidas «dentro» de Estados Unidos, la intervención corresponde a la Guardia Nacional. Sus unidades militares, como fuerzas gubernativas, pueden ser movilizadas por el gobernador de un estado o, a escala federal, por el Presidente. Pero determinar un estado de emergencia nacional o una situación de catástrofe es política y militarmente muy distinto que declarar el estado de guerra. Esa prerrogativa no la tiene por sí el Presidente. Necesita obtener el «poder» del Congreso. De forma expresa mencionadas por el comando NORAD, aquel día intervinieron unidades de la Guardia Nacional ubicadas en Langley (Virginia), Andrews (Maryland), Griffiss (Rome, Nueva York), Otis (Cape Code, Massachusetts), Baksdale (Luisiana) y Offutt (Nebraska).*

---

* Otras bases y estaciones con Fuerzas Aéreas de la Guardia Nacional próximas a los lugares de los atentados y que por la alarma Delta se dispusieron o entraron en acción fueron: Martin State (Baltimore), New Castle County Airport (Wilmington), Pease (Portsmouth), Quonset State Airport (Providence), Rickenbacker (Columbus, Ohio), Stewart (Newburg, Nueva York), Willow Grove Naval Air Station (Filadelfia, Pensilvania), Yeager (Charleston), Atlantic City, Barnes (Westfield), Bradley (Windsor Locks), Byrd Field (Richmond), Francis S. Gabreski Airport (Westhampton Beach), Greater Pittsburg y Harrisburg (Pensilvania). Aparte de otras

Según el parte oficial del comando NORAD, a las 9.30, es decir, seis minutos después de recibida la orden, dos cazas F-16 despegaron de Langley con la misión de interceptar el 77-AA.

En Langley, asignados al Ala de Caza 119 de la Guardia Nacional de Dakota del Norte, además de la dotación de F-15, había tres F-16. Era la escuadrilla apodada Los Gamberros Felices, The Happy Hooligans. Los F-16 son caza y bombardero en una pieza, con anclajes para portar cada uno de ellos hasta nueve misiles guiados por radar o con sensores térmicos. Aunque podían llevar también dos bombas «inteligentes», cañón ventral con 500 proyectiles y góndola de combustible lanzable contra un objetivo en tierra, para aquella misión aire-aire les bastaban los misiles subalares. De ese modo aligeraban peso y tenían más velocidad.

Concluida la guerra fría y desmembrada la URSS, Estados Unidos no preveía un ataque aéreo en su territorio. ¿Quién iba a ser tan temerario? Sólo un loco. O un suicida. O unos comandos suicidas... Esa impresión de incrédula sorpresa fue la que acusó el coronel Lyle Andvik, un veterano al mando del Ala de Caza 119:

«Aquella mañana ocurrió algo insólito —contaba después—. Ninguno de nosotros lo hubiese imaginado jamás. Recibimos del NEADS, del Sector Nordeste de la Defensa Aérea, una orden cifrada cuyo nombre en clave era *Huntress*: "Cazadora". Enseguida sonó la alarma electrónica con su ruido estridente de "huevos batidos", que decimos en nuestra jerga.* Los pilotos bajaron las escaleras a toda prisa, atravesaron corriendo el aeródromo de la base, montaron en sus aviones de combate y despegaron zumbando. En aquel momento, sólo tenían noticia de los atentados contra las Torres Gemelas, no sabían que hubiera otros aviones secuestrados».[11]

Por tanto, The Happy Hooligans despegaron con una orden de

---

guarniciones aéreas de la Armada cercanas a la capital de Estados Unidos, como las de Arlington, Patuxent River (Maryland) y Oceana (Virginia), la Delta movilizó o previno también oficialidad, tropa y equipos de combate en establecimientos del Ejército de Tierra, como la 28.ª División de Infantería Mecanizada Keystone o el 1º Batallón, 108º de Artillería Antiaérea, de la Guardia Nacional, en Pensilvania.

* Juego de palabras con las expresiones *scramble eggs*, «huevos batidos», y *scramble*, que es «la orden de poner en vuelo un avión lo antes posible».

ataque, sin que nadie les marcase un punto de destino ni les señalase un objetivo. Salieron de «cacería», sin saber qué pieza tenían que cazar. El enemigo impreciso, difuso, desconocido.

Así lo confirmó el general Mike J. Haugen de la Guardia Nacional de Dakota del Norte, en un relato excepcionalmente revelador:

«En un principio, desde Langley se les orientó hacia Nueva York. A la máxima velocidad de trepada, en menos de dos minutos alcanzaron los 960 kilómetros por hora. Luego, volando en formación a 7.500 metros de altitud, recibieron del sector NEADS instrucciones de que se dirigieran a Washington, hacia el aeropuerto nacional Ronald Reagan: el área por donde tenían que buscar el avión perdido y cumplimentar la orden *Huntress*.

»Entonces, también por radio, oyeron que la FAA estaba ordenando a todos los aviones civiles que aterrizasen, para despejar el cielo estadounidense. Eso le daba otra magnitud a la misión para la que habían salido...

»La señal inmediata les dejó bien claro que la coyuntura era grave: a través del transmisor del avión, una voz fuerte y terminante les indicó los códigos "situación de emergencia" y "estado de guerra", sin transición, en un solo bloque: Delta DefCon 3, DefCon 2. A partir de ahí, cada uno bajo su carlinga se haría cargo de que el país se encontraba en el "umbral del estado de guerra".

»Pero todavía no habían terminado las sorpresas para ellos. Alguien que conocía la frecuencia de radio de las cabinas de los cazas, conectó y se identificó como "miembro del Servicio Secreto de la Presidencia". Sin más preámbulos, les dijo: "Quiero que protejan la Casa Blanca a cualquier precio. ¿Comprendido...? A cualquier precio". Era la orden más surrealista que esperaban recibir aquella terrible mañana».[12]

Más que surrealista: ¿acaso a unos aviadores militares en plena acción de combate podía darles una orden —una orden grave, perentoria, impartida verbalmente por radio— un individuo que velaba su identidad bajo el anonimato de «miembro del Servicio Secreto»?

La seguridad del complejo de la Casa Blanca con todas las oficinas presidenciales es competencia del Servicio Secreto de Estados Unidos. Si aquel día querían una protección militar y «a cualquier precio», lo correcto habría sido solicitarlo por el cauce reglamentado: a la consejera de Seguridad Nacional Rice; y ésta, al vicepresidente Cheney. Ausente Bush, era Cheney quien debía indicarlo al único civil con potestad para mandar a los militares: Donald Rumsfeld, el secretario de Defensa. Desde el Pentágono, Rumsfeld, habría trasladado la orden al general Eberhart, jefe del NORAD. Y desde ahí, descendiendo por la cadena de mando, al coronel del Ala de Caza 119, de la que dependían los pilotos de los F-16.

En aquella emergencia, el procedimiento adecuado hubiese podido seguirse de modo rápido e inmediato: todos estaban intercomunicados y con las líneas directas abiertas. Si no se hizo así, si —como relató el general Haugen— el Servicio Secreto puenteó las instancias intermedias, es obvio que contravino la ley. La orden fue espuria, ilegítima.

El 13 de septiembre, cuando aún no habían pasado 48 horas de los atentados, el general cuatro estrellas Richard B. Myers, jefe del Estado Mayor Conjunto, compareció ante la Comisión Senatorial de las Fuerzas Armadas.[13] A preguntas de varios senadores, y siempre desde su responsabilidad militar, dijo:

«En el momento del primer impacto en el World Trade Center, movilizamos a nuestro equipo de crisis. Eso se hizo de inmediato. Y empezamos a consultar a las agencias federales: la FAA, el FBI, la FEMA;* pero desconozco en qué momento desplegó sus cazas el Comando de Defensa Aeroespacial, el NORAD [...]. Una vez que se precisó la naturaleza de la amenaza, hicimos despegar a los cazabombarderos, los nodrizas de suministro en vuelo y los aviones radar Awacs, para posicionar órbitas en caso de que otros aparatos secuestrados se hubiesen colado en el sistema de control de la FAA [...]. Recibimos notificaciones regulares a través del NORAD, mejor dicho, de la FAA al NORAD, acerca de los otros vuelos que nos preocupaban... Y estábamos al corriente del avión que al final se estrelló en Pensilvania. Lo que no sé es si teníamos cazas persiguiendo a ese avión».

En otro momento de su testimonio, el general Myers volvió so-

* FEMA, Agencia Federal de Emergencia (Federal Emergency Management Agency).

bre sus pasos y dijo que le parecía recordar que sí: «Mi memoria me dice que lanzamos un caza sobre el avión que eventualmente se estrelló en Pensilvania... Creo recordar que tuvimos a alguno cerca de aquel avión, pero necesitaría chequearlo fuera».

En aquellos momentos de desconcierto, escociente aún el zarpazo de la tragedia, lo que la gente de la calle ponía en tela de juicio y censuraba en las autoridades no era la acción sino la inacción, la falta de iniciativa, la descoordinación y la lentitud defensiva ante un ataque por sorpresa. De ahí que, con sus vacilantes declaraciones, sus titubeos, sus «yo no estaba en el Pentágono a esa hora», «en este momento, senador, no tengo respuesta a su pregunta», «no, no sé si la FAA contactó con el Pentágono acerca de los secuestros», junto a su categórica afirmación de que «el ejército no abatió ningún aparato», el general Myers no fuera capaz de transmitir al Senado ni a la opinión pública lo que entonces se deseaba oír: que el 11/S sí hubo una respuesta militar a los atentados.

En la misma comparecencia el senador Bill Nelson preguntó al general Myers de modo directo: «Cuando el avión 93-UA —el que despegó de Newark y acabó estallando en Pensilvania— dio media vuelta, describió un giro de 180 grados para volver hacia Washington, había pasado ya una hora desde el segundo atentado en el World Trade Center. ¡Una hora...! Usted nos dijo antes, en su testimonio, que no dieron orden de despegar a ningún avión militar hasta "después" del accidente del Pentágono. Y mi pregunta es ¿por qué?... General, yo le permito que me responda como usted desee [ahora, otro día, oralmente, por escrito, en sesión abierta o en sesión secreta], pero quiero una respuesta».

El general Myers pisaba un terreno incierto, resbaladizo, donde todavía las altas esferas no se habían puesto de acuerdo sobre qué convenía decir o no decir. Y patinó al afirmar que no ordenaron despegar a los cazas «hasta después de lo del Pentágono». La pregunta espontánea en la calle era la misma que hacía el senador: ¿y por qué tardaron tanto?

Por enmendar el efecto de ambigüedad y de tibieza producido por el general Myers ante el Senado, el comando militar NORAD publicó al día siguiente un comunicado que rellenaba los lapsus de memoria del general cuatro estrellas. Allí se decía que ya a las 8.46 salieron hacia Nueva York dos F-15 de la base aérea de la Guardia

Nacional de Otis; y que, en cuanto fueron avisados de que un tercer avión (el vuelo 77-AA) se había desviado de su ruta, a las 9.24, dieron orden inmediata a dos cazas F-16 de la base de Langley, Virginia, para que interceptaran aquel Boeing.

«Pero los mandos de la Fuerza Aérea —explicaba el comunicado del NORAD—, desconociendo el paradero del avión 77-A y pensando que se trataría de otro atentado en Nueva York, enviaron hacia allá a esos aviones de combate. Poco después, un avión de transporte de la base presidencial de Andrews se cruzó por casualidad con el 77-AA y lo identificó...»

Aunque justo en aquellas fechas estrenaba su cargo de jefe del Estado Mayor Conjunto, el general Myers no podía tener tan escasa información como sus respuestas reflejaban. Quizá, mientras se perfilaba la «versión oficial», optó por fingir una prudente ignorancia, prometiendo a los senadores «denme algo de tiempo y les haré llegar esos datos por escrito».

Sin embargo, aquel mismo día fue contradicho por el «número dos» del Departamento de Defensa, Paul Wolfowitz, quien afirmó que «en el Pentágono estuvieron al tanto, siguiendo la pista del vuelo 77-AA [...] y dispuestos a derribarlo si era necesario». El Pentágono admitía asimismo que, «durante una hora, desde que se supo que el vuelo 77-AA estaba secuestrado, funcionarios militares del centro de control situado al este del edificio mantuvieron conversaciones urgentes con mandos policiales y con controladores de vuelos para coordinar sus actuaciones; aunque siempre a la espera de la intervención de los cazas». De otro modo, venían a decir, no veían cómo librarse del peligro.[14]

También los responsables del tráfico aéreo civil, la FAA, se apresuraron a informar de que la drástica decisión de «vaciar los cielos», «se tomó hacia las 9.25 de la mañana, en consulta con el Pentágono».

Acababa de empezar la contradanza de las horas cambiadas, los datos amañados y las incongruencias en las declaraciones de las autoridades. Aún estaban noqueados. No sabían exactamente ni qué había ocurrido ni cómo lo debían explicar. Todavía no se habían reunido en Camp David los «estrategas del día después» con sus lápices afilados para reescribir la Historia.

Hubo una sorda y tenaz «guerra de los minutos» cuando se intentó establecer en qué momentos ocurrieron las cosas aquel día. La autoridad reguladora del tráfico aéreo, la FAA, rehusó categóricamente discutir la secuencia de sus actuaciones del 11/S. Alegó que eran «materia sobre la que ya investiga el FBI».

El Pentágono tampoco ofreció una cronología ni un informe oficial de los hechos que le concernían. Encomendó la explicación «técnica» al arquitecto ingeniero Lee Evey, jefe del proyecto de reforma y reblindaje del Pentágono en que se trabajaba por entonces.[15] Lee Evey no satisfizo a los expertos en explosivos, ni a los de aviónica, ni a los de extinción de incendios. Él hablaba del buen comportamiento de los materiales y del extraño zigzag del fuego en el interior del edificio; pero sin despejar la gran incógnita: cuál había sido el elemento agresor. A esas horas, habiendo visto las primeras imágenes del siniestro, no hacía falta mucha sagacidad para apreciar que por aquel orificio no pudo entrar un avión Boeing 725.

El Departamento de Defensa, fiándolo a largo, encargó un estudio sobre los materiales del edificio a una asociación de ingenieros civiles.[16] No se hizo público hasta 16 meses después del 11/S. En cualquier caso, ésa no era la cuestión.

Una semana después de los atentados, el Comando de la Defensa Aeroespacial de Norteamérica, NORAD, emitió su propio horario.[17] No sólo corregía los tiempos que la cadena de televisión CNN había investigado, que el jefe del Estado Mayor Conjunto aceptó, y que el Senado dio por válidos, sino que contradecía también los minutajes establecidos por el FBI. En realidad, fijaba una cronología distinta a la de todos con una intención evidente: demostrar que lo que ocurrió *no pudo* ocurrir.

El informe de NORAD sobre los sucesos del 11/S retrasaba las horas de las actuaciones militares y adelantaba las de los siniestros que la prensa no había presenciado en directo. Así, del vuelo 77-AA, cuya última noticia de normalidad a bordo fue a las 8.41, y que a las 8.56 apagó el traspondedor y dio media vuelta regresando a Washington, el informe de NORAD pretendía hacer creer que la FAA no les informó de esa «anomalía» hasta las 9.24; y que, por esa demora en el aviso, los cazas no despegaron de Langley hasta las 9.30. No se trataba de una minucia de un par de minutos, sino de media hora.*

---

* El comunicado militar de NORAD alteraba las horas de los cuatro ataques aéreos del 11/S; pero tenían especial importancia los cambios que introducía en los

Esa revisión de los hechos, cuyo propósito era expandir la noción de que los aviones de combate no tuvieron tiempo para «ejecutar la misión», estrechaba de un lado la horquilla de los minutos disponibles, y de otro lado calculaba a la baja, sensiblemente a la baja, las velocidades de los cazas. A los F-16 les atribuía una velocidad de 9 millas por minuto (915 kilómetros por hora). Una velocidad excesiva para la brevísima maniobra de trepada, ya fuese en vertical o en ángulo; pero demasiado lenta para el vuelo sostenido horizontal, con la altura y el oxígeno adecuados y en una operación de tiro que no requería portar munición pesada como las bombas Mk83 o los misiles Maverick. Los F-16 pueden volar a 2.212 kilómetros por hora, +2 Mach, dos veces la velocidad del sonido.[18] Sin embargo, el comunicado militar casi los equiparaba a un Boeing comercial.

Aun en el supuesto de que aquel día volasen a menos velocidad, sin rebasar los 1.750 kilómetros por hora, y teniendo en cuenta lo que invirtieran en la trepada hasta situarse a 7.500 metros de altitud, habrían tardado unos 6 o 7 minutos en cubrir los 168 kilómetros de distancia lineal que separan Langley de Washington. Pudieron estar en el espacio aéreo de Washington, distrito de Columbia, dominando la Casa Blanca, el Capitolio y el Pentágono entre las 9.36 y las 9.37.

Por otra parte, un avión caza no es un guepardo que, tras un «vuelo» de fulgurante persecución, necesita echar sus garras sobre el cuello de la presa para clavarle los colmillos en la yugular. El caza no precisa estar siquiera «sobre» el objetivo aéreo que va a abatir; ni avistándolo el piloto con sus propios ojos: lo detecta sin verlo, de modo virtual, por su radar. Automáticamente, va recibiendo los datos que le suministran —por módem, al sistema UDH— los observadores desde tierra, vehículos «espías» no tripulados o el propio mando que coordina la acción. Así fija la posición de la «pieza a cobrar» en las pantallas de su consola electrónica. En la jerga de

---

dos siniestros en los que, además de no haber periodistas presentes en el momento de ocurrir, se presumía una acción militar, como efecto lógico de la alarma Delta puesta en marcha. El Departamento de Defensa, el Estado Mayor Conjunto y la investigación de la CNN coincidían al fijar las 9.43 como hora del «impacto contra el Pentágono». El FBI daba las 9.39, y el NORAD lo adelantaba a las 9.37. Respecto al vuelo 93-UA, estrellado en Shanksville, Pensilvania, aunque todas las fuentes oficiales, incluido el FBI, eran unánimes en que sucedió a las 10.10, NORAD lo adelantaba siete minutos: a las 10.03.

los aviadores de combate: «esclaviza el blanco». Como tiene un radio muy amplio de captación y de alcance, cabe decir que en cuanto despega ya está persiguiendo a su objetivo con precisión. Y no a uno solo: un F-16 puede detectar y perseguir hasta 25 blancos a la vez. Es una bestia guerrera diseñada para ejecutar su cacería a larga distancia: por eso lleva bajo las alas misiles aire-aire que son eficaces y destructores desde muy lejos. Los Sparrows son certeros hasta 40 kilómetros. Los Amraam destrozan un objetivo a 50 kilómetros.* Además, su cabeza de guerra es muy potente: 39 kilos de alto explosivo por misil.

Si a esa capacidad de detección y de impacto a distancia se suma la velocidad supersónica de los cazas y la de los propios misiles lanzados, resulta banal discutir sobre dos minutos arriba o abajo, y más tratándose de distancias cortas como la que media entre Langley y Washington.

Aquel día se pusieron en «alerta roja» todos los centros de control de tráfico aéreo dependientes de la agencia estatal FAA. También las torres aeroportuarias, las centrales de las compañías de aerolíneas y las estaciones de radares militares. Decenas de funcionarios y empleados concentraban sus miradas en las pantallas, avizorando peligros impredecibles por los cuatro puntos cardinales.

A las 9.33, en la sala Radar del aeropuerto internacional de Dulles, al oeste de Washington, los controladores observaron en el monitor gigante una señal luminosa, un *blip* no identificado. Ellos no lo sabían, pero era el vuelo 77-AA, que había despegado de allí mismo 70 minutos antes. Los de Dulles llamaron a sus colegas del aeropuerto Ronald Reagan, al este de Washington: «Un primer objetivo moviéndose muy rápido en dirección oeste-este. O va hacia ahí, o va... hacia la P-56». Entre ellos se entendían: un avión «mudo», sin transmisión, se acercaba al área restringida, la «zona crítica» no sobrevolable de la Casa Blanca y el Capitolio.

A la vez, el supervisor del control de Dulles descolgaba el auricular del teléfono rojo para informar al Servicio Secreto de la Pre-

---

* En cambio, los misiles Sidewinder —«dispara y aléjate»— requieren que el caza se acerque al menos 2.000 metros para hacer blanco.

sidencia: «Un avión no identificado se desplaza a gran velocidad hacia la P-56. Ahora mismo está a unas ocho millas al oeste [unos 13 kilómetros]». Fue entonces cuando los dos agentes forzudos entraron en el despacho del vicepresidente Dick Cheney y lo condujeron al sótano de la Casa Blanca.

La torre de control del aeropuerto Ronald Reagan bullía en plena vorágine de actividad. Desde el segundo atentado en el World Trade Center, se aplicaban a la operación Cielos Limpios, cancelando todos los vuelos, incluso los despegues de aviones que estaban ya en pista.

—Es que éste es un chárter de Tailandia...

—Como si quiere ser un zoo volante de Zambia: ¡de aquí no sale ningún avión! Díselo en tailandés, o en chino, o en tagalo, o en lo que ese tío entienda: ¡hemos cerrado el quiosco!

Chris Stephenson, controlador jefe aquel día, no daba abasto. Ni él ni ninguno del equipo. Ajetreados, tensos y cargados de electricidad, el sudor les iba formando cercos cada vez más amplios desde las axilas hasta la pechera de la camisa. Si había veinte teléfonos, los veinte sonaban a un tiempo. Se entrecruzaban las voces del personal dando instrucciones. Todos iban subiendo el tono y aquello era un vocinglero guirigay más parecido al compulsivo parqué de la bolsa de Tokio que a una sala de silenciosos controladores ensimismados ante sus teclados y sus monitores.

Una de las muchas llamadas era del Servicio Secreto de la Casa Blanca. Con tono prepotente tipo Superman, alguien les comunicó lo que ya sabían por sus compañeros del aeropuerto de Dulles —«un avión no identificado viene hacia Washington a todo gas»—, y un encargo perentorio: «identifíquenlo».

Chris Stephenson miró a la pantalla de radar. Ahí lo tenía: el punto blanco del avión estaba ya a unos 8 kilómetros al oeste. Llamó por teléfono a la base aérea de Andrews. Era la más próxima y tenía a su cargo la protección presidencial. Pidió que un avión militar identificara visualmente a ese primer objetivo:

—Sí, lo tenemos encima. Yo estoy viéndolo ahora mismo en mi pantalla. Pero me piden... una fotografía del lomo, con sus insignias, su marca y su logotipo. Ah, y ya en el mismo viaje, otra de carné... sonriendo.

Con toda presteza, desde la cabina de un AC-130H Spectre de

reconocimiento* el copiloto informó por radio: «Verificado: un Boeing 757-200 de American Airlines, volando bajo y a mucha velocidad».

En su informe, elaborado una semana después del 11/S, el comando NORAD mencionaba «un avión de transporte que se cruzó por casualidad con el 77-AA y lo identificó». ¿Por qué omitía que se trataba de un AC-130H Spectre puesto en vuelo a propósito desde la base presidencial de Andrews para inspeccionar el espacio aéreo? ¿Era necesario inventar la historia de un encuentro fortuito en el aire? Quizá sí. Una vez que —en la revisión de los hechos a posteriori— decidieron quitarle hierro bélico y militar a la jornada del 11/S, habría sido raro que en el informe del NORAD constase que un avión de reconocimiento de objetivos de combate se paseaba aquella mañana inspeccionando Washington... sin misión alguna. Eso explicaría que en el texto oficial el Spectre se camuflara como un simple «avión de transporte»; y la detección del primer objetivo como un mero cruzarse «por casualidad».

Sin embargo, la rapidez con que cumplió su encomienda un avión espía tan específico —y no precisamente veloz— denota que no tuvo que gastar tiempo en calentar motores y alzar el vuelo: le encargaron la tarea porque ya estaba en el aire. Es otro flash expresivo de la dinámica de emergencia que desplegaron las unidades militares el 11/S, aplicando la alarma Delta.

No sólo los cazas de Langley. También los de Otis seguían en vuelo desde que despegaron a las 8.52. A las 8.40, poco antes de que Atta se estrellase contra la Torre Norte, la autoridad civil FAA ya había advertido al comando NORAD. Todas las bases aéreas militares se sensibilizaron y empezaron a graduar las medidas de alarma. La propia Casa Blanca estaba alerta,** escrutando los cua-

---

* Pudo hacerse desde un AC-130H Spectre o desde un AC-130U Spooky, modelos muy similares de aviones de apoyo aéreo. Son lentos (482 kilómetros por hora), porque su misión de reconocimiento requiere más precisión que velocidad. Es un dato indicativo: este tipo de unidades no están diseñadas para ponerse en vuelo en un instante. Por tanto, el avión que rastreó Washington aquella mañana tenía que estar ya en el aire cuando recibió el encargo.

** Cheney admitió que «el Servicio Secreto de la Casa Blanca mantuvo una línea abierta con la FAA desde que el World Trade Centre fue atacado». Y él mismo había activado tempranamente las previsiones constitucionales para garantizar que el Gobierno de la nación no quedaba descabezado.

tro puntos cardinales, sin saber por dónde les acechaba el peligro.

Aparte las cuatro baterías de misiles tierra-aire instaladas de modo permanente en el Pentágono, el dispositivo antiaéreo que defiende la Casa Blanca cuenta con varios cazas estacionados en la base presidencial Andrews: los F-16 del Ala de Caza 113 de Aviación y los F-18 del Escuadrón de Ataque 321 de la Armada, que tienen siempre dos unidades de combate con los motores al ralentí, listos para entrar en acción. Ante la perentoria demanda «quiero que protejan la Casa Blanca a cualquier precio», es de toda lógica que también salieran esos aviones. Unos a dar escolta al *Air Force One*, donde viajaba aquel día el Presidente; y otros a patrullar en torno al distrito de Columbia.

El Boeing del vuelo 77-AA se dirigía hacia el núcleo de Washington. En la Casa Blanca creyeron que iba flechado contra ellos. «Sean quienes sean —dijo Cheney a Bush—, somos su diana». Pero, según explicaron días más tarde varios operadores de controles aéreos, «cuando el avión se aproximaba a la «zona crítica», volando a unos 2.000 metros de altura –su altitud no era medible exactamente, porque el secuestrador había apagado el traspondedor—, de forma inesperada cambió de ruta: hizo un giro muy ceñido de más de 270 grados hacia su derecha, en un descenso acelerado que debió de llevarle casi a ras del suelo». Es decir, como si perimetrase el Pentágono, perdiendo altura al describir ese aro, para volver a situarse en la misma dirección que traía, sólo que en un plano más bajo. Y, ya desde ahí, embestir con fiereza contra la fachada sudoeste del Pentágono. Pero «justo en ese momento, el avión descendió de modo súbito, por debajo incluso del nivel de recepción de los radares: desapareció de las pantallas de los controladores aéreos que estábamos siguiéndolo».

Ni la técnica de la aviación ni la topografía exigían un viraje tan forzado, un molinete sin apenas espacio, a 800 kilómetros por hora. No se entiende que Hani Hanjour arriesgara la «misión de ataque» con una espiral en la que sólo conseguía perder altitud. Él ya estaba encarando el Pentágono por su lado sudoeste. Siguiendo la ruta que llevaba, de oeste a este, podía haber empezado a descender tiempo antes y, sin necesidad de tal contorsión, habría chocado de lleno con el Pentágono.

Entonces ¿por qué lo hizo? ¿Por qué, tras dos años de laboriosos preparativos, se jugó el éxito de la operación en el último instante?

Quizá, con esa cabriola vertiginosa, Hani Hanjour intentó esquivar el acoso de los cazas de combate, que ya estaban por allí marcando al Boeing y forzándole a un desvío.

Quienes describieron aquel giro reflejaban una misma impresión: no lo atribuían a un avión comercial pesado y voluminoso. Más bien hablaban de otro tipo de aviones. En opinión de los controladores que observaban desde sus pantallas de cuarzo líquido, la aeronave capaz de tal acrobacia tenía que ser «un avión pequeño», «un avión ligero de combate» y, en todo caso, «conducido por un piloto experto, muy entrenado, que necesariamente habría sobrevolado Washington muchas veces antes».

Los testimonios recogidos en las salas de radar y en la calle eran incoincidentes y fragmentarios. Podían parecer contradictorios; sin embargo, todos contaban *su* verdad. Su trozo de verdad. Lo que cada uno vio y oyó. Ninguno de ellos presenció la secuencia completa:

«He visto un gran avión a reacción de American Airlines que se acercaba rápido y bajo», dijo el capitán de Infantería Lincoln Liebner.[19] En cambio, Steve Patterson vio «un pequeño avión donde podrían caber, ¿cuántos?, ocho, todo lo más doce pasajeros... y metía un ruido estridente como el de un caza de combate».[20] Tom Seibert, que trabajaba como ingeniero de redes informáticas en el Pentágono, declaró: «Oímos algo muy parecido al ruido de un misil... Y después, una gran explosión».[21]

También Mike Walter, un periodista de *USA Today*, que se encontraba por allí en aquel momento, explicó luego a sus colegas: «Lo que yo vi era como un misil crucero con alas».[22]

«No había nada en el cielo, salvo un avión —fue la vivencia que aportó el brigadier general Clyde A. Vaughn, testigo visual—.[23] Daba vueltas por encima de Georgetown, muy alto, y cambiaba de rumbo girando hacia su izquierda... Quizá fuese el avión aquel [el Boeing], pero yo jamás había visto volar a un avión de ese modo».

Tal vez el avión que veía el brigadier general Vaughn dando vueltas sobre Georgetown, muy alto, no era el Boeing del vuelo 77-AA, sino uno de los cazas militares. Primero, porque el Boeing estaba «al sudoeste del aeropuerto», según fijaron los controladores de Dulles, y Georgetown queda al nordeste de Dulles. Segundo, porque el Boeing al llegar a Washington «volaba bajo»; no «muy alto». Y tercero, porque el Boeing «giró 270 grados a su derecha»; y el avión que veía el brigadier «cambiaba de rumbo girando hacia su izquierda.

Lo que revela ese mosaico de impresiones es que en esos momentos evolucionaba por allí algún avión ligero, veloz y ruidoso, como un caza militar. En realidad, sin ellos saberlo, aquellos testigos primiciales corroboraban lo que poco después declararían los mandos militares de las bases aéreas de la Guardia Nacional en Fargo, Langley y Andrews, el vicepresidente Cheney y el general Richard Myers, quien reconoció ante los senadores haber puesto en vuelo no sólo cazas, sino también un avión Awacs de vigilancia E-3 Sentry con su antena circular y un avión de repostaje KC-135R Stratotanker. Hubo, pues, aviones de combate que justo entonces «sobrevolaban Washington», «daban vueltas sobre el cielo de Washington».

Más elocuentes y precisas son las estimaciones de los técnicos de control aéreo del aeropuerto de Dulles. Ellos seguían con atención, desde hacía un buen rato, el *blip* en movimiento de un avión «mudo» en sus pantallas de radar.

Para la controladora Danielle O'Brien, «aquel aparato, y me fijé bien en él, tenía la velocidad y la agilidad de maniobra de un avión militar». Era un avión «pirata» sin código de identidad, pero «lo teníamos localizado: entraba por el sudoeste de Dulles, avanzando a toda marcha». O'Brien se cercioró de que también su compañero Tom Howell veía aquel punto móvil, una simple señal en el monitor. Observaban su trayectoria.

—¡Danielle...! —exclamó Howell de pronto, sobresaltado—. No me fío... Avisa... Parece que va a la Casa Blanca.

O'Brien gritó, y la oyeron todos en la sala Radar:

—¡Hay algo, un primer objetivo, dirigiéndose hacia la Casa Blanca!

Danielle O'Brien relató más tarde la tensión y el suspense con que vivieron, segundo a segundo, aquella angustiosa cuenta atrás.[24] En el control de Dulles creían que el avión iba contra la Casa Blanca:

«Volaba a unas 500 millas [800 kilómetros] por hora y en línea recta hacia el espacio aéreo protegido que llamamos P-56... Por la velocidad y por la rapidez en las maniobras cuando giró, los que estábamos en la sala Radar, todos con mucha experiencia en el control, pensamos que era un avión militar ligero... Un Boeing 757 no se pilota de esa manera. Es demasiado peligroso».

Obviamente, si el avión se desplazaba desde el sudoeste de Dulles, antes de llegar a la Casa Blanca tendría que sobrevolar el Pentágono; pero los controladores en ningún momento imaginaron que pudiera ser ése el objetivo terrorista. Su único temor era la «zona crítica» P-56:

«El punto blanco estaba a unas doce o catorce millas al oeste [entre 19 y 23 kilómetros] —rememoró la controladora O'Brien—, y empezamos la cuenta atrás: diez millas, nueve, ocho... cinco, cuatro. Cuando ya iba a decir "tres", el avión de repente cambió su rumbo. Bueno... ¡qué alivio! Respiramos hondo y aflojamos los músculos. Sólo podía tratarse de un caza militar en alerta. No un enemigo, sino uno de los nuestros, enviado para patrullar la capital de la nación y proteger la Presidencia. Pero, ¡diablos!, en ese cambio de rumbo habíamos perdido la "firma" del avión en el radar. Esperamos... Esperamos varios minutos a ver si reaparecía el punto. Nada. Entonces oímos por los altavoces de la sala Radar: "¡Atención, Dulles! ¡Bloqueen todos los vuelos entrantes! El Pentágono acaba de ser golpeado"».

¿Dónde se había metido el vuelo 77-AA? Su señal se había borrado en todos los monitores de radar: en los de Dulles, en los de Ronald Reagan, en los del Control de Rutas de Tráfico Aéreo, en los del Sector Nordeste de la Defensa Aérca... Entre la pérdida del punto en las pantallas y la noticia por megafonía de que «el Pentágono acaba de ser golpeado», según O'Brien «esperamos varios minutos». Entre la desaparición del avión y el golpe al Pentágono pasó, pues, algún tiempo. No fueron hechos simultáneos.

Aunque muchos hablaron del último giro, el giro acrobático del 77-AA tripulado por Hani Hanjour, no lo habían visto físicamente, en directo, sino como un punto virtual moviéndose en sus pantallas. En cambio, Chris Stephenson, el controlador responsable del Ronald Reagan, sí lo vio al natural. En aquel preciso momento, él había alzado los ojos del monitor y, al mirar hacia fuera por el fanal de la torre, vio «el dichoso Boeing de American

Airlines, que giraba a su derecha: describió un círculo casi completo descendiendo».

El sol entraba de lleno por las cristaleras circulares. «Habitación con vistas» llamaban entre ellos a esa estancia de radares, con sus vistas de tarjeta postal sobre el Capitolio y el monumento de George Washington, frente al río Potomac.

«Quienquiera que sea el que va a los mandos —pensó Stephenson—, tiene temple y sabe lo que está haciendo.» Lo observó: sin balancearse, sin oscilar ni picar de costado con las alas y manteniendo un equilibrio perfecto. Luego el avión se esfumó. «Lo perdí de vista detrás de aquellas casas altas, por Crystal City.» Crystal City, Virginia. A la izquierda del Ronald Reagan. Al oeste.

Ya no volvió a ver el avión. Lo que vio fue algo distinto: «Una bola de fuego azotó el aire varios cientos de pies [alrededor de 100 metros]. Durante algunos minutos quedó suspendido en el aire, como colgando de algo, un enorme nubarrón negro de... materiales quemados y pulverizados».

Chris Stephenson supuso que el avión habría explotado... De pie junto al ventanal, él y sus compañeros de torre, miraban pasmados, atónitos. Súbitamente habían dejado de sudar.[25]

Los hechos contrastados son que el Boeing del vuelo 77-AA bajaba en espiral sobre Washington y su «firma» desaparecía del radar a las 9.37; y que sonaba una explosión, surgiendo en el aire una bola de fuego y un nubarrón negro también a las 9.37. Es decir: a las 9.37 se producían los indicios visuales y sonoros de que un avión había sido interceptado en pleno vuelo. Pues bien, aun aceptando los angostos horarios del informe NORAD, los F-16 —que habían sido alertados a las 9.24 y que «oficialmente» hasta las 9.30 no despegaron de Langley— a las 9.37 ya estaban allí. Y no es que los cazas llegaran a su hora. Más bien, la hora fue cuando llegaron los cazas.

Con más holgura incluso: el AC-130H Spectre de reconocimiento ya sobrevolaba Washington varios minutos antes.

A los pocos segundos de la desaparición del Boeing del vuelo 77-AA, comenzaron las llamadas urgentes al teléfono de emergencias 911. Se grabaron todas. Uno de los primeros mensajes era de Barry

Faust, jefe del puesto policial de Arlington: «Creo que un avión acaba de chocar al este de aquí —dijo—. Debe de haber sido en el área del distrito».

En pleno corazón de la ciudad de Washington, el distrito de Columbia es un amplio cuadrilátero que alberga a la Casa Blanca, el Capitolio, el monumento a Washington, el Mall donde trabajan miles de funcionarios del gobierno federal, bibliotecas, iglesias, el Jardín Botánico, las universidades de Washington y de Georgetown, el Zoológico Nacional, La Alameda, el parque Rock Creek, el Smithsonian Discovery Theater, la National Gallery, los memoriales a Jefferson, Lincoln, Vietnam, Holocausto...

El distrito está separado de Arlington por el río Potomac, con sus islas Theodore Roosevelt y Columbia. De modo que el Pentágono, que está en Arlington, queda fuera del distrito. No es siquiera estado de Washington, sino de Virginia.

Barry Faust conocía bien Arlington, el terreno donde trabajaba, y no confundía un lugar con otro: «al este de aquí» y «en el área del distrito» no era Arlington, ni era el Pentágono, que queda al sudoeste del distrito.

Hubo más llamadas al teléfono de emergencias. Alguna tan espontánea como la de un tal Robert Medairos que sólo acertaba a decir: «Se ve mucho humo viniendo hacia aquí... El humo se ve muy alto».

También por el 911, informó el agente Richard Cox: «Un avión de American Airlines ha estallado en Columbia Pike... Seguramente iba hacia el Pentágono... Puedo ver el humo».[26]

Columbia Pike está fuera y al sudoeste del distrito y también al sudoeste del Pentágono. Es una autovía, la 244, de algo más de 12 kilómetros, que no pasa por el Pentágono. Arranca de Henderson Hall, a un par de kilómetros del Pentágono, y llega hasta Annandale, a 14 kilómetros del edificio militar. Según el funcionario Cox, el avión había «estallado» allí.

¿Por dónde llegaba el 77-AA? Empalmando lo que atentamente observaron los controladores de los aeropuertos de Dulles y de Ronald Reagan, el Boeing se acercó a Washington por el sudoeste de Dulles, como si fuera hacia la «zona protegida» de la Casa Blanca; pero, antes de llegar, cuando sobrevolaba Arlington, giró casi una vuelta entera a su derecha hasta volver a la posición que tenía antes aunque mucho más bajo. Y en ese momento dejaron de verlo. De modo que el Boeing no rebasó el río Potomac, ni se internó en el distrito de Columbia: su viraje circular lo hizo sobre Arlington. Y ahí desapareció.

Lo extraño es que, con la dirección en que volaba —de sudoeste a nordeste—, si su meta era incrustarse en el Pentágono, no tenía necesidad de esa contorsión: llegaba enfilándolo. El giro de 270 grados sólo se explica como una maniobra repentina de escape, de fuga, viéndose perseguido y envuelto.

A la misma hora, Allen Cleveland viajaba en el metrorraíl de Washington. Iba al aeropuerto Ronald Reagan. Desde su vagón miró por la ventana y vio «un avión que caía... como hacia el Pentágono... y una gran nube de polvo».

En su escueto testimonio,[27] aquel viajero no dijo que hubiera visto un avión que «se dirigía al Pentágono», o que «arremetía contra el Pentágono», sino «un avión que caía». Un avión sin impulso que ya estaba cayendo. Una nave en caída inerte. El testigo se limitó a señalar una inclinación: «caía... como hacia el Pentágono». La expresión era vaga. Podía querer decir «caía cuando iba hacia el Pentágono» o «caía por la zona del Pentágono».

El metrorraíl en el que se trasladaba Allen Cleveland sale a la superficie en varias estaciones y tiene tramos de trayecto emergidos. Desde algunos, aunque el viajero estuviera a mucha distancia, pudo ver las inmediaciones aéreas del Pentágono: el espacio de cielo que alberga ampliamente todo Arlington, Pentagon City y, más al oeste, la autovía Columbia Pike. Tanto si tomó la línea azul como la amarilla, o la naranja para hacer transbordo, ya fuese en un sentido o en otro de la marcha, por la ventana pudo divisar «un avión que caía» desde cualquiera de las estaciones o apeaderos emergidos de Vienna, Court House, Arlington Cemetery, Crystal City, King Street, Braddock Road, National Airport, Van Dorn Street...

Por otra parte, lo que informaron los dos policías de Arlington al teléfono 911 de emergencias fue que el estallido o la explosión se oyó «en Columbia Pike», «al este de aquí». Por tanto, en los alrededores, pero antes de llegar al área del Pentágono.

Hay algo llamativo en la comunicación a bote pronto del agente Richard Cox. Aquel policía superpuso tres elementos en un mismo plano de espacio y de tiempo: lo que acababa de oír, lo que estaba viendo en ese momento y lo que él suponía que había ocurrido. No se preocupó de separar sus impresiones. Él había oído la explosión de un avión —sin duda lo vio en el aire, pues lo identificó como de American Airlines—. Ese fuerte sonido lo situó, por sentido de su propia ubicación espacial, en Columbia Pike. Cuando llamó, veía el humo: sobre una red de autovías y pasos elevados que se entrecruzan con Columbia Pike, cerca del Pentágono pero no en el Pentágono: entre 2 y 14 kilómetros. Si el avión ya había estallado y humeaba a cierta distancia del Pentágono, era obvio que no había alcanzado el Pentágono, por más que estuviera en la ruta.

Por algún tipo de lógica, Cox relacionó la explosión aérea con un atentado en el Pentágono y no en el edificio de Oficinas Federales —Federal Office Building— o en el Sheraton National, que están en Columbia Pike junto a la autopista. El agente Cox aventuró incluso el posible destino del vuelo 77-AA. Cualquier aprendiz de policía sabe que nunca se deben mezclar los datos y las conjeturas. Pero Cox estaba sobrecogido, y hablaba como un simple transeúnte que se asusta y llama al 911. Aun así, no llegó a afirmar que el avión de American Airlines hubiese golpeado o atacado al Pentágono, sino que había «estallado» y que «seguramente iba hacia el Pentágono».

Barry Faust, el jefe del puesto de policía de Arlington, al decir «al este de aquí... por el distrito», apuntaba hacia un lugar bastante más al este y más al norte del Pentágono; incluso, al otro lado del río Potomac. Él no vio el avión. Lo habría dicho. Pero sí pudo haber escuchado zumbido de motores: los motores del Boeing o los de los aviones militares evolucionando «al este de aquí... por el distrito».

En cuanto a Chris Stephenson, el controlador del aeropuerto Ronald Reagan, lo que él presenció desde el lado este —«perdí de vista el avión detrás de aquellas casas altas, por Crystal City»— fue lo mismo que vio Allen Cleveland, el pasajero del metrorraíl, dentro de su vagón, desde el lado opuesto o desde otro ángulo. Crystal City queda también en los alrededores del Pentágono aunque todavía más lejos del edificio militar que Columbia Pike. Cada uno desde su perspectiva visual, coincidían ambos testigos en que el avión cayó o se perdió en un lugar que... no era el Pentágono.

En cierto momento, según relató el general Haugen, de la Guardia Nacional de Dakota del Norte,[28] desde el sector NEADS se preguntó a los aviadores de la operación Cazadora: «Vuelo Hooligans, ¿pueden confirmar que hay llamas en el Pentágono?».

El mismo general añadió que «el piloto que iba a la cabeza de la formación miraba hacia abajo y por radio transmitía "afirmativo": el Pentágono estaba ardiendo».

Una pregunta superflua, si realmente creían que el Boeing se había estrellado contra el Pentágono. Pero en aquel caso la pregunta nacía de una perplejidad: Langley había enviado una escuadrilla de combate para que derribaran un Boeing secuestrado que se cernía sobre la Casa Blanca, y quizá tenían ya la noticia de «misión cumplida»: el avión había sido eliminado. Pero por otro conducto les informaban de algo distinto y no previsto: un incendio en el Pentágono. ¿Cómo se explicaba eso?

¿Cómo se explicaba eso? ¿Qué había ocurrido en el edificio del mando superior de la Defensa? ¿Qué fue lo que provocó una explosión interna y la muerte de 132 personas que trabajaban allí?

Si el Servicio Secreto de la Presidencia advirtió al control del aeropuerto Reagan de que se acercaba un avión no identificado, con más motivo advertirían al Pentágono que, además de ser bastión y emblema del poderío militar de los Estados Unidos, y de estar en la ruta previsible del avión sospechoso, tenía su propio grupo defensivo de misiles antiaéreos.

La duda abre incómodos dilemas en cadena. El más elemental: ¿se avisó o no se avisó al Pentágono? ¿A tiempo de poder actuar, o demasiado tarde?

Hay razones de fuste para pensar que el Departamento de Defensa no necesitó ningún aviso. En el Pentágono reside la jefatura de todo el dispositivo militar que, precisamente en aquella jornada, se activó con la urgencia y la tensión de una alarma Delta. Estaban, pues, prevenidos y organizando la prevención. Sería un supuesto absurdo que los mandos del Pentágono ignorasen cuál era el peligro o dónde estaba el elemento agresor del que debían defender a sus nacionales. Otra razón es que el 11/S, bien temprano, el vicepresidente Dick Cheney puso en marcha una ágil correa de transmisión *ad intra* —un «nudo de conexión y de gobierno, desde el búnker» lo llamó él—, por la que sin tregua circularon informes, datos, alertas, rumores, decisiones... ¿Cómo iba a quedar fuera de ese «nudo» de gobierno el Departamento de Defensa, en una situación de emergencia nacional y, según el Presidente, en estado de guerra?

La disyuntiva a partir de ahí es si, una vez advertidos de la cercanía de un avión que se presumía secuestrado por terroristas, actuaron o no. Si desde el Pentágono actuaron defensivamente, ellos mismos pudieron derribar el avión. Disponían de cuatro baterías antiaéreas. Pero también, en el intento, pudieron provocar un indeseado accidente interno.

El sucinto informe oficial del suceso sólo decía que «el Boeing 757-200 en vuelo 77-AA se estrelló contra el Pentágono, por la fachada sudoeste».

Siguiendo esa versión, la colisión se produjo por el lado del edificio donde hay un helipuerto con una explanada de césped, y afectó a las plantas baja y primera: el espacio equivalente a dos ventanas y sus entrepaños de obra en ambas plantas. Dos ventanas no muy anchas, del mismo tamaño que las 7.754 que dan luz a todas las oficinas del inmueble. Las fotos exteriores del impacto, hechas por el Departamento de Defensa sobre el terreno y en los primeros momentos,[29] ponen en evidencia que por aquel agujero —menos de 6 metros de ancho y no más de 7,5 de alto— no pudo penetrar un Boeing modelo 757-200, cuyas dimensiones son mucho mayores: la envergadura de las alas es de 38,05 metros; la altura de la cola, de 13,6 a 14 metros. Necesariamente, las alas, los reactores y la cola tendrían que haberse quedado fuera del edificio.[30]

Como el Boeing lleva los depósitos del carburante alojados donde las alas se encastran con el fuselaje, al chocar el avión dejando fuera las alas, el fuel se habría derramado y ardido sobre el césped. Sin embargo, en las fotografías se aprecia el césped verde, pimpante y sin quemar. Asimismo, limpio y no chamuscado, el cartel señalizador del helipuerto. Y enhiestas todas las farolas, salvo una que parece guillotinada por su base, pero no rota, ni retorcida, ni siquiera manchada de hollín.

Ese tramo de fachada quedó sin el soporte de algunas columnas, dañadas por la explosión y el fuego que ciertamente hubo allí. Pero

no se derrumbó por sí misma: cuando los bomberos llevaban trabajando ya más de media hora, los operarios de la agencia oficial de
Búsqueda y Rescate Urbano, USAR, derribaron la fachada y cuantos elementos de vigas, columnas, paredes y trozos de techo pudieran dificultar su tarea.

El jefe de los bomberos del condado de Arlington, Ed Plaugher,
que estuvo en el Pentágono dirigiendo la extinción del incendio
desde el primer momento, afirmó que «el *crash* en sí sólo afectó a
dos trozos de uno de los pabellones, y en un único anillo: el más
expuesto, el más exterior»; y que «fueron los equipos de USAR los
que deliberadamente derribaron parte del edificio; ése es su modo
de trabajar: echan abajo todo lo que les estorbe o cree inseguridad
a sus operarios».[31]

Días después, el Pentágono ofrecía una explicación en su más experimentado estilo de *movie* didáctica, con planos de colores, maquetas, fotos y dibujos ficción hechos con ordenador. Todo, bajo el
puntero blanco de Lee Evey, jefe del proyecto de reforma y blindaje *Pentagon Performance*.[32] La colisión se «reconstruía» como si el
avión, en vez de caer de arriba a abajo sobre el edificio —lógico, si
llegaba volando—, se hubiese disparado de abajo a arriba, penetran-
do en diagonal y en forzadísimo ángulo.

En opinión de Lee Evey, el Boeing, después del giro acrobático
en el que describió un círculo de 270 grados, hizo una bajada vertical en plancha. Es decir: no hincando el cabezal en picado, sino
como un helicóptero que se posase sobre la tierra, pero... volando
a 800 kilómetros por hora. Una vez «colocado» a ras de suelo, y sin
aminorar su velocidad en ningún momento, enfiló el edificio en
oblicuo, no de frente, y se incrustó en las dos plantas bajas.

Para aceptar aquel dibujo imaginario había que creerse que las
alas, incluida la caudal, desaparecieron sin dejar rastro; que los fre-
nos, el tren de aterrizaje, los motores, las turbinas y todo el fuselaje
del Boeing con sus 182 asientos, sus cinco servicios y lavabos, sus
cinco cocinas, los equipajes y los cuerpos de 64 pasajeros y tripulantes se desintegraron al chocar con el muro exterior. Y que todo se
volatilizó allí fuera, ya que el avión en modo alguno pudo haber entrado por un orificio donde no cabía. Como mucho, habría empotrado

la cabina de cabecera, el morro, en la primera estancia del Pentágono. Y el inmenso resto de la nave... desvanecido en la atmósfera.

Aunque por un artificio de birlibirloque el avión se hubiese desprendido de sus alas y motores, dejándolos en el césped y entrando sólo el fuselaje, el «puro», tampoco habría cabido: la longitud del espacio interior dañado no llegaba a 36,5 metros. Menos que los 47,32 metros que aquel Boeing medía de largo.

Según el ingeniero Evey, «el avión entero y todo el pasaje a bordo, se destruyeron y pulverizaron en el impacto mismo, por la propia carga de 115 toneladas, la velocidad y la potencia de los dos motores diesel del Boeing».* Dijo también que «el Boeing, al chocar, desencadenó un incendio de temperaturas por encima de los 2.500 grados, que derritió todos los elementos sólidos del avión y evaporó el combustible». Eso habría servido para explicar por qué no había restos ni del avión ni de las personas que iban a bordo, ni del fuel Jet A. Pero no cuadra con las imágenes fotográficas de los pabellones dañados, cuyas largas hileras de ventanas, dando a los patios interiores, estaban intactas. Como intactos estaban los muros. No se precisa un doctorado en ingeniería para saber que a más de 1.200 grados se craquela hasta la cerámica, siendo como es un material de revestimiento de hornos, especialmente probado para resistir altas temperaturas.

Si alguien adujera que «esas ventanas se preservaron precisamente porque acababan de ser reforzadas a un alto precio —10.000 dólares cada una— con contrafuertes metálicos y cristales de medio centímetro de grosor», cabría responder que el mobiliario del área afectada —sillas, mesas, archivadores, muebles auxiliares— tampoco se volatilizó, ni se quemó. ¿Se trataba acaso de un fuego «selectivo»?

El propio general Richard B. Myers había aludido de pasada a ese pormenor: «Como las sillas, las mesas y las cosas de oficina no ardieron, se pudo seguir trabajando enseguida...». Y no es que el jefe del Estado Mayor Conjunto quisiera minimizar lo ocurrido en el Pentágono. Entre los vídeos grabados por los servicios de prensa del Pentágono, hay uno en el que se ve cómo quedó por dentro

---

* El Boeing 757-200 llevaba dos motores Pratt & Whitney PW2037, con un empuje máximo de 36,600 Ib (162,8 kilonewtons) cada uno.

el edificio en su parte dañada. La cámara hace un barrido lento por dependencias, oficinas, muebles, paredes, techos… Esas imágenes respaldan las palabras del general Myers y contradicen la explicación oficial de Lee Evy. Es patente que allí hubo un incendio, pero no un fuego de tal potencia destructora, ni una masa metálica de 115 toneladas de avión ardiendo por la combustión instantánea de 40.000 litros de fuel.

Cuando el general Myers declaró ante los senadores, el incendio del Pentágono estaba activo todavía; sin embargo, él se refirió más al agua que los bomberos descargaban de sus cisternas que al fuego en sí.

Comentó también Myers que, a los pocos momentos del suceso, cuando se pusieron a trabajar en su despacho, en otra parte del Pentágono, «al principio no funcionaba bien el aire acondicionado; luego sí, aunque molestaba en la garganta y en las mucosas porque… olía a algo picante, sulfuroso». Ése es el olor y ésa es la sensación irritativa que provocan los restos de un fuerte explosivo quemado. El olor de la pólvora y de los detonadores. Un olor como de gas azufrado, incómodo para las mucosas; muy distinto del irrespirable hedor de un avión que ha ardido, y en el que el metal calcinado y el fuel se entremezclan con el plástico quemado de los asientos, las ventanillas, las mamparas, el caucho de las ruedas y los cuerpos humanos achicharrándose.

Según la tesis de Lee Evey, no se hallaron restos del Boeing en el Pentágono porque desapareció, en un abrir y cerrar de ojos, bajo un lengüetazo de fuego en el choque con la fachada.

Para explicar el escaso y anómalo destrozo dentro del inmueble, Evey sugería que al interior del edificio pasó sólo la cabeza, el morro del avión. Sin motores, sin carburante, propulsado por no se sabe qué fuerza autónoma e indomable, el morro solitario penetró por tres naves sucesivas, de los cinco bloques paralelos y concéntricos que conforman el Pentágono. Y, al término de su frenético viaje, en la última pared atravesada, dejó un agujero de 2,30 metros de diámetro.

No es verosímil que la cabina de pilotaje de un Boeing, que mide 3,70 metros de diámetro, pase por un agujero o deje a su paso un agujero de sólo 2,30 metros. Como si en la última estación de su carrera hubiese decidido jibarizarse, reducir en metro y medio su cabeza. Simplemente, el morro no cabía por ahí.

Pero aún es menos creíble que el morro de un avión pueda recorrer el itinerario que se le atribuyó. Incluso suponiendo que pudiera empujarlo la potencia ciega e inercial que llevaba antes del impacto, esa parte del Boeing, justo ésa, se habría destrozado en el momento mismo del choque.

Los aviones están diseñados en forma de ave afilada para que ofrezcan menos resistencia al aire y sean más veloces. Y la cabina de cabecera, precisamente porque aloja el sistema de navegación, el software electrónico y la comunicación radiada, y es toda ella una consola inteligente que debe facilitar el paso de las ondas radioeléctricas, no está fabricada de metal sino de resina, de fibra de vidrio y de carbono en láminas. El morro es, como las alas, la parte más lábil del avión y la que antes se destruye en un accidente. Cuando un avión colisiona o se estrella, el morro es lo primero que se aplasta. Es frágil. No serviría como ariete en una embestida. No perfora ni taladra ni atraviesa nada. Es impensable que el morro del Boeing penetrara las seis paredes de tres naves de unos edificios construidos con ladrillos y hormigón.

Sin embargo, en el siniestro del Pentágono el agente agresor fue algo duro, consistente y penetrante. Algo que generó una bola de fuego y densas nubes de humo. Algo que hizo prender un incendio obstinado con focos en puntos diversos. Algo con fuerza explosiva suficiente para dañar varias columnas de sostén del inmueble. Algo con empuje dinámico propio, que itineró por dentro del edificio, traspasó en diagonal tres bloques de oficinas con sus dos patios medianeros y dejó tras de sí sucesivos orificios circulares.

¿Algo duro, consistente, penetrante, activado por su propia potencia...? Es sugestiva la hipótesis del misil.

Aunque enseguida se acordonó todo el costado sudoeste del Pentágono, prohibiendo la presencia de fotógrafos y de cámaras, los reporteros se espabilaron y obtuvieron varias tiras de fotos furtivas, desde algunas casas vecinas.[33] Pese a que son tomas de los primeros momentos —cuando llegaban los coches cisterna y antes de que los bomberos se desplegaran y empezaran a cambiar el escenario—, en ninguna de esas fotografías se ven restos de avión. En ninguna.

Estudiadas con lupa aquellas fotos primiciales,* cabe afirmar sin reservas que allí no se estrelló un Boeing 757. Por gigantesco y aniquilador que hubiese sido el fuego —y no lo fue—, un avión de tal volumen no se disuelve en la nada. Hasta en los terribles incendios del World Trade Center, que acabaron derruyendo las Torres Gemelas, se encontraron trozos grandes de los dos aviones, cuerpos de pasajeros abrasados y adheridos a sus asientos, chalecos salvavidas, etc.

La ausencia de vestigios del Boeing y de las personas que iban a bordo; la enigmática evaporación del combustible, sin provocar las llamaradas y la devastación que tendrían que haber producido 40.000 litros de fuel Jet A; un orificio de entrada y otro de salida por donde en modo alguno pudo pasar una aeronave de aquel tamaño... son datos que no se pueden censurar ni ocultar, y que descartan el avión del vuelo 77-AA como causa del siniestro en el Pentágono. Las huellas señalan hacia otro tipo de agente. Con todo, hay dos hechos ciertos: el Boeing del vuelo 77-AA desapareció en el aire cuando volaba por aquel área; y en el Pentágono se desencadenó un incendio. Quizá la confusión arranque del intento de acoplar en uno solo, como causa y efecto, lo que en realidad fueron dos sucesos.

En las tareas de apagar el fuego, desescombrar, achicar el agua, reparar cañerías, cableados eléctricos, líneas de teléfono, etc. se empleó a soldados marines de la Guardia Nacional, a equipos de la agencia oficial de Búsqueda y Rescate Urbano y a grupos de bomberos de los departamentos colindantes de Arlington, Fairfax, Montgomery y Tennessee. Trabajaron en turnos intensos de doce horas, descansando otras doce, de modo que fuesen siempre los mismos hombres. Una ayuda, pues, muy selectiva. No como en el World Trade Center, donde todo el mundo que quiso echó una mano. Es más, a los bomberos se les puso a trabajar en zonas del Pentágono —techumbres y sótanos— que no eran el lugar donde se originó el accidente.

Así lo declaró el jefe de los bomberos de Arlington, Ed Plaugher, durante una sesión informativa en el Pentágono, el miércoles 12 de

---

* Tampoco se perciben restos del Boeing en las selecciones de vídeos que facilitó el Pentágono —del exterior e interior del edificio— grabados en tiempo real durante las tareas de extinción del incendio y de desescombro.

septiembre por la mañana.[34] Dijo que sus hombres estaban trabajando hasta quedar exhaustos «para evitar que se propague el fuego»; pero manteniéndose siempre «apartados del lugar exacto de la
colisión: ahí sólo están los equipos de la agencia federal FEMA».
Hablaba en presente porque la lucha contraincendios continuaba en
aquel momento y aún seguiría esa noche y otro día más.

Aunque Ed Plaugher intentaba vencer la somnolencia —«perdonen, pero no he pegado ojo en toda la noche»—, sus respuestas no eran lo suficientemente lúcidas como para enmascarar lo
que no debía decir. A tenor de sus palabras, más que un gran incendio, más que un fuego fuerte y de altas temperaturas, lo que
había en el Pentágono era «un fuego muy testarudo, no un fuego
caliente... Quiero decir que no es un fuego horroroso y arrasador...
Es, yo diría, un fuego lento, terco, que se apaga y se reenciende
[...]. Cuesta extinguirlo porque ha prendido arriba. Está agarrado a la estructura de madera del techo. Y es un lugar de acceso
difícil. Necesitamos ir trepando, haciendo cortafuegos, como trin-
cheras, adelantándonos al fuego... Ahora mismo, estamos yendo
nosotros a donde todavía no ha llegado el fuego. Mis hombres van
llevando agua allí, para que el fuego al chuparla se extinga [...].
No hemos conseguido sofocar totalmente el fuego debajo del tejado y tendremos que demoler la techumbre. Nos está costando
mucho meternos bajo las tejas de pizarra. Y aún tardaremos en
llegar hasta ahí».

Alguien pidió la palabra para señalar una extrañeza:

—Al principio hubo un humo denso, que se atenuó hasta disi-
parse casi del todo a primera hora de la tarde de ayer [11/S]; pero
ahora mismo vuelve a salir más humo negro con llamaradas rojas
y amarillas de la zona alta, de la techumbre que se conserva sin
derribar. ¿Puede explicarnos por qué...?

—Bueno —así empezaban todas las respuestas de Ed Plaugher—, lo que ha ocurrido es que algo ha prendido de nuevo, algo
inflamable ha vuelto a arder. El fuego rebrota... Estamos ahí dentro con mangueras de agua y de espuma, y nos ayudan otros bomberos del aeropuerto Reagan... El fuego, ascendiendo, se ha refugiado allá arriba entre el cemento, las vigas de madera y el tejado de
pizarra.

No describía Plaugher un incendio que hubiese sobrevenido de arriba a abajo, sino más bien una ignición que había subido desde el suelo hasta «atrincherarse tercamente» en los desvanes.

Sin decirlo, sugería la idea de una explosión activada de abajo a arriba, «algo inflamable» pero retardado, un cohete, un proyectil... Y un matiz curioso en un bombero: no le preocupaba tanto la extinción del fuego —él insistía en localizarlo «arriba, agarrado a la estructura de madera del techo»— como la cantidad de agua que habían tenido que acarrear y la inundación provocada.

También el general Richard B. Myers, compareciente aquella misma mañana en el Senado, habló más del agua que del fuego.

En otro momento de la sesión, un periodista hizo una pregunta muy concreta al jefe de bomberos:

—¿Ha quedado algo del avión?

Ed Plaugher tragó saliva. Cruzó y descruzó las manos. Carraspeó. Al fin respondió:

—Bueno... Durante la operación contra el incendio se han podido ver algunos pequeños trozos metálicos... no piezas grandes... Es decir, no hay partes del fuselaje ni nada de eso...

—Hay fragmentos diminutos del aparato esparcidos por todas partes —el periodista insistía—, hay trocitos pequeñísimos diseminados hasta por la autopista, ¿diría usted que el avión estalló, que «virtualmente» explotó en el momento del impacto debido al combustible, o más bien que...?

Presentando la rueda de prensa estaba Victoria Clarke, Tory, la adjunta al secretario de Defensa. Ed Plaugher debió de sentir la mirada que Tory Clarke le clavó de soslayo y, sin diplomacias ni argucias florentinas, el hombre zanjó la cuestión como pudo:

—Bueno, mire, yo prefiero no comentar sobre eso. Hay un montón de testigos oculares que podrán informarle mejor sobre lo que ocurrió con el avión... cuando se acercaba. Nosotros no sabemos. O sea, yo no sé.

Aunque Plaugher prefiriese no saber, sus palabras «lo que ocurrió con el avión... cuando se acercaba» quedaron grabadas.

Hubo aún otra pregunta comprometida para él:

—Y ¿qué hay del fuel?

Como jefe de bomberos en la operación, no podía argüir que

aquello no iba con su trabajo, o que preguntasen a otros testigos. El periodista se refería al combustible del Boeing presuntamente estrellado contra el Pentágono. Plaugher se zafó con una respuesta evasiva y vacilante:

—Creemos que... había un charco allí, en donde estaba lo que... bueno, eso, lo que suponemos que podía ser el morro del avión. Así que...

—¿Dónde estaba «eso»? ¿Dónde es «allí»? —el periodista había mordido un trozo mollar y no soltaba la pieza—. ¿En qué anillo, en qué corredor...?

Plaugher se encogió de hombros y no respondió.

La sesión continuó todavía unos minutos. Ed Plaugher se espabiló con vivacidad al relatar cómo, «en el primer momento, al llegar, enviamos equipos de bomberos al interior. Recorrimos el edificio y pudimos pasar por todas partes, para hacernos una idea exacta de dónde estábamos y dónde estaba el daño... Y pudimos hacer mucho rastreo y verificar un montón de zonas del edificio. Luego, más tarde, el fuego fue tomando volumen y empezó a adensarse el humo. La situación dentro se hacía cada vez peor, por el humo, y tuvimos que salir fuera. Pero al principio, insisto, hicimos una buena búsqueda preliminar...».

El bombero jefe estaba ofreciendo una descripción sorprendentemente «pacífica» del suceso, bien distinta de la imagen dantesca que cualquiera hubiese imaginado de un incendio brutal a 2.500 grados de temperatura, tras el impacto de un bólido de 115.000 kilos a 800 kilómetros por hora, con una potencia de 325 kilonewtons y cargado con 40.000 litros de Jet A.

En aquel punto, Victoria Clarke interrumpió al jefe de bomberos y, recordando que «he prometido al señor Plaugher que podría volver enseguida a su trabajo», le invitó a contestar alguna última pregunta y a marcharse.

Todas las piezas del endiablado rompecabezas encajan si se acepta la posibilidad de que hubieran ocurrido dos episodios distintos, independientes, casi simultáneos: una ignición explosiva en el Pentágono, por el costado sudoeste; y una «cacería» con derribo del avión comercial secuestrado y tripulado por Hani Hanjour. Dos sucesos. Dos lugares, muy cercanos pero diferentes. Y dos momentos, muy próximos pero uno antes que otro. Varios indicios inclinan a pensar que primero ocurrió la eliminación del Boeing, y luego el accidente en el Pentágono.

La orden del Presidente era «derribar cualquier avión fuera de control que amenace el espacio de la capital del Estado», «si es preciso, perder vidas en el aire por salvar vidas en tierra». Ésa fue la encomienda a los aviones F-16 que despegaron expresamente desde Langley. También pudieron recibirla otras unidades de diversas bases aéreas en los estados contiguos a Washington. Y los cazas F-15 de Otis, que estaban en el aire desde las 8.46, cuando fueron hacia Nueva York y no lograron interceptar los aviones secuestrados por Atta y Marwan. Asimismo, a los aviadores que aquel día estaban en tareas de entrenamiento de vuelo se les mandó desviarse hacia Washington para vigilar y detectar objetivos enemigos. Estos pilotos, como iban sin armas de fuego real, sabían que el «servicio» podía incluir una actuación tipo *kamikaze*: emplear sus cazas como armas y arrojarse ellos mismos contra el avión secuestrado que amenazara un edificio habitado en tierra. Para un buen militar, «dar la vida por la patria en peligro» no es una estrofilla hímnica que se canta a voz en cuello y sacando pecho en el cuartel: es un jalón del código de honor castrense. Por tanto, no era pedirles algo extraordinario. Pero el hecho de pedírselo entrañaba que la situación sí era extraordinaria.

Con todo, no tuvieron que llegar a tal heroísmo. A esas horas sobrevolaban Washington suficientes cazas F-15 y F-16 pertrechados con misiles aire-aire Sidewinder (AIM-9L y AIM 9L/M) rastreadores de un núcleo de calor, dirigidos por infrarrojos, y misiles Sparrow (AIM-7M y AIM-7F/M) guiados por radar. Todos ellos con carga de alto explosivo.

La claridad de la orden, la presencia de los cazas en el momento y en el lugar, y la precisión de sus armas de combate abren pocas dudas sobre la eficacia en la «cacería».* Una vez avistado el objeti-

* Los aviones F-16 y F-15 son supersónicos: vuelan a +2 y +2,5 veces la velocidad del sonido. Obviamente es superior la velocidad de los misiles que pueden dis-

vo, los F-16 no ahorrarían munición, y es perfectamente lógico que uno o varios de los misiles lanzados hiciera blanco en el Boeing, dándole en algún punto sensible y derribándolo. Era su misión. Habían ido hasta allí para eso.

¿Adónde fue a parar el avión? Nada se dijo. Ni en qué área cayeron diseminados los minúsculos fragmentos del avión, ni si se recogieron restos de los cuerpos de las 64 personas embarcadas. Durante varios días y varias noches, lanchas de la Guardia Nacional Costera patrullaron arriba y abajo del río Potomac, como si rastrearan buscando restos del avión o de los cuerpos.* No se dio información alguna. El hermetismo fue absoluto. Hermetismo incluso a la hora de explicar el hermetismo.

Al jefe de bomberos de Arlington, Ed Plaugher, le preguntaron por «los cuerpos encontrados en el Pentágono», «cuántos calcula usted que hay» y si «ya han empezado a sacarlos». En aquel momento, la gente de la calle creía que allí dentro estarían también los cadáveres del avión 77-AA. Para decir que él no sabía nada de cuerpos —porque aunque le habían comisionado para trabajar allí con sus equipos, no le dejaron asomar las narices en la zona acotada—, el de Arlington utilizó una hipérbole patética: «No sé nada de los cuerpos... ni encontrados ni no encontrados. Lo mismo puede haber cien que ochocientos».

No se hizo una estimación pública de los cadáveres hallados e identificados en el edificio militar. En alguna gacetilla de agencia

---

parar. Su capacidad de hacer blanco es casi inerrante. Y aún más si el objetivo que se persigue es un *jet* comercial grande, detectable y que carece de contramedidas defensivas electrónicas. El Sparrow tiene incluso sistemas para anular esas medidas decodificadoras de frecuencias. Los misiles Sidewinder no penetran en el blanco: actúan sobre la superficie exterior del avión enemigo con espoletas de proximidad y de contacto, activadas por el calor o por radio. El Sparrow sí se incrusta en el blanco. Con su cabeza de guerra de 39 kilos de alto explosivo, lo destroza desde dentro.

* El 11/S y durante varios días después, el tráfico fluvial en el río Potomac iba abanderado al norte del puente Woodrow Wilson y también abajo del río Anacostia desde la ruta del puente 50. Y sólo podían navegar barcos controlados y sometidos a inspección. De las 19.00 a las 7.00 se interrumpía el tráfico y continuaban los rastreos.

se apuntó genéricamente que «en el Pentágono habían sido hallados restos de 90 cadáveres». Pero el total de muertos del Pentágono, y sólo del Pentágono, eran más: 132. Y en otro lugar estarían los 64 que perecieron a bordo del avión.

Como si por debajo de la mesa hubiesen amarrado un férreo pacto de silencio y de olvido, se dragó el río Potomac, se limpió el entorno y se pasó la página.

Pero los testigos vieron y oyeron. Y cruzando sus datos se llega a establecer un lugar.

Chris Stephenson vio el avión 77-AA desde la torre de control del aeropuerto nacional Ronald Reagan: «Girando hacia su derecha, describió un círculo casi completo... después se perdió de vista detrás de aquellas casas altas, por Crystal City».

El funcionario Richard Cox en su llamada al 911 de emergencias concretó: «Un avión de American Airlines ha estallado en Columbia Pike».

El policía Barry Faust no lo vio, oyó la explosión, estando él en East Arlington y dio parte verbal: «Creo que un avión acaba de chocar al este de aquí. Debe de haber sido en el área del distrito».

El viajero del metro, Allen Cleveland, «yendo yo hacia el aeropuerto Reagan, desde la ventanilla vi un avión que caía como hacia el Pentágono».

Una quinta persona, Danielle O'Brien, controladora en el aeropuerto de Dulles, observaba la trayectoria de ese avión desplazándose de oeste a este. Ella no lo vio física sino virtualmente sobre una pantalla de radar. Pero estableció una distancia: «desapareció de la pantalla cuando estaba a 3 o 4 millas [entre 5 y 6,5 kilómetros] del espacio restringido de la Casa Blanca...». También fijó una hora: las 9.37.

Ese avión que unos vieron caer o perderse de vista, o escucharon su explosión, desapareció en un área bastante delimitada: por Columbia Pike, al este de Arlington, por Crystal City, cerca del distrito, a unos 5 o 6,5 kilómetros de la «zona restringida», visible en la bóveda del cielo desde el aeropuerto nacional Reagan y desde cualquier tramo o estación emergida del metrorraíl en ruta hacia ese aeropuerto. Pero nadie, curiosamente, nadie vio chocar el avión contra el Pentágono.

Otro fenómeno interesante, que observaron y reflejaron todos los testigos: «el humo», «un globo ígneo rojo», «un nubarrón colgante», «el humo viniendo hacia aquí», «un humo arriba muy alto...».

Desde la torre del aeropuerto Reagan, Chris Stephenson recordaba que «en cierto momento, ya no vi el avión; vi algo distinto: una bola de fuego azotó el aire varios cientos de pies... y durante algunos minutos quedó suspendido en el aire, como colgando de algo, un enorme nubarrón negro de... materiales quemados y pulverizados».

El funcionario Richard Cox, cuando comunicaba la noticia del estallido del avión sobre los pasos elevados y autovías de Columbia Pike, tenía ante sus retinas el efecto de la explosión: «puedo ver el humo», dijo.

Otro de los que llamaron al 911 de emergencias, Robert Medairos, habló casi exclusivamente del humo: «Se ve mucho humo viniendo hacia aquí... El humo se ve muy alto». No parecía referirse a un humo que saliera de dos plantas bajas de un edificio de poca altura, o al humo sofocado y preso entre el cielo raso y la techumbre. Sus palabras describían algo en ignición, algo ardiente que despedía «mucho humo», algo que estaba «muy alto», fuera, arriba, y que se desplazaba por el aire «viniendo hacia aquí».

Allen Cleveland, por la ventanilla del vagón del metro, y al tiempo que veía caer el avión, percibió «una gran nube de polvo». Cleveland no vio ni localizó dónde caía el aparato. Por tanto, aquella nube de polvo no subía del suelo. Iba con el avión. Se desprendía de él.

Si el Boeing del vuelo 77-AA fue abatido en el aire por los misiles Sidewinder o Sparrow de los cazas F-16, que patrullaban por la orden *Huntress*, estallaría a consecuencia de los disparos sobre puntos vulnerables y por la explosión del carburante.* Sus restos, fragmentados y quemados, se dispersarían por los alrededores: el río Potomac, el nudo de autopistas que se entrecruzan en Columbia Pike, Arlington, el complejo de viviendas Pentagon City, incluso los vastos alrededores del Pentágono.

¿Pudo desintegrarse en el aire el avión de pasajeros? Ésa era la

---

* El impacto del Sparrow, con sus 39 kilos de alto explosivo fragmentador, su envergadura de un metro y su longitud de 3,66 metros, es capaz no ya de reventar un avión sino de convertirlo en una nube volátil de minúsculos trozos triturados. Además, en combate no se ahorra munición: si un caza logra atrapar un blanco, le descarga una mansalva de proyectiles, hasta asegurarse la destrucción del objetivo.

pregunta del periodista al jefe de bomberos, tras haber visto «trocitos pequeñísimos diseminados por todas partes, hasta por la autopista». Y es también la hipótesis más respetuosa y acorde con lo que percibieron los testigos y con la desaparición —o no exhibición— de los restos de aquel Boeing y de los cadáveres de sus tripulantes y pasajeros.

Las cajas negras se hallaron pronto.* Quienes escaneaban la zona, captaron la señal que emitían y las rescataron. Sin embargo, ni la FAA, como autoridad de aviación civil, ni el Departamento de Defensa, ni el fiscal general, que dirigía la investigación del FBI, informaron a los ciudadanos sobre el contenido de esas cajas: lo que sus grabaciones revelaban acerca del vuelo siniestrado. Y por supuesto, nada dijeron del lugar donde las habían encontrado.[35]

Un espeso velo de silencio cayó como telón final sobre aquel drama. Y nadie en Estados Unidos —ni las familias de las víctimas, ni la prensa, ni los congresistas, ni los senadores, ni las asociaciones de derechos cívicos, ni el personal empleado en el Pentágono, ni los directivos de American Airlines—, nadie tomó la palabra para preguntar en voz alta ¿qué pasó?

Si de verdad se quiere saber qué ocurrió, sin endosar enigmas a la Historia, el suceso es perfectamente reconstruible. Además de las cajas negras del Boeing en vuelo 77-AA, cada caza F-16 lleva incorporadas tres cámaras de vídeo, que de manera automática graban toda la superficie exterior de un viaje, y toda la épica de una escaramuza. Hay material más que suficiente.

Si no hubo actuación militar en el accidente del Boeing ni en el del Pentágono, si nadie disparó, si no se abrió fuego de combate, los aviadores que sobrevolaron Washington aquella mañana podrían demostrarlo con el simple esfuerzo de enseñar los triples juegos de vídeos. Y, justo porque patrullaban sobre el escenario en el preciso instante del crimen, esas cintas han de contener las imágenes de lo que realmente sucedió allí, en los cielos y bajo los cielos de Arlington, de Georgetown, del distrito de Columbia, de la zona P-56, de Columbia Pike, de Pentagon City, de Crystal City... y del Pentágono.

* El 13 de septiembre de 2001, el Departamento de Defensa de Estados Unidos informó: «Se han recuperado las cajas negras del avión secuestrado que se estrelló contra el Pentágono».

¿Por qué no se mostraron esas pruebas? ¿Nadie quiso ver la secuencia *verité*...? Cuesta entender que un pueblo como el norteamericano, que aprendió y ha respirado democracia desde la placenta y la lleva inscrita en los genes desde el origen de su existencia; un pueblo que nace ya respingón, desenfadado, preguntón, plantando el pie en el planeta y «¡no está mal!, que me lo envuelvan, me lo quedo»; un pueblo sano, sin Edad Media, sin leyendas torvas, sin más tradición que el *Mayflower*, Buffalo Bill, Elvis Presley y Marilyn; un pueblo tranquilo y lechón, persuadido de que con sus impuestos compra todos sus derechos «¡ni uno menos!»... Cuesta entender que un pueblo así renunciara en el acto a su jeffersoniano y muy acendrado derecho a conocer: *the right to know*.

Es obvio que no saben. Es obvio que recelan. Es obvio que dudan. Y la duda les resulta intelectualmente extraña y civilmente incómoda. Sin embargo, tienen miedo a saber. Y mucho más miedo tienen a que los demás lo sepan.

Quizá las Torres Gemelas, cuatro aviones con pasajeros y tantas vidas, no fueron lo más precioso que el 11/S se perdió en América. Tal vez en América el 11/S se perdió la inocencia.

Desde entonces, «algo huele a podrido en Dinamarca», algo huele a podrido en América. De pronto, hay miradas oblicuas, hay desconfianzas, hay temas tabú... Un insano pudor colectivo y patriotero tapa con banderas de barras y estrellas las vergüenzas de todos. La oposición no controla al Gobierno. La prensa no vigila al poder. Se vive políticamente en un *statu quo* inmóvil. No hay crítica. La gente de la calle vuelve a ser «mayoría silenciosa». Las voces disidentes —si se alza alguna— han de contentarse con ser invitadas a algún debate minoritario emitido en madrugada por canal satélite. No hay «contestación». No hay «estados de opinión». Poco a poco se ha ido instalando una peligrosa univocidad de opiniones. Un «fascismo informativo». Un dirigismo oficioso y resabiado que, sin necesidad de consignas, sabe qué inconvenientes cosas ha de callar o no preguntar o no averiguar.

En el fondo de esa regresión democrática, de esa «luz y taquigrafía» arrumbada en la buhardilla, de esa inocencia perdida, lo que se entrevé es una insalubre complicidad. Complicidad en el silencio. Complicidad en no abrir «el caso». Complicidad en no querer saber «la verdad, toda la verdad y nada más que la verdad». Pero la verdad tiene paciencia, tiene memoria y tiene su tiempo. Tarde o temprano, siempre hay una hora de la verdad. Ésa es la noble venganza de la Historia.

Ciertamente, la verdad —porque no se malvende— no es barata. Y el precio político a pagar en este caso hubiese sido muy alto: dejar a la vista que, por salvar las vidas de los habitantes de la Casa Blanca se habían sacrificado las de los pasajeros y los tripulantes del avión 77-AA. ¿Una selección entre vidas y vidas? ¿Ya no tenían igual valor todos los ciudadanos de América? ¿Ya no eran «todos iguales ante Dios, ante la ley y ante los hombres»?

Las preguntas se agolparían como la lluvia en un aguacero de temporal: ¿por qué tenía el vicepresidente Cheney la obsesiva convicción de que era la Casa Blanca, y no el Pentágono, la diana del vuelo 77-AA? ¿Por qué fueron tan diligentes en poner a salvo al presidente Bush, a las autoridades del Gobierno y de las Cámaras parlamentarias, y no dieron orden de desalojar al personal de oficinas hasta después de producirse el incendio en el Pentágono?

Desde el ataque a la Torre Sur, los helicópteros de la Armada se apresuraron a trasladar a escogidos ciudadanos de la élite política: los condujeron a refugios antiatómicos de alta seguridad como el High Point Special Facility, en Mount Weather, Virginia, o el Alternate Joint Communication Center, llamado «Lugar R», perforado en la montaña Raven Rock, muy cerca de la no menos segura residencia de Camp David. Cheney y su equipo se concentraron en el búnker blindado del subsótano de la Casa Blanca. Al presidente Bush, a bordo del *Air Force One* y escoltado por cazas F-16 y F-18, fueron llevándole por diversos escondites militares, cada vez más lejos de su puesto de mando tras la mesa del Despacho Oval en Washington.

En cambio, unos 340.000 empleados de las dependencias del Mall, la mayor concentración funcionarial del mundo, aguantaron el peligro en sus sitios de trabajo. Justo en el cogollo del distrito de Columbia. Ellos no tenían esa información privilegiada. No se les avisó de que «un objetivo primario volaba raudo hacia Washington». Sólo después del siniestro en el Pentágono se desalojaron los edificios federales, incluyendo el Departamento de Estado, el Capitolio, las oficinas de los distintos departamentos del Gobierno y de la Casa Blanca.

Es cierto que tiene más responsabilidades nacionales y es un bien más protegible por la república Agamenón que su porquero. Pero aquel día 11/S ¿habría peligrado Agamenón por decir «¡ponte a salvo!» a su porquero?

Y más y más preguntas: ¿cuántos aviones con pasajeros estuvieron en los visores de los cazas aquella aciaga mañana? ¿Cuatro? ¿Seis? ¿Once?

El gabinete de crisis reunido en el búnker de la Casa Blanca abría el compás entre seis y once «objetivos sospechosos». Y la orden de la operación Cazadora dejaba un omnímodo poder en manos de los «cazadores»: «si un avión sospechoso desatendía las instrucciones de retirarse y no se desviaba de la capital, nuestros pilotos estaban autorizados a derribarlo... si ellos entendían que era apropiado hacerlo».[36]

A los pilotos que participaron en aquella misión *Huntress* les sellaron los labios: se les prohibió conceder entrevistas y hacer declaraciones sobre el asunto. Y algo más: sus identidades se preservaron como «materia reservada», «secreto militar». Si no llegaron a disparar, si no mataron a nadie, ¿por qué se tenían que ocultar?

A la gente de a pie se le dijo después, bastante después: pasado el peligro, despejada la situación, localizados los testigos útiles y ensambladas las coartadas. Es decir, una vez fabricada la versión beata de la historia que convenía contar: «Fue una decisión terrible, pero recta —diría Cheney—. Afortunadamente, no hubo que ejecutarla».[37] Ahora bien, la decisión de derribar aviones se tomó. Y la orden de la operación Cazadora se dio. Y, bajando los peldaños jerárquicos, se transmitió. Y se puso en marcha... Era una orden cifrada, secreta. Y mandaba abrir fuego contra compatriotas civiles. Aun edulcorándolo con un «final feliz», el general Mike J. Haugen lo reconocía: «Por suerte aquel avión [el 93-UA] se estrelló por sí mismo. Eso nos evitó hacer algo que nos resultaba inconcebible y nos repugnaba: tener que usar uno sus armas y su cualificación militar contra sus propios conciudadanos».

Y más y más preguntas: ¿cómo aquellos gobernantes, tan rotundos al afirmar que «un avión comercial secuestrado por terroristas se ha estrellado contra el Pentágono», no eran capaces de concretar el tipo de avión que «estaba allí estrellado», teniendo como tenían acceso directo al lugar de los hechos? ¿Acaso no entraron los bomberos y deambularon a sus anchas «pasando por todas partes, para hacernos una idea exacta», «haciendo mucho rastreo y verificando un montón de zonas del edificio»?

Durante varias horas no lo supieron ni ellos mismos: ni en el Pentágono ni en la Casa Blanca. «Los primeros informes sobre el ataque al Pentágono —explicó días después el vicepresidente Cheney— sugerían que había sido un helicóptero. Luego nos dijeron que un avión privado. Hasta que logramos la declaración de un testigo ocular que hablaba de un avión de American Airlines. Pero eso fue bastante después.» Tuvieron que atender al vaivén de las versiones contradictorias. Y es que, en efecto, el «atentado» contra el Pentágono no era algo palmario y claro a simple vista.

En su bloc de notas tomadas sobre la marcha, Karl Rover, que pasó la jornada itinerando de refugio en refugio con el Presidente, apuntó que a la una del mediodía —exactamente, a las 12.55— «Bush habló por teléfono con Rumsfeld, y fue donde surgió lo de un avión de American Airlines».[38] La perplejidad salta de inmediato: «y fue donde surgió» ¿qué? ¿«Surgieron» restos de un avión de American en el Pentágono? ¿«Surgió» alguien que había visto un avión de American Airlines volando o cayendo por allí? Dick Cheney, Donald Rumsfeld y Karl Rover en sus notas debían de referirse al mismo testigo: el capitán de Infantería Lincoln Liebner, que vio «un gran avión a reacción de American Airlines acercándose rápido y bajo».

También el funcionario Richard Cox, llamando al 911 de emergencias, habló de un avión de American Airlines. Pero en su mensaje agregaba «y ha estallado en Columbia Pike». Con esa coletilla, el testimonio de Cox no les servía.

Aparte de la epopeya trágica del avión 77-AA, en el edificio del Pentágono ¿qué ocurrió?

Aquel incendio lento, tenaz, recurrente pero pacífico, aquel fuego de humareda negra y poca llama, no expansivo sino localizado e interno, agarrado al techo, sugería diversos elementos agresores. Pero rechazaba el golpetazo súbito de un Boeing 757. Por su tamaño, velocidad, potencia y carga de combustible, un Boeing 757 habría desencadenado un recalentón, unas llamas y un destrozo intenso que allí no se produjeron.

Las «gargantas profundas», militares y políticas, que hablaban desde los servicios de información o desde las agencias federales de inteligencia,* salpicaron el ambiente con abundante spray de conjeturas y falacias. Pero no un ambiente cualquiera: el ambiente del Gobierno de Crisis en la Casa Blanca.

El siniestro del Pentágono —se dijo— pudo ocasionarlo una carga explosiva dejada muy cerca de los muros de fachada. El vicepresidente Cheney y varias autoridades del Gobierno se refirieron en los días inmediatos a que les llegó la noticia de «una furgoneta con explosivos estacionada junto al Departamento de Estado». La amenaza resultó falsa. Pero sí pudo haber un coche bomba colocado por los terroristas en el costado sudoeste del Pentágono, para activarlo con mando a distancia. O un maletín conteniendo un explosivo de alta potencia, dejado allí por algún enlace de la célula de Atta.

Otro posible agente: una avioneta o un pequeño avión monomotor atestado de explosivos y teledirigido desde tierra o tripulado por un piloto suicida. En definitiva, la técnica que tanto intentaron y estudiaron. Incluso, en los últimos días Atta acudió al aeródromo de Opa-Locka con acompañantes distintos, para probar «todo lo que se podía hacer con un monomotor». Quizá ensayaban. En ese caso, el tal anónimo suicida sería el «piloto número veinte». Y si su objetivo era el Pentágono, el de Hani Hanjour a bordo del vuelo 77-AA habría sido la Casa Blanca, como aseguraba Cheney.

Para esa quinta operación, los terroristas hubiesen tenido que usar y destruir una avioneta o un avión privado, cedido por su dueño voluntariamente, ya que no hubo reclamaciones. De haber empleado una avioneta alquilada, se habría sabido aquel mismo día, al no regresar al establecimiento de alquiler. Pero no se registró ninguna denuncia.

---

* En aquellas fechas, operaban en EE.UU. 42 servicios y organismos federales de información, descoordinados, rivales y solapándose entre sí.

Con un avión pequeño, propio o alquilado, el mayor problema sería la infraestructura: necesitaban un depósito seguro donde guardar los explosivos, y cerca de una planicie con extensión suficiente para que el monomotor aterrizase y despegase después de cargar a bordo el polvorín. Y concertar ruta aérea, aparcamiento y pista en uno o en dos aeropuertos, el de salida y el de regreso, aunque no pensaran volver, sino empotrarse contra el Pentágono. El hecho es que ninguna de esas gestiones se realizó.

No obstante, ese tipo de aparato cuadraría mejor con el exiguo agujero en la fachada del inmueble y con la reducida explosión en el interior. Por otra parte, varios testigos que estaban en el lugar en aquel momento mencionaron «un avión pequeño donde podrían caber, ¿cuántos?, ocho, todo lo más doce pasajeros», «una avioneta», «un pequeño avión militar», «un helicóptero», «un misil crucero con alas»… Pero una cosa es creer que se ha visto una avioneta o un pequeño avión, y otra es aportar un dato concreto: una marca, un color, un lugar de origen o de destino. Todo fue muy vago. Nadie concretó.

El vicepresidente Dick Cheney y el consejero de la Presidencia, Karl Rove, comentando la información que les llegaba durante la jornada del 11/S, hablaron también de «un pequeño avión militar» o de «un helicóptero» evolucionando sobre Washington. De sobra sabían ellos que varios cazas militares, un avión Stratotanker y un Awacs con el aro de su antena bien visible patrullaron por el cuadrilátero del distrito de Columbia en las horas críticas. Si aquella noticia —que uno de los aviones militares había colisionado contra el Pentágono— era cierta, ¿por qué no se informó? ¿Por qué no se investigó? Y si no lo era, ¿por qué se inventó?

Esas percepciones, puestas en rodaje, corroboraban la teoría de «un artefacto pequeño» contra el Pentágono. Pero más adelante, oficialmente, no se les dio entidad. Sin más averiguación, las descartaron.

Lógico. Si admitían que una avioneta o un pequeño avión había ocasionado el siniestro del Pentágono, ¿cómo explicaban la eliminación del Boeing de pasajeros 77-AA?

A partir de cierto momento, la salida militar y política más airosa fue fundir en una las dos adversidades, las dos tragedias; aun al precio de abonar esa baza en el palmarés de trofeos de sangre de los terroristas de Al Qaeda.

Habían decidido ya mantener la historia de que fue el avión de American Airlines lo que colisionó contra el Pentágono. Y que, pensándolo mejor, la Casa Blanca nunca estuvo en peligro: «Era muy difícil verla, viniendo en avión desde el oeste —dijo Cheney días después, y nadie le replicó—, porque la oculta el edificio Executive Office, que está delante... Habría que volar más alto para descubrirla». Cheney parecía ignorar que, incluso en maniobra de aproximación, un Boeing vuela quince o veinte veces más alto que el edificio Executive Office. Aparte de que, en el supuesto de un atentado contra la Casa Blanca —como contra cualquier otro inmueble—, el avión agresor tendría la ubicación exacta, marcada de antemano en su GPS portátil.

Fueron las autoridades políticas, haciéndose eco de ciertos «cabezas de huevo» de los servicios de inteligencia, quienes propalaron esas especies sin sustentarlas en datos ni respaldarlas con testigos de identidad cierta y verificada.

Por justificar, tal vez, los escondites del Presidente, y sus propios refugios y blindajes, difundieron lo que uno de ellos llamó «niebla de guerra»: un estado de estupor que incluía amenazas gravísimas, noticias falsas que se tomaban por ciertas, «soplos» y especulaciones que el Servicio Secreto del Presidente avalaba como «informe de fuente A, 1, A: altamente fiable». Sin más aduana que una todavía inexperta Condoleezza Rice, pasaban a la mesa del Centro Presidencial Operativo de Emergencia, el despacho subterráneo de Dick Cheney y su Gabinete de Crisis.

Así, unos elaboraban rumores y otros se los creían, o los guardaban en una carpeta a mano como «miedos creíbles», para usar a su debido tiempo. Una imaginativa panoplia de infundios compulsivos, alarmantes: el helicóptero, la avioneta, el pequeño *jet*, el misil con alas, el coche bomba a punto de estallar o estallado ya junto al Departamento de Estado... De ahí pendían también las fábulas de un avión estadounidense «caído» en Ohio y otros dos aviones comerciales secuestrados, uno de las líneas aéreas norcoreanas y otro holandés que despegó de Amsterdam. Más un «informe confidencial» sobre el avión del Presidente como «próximo atentado», que tenía hasta un par de nombres en clave: *El Ángel* y *The One*. Extrañamente, entre tantos peligros ficticios, la amenaza real contra el Pentágono no se mencionaba.

Ninguno de esos bulos nacía en la calle. La calle, el 11/S, se metió en casa, sobrecogida de espanto y muda de terror. El alambique de aquella destilación estaba en la sotanería del búnker de la Casa Blanca. Unas briznas de información y unas dosis de ingenio bastaban para fabricar peligros fantasma, entelequias de amenazas, temores gaseosos sin más corporeidad que unos renglones escritos deprisa sobre un papel. Pero esas supuestas situaciones de alto riesgo, resultarían muy útiles... el día después. Llegado el momento, cualquiera de ellas podía ser ignorada o desmentida como un invento estúpido. O, por el contrario, ser empleada como sucedáneo y tapadera de tal o cual suceso que conviniera difuminar. Mientras la autoridad estuvo en la incertidumbre, barajó todas esas «historias en borrador», sin descartar ninguna. Del modo más inesperado podía aparecer un testigo inoportuno, una pista inconveniente, un trozo de chaleco salvavidas flotando por el río Potomac... Una ciudad como Washington, con un distrito de Columbia de apenas 163 kilómetros cuadrados y una población densa,* dinámica, netamente urbana y ávidamente internetizada que, puesta a cavilar y a dar sorpresas, podía convertirse en un monstruo más incontrolable que los de Spielberg.

Durante varios días hicieron despensa con historias de recambio. Todos cuidaron sus declaraciones. Y al presidente Bush le redactaron unos discursos milimetrados, cautelosos... Sólo se le dejó cierta libertad lacrimógena. Aun así, entre bromas y veras, Colin Powell le advirtió: «Presidente, ¡no te nos eches a llorar!». Faltaban todavía seguridades para decantarse por una hipótesis favorita. De cualquier rincón podía saltar a quemarropa una pieza probatoria, contundente, que les obligara a desdecirse de la versión oficial... el día después.

Entonces ¿qué ocurrió de verdad en el Pentágono?

No es razonable la teoría de un sabotaje deliberado. Y aún más estrafalario, hacerlo coincidir con la eventualidad de que unos terroristas se dirigiesen en avión contra el Pentágono.[39] En cambio,

* La densidad estimada de Columbia, distrito federal, es de 3.600 habitantes por kilómetro cuadrado.

sí cabe pensar en un accidente: un error técnico, un avería mecánica, un fallo humano. Cuando la cohetería artillera se somete a la electrónica, y el éxito final depende de un sinfín de precisiones de software, lo portentoso es... que demasiadas veces salga bien.

Hay una explicación de pirotecnia guerrera que —al menos sobre el papel— resolvería el enigma del Pentágono: como los F-16 combinan armamento de caza aérea y de bombardeo a tierra, los enviados a la operación especial *Huntress* sobre Washington podían llevar, además de los misiles aire-aire, un par de misiles aire-tierra Maverick AGM25 o AGM65. Ese tipo de proyectiles, con 40 kilos de carga explosiva cada uno y de alta energía cinética, penetran vehículos blindados, búnkeres acorazados, barcos..., y su espoleta retardada permite que exploten dentro ya del objetivo. Un Maverick por sí solo hubiese podido producir el destrozo en el Pentágono. Pero no parece que aquel día, con la prisa de acudir a una emergencia urgente, municionaran los F-16 con misiles Maverick que no iban a usar, puesto que el objeto de la «cacería» no estaba en tierra, y se requiere tiempo y personal de tropa para montar sus piezas, transportarlos y cargarlos en los anclajes del avión.

Con todo, aunque algún F-16 llevara ese tipo de misil, no es verosímil que un piloto, en vez de disparar un Sidewinder contra el avión secuestrado, se equivocase y lanzara un Maverick. Técnicamente, no es fácil confundir un misil por otro. El Maverick se dirige a tierra; el Sidewinder al aire. Las instrucciones que hay que pulsar en la computadora del caza para disponer un misil, dirigirlo con radar y dispararlo son muy distintas en uno y en otro. Por otra parte, la señalética y la simbología que el piloto va viendo en las pantallas del ordenador y del radar le muestran con nitidez el blanco hacia el que orienta el proyectil.

Los aviadores que recibieron la orden *Huntress* y salieron ex profeso en misión de tiro a interceptar y abatir el Boeing del vuelo 77-AA sólo llevarían misiles aire-aire: Sidewinder o Sparrow.

Antes de hacer el disparo, el piloto está asistido por un sistema electrónico tan sofisticado como exacto, que previamente determina, fija y «esclaviza» el blanco a neutralizar. Esas fases de advertencia informática eliminan el albur de que se le escape un misil de distinta naturaleza. Si para aquellos cazas el objetivo era un avión comercial en el aire, no podían confundirlo con un edificio en tierra.

En ningún caso pudo ser un disparo por error. Tendría que haber sido una decisión deliberada.[40]

En cuanto a los aviones militares que aquella mañana estaban de maniobras y fueron desviados hacia Washington, posiblemente no portaban armamento de fuego real. Se dedicaron a tareas de vigilancia y rastreo.

No obstante, aunque por aturdimiento del piloto o por un suministro erróneo de datos informáticos hubiese ocurrido tal percance, un misil aire-aire no tiene la energía cinética ni la capacidad de penetrar y perforar tres naves en un edificio de hormigón con pilares reforzados como el del Pentágono. Salvo que el misil errado, en su obediencia al sensor de infrarrojos que busca un núcleo caliente, fuese a dar contra el motor encendido de un coche, de un camión, o de cualquier helicóptero estacionado en el helipuerto del Pentágono. O colisionara con un depósito de combustible o con el grupo electrógeno, que estaba justo en el costado sudoeste donde se produjo el impacto.

¿Fallo de radar, misil errático y golpe por carambola...? No es lo habitual. Pero ocurre. Las carambolas, por arbitrarias y peregrinas que sean, existen. Y acaban decidiendo la suerte sobre el pañete verde de un billar donde parecía que todo era una cuestión de muñeca hábil y de pulso preciso.

También la avería en el sistema de guía, el error técnico de dirección o el misil desviado de su órbita son impredecibles, pero existen. Semanas después del 11/S, en octubre del mismo año 2001, recién comenzada la guerra contra Afganistán, el Pentágono tuvo que admitir públicamente que el 20 de octubre «un F-14 estadounidense, al disparar un misil contra un objetivo militar afgano, había tenido un error de funcionamiento, provocando daños colaterales muy lamentables sobre población civil en un barrio de Kabul». Al día siguiente, la secretaria adjunta del Departamento de Defensa, Victoria Clarke, comparecía de nuevo para reconocer otro error trágico en el mismo escenario de Afganistán: «Por un fallo técnico en el sistema de dirección guiada, un misil de 500 kilos lanzado por un F-18 Hornet cayó sobre un asilo de ancianos en Haret ocasionando más de cien muertos».[41]

¿Un fallo, pues? Un fallo, quizá. Y no un fallo rocambolesco y complejo, sino el «accidente doméstico» de algo que funcionara mal en la propia ingeniería defensiva del Pentágono. Las causas más simples suelen ser las más probables.

Ante el peligro inminente del Boeing en poder de los terroristas, lo lógico es que desde el Pentágono se dispusieran a activar su propio grupo de artillería antiaérea: cuatro baterías de misiles Hawk. Cada batería consta de 18 misiles, y se pueden disparar dos misiles cada dos segundos. Como la cabeza de guerra de un Hawk es de 54 kilos de alto explosivo, la potencia de fuego del grupo antiaéreo en su conjunto —los 72 misiles— supondrían una capacidad destructora impresionante si los 3.888 kilos entrasen en acción concatenada.

¿Pudo ocurrir un accidente al accionar las defensas antiaéreas del Pentágono? Pudo ocurrir que, por falta de revisión o por un defecto en el mantenimiento, el sistema funcionara mal y que, al ir a activarlo, se incendiase uno de los Hawk. El reventón de un primer misil afectaría a su propia unidad de lanzamiento, compuesta por tres proyectiles. Eso habría bastado para que, por simpatía, la onda expansiva provocase las explosiones sucesivas de los demás. Y aunque el incidente se hubiera localizado en una de las cuatro baterías, 18 Hawks estallando y ardiendo en sus carcasas lanzadoras serían causa más que sobrada para el siniestro y la tragedia humana que allí se produjeron. Incluso habría sido suficiente la avería en una sola unidad, con la explosión fuera de control de sus tres misiles.*

El incendio en las defensas artilleras del Pentágono explicaría la penetración de un proyectil en zigzag atravesando tres naves de oficinas; el orificio circular de salida, por donde no cabía un avión Boeing pero sí un misil Hawk; el trozo de metal chamuscado que los bomberos encontraron junto al «final de trayecto» del artefacto, sin que acabara de convencerles que aquello fueran restos del «morro» de un avión. Incluso, el «pequeño charco de combustible»: hay misiles tierra-aire con propulsión de combustibles sólido y líquido; al no arder bien, el líquido se habría derramado por el suelo.

---

* Cada misil Hawk mide 5,08 metros de largo, tiene una envergadura de 1,19 metros y pesa 589 kilos. Su cabeza de guerra, de 54 kilos del llamado «alto explosivo» actúa por fragmentación.

Pero ¿cómo declararlo? ¿Cómo poner en evidencia que la guarnición autodefensiva del puesto de mando militar, insignia de la potencia más poderosa y temible del planeta, estaba averiada o desatendida?

El accidente no sólo había provocado un destrozo de techos, paredes, suelos, cables y fontanería. Había 132 muertos. 132 familias damnificadas. Era incomparablemente más sencillo consolar su dolor que aplacar su indignación. Estaba además el avión comercial 77-AA destruido, y sus 64 ocupantes muertos. Un avión cuya supuesta diana —así lo creía entonces el Gobierno de Crisis— no era el Pentágono, sino la Casa Blanca. Y estaba, en fin, la orden del Presidente: «¡Quiero que protejan la Casa Blanca... a cualquier precio!». Demasiado.

Las videocámaras de vigilancia del Pentágono no registraron ninguna escena de un Boeing chocando contra el edificio militar. De haberlas tenido, las habrían mostrado a la opinión pública como una prueba más del «ataque terrorista a América».

En cambio, seis meses después divulgaron un «corto» en vídeo con imágenes confusas, lejanas, de mala calidad, en las que se veía un nubarrón de humo negro y rojo, y un torbellino de fuego moviéndose al fondo de la fachada sudoeste del Pentágono.

Lo que fuera aquel bólido ardiente iba seguido o precedido de un denso penacho de humo. No se distinguía bien si se abalanzaba contra el Pentágono o si salía de él. Podía ser una cinta grabada en el sentido normal de avance (*forward*), y emitida al revés, marcha atrás (*review*). Los únicos referentes en la secuencia eran elementos fijos, estáticos: el costado del Pentágono, unos conos rojiblancos de plástico y dos torretas bajas de control de seguridad. En las imágenes no aparecía ni hombre ni un vehículo, ni nada que se desplazara hacia delante o hacia atrás. Resultaba difícil averiguar en qué dirección iba aquel extraño meteorito rojo. Se prestaba a dudas: ¿fuego entrando? ¿Fuego saliendo?

Era, pues, un documento gráfico que no despejaba la incógnita del siniestro en el Pentágono. Y tampoco servía de prueba fehaciente del atentado, ya que los guarismos de fecha, hora y minutaje sobreimpresos en el vídeo no correspondían al 11/S. Abajo a la izquierda se leía: «Sep. 12, 2001, 17:37:21». Según ese registro digitalizado, la toma correspondía al día siguiente, 12 de septiembre; y no a las 9.37 ni a las 9.43 —que era el tramo de horas en discusión—,* sino pasadas las cinco y media de la tarde.

Los responsables del Departamento de Defensa, que ofrecían aquel «cortometraje» como «las imágenes del momento del atentado» adujeron «una avería en el sistema cronómetro de la grabadora». Sin embargo, al revisar con atención ese vídeo analizando uno a uno sus fotogramas, lo primero que se pone en duda es que el cronómetro de la grabadora estuviera estropeado. Lo segundo, que fuesen «las imágenes del momento del atentado».

Las sombras que en aquel momento proyectaban los muros del edificio, las dos torretas de control y los conos rojiblancos tienen una inclinación de 120 a 150 grados, respecto al punto de salida del sol. Como aquella cámara vigilaba y grababa el costado sudoeste del Pentágono, el indicio de las sombras es muy revelador: esas imágenes se filmaron pasadas las cinco de la tarde y antes de la puesta del sol. Por tanto, es muy probable que la secuencia corresponda a la hora y a la fecha que lleva. Y que aquello fuera exactamente lo que ocurría en el Pentágono: lo que continuaba ocurriendo... al día siguiente por la tarde. Es decir, 32 horas después de haber empezado el incendio. Un incendio pertinaz que los bomberos no acababan de sofocar porque, cuando ya lo tenían vencido en un lugar, rebrotaba en otros puntos. Como si se activaran focos fortuitos de fuego o estallaran nuevas cargas de explosivos fuera de control.

En todo caso, el corte de vídeo seleccionado no muestra restos de avión —ni grande ni pequeño— empotrado en el Pentágono, o caído fuera. Aquella cámara vigilante no captó el supuesto choque de un Boeing. Captó un episodio —uno de los diversos episodios— del incendio que allí se produjo.

---

* Según el Comando de la Defensa Aeroespacial, NORAD, el impacto en el Pentágono se produjo a las 9.37. Para el FBI, a las 9.39. En el control aéreo de Dulles, lo que ocurrió a las 9.37 fue que desapareció del radar la señal del avión 77-AA.

Por su parte, el Senado y el jefe del Estado Mayor Conjunto establecieron como hora del incendio en el Pentágono —sin mención del avión— la misma que dio la CNN: las 9.43. En todo caso, la pregunta del mando del sector aéreo a los pilotos Happy Hooligans sobre «llamas en el Pentágono» se hizo después de las 9.37 y después de desaparecer el Boeing.

Siguiendo el orden marcado en el vídeo oficial, en la toma «17:37:19 [plane]» se ve quietud en el exterior del edificio. Pero, en una fracción de segundo —décimas o centésimas que un cronómetro normal no refleja—, en el fotograma inmediato «17:37:19 [impact]» algo ha explotado: algo repentino, que no se ha visto llegar de fuera, y que se incendia a ras de suelo con llamarada blanca. En las fotos «17:37:21 [#2 impact]» y «17:37:22 [#3 impact]» continúa la combustión con una nube roja, pegada al muro, cada vez más grande y alta, sin que se vea ningún avión estrellado en el muro. Al fondo del fotograma «17:37:22 [#3 impact]», detrás de la nube ardiente se empieza a percibir un objeto confuso, que toma forma y volumen en la instantánea siguiente, «17:37:23 [#4 impact]». Ahí asoma ya un cuerpo alargado, como un zepelín sin alas ni cola: «el puro», que dicen los artilleros para referirse a un misil. Y es bien visible arriba del edificio, encima del techo. No en las dos plantas bajas, que fue el primer agujero que sin duda se produjo, y que mostraron como «lugar del impacto del Boeing».

Pero lo más sorprendente de esa serie de fotografías es que el artefacto agresor, «el puro», no entra en el Pentágono sino que sale de él.

La secuencia, cuya autoría es del Departamento de Defensa, muestra de manera inequívoca que, 32 horas después de declararse el primer incendio, dentro del recinto militar seguían estallando restos explosivos de su propia batería antiaérea. Así lo dijo el jefe de los bomberos: «Es un fuego terco, obstinado... con brotes inesperados de trozos de combustible o de explosivo». Y, en efecto, fijándose bien en la imagen «#4 impact», muy por debajo de la nube roja, al pie del muro se ve brillar otro punto de fuego rojo y amarillo, un nuevo foco de ignición que un instante antes no estaba.

11/S. Millones de pares de ojos, horas y horas, ante las pantallas de los televisores. Hipnotizados y morbosamente ávidos, sin dejar de mirar el horror que ya había ocurrido.

11/S. Decenas de pares de ojos, horas y horas, ante las pantallas de los radares. Concentrados y expectantemente tensos, sin dejar de acechar el horror que aún podía ocurrir.

Se vigilaba. Sin dar callejón al miedo, ni al asombro, ni al desmadejamiento cobarde, los funcionarios de empresas federales o multinacionales con impronunciables nombres de siglas enrevesadas, eran por primera vez en su vida «nosotros, los que entendemos de esto», «nosotros, los que manejamos estos pijos aparatos que cuestan un huevo y nunca sirven para nada pero hoy como que me llamo Johnny Bradley te lo juro hoy van a servir».

Se vigilaba en los centros distribuidores de rutas de tráfico aéreo, en las torres de control de los aeropuertos, en el centro de mando de la FAA, en las estaciones de aviación militar del NORAD, en las salas de seguimiento operativo de las aerolíneas privadas y, con creciente alarma, en las de American y United Airlines. Cada una de esas compañías había perdido un Boeing en el World Trade Center y tenían serios temores de que otros aviones de sus escuderías estuvieran en manos terroristas.

Desde la agresión contra la Torre Sur, Brian L. Stafford, el director del Servicio Secreto de la Casa Blanca, abrió una línea directa de emergencia con la Agencia Federal de Aviación civil.* Y el propio vicepresidente Cheney debió de estar un buen rato observando la pantalla de radar en el búnker de la Presidencia. Más tarde, describió la trayectoria del vuelo 77-AA sobre Washington como si la hubiera visto: «Inicialmente el avión venía hacia la Casa Blanca. No la rodeó, pero se situó enfrente... parecía que tomaba posición para entrar en la "zona restringida" y venir contra nosotros, contra la Casa Blanca [...]. El 77-AA voló en círculo y volvió atrás. Pienso que sería entonces cuando atacó el Pentágono... Bueno, eso es lo que parecía en la pista del radar».[42]

La operación Cielos Limpios, iniciada a las 9.03, concluyó a las 11.15. Una auténtica barrida. No quedó en el aire ni uno solo de los 4.500 aviones que un par de horas antes estaban en vuelo. A partir de ese momento, Estados Unidos cerró sus espacios aéreos prohibiendo cualquier navegación que no fuese militar: cazas, helicópteros o aviones de vigilancia y reconocimiento. Era una militarización en toda regla. Incluso, para evacuar a las autoridades del Parlamento y del Gobierno y trasladarlos a refugios blindados, se utilizaron helicópteros de la Armada.

---

* La central de la Agencia Federal de Aviación en Washington está muy cerca de la orilla oeste del río Potomac, y a menos de 800 metros de la «zona protegida» del Capitolio y la Casa Blanca.

A las 9.00, el capitán Jason Dahl y su primer oficial, Leroy Homer, tripulando el vuelo 93-UA, donde iban Ziad Jarrah y sus tres «ayudantes», habían tecleado un «recibido» al e-mail de la compañía que alertaba a todos sus aviones sobre «posibles intrusos en cabina». Fue la última noticia que dieron.

A las 9.14, cuando ese Boeing volaba cerca de Cleveland, en Ohio, el controlador de zona percibió un raro cruce de voces en la cabina de pilotos: «¡Eh, eh, oiga!, ¡salga de aquí...!». Ziad se disponía a apoderarse del mando del avión. Jason Dahl oprimió el micrófono incorporado al volante del piloto y lo dejó abierto. El controlador de Cleveland oyó un fondo confuso de ruidos. A rachas, se perdía el sonido. Luego volvía a oírse «¡fuera de aquí!». Todo se estaba grabando. Desde Cleveland, el controlador entró en su frecuencia: «Vuelo 93 de United, verifique 3-5-0...». Nadie respondió. Se oían roces, golpes, jadeos y alguna interjección entrecortada. En aquel momento, otro del comando estaba con Ziad en la cabina, y se le oyó gritando a los pilotos:

—¡Soltad los mandos de una puta vez! Si no, estrellaremos el avión y nos mataremos todos.

No amenazaban en vano. Pensaban hacerlo.

El secuestro se produjo cuando llevaban casi una hora de viaje. Habían atravesado Pensilvania de este a oeste y sobrevolaban ya el estado de Ohio. Ziad y el otro árabe lucharon con fiereza. El piloto y el copiloto se resistían a dejar los mandos. Al fin, los acuchillaron y sacaron sus cuerpos fuera de la cabina.

Mientras peleaban, el avión se desvió de su trayecto. Pareció por un momento que no había nadie al timón: el Boeing picó bruscamente hacia Pittsburg descendiendo casi a ras de tierra por la zona de Moon, a las afueras de la ciudad, como si buscase aterrizaje de emergencia en el aeropuerto internacional de Pittsburg. Volaba tan bajo que los de la torre de control amagaron una reacción instintiva de fuga, creyendo que iba a arremeter contra ellos. Pero en ese punto remontó el vuelo y subió a más de 13.000 metros. A toda velocidad, Ziad viró 180 grados a su izquierda. Puso proa al este, en dirección contraria a la que llevaban, y enfiló la ruta de Washington.

Se escuchó a Ziad, rezando en árabe: «Pido por ti y por tus hermanos —seguía de memoria el texto del *Manual para las últimas horas*—. Pide: ¡Señor, danos la victoria final! No tengas miedo. No temas nada: pronto estarás con Alá».

Volvió a oírse la voz de Ziad, desde la cabina de pilotos y usando el micrófono de mano. En inglés, con fuerte acento árabe, se dirigió al pasaje:

—Damas y caballeros, soy el capitán. Hay una bomba a bordo. No se muevan, permanezcan quietos en sus asientos... Estamos tratando con ellos... Cumpliremos sus condiciones... Regresamos al aeropuerto.

A los pocos minutos, desde el avión desconectaron el traspondedor y el micrófono.

Ziad sólo llevaba tres hombres de apoyo: Ahmed Alhaznawi, Said Alghamdi y Ahmed Alnami. Al embarcar, contaron 34 pasajeros y 7 tripulantes. Iba a ser un secuestro largo y tendrían que organizarse para vigilarlos.

Después de acuchillar al capitán y a su segundo, degollaron también a un pasajero que intentó contraatacarles. Separaron en dos grupos a las 38 personas restantes. Uno de los secuestradores se encargó de controlar a las mujeres. Eran 12, incluidas las 5 azafatas, y las retuvieron en la parte delantera de primera clase con las cortinas corridas. A los 26 viajeros varones les mandaron ir hacia la cola del avión, en clase turista.

Los secuestradores animaron a los rehenes a que llamasen por teléfono a sus familias. Querían dar megafonía al atentado que se disponían a ejecutar. Obedecían a la consigna: «aterrorizar», «¡temblad, temblad, malditos!». Pero sólo se lo permitieron a los hombres. Era también un modo de tenerlos distraídos y con la guardia baja.

Dos azafatas consiguieron usar el teléfono, aunque con brevedad y de modo furtivo: Ceecee Lyles, desde los lavabos; Sandra Bradshaw, escondida en la cocinilla de la clase *business*: «He puesto agua a hervir, por si puedo arrojársela en la cara al árabe que nos vigila. Es un chico joven...».

El pasajero Mark Bingham grabó un mensaje a su amigo, Paul, con quien vivía como pareja. Luego llamó a su madre: «Soy Mark... Bingham. Te llamo desde un avión —a la señora Alice Hoglan le extrañó que su hijo se identificase con nombre y apellido, y en su voz notó que estaba muy tenso—. Vamos hacia San Francisco, pero... hemos sido secuestrados».

A las 9.28, Jeremy Glick conectó con Liz, su mujer: «Tres hombres de rasgos árabes y con bandas rojas en la cabeza se han apoderado del avión. Llevan cuchillos y nos dicen que tienen una bomba... No sé qué va a pasar, pero deseo que sepáis que os quiero mucho a todos». Luego pidió a sus suegros, los Makely, que estaban con su esposa cuando él llamó, que avisaran a la policía. «Sigue en línea, Jeremy. Aguarda un instante. Vamos a intentarlo por el teléfono fijo». Y así lo hicieron. Palabra por palabra, fueron transmitiendo la información que él les iba dando.

Desde muy poco después de las nueve, en los radares de control aéreo seguían las anomalías de ese vuelo. A las 9.35 vieron cómo daba media vuelta de una trazada y regresaba hacia el este.

En tierra, la mira estaba hasta ese momento sobre el avión 77-AA, que se acercaba peligrosamente al distrito de Columbia. Pero a partir de las 9.35 se desdobló el desconcierto. ¿Qué blanco perseguía el 93-UA? ¿Capitolio, Casa Blanca, Camp David...?

Cheney, en cambio, se mostraba muy seguro sobre el objetivo del vuelo 93-UA. «Ese avión viene a Washington y viene contra nosotros. Buscará el Capitolio, que es un edificio bien visible, una diana fácil». Siendo un hombre ponderado y no vehemente al expresar sus opiniones, aquello lo decía como si afirmara un dogma indiscutible.

Los cazas, movilizados y en plena operatividad desde que se activó la alarma Delta, partieron de inmediato a las zonas de Pensilvania, Virginia y Maryland por donde podía discurrir el vuelo del 93-UA. «Los cazas volaban muy cerca y tenían autorización del Presidente para destruir el avión», diría horas después Alice Haglan, la madre del pasajero Mark Bingham.

A las 9.40, desde el Boeing del vuelo 93-UA, Tom Burnett llamó a Deena, su mujer. Vivían en San Ramón, California. Él volvía a casa desde Nueva York. Calculó la diferencia horaria y supuso que Deena ya estaría levantada. Además, ese día comenzaba el colegio de las niñas. El teléfono apenas sonó un par de veces. Deena descolgó con rapidez. Estaba inquieta y asustada. Una vecina la había sobresaltado: «Deena, ¿no era hoy cuando llegaba Tom de Nueva York...? Pues, pon la tele. Ha ocurrido algo espantoso en las Torres Gemelas, con aviones que... volvían a California».

—¡Tom...! ¡Dios mío, qué alegría poder oír tu voz! ¿Dónde estás? ¿Cómo estás? ¿Estás bien...?

—No, Deena. No estoy bien...

—¿Qué ocurre? ¿Desde dónde me llamas?

—Deena, estoy en un avión que... ha sido secuestrado. Han apuñalado a un pasajero. Lo han matado. ¡Por favor, llama a las autoridades, llama a la policía...!

La comunicación se cortó. Tom Burnett volvió a telefonear. Deena le informó rápidamente de los atentados en las Torres Gemelas. Su marido no sabía nada y empezó a hacerle preguntas:

—¿Eran aviones comerciales? ¿Eran vuelos americanos? ¿Han dicho quién está detrás de esos ataques? ¿Los han reivindicado...?

Tom Burnett llamó un par de veces más a su mujer. A las 9.45 la televisión ya había dado noticia de «un nuevo ataque: esta vez contra el Pentágono». El locutor añadió: «No está clara la causa, aunque podría tratarse de otro avión estrellado». No concretaban qué tipo de avión, ni de qué aerolíneas, ni de dónde procedía. Un dato bastante indicativo de que a esa hora, cuando hacía ya ocho minutos que el 77-AA se había esfumado de los radares, las autoridades no relacionaban todavía —cara al público— el siniestro del Pentágono con la eliminación del Boeing del vuelo 77-AA. Ni siquiera hablaban de ese Boeing.

Deena respiró hondo cuando Tom llamó de nuevo. Temía que ese presunto avión estrellado en el Pentágono fuese el de United Airlines, donde iba su marido. Afortunadamente no era así. Él estaba vivo. «Nos han dicho que hay una bomba a bordo —le dijo Tom—. Pero yo no me lo creo: no he visto ninguna bomba...»

Deena le contó lo del Pentágono. Notó que Tom se consternaba. Se le quebró la voz. Tardaba en reaccionar. Seguía al teléfono, pero como si hubiese enmudecido:

—¡Dios, Dios! —dijo al fin—. Esto nuestro debe de ser lo mismo, Deena: una misión suicida... Han dicho que volvemos a Washington, pero... a Washington, para estrellarnos ¿contra qué? Deena, por favor, avisa a la policía, al FBI, a United Airlines... ¡Diles que se muevan, diles que intenten algo! No sé adónde nos lleva esta gente, pero nos llevan a matarnos...

Cuando Deena y Tom Burnett acabaron esa conversación eran casi las diez de la mañana. Y él no había dicho aún ni media palabra de rebelarse contra los secuestradores.

Entre las 9.58 y las 10.02 otros viajeros del 93-UA llamaron a sus familias despidiéndose o instándoles a que alertasen a las autoridades. Hubo frases como «total, si vamos a morir, deberíamos ponernos de acuerdo entre nosotros... intentar hacer algo», «aquí algunos hablan de contraatacar...».

En otra comunicación con su mujer, Tom Burnett le comentó algo de eso, pero de modo muy vago, como un desiderátum:

—Está todo perdido, Deena... Habría que hacer algo...

—¡Tom, por lo que más quieras, tú no hagas nada! —muy exaltada, con los nervios rotos, Deena le suplicaba y a la vez le ordenaba—. ¡Siéntate, no te muevas, no llames la atención de los terroristas! ¿No ves que podrían matarte como han matado a esos otros? Tom, piensa en tus dos hijas, piensa en mí... y quédate quieto en tu asiento.

Ésa fue la última vez que hablaron.

Todd Beamer, un joven hombre de negocios de New Jersey, iba también en el 93-UA. No conseguía contactar con su familia. Estaba moralmente muy derrumbado. Necesitaba que alguien le confortase. A las 9.47 llamó a la centralilla de la empresa telefónica GTE.* Al otro lado de la línea, una voz de mujer:

—Le atiende Liza Jefferson, ¿en qué puedo ayudarle?

—Liza... usted puede ayudarme mucho. Basta... basta con que hable conmigo. No estoy loco ni borracho. Escúcheme, Liza: mi situación es... desesperada. Soy un hombre joven, sano, en plena forma... pero soy... soy... un moribundo. Estoy en la agonía sin enfermedad, en la agonía consciente y terrible del condenado a muerte. Voy a morir dentro de un momento. Mejor dicho, dentro de un momento me van a matar... Estoy casado y tengo dos hijos: David, de tres años, y Andrew que aún no ha cumplido uno. Voy a dejarlos solos... ¡Y los quiero tanto!

Tuvieron una conversación larga, espasmódica, intensa a ratos y a ratos deshilvanada. Todd le contó a Liza el secuestro. Le dijo que el piloto y el copiloto estaban tendidos en el pasillo delantero. «Creo que están muertos. Pero nadie pregunta ni nadie dice nada...»

En aquel trance tremendo, lo único que la supervisora de GTE Liza Jefferson podía ofrecer a Todd Beamer era el alivio de una

---

* GTE es una compañía operadora de teléfonos públicos.

compañía cálida y humana. Todd dio a Liza su teléfono: «¿Te importa llamar a mi mujer, cuando yo ya no esté... en este mundo?». Recordó en voz alta cosas entrañables de sus hijos. Luego, eligiendo las más bellas palabras, le dictó una despedida que era un mensaje de amor para su esposa.

Casi una hora después del secuestro, los viajeros del 93-UA aún seguían diciendo «habrá que hacer algo». Todd Beamer se lo dijo a Liza Jefferson: «Hay pasajeros que quieren intentar algo contra los secuestradores...». Pero no parecía que aquello fuera con él. Lo único que a Todd le importaba era «hacer un último examen de conciencia, pedir perdón a Dios, tener paz, y ser coherente con mi fe hasta el final».

En cierto momento, después de un intenso silencio, Todd Beamer preguntó:

—Liza, ¿tú sabes rezar?

—Sí, Todd, sé rezar.

—¿Conoces el padrenuestro? ¿Quieres rezarlo conmigo...?

Liza le acompañó, rezándolo despacio: «Padre nuestro, que estás en el Cielo, santificado sea Tu nombre... hágase Tu voluntad...». Hasta el final: «Perdona nuestras ofensas como nosotros perdonamos a los que nos ofenden. No nos dejes caer en tentación. Líbranos del mal. Amén».

Acabada la oración, Liza Jefferson mantuvo abierta la línea con Todd Beamer. Su voz era apenas un suspiro. Aunque ya no hablaba, ella sabía que Todd estaba al otro lado del teléfono: le oía respirar... Después, alguien dentro del avión dijo «¡venga, muchachos!» Y luego, «¡vamos allá!, *let's roll!*».[43]

También Mark Bingham, minutos antes del desenlace, llamó de nuevo a su madre. Estaba muy abatido y no decía nada. Era ella, Alice Hoglan, quien le hacía preguntas y trataba de darle valor.

—Mark, ¿quiénes son esos tipos? ¿Se han identificado?

—No, mamá, no se han identificado. Tienen pinta de árabes.

«Hubo una pausa de cinco o seis segundos, que se me hicieron larguísimos —relató más tarde Alice Hoglan—. Luego oí que alguien hablaba con mi hijo Mark, pero no oí señales de violencia, ni gritos, ni lucha, ni amenazas, ni nada de eso.»[44]

Un pasajero anónimo del 93-UA llamó por un móvil al 911 de emergencias. El mensaje se recibió en la centralilla del condado de Westmoreland, Pensilvania. Debían de estar volando por esa zona, cerca de Johnstown. Eran las 9.58. Dijo que se había encerrado en los lavabos para poder hablar: «Oigan: este avión ha sido secuestrado. ¡No es una broma! Hablo en serio...».

Estando todavía en línea, gritó: «¡Acabo de oír una explosión...!». Como los lavabos son cubículos ciegos, aquel comunicante salió a ver qué ocurría, alarmado quizá por el estallido. Debió de mirar al exterior desde alguna ventanilla. De nuevo por teléfono, dijo: «Veo humo blanco que sale del avión... Por favor, hagan caso a este mensaje. No es una broma: ¡el avión se está cayendo, está yendo hacia abajo...!».

Esas frases se grabaron en el registro del 911 de Westmoreland. La confirmó Glenn Cramer, supervisor de despachos de emergencias: «El comunicante había oído algún tipo de disparo o de explosión y veía salir humo blanco del avión. Luego la línea de su móvil se cortó y perdimos el contacto con él».[45]

Los pasajeros hicieron 26 llamadas desde los teléfonos instalados en los respaldos de los asientos, aparte las de sus móviles personales. Pero, dado el valor informativo de esa descripción inmediata y directa de lo que sucedía dentro y fuera del Boeing en el último instante, se entiende mal que el FBI no propusiera a los allegados de las víctimas de ese vuelo la audición de aquel mensaje: identificada la voz del comunicante anónimo, ese relato grabado tendría toda la carga de una prueba testifical.

Richard Makely, el suegro de Jeremy Glick, declaraba después al FBI y a la televisión: «Nos contó mi yerno que los viajeros habían votado a favor de atacar a los secuestradores. No me explicó cómo habían podido votar en aquellas condiciones... Dijo que volvería a llamarnos, pero ya no le oímos más. El teléfono sonó de nuevo. Lo cogí con la esperanza de que Jeremy nos dijera que la tripulación había recuperado los mandos del avión, y que él regresaba a casa... pero ni siquiera hablé con él. No sé quién llamaba ni quién estaba al otro lado de la línea. Nadie se identificó. Lo que escuché fue... el final de la historia: los ruidos que oí eran del avión chocando en el campo aquel de Shanksville, en el condado de Somerset».[46]

¿Qué ocurrió en los minutos siguientes? A partir de las 10.01, los teléfonos de los asientos del avión que seguían conectados permitieron oír lo que ocurría dentro. Alternaban períodos de silencio, gritos de gente aterrada, alaridos, un tumulto de ruidos y de voces. Luego, una tromba de aire fuerte, el fuerte zumbido de un viento desgarrador, como de cizalla... Después, los teléfonos enmudecieron, dejaron de funcionar.

Uno de los tantos que aquella mañana escrutaban los vuelos en las pantallas de radar era Hank Krakowski, director de operaciones de la United Airlines. Desde el centro de crisis de la compañía en Chicago, y con indisimulada ansiedad, seguían la «firma» blanca del 93-UA brillando solitaria en la gran pantalla. Aunque la United tenía todavía cientos de aviones en el aire, habían decidido iluminar sólo la pista y la trayectoria de ese vuelo «problemático» en el monitor gigante de situación.

A las 10.04, el punto de luz del 93-UA se movía en la pantalla a toda velocidad. Volaba en tromba como un cañón contra Washington, pero perdía altura a ojos vista como si bajase escalones abruptamente. Alrededor del Boeing, el panorama no podía ser más amenazante: varios cazas militares habían entrado en el campo de vuelo del 93-UA, se acercaban como envolviéndolo.

—Pero ¿qué hacen esos tíos? ¿Van a derribarlo? —Krakowski pensaba en voz alta, sin salir de su asombro.

A las 10.06 la señal luminosa dejó de oscilar y se quedó parada, como en suspenso. Antes de que desapareciese de la pantalla, Hank Krakowski —los ojos clavados en el monitor— sin mirar nadie y como si escupiera las palabras, pidió:

—¡Parámetros! ¡Latitud, altitud...! ¡Vamos, rápido! A ver dónde cojones ha ido a pararse el bicho ése...

Las coordenadas situaban el avión en Johnstown, Pensilvania. Krakowski descolgó el auricular de un teléfono y pidió que le pusieran con el aeropuerto de Johnstown. El punto del 93-UA acababa de hacer *blip*, como cuando un encefalograma colapsa. Se había esfumado.

—¿Cómo que no contestan...? ¿Adónde está usted llamando, señorita...? ¡Pues vuelva a intentarlo...! ¿Cómo no va a haber nadie en todo el aeropuerto?

Un empleado de la United encontró el número del móvil de un directivo del aeropuerto de Johnstown.

—Habla Hank Krakowski, de United... Puede que tengamos por

ahí un avión con problemas, un Boeing 757... Bueno, me temo que haya cascado y esté caído por ese área... ¿Habéis visto algo raro, algo... fuera de lo normal?

—Estoy viéndolo, estoy viéndolo ahora mismo... Una columna de humo negro sube desde un campo, allá, al sur del aeropuerto... Eso debe de estar por Shanksville.

—¿Y qué hay en Shanksville? ¿Qué cosa emblemática, qué...?

—¿En Shanksville? Nada. Es un baldío de mala muerte... Perdón, lo siento, quería decir... ¿Ese avión era vuestro?

—Ese avión *es* nuestro. Y la gente que iba a bordo *es* nuestra... Y a mí que me expliquen qué sentido tiene que unos hijoputas secuestren un avión con pasajeros para, de pronto, ¡zas!, estrellarse todos contra un jodido campo de berzas... ¿Qué ha podido pasar ahí? ¡A mí que me lo expliquen![47]

Desde tierra, lo vieron volar bajísimo, rasante, a menos de setenta metros del suelo. Rom Buxton, un obrero soldador que en aquel momento arreglaba una caldera a un par de kilómetros de allí, describió el momento final del vuelo 93-UA: «Lo vi venir, cayendo, bamboleándose. Vibraba y daba tumbos. Basculaba a izquierda y a derecha, como si alguien dentro intentara todavía mantener el control. Pensé que chocaría contra aquel bosque de árboles, pero lo rebasó y se estrelló más allá».[48]

Otros testigos, como Michael R. Merringer y Amy, su mujer, no vieron el avión, pero oyeron la épica final. Aquella mañana, habían salido a montar en bici de montaña, que es una afición muy usual en los pueblos pequeños de Pensilvania. Cuando pedaleaban a unos 3 kilómetros de Shanksville, oyeron «dos detonaciones de motor o dos disparos: primero sonó uno y luego otro; y los dos diferentes. Después, un ¡bang! más alto, más fuerte: un estrépito tremendo que sacudió las ventanas de las casas de la zona...». Michael Merringer miró en derredor para localizar de dónde procedían esas explosiones. «Y fue al mirar hacia arriba cuando vi el humo negro subiendo...»[49]

El 93-UA se estrelló a las 10.06 en un descampado de Shanksville, junto a una antigua mina de carbón. Los informes oficiales insistían en localizar el siniestro «a unos 50 kilómetros al sudeste de Pittsburg, Pensilvania». Durante mucho tiempo se habló y se escribió sobre «el avión estrellado en Pittsburg», con reticencia a mencionar Johnstown, que es la ciudad grande más cercana a Shanksville. A sólo 24 kilómetros, mientras que Pittsburg queda a más del doble de distancia.

El Boeing abrió un cráter en tierra. El avión y los cuerpos de los pasajeros se destrozaron y ardieron. Se desperdigó casi todo. Los bomberos y los operarios de búsqueda y rescate hicieron un montón con la tierra removida, las cenizas y los restos. Un cúmulo de trocitos calcinados no más grandes que la puntera de un zapato, un móvil de bolsillo o una chapa de cerveza.

Miller Wallace, el médico forense del condado de Somerset, llegó al lugar a la media hora del accidente, cuando todavía humeaba. Se calzó una botas altas de goma, preparó las bolsas de plástico, y se puso a buscar y rebuscar. Cada vez se iba quedando más perplejo, porque no encontraba nada que analizar:

—El avión iba a gran velocidad, a unos 800 kilómetros por hora. Explotó. Y los restos saltaron por los aires —explicaba sin salir de su asombro—... Yo no había visto nada igual en toda mi vida. Nada así. Todo desperdigado. Los trozos mayores que quedaron eran apenas del tamaño de una moneda... Humo negro y tiras de plástico colgando de los árboles; pero ni una señal de vida humana, ni rastro de los cadáveres. Algo extraño, muy extraño: como si los pasajeros se hubiesen apeado antes, en otra parte. No encontramos nada que los identificara.[50]

En efecto, el Boeing se dispersó, se volatilizó, roto y astillado en fragmentos pequeñísimos. Un destrozo así, con la práctica desaparición de las piezas grandes del avión y de los cuerpos humanos, no se explica por un puro accidente en el que un aparato se estrella contra el suelo.

Un dato que puede arrojar luz a la incógnita final de aquel vuelo es que se hallaron partes del avión lejos del lugar donde se estrelló: por Quemahoning, 8 kilómetros antes de Shanksville.[51] Como si primero hubiesen caído unos trozos. Quizá se desprendió el ala de cola o uno de los motores. Es un indicio de que el avión, cuando se estrelló, ya llegaba «tocado»: ya le habían golpeado con algo explosivo, en pleno vuelo.

Eso explicaría que, más que descender, «cayera», «como si bajase escalones abruptamente», «se precipitara a toda velocidad, «bamboleándose, vibrando y dando tumbos». Asimismo, «el estruendo», el «fuerte zumbido de viento» dentro del avión, los gritos, el sonido telefónico de «tumulto»...

Y daría cabal sentido al mensaje del pasajero anónimo que habló con el 911 desde los lavabos. Cuando se está en peligro de muerte —y muerte horrenda— no se tiene humor para inventar cuentos de miedo.

Por otra parte, la descripción que hizo Rom Buxton, el obrero metalúrgico de Shanksville, sobre el modo en que iba cayendo el avión cuando él lo vio —«bamboleándose, vibraba y daba tumbos, basculaba a izquierda y a derecha, como si alguien dentro intentara todavía mantener el control»— sugería que el avión estaba sometido a algún tipo de descarga eléctrica, de despresurización, de parada o pérdida de uno de los motores, y con una evidente descompensación del peso. Esos movimientos espasmódicos y oscilantes, reflejaban que el aparato caía porque había sido seriamente «averiado» en su estructura aviónica o en su sistema de combustión. Pero no se corresponden con el cuadro de una «gesta heroica final»: un supuesto forcejeo entre pasajeros y secuestradores en el reducidísimo espacio de la cabina del piloto, entre el sillín y la consola de mandos, disputándose el volante y las palancas...

En todo caso, según el testigo Rom Buxton, alguien todavía intentaba mantener el control, la dirección. Es decir, alguien intentaba templar. Alguien estaba al timón.

Encontraron las cajas negras.* Emitían y estaban intactas: tanto la cinta sinfín con el registro de los parámetros y las incidencias del vuelo como la cinta de voces y sonidos en cabina. El FBI se apresuró a retirarlas.

Algunos empleados del Control de Rutas de Tráfico Aéreo informaron de que el FBI les embargó las cintas magnetofónicas de sus

* El Departamento de Defensa de Estados Unidos informó el 13 septiembre de 2001: «Se han recuperado las cajas negras del Boeing 757-200, vuelo 93-UA, estrellado en Pittsburg, Pensilvania».

comunicaciones con la cabina de pilotos durante el vuelo 93-UA. En esos centros de control registran durante 24 o 25 horas toda comunicación con los tripulantes de los vuelos que entren en su frecuencia de radio. También con los pilotos de los aviones militares. Retirar todo vestigio de los vuelos del 11/S por aquella zona fue una cautela que no se podía descuidar. Sin duda.

Más adelante la policía federal, el FBI, dio a conocer un segmento de lo grabado: el episodio inicial del secuestro, cuando Ziad Jarrah entró en la cabina y el piloto Jason Dahl intentó echarle: «Eh, eh, oiga, salga de aquí!»... «Damas y caballeros, soy el capitán, hay una bomba a bordo, permanezcan sentados...»

No facilitaron, en cambio, ningún tramo sonoro que permitiese columbrar una pelea entre pasajeros y secuestradores. Ni nada que esclareciera el raro final de aquel vuelo, yendo a estrellarse en un descampado «baldío de mala muerte» de Shanksville.

Tenían la voz de Ziad, recogida casi una hora antes, cuando a las 9.14 arrebató los mandos del avión y se dirigió a los pasajeros: «Damas y caballeros, soy el capitán»; ¿cómo no iban a tener el supuesto lance de la lucha entre algunos pasajeros y los terroristas, que habría ocurrido en los últimos instantes del vuelo? Esa escena no hubiese podido tener otro escenario que la cabina del piloto. Por tanto, de haber sucedido, estaría registrada como lo estaban ciertos momentos anteriores en los que Ziad dialogaba con otro compañero y rezaba en árabe.

Para viajes de larga duración la cinta sin fin de la *cockpit voice recorder* graba entre 90 y 120 minutos. Al llegar a ese tope, vuelve automáticamente al inicio y sigue grabando encima. Si el principio del secuestro quedó grabado, con mayor razón tenía que estar registrado el final. Y más si, como dijeron, las cajas del 93-UA aparecieron intactas.

La aguerrida historia de la «rebelión a bordo», por no dejarla oír al público, quedó condenada a ser una leyenda bravía, hermosa y sentimental, pero de frágil fuste. Al no exhibir pruebas de que «el avión lo estrellaron los mismos rehenes, tras un forcejeo de resistencia contra los terroristas», lejos de dejar en el horizonte un resplandor de luz heroica, dejaron un nubarrón de dudas: la turbia veladura de algo que querían ocultar.

Cuando cayó el 93-UA, hacía una hora que se procedía a «limpiar los cielos» de aeronaves privadas y comerciales, y varios cazas patrullaban la zona del itinerario de ese avión.

Las guarniciones de la Guardia Nacional y las Fuerzas Armadas estaban en alarma Delta, grado DefCon 3, que en el régimen castrense es la «delgada línea roja» fronteriza con el «todo vale» del estado de guerra, y autorizadas por el Presidente para abrir fuego contra los aviones sospechosos que no obedeciesen a las instrucciones del control aéreo. Por tanto, un avión fuera de ruta, con el traspondedor apagado, desobediente y con delatores indicios de estar bajo secuestro, en aquellos momentos era una «amenaza nacional». Y, para un militar disciplinado, un objetivo enemigo, un blanco que se debía abatir.

El vuelo 93-UA respondía a ese peligroso perfil, desde las 9.02 en que inició su vuelta hacia Washington.

La genuina información que ofreció el pasajero anónimo del 93-UA llamando al 911 de emergencias hablaba de «una explosión» y de un «humo blanco» que salía del avión. Todavía estaba en línea, «¡el avión se está cayendo —decía—, se va hacia abajo!», cuando se percibió un ruido al fondo, que podía ser otra explosión, y entonces se cortó la llamada.*

Ese documento sonoro coincidía con los testimonios de Amy y Michael R. Merringer, los que pedaleaban en sus bicis de montaña por los alrededores. La pareja oyó también «dos explosiones», «dos detonaciones de motor o dos disparos... diferentes» y «después, un ¡bang! mucho más alto... un estrépito tremendo». Pudo ser la voladura del combustible y el estallido definitivo del Boeing.

Aún hubo otras percepciones de anomalías que estaban sucediendo dentro del avión, como el azote o el «zumbido» repentino de viento y una tromba de «aire fuerte», que pudieron escuchar Liza Jefferson, la supervisora de GTE, al habla con el viajero Todd Beamer; Makely, el suegro del pasajero Jeremy Glick; Alice Hoglan, la madre de Mark Bingham; y quienes tuviesen sus teléfonos conec-

---

* Fue la impresión de Glenn Cramer, supervisor de los despachos de emergencias del 911 de Westmoreland, Pensilvania, cuando escuchó aquel mensaje.

tados con los del avión. Aquella repentina entrada de aire, junto a los gritos y a los alaridos, fue lo último que se oyó. El *let's roll* que anunció un desconocido viajero del 93-VA ¿se refería a un «¡vamos!» porque acometían una batalla, o más bien a que eran arrastrados por un ventarrón «como de cizalla» y engullidos por una despresurización repentina en toda la cabina, porque el avión acababa de ser golpeado en algún punto vital?

La señal luminosa del avión en la pantalla del radar se detuvo y desapareció en las inmediaciones de Johnstown. Desde la torre de control del aeropuerto vieron ascender el humo negro, en Shanksville, a 24 kilómetros de Johnstown. No de Pittsburg. Y justo en Johnstown tiene su sede la 28ª División de Infantería y Artillería Antiaérea de la Guardia Nacional en Pensilvania, con sus fortines de armas, centros de entrenamiento, unidades de combate, campos de maniobras, el 1º Batallón de Artillería Mecanizada, Destacamento 108º, y otras instalaciones militares distribuidas por el entorno del mismo Johnstown: Chambersburg, Carlisle, Hanover, Gettysburg, Letterkenny, Keystone, Indiantown Gap, Tobyhanna, Lebanon... ¿Era ésa la razón de no mencionar Jonhstown —y Shanksville, apenas— cada vez que se informaba sobre «el avión caído en Pensilvania»?

Si unas partes del avión se desprendieron y cayeron 8 kilómetros «antes» de Shanksville —donde se estrelló—, era porque ya le habían dado «antes». De ahí que planeara bamboleante, aun conservando la cabina de pilotaje y el radome del morro. El choque contra el suelo, donde abrió un socavón, fue sólo el desenlace inercial de un derribo provocado y ocasionado «antes». Antes en el tiempo y antes en el espacio.

Hank Krakowski, el director de operaciones de United Airlines, que seguía muy atento la «firma» luminosa del 93-UA en la pantalla gigante, observó cómo «varios cazas militares se acercaban envolviendo a ese avión de United Airlines, en su marcha arrolladora, como un cañón contra Washington».

Pudieron abatirlo los cazas que rastreaban por allí. Un par de misiles aire-aire. O una ráfaga de descarga. Bastaba lanzarlos contra puntos sensibles del avión. Antes del estallido final, el «bang» alto y fuerte, sonaron dos explosiones. Y se vio humo blanco. Las espoletas del Sidewinder suelen arrancar humo blanco en la superficie de cubierta del avión. La efectividad de los misiles Sidewinder y Sparrow es hacer diana en focos de calor, como los motores, o desencadenar la explosión del fuel en los depósitos de las alas. Cualquiera de los impactos pudo arrancar parte del avión, 8 kilómetros antes de Shanksville.

Pero también pudo ser una operación antiaérea conjunta, desde aire y desde tierra. O avistado desde el aire y bombardeado desde tierra. O sólo desde tierra. Y no hubiese sido fortuito que el avión cayera donde cayó: entre Johnstown y Chambersburg, cerca del gran polvorín Letterkenny Army Depot. Y, sobre todo, en el radio de alcance del extenso y muy operativo campo de maniobras artilleras Fort Indiantown Gap.

Dicho de otro modo: si el avión cayó allí, fue quizá porque justo allí podían interceptarlo los Patriot, los Hawk, o cualquier tipo de misiles tierra-aire, guiados por radar más que por sensores térmicos, disparados desde aquel puesto militar.

Los Hawk tienen un radio de alcance por radar de 40 kilómetros. Los Patriot, de 160 kilómetros. Ambos pueden abatir aviones hasta una altura de 14.000 metros. Solapando los alcances de cada uno de los 18 misiles de una batería, y combinando los de las cuatro baterías de un grupo antiaéreo, se consigue un dominio de campo de muy vasta extensión.

Un fuerte de maniobras como el de Indiantown, dependiente de la 28ª División de Infantería de Johnstown, sería un lugar idóneo de tiro, sin necesidad de trasladar los misiles, ni de montar las lanzaderas y las antenas, porque allí mismo hay munición antiaérea siempre dispuesta, las antenas de los radares ya están desplegadas y la tropa lista para entrar en acción.*

El «¡bang! mucho más alto» que oyeron los Merringer, y que hizo vibrar los cristales en las casas de alrededor, pudo ser el sonido de la explosión del avión, alcanzado de lleno por un misil del tipo Patriot que penetra en el blanco y cuyo explosivo es demoledor y su carga fragmentadora. Eso explicaría que el Boeing reventase desde dentro y se dispersara casi en su totalidad. Los triturados re-

---

* Por otra parte, los misiles son fácilmente trasladables de lugar. Si una operación lo requiere, se suelen emplear helicópteros Chinook, especialmente diseñados para transportar con rapidez y seguridad ese tipo de carga «sensible».

siduos que quedaron en Shanksville serían la parte frontal, que caía «bamboleándose como si hubiera turbulencias».

Entre las 9.02 en que se detectaron indicios de que ese avión estaba secuestrado y las 10.06 en que se estrelló, transcurrieron 64 minutos. Tiempo más que suficiente para dar la orden a las unidades aéreas y de tierra de la Guardia Nacional y que esa orden fuese operativa.

Hasta el general de cuatro estrellas Richard B. Myers, jefe del Estado Mayor Conjunto, en su ambigua comparecencia ante el Senado, a preguntas sobre la pasividad o la tardanza militar para cortarle el paso al vuelo 93-UA, llegó a admitir: «Mi memoria me dice que lanzamos un caza sobre ese avión, el que eventualmente se estrelló en Pensilvania... Creo recordar que tuvimos a alguno cerca de aquel avión».

Si se aceptasen los horarios oficiales que, siete días después de los hechos y sisando los minutos a la baja, dio la autoridad militar del Sector Nordeste de la Defensa Aérea, hasta las 9.24 no se habrían enterado los militares de que «el vuelo 93-UA, secuestrado, cambió su ruta y volvía a Washington».* Pero aun así, en 42 minutos sobró tiempo para disponer de varias unidades de artillería antiaérea de Pensilvania, ubicadas en la trayectoria del avión y cuyos radares podían detectarlo y fijarlo como objetivo a derribar. Tripulando el 93-UA, Ziad se había metido en la boca del lobo. Un lobo armado hasta los dientes.

Sólo a partir de las 10.10 empezaron a saber qué había ocurrido. Pero todavía no podían «enmendar la historia». No disponían de las crónicas vivas que en su memoria guardaban los parientes que hablaron por teléfono con algunos pasajeros. Ignoraban qué restos habrían quedado de los aviones, qué elementos dispersos podrían aparecer, y... a saber dónde.

No habían logrado aún un solo testigo visual de lo del Pentágono. Durante horas, días, ni el alto cogollo de asesores de la Casa Blanca,

---

* En el caso del vuelo 93-UA, el horario del comando NORAD —y en concreto, el impartido desde el sector NEADS— tampoco coincide con la cronología de los hechos de aquel día. Contradice además a la Agencia Federal de Aviación, que a las 9.16, cuando tuvo datos fehacientes, comunicó oficialmente «el posible secuestro del vuelo 93-UA». Resulta muy extraño que el mando defensivo militar no se diera por enterado hasta las 9.24.

ni el eficacísimo Servicio Secreto, ni el FBI, ni la CIA... Nadie tenía idea de lo que sabía la gente, qué había visto y oído. La gente que estuvo en tal sitio y a tal hora. En el lugar y a la hora de los siniestros. No habían pulsado las versiones que circulaban entre el personal de los centros de control tráfico aéreo, ni lo que se opinaba en las bases y guarniciones militares. No podían adivinar cuál sería la reacción de las familias de las víctimas del Pentágono o de los que habían perecido en los Boeing de los vuelos 77-AA y 93-UA.

Una vez acordonado el socavón de Shanksville, Robert S. Mueller, por entonces flamante director del FBI, inspeccionó los restos. Luego, se encerró con sus oficiales para analizar las pruebas encontradas. Entre otras piezas pequeñas, había alguna de especialísimo valor como el móvil de Ziad Jarrah. La tarjeta SIM les permitió reproducir el «listín personal», el estadillo de las últimas llamadas, los mensajes guardados, editados, salientes... En ese volcado de la memoria, sacarían los tres avisos idénticos de Ziad a Atta, Marwan y Hani indicándoles que iniciaba su *gazwah*; la llamada a Aysel, en Bochum, Westfalia, aquella misma mañana; el mensaje «Jefe Atta», escrito y enviado dos días antes.

Después de reunirse con las autoridades, Robert S. Mueller fue el primero en descorchar y servir a los ciudadanos estadounidenses, todavía apabullados y groguis, la tonificante historia de «los pasajeros heroicos, que se resistieron activamente e intentaron recuperar el control de la nave». Aquello gustó a la gente de la calle. Era como un masaje en la magullada autoestima. Nadie opuso reparos. A continuación, el fiscal general John D. Ashcroft reafirmó la gloriosa hazaña: «los pasajeros del 93-A fueron héroes y sus acciones durante el vuelo, heroicas».

Curándose en salud, el director del FBI había declarado: «Las únicas pistas que existen son las conversaciones telefónicas de las víctimas». No hablaba de pruebas sino de pistas, a sabiendas de que no podía construirse una pieza probatoria con los retazos evocados por una viuda, una madre, un amigo, unos suegros... en el intento de recordar lo que aquel ser querido dijo por teléfono poco antes de morir. Pero, no pudiendo aportar un soporte material, un registro magnético, serían testimonios de una sola parte, sin validez jurídica.

En cambio, había elementos que sí podían constituir prueba para descifrar la incógnita del desenlace final: el mensaje grabado en el 911 de emergencias de Westmoreland por el pasajero de los lavabos; los relatos de los testigos que vieron y oyeron desde tierra, como Buxton, el matrimonio Merringer, el forense Wallace... También estaba el cerco de cazas que Krakowski detectó por el radar de la United Airlines. Estaban las cajas negras. Estaban las grabaciones desde los centros de control de tráfico. Estaba la investigación sobre el terreno: allí donde cayeron varias piezas desprendidas del avión. Estaba, en fin, el paradero de los cadáveres. Y los datos que arrojasen las autopsias de lo que quedara de esos cadáveres.

Al decir «éstas son las únicas pistas que existen», el Buró Federal de Investigación cancelaba la instrucción policial. Cerraba el caso. Renunciaba a averiguar las verdaderas causas por las que se estrelló aquel avión.

Los vuelos 77-A y 93-A, pese a su enigmático final, eran técnicamente reconstruibles. Fiscalmente, esa reconstrucción debió hacerse. Políticamente, no podía hurtarse al conocimiento público. Socialmente, la gente tenía derecho a saber. Sin embargo, no se hizo.

Al día siguiente de los atentados, el 12 de septiembre por la mañana, el presidente Bush se reunió con la media docena de personas que en adelante constituirían su «gabinete de guerra». Ya estaba preparando una guerra arrasante contra Afganistán, «una guerra desigual, en favor del ejército de Estados Unidos, en la que va a morir gente, mucha gente, también norteamericanos; pero es igual, así es la guerra, y aquí estamos para ganarla».[52] Pero antes convocó a su Consejo Nacional de Seguridad. Les dijo que no estaba «dispuesto a consentir que el terrorismo alterase el tipo de vida americana»; que «una cosa es preparar a la sociedad y otra meterles el miedo en el cuerpo creando un estado de alarma social»; y que, por su parte, «la fase de calmar y serenar al pueblo ya ha terminado: ahora pasemos a la acción».

En su turno de palabra, el director del FBI, Robert S. Mueller empezó a informar de las gestiones policiales y las pistas sobre las que iba a discurrir la investigación, para identificar a los secuestradores de los aviones. Subrayó la importancia de «no manipular ninguna prueba, para que puedan ser condenados en juicio los cómplices que arrestemos».

Justo en ese momento, el fiscal general John Ashcroft, jefe orgánico del FBI, se incorporó hacia delante sobre la mesa y, extendiendo las palmas de las manos como si detuviera una avalancha, interrumpió:

—Paremos aquí ese asunto.

Y, con la seguridad de quien tiene luz verde del Presidente para soltar la tremenda «doctrina» que él iba a soltar, agregó:

—Nuestro objetivo, como órgano de seguridad nacional, es impedir nuevos atentados. ¡Como sea! No podemos seguir funcionando a la manera convencional: el policía que investiga un crimen ya ocurrido, ya irremediable, y va guardando pruebas en una bolsa para presentarlas ante el juez. ¡No, no, no! Hay que cambiar la perspectiva. Tenemos que actuar adelantándonos, previniendo... Capturar a los terroristas o a los cómplices, antes de que golpeen otra vez. ¿Que no podemos llevarlos a juicio? Pues... ¡amén y así sea![53]

Giró la cabeza a la izquierda. Tres puestos más allá, en la mesa alargada, el presidente Bush asentía. Cruzaron sus miradas.

Empezaba a regir esa perversión de la ley y ese abuso de la fuerza policial que ellos llamaban «justicia preventiva».*

A título póstumo se otorgaron 41 medallas de oro de la Libertad, la mayor distinción oficial civil en Estados Unidos, a los pasajeros y a los miembros de la tripulación. Las esposas de algunos de los muertos en el siniestro del 93-UA aceptaron ser incluidas en las nóminas vitalicias del Estado como «viudas de héroes de guerra».

La historia del heroísmo, con su eslogan —*let's roll!*— breve, pegadizo y popular, tuvo todos los visos de una creación a posteriori. No como un deliberado invento de laboratorio; pero sí como un manojo de comentarios aislados de familiares de las víctimas, cabos sueltos que se iban anudando sin sentir... En 48 horas, un reportaje en la CNN, cuatro frases deshilvanadas de los Makely, suegros

---

* Dos clamorosos resultados de la aplicación de esa «doctrina» fueron el campo de reclusión en la base militar de Guantánamo (Cuba) y la guerra contra Irak.

de Jeremy Glick; de Deena, viuda de Thomas E. Burnett; de Alice Hoglan, madre de Mark Bingham... Y, como dicen los estadounidenses, «aquello funcionó».

Aunque no debió de ser fácil, entre 41 familias de víctimas, ponerse de acuerdo para establecer cuál de los pasajeros o azafatas había sido el valiente dispuesto a «hacer algo...». ¿Qué? No sabiendo tripular un Boeing, ¿qué se podía hacer? Matarse y matar a todo el grupo de compañeros del avión —unos rostros, unas voces y unos ojos que habían acabado siendo íntimos, después de sufrir juntos una hora de inclemente pavor—, por salvar... a unos desconocidos políticos y funcionarios de algún edificio del Mall de Washington.

No obstante, aquel final balsámico sentaba bien. Sentaba bien a las familias abatidas. Sentaba bien al pueblo estadounidense cuyo orgullo nato y cuya incuestionada seguridad habían sido quebrantados y triturados como polvo por los suelos. Sentaba bien al Gobierno y a los servicios policiales y de inteligencia, que no tenían palabras para salir del atolladero, ni argumentos para justificar tanta y tanta negligencia. Silenciosamente —por acción u omisión—, sentaba bien a las Fuerzas Armadas...

En cada reportaje televisivo —proliferaron por días en todas las cadenas— aparecían distintos familiares de presuntos héroes, persuadidos de que «conociéndolo, estoy segura de que él lo intentó», «no me extrañaría que él hubiese hecho algo así...».

Luego vendrían las honras fúnebres, las banderas, los himnos, las flores, la marcha motorizada de policías con sus faros deslumbrantes, los saludos marciales, el sentido pésame televisado de Laura Bush, las emocionadas palabras de George W. Bush, la sesión de tributo y homenaje en el Capitolio... Una mortaja piadosa que no envolvería los restos de ningún cadáver. Un memorial patriótico para zanjar una tragedia sin que nadie pusiera un pleito ni reclamara una explicación.

No fue algo que brotara espontáneo como brota la verdad. El 16 de septiembre, cinco días después del *horribilis dies*, la filosofía heroica flotaba en el ambiente pero aún no había tomado cuerpo. El periodista Tim Russert, de NBC, entrevistando en Camp David a Dick Cheney, le comentó:

—Al parecer, señor vicepresidente, se está descubriendo ahora que el cuarto avión, el que cayó en Pensilvania, fue estrellado deliberadamente por unos cuantos americanos en algún tipo de acción heroica...

—Bueno... quizá aquel ataque contra Washington lo interfirieron algunos valientes. —Cheney estuvo cauteloso en su respuesta—. Estoy especulando, eh... Algo de eso es especulación, aunque también algo se basa en evidencias... En fin, el señor Burnett, el señor Glick y otros... fueron muy valientes al tomar esa decisión. Ellos sabían que estaban condenados a morir.

En la misma conversación, Cheney reconoció que había hablado con Liz, la viuda de Jeremy Glick, aunque no había conseguido todavía que Deena, la viuda de Tom Burnett, se pusiera al teléfono... pese a que la llamaban a instancia suya y en su nombre desde los gabinetes de Camp David y de la Casa Blanca.

Al fin consiguieron la colaboración de las dos jóvenes viudas. Ellas, sin hablar mucho, contribuyeron a dar ese sesgo a la historia, a partir de un par de frases que no estaban grabadas pero Deena recordaba: «Tom me dijo: habrá que hacer algo... algunos aquí hemos pensado en hacer algo».

Las autoridades glosaron después en clave eminente lo que suponían que «ocurrió allí dentro». Dijeron más, mucho más, de lo que en realidad aportaron los familiares. Hasta imaginaron la escena de unas azafatas empujando un carrito de catering, como ariete contra la puerta de la cabina de pilotos...

Pero no había testimonios ni soportes sonoros que respaldasen tan gallarda odisea. Y por los teléfonos que aquella mañana siguieron en línea abierta con el 93-UA no se oyeron ruidos de lucha. Si se hubiese producido una refriega en la cabina de mandos, estaría registrada en la *cokpite voice record* de la caja negra. Y no habrían tardado en exhibirla los más empeñados defensores de esa teoría: el director del FBI Robert S. Mueller, el fiscal general John D. Ashcroft y el vicepresidente Dick Cheney.

El *Air Force One* despegó con un ascenso casi en vertical. Todos sintieron en los ojos, en la garganta y en el pecho el pelotazo de la presión de oxígeno. Luego, un sofoco: como si la sangre se les agolpara en la cabeza. Eran las 9.48 en Sarasota, Florida. George W. Bush iniciaba su largo viaje... a ninguna parte. El viaje, ese delito de huida… Con él, una magra comitiva de asesores, ayudantes, secretarias, escoltas, equipo médico, tripulación, cocinero, camareras, periodistas. El ambiente a bordo era tenso. ¿Quién no estaba consternado? Nadie preguntó adónde iban. Suponían que el Presidente volvía a Washington, para reintegrarse a su despacho en la Casa Blanca. Era su puesto. Era su sitio.

El *Air Force One* volaba más deprisa y a más potencia de la normal. Al principio, se dirigió al este, al Atlántico, como si fueran a salir de Norteamérica. Luego viró al norte, hacia Washington; pero al llegar a Carolina del Norte, en la vertical de Jacksonville, cambió de rumbo otra vez: al oeste. Ahí empezaron las miradas oblicuas, las cejas arqueadas, las preguntas mudas de perplejidad. Y el silencio.

La sensación era de fuga, de vuelo errático. Ni los agentes de seguridad del Presidente, ni Karl Rove, ni Andy Card, ni el propio Bush: nadie sabía adónde los llevaban. El piloto y el copiloto iban recibiendo sobre la marcha las instrucciones de ruta, suministradas desde la central del Servicio Secreto en la Casa Blanca por Brian L. Stafford, el director, que a su vez tenía que convenir con Jane Garvey, de la FAA, nuevos tramos de líneas de tráfico expeditas y seguras: los de Aviación Civil estaban en plena operación Cielos Limpios. El Boeing presidencial podía ser una excepción, pero no un estorbo. Y ése fue el motivo de la itinerancia en zigzag: el *Air Force One* sólo podía volar por donde le abrieran camino.

A los periodistas les indicaron que desconectasen sus móviles, grabadoras y ordenadores: «Apagadlo todo: no conviene emitir señales que desvelen la posición de este avión».

En otro momento la instrucción fue: «En vuestras crónicas de urgencia, que las podréis enviar cuando aterricemos, no mencionéis punto de origen: limitaros a decir que el Presidente está en un lugar seguro».

George W. Bush iba sentado en su gran sillón detrás del pupitre de caoba en forma de ele. Colgó su americana sobre el respaldo. Eso, poner los pies sobre la mesa, andar con botas de *cowboy* dentro de la casa, hincar el tenedor en vertical en el filete de búfalo, o decir «¡Es mierda pura!» cuando algo, o alguien, no le gustaba… eran modales rancheros que ya no iba a erradicar de su conducta social.

Karl Rove y Andy Card estuvieron pegados a él todo el día. Recibían noticias sucesivas, a veces simultáneas, de que había otros aviones fuera de control, aviones sospechosos, aviones pidiendo entrada desde el Atlántico.

Cheney se comunicaba con el *Air Force One* por un teléfono con decodificador para neutralizar las interferencias. Habló varias veces con Bush. Le informó sobre el «nudo de conexión» que había establecido en el sótano de la Casa Blanca —en el Centro Presidencial Operativo de Emergencia—, con Norm Y. Mineta, secretario de Transportes y la consejera de Seguridad Nacional, Condoleezza Rice; y, por líneas directas simultáneas, con el secretario de Defensa, Donald H. Rumsfeld, que estaba en el Pentágono, bien en su despacho, bien en la sala de Guerra del Mando Militar Nacional; con el fiscal general John D. Ashcroft; con los números «uno» y «dos» de la CIA: George Tenet y James Pavitt; con Robert S. Mueller, director del FBI; y, por supuesto, con Brian L. Stafford, director del Servicio Secreto.

Lo que Cheney no le decía a su joven Presidente era si había hablado ya un par de veces con su viejo amigo, George Bush padre; y si éste le había sugerido: «Dick, hoy hazle tú el turno».

Bush no entendía por qué tenía que seguir en el avión, dando vueltas sin rumbo. Prefería aterrizar:

—Dick, yo no aguanto que una panda de terroristas tengan al Presidente de Estados Unidos fuera de Washington.

—Por ahora no debes venir a Washington. Está todo muy confuso, muy poco claro... Además, Presidente, tú aquí, metido en este búnker, no podrías hacer nada.

—Estar...

—Estar... y exponerte. No lo digo ya por el riesgo físico de un ataque, sino porque hoy, aquí dentro, aquí abajo, actuando como Presidente podrías quemarte. No todas las decisiones que hoy se adopten van a ser claras y luminosas... Ni todas acertadas. El escenario es incierto, y quizá haya que moverse en terrenos resbaladizos, muy en los márgenes, muy en la frontera. ¿Me explico?[54] Si estuvieras aquí ahora, hummmm, te tocaría dar alguna orden sin buena información, o con información falseada. Nos llegan rumores peregrinos; pero... ¿y si son verdad? Estamos a ciegas. La CIA y el FBI, esto ¡ni lo habían olido!

—Y si a Washington no, ¿por qué no me voy a Camp David?

—Insisto: la situación es muy confusa y nada segura en toda esta zona...

Fue entonces cuando Cheney jugó la baza argumental de «asegurar la continuidad del Gobierno».

—Como bien dices, no vamos a consentir que «una panda de terroristas» descabecen el Gobierno de la nación. Y ahí, Presidente, mi deber leal es aconsejarte, con todo respeto pero también con energía, que te dejes amparar y proteger. Hemos pensado llevarte a un refugio seguro, lejos de Washington, donde nadie podrá imaginarse que estés...

—Eso es confinarme y quitarme de en medio...

—No. Eso es garantizar la continuidad y la cadena de mando.

Pero en aquellos momentos «la continuidad y la cadena de mando» no estaban en peligro. Las instituciones del Estado no estaban en peligro. Los ejércitos no estaban en peligro. Los que sí estaban en peligro eran los ciudadanos. Los edificios y sus habitantes, los aviones y sus pasajeros, las calles y sus transeúntes... El auténtico peligro era ese «estar a ciegas» que decía Cheney. El peligro era no conocer el peligro. No saber desde dónde acechaba ni cuándo iba a golpear de nuevo. ¿Cómo hacer frente a un enemigo incógnito, que ataca a quemarropa y por sorpresa?

Cheney no le había dado a Bush ni media pista. Por mucho «nudo de conexiones» y muchas «líneas abiertas» que tuvieran, los zambombazos les habían pillado en la ducha, desnudos y enjabonados.

Aquel día —mejor dicho, el 11/S, el Día—, Bush fue un presidente indeciso, asustado y huidizo. No sabía qué hacer, ni qué decir, ni qué decidir. Quizá un atentado no le daba miedo. Le daba miedo el mando. El poder del mando. Equivocarse al mandar. Dar órdenes sin disponer de «una visión». En eso Cheney acertaba: si volvía a Washington, tendría que aferrar los manubrios y decidir y mandar... con datos quizá falseados. En menos de lo que se achicharra una lonja en el asador, podía achicharrarse él como presidente. Se veía enmierdando su currículo por un traspiés. Y huía del puesto de mando.

Sabía que a su alrededor todo eran corbatas bien anudadas, gemelos impecables, pero... noqueo, desconcierto, pasmo, miedo. Bush olfateaba bien el miedo. En el *Air Force One* olía a Atkinson y a miedo. Nadie tenía las claves de lo que podía pasar. Ni de cómo evitarlo. Él mismo vacilaba sobre qué hacer en aquella coyuntura: ¿volver a la Casa Blanca, sentarse en su despacho y tomar las riendas? ¿Aparecer sobre las ruinas del World Trade Center, como el alcalde Giuliani, en plan compatriota con fibra humana? ¿O seguir el taimado consejo de Cheney, y reservarse?

Ah, Cheney. Ciertamente, «el buey viejo hace mejor los surcos». Cheney sabía lo que era mandar, y los riesgos de mandar. Fue secretario de Defensa con George Bush padre, y se metió en zafarranchos. Desde el Pentágono le tocó dirigir la guerra del Golfo, con el entonces deslumbrante general Colin Powell. ¡Y cómo supo salir de aquel zafarrancho, sin una arruga en la chaqueta!

Bush y su cohorte se acomodaron en la sala de estar del *Air Force One*, para seguir por la televisión lo que estaba ocurriendo en Nueva York. Las imágenes se perdían a ráfagas. Vieron las Torres Gemelas ya derruidas. La Zona Cero, escombros, pavesas, polvo blanco... Los del Servicio Secreto señalaron, allá abajo, en el World Trade Center, el mojón de ruinas de la Torre 7: bajo la tapadera oficial de una Delegación de Agricultura, la CIA manejaba desde ahí su espionaje sobre el mundo financiero, bursátil, de negocios, inversiones, movidas de capital, tráfico de drogas, armas, arte, oro, litio... Era la madriguera de los nuevos espías del dinero caliente, que habían sustituido a los viejos espías del comunismo frío.

Mientras tanto, en tierra, los sabuesos del FBI y la CIA rastreaban a toda velocidad las listas de embarque de los vuelos 11-AA y 175-UA, los Boeing estrellados contra las Torres Gemelas. Enseguida se supo que en esos dos aviones viajaban varios árabes. Y, por los datos de identidad aportados para la reserva y el pago de los billetes, detectaron que tenían domicilios, permisos de conducir y cuentas bancarias en Florida.

A alguno de esos laboriosos agentes no debió de faltarle tiempo para alzar el andamio de una artificiosa hipótesis: «Jodeeeeeeer... Estos tíos podían estar en el ajo de que el Jefe viajaba hoy desde

Sarasota. Jo, macho, hoy. Justo hoy... su Día D. ¡Servido de putamadre! Sarasota es un pueblo. Pueblo de ricachos, pero pueblo. Blablablá... Además no era un viaje secreto, ni privado. Lo sabrían todos desde hace un mes».

A partir de ahí, pudo llegar al Servicio Secreto de la Presidencia el extravagante aviso de una «garganta profunda» que crípticamente informaba: «Nuestra fuente es más que creíble: conoce los códigos secretos top, empezando por el de La Casa, el del Departamento de Estado, el vuestro, los nuestros, que el nombre en clave del avión presidencial es *El Ángel*... Sabe por qué lado de la cama se acuesta el Presidente, qué come, qué bebe, ¡y... qué no bebe! Sus horarios, costumbres, manías y su Biblia. Este informador nunca nos la ha jugado. Y tiene buenos contactos árabes en mezquitas de Florida. En su jerga nos ha dicho que *«the One's the next one»*. No «el próximo es el *number one*», sino «el próximo es el *One*». El *Air Force One*».

Aunque la célula de Atta hubiese sabido con antelación que el 11/S Bush estaría ausente de Washington y viajando en el avión presidencial, carecían de infraestructura para organizar un atentado tan complejo, de auténtica guerra aérea. Descartando que dispusieran de cazas y misiles de las Fuerzas Aéreas de otro estado, habrían tenido que hacerlo artesanalmente y por sí mismos. Con mucho entrenamiento y una habilísima puntería de cerbatana para lanzarse con un avión o con una avioneta contra el Boeing presidencial y, yendo ambos en vuelo y a toda velocidad, hacer diana. En todo caso, necesitaban que algún «topo» les suministrase con exactitud las horas y las rutas secretas y cambiantes del *Air Force One*, para rondar por la zona, salirle al encuentro en tal punto y en tal momento, embestirle, y acertar en el impacto.

Eso, o usar con el *Air Force One* la misma técnica de atentado que con los otros Boeing: secuestrarlo desde dentro. En ese supuesto, el terrorista tenía que estar a bordo...

Con todo, lo abstruso era que mentes acreditadas del Gobierno y del Servicio Secreto creyeran esa fábula de «misión imposible». O fingieron creerla y se apoyaron en ella, por salvar la cara al Presidente y justificar su fuga en zigzag y su «gran evasión» en tan dramática jornada.

Varios días después, Dick Cheney aún seguía hablando de aquel peligro como el motivo por el que mantuvo a Bush alejado de la

Casa Blanca: «Yo ya le había dicho "aquí está todo muy confuso, retrasa tu regreso". Luego recibimos una amenaza contra el *Air Force One*. Una amenaza creíble. Estoy convencido. ¡Claro que pudo haberla dicho por teléfono un chiflado...! Pero, en medio de lo que estaba ocurriendo y con las informaciones que nos llegaban, no había manera de saberlo. Yo pienso que era una amenaza de fuente tan de fiar como para que el Servicio Secreto me la trajera en mano. Así que llamé al Presidente, que estaba en el *Air Force One*, y le insté a permanecer fuera, lejos, por el momento».[55]

Entre las 10.20 y las 10.32 se concretaron los temores sobre el *Air Force One*. Cheney, en efecto, informó a Bush pasadas las diez y media: «No vengas a Washington. Hay esto...». Y Bush accedió a cambiar la ruta.

Actuaron con celeridad, abriendo un pasillo aéreo al *Air Force One*. El piloto «encabritó el bicho», que dicen en el argot, lo hizo subir a la altura máxima y luego viró al sudoeste: hacia la base de Shreveport en Barksdale, Luisiana.

¿Por qué a Luisiana? Quizá porque está muy lejos de Washington y muy cerca de Texas, el estado de Bush. Aunque de Texas se diga que no es un estado, sino... un estado mental. El viejo buey volvía a acertar: «nadie podrá imaginarse que estás allí». Y tanto, que ni le esperaban.

Desde el momento en que Bush tuvo noticias de un tercer avión presuntamente pirateado por terroristas y que volaba hacia Washington, encareció al Servicio Secreto que a su esposa Laura y a sus hijas, las gemelas Barbara y Jenna, las llevasen a lugares seguros. Laura Bush estaba en un acto oficial en el Capitolio. Sin embargo, hasta las 10.35 no pudieron informarle de que su mujer ya estaba en el refugio del sótano, en la propia sede del Servicio Secreto de la Casa Blanca. «Había un tráfico de locos: tres cuartos de hora, desde el Capitolio hasta aquí. La primera dama está bien, instalada en la sala de Maderas». Tardaron algo más en localizar a las hijas. A Barbara la trasladaron a una sede oficial de New Haven, y a Jenna la alojaron en una suite del hotel Driskill, en Austin.

—¿Han metido también a Spot y a Barney en el búnker?
—Bush, con su humor cazurro, preguntaba por sus perros.

—Spot y Barney deben de estar ya mordiéndole el culo a Osama Bin Laden —le respondió en el mismo tono jocoso Andy Card, su jefe de Gabinete.

Por transmitir la noción de que el Jefe estaba entero, tranquilo y hasta con ganas de bromear —«muy como él es»— algunos asesores turiferarios contaban a los periodistas anécdotas de ese corte «llano y casero». No podían calcular el flaco servicio que prestaban a su Presidente. Si a esas horas ya sabían que el enemigo «cobarde sin rostro» era Osama Bin Laden —podían y debían saberlo, al menos desde julio—, ¿por qué no vigilaron antes, más y mejor? Y si no lo sabían... ¿qué necesidad tenían de mentir?

En torno a las 12.00 aterrizaban en Barksdale.[56] Era la primera «escala técnica» de un viaje de trayectoria improvisada bajo el nada glorioso postulado de quitarse de en medio. Como no le esperaban, no había ni alfombra roja ni escalerilla de autoridades, ni siquiera una que llegase hasta la puerta del Boeing. Y Bush tuvo que bajar por la portezuela de carga de equipajes. Le dio novedades el comandante de la 8ª Fuerza Aérea.

En Barksdale el avión repostó combustible. Casi habían vaciado los tanques volando tan alto, tan deprisa y tanto tiempo.

Redujeron plantilla y dejaron en tierra al personal de tripulación de cabina y de *staff* presidencial que no era imprescindible a bordo. Obviamente, se desembarazaron de los periodistas. Había que redoblar la seguridad y la discreción. En adelante, el viaje sería «alto secreto».

Allí mismo, en la base de Barksdale, Bush grabó un breve mensaje, que se emitió a las 12.36, sin decir desde dónde hablaba el Presidente: «La libertad ha sido atacada esta mañana por un cobarde sin rostro». Repitió las mismas frases de su alocución anterior en Sarasota. La toma estaba desenfocada y la imagen aparecía con grano. A Bush se le veía tenso, con los ojos irritados, leyendo sin énfasis las pocas líneas que le pusieron delante. Sólo al final miró a la cámara, se mordió el labio inferior y tuvo un amago de coraje: «Que nadie se equivoque... demostraremos al mundo que vamos a superar esta prueba».

Bush pidió después su teléfono blindado y habló con Cheney:

—Mira, Dick, yo quiero despachar con el Gabinete de Crisis, con el Consejo de Seguridad de Nacional...

—Presidente, esto sigue muy inestable, muy poco claro. Tenemos todavía muchos aviones en el aire y algunos en situación dudosa...

¿Por qué decía eso Cheney, pasadas las 12.30? La operación SCATANA de Cielos Limpios había concluido a las 11.15. Desde entonces no había en el aire ni muchos ni pocos aviones, salvo los aviones militares en misiones estrictas de la alarma Delta.

—Hemos pensado trasladarte a Offutt —seguía el vicepresidente.

—¿A Offutt, en Nebraska...? ¿Por qué tan lejos?

—Porque allí está la sede del Comando Estratégico. Un lugar construido expresamente para dar protección al Presidente en casos de máxima alarma. Allí tienes unas instalaciones de alta seguridad, con la tecnología más avanzada en comunicaciones, y a prueba de escuchas. Ahora mismo, estás mucho más cerca de Offutt que de Washington: en una hora y veinte minutos aterrizas allí y puedes despachar por videoconferencia con el Consejo.

Sí, cerca de Omaha, en el solitario y campesino Nebraska, está la base de Offutt, el Comando Estratégico, un centro inexpugnable desde donde se controla el armamento nuclear de Estados Unidos. Allí está el temible botón rojo capaz de activar un ataque nuclear, en supuestos de guerra atómica.

¿No era un escenario desorbitado?

Volvieron a embarcar, a las 13.15. En Barksdale reforzaron la escolta aérea al avión presidencial. Por las ventanillas del *Air Force One*, Bush y su séquito veían evolucionar cerca el cinturón pretoriano de cazas.

En vuelo hacia la América profunda, el presidente Bush se alejaba cada vez más del foco del peligro y del foco de las decisiones. Había declarado la guerra, pero huía de los ataques y del puesto de mando.

Dos horas después, nada más aterrizar en la base de Offutt, rodearon a Bush los soldados del comando de las Fuerzas Aéreas con todo su equipamiento de combate: chalecos antibalas, cascos, armas automáticas en posición de «prevengan»... A toda prisa, le condujeron por la pista en una compacta comitiva de vehículos blindados y entre fortísimas medidas de protección personal.

No hubiese sido censurable, nada censurable, que Bush aquel día, el Día, funcionara en tándem con su «número dos», le consultara en todo y contrastase con él sus pareceres ante cada iniciativa de riesgo.

Cheney era un político curtido, que centraba bien las cuestiones, cuadraba los problemas y les tocaba las meninges antes de entrar al asedio. Era un hombre de recámara. Con experiencia. El buey viejo. Sabía mucho de casi todo. Leía vorazmente los infinitos papeles que redactaban los servicios de inteligencia. Conocía las intríngulis internacionales. Era el perfecto vicepresidente para... cuando llegan mal dadas.

Por todo eso lo había llevado Bush consigo en el tique electoral. Y además, además, además, porque Cheney era de la total confianza de Bush padre. Bush veía en Cheney, de alguna manera, la sombra del padre. Hacer trabajar el tique aquel día, el Día, no hubiese sido en absoluto censurable.

Lo censurable fue, es, ha de ser, que aquel día, el Día, el presidente Bush se dejó sustituir. Se creyó las amenazas. Se asustó. O dejó que le asustaran. Se escondió. O dejó que lo escondieran. Que lo embarcasen en un avión y lo tuvieran dando vueltas por el aire, huyendo al son que desde tierra le marcaba... su Servicio Secreto. Penoso.

Y aún más penosos, sus estallidos viscerales: «¡Estamos en guerra!». Sus agarradas instintivamente vengativas: «¡Se van a acordar, lo van a pagar caro... por haberla tomado con América!». Y verlo, a la vez, ovillado, aturdido, como el boxeador peso pluma al que bajan del ring, envuelto en el albornoz, sonado, ido, trasteado por los masajes y los cachetes de sus cuidadores, atosigado con los consejos y las órdenes de sus managers...

Aquel día, el Día, cuando el líder tenía que dar la talla, la estatura de valor y de serenidad, demostrando a su país y al mundo que «aquí hay una intensidad de fortaleza», Bush se esfumó. Desapareció. Se marchó. Se marchó a ninguna parte. ¿Fue un brote de la ansiedad infantil de «estar en otro sitio»? ¿O fue la menos infantil y más desasosegada necesidad de irse lejos de cualquier aquí?

Aquel día, el Día, él no estuvo. No estuvo en la tenacidad del mapa viajero, ni en la polvorienta llanura, ni en las majestuosas montañas. Nadie supo dónde encontrar al Presidente. Literalmente, se ausentó. Y cuando un Presidente se ausenta, el vicepresidente «le hace el turno».

Aquel día, el Día, ante el pánico de millones y millones de estadounidenses, Bush tuvo miedo al miedo. Miedo a mandarle al miedo. Le excedió. Era el momento de ser grande. Y él fue pequeño. Y eso quizá tampoco sea censurable. No hay recusación ni reprobación, ni mucho menos *impeachment*, contra la pequeñez de un Presidente. Eso sí, la Historia en su bloc de mármol talla una muesca.

En Offutt, ante aquel monstruoso ingenio de poder nuclear, y aquel «botón rojo» capaz de destruir el planeta con la sola voluntad de pulsarlo, Bush se acreció. Todos los humores del cuerpo le pedían guerra, castigo, venganza, exterminio contra quienquiera que fuese el enemigo.

Dentro del gigantesco arsenal atómico, con sus enlaces de largo alcance, mandos sobre ojivas nucleares, estaciones satélites... ¿le vinieron a la mente las terribles historias de Hiroshima y Nagasaki? Quizá. Y empezó a sentirse vástago de una dinastía poderosa y altiva, de hombres con orgullo que decidían lo que era o no era tolerable, lo que debían o no debían perdonar. Tal vez, sí, allí empezó a sentirse no ya hijo de George W. H. Bush, el presidente que «no toleró» la invasión de Kuwait, e hizo la guerra del Golfo; también y sobre todo, nieto de Franklin Delano Roosevelt, el presidente que, enfermo y en silla de ruedas, no tardó ni 24 horas en declarar la guerra a Japón, Alemania e Italia, para responder al «día de la infamia» de Pearl Harbor.

En la sala de videoconferencias de Offutt, Bush habló con Dick Cheney, que seguía en el búnker de la Casa Blanca dirigiendo el Gabinete de Crisis. A las cuatro de la tarde comenzó la reunión a distancia con el Consejo de Seguridad Nacional. Duró menos de un cuarto de hora. Bush la abrió afirmando: «Esto es un ataque contra la libertad... y así vamos a definirlo».

Escuchó con atención el somero informe de la CIA que leyó Tenet: empezaban a tener indicios de que, detrás de los atentados, podía estar Al Qaeda, la organización del saudí Bin Laden y el egipcio Alzawahiri.

Mueller intentaba explicarle que no estaba controlado todavía el grado de infiltración terrorista en aeropuertos. Pero Bush no quiso oír más: «¡Nada, nada! Hay que reanudar los vuelos y la vida normal… ¡Me niego a que seamos sus rehenes!».

No pidió un cálculo del número de muertos. Ni de las pérdidas materiales estimadas. No reclamó a Rumsfeld un informe detallado sobre los sucesos del Pentágono. No aludió a la conveniencia de «sanar» con alguna fórmula legal su orden de usar armamento militar contra aviones y pasajeros civiles. No preguntó, como jefe de las Fuerzas Armadas, sobre el solapamiento entre la «emergencia nacional» y la militarización fáctica en que estaban. Tampoco pareció importarle su declaración de guerra, hecha esa misma mañana, a título personal, sin tener tal prerrogativa —*the war power*—, ni haberla pedido y obtenido del Congreso. Su único afán era «pasar a la acción, cuanto antes».

«Señores, vamos a terminar: la gente quiere ver al Presidente, y quieren verlo ahora ya. Pero tengo que hablarles desde el Despacho Oval, no desde un búnker. Vuelvo a Washington, para sentarme en mi despacho y dar ese mensaje.»

Estaba impaciente. A las 16.36 emprendió el regreso hacia Washington. Por el camino, todo era darle vueltas a una idea obsesiva que pensaba lanzar en su mensaje a la nación: «El Gobierno no hará distinción entre los terroristas y los que los cobijan o ayudan».

Ya en Washington, el *Air Force One* aterrizó en Andrews, su base de mantenimiento. Desde allí, en un helicóptero de la Armada, y camuflado entre cinco más, a la Casa Blanca. Al sobrevolar el monolito memorial de George Washington, Bush vio la columna de humo que todavía salía del Pentágono.

—El edificio más poderoso del mundo, por los suelos —dijo—. Estáis siendo testigos de lo que va a ser, ¡ya es!, la guerra del siglo XXI.

Uno de los helicópteros, el *Marine One*, se separó del grupo en el último instante y tomó tierra sobre el césped de la Casa Blanca. A las 20.30, doce horas después del primer atentado, Bush «aparecía» desde el Despacho Oval ante una audiencia de más de ochenta millones de americanos: «Ninguno de nosotros olvidará nunca este día...».

Como Roosevelt sesenta años antes, aquella misma noche Bush desenterró el hacha de guerra. En su diario, al pie de la fecha 11 de septiembre de 2001, escribió: «El Pearl Harbor del siglo XXI ha tenido lugar hoy».

Bush, como golfista, debería saber que «con un *drive* no se puede romper la tierra como si ésta fuera una sandía». Hay que asir el palo como se coge el arco de un violín, o un pájaro vivo y frágil. Pero no. Él agarró el *drive* como un hacha. El hacha de guerra. Y la blandía —vástago de dinastía poderosa y altiva—, aun sin tener claro contra quién iba a arrojarla.

Empezaba el juego duro. Y el juego siniestro. No sólo el de las matanzas y los destrozos de una guerra. Empezaba lo siniestro de ciertas verdades horrorosas, que hay que ocultar, que no se pueden decir,[57] y cuya condena es la losa aplastante del silencio.

6

MERCADO DE HOMBRES

El suicida no cierra la ventana tras de sí antes de lanzarse al vacío. Pero Atta sí lo hizo. Protegió a los de la retaguardia. Su último cuidado fue eliminar documentos, nombres, direcciones de correo postal o electrónico, números de teléfono, recibos, cualquier indicio que comprometiera a terceros. No le importó, en cambio, dejar noticia suya y de los otros 19 de la célula que iban a morir. Y avisó a Ramzi Binalshibi, con tiempo holgado para que pusieran tierra por medio aquellos cómplices cuyos nombres sería inevitable que aflorasen a la superficie.

En la madrugada del 29 de agosto de 2001, todavía con un bolígrafo en la mano, Ramzi colgó el teléfono del piso de Marienstrasse. Repasó lo que había anotado deprisa en un trozo de papel mientras Atta, desde algún lugar de Estados Unidos, le decía en jeroglífico la fecha ya firme de los ataques: «Dos bastones, un guión y un pastel con un rabo hacia abajo». Tal como estaba, descalzo, somnoliento, con una camiseta sin mangas y calzón corto, sin perder un minuto, comunicó la noticia a Osama Bin Laden. Después, sucesivamente, a Mohammed Atef, a Abu Zubaidah, a Khalid Sheij Mohammed... Ésa era la orden: «Informar sin intermediarios, de arriba a abajo, por jerarquía descendente». Luego circuló la consigna de evacuación a muy escogidos miembros de las células activas en Alemania, Bélgica, Gran Bretaña, Italia, Francia, España, Túnez, Argelia, Marruecos, Canadá y Estados Unidos.

No fue una estampida atropellada. Fue una fuga rápida y ágil pero silenciosa, bien disimulada. Uno a uno, o en grupos pequeños de dos, de tres, dejaron sus domicilios en Europa y en Norteamérica y se desplazaron hacia países de Oriente Medio. Volvían a los «cuarteles de invierno», a sus madrigueras de seguridad.

El primero de los advertidos por Ramzi de que había que liar el petate y salir sin mirar atrás fue Zacarías Essabar, el marroquí que intentó integrarse como piloto suicida en el equipo de Atta pero no logró el visado de entrada en Estados Unidos. Essabar vivía con

Ramzi en el «lugar de los seguidores» y se había despertado cuando sonó el teléfono.

Aquella misma mañana, Ramzi avisó a Said Bahaji, el medio marroquí y medio alemán que, junto con Atta y Ramzi, había sido uno de los tres inquilinos de «primera generación» de Marienstrasse 54. Entonces, Said vivía ya en el apartamento de Bunatwiete 23 con su mujer, Nese Kul, y su hijito de seis meses.

Said Bahaji empezó a preparar su marcha con un pretexto creíble. Telefoneó a Mequínez:

—¿Abdallah...? Papá, soy yo... Tengo una buena noticia: a través de unas bolsas de trabajo internacional para estudiantes, he conseguido unas prácticas de estudio en una empresa de Pakistán, en Karachi. Puntúan en el currículo y son remuneradas. Me pagan también el viaje y el alojamiento. ¡Ha sido una gran suerte! Así que... me voy a trabajar allí.

—¿Cómo que te vas...? ¿Por cuánto tiempo te vas?

—Son sólo unas prácticas, papá. No estaré fuera más de seis semanas.

—No sé si te he oído bien: ¿Karachi? ¿Tan lejos...? Bueno, tú verás, yo no sé, pero... ten cuidado, hijo: que aquella gente no te enrede. No te metas en líos. —La voz de Abdallah sonaba recelosa y a la vez resignada—. Te digo lo de siempre: Saidito, que no te metan ideas raras, no dejes que te confundan. Ah, y desconfía del dinero fácil. No suele ser dinero limpio.

Aquellos mismos días, Said anunció a la familia de su mujer la decisión de ausentarse algún tiempo. Su suegro, el turco Osman Kul, a quien apenas trataba, reaccionó con enfado. Le pidió explicaciones en un tono duro de reproche:

—¡¿Que te vas...?! Pero tú ¿qué clase de marido y qué clase de padre eres? ¿Cómo se te ocurre marcharte, y nada menos que a Pakistán, dejando aquí sola a tu mujer, que no puede trabajar por atender al bebé? ¡No entiendo, no entiendo! ¿Cómo puedes dejar irresponsablemente a un niño de meses...?

Said argüía que eran unas prácticas muy convenientes para sus estudios. Osman Kul no debía de creer ni poco ni mucho en los estudios de su yerno. Su respuesta fue amenazadora:

—Escúchame, Said Bahaji: yo no puedo impedir que te marches; pero te advierto muy en serio que, si te vas a Karachi o a donde te vayas y dejas sola a mi hija, despídete de ella para siempre. Te denunciaré por abandono del hogar, y perderás la custodia del niño. Te lo juro, Said: si te marchas, no volverás a ver a mi hija.

—No hace falta que jures, Osman —replicó Said con un tono de ambigua ironía—. A lo mejor no vuelvo... Si es la voluntad de Alá, quizá me quede allí para siempre. ¡Quién sabe!

La última frase de Said en su página web de internet fue: «Esto se acaba. Estoy preparado. Estoy... ¡OK!». Un texto enigmático y vago. Lo escribió el 31 de agosto.

El 3 de septiembre Said Bahaji embarcó en el vuelo 1056 de Turkish Airlines de Hamburgo a Karachi, con escala en Estambul. Iban con él otros dos musulmanes extremistas, los argelinos Ismail Ben Mrabete y Ahmed Taleb.[1] En Estambul se les unió otro argelino, Mohammed Belfatmi, miembro de Al Qaeda que vivía y trabajaba en Tarragona como peón de albañil: aquel que un par de meses antes, en julio, había buscado entre la comunidad musulmana de la Costa Dorada alojamientos y lugares seguros para que Abu Zubaidah, Khalid Sheij Mohammed, Ramzi Binalshibi y Mohammed Atta celebrasen la «cumbre» donde perfilaron los últimos detalles del ataque contra Estados Unidos.

Avisado por su amigo Ramzi, Belfatmi metió en una mochila lo imprescindible y se trasladó de Tarragona a Bruselas. Sin salir del aeropuerto, cogió el vuelo 1938 de Turkish Airlines Bruselas-Estambul. Allí empalmaría con el 1056 procedente de Hamburgo. A bordo, se encontraría con Said Bahaji y los otros dos cofrades argelinos, Mrabete y Taleb. Y ya, después de esa escala en Estambul, seguirían los cuatro hasta Karachi.

Nada más aterrizar en Pakistán, Said telefoneó a Ramzi, según habían convenido: «Los cuatro alumnos de prácticas están ¡OK! en K».

Aquel 4 de septiembre los cuatro jóvenes árabes pernoctaron en el hotel Embassy de Karachi. Said y los dos que venían con él desde Hamburgo ocuparon la habitación 318. Pidieron un tercer colchón y por 26 dólares pasaron la noche los tres. Belfatmi se alojó en el Embassy también, pero en otra habitación. No usaron siquiera la ducha. Iban con prisa. Abandonaron el hotel a las cuatro de la madrugada. Belfatmi no salió con ellos. Llevaba otra ruta.

Said Bahaji embarcó en el primer vuelo hacia Quetta. Los argelinos Mrabete y Taleb viajaron hasta Islamabad. Allí se perdía el último vestigio de los fugitivos: cerca de la frontera con Afganistán. Discretamente, iban desapareciendo del escenario.

Durante unos días, Ramzi Binalshibi lanzó la red de avisos por teléfono, por e-mail y hablando desde cabinas. Luego, se aplicó a un drástico vaciado del piso de Marienstrasse 54: ropa, calzado, libros, papeles, vídeos, fotografías, pósters, casetes, cepillos de dientes, peines, lapiceros... desde el último envase usado de tetrabrik hasta el más pequeño clip, desde una alfombrilla de rezos hasta una navaja de afeitar o unas chanclas. De noche, paseando por la acera, se cercioraba de que el camión nocturno engullía sus bolsas de basura y las destruía en el acto.

Siguiendo instrucciones de Abu Zubaidah, esta vez Ramzi tomó unas cautelas que había pasado por alto cuando transfirió el dinero a Zacarías Moussaoui desde la Western Union: se puso guantes quirúrgicos de goma y frotó con una bayeta los pomos de las puertas, los grifos, los interruptores de la luz, el teléfono, los cristales de las ventanas y todas las superficies satinadas de muebles, espejos, microondas, nevera, lavadora, sanitarios... para eliminar huellas dactilares. Lavó platos, vasos, cubiertos. Fregoteó enérgicamente la ducha. Limpió restos de pelos, cortaduras de uñas, colillas de cigarrillos. Lo echó todo al váter y vació repetidas veces la cisterna. Así impedía que los policías encontrasen residuos con el ADN de los habitantes de aquel «lugar de los seguidores».

El 4 de septiembre por la tarde, en cuanto supo que Said Bahaji y los otros había llegado a Karachi, Ramzi fue al aeropuerto de Hamburgo y sacó un billete a Düsseldorf para viajar él ese mismo día. En la agencia L'Tour Shop se reservó una plaza en el vuelo 4398 de Lufthansa del día siguiente: ruta Düsseldorf-Madrid. Abonó un billete de ida y vuelta con tope de regreso hasta dos semanas después, el 19 de septiembre. Pero no pensaba usar esa mitad del tique. Solía hacerlo así: por seguridad, dejaba abierta una puerta falsa de retorno.[2]

En su fuga hacia Oriente Medio, Ramzi utilizó al menos tres identidades diferentes. Salió de Alemania y entró en España con un pasaporte alemán falsificado. Al moverse en territorios de la Unión Europea no necesitó pasar controles de aduana. Por tanto, no quedó registro policial de su salida de Düsseldorf ni de su llegada a Madrid.

Ya en Barajas, en el mostrador de la agencia Aira —un servicio muy frecuentado por los viajeros árabes— reservó alojamiento para una noche en un hotel económico pero céntrico. Le dieron la habitación 106 del hotel Madrid, en el número 20 de la calle Carretas, entre Puerta del Sol y Gran Vía. Allí se inscribió como Ramzi Omar, de Jartum, Sudán. Volvía a asumir aquel antiguo nombre con el que entró en Hamburgo por primera vez, en 1995, cuando pedía asilo como «estudiante sudanés perseguido por sus ideas políticas».

En la agencia Aira y en la recepción del hotel Madrid presentaría alguna tarjeta Visa o algún carné de conducir expedido a nombre de Ramzi Omar, porque el pasaporte no podía mostrarlo: seguía retenido en las oficinas de Inmigración de Alemania.

La misma noche de su llegada, el 5 de septiembre, Ramzi estaba citado en Madrid con un «correo» de Bin Laden. Un mensajero de toda confianza que iría a Kabul a confirmar en persona al líder de Al Qaeda lo que Bin Laden ya sabía desde hacía varios días: la fecha de los ataques, los objetivos concretos, las líneas aéreas, los trayectos de vuelos, y los nombres de quienes finalmente iban a participar en los *gazwah*. Todo ello, con una información tranquilizadora: «Los hermanos que debían hacer las maletas, ya están volviendo a casa».

Aunque Ramzi había pedido en la agencia Aira alojamiento para una sola noche, luego parecía no tener prisa. Como si sobre la marcha decidiera seguir en Madrid uno o dos días más.

—No me cierren la cuenta, porque quizá me quede también esta noche —dijo al conserje, cuando salió el día seis por la mañana.

Caminando por la Gran Vía, fue a la plaza de Callao, muy cerca de su hotel. En el número 3 estaban las oficinas de la agencia de viajes Usit Unlimited. Ramzi exhibió otro pasaporte falso, de Arabia Saudí y a nombre de Hassan Alssiri. Dijo: «Soy estudiante y tengo poco dinero, pero necesito regresar a mi tierra, a mi casa». Pidió que le expidieran una carné ISIC de estudiante internacional. De ese modo podría adquirir allí mismo el billete con tarifa rebajada. La empleada de Usit Unlimited lo observó: «Cara de buen chico, educado, calladito, más bien tímido... ¿Por qué no atender su petición?».[3] Por 54.729 pesetas, le vendió dos billetes de avión, Madrid-Atenas y Atenas-Dubai, de la compañía griega Olimpic.

Ramzi Omar, Hassan Alssiri, Ramzi Binalshibi —tres identidades en una sola persona para enmascarar mejor su escapada— dilató la estancia en Madrid hasta el 7 de septiembre.

En el hotel estuvo solo. No recibió visitas. No llamó por teléfono. No hizo más gasto que 235 pesetas de un refresco que tomó en la cafetería y lo pagó con monedas.

El viernes 7, voló a Atenas. El 8 aterrizaba en Dubai. Allí se perdió su rastro hasta un año después. Pero el domingo 9 de septiembre, todavía desde Dubai y usando su correo electrónico, hizo una transferencia bancaria.

Quizá porque en uno de los entramados del 11/S había un fondo turbio «mercurial», una sombra de negocios mercantiles más próximos a los parqués de la bolsa que a las palestras de la «guerra santa», Osama Bin Laden tuvo empeño en hacer creer a sus seguidores y devotos que él no conoció la fecha de los atentados hasta apenas el jueves antes, el 6 de septiembre. No era otro el motivo de que viajase «un mensajero» desde Madrid hasta Kabul para llevarle una información que él ya tenía desde el día 29. Y en ese mismo sentido se expresó en cuanto tuvo oportunidad de comentar los atentados contra América ante cierto jeque, tan respetable y con tal autoridad moral en el mundo musulmán que Bin Laden y su comitiva se desplazaron a visitarle: «Nos habían notificado desde el jueves anterior —dijo Bin Laden como de pasada— que las acciones tendrían lugar ese día».[4]

Eso era verdad, pero no la exacta verdad. Ramzi no sólo le había madrugado la noticia el 29 de agosto, en cuanto la supo; sino que es altamente probable que siete días antes, el 22 de agosto, Ramzi le informara de lo que Atta acababa de transmitirle dialogando en clave y por un chat de internet: «El semestre empieza dentro de tres semanas... Aquí este verano será caliente, con toda seguridad... Todo marcha según el plan...».

No tenía sentido que en un asunto de tal envergadura Ramzi se guardase la información. Sobre todo, cuando su tarea era coordinar a la célula de Atta con la dirección de Al Qaeda.

El propio Bin Laden, en su charla con el jeque, refirió: «Habíamos hecho con anticipación el cálculo de víctimas del enemigo que perecerían, basándonos en la disposición de las Torres. Por mi experiencia en este campo, yo pensaba que el fuego del combustible del avión fundiría la estructura de hierro del edificio...».[5]

Entre catorce y veinte días antes, Bin Laden supo cuáles iban a ser las dianas de los ataques terroristas: Torres Gemelas, Pentágono y Capitolio. Y las aerolíneas que pensaban emplear. Por tanto, las empresas que podrían resultar afectadas el día después, el Día D + 1: líneas aéreas, negocios cuyas oficinas estuviesen en el World Trade Center, compañías aseguradoras de esas firmas, sectores de viajes, hoteleros y de turismo...

Hasta aquel momento, Bin Laden se había mantenido en su recámara, distante y silencioso, no actuando sino a través de emisarios, delegados, correos y lugartenientes. Pero, fijados los objetivos y la fecha de los atentados, tomó tres iniciativas personales muy reveladoras.

La primera fue conceder unas declaraciones en exclusiva a Abdel Bari Atwan, director del periódico *Al Quds Al Arabi* que se editaba en árabe desde Londres. Bin Laden ya había sido entrevistado por Bari Atwan en 1996 y en 1998.

El 22 de agosto, en cuanto Ramzi le informó de que «el semestre *empieza* dentro de *tres semanas*... será caliente, *con toda seguridad*... todo *según el plan*», el líder de Al Qaeda se descolgó con el anuncio inusitado y a quemarropa —un inglés diría *out of the blue*— de un ataque de increíbles dimensiones *contra* Estados Unidos y *en* Estados Unidos: «Dañaremos a América —dijo— en su propio corazón». Y añadió: «Haremos algo espectacular que los americanos no olvidarán en muchos, muchos años».

Sin embargo, por su tono tremendista, aquello parecía una bravata delirante, una baladronada. Nadie le hizo caso. Pero Bin Laden hablaba muy en serio. Sabía lo que decía. Y decía lo que sabía. Lo que acababa de saber: que estaban a «tres semanas» de las masacres del 11/S. Exactamente ese día fue cuando conversó con el periodista Abdel Bari Atwan.[6]

A Osama Bin Laden le regocijaban las leyendas que se tejían y contaban sobre él. Jamás las desmentía. Por narcisismo o por culto al ego, le gustaba que de su figura hicieran un mito. Se pavoneaba porque Estados Unidos le considerase «el enemigo número uno de Occidente». Y disfrutaba con el juego de los enigmas, las insinuaciones veladas, las adivinanzas misteriosas. Cuidaba su iconografía, estudiaba sus gestos, medía sus palabras, estaba obsesionado con su seguridad personal... En cambio, con aquella amenaza de agosto de 2001, tan de choque y tan poco sutil, el saudí se adelantaba peligrosamente a exhibir su autoría o al menos su complicidad. Ponía la firma antes que los hechos.

La segunda iniciativa de Bin Laden, nada más conocer por Ramzi Binalshibi la fecha exacta de los ataques —«dos bastones, guión, un pastel con un rabo...»—, fue cursar un aviso urgente a determinados secuaces de su élite, ordenándoles que abandonasen sus domicilios y sus trabajos en Europa o en América y se replegaran «hacia países amigos» y «los que puedan, que vengan a casa, a Afganistán». En el mensaje les marcaba también un plazo límite, a partir del cual empezaba el riesgo: «Levantar el campo antes del 10 de septiembre». Eso lo hizo entre el 29 y el 30 de agosto. Bastante antes, pues, del 6 de septiembre.[7]

En fin, la tercera iniciativa pudo ser mucho menos humanitaria y mucho más crematística. Bin Laden, previendo con antelación ciertos escenarios económicos que resultarían del 11/S, dispuso de una información valiosísima para orientar apuestas bursátiles en un sentido o en otro, ordenar opciones de venta de determinadas acciones, incluso movimientos financieros, en interés de sus negocios propios o de los del Bin Laden Group, perteneciente a su familia y a él también.

Ciertamente, desde 1998, en represalia por los atentados contra las embajadas estadounidenses en Kenia y en Tanzania, Bill Clinton había dictado una orden ejecutiva que congelaba las cuentas bancarias, asociaciones y empresas de Osama Bin Laden en Estados Unidos.[8] Y también es cierto que Naciones Unidas internacionalizó de inmediato esa decisión.[9] Pero ni al Bin Laden Group, la empresa familiar, le congelaron un solo dólar, ni Osama Bin Laden tenía su mayor fortuna en Estados Unidos, ni había orden capaz de bloquear los «fondos ciegos» que Osama poseía en bancos potentes y discretos de Europa, América y Asia.

Por otra parte, en asuntos económicos Osama no solía figurar ni actuar en persona: para eso empleaba a sus testaferros, hombres de paja, delegados financieros, administradores, gestores bursátiles, etc.

En bolsa, los espabilados siempre llegan días antes. Y las alarmas siempre suenan días después. En este caso, las alarmas sonaron en Nueva York, Chicago, Frankfurt, Tokio, Osaka... pero siete días más tarde. Sólo entonces, unos y otros y otros reconocieron que sí, que entre el 6 y el 11 de septiembre se detectaron transacciones anómalas.

Hubo quiebros extraños del índice Dow Jones* en Wall Street: «opciones de venta» a la baja (*puts*) sobre las acciones de las compañías de vuelos United Airlines y de American Airlines. Ventas masivas de títulos —tomados en préstamo de algunos gestores— que se depreciaron hasta en un 42% y en un 39% de su valor. Paquetes de American Airlines, que estaban a 45 dólares, se vendieron —entre los días 6 y 10 de septiembre— a 30 dólares. Tras los atentados del 11/S, los títulos de esas aerolíneas se desplomaron a 18 dólares. Quien estaba avisado de que iba a producirse tal caída en el valor, se aseguró una sabrosa plusvalía: pidió en préstamo acciones a 45 dólares; las vendió a 30, fijando un plazo de permanencia del precio: «hasta el 20 de octubre»; y días más tarde, una vez depreciadas, las recompró a 18 dólares para devolver los títulos al prestador. Es decir, con una mano compraba a 18 dólares lo que con la otra estaba vendiendo a 30 dólares. Pelotazo en toda regla.[10]

Justo en esas mismas fechas se produjeron operaciones similares, «opciones de venta» para «abaratar papel» agrediendo a empresas cuyas sedes estaban en el World Trade Center. La Morgan Stanley Dean Witter & Co., que tenía 22 pisos en una de las Torres, recibió pocos días antes de los atentados 12 veces más *puts* de lo

---

* El índice Dow Jones o Dow Jones Industrial Average es el principal baremo para medir las fluctuaciones de la Bolsa de Nueva York. Lo creó la Dow Jones and Company, empresa editora del diario financiero *The Wall Street Journal*. Se acreditó y se consolidó como servicio y referente en el mundo bursátil.

normal, que rebajaron de modo sensible su cotización. Y el primer corredor de bolsa del mundo, Merrill Lynch & Co., ubicado en un edificio del World Trade Center vecino a las Torres, encajó un embate furioso de «opciones de venta»: 25 veces más de lo habitual.

Las aseguradoras que tenían pólizas suscritas con empresas asentadas en el World Trade Center también sufrieron: ventas masivas de acciones a un precio inferior al que tenían en ese momento. Y, ciertamente, después del 11/S, tuvieron que desembolsar cientos de millones de dólares por los siniestros de sus clientes asegurados.

Así, Citygroup, la aseguradora de los vuelos de United Airlines y de American Airlines, había recibido —entre el 6 y el 10 de septiembre— 14.000 contratos de «opciones de venta»: 45 veces más de lo normal. A causa de los atentados, Citygroup hubo de pagar 500 millones de dólares de indemnizaciones por las víctimas y por las pérdidas materiales de los cuatro aviones siniestrados.

Si, tras una investigación imparcial y rigurosa de aquellos siniestros, se hubiese establecido que dos de los vuelos no los estrellaron los terroristas, obviamente Citygroup sólo habría tenido que pagar 250 millones de dólares por indemnizaciones. El resto de la factura se habría endosado al Gobierno de Estados Unidos, siquiera como «responsable subsidiario».

También en el terreno de los seguros, entre el 6 y el 7 de septiembre, la Bolsa de Frankfurt acusó *puts* ilógicos y llamativos sobre los títulos de la mayor reaseguradora mundial, la alemana Münchner Rück: en sólo dos días registró un nivel de transacciones —de doble sentido, ventas y compras— casi el doble de lo normal respecto a los seis últimos meses. Y, en efecto, tras los atentados sus valores se desplomaron igualmente en más del 17%. Claro que, con la Münchner Rück ocurrió algo singular: en una primera evaluación, la gran aseguradora alemana estimó que debería cubrir unas pérdidas de más de 1.000 millones de euros por el derrumbamiento de las Torres Gemelas. Pero después del 11/S, por la demanda de contratos de seguros y reaseguros, sus acciones se recuperaron y en menos de una semana subían en 1,37 puntos por encima de su valor anterior. De modo que quien negoció en compras y en ventas con esos títulos tenía conocimiento de causa... y de efecto.

Asimismo se vio zarandeada por esos movimientos de ventas

masivas de papel la reaseguradora suiza Schweizer Rück. Con lo cual, sus acciones cayeron entre el 13 % y el 15 % antes de los atentados. Servidas, pues, para el espabilado que se apresurase a comprar en baja lo que de manera inexorable iba a remontar.

¿Qué estaba ocurriendo? Eran las típicas operaciones delictivas de «iniciados»: personas que, o bien tienen por sí mismas información privilegiada y de adelanto sobre alguna decisión o algún suceso inminente que alterará los precios y las cotizaciones, o bien son orientadas «sobre seguro» por alguien que sabe; en cualquier caso, utilizan ese conocimiento operando en los llamados «mercados de futuro».

Pero, así como en unos sectores —aerolíneas y turismo— se produjeron ventas depreciadoras, en otros —fábricas de armas, defensa, protección y seguros— los especuladores «iniciados» provocaron primero una caída artificial de los tipos; y, presumiendo que como reacción de miedo tras el 11/S habría una demanda y un alza de esos negocios, aprovecharon el abaratamiento de precios para comprar acciones cuando estaban bajas.

Fue después de los atentados del 11/S cuando se disparó la alarma en Alemania y Japón. En los «mercados de futuro» japoneses de Osaka y Tokio detectaron «los cinco o seis días previos al 11/S, intensos movimientos especulativos, que no supimos entender ni analizar, en aerolíneas, empresas turísticas y aseguradoras». Por su parte, el presidente del Banco Central Alemán, Ernst Welteke, afirmó muy preocupado que «al analizar la banda de transacciones de antes y después del 11 de septiembre, se percibe un quiebro muy extraño».

La SEC (Securities and Exchange Commission), el órgano de control del mercado de valores en Estados Unidos, abrió una investigación. Al menos, la ordenó. Su presidente, Harvey Pitt, admitió que «la división encargada de aplicar las reglas bursátiles está examinando varios movimientos anómalos en los mercados que, al parecer, podrían estar vinculados con los horribles actos del 11 de septiembre».

Esos «pelotazos» produjeron unas plusvalías fortísimas. Sólo en la Bolsa de Chicago se comprobó que los «iniciados» habían realizado plusvalías por valor de 5 millones de dólares con United Airlines, de 1,2 millones de dólares con Morgan Stanley, 5,5 millones de dólares con Merrill Lynch y 4 millones de dólares con American Airlines. Al saltar las alertas y ponerse en marcha los sistemas de control en las bolsas y los de *clearing* interbancario, los especuladores se tentaron la ropa y renunciaron al cobro de 2,5 millones de dólares de plusvalías, que habían obtenido con valores de American Airlines y no les había dado tiempo a percibir...

La Organización Internacional de Comisiones de Valores, IOSCO, celebró una videoconferencia el 15 de octubre de 2001 para cotejar los informes de las autoridades de control de los 16 países con bolsas fuertes. Y en su propio informe declaró que las plusvalías ilícitas producidas suponían cientos de millones de dólares: «El mayor delito de "iniciados" que se haya cometido jamás».

A escala internacional, se hizo un listado de 38 grandes empresas que sufrieron «agresiones» de ese tipo: en todas hubo movimientos raros pocas fechas antes del 11/S, y todas sufrieron las consecuencias del 11/S. No era un juego a ciegas, ni un acierto casual. Quien movía ficha sabía dónde debía colocarla. Quien ordenaba una «opción de venta» estaba en el «secreto del futuro».

Pero aun siendo «el mayor delito de "iniciados" que se haya cometido jamás», no se halló a los culpables. No se pudo detectar a los «iniciados» porque aquellos *puts* y aquellos contratos de «opciones de venta» se hicieron con un método blindado que garantizaba el anonimato de compradores y vendedores, tanto hacia fuera como entre ellos.

Sin embargo, los gestores de los movimientos de compraventa —y quienes, a fin de cuentas, cobraron las primas por las acciones prestadas para cada transacción— fueron el Deutsche Bank y su filial estadounidense, el banco Alex Brown.[11]

Podría ser una casualidad sarcástica, pero el Bin Laden Group tenía sus cuentas más enjundiosas depositadas en el Deutsche Bank/Alex Brown.

Es comprensible el empeño de Osama Bin Laden en que la gente creyera que él conoció muy tardíamente la fecha de los atentados. Su crédito moral se habría oxidado de manera irreparable, de habérsele achacado, con pruebas, un uso espurio de «información privilegiada» en beneficio de su hacienda personal o de la de su familia. Y la decepción entre sus leales hubiese tocado fondo, toda vez que esas maquinaciones y trapicheos bursátiles estarían lindantes con la simonía, con la compraventa de algo «sagrado»: Bin Laden se habría aprovechado de un *gazwah*, de un «ataque santo» con jóvenes «mártires» por medio, para dar un vulgar «pelotazo» de oportunismo en bolsa, obteniendo dinero caliente. ¿Cómo iban seguirle, a partir de ahí, quienes le admiraban precisamente por su desprecio de las riquezas y porque «pudiendo vivir como un príncipe, eligió la vida dura y pobre de un guerrero de Alá»?

No obstante, todos los indicios desembocaban en algo tan simple como que Bin Laden tenía esa información privilegiada y disponía de los suficientes «fondos ciegos» como para movilizarlos en pocos días sin control bancario ninguno. Y un apunte más: Bin Laden no era un clérigo, ni un jurista islámico, ni un guerrero, ni un estudioso del Corán. Él era un multimillonario saudí. El presidente un holding de empresas... Un hombre de negocios. Y aquel del 11/S «contra los intereses americanos» era demasiado tentador. No quiso dejarlo escapar.

El último rastro cierto de Said Bahaji fue su embarque en Karachi y su aterrizaje en Quetta, a 60 kilómetros de la frontera afgana. Pero, aunque estaba huyendo, debía aparentar normalidad y despreocupación. Y el 17 de septiembre, seis días después de los atentados, envió un e-mail a Nese Kul, su mujer, que se había quedado en Hamburgo sola y con su hijo de seis meses. El mensaje de Said decía: «Recuerdos cordiales desde Pakistán. Doy gracias a Alá porque estoy bien. Lamento no poder llamarte con frecuencia, porque aquí es muy caro. Por favor, saluda a toda tu familia y a la mía. ¡Que todo se te dé bien!».*

El 1 de octubre se registró por última vez la voz de Said en el contestador automático de su madre, Anneliese, que estaba entonces en Alemania. A ese teléfono llamó Said. Nadie descolgó y él dijo simplemente: «Hola... hola...». Su voz sonaba entrecortada y temerosa, como de alguien en apuros. Estuvo unos segundos callado, pero seguía en línea, se le oía respirar. Luego, cortó. Era... dar una

---

* En esas fechas, la BKA alemana ya había registrado el piso de Bunatwiete 23 e interceptado la línea telefónica. Y tanto Nese Kul como Anneliese Bahaji, la madre, que pasaba temporadas en Alemania, estaban sometidas a vigilancia policial por si se producía algún contacto con el fugitivo Said.

señal de vida; aunque una señal extraña. No se atrevió a dejar ningún mensaje.

El Tribunal Federal de Alemania dictó contra Said Bahaji una orden internacional de búsqueda y captura por su «presunta pertenencia a asociación terrorista, vinculación a la célula de Hamburgo, participación en los atentados del 11/S y otros delitos graves».

Said se unió a los muyahidines de Osama Bin Laden en Afganistán. Dos jóvenes musulmanes —un libanés y un albanokosovar—, a quienes la BKA detuvo en Alemania cuando regresaban de unos campamentos de Al Qaeda, declararon que en un campo de entrenamiento militar cerca de Kabul coincidieron con un par de hombres de Alemania: «De pronto oímos a dos del campamento que entre ellos hablaban alemán, y nos llevamos una gran sorpresa...».

Los agentes de la BKA les mostraron varios fólderes llenos de fotos de activistas musulmanes. El libanés y el albanokosovar reconocieron a Said Bahaji, aunque no sabían su nombre sino un alias de guerra, y al marroquí Zacarías Essabar.

Sus rostros colgaban de los tablones policiales bajo el rótulo «LOS MÁS BUSCADOS», pero sus huellas se extraviaron por las grutas de Tora Bora o por las cumbres del Hindukush... allá donde, decían, Bin Laden cabalgaba al atardecer.*

También Mustafá Muhammad Ahmed Alhawsawi, el saudí administrador financiero de los atentados, se evaporó pocas horas antes de los ataques. En cuanto recibió las transferencias que el 8, 9 y 10 de septiembre le giraron Atta, Marwan, Hani y Ziad desde Estados Unidos. Los pilotos suicidas devolvieron hasta el último centavo sobrante de la operación. Atta además le envió un paquete certificado con material informativo.

Mustafá Muhammad Alhawsawi viajó de Dubai a Pakistán. Esperó con sangre fría. Dejó pasar el 10, el 11, el 12, los días de alto riesgo para un individuo como él. Al fin, el 13, con su tarjeta de crédito en un cajero automático de Karachi vació su cuenta. Liquidó con «la jefatura» de Al Qaeda, y se perdió... Aunque pasado un tiempo volvería a haber noticias de él.

* En junio de 2003, Said Bahaji y Zacarías Essabar siguen desaparecidos. Estados Unidos pagaría una fuerte recompensa por ellos. Y los servicios secretos del ISI paquistaní acechan sus rastros.

Otro que levantó el vuelo fue el cirujano egipcio Aidaros Abdallah Adley Al Attar, el que desde Neu-Ulm había apoyado en la sombra al jefe de finanzas de Bin Laden, Mamduh Mahmud Salim, y recibió a Atta varias veces en su domicilio. Cuando la policía alemana llamó al timbre de su piso de Neu-Ulm para detenerle, Adley ya no estaba: «El doctor está fuera de Alemania —dijo la empleada—. Se fue a Sudán, a Jartum, para visitar a su familia». Aquella mujer intentaba dar un tono de naturalidad a la explicación, pero la casa estaba desordenada, todo patas arriba, como si el dueño hubiese salido huyendo deprisa.

Mamoun Darkazanli, en cambio, no se movió de Alemania. Tenía la absoluta seguridad de que había hecho las cosas con tal perfección que no encontrarían pruebas contra él.

En Reino Unido, el predicador palestino Mahmud Othman, conocido a escala mundial entre los musulmanes como Abu Qutada, no se arredró y siguió con sus sermones incendiarios en la mezquita Four Feathers de Londres, e incitando por internet a «hacer la guerra santa con martirio». Él sabía que le vigilaban: después del 11/S por orden judicial le bloquearon sus cuentas bancarias. Al fin, ante las evidencias de su vinculación activa con Al Qaeda, Scotland Yard lo detuvo en su piso de Bermondsey el 23 de octubre de 2002.

Antes que a Abu Qutada, detuvieron a Lofti Raissi, el piloto argelino, en su casa de Colnbrook, Berkshire, bajo el pasillo aéreo de Heathrow, en Londres. Raissi compareció ante la Corte británica, acusado de cooperar materialmente con los terroristas que cometieron los atentados del 11/S. En efecto, llamado por Atta a Las Vegas, Raissi permaneció una larga temporada en Estados Unidos y se encargó de entrenar a varios de los pilotos que intervendrían en los *gazwah*.

La fiscal de la Corona, Arvinda Sambir, presentó contra él una batería de pruebas demoledoras. Había constancia de que Raissi entrenó a sus amigos árabes, como instructor, en cuatro escuelas de vuelos. En una de ellas, el CRM Airline Training Center de Scottsdale, Arizona, fue videofilmado volando con Hani Hanjour.[12]

El último en desaparecer fue el muyahidín grandullón, Mohammed Haydar Zammar, aquel que años atrás en la mezquita Al Quds de Hamburgo embelesaba a los muchachitos árabes y los captaba para la *yihad*. Algo que pocos sabían de Zammar, porque nunca se ufanaba de ello en público —no debía hacerlo—, era que a finales de 1992 recibió un delicado encargo de Al Qaeda: «Tienes que "despertar" a un joven durmiente recién llegado de El Cairo. Se hace llamar El Amir, pero su verdadero nombre es Mohammed Atta».

Zammar aguantó la sacudida del 11/S, simulando una vida gris sin más argumento que el de un musulmán tranquilo, un padre de familia... Hasta abril de 2002. Fue detenido en Marruecos. El hombre dijo que andaba por allí «de vacaciones». Las autoridades sirias reclamaron su extradición. ¿De qué podían acusarle en Siria, si salió de allí siendo un niño de diez años? ¿Y con que jurisdicción, si desde los 21 años era ciudadano alemán? Pero el Gobierno marroquí lo entregó.

Alemania se centró en la investigación de los elementos «remanentes» de la célula de Hamburgo. Fueron los primeros en cerrar una instrucción sumarial y celebrar juicio público, con sentencias firmes contra dos miembros de la célula de Atta: Mounir Al Motassadeq y Abdelghani Muzuadi, los estudiantes que ya en 1996 avalaron con sus firmas el testamento de Atta. A Muzuadi se le detuvo y procesó en Alemania, en octubre de 2002. El 19 de febrero de 2003, el tribunal de Hamburgo condenó a Motassadeq a quince años de prisión, como cómplice de los atentados terroristas del 11/S.

Por su parte, la policía española, con más experiencia sobre comunidades y células de musulmanes combativos, hizo unas fuertes redadas, rompiendo mallas muy imbricadas.

Entre otras detenciones y procesamientos fue importante, el 18 de noviembre de 2001, el de Eddin Barakat Yarkas, Abu Dahdah, jefe en España de la célula «durmiente» de Al Qaeda, cuya misión era reclutar y enviar «guerreros» a los campamentos de Al Qaeda.[13] Meses después, ingresó en prisión Galeb Kalaje Zouaydi, Abu Talha, que operaba bajo la cobertura de unos negocios inmobiliarios para obtener dinero y desviarlo hacia los dirigentes de células y grupos terroristas. También fue detenido y procesado, Ghasoub Al Abrash Ghalyoun, Abu Musab, como autor material de unos vídeos sobre las Torres Gemelas de Nueva York y otros edificios emblemáticos de Estados Unidos, que podrían haber sido llevados a Afganistán por Al Saqqa, Abu Al Darda, correo de Al Qaeda, y utilizados en la fase preparatoria de los atentados del 11/S.[14]

La policía española localizó la existencia de un campo secreto de entrenamiento de Al Qaeda en Indonesia. Estaba en plena actividad y preparando «acciones». La ubicación exacta era la isla de Sulawasi. Los comisarios españoles lo comunicaron a sus colegas del FBI en octubre de 2001. El 13 de octubre de 2002, justo un año después, Al Qaeda provocaba una matanza en el Sari Club de la isla de Bali: 300 heridos y 187 muertos.

Incomprensiblemente, la policía estadounidense no valoró la pieza informativa. O no se movió con eficacia para desmantelar aquel campamento.[15]

¿Qué hizo Estados Unidos para perseguir policial y judicialmente el terrorismo en su propio terreno?

El Buró Federal de Investigación comenzó con bríos. El primer elemento fueron las listas de pasajeros de los cuatro vuelos siniestrados. Ahí aparecían 19 cabos de donde arrancar: los 19 árabes que secuestraron los aviones el 11/S. Los datos de reserva y compra de sus billetes abrían ya un raudal de líneas para indagar: números de teléfono de contacto, tarjetas de crédito y de débito que remitían a cuentas bancarias. Tirando de esos hilos, en pocas horas habían llegado a los documentos que cada uno de esos árabes aportó tiempo atrás para obtener el pasaporte y el visado: foto de carné, teléfono y domicilio de localización, número de cuenta corriente, nombres y direcciones de personas conocidas residentes en el país alojador... Fueron saliendo así sus nombres, sus rostros, sus números de identidad, datos de filiación, lugar de nacimiento, estudios, centros de trabajo, amistades, diversos alojamientos, escuelas donde se hicieron pilotos... Por esa senda, y con una buena conjunción de policías de otros países, hubiesen podido reconstruir las historias personales de los pilotos suicidas.

A la vez, en el aparcamiento del aeropuerto de Logan había un vehículo sedán blanco Mitsubishi abandonado. Un ciudadano estadounidense, que el 11/S por la mañana entraba en ese aparcamiento, presenció «una discusión breve pero malhumorada entre otro conductor y tres árabes jóvenes salieron del coche blanco muy deprisa». Se fijó en el vehículo, «porque lo aparcaron de mala manera». A los dos días, hizo una denuncia espontánea como testigo ocular. Ése iba a ser un buen punto de arranque de la investigación del FBI. En el aeropuerto de Logan les facilitaron las imágenes grabadas por la telecámara de seguridad del aparcamiento. El Mitsubishi había entrado y salido cinco veces en los últimos días. Dentro del coche, los terroristas dejaron el contrato de alquiler del vehículo, a nombre de Atta, manuales de vuelo en árabe, un pase de acceso a áreas restringidas del aeropuerto, algunos papeles con nombres de árabes... Y una anotación ya vieja con un nombre, Voss, y una dirección de Venice. Era la del matrimonio Charles y Drucilla Voss, que realquilaron una habitación a Marwan y a Atta cuando acababan de llegar a Florida.

Remontando la corriente río arriba, los del FBI empezaron a rastrear los pasos de Atta, Marwan, Hani y Ziad durante su larga estancia americana. Y no era difícil. No se preocuparon de cubrirse la salida —¿para qué, si ellos no tenían un «después» que cuidar?— y dejaron un reguero de pistas. Cada vez que Atta, Ziad, Marwan o Hani se alojaban en un hotel, hacían una transferencia, se matriculaban en una academia de vuelos, alquilaban un apartamento o un coche o un avión ligero, o tenían un altercado en un pub, sabían que estaban dejando rastros... Eso sí, rastros que empezaban y terminaban en ellos. Incluso Atta quiso dejar la maleta, el testamento, el ritual del suicida...

Los del FBI se patearon Daytona Beach, Springs Coral, Sarasota, el Econo Lodge de Las Vegas, Ontario, San Diego, South Portland... Fueron a la ostrería, al gimnasio de Bert R., al motel Pantera Rosa, a la calle 57 de Vero Beach donde vivió Alomari, al apartamento de Tara Garden... En menos de una semana tenían 96.000 pistas —eso dijeron.

Pero enseguida les llegó la orden del jefe, Mueller, y a éste a su vez el había llegado la del fiscal general Ashcroft: «Dejad esa vía: no nos interesan las necrológicas. Atta, Marwan, Ziad, Hani y los demás están muertos... y no van a volver a matar. Los que importan son los vivos: los contactos, los cómplices... los que sí pueden matar».

Lo resolvieron a su manera. No con la información policial ni con los servicios de inteligencia. Tenían métodos más expeditivos y más eficientes: armas y dinero. Prefirieron arrasar y masacrar Afganistán, buscando a Bin Laden. Y comprar voluntades de Estado, como la del general Pervez Musharraf: Bush logró que Naciones Unidas anulase las sanciones que pesaban contra el régimen de dictadura militar impuesto por Musharraf en Pakistán. Se le condonó la deuda y le alzaron el embargo comercial.

Cada quien juega con sus bolas. Ellos tenían misiles y dólares. Sabían montar guerras y comprar. Y eso hicieron. Un buen día empezó la guerra. Y otro buen día empezó la compra de hombres. Salían a la vez los bombarderos y los maletines del millón de dólares. En una primera remesa, setenta maletines. Para pagar delatores afganos y espías paquistaníes.

El mercado de hombres funcionó. Sobre un mapa, un confidente afgano les señaló la ubicación exacta de la casa de Mohammed Atef, comandante en jefe de las milicias de Al Qaeda. En veinticuatro horas, la vivienda era derruida por una bomba inteligente. De noche. Cuando Atef estaba dentro.

O «a tiro hecho» desde un avión Predator se lanzaba un misil Hellfire contra un jeep que circulaba por el desierto de Yemen.

Estados Unidos no estaba en guerra con Yemen. Ni viceversa. Pero la CIA tenía «conocimiento fiable de que en ese vehículo iban seis terroristas de Al Qaeda». El misil Hellfire dejó el jeep y los cuerpos destrozados, carbonizados. Irreconocibles.

Era un modo, su modo, de luchar contra el terrorismo.

Los paquistaníes del ISI cobraron por adelantado la entrega de Abu Zubaidah, el jefe del comité militar de Al Qaeda. La compraventa se hizo en mayo de 2002. Sometido a una batería continua de interrogatorios, en una cárcel secreta —dentro o fuera de Estados Unidos—, el 5 de junio de 2002 se filtró en la prensa que «Abu Zubaidah empieza a aflojar y va contando cosas. Ha señalado, por ejemplo, a Khalid Sheij Mohammed como el hombre que diseñó y financió los ataques del 11/S».

¿Se intentaba provocar un movimiento, una reacción? Tal vez.

Tan sólo un par de meses después, preparando el aniversario del 11/S —el Martes Glorioso, en la jerga de Al Qaeda— Khalid Sheij Mohammed y Ramzi Binalshibi cometieron la osada insensatez de recibir a un periodista de Al Yazira en un piso de Karachi. Tomaron unas precauciones rocambolescas, de película de James Bond, que no consiguieron despistar ni al reportero.

De lo que Khalid y Ramzi declararon se desprendía un doble

alarde: Khalid se colgaba la medalla de haber sido el cerebro de los ataques del Martes Glorioso. Y, a la vez, se presentaba en sociedad —en clandestina sociedad, pero cara a los televidentes de Al Yazira— como «el nuevo jefe militar de Al Qaeda»: el nuevo hombre fuerte, que sustituía no sólo a Abu Zubaidah, también a Atef.

En su afán de notoriedad, Khalid estuvo muy atento a revisar los vídeos que debían emitirse, la calidad de la imagen, el sonido... Incluso, requisó al reportero las cintas magnéticas grabadas, porque quería verlas él antes. Pero descuidó elementales medidas de seguridad, utilizando varias veces un mismo teléfono, vía satélite, para apalabrar aquella entrevista.

Resultado: arriesgó a todo el grupo de muyahidines, la guardia pretoriana que estaban con él y con Ramzi, atrayendo a la policía paquistaní hasta el piso de Karachi donde se habían reunido.

La policía abrió fuego al asaltar el piso. Hubo una refriega. Dos hombres de Al Qaeda cayeron muertos. Los otros diez —Ramzi entre ellos— fueron detenidos. Era justamente el 11 de septiembre, pero un año después.

Ramzi Binalshibi, clamaba a gritos: «¡Os equivocáis, yo no soy Binalshibi, yo soy Ramzi Omar!» Con los ojos cubiertos, esposado con las manos a la espalda y a punta de fusil, de una docena de fusiles Cetme, fue conducido a un cuartelillo policial de Karachi. El ISI tasó su precio y lo entregó a los agentes de la CIA, que lo trasladaron a una prisión secreta en un tercer país. Aunque el preso quedó bajo control de la CIA, Estados Unidos renunciaba expresamente, en una primera fase, a pedir la extradición. De ese modo, sus agentes podrían practicar cuantos interrogatorios necesitaran, sin control judicial ninguno. Por tanto, sin asistencia letrada ni garantía procesal alguna para el hombre apresado.

¿Y Khalid Mohammed? Khalid, una vez más, estaba ausente cuando llegó la policía. Como cuando los agentes se presentaron en el piso de su sobrino Yusuf, en Manila. Y como en tantas ocasiones. Sospechosamente, ausente... y libre.

La entrega de Khalid se hizo esperar hasta una nueva remesa de maletines con dinero caliente. El 1 de marzo de 2003 fue detenido en Rawalpindi, Pakistán, junto con otro «peso pesado» de la organización: Mustafá Muhammad Alhawsawi, el tesorero. Alhawsawi abrió en el año 2001 varias cuentas en el Standard Chartered Bank de Dubai, y desde ahí iba transfiriendo a los hombres de Atta la intendencia financiera. Pocas veces lo hacía en directo. Prefería girar al Dresdner Bank, y que Motassadeq o Ramzi canalizaran los dólares o los marcos hacia Florida.

En la madrugada del viernes 28 de febrero al sábado 1 de marzo sonó el teléfono directo de Condoleezza Rice en Camp David. La consejera de Seguridad Nacional estaba pasando aquel fin de semana con los Bush. Al otro lado de la línea estaba George Tenet, el director de la CIA. Llamaba para informar de las detenciones. «Lo han hecho los paquistaníes —le comentó Tenet—, pero el operativo de la redada se lo hemos diseñado nosotros.»

Condoleezza, al saber que entre los detenidos estaba Khalid, el número tres de Al Qaeda, dijo que le parecía suficientemente importante como para despertar al Presidente.

—¡Seguro que hasta le entrará hambre y luego dormirá mucho más a gusto!

Cuando le dio la noticia, a Bush le salió un grito espontáneo:

—¿Khalid Mohammed? ¡Eso es fantáááááástico!

—Pero tengo que decir algo más que no sé cómo va a sentarle, Presidente —agregó Condoleezza—... Por lo visto, en poder de Khalid han encontrado dos cartas manuscritas de Bin Laden... Y son recientes.

Bush, tozudo, repitió lo que ya había dicho en otra ocasión:

—Pues, recordadles a ésos del ISI: nosotros perseguimos a Bin Laden. Que busquen a Bin Laden. Les compramos a Bin Laden... muerto o vivo [sic].

«SÓLO PARA LOS OJOS DEL PRESIDENTE»

Las preguntas están ahí. No hay que pensarlas ni elaborarlas. Brotaron por sí solas, sin que nadie... Están ahí desde entonces. Desde el Día. Y a partir del Día. Ahí. En un rincón solitario y silencioso de la conciencia. Están al mirarse en el espejo del lavabo. Están en la almohada del insomnio. Son preguntas que no duermen. Preguntas que palpitan, que runrunrún... no cesan, que no dejan ni un minuto de sosiego. Son preguntas todavía indefensas, sin voz, pero con una inmensa carga de futuro, una carga inexorable de denuncia, de incriminación, de conmoción. Sin embargo, no reclaman escándalo, ni titulares, ni cámaras, ni focos deslumbrantes. No son preguntas solemnes, ni desafiantes, ni altisonantes. No son siquiera sonantes. Están ahí, calladas, en el hondón. Tienen que ver con el sentido de la vida y de la muerte. Tienen que ver con el poder de los que mandan en todo, y con la impotencia de los que no mandan en nada. Tienen que ver con la ausencia de un ser querido. Tienen que ver con una negligencia quizá culpable, con una decisión quizá cobarde, con una mentira quizá encubridora. Tienen que ver —es la historia de siempre— con la calaña moral de unos y con la decencia de otros. Tienen que ver con los derechos del hombre, y... con los hombres sin derechos. No son las preguntas del ministerio fiscal. Son las preguntas de cualquier John Nobody, las preguntas de cualquier Juan Nadie.

Es la pregunta de Stephen Push: su esposa, Lisa Raines, murió pulverizada en el Boeing del vuelo 77-AA, el que dijeron que chocó contra el Pentágono.

O es la pregunta de algunas compañeras de Michele Heidenberger, azafata a bordo de ese mismo avión. No dejaron de pensarlo durante el funeral en la iglesia de Nuestra Señora de Lourdes en Bethesda.

Es la pregunta de Andy y de Bob, aerógrafos o radiomecánicos en la base de Langley. Vieron cómo salían los pilotos del escuadrón *The Happy Hooligans*, los Gamberros Felices. Y vieron cómo volvían. Después, ni media palabra, *no comment*.

Son las preguntas de los familiares de Patti E. Mickley, de

Springfield, Virginia, y de Kevin Wayne Yokum, 27 años, técnico de segunda clase en sistemas de información, de Lake Charles, Luisiana, que murieron mientras trabajan en el Pentágono. Casi todos los familiares declinaron asistir al acto del presidente Bush y de los jefes militares en la cafetería del edificio. Nadie tenía ganas de besos en las mejillas, ni de corear «Dios bendiga a América».

Es la pregunta de Karen, administrativa en una planta baja de la Presidencia. ¿Por qué aquel día, justamente el Día, su jefe el señor Bush no apareció por la oficina? A Karen no le cabía en la cabeza que, «si la Casa Blanca estaba en peligro, no desalojasen a los funcionarios hasta bien entrada la mañana». Y aún entendía menos que, «si era cierta la amenaza contra el *Air Force One*, tuvieran al Presidente horas y horas dando vueltas por el país... ¡dentro del *Air Force One*!». Karen sólo sabía que los hombres, cuando han tenido miedo, no lo dicen a nadie pero... se vuelven muy agresivos. Y que, a partir del Día, su jefe el señor Bush empezó a empalmar una guerra con otra.

Es la pregunta que se hizo un analista del departamento de valores del Banco Alex Brown, del departamento de valores. Cuando se disponía a elaborar un informe sobre ciertos paquetes de acciones de aerolíneas, prestadas por el banco —vendidas antes del 11/S y recompradas poco después—, le dijeron: «No te líes, deja eso: de momento no habrá informe». Le resultaba inevitable comparar aquella especulación en bolsa y aquellas meteóricas plusvalías, que el Alex Brown había gestionado y sobre las que se rumoreaba que quizá estaba detrás Bin Laden, con otra turbia operación de «iniciados» y de «bien informados», que él conoció once años atrás... cuando la invasión de Kuwait. Entonces fue con acciones de empresas de petróleo.

Si no recordaba mal, de 1978 a 1984, George W. Bush era un destacado ejecutivo de la petrolera Arbusto, rebautizada como Arbusto-Bush Exploration.* A continuación la compañía fue absorbida por Spectrum, y ésta a su vez adquirida por Harkem Energy. En 1986, George W. Bush pasó a ser directivo de alto rango en Harkem. Curiosamente, le permitieron comprar acciones de Harkem al 40 % de su precio real. En los últimos días de julio de 1990, George W.

---

* Empresa creada por George Bush padre con el llamado «grupo de los texanos». Uno de los 50 accionistas de la compañía era James E. Bath, quien casualmente representaba en Texas los intereses del Bin Laden Group.

Bush, hijo del entonces Presidente de Estados Unidos, tuvo una «corazonada»: debía soltar papel cuanto antes. Y logró vender el 60 % de sus acciones justo en vísperas de aquel desplome brutal de los precios del crudo. El 2 de agosto, Sadam Hussein invadía Kuwait... «por sorpresa». ¿Sorpresa también para el hijo del Presidente? No sólo vendió Bush. Toda la empresa Harkem se benefició de su «corazonada». En cambio, por el escándalo especulativo y por la sombra de «información privilegiada», se hundió el banco que había gestionado los dividendos: el BCCI.* Y su cartera de clientes pasó al Banco Alex Brown. Entre esos clientes estaban George W. Bush, Harkem Energy, la Casa Real saudí y el Bin Laden Group.

El analista del Alex Brown no hizo el informe. En efecto, no se investigó a los «iniciados» del pelotazo del 11/S. Ni al banco gestor. A «papelera sin reciclaje». Pero la pregunta se le quedó en algún archivo del disco duro.

Es la pregunta que no dejó de hacerse Kennet Williams, agente del FBI en Phoenix, Arizona, cuando se enteró de que la central, en Washington, pasaba olímpicamente del memorando que les envió en julio de 2001 y en el que, sin rodeos y citando de manera expresa a Al Qaeda desde el primer párrafo, exponía sus sospechas de que hubiese «un buen número de terroristas árabes estudiando en escuelas de aviación de Estados Unidos» y pedía que «se investigase en todas las academias y escuelas de pilotos». Aquel memorando no se compartió con la CIA ni se elevó al Consejo de Seguridad Nacional.

El agente Kennet Williams supo después que, también en julio, los días 2, 18 y 31, el FBI había emitido tres mensajes alertando sobre «la posible inminencia de atentados». Que, por esas mismas fechas, la Agencia Federal de Aviación, recomendó a todas las aerolíneas comerciales: «Estén alerta y tomen precauciones», porque «grupos terroristas preparan secuestros de aviones». En fin, el más alto responsable de acción antiterrorista en la Casa Blanca, Richard Clarke, el 5 de julio y a la vista de sus informaciones, dijo en una reunión del equipo presidencial: «Algo espectacular va a ocurrir aquí,

---

* Banco de Crédito y Comercio Internacional, banco gestor de inversiones de Arabia Saudí con participaciones de bancos estatales de otros países. Uno de sus clientes más fuertes era la Casa Real saudí. Otro, el Saudi Bin Laden Group.

y además va a ocurrir pronto». Se suspendieron todos los permisos de verano en su departamento y se ordenó la máxima alerta...

Pero, el 31 de julio, el presidente Bush se marchó de vacaciones por un mes. En esa misma fecha se desengancharon las alertas, expiraron las precauciones y se olvidaron los temores.

Son preguntas que están ahí... Un Mohammed cualquiera, un Mohammed Nadie, inmigrante, con los papeles averiados o caducados, callejeaba por un suburbio de Nueva York. Buscaba trabajo, buscaba ir tirando de hoy a mañana. Fue detenido, esposado y brutalmente trasladado al Centro Metropolitano de Detención de Brooklyn. Lo encerraron en un calabozo. Y lo trabaron con cadenas por los pies y la cintura cada vez que le llevaban de acá para allá. No le permitieron llamar ni a un pariente, ni a un amigo, ni a un abogado... El primer día, viendo que lo trataban como a una mala bestia terrorista, se orinó encima. En los interrogatorios, de puro miedo vomitó. También encima. Lo tuvieron, no 72 horas sino 80 días detenido, confinado en una celda y con la luz siempre encendida. Salió hecho una piltrafa. Luego le explicaron que «como los perreros enganchan a los perros vagabundos, así os engancharon a 761 inmigrantes y a ti».

Bastante más tarde, desde el televisor de un bar vio a la señora Barbara Comstock, portavoz del Departamento de Justicia, diciendo con mucha energía: «No pediremos perdón a nadie por utilizar todos los recursos legales para proteger al pueblo americano frente a nuevos ataques terroristas».

El vicefiscal general, Larry Thompson, emitió una nota: «Era una redada imprescindible, por razones de seguridad nacional». Pero eso ya no llegó a saberlo Mohammed Nadie. Ni que hubo una inspección, y un informe en el que se reconocían «los abusos físicos y verbales», «los insultos y los tratos innecesariamente duros»; aunque no iban a procesar a los funcionarios presuntamente culpables «porque las pruebas que pudiera haber, como las filmaciones de interrogatorios, fueron destruidas».[1]

Es la pregunta que Deena Burnett temía que le hicieran sus hijas. Ella se había conformado con el drama y con su versión gloriosa: «Tom Burnett murió como un héroe en el vuelo 93-UA estrellado en Pensilvania». Pero las niñas preguntarían, indagarían, querrían saber. Las niñas y los niños son así. No tienen más que preguntas en la boca: un chicle, un caramelo, la mella del último diente y preguntas en la boca. Y algún día habría que decirles...

Es la pregunta de Miller Wallace, el forense de Somerset. Seguía el hombre devanando conjeturas, en su intento de averiguar adónde habrían ido a parar los cadáveres del vuelo 93-UA hecho trizas y pavesas... en el aire.

La pregunta intrigada del padre de Richard Guadagno, pasajero en aquel mismo vuelo: «El día antes Richard vino a casa. Me pidió un instrumento de precisión que yo tenía: un pequeño martillo con la punta muy afilada. Le advertí: "¿te lo dejarán pasar en el control de embarque?". No sé qué tipo de control harían, pero es evidente que sí, que lo llevó con él a bordo». En la pregunta del señor Guadagno se concentran miles y miles de preguntas sobre la negligencia en los controles de los aeropuertos. En los cuatro vuelos hubo pasajeros y tripulantes acuchillados y degollados...

Es la pregunta de Billy Drexel. Vivía en Washington, en el distrito de Columbia. Aquellas noches —11, 12 y 13 de septiembre— merodeó por donde se juntan el río Potomac y el río Anacostia, cerca del puente 50. Y vio los trajines de la Guardia Costera patrullando, buscando, con las potentes linternas y los focos graduables...

Es la pregunta de un comisario de la policía española,[2] al salir del Delta Camp, la prisión militar de la base de Guantánamo. Pensó tomar algunas notas, pero instintivamente supo que no era necesario: con todo lo que él había visto en su vida... aquello del Delta Camp nunca se le iba a olvidar.

Como un campo de concentración: las torretas de vigilancia, las luces potentísimas, encendidas de día y de noche, las armas de los marines apuntando desde todos los ángulos. Las sirenas. Las vallas de alambradas en espiral y el tejido de polivinilo verde rodeándolo todo. Los de dentro no podían ver dónde estaban. No sabían siquiera que aquello era una isla. Los presos, como animales de un zoo, en jaulas estrechas de 1,5 por 2 metros, confinados y aislados por dobles y triples alambradas. Una plancha metálica para estar acostados o sentados. Un grifo y una letrina. Eso era todo. Incomunicación total. Soledad absoluta. Cada cuatro días sacaban al preso, en solitario, a un patio reducido y también enjaulado. Disponía de 15 minutos para estirar las piernas y ducharse, encañonado por los subfusiles de cuatro marines.

De las jaulas salían jadeos, gemidos, lamentos, algún alarido gutural, algún lloriqueo monótono e incesante... Muchos hablaban solos por sentirse acompañados. La mayoría estaban adormilados, deprimidos, con la mirada perdida...

El comisario oyó que le llamaban desde varias jaulas: «*¡Biya, biya...!*» Querían decir: «Ven, ven». Y con la mano tendida: «Tengo algo urgente que decirte». Unos minutos de conversación eran como un oasis para cualquiera de esos hombres: «A mí me detuvieron en Kandahar a primeros de noviembre de 2001. Mira, yo soy taxista, yo no soy talibán, yo no estaba en ninguna guerra, ni llevaba armas encima. Antes de entregarme a los americanos, los que me arrestaron me ofrecían dejarme escapar si yo les daba dinero. Pidieron mucho dinero. Tenían que repartir... Y aquí estamos los que no hemos podido pagar. Primero me llevaron a una cárcel. Luego, a un campo de prisioneros varios meses, allí en Afganistán. Éstos me han interrogado 25 o 27 veces. Lo he dicho todo. Siempre repito lo mismo. No sé qué esperan que invente... Yo sólo quiero saber qué va a ser de mí... ¿Tú podrías enterarte? Pregunta cuánto me queda de estar aquí... Sería menos desgraciado si supiera que son dos años o cinco años. O que me van a juzgar... Y si me van a ejecutar, que me lo digan. Prefiero saberlo. No tengo miedo. Ya pasé todo el miedo del mundo cuando...».

Aquel preso y otro y otro, sin haberse comunicado entre ellos, le contaron la misma vivencia: «Me encadenaron los tobillos, las muñecas, la cintura. Con unas cinchas me engancharon desde el cuello hasta los pies. Me taparon los ojos con un antifaz. Y me pusieron una máscara gruesa sobre la boca y la nariz. Como un fardo, sin poder moverme, ciego, respirando con fatiga, me trastearon y me metieron yo no sabía dónde. Me desorienté del todo. Luego imaginé que estaría en un barco o en un avión. Horas y horas y horas... Perdí el sentido del espacio y del tiempo. Entonces sí que pasé miedo. Pensé que así, sin poder moverme, me arrojarían al mar. Es lo más horrible: no saber qué van a hacer contigo, no saber qué va a ser de ti».

Después de registrar 22 intentos de suicidio y ante el deterioro psicológico de una situación infrahumana, de «agujero negro», los responsables del campo militar abrieron un pabellón especial para presos con cuadro clínico suicida.

En Guantánamo no se aplicaba la ley de Estados Unidos, por ser «territorio de Cuba, en régimen de alquiler perpetuo». Washington, el Pentágono, no les reconocía el estatuto de prisioneros de guerra, que estipulan las Convenciones de Ginebra en casos de conflicto internacional. No había detención motivada, ni cargos, ni pruebas, ni proceso penal, ni inculpación, ni asistencia letrada, ni previsión de juicio... Al preso se le negaba el *habeas corpus*, el derecho básico a ser oído por un juez. No se le reconocía titular de ningún derecho. Antes bien, se le violaban todos. Para detener y retener indefinidamente a 650 presos, inventaron la figura del «combatiente ilegal». Un estatus inexistente, no tipificado por el derecho internacional. La detención sin cargos e indefinida en el tiempo era ilegal e ilegítima. Si se les consideraba prisioneros de guerra, cesadas las hostilidades, concluida la guerra de Afganistán, aquellos hombres debían ser juzgados por un tribunal militar. Y ya en esa instancia, o les imputaban un delito, o los liberaban y los repatriaban a sus países de origen. En marzo de 2003, el Tribunal de Apelaciones del distrito de Columbia legitimó la situación de «hombres sin derechos» para los presos de Guantánamo: el *gulag* de América.[3]

Cuando el comisario español salió del Delta Camp, dentro de su cráneo resonaban las palabras «yo sólo quiero saber qué va a ser de mí». Miró alrededor. Un bellísimo atardecer sobre el mar Caribe. «¡Dios...! —Apretó los dientes—. Érase una vez, Caín y Abel. Érase una vez... y otra vez... y otra vez han conseguido los hombres que un paraíso se convierta en un infierno».

Es la pregunta... Son las tantísimas preguntas que tendría que formular la Comisión de Investigación del 11/S.

Parecía un sarcasmo aquella carta malhumorada y cínica con la que Henry Kissinger presentó su dimisión a Bush, sin llegar a estrenarse siquiera como presidente de tal comisión. La firma Kissinger & Associates, que él preside, asesora a multinacionales como ITT, Lockheed, American Express y a Gobiernos, como el de China. A Kissinger le preocupaba que un exceso de transparencia y quizá de polémica en los trabajos de esa comisión estorbara sus negocios: «La controversia —decía en su misiva a Bush— pronto llegaría a la firma consultora que fundé y de la que soy propietario [...] por tanto, no puedo aceptar las responsabilidades que usted me ofrece».

Una luz excesiva podía lesionar los intereses de sus clientes. ¿Qué clase de clientes tenía Kissinger, que pudieran sentirse perjudicados por la investigación de los crímenes cometidos por unos musulmanes y financiados por otros musulmanes? Slade Gorton, el presidente nombrado en sustitución de Kissinger, estaba en una difícil coyuntura para ser imparcial. Y no porque el senador Gorton fuese republicano, del partido del Gobierno, sino porque su despacho de abogados en Seattle tenía entre sus clientes a la Boeing y a varias aerolíneas, entre ellas American Airlines y United Airlines, propietarias de los aviones siniestrados el 11/S. ¿Sería capaz de ser juez y parte? Dos años después del 11/S, la Comisión no había iniciado sus trabajos.

Esa comisión, creada en la Cámara de Representantes a demanda de las familias de las víctimas y damnificados, tendría que plantear las preguntas de la calle. Investigar sobre tres escenarios de tiempo: antes, durante y después del 11/S. Y quizá debería empezar haciendo las siguientes preguntas: aquella tragedia ¿fue previsible? ¿Fue evitable? ¿Qué sabía el presidente Bush? ¿Qué decía exactamente el informe que le entregaron en mano el 6 de agosto de 2001 acerca de amenazas de atentados terroristas? ¿Era un informe genérico, inconcreto y vago o más bien llevaba como epígrafe «Bin Laden decidido a atacar en Estados Unidos»?

Y a continuación debería abordar el día de autos, el Día: todas las órdenes, civiles y militares, que el 11/S se impartieron verbalmente, por teléfono, por e-mail o por radio, ¿constan por escrito?

Si es así, debería conocerse el texto literal y la hora exacta de la orden del presidente Bush al vicepresidente Cheney, autorizando abatir aviones que no obedeciesen a los controles, aunque transportaran pasajeros civiles.

Para tomar esa grave decisión, invocando la «legítima defensa» tenían que darse las circunstancias de inmediatez, necesidad y proporcionalidad. A la hora de elegir entre salvar unas vidas y perder otras, era cardinal el grado y la calidad de información de que dispusiera el Presidente. ¿Tenía el Presidente una información clara, discernida y concreta sobre el peligro del que debía defender a su nación o la situación, como repetía el vicepresidente Cheney, era «muy confusa»?

En cuanto a la orden en sí: la decisión última de abrir fuego contra aviones comerciales con pasajeros civiles a bordo, ¿se dejó a la discrecionalidad de los pilotos de los cazas militares «si ellos entienden que deben hacerlo» [sic]? Cualquiera de aquellos jóvenes pilotos, él solo bajo su carlinga y maniobrando simultáneamente el caza, el software de su armamento y el del radar que detectase el objetivo, ¿era quien estaba en la situación más idónea y mejor informada para arbitrar y decidir, sobre la marcha, si abrir fuego contra sus compatriotas?

Sobre la actuación defensiva militar del día 11/S, la Comisión debería requerir: todas las órdenes evacuadas aquel día desde el Centro de Mando Militar (Pentágono); las órdenes de ataque y defensa dadas por el comando NORAD; las hojas operativas y hojas de vuelo de los aviones de combate que el 11/S despegaron de sus bases cumpliendo órdenes del comando NORAD o de algunos de sus sectores; las actuaciones y medidas militares adoptadas, a partir de que se activó la Delta Defcom3, en los 50 estados de la Unión; los movimientos de las unidades aéreas y de las milicias de infantería, artillería y logística de la Guardia Nacional, en todo el territorio federal; los informes de la Guardia Nacional Costera sobre rastreos y vigilancias en los ríos Potomac y Anacostia, Washington-Virginia, los días y noches del 11 al 13 de septiembre; las respuestas y explicaciones que el general Richard B. Myers, jefe del Estado Mayor Conjunto, dejó apalabradas y pendientes en su comparecencia ante la Comisión Senatorial de Defensa el 13 de septiembre de 2001.

¿Encargó el presidente Bush al secretario de Defensa, Donald Rumsfeld, un informe sobre lo que de verdad ocurrió dentro del Pentágono? Si lo encargó, ¿por qué no se hizo? Si se hizo, ¿por qué no se publicó?*

¿Cuántas personas murieron en las dependencias siniestradas

---

* Entre abril y mayo de 2003, según el Departamento de Documentación de la embajada de Estados Unidos en Madrid, tal informe no existía.

del Pentágono? ¿Cuántas sufrieron heridas? ¿Qué médicos forenses intervinieron? ¿Constan sus dictámenes? ¿Qué autoridad judicial se personó en los levantamientos de cadáveres?

¿Quién abatió el avión 77-AA? ¿Dónde cayó? ¿Qué fue de los restos de la aeronave? ¿Qué fue de los cadáveres de la tripulación y el pasaje? ¿Qué médicos forenses intervinieron? ¿Constan sus dictámenes?

La Comisión también debería solicitar: las cintas grabadas por las videocámaras de seguridad del Pentágono (grabaciones exteriores de los cinco costados del edificio, registradas el 11 de septiembre); las cintas grabadas por las tres videocámaras de cada avión caza puesto en vuelo aquella mañana para operar en la zona de Washington-Virginia y sobre el distrito de Columbia; las cajas negras del Boeing del vuelo 77-AA siniestrado; las grabaciones íntegras de los mensajes sonoros recibidos en los teléfonos 911 de emergencias en las zonas de Arlington, Georgetown y distrito de Columbia; las cajas negras del vuelo 93-UA siniestrado en Pensilvania; los dictámenes de los forenses de Somerset y de Moreland; las cintas magnéticas del Control de Rutas de Tráfico Aéreo, que fueron requisadas por el FBI; las cintas de vídeo de los helicópteros de la Agencia Federal de Emergencias y de los equipos de Búsqueda y Rescate Urbano, sobre los siniestros ocurridos aquel día en Shanksville y alrededores, Pensilvania, y en el Pentágono; el informe sobre la exploración que debió hacerse en el lugar anterior a Shanksville donde cayó, o se presumía que cayó, parte del Boeing del vuelo 93-UA; las grabaciones íntegras de los mensajes sonoros recibidos en los teléfonos 911 de emergencias de los condados de Moreland, Somerset y Cambria, zona donde se estrelló —o fue abatido— el avión del vuelo 93-UA. Y, entre esos mensajes, el del pasajero que habló desde los lavabos del avión; la declaración de la supervisora de GTE Liza Jefferson ante los agentes del FBI sobre lo que ocurría dentro del avión 93-UA, en los momentos finales mientras ella estaba en línea con el pasajero Todd Beamer; el vaciado de la memoria contenida en la tarjeta magnética del móvil de Ziad Jarrah, que presumiblemente se recuperó entre los restos del Boeing caído en Pensilvania; las cintas que registraron todas las comunicaciones entre el Centro de Control de Rutas de Tráfico Aéreo y las cabinas del 93-UA y del 77-AA.

Y después del 11/S, entra en escena el FBI, dirigido por Robert S. Mueller y supradirigido por el fiscal general John D. Ashcroft. ¿Fue exhaustiva la investigación del FBI?

En dos años, el FBI como policía federal no ha llevado a término ni una causa contra terroristas o cómplices en relación a los crímenes del 11/S. Al francoargelino Zacarías Moussaoui, detenido en Minnesota en agosto de 2001, no le abrieron el disco duro de su ordenador; no se enteraron de su conexión con Al Qaeda, ni con Atta, ni con la matanza que se cernía sobre América. Él tenía que ser el piloto número 20. En la actualidad, Zacarías Moussaoui sigue pendiente de juicio. Y alguien se pregunta: ¿por qué esa lentitud?

¿Por qué las 96.000 pistas que el FBI dijo tener acumuladas, apenas nueve días después del 11/S no han llevado a ninguna parte? ¿Se siguieron las líneas de relaciones y contactos que la célula de Atta utilizó durante su estancia en tan diversas localidades estadounidenses?

¿Quiénes eran los árabes que pasaron la última noche con Ziad Jarrah y los tres de su comando en el hotel Morrison de Newark, New Jersey, muy cerca del aeropuerto? Eran un buen grupo. Ocuparon siete habitaciones de la planta 4 y cenaron juntos, «como si celebraran un banquete de despedida entre compañeros». ¿Qué se supo de ellos?

¿Qué mezquitas utilizaron en Estados Unidos como centros de reunión? ¿Se vigiló estrechamente a los imanes y predicadores? ¿Trufaron de chips espías sus redes de información, de colectas, de contactos y de influencia?

Es cierto que el FBI, la policía más potente de un país que se dice patria de las libertades, hizo unas redadas inclementes, discriminatorias... con tanta estulticia como inutilidad, dando palos de ciego y deteniendo a más de 760 inmigrantes árabes sin los papeles en regla y a quienes no podía imputarles nada, por la sencilla razón de que no eran terroristas. Como hubiera dicho Mohammed Nadie: «Si yo fuera un francotirador de Al Qaeda, un terrorista, tendría tres pasaportes, dos permisos de conducir, una Visa Oro y varias cuentas corrientes... ¡y no esta puta mierda de papeles de fotocopia barata!».

Entretanto, las células musulmanas combativas, asentadas en Estados Unidos desde los años setenta, no sólo no fueron desmanteladas, sino que quedaron incólumes: Brooklyn, Florida, Boston, San Diego, Los Ángeles, Nueva York, Phoenix, Ontario, Atlanta, etc.

Después del 11/S, el FBI siguió muy bien el flujo de dinero que desde Emiratos había ido llegando a las cuentas de Atta y Marwan Al Shehhi en Florida. Reconstruyó la saga de las transferencias ordenadas por Mustafá Alhawsawi desde el Standard Chartered Bank de Dubai al Sun Trust Bank y al West Coast Bank de Florida. Asimismo encontró las huellas dactilares de Ramzi Binalshibi en la cartulina satinada de un envío de dinero a Moussaoui por Western Union. Hasta ahí llegaba la frontera territorial de esa policía. Era el paso a nivel donde el FBI debía entregar el testigo a la CIA para que se aventurase en andanzas con mayor ancho de raíl.

Aquellos depósitos de Mustafá Alhawsawi enmascarado bajo los nombres de Isam Mansur, Mister Ali, Hani, demandaban que de una vez se «alzara el velo» del simulacro.

¿Se atrevería la Comisión de Investigación a tocarle las amígdalas a ese lobo feroz? La opacidad bancaria saudí, emiratí, kuwaití, qatarí... Las nada raquíticas ayudas de Arabia Saudí a grupos extremistas musulmanes, como inicuo precio para comprar la seguridad en su propio territorio. Sólo entre septiembre de 2000 y noviembre de 2002, y desde el Ministerio de Interior, el Gobierno saudí distribuyó 140 millones de dólares a terroristas de Yihad Islámica y de Hamas, a través de organizaciones benéficas controladas por esos grupos.[4]

Pero ciñéndose a Al Qaeda y al 11/S, y dejando aparte las magníficas relaciones de familia y de negocios entre los Bin Laden y la Casa Real saudí; y datos menores como que Ramzi Binalshibi dispusiera de dos pasaportes falsos pero «auténticos», facilitados por policías de gobiernos amigos: uno de Sudán y otro de Arabia Saudí; o datos no tan menores como que determinados hoteles de La Meca y de Medina fueran lugares no perturbados donde la gente de Al Qaeda se reunía para reclutar muyahidines... Dejando aparte todo eso, hay hechos de bulto en el 11/S sobre los que no se debería pasar de puntillas: no era fortuito que 15 de los 19 participantes en los atentados fuesen saudíes. Ni que Wail Alsheri y Abdulaziz Alomari —miembros del comando de Atta los dos— disfrutasen de bolsas de estudio y estancia en Estados Unidos otorgadas por el Gobierno de Arabia Saudí para obtener sus licencias como pilotos de líneas aéreas.[5]

Quizá pudo ser una negligencia timorata que la princesa Haisa Faisal, esposa del príncipe Bandar Sultan, embajador de Arabia Saudí en Estados Unidos, estuviese enviando durante cuatro años determinados talones —unos 3.140.000 dólares— a un saudí, Osama Basnam, residente en Estados Unidos y «necesitado de ayuda». No debía de estar tan necesitado, cuando derivaba parte de esas inyecciones a un tercer individuo, Al Bayoumi, miembro activo de la célula de Al Qaeda en San Diego, quien a su vez los entregaba a Jalid Almidhar y Nawaq Hazemi, los «logísticos» y pioneros del comando de Atta en América.

Ahora bien, no era un descuido atolondrado el que en la mayoría de las mezquitas saudíes se recolectase dinero «para financiar actividades en campos de entrenamiento de muyahidines en Afganistán», y que parte del dinero religioso —dinero *waqf* y dinero de las limosnas del *zakat*— bajo control del Ministerio del Waqf y cuyo fin preceptivo son las obras de caridad, se desviara a los campamentos de Al Qaeda.[6] El propio director de los servicios secretos de Pakistán afirmó que «ha sido el dinero saudí el que ha sacado adelante los campos de entrenamiento de Al Qaeda»[7].

Otro jalón de evidencias: los lazos demostrados entre ciertas organizaciones «humanitarias» y grupos musulmanes de integrismo radical, como Al Qaeda. El padre del embajador Bandar, el príncipe Sultan, ministro de la Defensa saudí, era desde hace años uno de los más generosos donantes para asociaciones benéficas islamistas. Entre sus protegidas figuraba la International Islamic Relief Organization, una de las ONG más activas en Afganistán durante el régimen talibán y el apogeo de Bin Laden. Esa ONG ha sido demandada por 700 familias de las víctimas del 11/S. Algo, pues, tendría que investigar por ahí la Comisión de la Cámara de Representantes. Ahí y en la Al Haraeim Islamic Foundation, ONG de capital saudí, apadrinada por el rey Fahd y con oficinas en más de diez países. También ha sido demandada por 700 familias de las víctimas del 11/S.

La Casa Real saudí aguantaba las pertinaces críticas de la prensa norteamericana sobre las corrupciones, las intrigas de palacio, la molicie hedonista de unos príncipes multimillonarios, frívolos y perezosos... Pero las demandas de responsabilidad penal por sus conexiones financieras con los hechos terroristas del 11/S colmaron la copa de todos sus enojos. Entonces, la Casa Real saudí hizo un gesto: de la noche a la mañana, retiró 200.000 millones de dólares depositados en bancos de Estados Unidos. Aún dejaba 400.000 más. Era un aviso en tono mayor.

Un ejemplo de esos raros patrocinios entre algunos Estados de Oriente Próximo y los árabes que ejecutaron los ataques del 11/S: el del emiratí Marwan Al Shehhi, piloto del avión que se estrelló contra la Torre Sur, y su beca mensual de las Fuerzas Armadas de Emiratos. Con un dato añadido: por el mismo banco de Dubai desde donde, año tras año, le enviaban su estipendio mensual, el HSBC Middle East Bank, «alguien» transfirió 110.000 dólares durante el semestre de julio a noviembre de 1999 a la segunda cuenta que Marwan abrió en el Dresdner Bank de Hamburgo. Ese dinero, reexpedido a Estados Unidos, se ingresó en las cuentas de Marwan y Atta en Florida. Año y medio después del 11/S, ni las autoridades judiciales estadounidenses ni las alemanas habían enviado comisiones rogatorias a Emiratos. No instaron a que desvelaran el secreto bancario en las entidades emiratíes que transfirieron ésas y otras cantidades a los autores materiales de los atentados. La pregunta es directa: ¿por qué? La reserva de datos y la opacidad bancaria terminan allí donde la justicia necesita investigar la comisión de un delito. Emiratos, Arabia Saudí, Bahrein, Qatar... Negar esa vía de luz, blindándose con el secreto, ¿qué es sino obstruir la acción judicial y encubrir al delincuente o a sus cómplices?

La Comisión de Investigación —si aún funcionaba— concluiría estableciendo el balance. El balance del quebranto. La balanza de la «justicia infinita». En un platillo, los muertos el 11/S. En el otro, los muertos en las guerras para vengar el 11/S.

A estas alturas hay algunas preguntas que surgen vacilantes por el estupor y la perplejidad que producen en cualquiera ciertas actuaciones. Por ejemplo, al saber que el presidente Bush retiraba la firma que Clinton ya había comprometido en nombre de Estados Unidos, como signatario del Tribunal Penal Internacional.* No reconocen el Tribunal Penal Internacional y se autoexcluyen de su jurisdicción. Estados Unidos, Rusia, Irak, China, India y Pakistán. El Gobierno de Estados Unidos, por orden de Bush, negoció bilateralmente la inmunidad para sus nacionales en los países donde rija el Tribunal Penal Internacional.

La pregunta es: ¿qué podía temer Bush del Tribunal Penal Internacional? ¿Podía temer que le pidieran cuentas por su «castigo infinito» contra Afganistán? Si su decisión de «derribar aviones civiles» el 11/S pudo considerarse una «solución desesperada», una «elección del mal menor», una «emergencia grave en legítima defensa»... aquella situación cambió en el momento mismo en que cesó la inmediatez del estado de necesidad. A partir de ahí no cabía esgrimir la «legítima defensa». La guerra contra Afganistán, concebida como la concibió Bush, como «legítima defensa demorada en el tiempo», iba contra el derecho de guerra —contra el *ius belli*—. Era represalia. Era venganza. Era, crudamente, masacrar a un pueblo y destruir un país por «cazar a un hombre».

¿Podía temer Bush las consecuencias penales de su guerra preventiva contra Irak?

Parece fuera de toda duda que la guerra «por si acaso» contra Irak fue una decisión espuria, ilegítima. Y hay fundamentadas razones para pensar que quizá también fue ilegal. Su país no había sido atacado. Él decía que temían un ataque. ¿Qué causas argüía? ¿El peligro «cierto» de que Sadam Hussein disponía de armas bioquímicas y de armas nucleares? ¿De dónde le venía esa certeza? ¿Acaso... Estados Unidos tenía los viejos albaranes de la

---

* El Tribunal Penal Internacional se constituyó el 11 de marzo de 2003 en La Haya, en la sala de los Caballeros del Parlamento holandés con 18 jueces. La integran 89 países. Tiene autoridad para juzgar de modo permanente delitos de genocidio, crímenes de guerra y contra la humanidad.

venta? ¿Por qué no dejó cumplir sus plazos de trabajo a los inspectores de la ONU? En todo caso, ¿dónde estaban esos arsenales? No aparecieron.

¿Petróleo? ¿Dificultades para el abastecimiento de petróleo? Ésa no sería una razón admisible. Nadie debe apoderarse de lo ajeno. Y menos con violencia. No se puede atacar a un país por asegurarse un acceso a sus fuentes de energía, ni a ningún otro de sus bienes, por codiciables que sean. Sobre todo si a ese país se le castigó con un embargo que le cerraba la salida de esos bienes al mercado.

¿Organizar la democracia de Irak? El presidente Bush no tenía siquiera esbozados unos planes de futuro sobre el otro país. No había hecho un estudio viable ni para poner de acuerdo las etnias, los grupos, los partidos, las religiones. Desconocía a los líderes del pueblo... Pero antes que eso y que nada, el presidente Bush no tenía autoridad ni potestad para diseñar a su gusto el modelo político de otra nación.

¿Pacificar Oriente Próximo? ¿Crear un nuevo mapa de poderes, de equilibrios, de distensiones? ¿O un nuevo mapa de hegemonías de desequilibrios y de tensiones? ¿Quién le erigió en arquitecto y árbitro? Se arrogó competencias que no tiene siquiera el Consejo de Seguridad de Naciones Unidas.

¿Pacificar Oriente Próximo, sin alterar ni un milímetro el estatus y los intereses de sus amigos, Arabia Saudí e Israel? ¿Quizá su «implantación del bien», contra «el eje del mal» contemplaba un nuevo bloque de alianzas económicas y militares sin Europa: un bloque a la carta, a su carta, con países no europeos: Israel, India, Pakistán, China, Rusia, Arabia Saudí, Emiratos?

¿Podía temer Bush que el Tribunal Penal Internacional le llamara para responder por haber autorizado a los agentes de la CIA a asesinar, sin pedirle permiso, a 24 personas que su Gobierno consideraba presuntos miembros de Al Qaeda y, por tanto, «enemigos» ejecutables sin aviso allí donde los encontraran? Ante tal licencia, ante tal cheque en blanco sobre la vida y la muerte de 24 personas —la lista se iba actualizando a medida que se producían las «ejecuciones»— alguien le exigió: «Presidente, póngamelo por escrito». Y escrito está.

¿Ser llamado a responder... por los presos, miembros de Al Qaeda, que retuvo en cárceles secretas de terceros países? Estados

Unidos tenía a esas personas fuera de su jurisdicción deliberadamente, sin pedir su extradición para evitarse problemas legales. Una vez «comprados» a Pakistán, fueron trasladados a calabozos de lugares como Bagram (Afganistán), o la isla de Diego García en el océano Índico, donde se permitía la tortura. Estaban a merced de los agentes de la CIA. Los interrogatorios y las condiciones de reclusión de aquellos hombres carecían de cualquier control judicial. De ninguno de ellos se sabía dónde estaba, ni cómo estaba. Era literalmente un secuestro.*

¿Ser llamado a responder... por erigir unos tribunales militares especiales, para juzgar en secreto, sin garantías de defensa y sin posibilidad de apelar la sentencia, a extranjeros acusados de terrorismo? ¿Ser llamado a responder por... Guantánamo?

Las preguntas están ahí. No hay que pensarlas ni elaborarlas. Brotaron por sí solas, sin que nadie las planteara. Están ahí desde entonces. Desde el Día. Y no se pierden porque siempre hay hombres y mujeres cuya única arma es la pluma. Y una pluma no puede parar una guerra, no puede impedir la corrupción, no puede detener a un suicida. Pero sí puede tomar nota. Y preguntar por la verdad.

La verdad tiene paciencia, la verdad tiene memoria, la verdad tiene su tiempo. Antes o después siempre hay una hora de la verdad. Es —ya se ha dicho— la noble venganza de la Historia.

Desde hoy hasta que llegue ese día, el Presidente puede tener las respuestas a todas esas preguntas como material clasificado secreto, alto secreto de Estado. En tres o en treinta o en trescientos sobres de color mango con un rótulo impreso «Sólo para los ojos del Presidente», *For the President's Eyes Only*.

Los documentos, las cintas, las fotografías, los vídeos, los listados de nombres, los informes, las órdenes y contraórdenes, los memorandos, las transcripciones de los interrogatorios, las cuentas de los fondos reservados, las cifras reales de las bajas en Afganistán, de las bajas en Irak... Desde hoy hasta que llegue ese día, esas respuestas en los sobres de color mango serán *top secret*. El secreto de la Casa Blanca.

---

* En esa situación, en junio de 2003, se encontraban al menos 42 detenidos de Al Qaeda. Entre otros, los dirigentes Abu Zubaidah, Ramzi Binalshibi, Khalid Sheij Mohammed y Mustafá Muhammad Ahmed Alhawsawi.

Pero finalmente llegará otro Día en que se romperá el lacre, se abrirán los sobres y se desclasificarán los secretos.

Las respuestas, que hoy son «sólo para los ojos del Presidente», serán entonces respuestas para los ojos de la Historia. Respuestas para los ojos de cualquier Juan Nadie. Para los ojos de cualquier Mohammed Nadie. Cualquier Cualquiera tiene derecho a conocer la verdad.

PILAR URBANO
El Soto, 20 de junio de 2003

NOTAS

Fuentes generales de este libro

Además de las fuentes de hemeroteca y archivos informáticos —previamente contrastados y verificados— y las citas bibliográficas que se mencionan al relatar cada episodio, la autora ha utilizado las declaraciones públicas realizadas desde sedes institucionales de Estados Unidos, tales como Casa Blanca, Departamento de Defensa, Departamento de Estado, Departamento de Justicia, Fiscalía General, Senado, Agencia Federal de Aviación (FAA), Comando de la Defensa Aeroespacial de Norteamérica (NORAD) y Sector Nordeste de la Defensa Aérea (NEADS), Consejo de Seguridad Nacional, Buró Federal de Investigación (FBI), Tribunal de Apelación del distrito de Columbia (Washington), Inspección General de Justicia, etc.

Asimismo, la autora ha tenido acceso a diversas diligencias de instrucciones policiales —de distintas unidades y servicios de las policías estadounidense, española, alemana, británica, belga, francesa, paquistaní, siria y marroquí—, en sus actuaciones indagatorias sobre miembros de Al Qaeda presuntamente relacionados con la célula de Hamburgo y con los atentados del 11/S. Obviamente, declaraciones obtenidas en interrogatorio policial, estando dichos individuos en situación de detenidos.

La autora ha dispuesto también de algunos autos de sumarios judiciales en curso, así como de los informes fiscales hechos públicos y de declaraciones de detenidos imputados y de ciertos testigos de interés.

Un sustancial aporte de datos procede de la información que en su día suministraron (al FBI estadounidense, al MI-4 y Scotland Yard británicos, a la Unidad Central de Información Exterior de la Comisaría General de Información española y a la BKA alemana) numerosas personas que conocieron y trataron a los miembros de la célula de Hamburgo, antes o después de su constitución como tal, y, en particular, a quienes cometieron los atentados del 11/S: familiares, amigos, vecinos y compañeros de estudios; profesores escolares y universitarios; instructores de vuelo; empleados de establecimientos públicos frecuentados por los miembros del comando, en Alemania, Estados Unidos y España: bares, pizzerías, quioscos de prensa, cibercafés, tiendas, lavanderías, gimnasios, conserjerías de apartamentos y hoteles, agencias de viaje, gasolineras, negocios de alquiler de coches, aviones ligeros y cabinas de simulación de vuelo, etc.

La autora ha accedido igualmente a declaraciones testificales de propietarios o regentes de pensiones, aparthoteles y moteles donde los 19 terroristas árabes se alojaron en sus diversas estancias de las que quedó noticia: en Hamburgo, Florida (Venice, Miami Beach, Hollywood, Daytona Beach, Sarasota, Vero Beach, Coral Springs, etc.), Las Vegas, Madrid, San Diego, Phoenix, Chicago, Boston, Newark, South Portland, etc. De todos esos pasos hay reflejo en los atestados policiales de cada instrucción.

La relación de personas citadas en las páginas de «Agradecimientos» es bastante expresiva —dentro de la reserva de fuentes, necesaria en algunos casos— del variadísimo origen de las informaciones, material documental y consultas de apoyo que la autora ha recabado.

Sobre el desarrollo interno de algunos episodios que se relatan en este libro, y en los que la autora ha optado por la reconstrucción escénica de los diálogos y de la acción, se ha basado siempre en un previo conocimiento directo —o indirecto pero fiable— de testigos que presenciaron aquellos hechos; o de personas vinculadas por parentesco o proximidad con los protagonistas; o a través de figuras de segundo orden, que en su momento tuvieron noticia inmediata de tales sucesos.

En todo caso, la autora agradece las ayudas que han facilitado su tarea en determinados tramos de investigación más ardua. Se acoge al sigilo de fuentes para garantizar el anonimato de ciertos informadores —sólo los imprescindibles—, toda vez que silenciándolos no entorpece en modo alguno la acción de la justicia.

Parafraseando la cautela convencional de algunas escenas y diálogos, se puede afirmar que «cualquier parecido con la realidad es... pura investigación».

1. Un dossier negro

1. Esa colección de fotografías y algunas cintas de vídeo, que Bush quiso conservar, fueron captadas por los operadores de los equipos de bomberos y de USAR, Búsqueda y Rescate Urbano, personados en el World Trade Center, el 11/S, nada más producirse el primer atentado. La FEMA, Agencia Federal de Emergencias, y los grupos USAR filman todas las fases de sus tareas, en catástrofes y accidentes. Como aquel día estuvieron también en los siniestros del Pentágono y del avión caído en Shanksville (Pensilvania), es presumible que el FBI o el Servicio Secreto de la Presidencia retiraran asimismo las fotografías y filmaciones donde aparecieran cuerpos humanos. En el dossier del Presidente había también algunas imágenes procedentes de las videocámaras de los cazas F-15 de la base de Otis, que sobrevolaron las Torres Gemelas instantes después de los ataques terroristas.

2. Lo contaron después Karl Rove y Karen Hughes, consejeros del Presidente, que iban en su comitiva durante aquella visita.

3. El demócrata Al Gore obtuvo 50.992.335 votos populares frente a los 50.455.156 del republicano George Bush. Al «empate» se añadió una anomalía en los escrutinios: en el estado de Florida hubo 45.000 «votos ocultos» —en realidad, votos nulos—, que no debían contarse porque los electores no perforaron bien las papeletas. El conflicto se residenció ante el Tribunal Supremo de Estados Unidos, que dirimió la diferencia a través del colegio electoral de Florida y otorgó 266 votos a Gore y 271 a Bush. Este proceso concluyó el 13 de diciembre de 2000.

4. Gary Hart fue senador de Estados Unidos desde 1975 a 1987. En 1999 y 2000 presidió la Comisión Norteamericana sobre Seguridad Nacional en el siglo XXI.

5. Cfr. Actas del Consejo de Seguridad Nacional, reunido en la sala del Gabinete de la Casa Blanca el 12 de septiembre de 2001.

6. El general sir Peter de la Billiere fue el comandante de las fuerzas británicas en la guerra del Golfo en 1991.

7. George W. Bush, presidiendo la reunión del Consejo de Seguridad Nacional en el búnker de la Casa Blanca, la noche del 11 de septiembre de 2001.

2. Ellos, los que nos mataron

1. Afirmación de Mohammed Atiya, compañero de estudios de Atta en El Cairo.

2. Los Hermanos Musulmanes eran una amplia red —clandestina en ciertos países—, comunicada con increíble dinamismo, que canalizaba ayudas sociales de medio mundo al otro medio: acudía a las necesidades primarias de los más débiles facilitando viviendas, alimentos, medicinas, escuelas; dominaba en los sindicatos; orientaba los estados de opinión; escondía a los musulmanes perseguidos por su ideología y, si era preciso, les propiciaba la fuga a otro país.

3. En esa línea se expresó Atta, conversando con Matthias Frinken, colega de la empresa Plankontor; con Volker Hauth, Martin E. y otros estudiantes de la TUHH o de los seminarios de la sociedad Carl Duisberg Gesellschaft en diversos *länder* de Alemania.

4. La CDG, fundada en 1949, está financiada por varias empresas privadas y también recibe fondos y ayudas del Gobierno federal alemán, de los gobiernos de varios *länder* y de la Unión Europea.

5. Atta estuvo en Egipto del 1 de agosto al 31 de octubre de 1995. Pero ese estudio sobre El Cairo no era el objeto de su tesis en la TUHH.

6. Así lo declaró Bernd Schleich, gerente de la CDG. El estudio de Atta versó sobre *Ordenación urbana y planificación del tráfico en el casco antiguo fatimí de El Cairo*.

7. Novela de Hans Ulrich-Treichel, Galaxia Gutenberg, Barcelona, 2002.

8. Nabil Sayadi residía en Bélgica. Gestionaba a escala internacional unas inexpugnables ONG de solidaridad islámica. A través de esas fundaciones, Sayadi recibía y administraba un potente caudal de donativos. Era su papel, y procuraba actuar desde la legalidad. Sin embargo, sus movimientos de dinero aparecían sospechosamente vinculados a personas y sociedades de la red financiera de Osama Bin Laden. Said Bahaji tendría de él un conocimiento sólo indirecto.

9. El islam se apoya en dos fuentes de fe: el Corán, texto donde se recogen las revelaciones que Mahoma dijo haber recibido de Alá, y la *sunna*, o tradición contenida en el *hadiz*: colección de dichos y relatos testimoniados por el propio Mahoma o por sus compañeros. El islamismo «tradicional» es el sunní. Pero ya a la muerte de Mahoma se produjo la ruptura entre el sunnismo, el jariyismo y el chiísmo. Para los sunníes, cualquier musulmán puede ejercer el liderazgo del poder religioso y político de la comunidad, sin necesidad de ser familia del Profeta. Los chiíes, en cambio, creen que el jefe espiritual y político del islam debe ser descendiente directo de la familia de Mahoma. Los chiíes son seguidores de Alí, primo y yerno de Mahoma.

10. Fusil de asalto ruso que toma el nombre de su inventor, Mijaíl Kaláshnikov. Llamado también AK-47, porque empezó a fabricarse en 1947. Desde entonces se han producido 100 millones de unidades. De gran fiabilidad, lo utilizan los ejércitos de más de 50 países. Es un arma muy común en los conflictos del Tercer Mundo. Asimismo, lo usan numerosas bandas terroristas y grupos guerrilleros. Figura incluso como emblema en la bandera de Mozambique. No sólo nutre los arsenales de Al Qaeda, sino que es ya una pieza simbólica del *atrezzo* con que Bin Laden monta sus puestas en escena, cara al público.

11.   El sufismo es una corriente mística que, a partir del islam, tomó elementos cristianos y gnósticos: propende a una mística sensorial y emotiva, tiene devociones, santos y formas de culto que no están ni en el Corán ni en la *sunna*. Se originó en Persia y prendió enseguida en las capas populares.

12.   Mohammed Atef, llamado también Abu Hafs, el Egipcio, era el cerebro de las «misiones especiales» y jefe del comité militar de Al Qaeda. De sus órdenes dependían las células terroristas activas, las redes «durmientes» y de apoyo logístico, los campos de adiestramiento, los frentes de guerra y la preparación de atentados.

En enero de 2001, una de sus hijas se casó con Muhammed, el primogénito de Osama Bin Laden. Atef murió el 13 de noviembre de 2001, supuestamente en un bombardeo de EE.UU. contra su casa de Kabul. La CIA encontró un filón de documentos saqueando las ruinas de su vivienda y cuartel general. Entre otros documentos, un vídeo de 45 minutos de duración con un soliloquio de Ramzi Binalshibi. Aunque la cinta ofrecía un sonido muy deficiente, los traductores del FBI intentaron leer los labios de Ramzi. A partir de algunas frases obtenidas —entre ellas la de «soy un mártir viviente»— dedujeron que se trataba de una despedida y una invitación al suicidio por el islam. El que esa cinta no estuviese en los archivos de un campamento, sino en la vivienda personal de Atef sugiere que Ramzi era considerado «de élite» en Al Qaeda.

13.   Wahid El Hage había sido durante años ayudante de despacho de Abdullah Azzam, maestro y mentor ideológico de Bin Laden.

14.   Ambos atentados, con camión bomba y chófer suicida, contra las embajadas de EE.UU. en Nairobi (Kenia) y Dar es Salam (Tanzania) se produjeron el 7 de agosto de 1998, con nueve minutos de diferencia. Hubo 263 muertos y más de 4.000 heridos. Entre mayo y agosto de 2001 se vio la causa ante un tribunal de Nueva York. Walid El Hage fue juzgado y condenado bajo la acusación de terrorismo.

15.   Imad Eddin Barakat Yarkas, Abu Dahdah, fue detenido y procesado en Madrid, junto a varios miembros más de su célula. El 18 de noviembre de 2001, el juez Baltasar Garzón, titular del Juzgado Central de Instrucción n.º 5 de la Audiencia Nacional, dictó auto de prisión incondicional contra Abu Dahdah y otros trece musulmanes más por su integración en la organización terrorista Al Qaeda. Sumario 35/01.

16.   El *zakat*, limosna para los musulmanes pobres y necesitados, es una prescripción coránica. En la práctica, es un impuesto religioso de solidaridad que obliga en conciencia y debe equivaler al menos al 2,5 por ciento de la riqueza personal del donante. El llamado «dinero *waqf*» es dinero religioso, para construir mezquitas y otras necesidades del islam. Un ministro o gestor oficial del *waqf* se encarga de administrarlo. No puede estar en manos de cualquier musulmán. Sin embargo, Galeb Kalaje utilizaba ese «dinero *waqf*» para invertirlo o trasvasarlo a terceros, relacionados con Al Qaeda.

17.   Hasta 1998, Galeb Kalaje hacía los envíos de dinero desde Arabia Saudí. Luego, desde España, donde estableció sus negocios inmobiliarios de poca monta, pero útiles para encubrir y blanquear los movimientos de dinero. Cfr. Diligencias n.º 11.775 de la Unidad Central de Información Exterior, 22-4-2002 y sumario 35/01E del Juzgado Central de Instrucción n.º 5 de la Audiencia Nacional de España. Por

auto de 26-4-2002, se dictó prisión incondicional contra Muhammed Galeb Kalaje Zouaydi.

18. A partir del 11/S, por su presunta vinculación con los circuitos financieros de Bin Laden, Abu Qutada tuvo bloqueadas y sometidas a investigación sus cuentas bancarias en Reino Unido. En una de ellas había cerca de 270.000 euros. Posteriormente, ante evidencias de su conexión con Al Qaeda, fue detenido en Londres, en un piso de Bermondsey, el 23 de octubre de 2002.

19. Investigando los atentados que Al Qaeda preparaba para recibir el año 2000, se registró el piso de Abu Doha en Londres. Le intervinieron varios pasaportes falsos y apuntes técnicos para fabricar bombas, que coincidían con las fórmulas y los ingredientes que llevaba consigo el terrorista Ahmed Ressam cuando, en diciembre de 1999, fue detenido en la frontera de Canadá con Estados Unidos. Ressam se disponía a actuar en el aeropuerto de Los Ángeles en la Nochevieja del siglo XX al XXI. En julio de 2001, Abu Doha fue acusado por el fiscal de la Corona en Londres. Tenía contactos también con Abu Dahdah, jefe de la célula de Al Qaeda en España.

20. Por decreto ley de 24 de septiembre de 2001, el Gobierno federal de Estados Unidos bloqueó las cuentas bancarias de 27 personas y organizaciones de diversos países, debido a su comprobada relación con el terrorismo. Entre ellas, las de Mamoun Darkazanli. El comerciante sirio fue procesado por pertenencia a banda terrorista.

21. Abdullah Azzam, palestino (1941-1989), fue profesor de derecho en la Universidad de Ammán (Jordania) y en la de Riad (Arabia Saudí), donde tuvo como alumno a Bin Laden. Lo adoctrinó y captó para la *yihad*. Azzam fundó el Consejo de Coordinación Islámico y la Oficina de Reclutamiento —*Mejtab Al Khedamat*— para «guerreros santos» o muyahidines. Su llamada a la *yihad* prendió en muchos jóvenes musulmanes dispersos por Europa. En aquellos inicios, Bin Laden era su primordial proveedor de fondos. En poco tiempo, crearon 12 hospederías con campos de adiestramiento militar en Peshawar (Pakistán). Azzam ponía el carisma y la ideología en la recluta de los «guerreros». Bin Laden aportaba su dinero y su ímpetu emprendedor. Azzam fue asesinado, junto a dos de sus hijos, cuando iba a rezar a la mezquita de Peshawar. No se investigó la autoría del atentado. A su muerte, se le glorificó como mártir. Bin Laden tomó entonces la Oficina de Reclutamiento fundada por Azzam y la transformó en otra organización: Al Qaeda, «La Base».

22. Haydar Zammar no captó a Atta, pero sí a varios miembros del grupo de Hamburgo.

23. Cfr. El Corán, sura 29, «La araña», aleya 40.

24. Hasta el 11/S, Azzam.com de Londres tenía páginas web dedicadas a Osama Bin Laden y a la *yihad*.

25. Los árabes usan muchos nombres y alias, que son ornatos, homenajes a antepasados, incluso buenos deseos para el nominado. Los distintivos de verdad son el primero, como nombre personal, y el último, como apellido de familia. Extrañamente, el autor de un texto tan prolijo de últimas voluntades omitió incluir su apellido legal —Atta—, el único que en realidad le adscribía a un grupo de origen y a una estirpe familiar.

26.   Mayor paradoja aún: pese a tan cuidadosas indicaciones, entre los usos funerarios del islam no hay ritual para las cenizas mortuorias, porque los musulmanes no practican la incineración de los cadáveres. Se atribuyen a Mahoma estas palabras: «Los hombres sueñan que viven, y se despiertan cuando mueren».

27.   Mounir Al Motassadeq fue procesado y condenado a quince años de prisión por el Tribunal de Hamburgo, el 19 de febrero de 2003, como cómplice de los atentados terroristas del 11/S.

28.   Declaraciones de Abdelghani Muzuadi en el proceso que se le instruyó en Hamburgo en 2002. El fiscal general alemán, Kay Nehm, investigaba sobre Muzuadi desde el 25 de octubre de 2001, por haber prestado apoyo logístico a la célula de Hamburgo en sus preparativos de los atentados del 11/S. Fue detenido en Alemania un año después, el 10 de octubre de 2002.

29.   Nacido en 1937 en la Palestina bajo protectorado británico. Sufrió desde niño el expolio de los bienes familiares, los campos de refugiados y el exilio. Se incorporó pronto a la OLP y tomó el alias Abu Nidal, «padre de la lucha». En 1974 rompió con Arafat, al que consideraba «templado y acomodaticio», y fundó Fatah Consejo Revolucionario, un grupo de acción terrorista. Llegó a tener más de dos mil secuaces. Se cuentan horribles historias de su sadismo y crueldad en las torturas para arrancar confesiones. Uno de su biógrafos, Patrick Seale, lo llamó «pistola de alquiler» (*Abu Nidal: a gun for hire*), porque prestaba sus criminales servicios al Gobierno que en cada época le protegiera: el Irak de Sadam Hussein, la Siria de Hafez El Asad o la Libia de Muammar El Gadafi. Siempre contra Israel y Estados Unidos. Enfermo de leucemia, vivía refugiado en Bagdad desde 1998. En agosto de 2002 los Servicios Secretos de Irak informaron de que Abu Nidal se había suicidado de un tiro en la boca. Según el Mosad, «para Sadam, que se veía en el visor de EE.UU., era el momento oportuno de deshacerse de él».

Abu Nidal y Carlos el Chacal, terroristas «estrella» de los años setenta y ochenta, serían relevados por grupos de carácter fundamentalista religioso como Hezbolá, Hamás, Yihad Islámica, el GIA y Al Qaeda.

30.   Informes del Instituto Goethe de Bonn sobre el alumno Marwan Al Shehhi, en 1996.

31.   Vid. nota supra, en este mismo capítulo. A consecuencia de ambos atentados, aparte de los dos conductores suicidas, murieron 263 personas y más de 4.000 resultaron heridas. La mayoría de las víctimas eran africanos, nativos tanzanos y kenianos que transitaban por aquellos lugares al estallar los camiones bomba.

32.   Aunque Salim nació en Sudán, se crió en Irak y su nombre de guerra era Abu Hajer el Iraquí.

33.   La agencia de detectives Kroll realizó un informe sobre el holding de Osama Bin Laden en Sudán. Allí, Bin Laden y Al Qaeda eran lo mismo: una gama increíble de empresas. Entre otras, Wadi Al Aqiq, sociedad mercantil con permiso para exportar e importar cuanto quisiera; la mercantil Laden International Company; Al Hichra Construction, que, en copropiedad con el gobierno sudanés y con más de 600 empleados, construía carreteras y puentes; la agrícola Al Themar, con 4.000 empleados y 400.000 hectáreas de granjas en Al Damazine, producía aceites de sésamo, cacahuete y maíz; Taba Investment Ltd. monopolizaba las exportaciones sudanesas de

caucho, maíz, girasol y sésamo; también comerciaba con azúcar, plátanos, productos envasados y jabón; Blessed Fruits producía y exportaba frutas y verduras; Al Ijlas, fabricaba dulces y miel; Al Qudurat era la empresa de transportes del grupo; Jartum Tannery, industria y comercio de pieles y de muebles.

El holding sudanés de Bin Laden/Al Qaeda tenía cuentas en bancos de Chipre, Malaisia, Hong Kong, Dubai, Viena y Londres. Y sus gestores hacían viajes de negocios a Hungría, Croacia, China, Malaisia, Filipinas, Eslovaquia y Rusia. Las oficinas comerciales de Bin Laden/Al Qaeda estaban en la calles McNimr y Ryad, en Jartum.

Cfr. *USA versus Osama Bin Laden*, interrogatorio de Yamal Al Fadl, 20-2-2001. Cfr. *Informe de actividades del Departamento de Estado sobre Osama Bin Laden,* 14-8-1996.

34.   Véase actas de 22-2-2001 en *USA versus Osama Bin Laden*, testimonio del gran jurado sobre Wadih El Hage. También, tribunal del distrito sur de Nueva York: declaración apoyando la extradición de Mamduh Mahmud Salim, 9-10-1998.

35.   Cuando, a raíz del 11/S, en Alemania se investigaban las conexiones de la célula de Hamburgo, una empleada del médico Aidaros Abdallah Adley Al Attar reconoció a Mohammed Atta como «alguien que venía a visitar al doctor». Cfr. *Der Spiegel*, 15-10-2001, pp. 30 y ss.

36.   Cuando en la vivienda han de hacer también sus oraciones, los musulmanes dejan fuera los zapatos; no por higiene, sino como signo de que llegan a ese lugar en son de paz y con pureza interior, abandonando las inmundicias de la calle.

37.   Información obtenida por la CIA, después del 11/S, durante las requisas de documentos hechas en hospederías, mezquitas y campamentos, a partir de los bombardeos sobre Afganistán.

38.   Así lo hizo en enero de 2001, tras el banquete de la boda de su hijo con una hija de Mohammed Atef, el egipcio responsable militar de Al Qaeda: Osama Bin Laden leyó un poema alabando el atentado de octubre de 2000 contra el destructor estadounidense *US Cole* fondeado en el puerto de Adén, en Yemen.

39.   La palabra árabe antigua *gazwah* se refería a las batallas contra enemigos del profeta Mahoma.

40.   Por entonces, varios miembros de Al Qaeda se convirtieron en testigos de cargo protegidos, y dieron enjundiosa información al FBI. Entre otros, Yamal Al Fadl, que preparó el asentamiento de Bin Laden en Sudán; Muhammad Odeh y el ex comandante egipcio y asesor militar de Al Qaeda, Alí Muhammad: ambos intervinieron en el atentado contra la embajada de Estados Unidos en Kenia; Muhammad Rashid Al Owhali y Jalfan Jamis Muhammad, que debían inmolarse en los atentados contra las embajadas estadounidenses en Kenia y Tanzania, respectivamente, pero en el último instante dejaron morir a sus compañeros y ellos se zafaron escapando del lugar, aunque no de la policía; Ahmed Ressam, que fue detenido en la frontera de Canadá llevando en su coche la carga de explosivos que iba a colocar en el aeropuerto de Los Ángeles, California, en la última Nochevieja del siglo xx.

41.   Vídeo en el que Bin Laden visita a un viejo amigo musulmán en una hospedería de Afganistán. Encontrado por la CIA, tras los bombardeos, fue dado a co-

nocer por el Gobierno de Estados Unidos el 13 de diciembre de 2001. Véase detalles en el capítulo 5 de este libro.

42.   Podía referirse a Ghasoub Al Abrash Ghalyoun, un sirio que vivía y trabajaba en Madrid, miembro de la célula de Al Qaeda en España, liderada por Abu Dahdah. En el verano de 1997 viajó a Estados Unidos y allí grabó en vídeo una serie de lugares apetecidos por Al Qaeda como «objetivos a atacar». Hay indicios de que algunas copias de esas cintas las recogió en España personalmente un correo de Al Qaeda. Por ello, Al Abrash fue detenido en julio de 2002. En situación de libertad bajo fianza, se sigue proceso penal contra él en el Juzgado Central nº 5 de la Audiencia Nacional.

43.   La CIA tiene constancia de que en enero de 1999 Atta se alojó en la casa de huéspedes de Al Qaeda en Kandahar. También Marwan Al Shehhi estuvo por esos mismos días en esa hospedería, aunque usó el alias Abu Abdallah que le dieron en el campamento.

44.   En efecto, Ziad estuvo en un campamento afgano desde noviembre de 1999 hasta marzo de 2000. Muzuadi, Motassadeq y Essabar, entre enero y abril de 2000. Consta en el informe del fiscal general de Alemania, Kay Nehm, en la imputación contra Mounir Al Motassadeq, 29-8-2002.

45.   Una investigación rutinaria policial de entradas y salidas aeroportuarias en Alemania, reveló que en enero de 1999 Marwan volvió a Bonn —no a Hamburgo, donde residía—. Y un informe del FBI aseguraba que, antes de regresar, todavía en enero de 1999, Marwan, usando el nombre de Abu Abdallah, estuvo en una casa de Al Qaeda, en Kandahar, Afganistán.

46.   Contrato matrimonial n.º de registro 1/90. Mezquita de Al Quds. Hamburgo, junio de 1999.

47.   En la puntuación académica alemana, la nota máxima es 1; y la mínima, 10. Atta obtuvo 1,07 y 1,00.

48.   «Los ataques se planearon para provocar tantas muertes y tanto caos como fuese posible. Había que golpear duramente a Estados Unidos en su propia tierra, darle una enorme bofetada en pleno rostro», explicaría después, en septiembre de 2002, el estratega de Al Qaeda, Khalid Sheij Mohammed al periodista Yosri Fouda de la emisora Al Yazira.

49.   Khalid Sheij Mohammed, en las declaraciones ya citadas a Yosri Fouda, de Al Yazira, en septiembre de 2002. Se refería probablemente a dos centrales de las que tenían conocimiento directo varias personas de Al Qaeda: la alemana de Stade, en Hamburgo, y la española de Vandellós, en Tarragona.

50.   Los servicios de inteligencia de Malaisia tardaron en entregar esa información a sus colegas estadounidenses. No lo hicieron hasta agosto de 2001. La CIA, por su parte, tras recibir el informe de los servicios malaisios y averiguar —como hizo— que esos dos miembros de Al Qaeda estaban en Estados Unidos desde hacía meses, tenía que haber pasado sus fichas de identidad a la policía federal, al FBI, con un aviso urgente de seguimiento y observación. Por un prurito acaparador, o porque no calibraban adecuadamente la capacidad terrorista de Al Qaeda, la Agencia mantuvo cautiva esa información. Bien valorada, hubiese sido utilísima para poner al FBI en la pista de los atentados que estaban urdiéndose en su territorio.

51. Del informe del fiscal general de Alemania, Kay Nehm, en la imputación penal contra Mounir Al Motassadeq, 29-8-2002.

52. El 12 de octubre de 2000, dos yemeníes hicieron estallar una carga de 2.500 kilos de explosivos desde un *houri* —una barca de pesca—, junto al destructor *US Cole* fondeado en Adén. Además de los terroristas, murieron 17 marineros y hubo 39 heridos. Usaron explosivo C4, impermeable y de gran potencia, que sólo se fabrica en Estados Unidos, Irán e Irak.

53. El islam marca cinco tiempos de oración al día, que se rigen por el horario solar. Cada una dura entre cinco y diez minutos. Donde hay mezquita, desde el minarete el almuédano convoca a la oración: la plegaria de la aurora, entre el amanecer y la salida del sol; la oración del mediodía, en torno a las 14.10; la plegaria tercera, entre las cinco y las seis de la tarde; la oración del atardecer, al ponerse el sol; y la plegaria nocturna, ya con la luna alta, entre las 22.20 y la medianoche.

54. Podrían referirse a *El Batallón Sagrado de Tebas: los invencibles soldados enamorados*. Se trataría de la leyenda de una unidad militar de Tebas, integrada por 150 parejas de guerreros homosexuales griegos. Combatían de dos en dos, espalda contra espalda, ofreciendo dos frentes al enemigo y doblando así sus fuerzas para preservar cada uno la vida de su amado. Más que los ideales patrios, la defensa mutua por amor los convertía en fieros soldados invencibles.

55. Ramzi Binalshibi diría después —declaraciones a Al Yazira, septiembre de 2002— que: «Atta era miembro *durmiente* desde 1992».

56. La mezcla más reaccionaria y violenta que podía darse se produjo en 1998 —se ha indicado antes—, cuando el egipcio Al Zawahiri, líder de los Hermanos Musulmanes, otros líderes de grupos armados y Bin Laden como jefe de Al Qaeda crearon el Frente Islámico Mundial para la Guerra Santa contra los Judíos y los Cruzados. Ése fue el ácido caldo de cultivo de los ataques del 11/S.

57. Cfr. Yosef Bodansky: *Bin Laden: The Man Who Declared War on America*, Rocklin, CA, Prima Publishing, 1999, p. XIII.

Resulta irónico, pero George W. Bush —o alguien de su equipo de discursos— tenía tan asimilados esos textos sobre la *yihad* que, pocas semanas después de producirse los ataques del 11/S, el propio presidente de EE.UU. hacía suyas, *ad litteram*, expresiones como «justicia infinita» y «guerra asimétrica». Y el 11 de marzo de 2002, cuando EE.UU. y sus aliados occidentales llevaban más de seis meses arrasando Afganistán, sin dar con Bin Laden, Bush pronunciaba una hiperbólica promesa asombrosamente similar a la del teórico musulmán: «Bin Laden y sus terroristas serán perseguidos y atormentados hasta el día del Juicio Final».

58. En algunas informaciones se le llama también Ahmed Abdulrahman.

59. El egipcio Ayman Al Zawahiri, líder de los Hermanos Musulmanes, se alió con Bin Laden en 1998, cuando crearon el Frente Islámico Mundial contra los Judíos y los Cruzados. A partir de aquel momento, la *yihad* ofensiva se oficializó y entró en acción. Siendo importantes en Al Qaeda ciertos «ayudadores financieros» de Kuwait, Arabia Saudí y Emiratos, aún era más notable la influencia de los Hermanos Musulmanes egipcios, en el orden ideológico y en la cadena de mandos operativos.

60. Issam El Attar presidía la cofradía de los Hermanos Musulmanes de Si-

ria cuando tuvo que huir de su país. Se refugió en Alemania y su comunidad le encomendó la dirección de la mezquita de Aquisgrán, en Westfalia. Allí predicaba también el sirioespañol Shalak Nakdali.

61.   «Mohammed Atta estuvo en Praga. La primera vez no se le permitió salir de la sala de conexión del aeropuerto, porque no tenía visado de acceso al país. La segunda vez no sabemos cómo entró, pero debía de ir bien documentado porque no se registró incidencia alguna cuando abandonó nuestro territorio nacional», reconocía el 22-10-01 la portavoz de la policía checa, Ivana Zelenakova, asombrada porque hubiera salido de su país un extranjero, cuya entrada no se detectó en ningún control policial.

62.   Poco después del 11/S, «fuentes no identificadas» del Mosad y del Aman —los servicios de inteligencia civil y militar de Israel— propalaron el bulo de «una conjura iraquí: una conexión entre Bin Laden y Sadam Hussein», apuntando que aquel contacto de Atta en Praga fue con un agente del SSO, el servicio secreto de Irak, cuyo director era Qusai Hussein, hijo del presidente Sadam. Según los israelíes, por orden de Sadam Hussein, el Servicio Secreto de Irak había contratado y pagado a unos comandos de Al Qaeda para que perpetrasen los atentados del 11/S. Y «si Atta iba a ser un sicario de Irak, tenía que saberlo; y justo para decírselo se había concertado la enigmática cita en Praga con un diplomático y agente secreto iraquí». No aportaban ni fotos, ni vídeo, ni el lugar del encuentro, ni la identidad del supuesto agente iraquí. Pero soltar esa culebra venenosa les era útil para demonizar a Sadam Hussein y justificar una agresión militar estadounidense contra Irak.

63.   Essabar tramitó su visado de entrada el 12-12-2000 y el 28-1-2001. En ambas ocasiones se le denegó.

3.   Simulador a 80 dólares la hora

1.   Ihab Alí, estadounidense y seguidor de Bin Laden, tuvo varios empleos temporales en Orlando (Florida): Disneylandia, el Reino Mágico, un hotel de la cadena Sheraton, una sucursal bancaria de Wells Fargo, fue taxista... En 1989 hizo su *yihad* para expulsar a los soviéticos de Afganistán. Enrolado en Al Qaeda, en 1993 se hizo aviador en Norman (Oklahoma). En Estados Unidos, gestionó la compra de un avión para Bin Laden, que entonces residía en Sudán. Ihab Alí también trabajó como piloto de Al Qaeda en Kenia. Fue detenido en 1999. Cfr. *USA versus Osama Bin Laden*, sumario de Ken Karas, 1 y 3 de mayo de 2001; testimonio de Essam Al Ridi, 14 de febrero de 2001.

2.   El término «emiratos» es vago y en ocasiones puede no corresponder al lugar concreto que se quiere señalar. Importa distinguir entre el estado independiente Emiratos Árabes Unidos (EAU), integrado por siete emiratos (Abu Dabi, Achman, Dubai, Fuchaira, Ras Al Jaima, Sharya y Um Al Qaiwain) y otros territorios regidos por un emir —también en la península de Arabia— como Kuwait, Qatar, Bahrein y el sultanato de Omán.

3.   El FBI reconstruyó, después del 11/S, una serie de transferencias a la cuenta de Atta en el Sun Trust Bank de Florida, ordenadas por Mustafá Muhammad Ah-

med Alhawsawi, soporte financiero de Bin Laden. Los depósitos se hicieron en efectivo en una oficina de cambio de moneda en Dubai (Emiratos). La primera remesa fue de 70.000 dólares, y —según informó el FBI— «hubo varias transferencias más, hasta un total de 110.000 dólares, que recibieron Atta y otros secuestradores».

4. Así, el 10 de mayo de 2000 Marwan transfirió 2.100 marcos de su cuenta a la de Atta en el Dresdner Bank de Hamburgo.

5. En este libro, para las citas coránicas se sigue el texto de El Noble Corán traducido por Abdel Ghani Melara Navio. Ejemplar regalo del Servidor de los Dos Nobles Haram, el rey Fahd b. Abdel Aziz Al Saud.

6. En el lenguaje coránico, «los asociadores» son los idólatras que pretenden asociar a Alá con otros dioses u otros intereses, los que incumplen los preceptos sagrados y los infieles. Mahoma consideraba «asociadores» también a los cristianos, pues él entendía que la Trinidad eran tres dioses, no tres Personas en un solo Dios.

7. Estaba prevista la participación del yemení Ramzi Binalshibi, de los marroquíes Zacarías Essabar, Mounir Al Motassadeq, Abdelghani Muzuadi y del argelino Zacarías Moussaoui. Éste fue detenido tres semanas antes del 11/S, en Minnesota, pero sin que el FBI sospechase de su conexión con un entramado terrorista.

8. El FBI ha velado intencionadamente la difusión de su fotografía; pero su nombre figura en las listas policiales de implicados (Penttbom-Photobook. Versión 4. 10-8-2001) con el número 25.

9. El embajador y príncipe saudí Bandar Sultán dio esa explicación el 27-11-2002 (The New York Times), cuando se descubrió que parte de sus donativos y los de su esposa habían ayudado a los terroristas del 11/S. Osama Basnam no era un desconocido de la familia real saudí. Aparte la ayuda económica continuada, Basnam formó parte del séquito del príncipe Abdulá en su viaje privado al presidente George W. Bush en su rancho de Tejas, en abril de 2002. Con el agravante de que, poco tiempo antes, le habían expulsado de Estados Unidos por «problemas de inmigración» que en realidad escondían sospechas de su vinculación con los terroristas de Al Qaeda.

En cuanto a Omar Al Bayoumi, desapareció de San Diego en julio de 2001. Su pista se perdía en Arabia Saudí.

10. En el mismo avión, aunque sin ocupar asientos contiguos, viajaba otro árabe, que en el listado figuraba como Faisal el Iraquí. Hizo escala en Barajas y siguió hacia Casablanca. Después del 11-S se investigó policialmente la identidad —real o ficticia— de Faisal el Iraquí, pero no lograron averiguar quién era.

11. Johnelle Bryant tardó más de un año en dar noticia pública de aquellas visitas de los terroristas árabes a su oficina de Ayudas Agrarias para pedir créditos oficiales. Cfr. Declaración a ABC-TV, USA, junio de 2002.

12. Posteriormente a los hechos del 11/S, entre los luchadores palestinos de Hamas y los del frente de Chechenia, las mujeres empezaron a tomar el testigo de esa continuidad en acciones terroristas y suicidas. Nunca antes había ocurrido en el islam.

13. Los hermanos Alsheri, Wail y Waleed, y su primo Mohald Alsheri. Los hermanos Alghamdi: Said, Ahmed y Hamza. Y los hermanos Hazemi: Nawaq, Salim y Al Bader Mohammed, que también colaboró aunque no embarcó en los vuelos de la muerte.

14. «Nunca se mostró como un fanático religioso. Era un alumno inteligente, muy bien educado, con las más altas calificaciones —A y B— y empeñado en ser piloto profesional», declaró al FBI el profesor de Embry Riddle Aeronautical University, Frank Richey. Varios miembros de ese centro corroboraron que W. Alsheri estudió con beca gubernamental saudí: «Era un acuerdo bastante usual».

15. El yugoslavo John Solic y su esposa, dueños del motel Bimini, informaron tiempo después, que Ziad Jarrah había abonado el alquiler el 28 de abril de 2001 —650 dólares al mes— y visitaba a los hermanos Alsheri, llevándoles víveres. También les daba órdenes de no usar la terraza. Alguna vez, Ziad pernoctó con los Alsheri en su misma habitación.

16. Después del 11/S, los inquilinos del Tara Gardens que reconocieron a Atta y Marwan recordaban esa actitud poco sociable: no querían conversación. Entre ellos mismos iban en silencio. Si Atta veía que se acercaba algún vecino por su misma acera, desviaba la mirada para evitar el saludo. Véase *11 September Geschichte eines Terrorangriffs*, Deutsche Verlags-Anstalt, 2001 [trad. en castellano: *11 de septiembre. Historia de un ataque terrorista*, Galaxia Gutenberg, Barcelona, 2002].

17. Confirmado por Ramzi Binalshibi en declaraciones a Yosri Fouda, periodista de Al Yazira, en septiembre de 2002.

18. Cfr. el Corán: suras «El hombre», «Los que son enviados», «La noticia», «Qaf», «El monte» y «Las mujeres».

19. Cfr. el Corán, sura «At-Tawba».

20. También viajó a Las Vegas Salim Hazemi, el hermano de Nawaq y el más joven del grupo. Acompañaba a Hani Hanjour. Atta le encargó que vigilase desde el pasillo la habitación donde iban a reunirse. No estuvo presente en la conversación.

21. Raissi fue detenido en Gran Bretaña, después del 11/S. Su extradición, solicitada por EE.UU., se siguió en el juzgado de Bow Street, que atiende estas demandas, con comparecencia ante la Corte británica. La fiscal Arvinda Sambir aportó una abrumadora lista de cargos que situaban al imputado en el núcleo del complot terrorista: «Raissi entrenó a Hani Hanjour en CRM Airline Training Center de Scottsdale, Arizona. Allí se les videofilmó volando juntos —dijo la fiscal—. Estuvo también en otras escuelas de vuelo a las que asistían cuatro de los secuestradores».

22. Tras el 11/S, el juzgado nº 1 de la Audiencia Nacional española aceptó una comisión rogatoria, a instancias del FBI, para investigar ese viaje de Atta a España. Por orden del juez Guillermo Ruiz Polanco, los informáticos policiales volcaron el disco duro del ordenador que Atta utilizó en Barajas —sólo en la fecha y el tramo horario en que él tuvo acceso a esa máquina—. Después de un año, la CIA y el FBI no habían logrado averiguar la contraseña de Atta, ni entrar en el contenido de sus e-mails.

23. Declaraciones de dos empleadas del hotel Mónica de Cambrils a la policía española de la Unidad Central de Información Exterior.

24. Atta abonó en el Diana Cazadora tres conferencias por valor de 340, 960 y 960 pesetas.

25. Diligencias indagatorias de la Unidad Central de Información Exterior, en España.

26. El nombre Pakistán pudo formarse a partir de las letras iniciales de los

tres grandes territorios que lo integraban: P de Punjab, A de Afganistán y K de Kashemir (Cachemira), con la terminación *istán*, de país.

27.   La policía británica no investigó —ni pidió a sus colegas españoles que lo hicieran— los siguientes puntos: ¿desde cuándo estaba Iqbal Azfal en Madrid? ¿Por qué reservó el 6 de julio una plaza hotelera que luego no ocupó? ¿Compró o vendió alguna mercancía durante esa estancia en España? ¿Estaban agotados los billetes de vuelos Madrid-Londres el domingo 8 de julio poco antes de las 21.00 horas? ¿Finalizó el viaje de Iqbal en Londres, o hizo escala allí y continuó hasta Manchester?

28.   El enigma sobre el árabe que acompañó a Ramzi en el hotel Mónica de Cambrils se mantuvo mucho tiempo. La policía española investigaba, pero el personal hotelero aportaba datos tan incompletos y cambiantes que, más que ayudar, desorientaban. Al fin, detenido Ramzi Binalshibi en septiembre de 2002, en uno de los interrogatorios declaró que su acompañante era Atta.

29.   Mohammed Belfatmi sería uno de los seleccionados miembros de Al Qaeda a quienes Ramzi avisó pocos días antes del 11/S, por orden de Atef o del mismo Bin Laden, para que dejasen Europa y se refugiaran en Emiratos o en Afganistán.

30.   Aunque su verdadero nombre es Zaival Abideen Muhammad Asan, en las oficinas de la policía y de los servicios secretos mundiales se le conocía mejor por el alias de guerra, «Abu Zubaidah». Era uno de los terroristas más buscados desde hacía años. Sin ninguna duda, en su cerebro estaba toda la memoria importante de «La Base». Él era el «disco duro» de Al Qaeda.

31.   Policialmente, no se ha descartado que el egipcio Mohammed Atef estuviese presente en alguna de esas reuniones. También pudo haber asistido el oficial operativo Anas Al Liby.

32.   En respuesta a los atentados de Al Qaeda contra las embajadas de EE.UU. en Kenia y Tanzania, Bill Clinton ordenó congelar los haberes financieros de Osama Bin Laden y los de sus socios, empresas y organizaciones a él vinculadas. A tal fin, emitió la Orden del Gobierno 13.099, de 7 de agosto de 1998. Ese bloqueo de disponibilidades bancarias se internacionalizó tras la Resolución 1.269 del Consejo de Seguridad de la ONU, el 19 de octubre de 1999. De ahí la importancia de las inyecciones de dinero líquido que Bin Laden recibía de donantes privados secretos y las ayudas estatales encubiertas de determinados emiratos y sultanatos.

33.   En la primavera de 2002, muy poco antes de que lo mataran las tropas rusas, Hassan Jattab, el líder de los muyahidines chechenos, un héroe casi mítico para la gente Al Qaeda, instaba a los musulmanes a «prepararse para atacar centrales nucleares». Meses después, en septiembre de 2002, en sus declaraciones ya citadas a la emisora Al Yazira, Khalid Mohammed volvió a mencionar el ataque a objetivos nucleares como un proyecto que «se había abandonado... por ahora». Al insistir el periodista Yosri Fouda, Khalid le dijo enigmáticamente «usted no necesita saber más al respecto, en este momento».

34.   Según un informe confidencial del Servicio de Información de la Guardia Civil, firmado por el capitán José Luis Carrasco el 23 de mayo de 2002 y entregado al FBI, Atta hizo esa llamada desde un teléfono público del aeropuerto de Reus. Se viene a subrayar así que Ramzi y Atta estuvieron juntos hasta que el yemení em-

barcó hacia Hamburgo. No obstante, la agencia Sixt nunca tuvo registro del punto de origen desde donde telefoneaba Atta.

4. Protocolo para un suicida

1. En su día, Ahad Abdallah Sabet, nacionalizado en Estados Unidos, había denunciado el «robo al descuido de su pasaporte, cuando caminaba por la calle», en Barcelona el 6 de julio de 1998.

2. Ramzi Binalshibi todavía retiró en Hamburgo, usando el nombre de Ahad A. Sabet, otra remesa de 1.500 dólares enviada desde Emiratos el 3 de septiembre de 2001. Pero ese dinero no llegó a remitirlo a Zacarías Moussaoui porque en tal fecha ya había sido detenido en Minneapolis.

3. Aunque Ziad Jarrah se expresara en el ámbito restringido de la confidencia amistosa, esa comunicación con Münster debió de ser el cauce —probablemente, el único— por donde trascendió algo de lo hablado en la reunión del Econo Lodge; en especial, los puntos que más preocupaban entonces al propio Ziad.

En el relato de este episodio, tan obligado es señalar la existencia de una fuente —indirecta, pero «viva» después del 11/S— como omitir su identidad, obviamente conocida por los oficiales de la BKA.

4. Tras los atentados del 11/S quedó en evidencia la conexión entre Zacarías Moussaoui y la célula terrorista de Hamburgo nucleada en torno a Atta: Moussaoui había recibido transferencias de dinero de Ramzi Binalshibi desde Hamburgo y Düsseldorf. De los cuatro números de teléfono que guardaba en la agenda de su móvil, uno era el de Binalshibi en Alemania.

Se presume que Moussaoui tenía que haber volado contra un quinto objetivo que, ante su inesperada detención, se suprimió; o que su puesto era de copiloto en el vuelo 93-UA, junto a Ziad Jarrah, el único comando integrado sólo por cuatro terroristas. En el disco duro de su ordenador el FBI encontró información especializada de Boeing 757 y 767 y un estudio sobre avionetas fumigadoras, que podrían emplearse como depósitos de explosivos o para la aerodifusión de productos bioquímicos.

5. El agente Kenneth Williams, de la oficina federal de Phoenix (Arizona), tras una investigación de dos años, elevó a sus superiores de Washington un informe de cinco folios sobre la creciente presencia de alumnos árabes en academias de vuelo estadounidenses. No se le dio respuesta. Asimismo, la agente Coleen Rowley, abogada del FBI en Minneapolis (Minnesota), llegaría a acusar ante el Congreso a sus jefes centrales por bloquear la investigación sobre Zacarías Moussaoui después de ser detenido.

6. Información dada por el instructor Andrew Law, que atendió a Atta en el Palm Beach County Park de Lantana (Florida).

7. En el texto se lee «cuando el taxi te lleve a *matar*», porque la voz «aeropuerto» en árabe es *matar*.

8. Sobre las comunicaciones telefónicas o vía internet entre Mohammed Atta y Ramzi Binalshibi, este último informó detalladamente en septiembre de 2002 —un año después del 11/S— a Yosri Fouda, corresponsal de Al Yazira.

9.   Como se ha dicho en páginas anteriores, la identidad de Abdulaziz Alomari era probablemente ficticia. En Al Qaeda le dotaron de la documentación necesaria para funcionar en Estados Unidos y cumplir su misión de terrorista suicida, preservando la futura tranquilidad de su familia, cuyo paradero se desconoce hasta hoy.

Roy Raymond, sheriff del condado de Indian River, estuvo presente durante la operación de entrada y registro en varios inmuebles de la 57th Terrace de Vero Beach. Además de Hank Habora, que alquiló la casa a Alomari y su familia, testificaron otros vecinos, entre ellos el árabe Adnam Zakarias Bukhari y Ray DeFossez, conductor de camión, que vivía al otro lado de la calle.

10.   El 9 de septiembre de 2002, conmemorando el aniversario de los atentados terroristas, la cadena de televisión de Qatar, Al Yazira, difundió en vídeo ese testamento.

11.   John Kap —encargado del Pink Pony y del Red Eye Jack Sports, un pequeño bar, en Daytona Beach— confirmó a los agentes del FBI que Marwan y su compañero habían estado allí el domingo 2 de septiembre. También les dijo: «Entre la noche y la madrugada del 10 al 11 de septiembre, estuvieron en el Pink Pony tres árabes, que gastaron varios cientos de dólares en bebidas y bailes con *strip-tease*. Dijeron un montón de cosas antiamericanas y en cierto momento uno de ellos soltó "esperad a mañana: ¡América estará bañada en sangre!". Pero ¿quién podía pensar que hablase en serio y sabiendo algo?».

12.   Esas cuatro transferencias de los pilotos suicidas, justo en las vísperas de los atentados y con un mismo destinatario, tenían toda la apariencia de unas devoluciones de dinero recibido y no gastado. Para el FBI era una evidencia más de que Al Qaeda y Bin Laden estaban detrás de los hechos del 11/S.

13   En la oración voluntaria que el musulmán haga a solas, puede recitar de memoria versículos del Corán, o leerlo teniéndolo en la mano; pero ha de empezar siempre por el primer capítulo, la sura que «Abre el libro».

14.   Con esa meditación —que aparece sintetizada en el *Manual de las últimas horas*—, Atta recorría en una sola noche los sucesivos estados de conciencia que el buen musulmán va superando a lo largo de toda su vida. El Corán enseña que el yo íntimo del hombre —su aliento, su fuero interno— es primero un «yo imperante» bajo el dominio de los impulsos y los instintos que le hacen egoísta, libertino y malvado. El «yo censurante» despierta y zarandea la conciencia del hombre con una amenaza de castigo y una oferta de premio. Le hace aspirar a algo superior, le somete a disciplina, reprime sus tendencias animales, dulcifica su carácter y resucita su corazón. Pulido así en la lucha personal contra las bajas pasiones, el yo del hombre se ilumina, se orienta hacia el bien y se convierte en un «yo inspirador». Obrando el bien, el hombre encuentra la paz y su yo pasa a ser un «yo en calma», al que Alá invita a entrar en su Jardín.

Ese combate contra lo malo de uno mismo es una forma pacífica de *yihad*: la «guerra santa» que debe librar todo musulmán.

15.   Cfr. el Corán, sura 73: «El envuelto en el manto».

16.   Cfr. el Corán, sura 56: «Lo que ha de ocurrir», aleyas 1 a 6.

17.   Cfr. el Corán, sura 97: «El decreto».

18.   El Corán anuncia formidables conmociones en la tierra y en los astros al

final del mundo; las tumbas abiertas el Día del Levantamiento o Resurrección; el Día de la Distinción o del Juicio Final, con toque de trompetas, hileras de ángeles y el pesaje de las acciones del hombre en la balanza: «un átomo de mal o un átomo de bien serán vistos». El Libro menciona siete niveles de infierno como castigo, y siete cielos diferentes como premio: jardín de deleites, morada de paz, jardín del refugio... Describe esos goces como placeres sensibles, pero lo hace con moderación y sin olvidar una felicidad espiritual más elevada.

19.   Aparte de la dotación económica y la documentación falsa pero legal con que Al Qaeda protegió a Abdulaziz Alomari y a su familia, o el que Atta le encomendase redactar el *Manual de las últimas horas* y le tuviese consigo en la noche final, hay otros hechos reveladores del importante papel de Alomari antes y durante los atentados del 11/S. Así, en el primer aniversario, Al Yazira difundió un vídeo donde Bin Laden rendía homenaje a los pilotos suicidas, como «hombres que han cambiado el curso de la Historia y purificado la nación árabe islámica de la suciedad de los dirigentes traidores y de sus acólitos». En la orla de los rostros glorificados, además de Atta, Marwan, Hani y Ziad, figuraba Alomari en alto y a la derecha del «jefe Atta». Se reproducía también el «último deseo» de Alomari y su explícito elogio a Bin Laden.

20.   En la subsiguiente investigación policial, declararon varias de las personas que iban en ese mismo vuelo del Beech 1900 Portland-Logan. Algunos recordaron a Atta y Alomari y que les vieron desayunar algo líquido y hablar entre ellos brevemente y con suavidad. Casi todos coincidieron en la «total normalidad» de los dos pasajeros árabes.

21.   Cfr. el Corán, sura 75: «El levantamiento» [*Al qiyâma*] o «La Resurrección». Comienza con una negación, que enfatiza un potente juramento de Alá, en primera persona: «¡No! ¡Juro por el Día de la Resurrección!» [*lâ: úqsimu bi-yáumi l-qiyâmati*]. Alá empeña su palabra: habrá un día en que los muertos abandonarán el estado de muerte y se levantarán para seguir el destino eterno que Él marque a cada uno.

22.   Ariel Merari, profesor de psicología en la Universidad de Tel-Aviv, director del Political Violence Research Institute, psiquiatra especializado en suicidología y experto en terroristas suicidas, conversó largamente con la autora sobre el sistema de «autopsias psicológicas» que practica desde hace 50 años: «Los muertos no hablan —dijo—; pero cabe analizar *post mortem* su situación psíquica anterior al suicidio. Equipos de psicólogos se entrevistan con amigos, familiares y maestros del suicida; estudian sus testamentos y últimos escritos; exploran su perfil cultural, religioso, ideológico, caracteriológico; averiguan si tenía drogodependencias, psicopatías, depresiones, agresividad, problemas de familia, oclusión de futuro...». Refiriéndose a los terroristas suicidas del 11/S, señaló: «No parece que fuera sólo la motivación religiosa lo que les empujó al suicidio. El paraíso puede ser un premio, pero no induce a nadie a "acelerar el trámite" para lograrlo. Además, el Corán prohíbe suicidarse. De aquel grupo, no todos eran musulmanes fanáticos. Por encima de su fe religiosa, actuaron las convicciones patrióticas. Como los *kamikazes* de Japón, ellos iban a una acción heroica».

23.   La unicidad de Dios (*tawhid*) es el dogma central del islam. Y confesarlo, el primer precepto musulmán. Esa última frase «no hay más Dios que Alá y Mahoma es su Profeta» —*la ilaha illa Allah wa-Muhammad rasul Allah*— es justamen-

te la confesión de fe o *shahadah*. De ahí, la palabra *shahid*, que no sólo significa «mártir» sino también «confesor de la fe». Con un indudable sentido religioso, Atta aconsejaba en su *Manual* que cada uno de los que sabían que iban a morir hiciera un último acto explícito de confesor de la fe, de *shahid*, recitando esa fórmula devota, para que su muerte suicida tuviese ante Alá el valor de un «martirio».

5. Crimen de Oriente, crimen de Occidente

1. Cfr. Oliver Roy, Centre National de la Recherche Scientifique: *L'islam mondialisé*.

2. Confirmó esas noticias una de las azafatas, en llamada al número 911 de emergencias, que se grabó. Cfr. también *The Boston Herald*, 12 de septiembre de 2001.

3. Aún sigue incógnito el nombre de quien captó y transmitió a la CNN aquella primerísima imagen, que fue detonador de la noticia y «carta de ajuste» mundial para todas las emisoras de televisión del planeta. Aquella secuencia sorda, borrosa, ralentizada e increíble se «sirvió» sin firma. Jamás en la historia del periodismo una primicia de tal magnitud había quedado tan anónima. Se especuló sobre quién pudo «saberlo con antelación, para estar en el lugar oportuno y en el momento oportuno». También se estudió si la imagen podía proceder de cualquiera de las 32 cámaras fijas que, desde puntos diversos de Nueva York, captan el tráfico rodado o el horizonte —la *skyline*— de la ciudad. La CNN no ayudó ni poco ni mucho a esclarecer el origen de aquel *scoop* tan puntual y tan inaudito. Quizá no querían dejar a la intemperie a ciertos informadores gráficos que «compartía» con la alcaldía neoyorquina.

4. Del vídeo que se grabó en una casa de huéspedes de Kandahar, a mediados de noviembre de 2001, durante la visita de Bin Laden a un jeque amigo, inmovilizado al parecer de cintura para abajo. Bin Laden sabía que la conversación se estaba grabando. El Departamento de Defensa de EE.UU. dijo que la cinta fue hallada en Jalalabad (Afganistán) por tropas combatientes norteamericanas. La transcripción al árabe y su traducción al inglés se encomendó a equipos distintos. El vídeo se hizo público el 13 de diciembre de 2001. Por su contenido total, fue el primer documento que involucraba a Bin Laden en los atentados del 11/S.

5. George W. Bush, en el Town Hall Meeting del Centro de Convenciones de Orange, Orlando, Florida, el 12 de diciembre de 2001.

6. Ese despacho se circuló desde el centro de operaciones de United Airlines en O'Hare, Chicago, a toda la flota que aquel día estaba de servicio.

7. La operación SCATANA, *Security Control of Air Traffic and Navigation Aids*, se detalla en el capítulo 6 de la Orden 7610.4J *Special Military Operations*, de 3-11-1998.

8. Dick Cheney, entrevistado en Camp David por Tim Russert, para la cadena NBC. 16-9-2001.

9. Cfr. Bob Woodward, *Bush en guerra*, Península/Atalaya, Barcelona, 2003, pp. 34 y 36.

10. Cfr. Coronel Robert Marr, comandante del Sector Nordeste de la Defensa Aérea, en *Clear the Skies*, BBC., agosto de 2002.

11. Coronel Lyle Andvik, del Ala de Caza 119. Cfr. Matthew L. Wald y Kevin Sack, en *The New York Times*, 15-10-2001.

12. General Mike J. Haugen, de la Guardia Nacional de Dakota del Norte. Cfr. Matthew L. Wald y Kevin Sack en *The New York Times*, 15-10-2001.

13. Cfr. Actas del Senado de Estados Unidos. Comparecencia del general Richard B. Myers ante la Comisión Senatorial de las Fuerzas Armadas, 13 de septiembre de 2001. La sesión estaba prevista con anterioridad a los sucesos del 11/S, y respondía más bien al nombramiento del general Myers como jefe del Estado Mayor Conjunto, cargo en el que relevaba al general Hugh Shelton.

14. Cfr. Matthew L. Wald, *The New York Times*, 15-9-2001.

15. El edificio del Pentágono estaba entonces en fase de reforma y reforzado. Construido durante la Segunda Guerra Mundial con materiales de escasa fortaleza como el hormigón y el ladrillo, y un exceso de ventanas (7.754), podía ser firme y seguro frente a huracanes y terremotos, pero muy vulnerable ante bombardeos o agresiones terroristas.

16. El informe *Pentagon Building Performance Report* fue elaborado por seis especialistas en estructuras y protección contra el fuego de la American Society of Civil Engineers (ASCE) bajo la dirección de Paul F. Mlakar. Se presentó en rueda de prensa en la sede del Pentágono el 23 de enero de 2003.

17. Informe: *NORAD's Response Times*. Contact (719) 554-6889, 18 de septiembre de 2001. Peterson AFB, Colorado.

18. Características técnicas del avión de guerra Lockheed Martin F-16 pueden verse en www.asd05.com/default_zone/fr/html/page-1040.html; en http://www.geocities.com/vmolinet/acazaamericanos.htm; también en http://www.aunmas.com/ataque/aviones.htm.

19. Lincoln Liebner, estadounidense, capitán de Infantería, lo declaró a la agencia France Press.

20. Testimonio del ciudadano Steve Patterson recogido por *The Washington Post*.

21. Testimonio del ciudadano Tom Seibert, recogido por *The Washington Post*.

22. Mike Walter, de *USA Today*, en declaraciones a *The Washington Post* y a CNN.

23. Brigadier general Clyde A. Vaughn, vicedirector de la Asistencia Militar a Autoridades Civiles, lo declaró por la CNN.

24. El testimonio de Danielle O'Brien se recogió en *ABC News*, 24-10-2001. También en National Air Traffic Controllers Association (Afi-Cio).

25. Chris Stephenson, controlador al cargo del aeropuerto nacional Ronald Reagan, Washington. Cfr. Alan Levin, en *USA Today*.

26. Fuente original: transcripción de cintas/mensajes del teléfono de emergencia 911, 11 de septiembre de 2001. Cfr. *The Washington Post*: información de 17-9-2001, edición de las 18.39, firmada por D'Vera Cohn y David Cho, con aportaciones de Amy Argetsinger, Patti Davis, Andrew Demillo y Steve Vogel. *2001 The Washington Post Company*. Fue uno de los reportajes primiciales, selectivamente eliminados de internet poco después.

27. Cfr. Marc Fisher y Don Phillips en *The Washington Post*, 12-9-2001, p. A01.

28. General Mike J. Haugen, de la Guardia Nacional en Dakota del Norte. Cfr. Matthew L. Wald y Kevin Sack en *The New York Times*, 15-10-2001.

29. Esas fotografías oficiales pueden verse en www.defenselink.mil.

30. La autora comparte, en algunos aspectos, la hipótesis desarrollada —con innegable éxito editorial— por Thierry Meyssan en *La gran impostura*, Éditions Carnot, 2002, y La Esfera de los Libros, 2002.

31. Ed Plaugher, jefe de Bomberos del condado de Arlington, en comparecencia informativa en el Departamento de Defensa (Pentágono), el 12 de septiembre de 2001 a las 10.16, mientras continuaban las tareas de extinción del incendio en la zona afectada del Pentágono.

32. Ingeniero Lee Evey, jefe del proyecto de renovación y blindaje *Pentagon Performance*. Departamento de Defensa, rueda de prensa del 15-9-2001.

33. La agencias Associated Press y Reuters hicieron un diligente trabajo gráfico en las inmediaciones del Pentágono.

34. Cfr. Departamento de Defensa. DoD News Briefing-Victoria Clarke, ASD PA. Comparecen, entre otros, Ed Plaugher, jefe de los bomberos del condado de Arlington, Virginia. Pentágono, 12 de septiembre de 2001, por la mañana.

35. Las cajas negras son dos grabadores de las incidencias del vuelo. Permiten averiguar qué ocurrió en un avión accidentado. Una, el FDR, es un registrador de parámetros. Graba como mínimo las últimas 25 horas de vuelo. Puede registrar hasta 400 parámetros diferentes: presión, altitud, rumbo, velocidad, posición del tren de aterrizaje, potencia de los motores, fallos eléctricos y electrónicos, etc. La otra caja, el CVR —*cockpit voice recorder*—, registra las voces en cabina: diálogos entre pilotos, comunicaciones por radio, alarmas, ruidos, etc. Graba un mínimo de 30 minutos. Para largos trayectos se usan cintas de 90 a 120 minutos. Son cintas magnéticas continuas que, llegadas al tope, vuelven a grabar sobre el principio, de modo que necesariamente queda registrada la última etapa del viaje. Las cajas negras son de color naranja, para localizarlas mejor tras un siniestro. Van en unos contenedores de un metal duro, denso y poco fundible, como el titanio o el tungsteno. Suelen ir alojadas en la cola, que es la parte de más difícil rotura de un avión.

36. Dick Cheney: declaraciones desde Camp David para la cadena NBC, 16 de septiembre de 2001.

37. Dick Cheney, NBC, entrevista citada.

38. Karl Rover, explicando esa nota de su bloc dijo literalmente: *«that's where it emerged that it was an American Airlines plane».* *The New Yorker*, 13-9-2001.

39. La autora discrepa diametralmente de esa tesis, mantenida por Thierry Meyssan en su libro ya citado *La gran impostura*.

40. El mismo argumento sirve para rechazar que el elemento agresor del Pentágono fuese algo tan simple y demoledor como una carga de «bomba inteligente» de la serie GBU, guiada por láser. Aunque se ha especulado con esa posibilidad, en tiempos de paz no es fácil ni rápido disponer de tales bombas: están desmontadas y guardadas con medidas de seguridad en el polvorín de la correspondiente base aérea. Mucho se ha escrito también sobre la posible utilización de un misil de carga hueca con punta de uranio empobrecido, para explicar el suceso del Pentágono.

Pero ese tipo de munición sólo se usa para lograr una enorme capacidad de penetración, contra edificios o vehículos blindados. No es el arma idónea para eliminar un avión desde otro avión, ambos en vuelo. Los cazas que patrullaron sobre Washington el 11/S no la habrían llevado para aquella misión.

41. Son memorables las catástrofes aéreas de 3 de julio de 1988, en que un Airbus 300 de las líneas aéreas iraníes fue derribado por un misil Sea Sparrow, lanzado desde el buque *US Vincennes* de la Armada estadounidense; y la de 1 de septiembre de 1983, en que las Fuerzas Aéreas de la URSS abatieron, también con un misil, un Boeing 747 de las líneas aéreas coreanas. En ambos accidentes —con muerte de todos los ocupantes y destrucción de los aviones comerciales— se adujo como causa un «error de radar en la identificación del objetivo».

42. Cfr. David Orr: *Cheney on Meet the Press*, 16-9-2001; vicepresidente Dick Cheney, en NBC, 16-9-2001; Karl Rove, consejero de la Presidencia, en *The New Yorker*, septiembre de 2001.

43. Cfr. Testimonio de Liza Jefferson, supervisora de GTE, en *Vuelo 93-UA*, CNN y TVE.

44. Cfr. Testimonio de Alice Hoglan, madre del pasajero Mark Bingham, en *Vuelo 93-UA*, CNN y TVE.

45. Glenn Cramer, supervisor del teléfono 911 de emergencias en el condado de Westmoreland, Pensilvania. Cfr. Todd Spangler, *The Associated Press*, 11-9-2001, a las 23.49.

46. Richard Makely, padre político de Jeremy Glick, pasajero del 93-UA, para CNN, 13-9-2001. Cfr. Kelli Arena y Jonathan Larsen, CNN.

47. Hank Krakowski, director de operaciones de United Airlines. Cfr. *USA Today*, septiembre de 2001.

48. Rom Buxton, en *Vuelo 93-UA*, CNN.

49. Cfr. Todd Spangler, *The Associated Press*, 11-9-2001.

50. Miller Wallace, médico forense del condado de Somerset, Pensilvania, en *Vuelo 93-UA*, CNN.

51. Confirmado por el equipo de investigación de *Der Spiegel*. Cfr. *op. cit. Inside 11/S*.

52. George W. Bush, reunido el 13 de septiembre de 2001 en la sala de Situación de la Casa Blanca con su Consejo de Seguridad Nacional. Asistió también el jefe de Contraterrorismo de la CIA, Cofer Black. Referencia: Actas Reuniones CSN. Cfr. Bob Woodward, *Bush en guerra*, Península/Atalaya, enero de 2003, pp. 72 y 73.

53. Reunión del Consejo de Seguridad Nacional presidido por George W. Bush, 12 de septiembre de 2001, en la sala del Gabinete de la Casa Blanca. Referencia: Actas de CNS, 12-9-2001. Cfr. Bob Woodward, *Bush en guerra*, Península/Atalaya, enero de 2003, p. 63.

54. Cheney hablaría a Bush con más crudeza, ya que lo hizo en público unos días después, refiriéndose a los turbios métodos que había que utilizar para obtener información: «Dada la gente con quien tenemos que vérnoslas, no puede uno ir sólo con medidas legales, oficiales, aprobadas... Si quieres saber lo que hacen los malos tipos, no puedes pedir a tus colaboradores un certificado de buena conducta. Para penetrar en ciertas organizaciones, necesitas aprender a hacer cosas desagradables,

sucias y peligrosas. Sólo así puedes anticiparte y jugar en ese campo. Nosotros lo podemos a hacer. Estoy convencido. Y con éxito. Para eso, se lo aseguro, no les ataremos las manos a nuestros agentes de inteligencia». Cfr. Entrevista citada de Tim Russert a Dick Cheney, desde Camp David para NBC, 16-9-2001.

55. Cfr. Cheney en NBC, 16-9-2001. Asimismo, Karl Rove aseguró que él había obtenido una comunicación «creíble, altamente verosímil» de una seria amenaza de atentado contra el Presidente a bordo de su avión; y que quien lo comunicó disponía de los códigos de identificación y de transmisión de la Casa Blanca y del *Air Force One*.

56. También los horarios de la llegada de Bush a la base de Baksdale, en Shreveport, no coinciden y oscilan entre las 11.48 y las 12.16.

57. «No son siniestros la muerte o el horror en tanto tales. Lo siniestro nace de una cierta relación con el silencio, con lo no decible.» Gabriel Albiac, «Mil enigmas», artículo publicado en *El Mundo*, 23-3-1998.

6. Mercado de hombres

1. Ambos argelinos, Ismail Ben Mrabete y Ahmed Taleb, viajaban con pasaportes falsificados: francés uno y belga el otro, a nombre de Ammar Moula y de Abdellah Hosayni, respectivamente.

2. En julio de 2001, cuando viajó a la Costa Dorada para encontrarse con Atta, inutilizó su plaza ya abonada de regreso Reus-Hamburgo en el vuelo chárter de AeroLloyd de 31 de julio, y compró un nuevo billete adelantando la vuelta dos semanas sobre lo previsto.

3. Fue la explicación que la encargada de Usit Unlimited dio a los agentes del Grupo de Información Exterior de la Guardia Civil que investigaba esos movimientos a instancias del juez Guillermo Ruiz Polanco, del juzgado n.º 1 de la Audiencia Nacional.

4. Vídeo de Osama Bin Laden con hombres de su confianza durante la visita privada a un jeque amigo, a mediados de noviembre de 2001, en una casa de huéspedes familiar de Afganistán, probablemente en Kandahar. Lo emitió el Departamento de Defensa el 13 de diciembre de 2001.

5. Bin Laden en otro fragmento del mismo vídeo.

6. El director de *Al Quds Al Arabi*, que recibió esas declaraciones de Bin Laden, reconocía poco después: «No le hicimos caso. Yo pensé que era una broma de mal gusto». Entrevista de Ana Romero a Abdel Bari Atwan en *El Mundo*, 21-10-2001.

7. Así se hizo constar en una compilación de pruebas confidenciales de «altísimo secreto» que la Casa Blanca facilitó a los gobiernos de los países de la OTAN para convencerles de la complicidad, cuando no de la culpabilidad, de Al Qaeda respecto a los hechos del 11/S. Para la CIA, «la huida, organizada desde un centro concreto dos semanas antes del gran ataque» y que «el mismo Osama Bin Laden indicara a sus leales y ayudantes que volvieran a casa, a Afganistán» eran datos muy indicativos.

8. Executive Order 13.099, expedida por el presidente Bill Clinton el 7 de agosto de 1998.

9. Resolución 1.193 del Consejo de Seguridad de Naciones Unidas, de 13 de agosto de 1998.

10. Las operaciones que realizaron los especuladores en bolsa consistían en tomar en préstamo un paquete de acciones de un gestor —al que se le abona una prima por el préstamo— y venderlas al mercado por un precio inferior al de ese momento, con la expectativa de una caída aún mayor de los índices. Al producirse esa caída, quedaban unos beneficios netos para el que vendió las acciones «abaratadas», pactó mantener el precio durante un tiempo tasado, y luego recompró la misma cantidad de títulos —para devolverlos al gestor— al nuevo precio de mercado, bastante más devaluado, en que quedaron tras el desplome previsto. Así, quien entre el 6 y el 10 de septiembre tomó prestadas acciones de American Airlines —que estaban a 45 dólares— y las vendió a la baja, a 30 dólares, acordando con el comprador que ese precio, 30 dólares, se mantendría fijo hasta un tiempo límite del 20 de octubre, al margen de las fluctuaciones del mercado. Ese individuo ejecutó la venta a 30 dólares, antes o después del 11/S. Luego, cuando los títulos de American Airlines bajaron a 18 dólares, él adquirió esa misma cantidad de acciones para a devolverlas al prestador. Vendió a 30 dólares lo que compró a 18 dólares.

11. «Suspicious Profits Sit Uncollected Airlines Investors Seem to Be Lying Low», por Christian Berthelsen y Scott Winokur, *San Francisco Chronicle*, 29 de septiembre de 2001.

12. La causa de Lofti Raissi se siguió en el juzgado británico de Bow Street, que atiende las demandas de extradición: había sido reclamado por el Gobierno de Estados Unidos.

13. En la misma operación policial fueron detenidos, además de Abu Dahdah, Ousama Darra, Jasem Mahboule, Mohammed Seedl Acaid, Mohammed Zaher Asade, Basam Dalati Satut, Luis José Galán González, Yusuf Galán, y Said Chedadi. Desde el 18 de noviembre de 2001, el juez Garzón instruye contra ellos el sumario 35/01.

14. Al Abrash fue procesado y enviado a prisión el 19 de julio de 2002, junto con los musulmanes: Abdelrahman Alarnaot Abu Al Jer y Mohammad Khair Al Saqqa, Abu Al Darda. Este último, considerado «correo» directo de Al Qaeda entre Afganistán y España. Proceso 35/2001 del Juzgado Central de Instrucción n.º 5. Audiencia Nacional. Posteriormente, y manteniendo su situación de imputado, se concedió a Al Abrash, la libertad condicional bajo fianza.

15. Se trataba de una información obtenida de conversaciones telefónicas que se le intervinieron al sospechoso —y luego detenido— Yusuf Galán, con «hermanos» indonesios como Parlindungan Siregar, Parlin. Incluso, con sonido directo de ejercicios de tiro desde el campamento malaisio.

7. «Sólo para los ojos del Presidente»

1. La Inspección General de Justicia admitió en un informe emitido el 2 de junio de 2003, tras las denuncias por malos tratos que, tras los atentados del 11/S, el Gobierno de Estados Unidos —Departamento de Justicia— actuó con arbitrariedad en la detención de 762 inmigrantes extranjeros y violó sus derechos civiles;

asimismo el informe reconoce que el trato de los funcionarios con los detenidos fue innecesariamente brutal.

2. Funcionario n.º 14.620 de la Unidad Central de Información Exterior de la Comisaría General de Información.

3. Así lo calificó Alistair Hodgett, portavoz de la Cruz Roja Internacional, tras el dictamen del juez federal A. Raymond Randolph, de 12 de marzo de 2003.

4. Cfr. *Die Welt*, 27 de noviembre de 2002. El diario conservador alemán disponía de documentos de origen saudí descubiertos por el ejército israelí tras los enfrentamientos en la ciudad palestina de Tulkarem (norte de Cisjordania) en noviembre de 2002. En ellos quedaba en evidencia que la financiación a Hamas y Yihad Islámica se garantizaba a través de la Comisión Saudí para la Intifada, grupo dirigido por el ministro saudí de Interior Nayez ben Abdel Aziz.

5. Wail Alsheri, del comando de Atta, disfrutó de una beca gubernamental saudí durante cuatro cursos en la Aeronautical University Embry Riddle de Daytona Beach, donde se hizo piloto comercial.

6. Existe constancia policial y judicial: informe de la Unidad Central de Información Exterior, especializada en terrorismo islámico, en diligencias del sumario 35/01-E del Juzgado Central de Instrucción n.º 5, sobre Galeb Kalaje y otros.

7. Consta en el mismo informe de la nota anterior.